Vorgeschichte und Entstehung des Atomgesetzes

Rechtshistorische Reihe

Band 445

Zu Qualitätssicherung und Peer Review der vorliegenden Publikation

Die Qualität der in dieser Reihe erscheinenden Arbeiten wird vor der Publikation durch einen Herausgeber der Reihe geprüft.

Notes on the quality assurance and peer review of this publication

Prior to publication, the quality of the work published in this series is reviewed by one of the editors of the series.

Nadine Göppner

Vorgeschichte und Entstehung des Atomgesetzes

PL ACADEMIC RESEARCH

Bibliografische Information der Deutschen Nationalbibliothek
Die Deutsche Nationalbibliothek verzeichnet diese Publikation in der Deutschen Nationalbibliografie; detaillierte bibliografische Daten sind im Internet über http://dnb.d-nb.de abrufbar.

Zugl.: Kiel, Univ., Diss., 2013

Die vorliegende Arbeit wurde von
Prof. Dr. Werner Schubert
zur Aufnahme in die Reihe empfohlen.

Umschlagabbildung:
Justitia. Allegorie der Gerechtigkeit.
Druck aus dem 17. Jahrhundert.

D 8
ISSN 0344-290X
ISBN 978-3-631-64506-2 (Print)
E-ISBN 978-3-653-03504-9 (E-Book)
DOI 10.3726/978-3-653-03504-9

PL Academic Research ist ein Imprint der Peter Lang GmbH.

Peter Lang – Frankfurt am Main · Berlin · Bruxelles · New York · Oxford · Warszawa · Wien

www.peterlang.de

Vorwort

Die vorliegende Arbeit wurde im Sommersemester 2013 von der Rechtswissenschaftlichen Fakultät der Christian-Albrechts-Universität zu Kiel als Dissertation angenommen.

Besonderer Dank gebührt meinem Doktorvater, Herrn Prof. Dr. Werner Schubert, der diese Arbeit von der Themensuche bis hin zu ihrer Veröffentlichung hervorragend betreut hat. Herrn Prof. Dr. Frank Schäfer danke ich für die zügige Erstellung des Zweitgutachtens.

Danken möchte ich weiterhin allen, die mich bei meiner Recherche in den Bibliotheken und Archiven unterstützt haben und dadurch eine eingehende Untersuchung überhaupt erst ermöglicht haben, insbesondere den Mitarbeitern des Bundesarchivs in Koblenz, des Parlamentsarchivs in Berlin, der Hamburger Staatsbibliothek und der Zentralbibliothek Recht in Hamburg. Auch Herrn Dr. Konrad Rotthege möchte ich danken, der mir stets beratend zur Seite stand.

Ein besonderer Dank geht an meine Eltern Christine und Ulrich Göppner, die mich während der Erstellung dieses Werkes und auch während meines gesamten Studiums liebevoll unterstützt und uneingeschränkt gefördert haben. Ihnen und meiner Großmutter Karola Göppner ist diese Arbeit gewidmet.

Schließlich danke ich vom ganzen Herzen meinem Freund Neil Hickethier für seine unendliche Geduld und seinen Zuspruch. Er hat durch sein Verständnis und seine Ermunterungen zur Fertigstellung dieser Arbeit beigetragen.

Hamburg, im April 2013 *Nadine C. Göppner*

Inhaltsübersicht

Inhaltsverzeichnis

Abkürzungsverzeichnis

a.a.	andere Ansicht
a.a.O.	am angegebenen Ort
Abg.	Abgeordneter
abgedr.	abgedruckt
Abk.	Abkürzung
AHK	Alliierte Hohe Kommission
AK	Arbeitskreis
Amtsbl.	Amtsblatt
Anm.	Anmerkung
Art.	Artikel
BA	Bundesarchiv
BAnz.	Bundesanzeiger
Bd.	Band
Begr.	Begründer
bes.	besonders
BGB	Bürgerliches Gesetzbuch
BGBl.	Bundesgesetzblatt
BKA	Bundeskanzleramt
BMAt	Bundesminister/-ministerium für Atomfragen/Bundesminister/-ministerium für Atomkernenergie und Wasserwirtschaft
BMFi	Bundesfinanzministerium/-minister
BMI	Bundesministerium des Inneren/Bundesminister des Inneren
BMJ	Bundesministerium der Justiz/Bundesjustizminister
BML	Bundeslandwirtschaftsministerium/-minister
BMV	Bundesverteidigungsministerium/-minister
BMWi	Bundeswirtschaftsministerium/-minister
BR	Bundesrat
BReg	Bundesregierung
BVerfGE	Bundesverfassungsgerichtsentscheidung
bzgl.	bezüglich

DAtK	Deutsche Atomkommission
ders.	derselbe
d.h.	das heißt
DÖV	Die Öffentliche Verwaltung
f.	folgend
ff.	fortfolgende
FK	Fachkommission
FS	Festschrift
gem.	gemäß
GG	Grundgesetz
Hrsg./hrsg.	Herausgeber/herausgegeben
i.d.F.	in der Fassung
IPA	Interparlamentarische Arbeitsgemeinschaft
i.R.d.	im Rahmen der/des
i.V.m.	in Verbindung mit
LVG	Luftverkehrsgesetz
Min.	Minister, Ministerium
NJW	Neue Juristische Wochenzeitschrift
Nr.	Nummer
o.	oder
PA	Parlamentsarchiv
RGBl.	Reichsgesetzblatt
S.	Seite
sog.	sogenannte/-er
stenogr.	stenografischer
StGB	Strafgesetzbuch
StVG	Straßenverkehrsgesetz
v.	vom
vgl.	vergleiche
VO	Verordnung
Vorbm.	Vorbemerkung
WP	Wahlperiode
z.B.	zum Beispiel
zit.	zitiert

Einleitung

Das Atomgesetz vom 23. Dezember 1959[1] regelt die friedliche Verwendung der Kernenergie und den Schutz gegen ihre Gefahren. Mit diesem Gesetz – so das Bundesverfassungsgericht in seiner Entscheidung vom 8. August 1978 – „wurde vom Gesetzgeber eine Grundsatzentscheidung für die friedliche Nutzung der Kernenergie getroffen".[2]

In seiner ursprünglichen Fassung trat das erste deutsche Atomgesetz am 1. Januar 1960 in Kraft. Es löste das bis dahin geltende Recht der Besatzungsmächte[3] sowie die von einigen Bundesländern[4] erlassenen provisorischen Atomgesetze ab und ebnete den Weg für eine geregelte friedliche Nutzung und Erforschung der Atomenergie in der Bundesrepublik. Es ist das erste unitarisch ausgestaltete Gesetz Deutschlands über die Verwendung der Atomenergie und stellte gleichzeitig die gesetzliche Grundlage für den Erlass von mehreren Rechtsverordnungen dar.[5]

Wesentliche Zielsetzung des Atomgesetzes war es, Leben, Gesundheit und Sachgüter vor den Gefahren der Kernenergie zu schützen. Dieser Schutzzweck wurde durch zahlreiche Überwachungsvorschriften, Vorschriften über die staatliche Verwahrung von Kernbrennstoffen, Genehmigungspflichten für den Umgang mit selbigen sowie durch spezielle Haftungsvorschriften ausgestaltet. Der damalige Bundesminister für Atomfragen Franz Josef Strauß, zuvor von 1953 bis 1955

---

1 Gesetz über die friedliche Verwendung der Kernenergie und den Schutz gegen ihre Gefahren (Atomgesetz) v. 23.12.1959, BGBl. I 1959 S. 814.

2 Die sog. Kalkar-I-Entscheidung, Beschl. des BVerfG v. 08.08.1978, Az. 2 BvL 8/77, BVerfGE 49 S. 89-147.

3 Besatzungsrecht AHK-Gesetz Nr. 22 v. 02.03.1950 i.d.F. der Gesetze Nr. 53 und 68 v. 26.04.1951 und 14.12.1951, siehe den Text bei Kruse, Die Atomenergie im Völkerrecht und in den wichtigsten Landesrechten, Bd. I, S. 461-479.

4 Bayern, Hessen, Hamburg, Nordrhein-Westfalen, Baden-Württemberg, Berlin und Schleswig-Holstein. Übersicht bei Fischerhof, Atomgesetze der Länder. Eine Übersicht, DÖV 1958, 16 ff.

5 Zunächst VO über das Verfahren bei der Genehmigung von Anlagen nach § 7 des Atomgesetzes (AtomanlagenVO) v. 20.05.1960, BGBl. 1960 I S. 310; erste VO über den Schutz vor Schäden durch Strahlen radioaktiver Stoffe (1. StrahlenschutzVO) v. 24.06.1960, BGBl. 1960 I S. 340; später folgten die VO über den Schutz vor Schäden durch Röntgenstrahlen (RöntgenVO) v. 01.03.1973, BGBl. 1973 I S. 173.

Bundesminister für besondere Aufgaben, nannte das erste deutsche Atomgesetz „ein Grundgesetz für die Einleitung des Atomzeitalters in der Bundesrepublik".[6]

Doch was macht eine heutige Auseinandersetzung mit dem ersten Atomgesetz Deutschlands in rechtlicher Hinsicht so interessant?

Kaum eine wissenschaftliche Errungenschaft hat in Deutschland derartig erbitterte innenpolitische Kontroversen ausgelöst wie die Kernenergie. Die Auseinandersetzung innerhalb Deutschlands begann in den 1950er Jahren, als der Aufbau und die Etablierung einer deutschen Atomwirtschaft im Vordergrund stand. Die wachsende Sorge um den Schutz der Umwelt, der stetig wachsende Energiebedarf, die schwindenden Energieressourcen sowie die Angst der Bevölkerung vor dem Super-GAU[7] und vor der militärischen Ausnutzung dieser neuen Energiequelle beeinflussten den Gang des Gesetzgebungsverfahrens. Ihren Höhepunkt fand die Atomdebatte in den 1970er und 1980er Jahren, als die Angst der Bevölkerung vor radioaktiven Freisetzungen wuchs.

Im Wesentlichen lässt sich die Gesetzesmaterie des Atomgesetzes dem besonderen Verwaltungsrecht, namentlich dem Umweltrecht zuordnen. Allerdings enthält das Atomgesetz vom 23. Dezember 1959 neben öffentlich-rechtlichen Normen auch privatrechtliche Vorschriften und es greift in zahlreiche Rechtsgebiete über, wie beispielsweise in das Bergrecht, das Arbeitsrecht, das Patentrecht, das Gewerberecht und das Versicherungsrecht.[8] Aufgrund dieser Vielseitigkeit der Regelungsmaterie und der Neuartigkeit der Energieform, der mangelnden Erfahrungswerte, der fehlenden wissenschaftlichen Ausgereiftheit ihrer Nutzbarmachung und des internationalen und nationalen politischen Drucks war die Schaffung des Atomgesetzes mit Schwierigkeiten verbunden. Der Gesetzgeber musste sich mit neuen juristischen Fragestellungen auseinandersetzen und der Gesetzgebungsprozess führte zu einer Abkehr von bisherigen Rechtmodellen hin zu neuen Rechtskonstruktionen. Ebenso wie die Naturwissenschaft bei der Erforschung der Kernenergie noch am Anfang stand und Neuland betrat, musste sich auch der Gesetzgeber mit neuartigen Fragestellungen auseinandersetzen.

---

6 Stenogr. Bericht der 141. Sitzung des 2. BT v. 19.04.1956, 7294 A.

7 Abk. für „größter anzunehmender Unfall", in der Rektorsicherheit nicht mehr verwendeter Begriff; bezeichnet den als erfahrungsgemäß schwersten anzunehmenden o. glaubhaften Störfall in einer kerntechnischen Anlage, bes. in einem Kernreaktor o. Kernkraftwerk, der als Auslegungsstörfall den sicherheitstechnischen Überlegungen zugrunde gelegt wird. In der öffentlichen Diskussion um die Sicherheit von Kernkraftwerken wird der Begriff „Super-GAU", u.a. von den Medien auf alle schweren, überhaupt denkbaren o. hypothetischen Störfälle ohne Beachtung ihrer Eintrittswahrscheinlichkeit angewandt, so auch auf die Reaktorunfälle in den Kernkraftwerken Three Mile Island (28.03.1979) und Tschernobyl (26.04.1986), bei denen Sicherheitsdefizite und gravierende Fehlhandlungen des Betriebspersonals eine ausschlaggebende Rolle spielten, Brockhaus, Bd. 10, S. 265.

8 Vgl. Kruse, Atomenergierecht: Kommentar zum Atomgesetz, S. 25.

Aufgabe der Rechtswissenschaft und des Gesetzgebers war es, die bis dahin gesicherten naturwissenschaftlichen Erkenntnisse auf dem Gebiet der Atomenergie zu begreifen und rechtlich zu erfassen. Daneben mussten die für die Zukunft erwarteten Vorzüge der Kernenergienutzung sowie ihre möglichen Gefahren eine angemessene gesetzliche Würdigung erfahren. Auch rechtlich verbindliche Vorgaben und politische Tendenzen auf internationaler und nationaler Ebene mussten Berücksichtigung finden.

Die vorliegende Arbeit setzt sich anhand einer Untersuchung des zur Verfügung stehenden Quellenmaterials mit dem Entstehungsprozess des ersten deutschen Atomgesetzes auseinander, besonders mit dem Zeitraum von 1952 bis 1960. Es werden dabei die einzelnen Entwürfe untersucht, welche sich mit den Herausforderungen der Gefahrvermeidung einerseits und der Energiegewinnung und Kernforschung andererseits konfrontiert sahen, und in ein angemessenes Verhältnis gesetzt, um die damit verbundenen rechtlichen Fragestellungen aufzuzeigen und den internationalen und nationalen Vorgaben sowie den Vorstellungen der alliierten Besatzer Rechnung zu tragen.

Der erste Teil der Arbeit behandelt die wissenschaftliche Entdeckung und die wirtschaftliche Nutzbarkeit der Atomenergie sowie die historische Entwicklung der Kernenergienutzung in der Bundesrepublik Deutschland bis 1955, wobei die ersten seitens des Bundeswirtschaftsministeriums unter Aufsicht der alliierten Besatzer ausgearbeiteten Atomgesetzesentwürfe dargestellt werden. Auch die ersten Entwicklungen auf dem Gebiet der friedlichen Kernenergienutzung in der DDR werden am Rande geschildert.

In einem zweiten Teil werden die nationalen und internationalen rechtlichen Rahmenbedingungen, welche von den Legislativorganen vor Erlass des Atomgesetzes zu beachten waren und für den Entstehungsprozess des Gesetzes Bedeutung hatten, dargelegt. Dabei werden die für die Genese des Atomgesetzes maßgeblichen internationalen Abkommen und die einschlägigen nationalen Vorschriften vorgestellt, wobei der Schwerpunkt der Betrachtung auf den verfassungsrechtlichen Vorgaben des Grundgesetzes vom 23. Mai 1949[9] liegt. Sodann werden die während der zweiten und dritten Legislaturperiode eingebrachten Entwürfe zur Änderung des Grundgesetzes und die Gesetzgebungsarbeiten hierzu dargestellt.

In einem dritten und vierten Teil werden die Gesetzgebungsarbeiten der Legislativorgane der Bundesrepublik zum ersten deutschen Atomgesetz behandelt. Hierbei wird die Genese des Atomgesetzes unter Berücksichtigung der einzelnen Entwürfe während der zweiten und dritten Legislaturperiode chronologisch dargelegt.

---

9 BGBl. I 1949 S. 1.

Im abschließenden fünften Teil wird der rechtliche Entwicklungsprozess des Atomgesetzes skizziert und ein Ausblick auf die zukünftige Entwicklung und damit verbundene Schwierigkeiten gegeben.

Erster Teil: Die Vorgeschichte des deutschen Atom- und Strahlenschutzrechtes

A. Die Entdeckung und friedliche Nutzung der Atomenergie bis 1955

Der deutsche Physiker Wilhelm Konrad Röntgen entdeckte am 8. November 1895 im Physikalischen Institut der Universität Würzburg die später nach ihm benannte Röntgenstrahlung, die Haut, Muskeln und andere Stoffe durchdringen kann.[10] Seine Entdeckung führte zur weiteren Erforschung der Radioaktivität.[11]

Im Jahre 1896 entdeckte der französische Physiker Henri Becquerel im Rahmen von Experimenten mit der Phosphoreszenz[12] von Uransalzen die natürliche Radioaktivität. Am 1. März 1896 setzte Becquerel einige Mineralien, darunter auch Uransalz, in einem dunklen Raum auf einer Fotoplatte ab. Dabei stellte er fest, dass die Uransalze die Fotoplatte schwärzten, obwohl diese vorher keinem Licht ausgesetzt waren. Daraus folgerte er die Existenz einer Strahlung, die nicht zum Spektrum des sichtbaren Lichts gehört und unabhängig von äußeren Einwirkungen auftritt. Becquerels Forschungsarbeiten wurden zunächst von seiner Assistentin Marie Curie, später gemeinsam mit ihrem Ehemann Piere Curie, fortgeführt. Im Jahre 1898 entdeckte das Ehepaar Curie weitere Elemente, die Strahlung aussendeten. Eines dieser Elemente war Radium, welches eine 100.000-mal intensivere Strahlungsintensität aufwies als das zuvor verwandte Uran.[13] Im Jahre 1898 gelang den Curies die Entwicklung eines Arbeitsverfahrens, mit dessen Hilfe Radium isoliert werden konnte; ferner der Nachweis einer nuklearen Kettenreaktion. Die

10 Radioaktive Strahlung ist eine elektromagnetische Strahlung mit kürzerer Wellenlänge als der des Lichts, Brockhaus, Bd. 13, S. 337.

11 Die Eigenschaft einer Reihe von Atomkernen oder allgemeiner Nukliden (Radionuklide), sich spontan, d.h. ohne äußere Einwirkung in andere Kerne umzuwandeln (radioaktiver Zerfall), wobei Energie in Form von kinetischer Energie ausgesandter Teilchen und/oder elektromagnetischer Strahlung frei wird, Brockhaus, Bd. 21, S. 438.

12 Phosphoreszenz ist die Art der Lumineszenz, die im Gegensatz zur Fluoreszenz mit der Erscheinung des Nachleuchtens verbunden ist, d.h. mit einem Fortdauern des Strahlens nach Beendigung der Energiezufuhr, das von Bruchteilen einer Sekunde bis zu Monaten bzw. Jahren dauern kann, Brockhaus, Bd. 21, S. 421.

13 Weitere Elemente waren z.B. Polonium, Thorium.

Eigenschaft von Stoffen, diese unsichtbare Form der Strahlung auszusenden, wurde von dem Ehepaar Curie „Radioaktivität" genannt.

Die Verordnung über die Ausdehnung der Unfallversicherung auf gewerbliche Berufskrankheiten vom 12. Mai 1925 stellte die erste staatliche Regelung in Deutschland dar, die sich unter anderem auf die Röntgen- und die radioaktive Strahlung bezog. [14] Durch diese Verordnung wurden erstmals durch Röntgenstrahlen und radioaktive Stoffe verursachte Krankheiten als Berufskrankheiten und als Versicherungsfälle im Sinne der gesetzlichen Unfallversicherung anerkannt. Danach folgte am 7. Februar 1957 die Röntgenverordnung.[15]

Im Dezember 1938 gelang dem deutschen Chemiker Otto Hahn zusammen mit Lise Meitner und Fritz Straßmann am Kaiser-Wilhelm-Institut in Berlin die weltweit erste Atomspaltung. Dabei wurden Atomkerne des Urans durch den Beschuss mit langsamen Neutronen in kleinere, aus leichteren Elementen bestehende Bruchstücke gespalten; dies erbrachte den Nachweis des Spaltprodukts Barium.[16] Aufgrund des Spaltungsprozesses wurde eine bis dahin nicht vorstellbare Menge an Energie freigesetzt.

Mit dieser Entdeckung kam weltweit die Hoffnung auf, das Problem des stetig wachsenden Energieverbrauchs und der täglich schwindenden natürlichen Energiereserven mit Hilfe der durch den Spaltungsprozess gewonnenen Energie lösen zu können. Die ungeheure Kraft der durch die Kernspaltung freigesetzten Energie veranlasste die Wissenschaft dazu, sich das Ziel zu setzen, die Kettenreaktion und damit die Energiefreisetzung kontrollierbar zu machen. Am 2. Dezember 1942 gelang es dann Enrico Fermi im „Chicago-Meiler" in den USA die erste kontrollierte nukleare Kettenreaktion in einem Atomreaktor auszulösen.[17]

Mit diesen bedeutenden Entwicklungen auf dem Gebiet der Kernenergieforschung brach im Verlauf des Zweiten Weltkrieges das „Atomzeitalter"[18] an. Man befürchtete, dass Deutschland an der Herstellung von Atomwaffen arbeitete, wodurch sich insbesondere die Vereinigten Staaten veranlasst sahen, ihre militärisch ausgerichtete Atomforschung voranzutreiben. Die erste Atombombe wurde am 16. Juli 1945 in New Mexico von den Amerikanern getestet. Dem folgte am 6. und 9. August 1945 der Abwurf der US-Atombomben über Hiroshima und

14 RGBl. I S. 69.

15 RGBl. I 1941, S. 88, 162.

16 Die sog. Radium-Barium-Mesothorium-Fraktionierung, vgl. Hahn, Mein Leben, S. 97.

17 Hoffmann, Oppenheimer: Schöpfer der ersten Atombombe, S. 101.

18 Bezeichnung für die vom Beginn der 1950er bis in die 1980er Jahre reichende Phase des industriellen Zeitalters als Ausdruck für die technische Nutzung der Kernenergie sowie für deren Risiken und Gefahren. Dazu Bieber, Warum wir vom „Atomzeitalter" sprechen, S. 19 ff.; anders von Weizsäcker, der das Atomzeitalter als „neue Phase des technischen Zeitalters" begreift, in: Kraus, Die Verantwortung der Wissenschaft im Atomzeitalter, S. 6.

Nagasaki, was der Welt die ungeheure Vernichtungsmacht der Atomenergie demonstrierte und bis zum heutigen Tage vor Augen führt. Fortan überwog die Angst vor der militärischen Erforschung und Weiterentwicklung der Atomenergie. Seit 1951 entwickelten die USA zudem die Wasserstoffbombe.

Im Dritten Reich wurde am 29. April 1939 das sog. „Uranprojekt" beschlossen.[19] Ziel dieses Projekts war die Herstellung eines Kernreaktors, um eine kontrollierte Kettenreaktion durchführen zu können, außerdem die Sicherstellung aller Uranvorräte in Deutschland sowie die Zusammenfügung der führenden deutschen Kernphysiker zu einer Forschungsgruppe.[20] Dieser Forschungsverbund wurde von dem Heereswaffenamt und dem Reichsforschungsamt geleitet. Die deutschen Forschungen zum Bau eines Uranmeilers kamen jedoch nach offiziellen Angaben kaum voran, da ausreichende Mengen an hoch angereichertem Uran und an schwerem Wasser fehlten.

Aufgrund des Uranprojekts befürchteten die Vereinigten Staaten den Bau einer Atombombe in Deutschland, was sie dazu veranlasste, eigene Forschungen im Rahmen des sog. „Manhattan-Projekts" aufzunehmen und den Bau einer Atombombe voranzutreiben. Es kam zu einem weltweiten Wettlauf bei der Errichtung von Kernreaktoren und der Schaffung nuklearer Waffen.[21] Gleichzeitig führte die während des Zweiten Weltkrieges bestehende Furcht vor deutschen Atomwaffen nachträglich zu einer strengen Reglementierung der deutschen Atomforschung durch die alliierten Besatzer.[22]

Mit dem Ende des Zweiten Weltkrieges und dem Einmarsch der Alliierten wurden die deutschen Forschungsstätten zerstört, die Materialien und Forschungsergebnisse beschlagnahmt und die am Uranprojekt beteiligten Wissenschaftler verhaftet. Inwieweit die deutschen Wissenschaftler tatsächlich an der Entwicklung von Atomwaffen gearbeitet haben, ist bis zum heutigen Tag umstritten.[23]

In der amtlichen Begründung zum ersten Regierungsentwurf des Atomgesetzes hieß es in Hinblick auf die Atomenergienutzung während des Nationalsozialismus, dass Deutschland während des Zweiten Weltkrieges versucht habe, Grundlagen

---

19 Die formelle Bezeichnung war „Arbeitsgemeinschaft für Kernphysik", vgl. Karlsch, Hitlers Bombe, S. 30 f.

20 Zum Uranverein näher Müller, Die Geschichte der Kernenergie in der Bundesrepublik Deutschland, Bd. 1, S. 21 ff.

21 So wurden z.B. in Frankreich bereits Anfang Mai 1939 drei Geheimpatente beantragt, von denen sich eines auf nukleare Sprengsätze bezog, vgl. Müller, Die Geschichte der Kernenergie in der Bundesrepublik Deutschland, Bd. 1, S. 21 f.

22 Siehe hierzu näher unten unter 1. Teil: C.

23 Vgl. Karlsch, Hitlers Bombe, S. 20 ff.; Radkau, Aufstieg und Krise der deutschen Atomwirtschaft, S. 35 f.; eine nähere Untersuchung ist jedoch nicht Gegenstand der vorliegenden Arbeit.

für die Nutzbarmachung der durch die Kernspaltung freigesetzten Energie zu erarbeiten.[24] Diese Bemühungen seien allerdings nur in den ersten Kriegsjahren unterstützt und seit 1942 nur in eingeschränktem Maße weiterbetrieben worden. Trotz dieser Einschränkungen gelang es Werner Heisenberg und seinen Mitarbeitern gegen Ende des Krieges, einen Uranbrenner zu entwickeln. Der Spaltungsprozess konnte allerdings noch nicht selbstständig unterhalten werden, so dass ein ununterbrochener Betrieb des Uranbrenners noch nicht möglich war. In der Begründung zum Regierungsentwurf hieß es weiter, dass in Deutschland an der Entwicklung von Atomwaffen zu keiner Zeit ernsthaft gearbeitet worden sei. Forschungsmittelpunkt sei stets die Energiegewinnung, also die friedliche Nutzung der Atomenergie und nicht die Konstruktion von Atomwaffen gewesen.[25]

Georg Erler unterscheidet in der Entwicklung des Atomrechts bis Ende der 1950er Jahre drei Phasen.[26] Die erste Phase – von Kruse auch „Periode des Atomgeheimnisses“[27] genannt – war vorherrschend bestimmt durch das Monopol der Atommächte (USA, Großbritannien, später die UdSSR) und die militärische Nutzung und Erforschung der Atomenergie, die jeder Form internationaler Zusammenarbeit entgegenwirkte. Allein die USA und Großbritannien bildeten hier eine Ausnahme.

Die Bestrebungen der Vereinten Nationen in dieser Phase, eine weltweite Kontrolle der Kernenergienutzung und eine internationale Zusammenarbeit auf dem Gebiet der Kernforschung zu erreichen, scheiterten aufgrund der politisch widerstreitenden Interessen zwischen Ost und West. Die zweite Phase führte aufgrund der „Atoms for Peace“-Rede des US-amerikanischen Präsidenten Eisenhower vom 8. Dezember 1953[28] zu einer Annäherung der Atommächte und ihrer jeweiligen Verbündeten. In seiner Rede sprach Eisenhower von der Errichtung einer internationalen Atomenergiebehörde, der die beteiligten Regierungen aus ihren Vorräten spaltbares Material zur Verfügung stellen sollten, um internationale Forschung zur friedlichen Verwendung der Kernenergie zu ermöglichen und eine gemeinsame Zusammenarbeit auf diesem Gebiet voranzutreiben.[29] Der Gesichtspunkt der wirtschaftlichen und vor allem friedlichen Ausnutzung der Kernenergie rückte damit in den Vordergrund und nach und nach konzentrierte sich

---

24 Begr. der BReg zu BT-Drs. II, 3026 Anlage 1 b, S. 15.

25 Begr. der BReg zu BT-Drs. II, 3026 Anlage 1 b, S. 15.

26 Erler, Die Rechtsentwicklung der internationalen Zusammenarbeit im Atombereich, S. 6, 14-33.

27 Kruse, Die internationale Zusammenarbeit auf dem Gebiet der friedlichen Verwendung der Atomenergie, S. 7.

28 Gehalten vor der Vollversammlung der Vereinten Nationen, übersetzt bei: Kruse, Die Atomenergie im Völkerrecht und in den wichtigsten Landesrechten, Bd. I, S. 116-127.

29 Vgl. Eisenhowers Rede vor den Vereinten Nationen v. 08.12.1953, Auszug bei Müller, Die Geschichte der Kernenergie in der Bundesrepublik Deutschland, Bd. 1, S. 6.

auch die internationale Zusammenarbeit hierauf. Die Arbeiten zur Gründung der Internationalen Atomenergiebehörde[30] wurden aufgenommen. Basierend auf diesen ersten Annäherungen, wurde die dritte Phase eingeleitet: die gemeinsame und friedliche Erforschung der Kernenergie durch Schaffung regionaler und überregionaler Organisationen.[31] In diese Phase, in welcher Deutschland unter der Kontrolle der alliierten Besatzung stand, fiel auch das Vorhaben der Bundesrepublik, ein Gesetz über die friedliche Nutzung der Kernenergie, ein erstes deutsches Atomgesetz zu schaffen.

B. Die Terminologie und die wirtschaftliche Nutzbarmachung der Atomenergie

Im Zentrum der gesamten Rechtsmaterie des Atomenergierechts und des dazugehörenden Strahlenschutzrechts[32] steht die Atomenergie. Der Begriff „Atomenergie" entstammt der Fachsprache der Physiker und Techniker.[33] Seine ursprüngliche Prägung erfuhr er durch den Physiker Hans Gleitel im Jahr 1899. Der Begriff hat seither sowohl inhaltlich als auch hinsichtlich seiner Verwendung Differenzierungen erfahren.

Durch die negative Assoziation mit der Atom*bombe* wurden ab 1960 aus politisch-ideologischen Gründen Synonyme wie „Kernenergie", „Kernkraft", „Nuklearenergie"[34] und „Atomkernenergie" verwandt. Diese Begriffe werden vorwiegend ohne den Beiklang einer politischen Wertung benutzt. In Anlehnung an ausländische Legaldefinitionen[35] versteht man unter Atomenergie

> „jede Art von Energie, die bei der Spaltung (Fission) oder Verschmelzung (Kernfusion[36]) oder Umwandlung von Atomkernen, einschließlich der Strahlungsenergie ionisierender

---

30 Heute die Internationale Atomenergie-Organisation (IAEO); vgl. Härle, Von der Genfer Atomkonferenz zur Weltorganisation für die friedliche Verwendung der Atomenergie, S. 552 ff.

31 Zur Schaffung der IAEO, der Europäischen Atomgemeinschaft (EURATOM), der Europäischen Kernenergie-Agentur (ENEA) und der Europäischen Organisation für kernphysikalische Forschung (CERN) vgl. Kruse, Die internationale Zusammenarbeit auf dem Gebiet der friedlichen Verwendung der Atomenergie, S. 7.

32 Das deutsche Strahlenschutzrecht ist von dem Atomenergierecht nicht zu trennen, vgl. Fischerhof, Deutsches Atomgesetz und Strahlenschutzrecht, Kommentar, Bd. I, Einführung, Rn. 34.

33 Vgl. Eckert, Nutzung der Elektrizität, auch in Verbindung mit Medizin, S. 58.

34 Von „nucleus" (lat.) = (Frucht-)Kern, Brockhaus, Bd. 20, S. 114.

35 Vgl. US Atomic Energy Act 1946, Sec. 11 (c), 18 (a); British Atomic Energy Act 1946, Sec. 18 (1), in: Kernenergierecht Großbritannien, Heft 1 (Schriftenreihe Kernenergierecht des Bundesministers für Atomkernenergie), München 1959.

36 Auch Kernverschmelzung genannt, bezeichnet die Verschmelzung leichter Atomkerne zu einem schweren, Brockhaus, Bd. 14, S. 727.

Strahlen[37], freigesetzt wird, also jede Art von Energie, die unmittelbar anderen als natürlichen Kernprozessen entstammt“.[38]

Nicht mehr unter den Begriff der Atomenergie fällt die Energie, die zwar durch Kernenergieprozesse erzeugt wurde, jedoch in eine alternative wirtschaftliche Energieform wie Wärme oder Strom umgewandelt wird.[39] Hier wird der Regelungsbereich des Atomenergierechts von dem des Energiewirtschaftsrecht abgegrenzt. Auch die sog. natürliche Kernspaltung, die als eine Art des radioaktiven Zerfalls angesehen wird, fällt nicht unter den Rechtsbegriff Atomenergie.[40]

Die durch den Spaltungsprozess kontrolliert gewonnene Energie kann in Atomreaktoren zur Gewinnung von Wärme und zur Erzeugung elektrischer Energie genutzt werden. Jedoch ist hierfür die Spaltung eines Atomkerns nicht ausreichend, es bedarf einer Kettenreaktion, was z.B. durch den Beschuss eines Uranatomkerns mit Neutronen erreicht wird. Die dadurch ausgelöste Spaltung des Atomkerns lässt wiederum Neutronen freiwerden, welche dann weitere Kerne spalten können. Diesen Kreislauf gilt es kontrolliert in Betrieb zu halten, indem man nur eine gewisse Anzahl von Kernspaltungen pro Sekunde zulässt.

Neben der Strom- und Wärmegewinnung in Kernkraftwerken werden weltweit Spaltstoffe und radioaktive Strahlen genutzt: in der Medizin etwa bei der Strahlentherapie zur Behandlung von Tumoren und für die Diagnose mittels Röntgenstrahlung[41], in der Industrie zur Qualitätskontrolle und Prozesssteuerung, in der Hydrologie zum Verfolgen von Gewässerströmungen, in der Landwirtschaft zur Züchtung neuer Sorten und in der Düngernutzungsforschung sowie im Umweltschutz zur Messung von Verschmutzungen.[42]

Mit der zunehmenden Erforschung der Kernenergie und der Erkenntnis ihrer Verwendungsmöglichkeiten stellte sich für die Legislativorgane zahlreicher Nationalstaaten und Rechtskreise im 20. Jahrhundert das Problem, die Erforschung und Verwendung dieser neuartigen Energieform auch rechtlich zu regeln. Einige Staaten schufen Normen bezüglich der Atomenergie und fügten diese in Einzel-

37 Fischerhof, Das deutsche Atomgesetz, NJW 1960, S. 317.

38 Kruse, Atomenergie als Rechtsbegriff, in: FS für Gieseke, 1958, S. 370; Mattern/Raisch, Atomgesetz, Kommentar, Vorbm. vor § 1 Rn. 26-29; Fischerhof, Probleme der Atomgesetzgebung, DÖV 1956, S. 56 ff.; ders.: Das deutsche Atomgesetz, NJW 1960, S. 317.

39 Für diese umgewandelten Energieformen greift das Energiewirtschaftsgesetz; vgl. Kruse, Atomenergierecht: Kommentar zum Atomgesetz, S. 31.

40 Kruse, Atomenergierecht in Deutschland, NJW 1955, S. 1017; Mattern/Raisch, Atomgesetzkommentar, Vorbm. vor § 1, Rn. 29 ff.; a.A. Fischerhof, Deutsches Atomgesetz und Strahlenschutzrecht, Kommentar, Bd. I, Einf., Rn. 5 f.

41 Diese Bereiche fallen heute unter die StrahlenschutzVO und die RöntgenVO.

42 Mehr zur wirtschaftlichen Nutzbarkeit in: Salin, Ökonomik der Atomkraft; Hardung-Hardung, Chancen in der Atomwirtschaft.

gesetze ein, andere griffen auf bereits bestehende Rechtsgrundlagen zurück.[43] Weitere Staaten, wie auch die Bundesrepublik Deutschland, entschlossen sich zum Erlass eines gesonderten Atomgesetzes.[44]

C. Die Atomenergie während der Besatzung Deutschlands von 1945 bis Mai 1955

Mit der Kapitulation der deutschen Wehrmacht am 7. Mai 1945[45] räumte die deutsche Staatsführung den alliierten Siegermächten USA, Großbritannien, Frankreich und der Sowjetunion das Recht ein, alle politischen, militärischen und gesellschaftlichen Angelegenheiten des Deutschen Reichs zu regeln.[46] Mit der Berliner Deklaration vom 5. Juni 1945[47] machten die Siegermächte durch Besatzungsrecht hiervon Gebrauch und übernahmen die Regierungsgewalt über das Deutsche Reich. Dies zog ein System der totalen Forschungsüberwachung nach sich. Der Alliierte Kontrollrat, der aus den vier Oberbefehlshabern der Besatzungsmächte bestand, erließ zahlreiche Vorschriften, welche Geltung in jeder einzelnen Besatzungszone hatten und die wissenschaftliche Entwicklung der deutschen Kernenergieforschung hemmten.

So legte eine Proklamation vom 30. August 1945 eine Anzeige- und Verwahrungspflicht für Vorräte, Anlagen und andere Materialien, welche militärischen Zwecken dienen konnten, fest.[48] Das Kontrollratsgesetz Nr. 23 vom 10. April 1946 verbot militärische Einrichtungen einschließlich militärischer Forschungs- und Versuchsanstalten.[49] Noch stärkere Beschränkung erfuhr die Atomenergie-

---

43 So z.B. Schweden. Dort behalf man sich mit bergrechtlichen, wasserrechtlichen, baurechtlichen, gesundheitsrechtlichen und allgemeinen Polizeivorschriften, vgl. Riederer, Atomgesetzgebung in Bayerischer Sicht, AtW 1957, S. 337.

44 Außerdem Australien, Finnland, Großbritannien, Indien, Italien, Japan, Kanada, Neuseeland, Niederlande, Österreich, Schweden, Schweiz, Südafrikanische Union und die USA. Eine genaue Darstellung findet sich bei Fischerhof, Deutsches Atomgesetz und Strahlenschutzrecht Kommentar, Bd. I, Einf., Rn. 10 ff.

45 Die Erklärung wurde am 07.05.1945 im US-Hauptquartier in Reims unterzeichnet und trat am 08.05.1945 in Kraft; die Gesamtkapitulation von Reims (englisch) in: BArch RW 44-I/37.

46 Das Abkommen zwischen den vier Siegermächten bezüglich der Übernahme der Regierungsgewalt, die sog. Berliner Erklärung v. 05.06.1945, Amtsbl. des Kontrollrats in Deutschland, Ergänzungsblatt Nr. 1, S. 7-9.

47 Amtsbl. des Kontrollrats in Deutschland, Ergänzungsblatt Nr. 1, S. 7-9.

48 Amtsbl. der Militärregierung Deutschland, Britisches Kontrollgebiet Nr. 5, S. 30.

49 Amtsbl. der Militärregierung Deutschland, Britisches Kontrollgebiet, Nr. 5, S. 199.

forschung durch das Kontrollratsgesetz Nr. 25 vom 29. April 1946[50], welches bezweckte, wissenschaftliche Forschung zu militärischen Zwecken zu verhindern. Daneben sollte in anderen Bereichen, in denen die Zweckrichtung nicht militärischer Art war, aber dennoch ein Kriegspotenzial bestand, eine Überwachung und entsprechende Lenkung in friedliche Bahnen stattfinden. Explizit wurde die naturwissenschaftliche Forschung auf dem Gebiet der angewandten Kernphysik (Verzeichnis A) und der Radioaktivität zu anderen als medizinischen Zwecken (Verzeichnis B) verboten. Angewandte Forschung auf diesen Gebieten durfte nur mit spezieller Genehmigung des Zonenbefehlshabers betrieben werden. Auch alle nicht per Kontrollratsgesetz Nr. 25 verbotenen Forschungsarbeiten durften in Forschungsinstituten nur durchgeführt werden, sofern dies vom Zonenbefehlshaber genehmigt wurde.

War ein Forschungsvorhaben genehmigt worden, so bestand eine umfangreiche Überwachungsstruktur in Form von Meldepflichten und Fragebögen. Die Auskunftspflicht bezog sich nicht nur auf die Forschungsprogramme und -ergebnisse, sondern auch auf alle Einrichtungen, Materialien, die Finanzierung, die Ausgaben sowie Informationen über alle an dem Institut beschäftigten Personen.[51] Die Freiheit der Forschung wurde dadurch erheblich eingeschränkt. Der enorme Verwaltungsaufwand, den das Kontrollratsgesetz Nr. 25 herbeiführte, wurde in jeder Besatzungszone unterschiedlich gehandhabt.[52]

Die Spannungen zwischen den westlichen Besatzungsmächten und der Sowjetunion nahmen zu und im März 1948 verließ die Sowjetunion den Alliierten Kontrollrat. In der Folgezeit blieben dessen Regularien zwar in Kraft[53], es folgten jedoch gesondert in Ost und West weitere Restriktionen auf dem Gebiet der Kernenergieforschung, die selbst nach der Wiedererlangung der deutschen Souveränität noch in Kraft blieben und erst sukzessive gelockert wurden.

Die drei Militärgouverneure Frankreichs, der Vereinigten Staaten und des Vereinigten Königreichs verkündeten am 12. Mai 1949 das am 8. April 1949 beschlossene „Besatzungsstatut für die Bundesreplik Deutschland".[54] Durch dieses Besatzungsstatut behielten es sich die Alliierten für den Bereich der Außenpolitik

---

50 Alliierter-Kontrollrat-Gesetz Nr. 25: „Regelung und Überwachung der naturwissenschaftlichen Forschung" v. 29.04.1946, in Kraft getreten am 07.05.1946, Amtsbl. des Kontrollrats in Deutschland Nr. 6 v. 30.04.1946, S. 138.

51 Art. V des Kontrollratsgesetzes Nr. 25, Amtsbl. des Kontrollrats in Deutschland Nr. 6 v. 30.04.1946, S. 138.

52 Vgl. Müller, Die Geschichte der Kernenergie in der Bundesrepublik Deutschland, Bd. 1, S. 46 f.

53 Das Gesetz des nicht mehr existierenden Kontrollrats Nr. 23 v. 1946 wurde auf die einzelnen westlichen Zonen übergeleitet und behielt damit Geltung: Als Gesetz Nr. 23 in der britischen und in der amerikanischen Zone, als VO Nr. 231 in der französischen Zone.

54 Amtsbl. der AHK Nr. 1 v. 23.09.1949, S. 13 ff.

vor, für „die Entwaffnung und Entmilitarisierung, einschließlich der damit in Beziehung stehenden Gebiete der wissenschaftlichen Forschung“ [55], Verbote und Beschränkungen zu erlassen.[56]

In den westlichen Besatzungszonen trat am 21. September 1949 an die Stelle des Alliierten Kontrollrates die Alliierte Hohe Kommission, eine Einrichtung der Westmächte USA, Großbritannien und Frankreich. Mit der Veröffentlichung in den Amtsblättern der Alliierten Hohen Kommission erhielten die erlassenen Gesetze Geltung. Maßgebend für den Bereich der Kernforschung war zunächst das Gesetz Nr. 22 der Alliierten Hohen Kommission vom 2. März 1950 über die Überwachung von Stoffen, Einrichtungen und Ausrüstungen auf dem Gebiet der Atomenergie[57], später in der Fassung der Gesetze Nr. 53 vom 26. April 1951 und Nr. 68 vom 14. Dezember 1951[58], welche die Herstellung von Uran- und Thorium-Metall sowie den Bau von Kernreaktoren verboten. Hiernach war auch Besitz, Kauf, Empfang, Gebrauch, Lagerung, Verkauf, Ein- oder Ausfuhr dieser Stoffe und die Verwendung von Metallgemischen, die Uran, Thorium oder Beryllium enthielten, nur mit Genehmigung des militärischen Sicherheitsamtes zulässig. Auch Patentanmeldungen bei naturwissenschaftlich-technischen Forschungen wurden durch das militärische Sicherheitsamt überwacht. In der Bundesrepublik war nicht nur die militärische, sondern auch eine friedliche Verwendung und Erforschung der Kernenergie verboten, während andere Staaten die Erforschung und Entwicklung der Kernenergienutzung weiter vorantrieben. Jede Tätigkeit auf dem Gebiet der Atomenergie, einschließlich der Verwendung radioaktiver Isotope[59] und Messgeräte, war in der Bundesrepublik verboten.

Durch die Überwachung der deutschen Kernenergieforschung war die Bundesrepublik im Wettlauf der nuklearen Entwicklungen im Vergleich zu anderen Staaten weit ins Hintertreffen geraten. Ab 1950 nahm jedoch die internationale Zusammenarbeit auf dem Gebiet der Kernforschung zu friedlichen Zwecken zu und die Bundesrepublik konnte mit Erlaubnis der Besatzungsmächte internationale Abkommen abschließen[60], welche die Vorbereitung eines Wiedereinstiegs in die kernphysikalische Forschung erforderten. Gleichzeitig verstärkte sich mit

---

55 Amtsbl. der AHK Nr. 1 v. 23.09.1949, S. 13 ff.

56 Art. II a des Besatzungsstatuts, abgedr. bei Ruhl, Neubeginn und Restauration, S. 479.

57 Amtsbl. der AHK für Deutschland Nr. 12 v. 07.03.1950, S. 122.

58 Amtsbl. der AHK für Deutschland Nr. 12 v. 07.03.1950, S. 122, 882, 990, 1361.

59 Auch radioaktive Stoffe genannt, sie senden spontan ionisierende Strahlen aus. Vgl. Cartellieri, Zu der Haftpflicht für Atomschäden und ihrer Versicherung, BB 1958, S. 385.

60 Betritt zur UNESCO am 11.07.1951, Mitglied der Europäischen Organisation für Kernforschung (CERN – Conseil Européen pour la Recherche Nucléaire), BGBl. 1954 II S. 1014, wobei zunächst die Errichtung zweier Teilchenbeschleuniger durch eine europäische Zusammenarbeit vorgesehen war.

dem Beginn des Koreakrieges der Konflikt zwischen Ost und West; die Diskussion über eine Wiederbewaffnung Westdeutschlands innerhalb einer Europäischen Verteidigungsgemeinschaft begann.[61]

Für eine aktive Mitarbeit der Bundesrepublik im Rahmen internationaler Forschungsprojekte und im Rahmen einer Mitgliedschaft bei der Europäischen Verteidigungsgemeinschaft war die Aufhebung der strengen Reglementierungen durch das Besatzungsrecht und die Schaffung eines Gesetzes mit entsprechenden Kontrollmechanismen erforderlich. Das Gesetz sollte zum einen den mit der Atomenergie verbundenen Risiken und Gefahren Rechnung tragen und zum anderen ermöglichen, dass Deutschland sich der schnell voranschreitenden technischen Entwicklung anschließen und an der internationalen Zusammenarbeit und Forschung beteiligen konnte. Etwaige Maßnahmen sollten jedoch mit den alliierten Besatzungsmächten abgestimmt werden, um außenpolitischen Missverständnissen vorzubeugen. So wurden vom Bundeswirtschaftsministerium bereits am 23. Februar 1953 drei vorläufige Arbeitsausschüsse gebildet, die einen behutsamen Wiedereinstieg Deutschlands in die friedliche Kernenergieforschung vorbereiten sollten.[62] Insgesamt wurden vom Bundeswirtschaftministerium sechs Entwürfe für ein Atomgesetz ausgearbeitet und mit den Alliierten besprochen.[63]

Erst durch den Deutschlandvertrag vom 26. Mai 1952[64] wurde Westdeutschland der Bau eines kleinen Uranbrenners von 1500 kW erlaubt und das Verbot der Kernforschung und -technik im darauffolgenden Vertrag zur Gründung der Europäischen Verteidigungsgemeinschaft (EVG)[65] aufgehoben. Durch das Protokoll Nr. III über die Rüstungskontrolle vom 23. Oktober 1954[66] blieb die Bundesrepublik jedoch weiterhin verpflichtet, keine Atomwaffen herzustellen.

Am 5. Mai 1955 erlangte die Bundesrepublik mit Inkrafttreten des Protokolls über die Beendigung des Besatzungsregimes ihre Souveränität zurück; der Bundesminister für Wirtschaft übernahm die dem militärischen Sicherheitsamt bis dahin zustehenden Kompetenzen.[67] Das AHK-Gesetz Nr. 22 blieb zunächst in Kraft[68], jedoch waren die Organe der Bundesrepublik und der Länder durch

---

61 Begr. der BReg zur Ratifizierung des „Vertrages über die Gründung der Europäischen Verteidigungsgemeinschaft", vgl. BT-Drs. I, Nr. 3501 v. 21.06.1952.

62 Arbeitsausschuss 1: Uranbergbau, Erzaufbereitung, Uranherstellung; Arbeitsausschuss 2: Moderatoren; Arbeitsausschuss 3: Planung, Protokoll der Besprechung v. 23.02.1953, BArch B 102/40354.

63 Vgl. z.B. Besprechung des 4. Entwurfs, Protokoll der Sitzung v. 19.06.1953, BArch B 102/3945; Näheres zu den Entwürfen unter 1. Teil: C.I.1.

64 BGBl. 1955 II S. 306, 320.

65 BGBl. 1954 II S. 343 ff.

66 BGBl. 1955 II S. 266.

67 BAnz. Nr. 92 v. 13.05.1955.

68 Art. 2 i.V.m. dem Schreiben der Alliierten Hohen Kommissare, BGBl. 1955 II S. 216, 478.

Art. 1 des Überleitungsvertrages[69] nach Maßgabe der Vorgaben des Grundgesetzes befugt, die von den Besatzungsmächten erlassenen Rechtsvorschriften aufzuheben und zu ändern, sofern der Vertrag nichts Anderweitiges festlegte.

I. Die Gesetzgebungsarbeiten in der Bundesrepublik

1. Die Arbeiten des Bundesministeriums für Wirtschaft unter der alliierten Besatzung bis Mai 1955

Noch während der Besetzung der Bundesrepublik legte das federführende Bundesministerium für Wirtschaft die ersten Entwürfe für ein deutsches Atomgesetz vor, nachdem Bundeskanzler Adenauer den Alliierten zugesagt hatte, ein entsprechendes Kontrollgesetz anzufertigen.[70] Insgesamt arbeitete das Wirtschaftsministerium unter der alliierten Besatzung von 1952 bis Mai 1955 sechs Entwürfe aus, die jedoch alle an den unterschiedlichen Vorstellungen der Alliierten, des Wirtschaftsministeriums und der Bundesregierung scheiterten.

Im Mittelpunkt der Auseinandersetzungen stand die Errichtung einer Atomenergiekommission, deren Aufbau im Rahmen der einzelnen Entwürfe vorgesehen war. Die Alliierten waren daran interessiert, die Regelungen des deutschen Atomgesetzes denen ihrer eigenen Rechtsordnungen weitestgehend anzugleichen, daher bestand von Seiten der alliierten Vertreter die Forderung nach einer zentralen staatlichen Stelle mit weitreichenden Befugnissen auf dem Gebiet der friedlichen Kernenergienutzung. Eine Atomkommission[71] als Beratungsgremium, wie sie die Entwürfe des Bundesministeriums für Wirtschaft vorsahen, wurde als unzureichend erachtet. Die Bundesregierung und insbesondere das Bundeswirtschaftsministerium hielten die die Errichtung einer derartigen staatlichen Kontrollstelle nicht für notwendig.

a) Der erste Entwurf vom 6. Oktober 1952

aa) Inhalt und Begründung des Entwurfs durch das Bundeswirtschaftsministerium

Am 6. Oktober 1952 legte das Wirtschaftsministerium Vertretern des Alliierten Sicherheitsamtes den ersten Entwurf eines Atomgesetzes[72] vor. Der Entwurf be-

69 Vertrag zur Regelung der aus Krieg und Besatzung entstandenen Fragen, BGBl. 1955 II S. 405.

70 BArch B 102/3945.

71 Im Folgenden auch als DAtK abgekürzt.

72 BArch B 102/3945.

stand aus neun Abschnitten. Der erste Abschnitt definierte den Begriff der Kernbrennstoffe. Im zweiten Abschnitt wurden die Voraussetzungen für die Erzeugung und die Einfuhr von Kernbrennstoffen dargelegt. Bestimmungen über die Herstellung, die Einfuhr und die Lagerung von Uranium in chemischer Form enthielt der dritte Abschnitt. Danach war die Erzeugung und die Einfuhr von Uranium in jeglicher chemischen Form gestattet, sofern die erzeugten oder eingeführten Mengen nicht die zulässige Jahreshöchstgrenze von 9 to Uranium-Element überstiegen. Für das anfängliche Betreiben eines Reaktors wurde die Uranium-Menge auf 30 to begrenzt; für die Lagerung von Uranium wurden 18 to festgelegt. Der vierte Abschnitt enthielt die Genehmigungspflichten. Danach wurde jeglicher Umgang mit und Besitz von Kernbrennstoffen und Geräten zur Produktion von Kernbrennstoffen mit der jährlichen Höchstproduktionsmenge von 500 g unter einen Erlaubnisvorbehalt gestellt. In einem fünften Abschnitt wurde der Begriff Atomwaffen definiert, wobei explizit die Überschreitung der zulässigen Jahreshöchstmenge der Produktion von 500 g als Grund für die gesetzliche Vermutung von eigens für Atomwaffen hergestelltem Material galt. Damit übernahm man die im EVG-Vertrag vorgesehene Begrenzung von 500 g Spaltmaterial pro Jahr.[73] Abschnitt sechs regelte das Verbot der Herstellung, Entwicklung, des Besitzes und der Einfuhr von Atomwaffen oder der zu ihrer Herstellungen erforderlichen Gerätschaften. Abschnitt sieben sollte eine Auflistung aller genehmigungspflichtigen Erzeugnisse und Artikel enthalten, die jedoch erst noch erarbeitet werden mussten. Ebenso sollten die im achten Abschnitt noch fehlenden Schutzbestimmungen für Forschungs- und Produktionstätigkeiten auf dem Gebiet der friedlichen Atomenergieforschung eingefügt werden.

Zuletzt enthielt der Entwurf nur eine einzige organisatorische Kontrollvorschrift – Abschnitt 9 –, welche festlegte, dass sich die Bundesregierung bei der Erteilung von erforderlichen Genehmigungen der Hilfe einer hierfür zuständigen Kommission bedienen konnte.[74] Vorschriften über die Geheimhaltung von Forschungsergebnissen enthielt der Entwurf nicht. Man hielt solche nicht für erforderlich, da in der Bundesrepublik neue Forschungserkenntnisse und Entwicklungen nur für friedliche Zwecke erfolgen durften.[75]

Am 6. Oktober 1952 erörterte das Bundeswirtschaftsministerium mit den Vertretern der Alliierten Besatzungsmächte den ersten deutschen Entwurf eines

---

73 Nach Ziffer I der Anlage II des EVG-Vertrages galt: „c) als eigens für Atomwaffen erworbenes oder in erster Linie dafür verwendbares Material gilt jede 500 g überschreitende Menge an Kernbrennstoff, die im Laufe eines Jahres hergestellt wird.“ Vertrag über die Gründung der Europäischen Verteidigungsgemeinschaft, BGBl. 1954 II S. 343 ff.

74 Vermerk über die Sitzung des BMWi v. 07.10.1952, BArch B 102/3945.

75 Vermerk über die Sitzung des BMWi v. 07.10.1952, BArch B 102/3945.

Atomgesetzes.[76] Insbesondere die Einsetzung einer Atomkommission war Thema dieser Sitzung, wobei das Bundeswirtschaftsministerium ausdrücklich darauf hinwies, dass der geplanten Kommission keine Exekutivbefugnisse zukommen sollten. Ihre Aufgabe sollte primär darin bestehen, dem Wirtschaftsministerium als Beratungsorgan aus Mitgliedern aus Wissenschaft und Wirtschaft zur Seite zu stehen. Im Übrigen wurde darauf verwiesen, dass der Entwurf noch lückenhaft und unvollständig sei – insbesondere die Abschnitte sieben und acht müssten noch fertiggestellt werden.[77] Der Entwurf sollte zunächst lediglich ein Rahmengesetz bzw. eine „Gedankenstütze" für den Bereich der friedlichen Verwendung der Kernenergie sein.[78]

bb) Stellungnahme der alliierten Vertreter

Die Vertreter der Alliierten zeigten nach der gemeinsamen Beratung in ihrer Stellungnahme einige Schwachpunkte des Entwurfs auf und brachten zum Ausdruck, dass dieser keine ausreichende Grundlage für ein deutsches Atomgesetz darstelle.[79] Das endgültige Rechtsdokument solle eine Präambel mit den gesetzgeberischen Zielvorstellungen und den Verpflichtungen der Bundesrepublik enthalten. Der vierte Abschnitt über die Genehmigungsvorschriften gewährleiste keine ausreichende effektive Kontrolle, zudem seien die Abschnitte sieben und acht zu vervollständigen. Als Anlage übersandten die Alliierten eine vier Seiten lange Liste über Substanzen, welche beim Export einer entsprechenden Kontrolle unterliegen und in Abschnitt sieben eingefügt werden sollten.[80] Darüber hinaus seien Dokumentations-, Inspektions- und Verwaltungsvorschriften in den Entwurf einzufügen. Schließlich wurde angeregt, entsprechend der Handhabung in ihren eigenen Ländern eine Regierungsstelle mit Exekutivbefugnissen statt lediglich eine beratend tätige Kommission einzurichten.[81] Darüber hinaus solle sich die Bundesregierung das Eigentumsrecht an allen Kernbrennstoffen vorbehalten.[82] Auch eine Vorschrift über die Geheimhaltung von Forschungsergebnissen sei erforderlich, da die Anwendung der Kernenergie für Kriegs- und für friedliche

---

76 Vermerk über die Sitzung des BMWi v. 07.10.1952, BArch B 102/3945.
77 Vermerk über die Sitzung des BMWi v. 07.10.1952, BArch B 102/3945.
78 Vermerk über die Sitzung des BMWi v. 07.10.1952, BArch B 102/3945.
79 Schreiben der Alliierten v. 10.10.1952, BArch B 102/3945.
80 Schreiben der Alliierten v. 10.10.1952, BArch B 102/3945, S. 2-6.
81 Vgl. Harvey an BMWi v. 10.10.1952, BArch B 102/3945.
82 Vgl. Harvey an BMWi v. 10.10.1952, BArch B 102/3945.

Zwecke mitunter schwer zu unterscheiden sei.[83] Meldepflichten, Inspektionen und Zwangsmaßnahmen seien hierfür in das Gesetz aufzunehmen.[84]

b) Der zweite Entwurf vom 21. Oktober 1952

aa) Inhalt des Entwurfs

Den zweiten Entwurf legte das Bundesministerium für Wirtschaft den Alliierten am 21. Oktober 1952 vor. Entsprechend der vorangegangenen Änderungsvorschläge von Seiten der Alliierten enthielt der zweite Entwurf nunmehr eine Präambel, welche sich auf Art. 107 des Vertrages zur Gründung der Europäischen Verteidigungsgemeinschaft vom 27. Mai 1952 sowie auf das Schreiben des Bundeskanzlers der Bundesrepublik Deutschland an die drei Besatzungsmächte vom 7. Mai 1952 bezog.[85] Adenauer bestätigte darin die Verpflichtung der Bundesrepublik, keine Atomwaffen herzustellen, und akzeptierte die „Begrenzung der Jahresleistung von 500 Gramm Kernbrennstoff im Falle eines Kernreaktors als Gegenwert einer Wärmeerzeugung von 1,5 Megawatt“.[86]

Die Genehmigungsvorbehalte wurden im zweiten Entwurf konkretisiert. Genehmigungspflichtig war die Erzeugung von Kernbrennstoffen (§ 4), die Errichtung, Entwicklung, Herstellung und der Besitz von Geräten zur Produktion von Kernbrennstoffen (§ 5), die Gewinnung, Lagerung, Verarbeitung und der Besitz von Ausgangsstoffen (§ 6) sowie die Ein- und Ausfuhr von Kernbrennstoffen und Ausgangsstoffen (§ 7). § 8 des Entwurfs sah, entsprechend den Rechtsordnungen der alliierten Besatzungsmächte, einen staatlichen Eigentumsvorbehalt für alle Kernbrennstoffe, Ausgangsstoffe und Geräte zur Erzeugung von Kernbrennstoffen vor.

Im Mittelpunkt des Entwurfs standen Aufbau und Aufgaben einer Kernenergiekommission. Sie sollte aus neun ehrenamtlichen Mitgliedern bestehen, darunter drei Vertreter von Bundesministerien, drei Vertreter aus dem Forschungsbereich und drei aus der Wirtschaft. Wie schon der erste Entwurf vorsah, sollte die Kommission lediglich beratend tätig sein. Neben der näheren rechtlichen Ausgestaltung einer geplanten Atomkommission enthielt der Entwurf Regelungen zur Geheimhaltung und Informationsbekanntgabe sowie zur Erteilung von Paten-

83 Vgl. Harvey an BMWi v. 10.10.1952, BArch B 102/3945.

84 Vgl. Harvey an BMWi v. 10.10.1952, BArch B 102/3945.

85 Abgedr. bei Müller, Die Geschichte der Kernenergie in der Bundesrepublik Deutschland, Bd. 1, S. 86.

86 Abgedr. bei Müller, Die Geschichte der Kernenergie in der Bundesrepublik Deutschland, Bd. 1, S. 86.

ten und eine Bestimmung zum Schutz der menschlichen Gesundheit, ferner Strafbestimmungen und Verordnungsermächtigungen.

Den Geheimhaltungsforderungen der Alliierten sollte durch eine Regelung entsprochen werden, durch welche Veröffentlichungen über die Erzeugung von Verwendung von spaltbaren Stoffen nur nach Anhörung der Atomkommission gestattet sein sollte.

§ 10 des Entwurfs legte eine grundsätzliche Verpflichtung zur Geheimhaltung hinsichtlich bestehender oder geplanter Anlagen zur Kernenergienutzung und der Verfahren innerhalb derartiger Anlagen fest. Die Weitergabe von Informationen wurde als Verletzung eines Staatsgeheimnisses im Sinne des damaligen § 99 des ersten Strafrechtsänderungsgesetzes vom 30. August 1951[87] normiert. Eine Weitergabe von Informationen war gem. § 11 des Entwurfs nur mit Zustimmung des Bundesministers für Wirtschaft mit vorheriger Anhörung der Kernenergiekommission zulässig. Bei einer Ablehnung der Kernenergiekommission war dem Bundesminister für Wirtschaft die Erteilung einer Genehmigung verwehrt.

Für die Erteilung von Patenten enthielt der Entwurf eine Regelung, dass Patente, welche die Herstellung oder Erzeugung und die Verwendung von Einrichtungen und Vorrichtungen für die vorstehend genannten Tätigkeiten betrafen, im Namen der Bundesrepublik Deutschland erteilt würden. Der Erfinder sollte sodann eine Anerkennungsprämie erhalten, welche der Bundesminister für Wirtschaft nach Anhörung der Kernenergiekommission festsetzen würde.

Die Durchführungsverordnung zum Entwurf des Gesetzes legte ausdrücklich die Zuständigkeit des Bundeswirtschaftsministers fest.[88] Daneben bestand eine gemeinsame Ermächtigung des Bundesministers des Inneren und des Bundesministers für Wirtschaft zum Erlass von Schutzbestimmungen für Menschen, welche mit Kernbrennstoffen und radioaktiven Stoffen arbeiten. Auch Strafbestimmungen, welche im vorangegangenen ersten Entwurf fehlten, waren nunmehr im zweiten Entwurf vorhanden.

---

87 § 99: (1) Staatsgeheimnisse im Sinne dieses Abschnitts sind Tatsachen, Gegenstände oder Erkenntnisse, insbesondere Schriften, Zeichnungen, Modelle oder Formeln, oder Nachrichten darüber, deren Geheimhaltung vor einer fremden Regierung für das Wohl der Bundesrepublik Deutschland oder eines ihrer Länder erforderlich ist. (2) Verrat im Sinne dieses Abschnitts begeht, wer vorsätzlich ein Staatsgeheimnis an einen Unbefugten gelangen läßt oder es öffentlich bekanntmacht und dadurch das Wohl der Bundesrepublik Deutschland oder eines ihrer Länder gefährdet, BGBl. 1951 I S. 739 ff..

88 Vgl. Protokoll der Sitzung v. 21.10.1952, BArch B 102/3945.

bb) Stellungnahme der alliierten Vertreter

Von französischer Seite bestand die Forderung nach der Einführung von Strafbestimmungen für den Bau von Atomwaffen.[89]

Hauptkritikpunkte an dem zweiten Entwurf waren jedoch wie zuvor die Errichtung der Atomkommission und der Umfang der staatlichen Kontrollen. Die Alliierten hielten an ihrer Vorstellung fest, das deutsche Atomgesetz nach dem Vorbild der in ihren Ländern geltenden Atomgesetze zu fassen. Die Rechtsordnungen aller drei Länder legten die Atomenergienutzung vollständig in staatliche Hände. Der Staat war danach allein Eigentümer von Kernbrennstoffen und die Kernforschung und die kerntechnischen Entwicklungen erfolgten allein durch staatliche Institutionen. Eine zentrale staatliche Organisation war für die friedlichen Forschung und Nutzung sowie für die Kontrolle und die Geheimhaltung zuständig.[90]

Trotz der Einwendungen der Alliierten beabsichtigten die Bundesregierung und das Bundeswirtschaftsministerium nicht, deren Gesetzesbeispielen gänzlich zu folgen. Einerseits erkannte man die Notwendigkeit einer effektiven staatlichen Kontrolle an, andererseits vertrat man die Ansicht, dass eine derart umfassende staatliche Betätigung im Gegensatz zu einer Politik der sozialen Marktwirtschaft und damit im Gegensatz zur vorhandenen deutschen Wirtschaftsstruktur stand. Explizit verwies man darauf, dass in der Bundesrepublik anders als bei den Besatzungsmächten von Beginn an keine militärische Verwendung der Kernenergie erfolgen werde, so dass eine derart umfassende Verstaatlichung der Kernenergienutzung nicht notwendig sei. Trotz Einarbeitung eines staatlichen Eigentumsvorbehalts in § 8 des Entwurfs stellten die Vertreter des Bundesministeriums für Wirtschaft den alliierten Vertretern wiederholt die Frage, ob nicht eine Verfügungsgewalt ausreichen würde. Die Alliierten ließen sich auf einen Kompromiss ein, welcher eine Verfügungsgewalt für Ausgangsstoffe und Geräte zur Erzeugung von Kernbrennstoffen, nicht jedoch für Kernbrennstoffe selbst vorsah. Darüber hinaus seien weitreichende Durchführungs- und Kontrollvorschriften vonnöten, um eine effektive Inspektion und Überwachung zu ermöglichen.

Von den Alliierten wurden neben der Frage nach der Einbindung des Staates zunehmend die in dem Entwurf vorgesehene Errichtung einer Kommission kritisiert. Sie verlangten, dass diese mit Hoheitsbefugnissen ausgestattet sein solle.[91] Im

89 Vgl. Protokoll der Sitzung v. 21.10.1952, BArch B 102/3945.

90 In den USA war dies die United States Atomic Energy Commission (USAEC); in Großbritannien die Atomenergiebehörde United Kingdom Energy Authority (UKAEA); in Frankreich das Atomkommissariat Commissariat à l'Energie atomique (CEA).

91 Vgl. Protokoll der Sitzung v. 05.12.1952, BArch B 102/3945.

Wirtschaftministerium vertrat man hingegen die Ansicht, dass eine Kommission, die

> „neben der Regierung unabhängig von ihr Legislativ- und Exekutivgewalt ausüben, Verordnungen, Verfügungen, Genehmigungen, Verbote u.s.w. erlassen könne, mit dem in der Bundesrepublik geltenden Verfassungsrecht unvereinbar sei“.[92]

Diesen verfassungsrechtlichen Bedenken stimmten die Alliierten nur insoweit zu, als sie eine mit Kontrollbefugnissen ausgestattete, an das Wirtschaftsministerium angegliederte Atomenergiebehörde mit einem beratenden Gremium als akzeptabel erachteten.[93] Ein überarbeiteter dritter Entwurf wurde den alliierten Vertretern am Ende der Sitzung für Anfang Januar angekündigt.

c) Der dritte Entwurf vom 3. März 1953

Im dritten Entwurf unternahm das Bundeswirtschaftsministerium den Versuch, die Verwaltungskompetenz gesetzlich festzulegen. Die Förderung der Kernforschung sollte in den Zuständigkeitsbereich des Wirtschaftsministeriums fallen.[94] Der Entwurf hatte nun den Titel „Gesetz zur Förderung und Überwachung der Atomenergie“. Bestimmungen zur Förderung der Forschung enthielt er nicht, statuierte jedoch eine Ausnahme von dem Verbot der Atomwaffen im Falle eines Ersuchs der Europäischen Verteidigungsgemeinschaft.[95]

Die Alliierten forderten weiterhin die Ausweitung der Befugnisse der geplanten Atomkommission und die Überführung von Kernbrennstoffen in Bundeseigentum. Allerdings erklärten sie sich nunmehr damit einverstanden, dass auch private Unternehmen Kernbrennstoffe besitzen konnten.[96]

d) Der vierte Entwurf vom 5. Mai 1953

aa) Inhalt des Entwurfs

Der vierte Entwurf mit dem Titel „Gesetz über den Verkehr mit Kernenergie (Atomgesetz)“[97] enthielt einleitend allgemeine Begriffsbestimmungen und formulierte erstmalig umfassend den Begriff der Kernenergie. In § 1 Abs.1 wurde Kernenergie wie folgt definiert:

---

92 Fischerhof, Atomwirtschaft und Gesetzgeber, AtW 1956, S. 93 ff.
93 Vgl. Protokoll der Sitzung v. 05.12.1952, BArch B 102/3945.
94 Vgl. Protokoll der Sitzung v. 20.11.1952, BArch B 102/3945.
95 Vgl. Protokoll der Sitzung v. 03.03.1953, BArch B 102/3945.
96 Vgl. Protokoll der Sitzung v. 03.03.1953, BArch B 102/3945.
97 4. Entwurf v. 05.05.1953, BArch B 102/3945.

„die Energie, die bei der Spaltung oder jeder sonstigen Umwandlung von Atomkernen freigemacht wird; hierunter fällt nicht die Energie, die bei der natürlichen Umwandlung bzw. beim radioaktiven Zerfall frei wird, soweit die Umwandlung oder der Zerfall nicht durch äußere Mittel beschleunigt oder beeinflusst werden;".[98]

Trotz des vorangegangenen Drängens der Alliierten, eine staatliche Eigentumsregelung in den Entwurf zu integrieren, normierte das Bundeswirtschaftsministerium ausschließlich die Kontrollgewalt des Bundesministers für Wirtschaft über Kernbrennstoffe, Ausgangsstoffe und Einrichtungen zur Erzeugung oder Verwendung von Kernbrennstoffen. Diese wurde in Abschnitt 3 § 3 des Entwurfs wie folgt gefasst:

„(1) Kernbrennstoff darf nur mit Genehmigung des Bundesministers für Wirtschaft erzeugt, gelagert, in Besitz gehalten, verwendet, geliefert und bezogen werden.

(2) Kernenergie darf nur mit Genehmigung des Bundesministers für Wirtschaft verwendet werden."[99]

Bezüglich der Frage der Errichtung und des Kompetenzumfangs der geplanten Kernenergiekommission trat vor Erarbeitung des vierten Entwurfs eine Änderung ein. In einem Schreiben des Bundeskanzlers Adenauer an den Bundeswirtschaftsminister Erhard vom 20. Februar 1953 äußerte Adenauer den Wunsch, selbst den Vorsitz der Kommission zu übernehmen und die Angehörigen der Bundesregierung ebenfalls als deren Mitglieder zu berufen, um der enormen politischen Tragweite der Angelegenheit gerecht zu werden.[100] Daraufhin wurden im vierten Entwurf vom Mai 1953 die bisher erarbeiteten Regelungen über eine Kernkommission, die §§ 8, 9 und 10, weggelassen. In der Besprechung des Entwurfs vom 19. Juni 1953 im militärischen Sicherheitsamt der Alliierten wurde sodann die Errichtung einer Kommission als wissenschaftlicher Beirat des Wirtschaftsministeriums vorgeschlagen, deren Mitglieder durch den Bundeskanzler benannt werden und sich aus Vertretern der Wissenschaft und bestimmter Industriezweige zusammensetzen sollten.[101] Dieser Beirat sollte ähnlich wie das englische Advisory Board beim Minister of Supply agieren. Er sollte als unpolitisches, allein beratendes Gremium fungieren und nicht selbst entscheidungsbefugt sein.[102]

98 4. Entwurf v. 05.05.1953, BArch B 102/3945.
99 4. Entwurf v. 05.05.1953, BArch B 102/3945.
100 Schreiben v. 20.02.1953, BArch B 102/3945.
101 Vgl. Besprechung v. 19.06.1953, BArch B 102/3945.
102 Vgl. Besprechung v. 19.06.1953, BArch B 102/3945.

bb) Stellungnahme der alliierten Vertreter

Bei der Besprechung des Entwurfs mit den Alliierten am 19. Juni 1953 einigte man sich zunächst auf die Umbenennung des Atomgesetzes in „Gesetz über Kernenergie".[103]

Zu § 3 des Entwurfs fragten die Alliierten erneut an, warum eine Eigentumsregelung zugunsten der Bundesrepublik nicht eingefügt werden könne. Herr Ministerialrat Thieme stellte die verfassungsrechtlichen Probleme dar, welche im Falle einer staatlichen Eigentumsregelung auftreten würden. Aufgrund von Art. 14 und Art. 15 GG war bei staatlichen Enteignungen eine Entschädigung zu zahlen. Ferner sei die vorliegende Fassung des § 3 geeignet, eine umfassende Kontrolle zu gewährleisten und einem Missbrauch von Kernbrennstoffen vorzubeugen. Um der Bundesregierung die Möglichkeit zu geben, im Einzelfall den Kernbrennstoff für einen bestimmten Zweck zu verwenden, wurde folgender Absatz 3 in § 3 des Entwurfs eingefügt: „(3) Der Bundesminister für Wirtschaft kann durch Verfügung Verwendungs- und Liefergebote für Kernbrennstoffe erlassen."

Nachdem gegenüber den Alliierten betont worden war, dass Kernbrennstoffe in der Bundesrepublik allein zu friedlichen Zwecken erzeugt und verwendet werden dürfen, stimmten die alliierten Vertreter der Fassung des § 3 zunächst zu.[104]

Zu den fehlenden §§ 8, 9 und 10 über die Kernenergiekommission und die Planung eines wissenschaftlichen Beirates behielten sich die alliierten Vertreter eine endgültige Stellungnahme bis zur Ausarbeitung des nächsten Entwurfs vor.

e) Die Entwürfe 5 und 6 von Dezember 1953 bis Mai 1955

Entsprechend dem Wunsch von Bundeskanzler Adenauer, selbst den Vorsitz über die geplante Kernenergiekommission zu übernehmen und weitere Regierungsvertreter als Kommissionsmitglieder miteinzubeziehen, standen die Zusammensetzung, die Rechtsform und die Reichweite der Kompetenzen der geplanten Kommission im Mittelpunkt der weiteren Diskussionen.

So sah der fünfte Entwurf, welcher den Alliierten am 8. Dezember 1953 vom Bundesministerium für Wirtschaft vorgelegt wurde, vor, dass die Kommission aus sechs Mitgliedern aus Wissenschaft und Wirtschaft bestehen sollte.[105] Alle Mitglieder sollten vom Bundeskanzler berufen werden. Die Kommission sollte der Bundesregierung beratend zur Seite stehen und ihr einen jährlichen Bericht zukommen lassen; eigene Exekutivbefugnisse waren nicht vorgesehen. Ferner

103 Vermerk über die Besprechung v. 19.06.1953, BArch B 102/3945.

104 Vgl. Vermerk über die Besprechung v. 19.06.1952, BArch B 102/3945.

105 Vgl. 5. Entwurf: „Gesetz über Kernenergie", v. 08.12.1953, BArch B 102/3945.

sollte das Bundeswirtschaftsministerium das Recht erhalten, nach Anhörung der Atomkommission Befreiungen von der Pflicht zur Geheimhaltung zu erteilen. Der sechste Entwurf enthielt im Vergleich zum fünften keine wesentlichen Änderungen, regelte jedoch ausdrücklich die Aufhebung der einschlägigen Kontrollgesetze der Alliierten.

Während und auch nach Ausarbeitung des fünften und sechsten Entwurfs ging die Debatte um die geplante Kernenergiekommission, deren Kompetenzen und ihre Besetzung mit Mitgliedern der Bundesregierung weiter. In einem Gespräch zwischen Mitgliedern des Bundeskanzleramts und Vertretern des Bundesministeriums für Wirtschaft am 23. Januar 1954 kristallisierten sich folgende Fragen heraus:

1. Sollte die Errichtung einer Kommission im Atomgesetz selbst enthalten sein?
2. Inwieweit sollte die friedliche Verwendung der Kernenergie der staatlichen Kontrolle unterliegen – in Form von Staatswirtschaft, gelenkter Wirtschaft oder freier Wirtschaft?
3. Wer ist im Falle des Baus eines Atommeilers der Rechts- und Vermögensträger?
4. Sollte in Bezug auf § 8 Abs. 5 des fünften Entwurfs nicht lediglich gesagt werden: „Die Kernenergie-Kommission berät die Bundesregierung in *allen Fragen dieses Gesetzes*“?
5. Welche Rechtsform sollte die Kernenergiekommission erhalten?
6. Sollte die Kernenergiekommission nur beratend oder auch entscheidend tätig sein?

Man verständigte sich darauf, das Atomgesetz inhaltlich nicht auf bloße Überwachungsvorschriften zu begrenzen, sondern sehr wohl auch Vorschriften wie etwa die Errichtung einer Kernenergiekommission miteinzubeziehen. Ferner sollte die Kernenergienutzung in der Bundesrepublik nach den Grundsätzen der freien Wirtschaft behandelt werden, um interessierte Wirtschaftskreise zu einer aktiven und finanziellen Beteiligung zu animieren.[106] Dementsprechend sollten eventuell geplante Atommeiler in keinem Fall vom Staat selbst betrieben werden, vielmehr sollte eine juristische Person als Träger- und Betreiberin geschaffen werden. Die Kernenergiekommission sollte lediglich beratend in allen Fragen des Atomgesetzes tätig sein.

Bei den weiteren Arbeiten des Bundeswirtschaftsministeriums an den Gesetzesentwürfen und nach Rücksprache mit Vertretern des Bundeskanzleramtes[107]

---

106 Vgl. Schreiben des BMWi an das BKA v. Mai 1954, BArch B 102/3945.

107 Siehe Vermerk über die Besprechung v. 23.01.1954 im BKA, BArch B 102/3945.

und mit Werner Heisenberg vom Max-Planck-Institut für Physik[108] ergab sich, dass eine Aufnahme von Vertretern der Bundesregierung in die Kommission nicht nur unzweckmäßig, sondern auch staats- und verfassungsrechtlich unmöglich war. Zum gleichen Ergebnis kam man hinsichtlich der Frage der Besetzung des Kommissionsvorsitzes durch den Bundeskanzler. Somit sprach sich der Bundeswirtschaftsminister im sechsten Entwurf ausdrücklich gegen eine Mitgliedschaft von Vertretern der Bundesregierung und gegen den Vorsitz des Bundeskanzlers sowie für eine rein beratende Funktion der zukünftigen Kernenergiekommission aus.[109]

Untermauert wurde dieses Ergebnis mit verfassungsrechtlichen Problemen, welche im Falle der Ausstattung der Kommission mit unmittelbar entscheidenden Befugnissen auftreten würden. Gem. Art. 65 des Grundgesetzes bestimmt der Bundeskanzler die Richtlinien der Politik. Bei der Übertragung von wichtigen und grundsätzlichen Befugnissen auf dem Gebiet der friedlichen Kernenergienutzung bestehe die Gefahr, dass diese Richtlinien berührt würden. Auch wenn man davon ausgehe, dass die geplante Kernenergiekommission mit den Richtlinien der Politik konform gehen werde, bestünde ein weiteres verfassungsrechtliches Problem. Ein „Neben-der-Regierung-Stehen“, ohne dieser gegenüber bei Entscheidungen verantwortlich sein zu müssen, stehe zudem in Widerspruch zu Art. 65 GG.

> „Mit dem parlamentarischen System ist jede Art militärischer oder ziviler Nebenregierung begrifflich unvereinbar. Es gibt daher keine Prärogative des Kanzlers oder der Koordinierung des Kabinetts entzogene Immediatbehörde. Bisher haben alle politischen und bürokratischen Emanzipationsbestrebungen diese verfassungsrechtliche Schranke respektieren müssen.“[110]

Es sei daher nicht möglich, einer Kommission eigene Entscheidungsbefugnisse ohne die Zustimmung der Bundesregierung zu übertragen. Die endgültigen Entscheidungen müssten stets dem federführenden Bundesminister oder der Bundesregierung vorbehalten seien, zumindest sei aber eine Anrufung der Bundesregierung vor Entscheidungsfindung erforderlich. Anderenfalls wäre die Übernahme der parlamentarischen Verantwortung durch die Regierung für die Tätigkeit der Kommission, entsprechend Art. 65 GG, nicht realisierbar. Wenn eine Anrufungsmöglichkeit an die Bundesregierung gesetzlich vorgesehen sein soll, wäre ein Kommissionsvorsitz des Bundeskanzlers nicht möglich.

Auch hinsichtlich der Alternative, die Kommission als entscheidendes Gremium einer bundesunmittelbaren Körperschaft des öffentlichen Rechts anzugliedern, äußerte Erhard Bedenken. Hier sei ebenfalls ein Vorsitz des Bundeskanzlers

---

108 Siehe Vermerk über die Besprechung v. 04.03.1954 mit Heisenberg, BArch B 102/3945.

109 Siehe Vermerk über die Besprechung v. 04.03.1954, BArch B 102/3945.

110 Köttgen, Bundesregierung und Oberste Bundesbehörden, DÖV 1954, S. 5.

nicht möglich, da bundesunmittelbare Körperschaften mindestens der Rechtsaufsicht eines Ressortministers unterstehen müssten.[111] Aufgrund dieses Aufsichtsverhältnisses sei es nicht möglich, der Körperschaft nur die Entscheidungsbefugnis zu überlassen und die laufenden Verwaltungsarbeiten den Ministerien. Entschließe man sich also zur Errichtung einer Körperschaft, so müssten dieser per Gesetz alle Aufgaben übertragen werden. Allein die wichtigsten Entscheidungen wären dann wiederum aufgrund des Art. 65 GG der Bundesregierung vorbehalten. Die Übertragung der laufenden Verwaltungsarbeiten auf die Körperschaft würde die Errichtung einer neuen Behörde notwendig machen. Dieser Umstand, welcher einen zu großen Aufwand erfordere, mache die Alternative der Schaffung einer Körperschaft unzweckmäßig.[112]

2. Zusammenfassung

Die ersten vom Bundeswirtschaftsministerium ausgearbeiteten Entwürfe zum Atomgesetz waren stark reglementiert durch die Vorstellungen der alliierten Besatzungsmächte. Deren Interesse bestand darin, das Regelungswerk ihren eigenen nationalen Atomgesetzen möglichst anzugleichen und dabei der Bundesrepublik jedwede Möglichkeit einer militärischen Verwendung der Kernenergie zu entziehen. Die Ausklammerung der militärischen Verwendung der Kernenergie war bereits durch zahlreiche bilaterale Abkommen bezüglich des Bezuges von Kernbrennmaterial und durch andere internationale Verträge sichergestellt.[113] Hinsichtlich der begehrten „Rechtsangleichung“ waren die wesentlichen Streitpunkte zwischen der Bundesregierung und den Alliierten die Regelung des Eigentums an Kernbrennstoffen, die Errichtung einer Atomkommission und die Notwendigkeit von Vorschriften über die Geheimhaltung von Forschungsergebnissen. Dabei hielt die Bundesregierung vehement an ihren Vorstellungen fest – kein Staatseigentum an Kernbrennstoffen, Errichtung einer beratend tätigen Atomkommission und keine Vorschriften über die Geheimhaltung – und machte im Rahmen der Erarbeitung der Entwürfe lediglich kleine Zugeständnisse gegenüber den Alliierten. Im weiteren Verlauf des Jahren 1954 mehrten sich dann die Stimmen, mit dem Erlass des Atomgesetzes zu warten, bis eine weiter reichende Souveränität der

111 Vgl. Erhard an den Staatssekretär des Bundeskanzleramtes v. 23.07.1954, Akten Heisenberg, Reaktor I, 1953/55.

112 Vgl. Erhard an den Staatssekretär des BKA v. 23.07.1954, Akten Heisenberg, Reaktor I, 1953/55.

113 Abkommen mit den USA v. 03.07.1957, mit Großbritannien v. 31.07.1956, mit Kanada v. 11.12.1957; Protokoll Nr. III über die Rüstungskontrolle zu den Pariser Verträgen v. 23.10.1954, BGBl. 1955 II S. 267, 630; dazu näher 2. Teil: A.

Bundesrepublik und damit eine freiere und ungehindertere Erforschung der friedlichen Kernenergienutzung möglich sein würde.[114]

Für den Bereich des Strahlenschutzes vereinbarten das Bundesministerium des Inneren (BMI), das Bundesministerium für Arbeit (BMA) und das Bundeswirtschaftsministerium (BMWi) im Januar 1953, in das geplante Kernenergiegesetz eine Ermächtigung einzufügen, durch welche eine Strahlenschutzregelung auch für den medizinischen Bereich erlassen werden könnte, da dieser Bereich von der Röntgenverordnung vom 7. Februar 1941[115] nicht erfasst war.

II. Kernenergie in der DDR

Nach Kriegsende war die Verstaatlichung und Zentralisierung aller Wirtschaftsbereiche das vordringlichste Ziel der sowjetischen Besatzung.[116] Dies wirkte sich auch auf den gesamten Bereich der Energiewirtschaft aus. Bis 1948 wurden nahezu alle Energiebetriebe verstaatlicht und kamen in den Besitz der Sowjetischen Aktiengesellschaft (SAG). Danach bestanden die hauptsächlichen Bemühungen darin, eine solide energiewirtschaftliche Basis zu schaffen. Im Vordergrund stand die Steigerung der Kohle- und Energieproduktion.[117] Trotz finanzieller Zuschüsse in diesen Bereichen gab es Probleme, den Energiebedarf, insbesondere den Strombedarf der DDR-Bevölkerung zu decken.[118]

Euphorie für die neue Energiequelle „Atomkraft“ war somit auch in der DDR vorhanden. Man hoffte, das ständige Problem der Energieknappheit mit Hilfe der Kernenergie lösen zu können. Allerdings war in der DDR die Forschung auf dem Gebiet der Kernenergie aufgrund der sowjetischen Besatzungsmacht ebenfalls stark eingeschränkt. Wie der Bundesrepublik war es auch der DDR bis 1955 aufgrund des Kontrollratsgesetzes der Alliierten verboten, selbstständig Forschung und Entwicklung auf dem Gebiet der Kernenergienutzung voranzutreiben.[119]

Erst im November des Jahres 1955 wurde der „Wissenschaftliche Rat für die friedliche Anwendung der Kernenergie“ geschaffen. Dieser sollte der Regierung als Beratungsgremium bei jedweden Fragen auf dem Gebiet der friedlichen Atomenergienutzung zur Seite stehen. Er bestand aus fünf Kommissionen, die für Isotope, Strahlenschutz, Geräte, Rechtsfragen und Internationale Angelegenheiten

114 Vgl. Müller, Die Geschichte der Kernenergie in der Bundesrepublik Deutschland, Bd. 1, S. 530.

115 RGBl. 1941 I S. 88, 162.

116 Vgl. Kahlert, Die Kernenergiepolitik in der DDR, S. 19.

117 Vgl. Knop, Die Energiewirtschaft der DDR und die Planung ihrer künftigen Entwicklung, S. 39.

118 Vgl. Kinzel, Die Elektrizitätswirtschaft in der sowjetischen Besatzungszone, S. 21 f.

119 Art. 2 i.V.m. dem Schreiben der Alliierten Hohen Kommissare, BGBl. 1955 II S. 216; vgl. Liewers/Abele/Barkleit, Zur Geschichte der Kernenergie in der DDR, S. 9.

sowie Ausbildungs- und Nachwuchsfragen zuständig waren.[120] Vom selben Monat an wurden Studenten an der neugegründeten Fakultät für Kerntechnik an der TU Dresden in den Fachrichtungen Kernphysik, Radiochemie, Kernenergie und Strahlenmesstechnik ausgebildet.

Ein Abkommen mit der Sowjetunion vom 28. April 1955 über die Lieferung von technischen Plänen und Brennstoffen bereitete den Einstieg der DDR in das Atomenergieprogramm vor. In dessen Rahmen nahm am 1. Januar 1956 das Zentralinstitut für Kernforschung (ZFK) bei Dresden seine Arbeit auf. Im Jahre 1957 wurde das Amt für Kerntechnik und Kernforschung geschaffen, dessen Aufgabe in der Förderung, Kontrolle und langfristigen Planung der kernenergietechnischen Forschungs- und Entwicklungsarbeiten lag. Es prognostizierte für die DDR bis 1970 den Bau von etwa 20 Atomkraftwerken.[121] Zur Umsetzung der erlangten Forschungsergebnisse für die industrielle Nutzung wurde 1958 das Wissenschaftlich-Technische Büro für Reaktorbau in Berlin geschaffen.

Am 16. Dezember 1957 wurde der erste DDR-Forschungsreaktor eingeweiht. Etwa zwei Jahre nach Erlass des Atomgesetzes der Bundesrepublik Deutschland erließ die Führungsspitze der DDR am 28. März 1962 sodann ein erstes „Gesetz über die Anwendung der Atomenergie in der Deutschen Demokratischen Republik".[122] Auch dieses Regelungswerk betraf allein die Verwendung von Kernenergie zu friedlichen Zwecken. Dieses Ziel war jedoch „untrennbar verbunden mit dem Kampf gegen die Ausnutzung der Atomenergie für die aggressiven Ziele der Imperialisten".[123]

Im Jahre 1966 ging das erste Kernkraftwerk in Rheinsberg bei Potsdam ans Netz. Diesem folgte sieben Jahre später das Kernkraftwerk in Greifswald mit einer viel höheren Leistung. Doch geplant war von der SED-Führung weitaus mehr. Etwa 20 Kernkraftwerke sollten bis 1970 in Betrieb genommen werden. Doch bis 1989 gingen lediglich die genannten zwei Kernkraftwerke ans Netz, die lediglich ca. 10 Prozent der Stromversorgung der DDR abdeckten.

Mit der Wiedervereinigung und dem Beitritt der DDR zur Bundesrepublik am 3. Oktober 1990 galt gem. Art. 8 des Einigungsvertrages[124] das „Gesetz über

---

120 AtW 1957, S. 341.

121 Vgl. Knop, Die Energiewirtschaft der DDR und die Planung ihrer künftigen Entwicklung, S. 208; Götz, Die Energiewirtschaft in der DDR, S. 85; Steenbeck, Voraussetzungen und Aussichten für den Atomkraftwerksbau in der Deutschen Demokratischen Republik, Die Technik 1959, S. 686.

122 Atomenergiegesetz der DDR v. 28.03.1962, Gesetzblatt der DDR: Teil 1 (1962), S. 47-50.

123 Vorbm. zum Atomenergiegesetz der DDR v. 28.03.1962, Gesetzblatt der DDR: Teil 1 (1962), S. 47.

124 Einigungsvertrag v. 31.08.1990, BGBl. 1990 II S. 885; Beitrittserklärung der DDR, BGBl. 1990 I S. 2057.

die friedliche Verwendung der Kernenergie und den Schutz gegen ihre Gefahren"[125] auch im Geltungsbereich der DDR.

D. Die Haltung der Öffentlichkeit/Politische Stimmung zur friedlichen Nutzung der Kernenergie

Die breite Öffentlichkeit schien die Vorbereitungen der Bundesrepublik auf dem Gebiet der friedlichen Kernenergienutzung zu befürworten.[126] „In den 50er Jahren waren die Leute geradezu besoffen vom Atom", schreibt die Frankfurter Allgemeine Zeitung.[127] Auf Seiten der einflussreichsten Vertreter aus der Politik, bei Experten und Journalisten herrschte eine regelrechte Atomeuphorie vor, welche Ausdruck der Aufbruchsstimmung der 1950er und 1960er Jahre in der Bundesrepublik war.[128] Dennoch bestanden in der Bevölkerung bereits von Beginn an Skepsis, Ängste und Widerstand gegen die friedliche Kernenergienutzung.[129]

Von politischer Seite war die Euphorie ungebrochen, alle relevanten größeren Parteien waren sich dahingehend einig, dass der Einstieg der Bundesrepublik in die friedliche Kernenergienutzung notwendig sei.[130] Im Mittelpunkt standen dabei zunächst vor allem die forschungspolitischen Interessen, der Forschungsrückstand gegenüber den USA und den europäischen Nachbarstaaten sollte schnellstmöglich aufgeholt werden.[131]

So ließ die SPD auf ihrem Parteitag 1956 im Rahmen ihres Atomplans verlauten, dass die kontrollierte Kernspaltung und die daraus zu gewinnende Energie den Beginn eines neuen Energiezeitalters für die Menschen einleite. Diese neue

---

125 BGBl. 1959 I S. 814.

126 Vgl. Müller, Die Geschichte der Kernenergie in der Bundesrepublik Deutschland, Bd. 1, S. 335 ff.; Radkau, Technik in Deutschland vom 18. Jahrhundert bis zur Gegenwart, S. 101; Barthelt/Montanus, Begeisterter Aufbruch – die Entwicklung der Kernenergie in der Bundesrepublik Deutschland bis Mitte der siebziger Jahre, in: Energiepolitik-Geschichte, S. 89 ff.

127 Hank, Unser Freund, das Atom, in: FAZ v. 27.03.2011.

128 Vgl. Barthelt/Montanus, Begeisterter Aufbruch – die Entwicklung der Kernenergie in der Bundesrepublik Deutschland bis Mitte der siebziger Jahre, in: Energiepolitik-Geschichte, S. 89 f., 94; Deutsches Atomforum: 50 Jahre Deutsches Atomforum, S. 5, online verfügbar unter: http://www.kernenergie.de/kernenergie-wAssets/docs/service/050chronik2009_07.pdf, Stand: 02.11.2012.

129 Vgl. Müller, Die Geschichte der Kernenergie in der Bundesrepublik Deutschland, Bd. 1, S. 349 f.; Radkau, Technik in Deutschland vom 18. Jahrhundert bis zur Gegenwart, S. 102.

130 Vgl. Müller, Die Geschichte der Kernenergie in der Bundesrepublik Deutschland, Bd. 1, S. 339.

131 Radkau, Technik in Deutschland vom 18. Jahrhundert bis zur Gegenwart, S. 110 f.; Barthelt/Montanus, Begeisterter Aufbruch – die Entwicklung der Kernenergie in der Bundesrepublik Deutschland bis Mitte der siebziger Jahre, in: Energiepolitik-Geschichte, S. 90.

Energiequelle könne einer Hebung des Wohlstands der Bevölkerung zugutekommen. Die friedliche Kernenergienutzung könne entscheidend dazu beitragen, die Demokratie im Inneren und den Frieden zwischen den Völkern zu festigen, mit ihr werde das Atomzeitalter ein Zeitalter des Friedens und der Freiheit für alle Menschen.[132] In ihrem Atomplan von 1956 sprach sich die SPD für die Förderung der wissenschaftlichen Forschung auf dem Gebiet der Kernenergie aus, „um das Versäumte so schnell wie möglich nachzuholen".[133] Ferner sah der Atomplan der SPD vor, dass der Aufbau und der Betrieb von Kernkraftwerken allein dem Staate vorbehalten sein sollte.[134] Die FDP wünschte ebenfalls eine starke Einbindung des Bundes, wie ihr am 28. Februar 1956 vorgelegter Entwurf zum Ausdruck brachte.[135]

Auch die deutsche Berichterstattung schloss sich der allgemeinen Begeisterung auf Seiten der Parteien an. Publizisten partizipierten am „Atomenthusiasmus", der insbesondere nach der „Atoms for Peace"-Rede des amerikanischen Präsidenten Eisenhower vor den Vereinten Nationen am 8. Dezember 1953 vorherrschte.

Der Philosoph Ernst Bloch lobte die Wirkungen der Atomenergie in seinem 1959 erschienenen Werk „Das Prinzip Hoffnung" über alle Maßen:

> „Wie die Kettenreaktion auf der Sonne uns Wärme, Licht und Leben bringt, so schafft die Atomenergie aus Wüste Fruchtland, aus Eis Frühling. Einige hundert Pfund Uranium würden ausreichen, die Sahara und die Wüste Gobi verschwinden zu lassen. Sibirien und Nordamerika, Grönland und Antarktis zur Riviera zu verwandeln."[136]

Der einflussreiche deutsche Ökonom Edgar Salin prophezeite „die Wandlung vom Kohlen-Eisen- zum Atom-Zeitalter"[137], „durch welches eine neue Phase der industriellen Revolution eingeläutet werde".[138]

---

132 Protokoll der Verhandlungen des Parteitages der Sozialdemokratischen Partei Deutschlands v. 10.-14.07.1956 in München, abgedr. in: Jahrbuch der Sozialdemokratischen Partei Deutschlands 1956/57, hrsg. v. Vorstand der SPD, Bonn 1958, S. 149 ff.

133 Hauff, Energiediskussion in Europa, BRD SPD 2.4.1., S. 1.

134 Die SPD stellte fünf Forderungen bzgl. der Planung, der Genehmigung und des Baus von Kernkraftwerken auf: 1. Eine Zuständigkeitsregelung hinsichtlich der Endlagerung radioaktiver Abfälle, 2. Einen Finanzierungsplan für die Gesamtkosten der Kernenergieproduktion inklusive der Wiederaufbereitung und Endlagerung von Kernbrennstoffen, 3. Gutachterliche Prüfung der klimatischen Gegebenheiten für geplante KKW-Standorte und deren Veröffentlichung. Vgl. Atomplan der SPD, abgedr. in: Jahrbuch der Sozialdemokratischen Partei Deutschlands 1956/57, hrsg. v. Vorstand der SPD, Bonn 1958, S. 328-334.

135 BT-Drs. II, 2141; Darstellung dieses Entwurfs unter 3. Teil: E.

136 Bloch, Das Prinzip Hoffnung, Bd. II, S. 775.

137 Salin, Ökonomik der Atomkraft, S. 40.

138 Salin, Ökonomik der Atomkraft, S. 28.

Im Gegensatz zur Euphorie der Politiker und der Printmedien waren es wider Erwarten insbesondere die Energieversorgungsunternehmen und wissenschaftliche Fachkräfte, welche nicht nur die Chancen, sondern auch die Risiken und Probleme der friedlichen Kernenergienutzung vor Augen hatten. Die Wirtschaftlichkeit dieser neuen Energieform war noch vollkommen unklar und der Energiebedarf konnte zunächst auch noch ohne die Atomenergie gedeckt werden.[139] So sprach z.B. das damalige RWE-Vorstandsmitglied Heinrich Schöller bei einer Besprechung im Bundesministerium für Wirtschaft im Jahre 1957 das Problem des Atommülls und seiner Entsorgung an.[140]

Die Wissenschaft drängte zwar ebenfalls darauf, den Forschungsrückstand gegenüber den anderen Ländern aufzuholen, hatte jedoch besondere Sorge hinsichtlich des Einsatzes atomarer Technologie zu militärischen Zwecken. Die Befürchtung einer nuklearen Bewaffnung der Bundeswehr verstärkte sich Mitte der 1950er Jahre, als die US-Armee mit taktischen Waffen ausgestattet wurde und eine Diskussion über ähnliche Pläne bei der Bewaffnung der neugegründeten Bundeswehr begann.

In der Begründung der Bundesregierung zum Ratifizierungsgesetz für den Vertrag über die Gründung der Europäischen Verteidigungsgemeinschaft (EVG) hieß es, dass sich nun infolge des Koreakonflikts und dem weiter anwachsenden Druck der sowjetischen Macht fünf Jahre nach Beendigung des Krieges die Frage nach einem deutschen Verteidigungsbeitrag stelle.[141] Mit Ernennung des Atomministers Franz Josef Strauß zum Verteidigungsminister am 16. Oktober 1956 verstärkten sich die Befürchtungen einer atomaren Bewaffnung der Bundesrepublik. Strauß blieb darüber hinaus weiterhin stellvertretender Vorsitzender des Verteidigungsrates.[142] Dies führte am 19. November 1956 zu einem an ihn gerichteten Schreiben von 14 Wissenschaftlern, in dem diese ihn vor einer atomaren Bewaffnung der Bundeswehr warnten.[143] Diesem Schreiben folgte die „Göttinger Erklärung" vom 12. März 1957, in der sich 18 namhafte Atomwissenschaftler – neben Weizsäcker u.a. Max Born, Otto Hahn, Werner Heisenberg, Max von Laue und Wolfgang Paul[144] – gegen die Ausrüstung der Bundeswehr mit nuklearen Waffen

139 Vgl. Müller, Die Geschichte der Kernenergie in der Bundesrepublik Deutschland, Bd. 1, S. 333, 348.

140 Zit. nach Hank, „Unser Freund, das Atom", in: FAZ v. 27.03.2011.

141 Vgl. Begr. der BReg, BT-Drs. II, 3501.

142 Vgl. Müller, Die Geschichte der Kernenergie in der Bundesrepublik Deutschland, Bd. 1, S. 553.

143 Vgl. Heisenberg, Der Teil und das Ganze, S. 306.

144 Die weiteren Wissenschaftler waren Fritz Bopp, Rudolf Fleischmann, Walther Gerlach, Otto Haxel, Hans Kopfermann, Heinz Maier-Leibnitz, Josef Mattauch, Friedrich-Adolf Paneth, Wolfgang Riezler, Fritz Strassmann, Wihelm Walcher und Karl Wirtz.

aussprachen und nachdrücklich eine umfassende Aufklärung der Bevölkerung über die damit verbundenen Gefahren forderten.[145] Die Verfasser lehnten jegliche Form der Mitarbeit an einer atomaren Bewaffnung ab, sprachen sich zugleich jedoch ausdrücklich für eine friedliche Verwendung der Kernenergie aus. Diese Erklärung wurde am 12. April 1957 an verschiedene große Tageszeitungen gesandt. Die Wissenschaftler wollten vor allem ihr Wissen über die zerstörerische Wirkung von Kernenergiewaffen verbreiten, so hieß es in der Einleitung der Göttinger Erklärung:

> „Die Pläne einer atomaren Bewaffnung der Bundeswehr erfüllen die unterzeichnenden Atomforscher mit tiefer Sorge. Einige von ihnen haben den zuständigen Bundesministern ihre Bedenken schon vor mehreren Monaten mitgeteilt. Heute ist eine Debatte über diese Frage allgemein geworden. Die Unterzeichnenden fühlen sich daher verpflichtet, öffentlich auf einige Tatsachen hinzuweisen, die alle Fachleute wissen, die aber der Öffentlichkeit noch nicht hinreichend bekannt zu sein scheinen."[146]

Die Atomeuphorie der 1950er Jahre, wie sie sich aus der „veröffentlichten Meinung"[147] ergab, entsprach nicht den tatsächlichen Ansichten in der deutschen Bevölkerung. Die Atombombenexplosionen in Hiroshima und Nagasaki und ihre vernichtenden Folgen waren verbreitet. Auch war die Angst vor den Gefahren einer zu hohen Strahlenbelastung und vor Erbschäden durch sog. Mutationen präsent. Eine im Dezember 1955 vom Meinungsforschungsinstitut Emnid durchgeführte Befragung („Woran denken Sie, wenn Sie von Atomenergie hören?") kam zu folgendem Ergebnis: 76 % der Befragten antworteten mit den Begriffen „Bomben, Krieg und Vernichtung"[148]; 5 % gaben an: „Sollte nur für friedliche Zwecke verwendet werden"; 2 % sagten: „Müsste verboten werden; die Erfinder sind Verbrecher"; 1 % sprach vom „Segen und Fluch der Technik"; allein 6 % nannten „Kraft und Energie" und 2 % „Wissenschaft und Forschung".

---

145 Der Wortlaut der Göttinger Erklärung ist abgedr. in: Hahn, Erlebnisse und Erkenntnisse, S. 221 f.; mehr zur Göttinger Erklärung in: Kraus, Von der Uranspaltung zur Göttinger Erklärung, S. 187-335.

146 Hahn, Erlebnisse und Erkenntnisse, S. 221 f.

147 Radkau, Technik in Deutschland vom 18. Jahrhundert bis zur Gegenwart, S. 103.

148 Vgl. Erhebung Nr. 637/1956 der TNS Emnid GmbH & Co. KG: Begriff der Atomenergie in der Vorstellungswelt der Bevölkerung, Befragung innerhalb des Bundesgebiets v. Dezember 1955.

Zweiter Teil: Die rechtlichen und politischen Rahmenbedingungen für ein Atomgesetz

Für den Aufbau der Atomenergie als Wirtschafts- und Wissenschaftszweig musste sichergestellt werden, dass genügend Ausgangsstoffe vorhanden waren, die wissenschaftliche und technische Ausbildung und Forschung optimiert werden konnten und entsprechende finanzielle Mittel zur Verfügung standen.[149] Im Rahmen der Gesetzgebungsarbeiten zum Atomgesetz musste jedoch eine Reihe rechtlicher Vorgaben von internationaler und nationaler Seite Berücksichtigung finden. Nachfolgend werden die internationalen und nationalen verbindlichen rechtlichen Vorgaben und Wegweiser dargestellt, die maßgeblich auf den Inhalt des ersten deutschen Atomgesetzes Einfluss genommen haben.

A. Der internationale Rechtsrahmen

Angesichts der Bedeutsamkeit und der Gefahren der Atomenergie weit über die Grenzen einzelner Staaten hinaus und aufgrund der Notwendigkeit einer internationalen Zusammenarbeit von Forschung und Wissenschaft schloss die Bundesrepublik bereits vor Erlass des Atomgesetzes zahlreiche internationale Verträge. Die Einhaltung dieser bilateralen und multilateralen Verpflichtungen musste im Rahmen des Gesetzgebungsverfahrens Berücksichtigung finden und prägte das Atomgesetz. Darüber hinaus bestand die Notwendigkeit, dass im Interesse der internationalen Rechtsangleichung ausländische Rechtsentwicklungen insbesondere im Hinblick auf das Haftungs- und Versicherungsrecht miteinbezogen wurde.[150] Wie Weitnauer zu Recht betonte, ist es

> „eine charakteristische Eigenschaft des deutschen Atomrechts, dass es von Anfang an wie wohl nie zuvor ein anderes Rechtsgebiet unter internationalrechtlichen Aspekten gestanden hat“.[151]

149 Vgl. Erler, Die Rechtsentwicklung der internationalen Zusammenarbeit im Atombereich, S. 8 f.
150 Vgl. Weitnauer, Das Atomhaftungsrecht in nationaler und internationaler Sicht, S. 90.
151 Weitnauer, Das Atomhaftungsrecht in nationaler und internationaler Sicht, S. 90.

I. Die bilateralen Verträge und Abkommen

Grundlegend für die Gewährleistung eines Regelwerkes ausschließlich über die friedliche Nutzung der Atomenergie war das Protokoll Nr. III über die Rüstungskontrolle zu den Pariser Verträgen vom 23. Oktober 1954.[152] In diesem verpflichtete sich die Bundesrepublik, auf ihrem Gebiet keine Atomwaffen herzustellen. Dieses Abkommen gab die Friedlichkeit der Verwendung der Atomenergie als Ausgangspunkt für das erste deutsche Atomgesetz vor. Daneben teilte der Bundeskanzler in einem Schreiben an den englischen Außenminister vom 16. November 1954 mit, dass die Bundesregierung bis zum 16. November 1956 nicht beabsichtige, die Kernreaktorkapazität in der Bundesrepublik über 10 MW zu erhöhen und beim gesamten Vorrat an Kernbrennstoffen, also Plutonium sowie Uran 233 und 235, 3,5 kg pro Jahr nicht zu überschreiten.[153]

Bilaterale Verträge mit den USA[154], Großbritannien[155] und Kanada[156] regelten einen Austausch von Forschungsergebnissen und den Bezug von zur Atomforschung benötigten Materialien. Darüber hinaus verpflichtete sich die Bundesrepublik auch hier, Kernbrennstoffe nicht zu militärischen Zwecken zu verwenden und entsprechende Sicherheits- und Kontrollvorschriften zu erlassen.

II. Der Euratom-Vertrag vom 25. März 1957

Die Gesetzgebungsarbeiten zum Atomgesetz wurden von internationaler Seite entscheidend durch die Mitgliedschaft der Bundesrepublik in der Europäischen Atomgemeinschaft[157] beeinflusst. Diese wurde am 25. März 1957 durch die Römischen Verträge zwischen Frankreich, Italien, den Beneluxstaaten und der Bundesrepublik Deutschland als eine Staatenverbindung mit supranationalem Charakters gegründet und besteht bis zum heutigen Tage.[158] Laut Art. 1 des Vertrages zur Gründung der Europäischen Atomgemeinschaft

> „ist Aufgabe der Atomgemeinschaft, der für die Schaffung der schnellen Bildung und Entwicklung von Kernindustrien erforderlichen Voraussetzungen zur Hebung der Lebenshaltung in den Mitgliedstaaten und zur Entwicklung der Beziehungen mit den anderen Ländern beizutragen".[159]

---

152 BGBl. 1955 II S. 267, 630.

153 Vgl. Strauß, Der Staat und die Atomwirtschaft, AtW 1956, S. 2.

154 Abkommen v. 03.07.1957 i.d.F. des Abänderungsabkommens v. 07.12.1959, BAnz. 1957 Nr. 181, 1959 Nr. 246; Abkommen v. 28.06.1957, BAnz. 1957 Nr. 182.

155 Abkommen v. 31.07.1956, BAnz. 1956 Nr. 177.

156 Abkommen v. 11.12.1957, BAnz. 1958 Nr. 46; Wortlaut auch in AtW 1958, S. 40, 41.

157 Auch Euratom oder EAG genannt.

158 Euratom-Vertrag v. 25.03.1957, BGBl. 1957 II S. 1014 ff.

159 Art. 1 Euratom-Vertrag, BGBl. 1957 II S. 1014.

Um eine Angleichung der atomrechtlichen internationalen Regelungen zu erreichen, war für die Euratom-Gemeinschaft von Interesse, dass alle Mitgliedstaaten gewisse Bereiche der Atomnutzung regelten.

1. Verbindliche rechtliche Vorgaben

Soweit der Euratom-Vertrag verbindliche Rechtsvorschriften enthält, gehen diese nationalem Recht vor, wenn dieses dagegen verstößt. Regelungen aus dem Vertrag können jeden einzelnen Mitgliedstaat unmittelbar berechtigen und verpflichten.[160] Der Gesetzgeber war daher gehalten, diese Vorschriften des Euratom-Vertrages im Rahmen des Gesetzgebungsverfahrens zu berücksichtigen.

a) Eigentumsregelung (Art. 86 ff.)

Der Vertrag legt in Art. 86 fest, dass das Eigentum an besonderen spaltbaren Stoffen ipso iure der Gemeinschaft zustehe. Unter den Begriff der „besonderen spaltbaren Stoffe" fielen nach Art. 197 Abs. 1 Plutonium 239, Uran 233 sowie und mit Uran 233 und Uran 235 angereichertes Uran oder Erzeugnisse, die solche Stoffe enthalten. Dieser Bereich von Stoffen konnte des Weiteren vom Rat auf Vorschlag der Kommission auf andere spaltbare Materialien ausgedehnt werden, allein die Ausgangsstoffe blieben hierbei ausgeschlossen (Art. 197 Abs. 3).

Ab dem Zeitpunkt der Erzeugung oder Einführung der besonderen spaltbaren Stoffe von einem Mitgliedstaat, einer Person oder einem Unternehmen, die der Sicherheitsüberwachung nach Art. 77 unterliegen, gehe das Eigentum ipso iure auf die Europäische Atomgemeinschaft über. Ein Wertzuwachs würde der Gemeinschaft dabei nicht zukommen, vielmehr sollte dem bisherigen Eigentümer ein finanzieller Betrag für die besonderen spaltbaren Stoffe auf dem Finanzkonto der Agentur (Art. 53) gutgeschrieben werden (Art. 88).

Trotz der Eigentumsregelung bezüglich der besonderen spaltbaren Stoffe sollten Dritte das unbeschränkte Nutzungs- und Verbrauchsrecht (Art. 87) behalten. Damit stellte die Festlegung des Eigentums der Europäischen Atomgemeinschaft an besonderen spaltbaren Stoffen einen rein formaljuristischen Rechtstitel dar.[161] Die eigentliche Herrschaft über die Sache, die Verfügungsmacht, blieb nach wie vor von Rechts wegen bei dem Besitzer der besonders spaltbaren Stoffe. Eine dem deutschen Recht gleichstehende dingliche Berechtigung war im Gemeinschaftsrecht nur für das Verlangen zur Hinterlegung besonderer Spaltstoffe

---

160 Zur sog. supranationalen oder transnationalen Direktwirkung vgl. Erler, Das Grundgesetz und die öffentliche Gewalt internationaler Staatengemeinschaften, S. 8.

161 Vgl. Knappmann, Das Eigentum im Euratom-Vertrag und der Besitz im Atomgesetz im Vergleich zu den gleichlautenden Begriffen im BGB, S. 26 f.

(Art. 80) und für den Entzug bei vertragswidrigem Verbrauch und verbotener Nutzung (Art. 83) vorgesehen.

Dem deutschen Gesetzgeber war damit vorgegeben, lediglich die Nutzung und den Verbrauch von spaltbaren Stoffen zu regeln.[162]

b) Überwachungs- und Sicherheitsvorschriften (Abschnitt VII)

Der Abschnitt VII des Euratom-Vertrages enthielt umfangreiche Vorschriften über „Überwachung und Sicherheit", wofür die Kommission zuständig sein sollte. Diese Vorschriften wurden durch Verordnungen der Kommission ergänzt.[163]

Gem. Art. 77 hat sich die Kommission nach Maßgabe des Kapitels VII in den Hoheitsgebieten der Mitgliedstaaten zu vergewissern, dass

> „a) die Erze, die Ausgangsstoffe und besonderen spaltbaren Stoffe nicht zu anderen als den von ihren Benutzern angegebenen Zwecken verwendet werden,
>
> b) die Vorschriften über die Versorgung und alle besonderen Kontrollverpflichtungen geachtet werden, welche die Gemeinschaft in einem Abkommen mit einem dritten Staat oder einer zwischenstaatlichen Einrichtung übernommen hat."[164]

Art. 78 Abs. 2 legte fest, dass Verfahren für die Aufbereitung bestrahlter Stoffe einer Genehmigung bedurften. Zur Durchführung der Art. 77 und 78 wurden Buchführungs- und Meldepflichten festgesetzt (Art. 78, 79).

Ein wichtiges Überwachungsinstrument war das Recht der Kommission, in die Hoheitsgebiete der Mitgliedstaaten Inspektoren auszusenden. Diese Inspektoren sollten, soweit notwendig, zu allen Orten, Unterlagen und Personen Zugang haben. Derartige Inspektionsrechte stellten Eingriffe in die deutsche Territorialhoheit dar. Eine Übertragung der Territorialrechte auf Euratom war jedoch durch Art. 24 GG gedeckt.[165]

Die Vorschriften des Euratom-Vertrages über die Sicherheitsüberwachung verdeutlichen die starke Einschränkung der deutschen Hoheitsgewalt auf dem Gebiet der Kernenergienutzung.

---

162 Vgl. Cartellieri, Aktuelle Fragen des Energierechts von 1960, 3. Vortragsveranstaltung des Instituts am 9./10.3.1960, S. 27; zum Eigentum nach dem Euratom-Vertrag näher: Offermann-Clas, Eigentum in den europäischen Gemeinschaften, S. 125 ff.; Lukes, Die Eigentumsregelung für die besonderen spaltbaren Stoffe, in: Zweites Deutsches Atomrechts-Symposium, 1975, S. 35 ff., 62 ff.; näher zu dem Eigentum der Gemeinschaft an spaltbaren Stoffen: Knappmann, Das Eigentum im Euratom-Vertrag und der Besitz im Atomgesetz im Vergleich zu den gleichlautenden Begriffen des BGB.

163 VOen der Kommission Nr. 7 und Nr. 8, Abl. der Europäischen Gemeinschaft 1959, S. 298, 651.

164 Euratom-Vertrag v. 25.03.1957, BGBl. 1957 II S. 1014 ff.

165 Vgl. Fischerhof, Deutsches Atomgesetz und Strahlenschutzrecht, Bd. I, Vorbm. zu § 3, Rn. 16.

c) *Verbreitung der Kenntnisse (Art. 12-29)*

Die Art. 12 bis 29 und die Art. 221 bis 223 des Euratom-Vertrages enthielten Vorgaben für die Regelungen zur Erteilung von Patenten und Gebrauchsmustern für Erfindungen im Bereich der Kernenergieforschung. Der im Euratom-Vertrag „Verbreitung der Kenntnisse" genannte Abschnitt legte fest, dass ein Mitgliedstaat unverzüglich nach Anmeldung eines Patents oder Gebrauchsmusters auf dem Gebiet der Kernenergie zunächst um das Einverständnis des Anmelders ersuchen musste, den Inhalt der Anmeldung an die Kommission weiterzugeben. Auch ohne Zustimmung des Anmelders war der Mitgliedstaat gleichermaßen verpflichtet, nach Ablauf von achtzehn Monaten nach Eingang der Anmeldung der Kommission von der Erfindung zu berichten.

Ferner bestand die Verpflichtung, die von Euratom erlassenen Regelungen und Strahlengrenzwerte für den Gesundheitsschutz der Bevölkerung und der Arbeitskräfte durch geeignete Rechts- oder Verwaltungsvorschriften (Art. 30, 33, 34, 218, 219) und eine gewisse Überwachung der Sicherheit zu gewährleisten (Art. 77 bis 85).

d) *Vorschriften über die Versorgung (Art. 52-62)*

Durch Vorschriften über die Versorgung sollte der Grundsatz einer gemeinsamen europäischen Versorgungspolitik eingeführt werden (Art. 52 Abs.1). Der Euratom-Vertrag enthielt Vorschriften, die eine gemeinsame Versorgung der Mitgliedstaaten über die Kernbrennstoffagentur in Brüssel regelten. Der Agentur wurde ein Einkaufs- und Verteilungsrecht an Erzen, Ausgangsstoffen und spaltbaren Stoffen durch den Vertragsabschluss mit den Erzeugern und Verbrauchern gem. Art. 57, 60, 64 und 65 zugewiesen. Sie hatte das Recht, derartige Verträge mit Ländern sowohl innerhalb als auch außerhalb der Gemeinschaft abzuschließen. Als Konsequenz für den inländischen deutschen Hersteller oder Verbraucher folgte der Ausschluss der Möglichkeit, eigene Lieferungsverträge vollkommen unabhängig von der Kernbrennstoffagentur abzuschließen.[166] Für die Schaffung des deutschen Atomgesetzes bedeutete dies zunächst lediglich, dass diese Einschränkung der Vertragsfreiheit durch den Euratom-Vertrag nicht gesetzlich unterlaufen werden durfte.

2. Mittelbarer Einfluss durch den Euratom-Vertrag

Neben diese unmittelbar wirkenden Bestimmungen des Euratom-Vertrages traten Vorgaben, die dem deutschen Gesetzgeber richtungsweisend bei den Arbeiten

166 Vgl. Fischerhof, Deutsches Atomgesetz und Strahlenschutzrecht Kommentar, Bd. I, § 3 Rn. 14.

zum Atomgesetz zur Seite standen, jedoch keine rechtliche Bindungswirkung entfalteten.

a) Zweckbestimmungsvorschrift

So ließ sich der deutsche Gesetzgeber durch die in Art. 1 und Art. 2 des Euratom-Vertrages enthaltene Festlegung der Aufgaben der Atomgemeinschaft leiten und integrierte sie in die Zweckbestimmungsvorschrift des § 1 des Atomgesetzes.

b) Vereinheitlichung der gesetzlichen Begriffe

Auch bei der Festlegung der gesetzlichen Begriffsbestimmungen orientierte sich der deutsche Gesetzgeber an den Vorgaben des Euratom-Vertrages.[167] Artikel XX der Satzung der Internationalen Atomenergie-Organisation[168] und Artikel 197 des Euratom-Vertrages[169] lieferten Definitionen für die Begriffe „besonders spaltbare Stoffe“, „unbearbeitete Stoffe“ und „Erze“. Die Arbeiten an den begrifflichen Bestimmungen der Entwürfe zum Atomgesetz orientierten sich an denen der Internationalen Atomenergie-Organisation und denen des Euratom-Vertrages.

III. Weitere mittelbare Einflüsse von internationaler Seite

Im Interesse einer internationalen Rechtsangleichung berücksichtigte der deutsche Gesetzgeber weitere Vorarbeiten internationaler Organisationen. Da „Atomschäden vor Grenzen nicht halt machen“[170], wurde insbesondere im Bereich des Haftungsrechts während der Gesetzgebungsarbeiten zum Atomgesetz auf zwei internationale Haftungsübereinkommen zurückgegriffen.

Die am 16. April 1948 ins Leben gerufene Organisation für europäische wirtschaftliche Zusammenarbeit (OEEC)[171] arbeitete ein einheitliches Haftungssystem für Atomschäden aus, welches innerhalb der 18 Mitgliedstaaten Gültigkeit erlangen sollte. Das am 29. Juli 1960 in Paris unterzeichnete „Übereinkommen über die Haftung gegenüber Dritten auf dem Gebiete der Kernenergie“[172] enthielt

167 Vgl. Art. 197 Euratom-Vertrag.

168 BGBl. 1958 II, S. 11

169 BGBl. 1957 II, S. 1118.

170 So Scheidwimmer (BMAt) in der 27. Sitzung des 26. BT-Ausschusses (Ausschuss für Atomkernenergie und Wasserwirtschaft) v. 06.10.1959, S. 5, PArch III, 156, Bd. A 1, Bl. 37.

171 Ab 30.09.1961: Übereinkommen über die Organisation für wirtschaftliche Zusammenarbeit und Entwicklung (OECD) v. 14.12.1960, BGBl. 1961 II S. 1150.

172 Abgedr. bei Erler-Kruse, Deutsches Atomenergierecht, Bd. I, B. 247.

Haftungsgrundsätze, die von dem im ersten deutschen Atomgesetz festgelegten Anlagenhaftungsrecht abwichen. Diese Grundsätze wurden vom deutschen Gesetzgeber durch das dritte Gesetz zur Änderung des Atomgesetzes[173], welches am 1. Oktober 1975 in Kraft trat, übernommen.[174] Allerdings orientierte sich der deutsche Gesetzgeber bereits vor dem Abschluss der Beratungen über den Entwurf einer Haftungskonvention an den Arbeiten der OEEC.[175] So stand bereits 1959 im Rahmen der Arbeiten zur OEEC-Haftungskonvention fest, dass die Haftungsgrenze auf 15 Millionen Rechnungseinheiten des Europäischen Währungseinkommens (etwa 15 Millionen Dollar) festgesetzt werden würde.[176] Diese Haftungshöchstgrenze wurde im Rahmen der Gesetzgebungsarbeiten in der dritten Legislaturperiode berücksichtigt.[177] Darüber hinaus stand bei den Beratungen der OEEC zur Haftungskonvention von Beginn an fest, dass für Atomanlagen eine Gefährdungshaftung gelten solle[178], da alle Staaten, die sich bis 1960 mit der Gestaltung von Haftungsklauseln auf dem Gebiet der Kernenergienutzung beschäftigt hatten, eine Gefährdungshaftung vorsahen.[179] Gleiches ergab sich aus den Vorarbeiten der am 26. Oktober 1956 gegründeten International Atomic Energy Agency (IAEO)[180], die laut Abschnitt III ihrer Satzung um Rechtsvereinheitlichung bemüht und unter anderem bestrebt war, ein internationales Haftungsübereinkommen zu schaffen. Dieses Übereinkommen wurde am 13. Mai 1961 fertiggestellt.[181]

B. Der nationale Rechtsrahmen (Gesetzgebungs- und Verwaltungskompetenz)

Auf nationaler Ebene waren im Rahmen der Arbeiten innerhalb des Gesetzgebungsverfahrens insbesondere die Vorgaben des Grundgesetzes der Bundesrepublik

---

173 BGBl. 1957 I S. 1885 i.d.F. des Gesetzes zur Änderung des Dritten Gesetzes zur Änderung des Atomgesetzes v. 19.12.1975, BGBl. 1975 I S. 3162.

174 Hierzu näher 5. Teil: A.III.

175 Vgl. Fischerhof, Das Atomgesetz ist da, AtW 1960, S. 3.

176 73. Sitzung des Kabinetts v. 15.07.1959 in: Weber, Die Kabinettsprotokolle der Bundesregierung, Bd. 12, 1959, S. 251.

177 Siehe § 31 Nr. 1 in: BT-Drs. III, 759, S. 11.

178 Art. 3, 4; Exposé Ziff. 14, abgedr. bei Fischerhof, Das Atomgesetz, Kommentar, Bd. I, S. 832 ff.

179 Vgl. von Lilienfein, Haftungs- und Haftpflichtversicherung beim Bau und Betrieb von Kernkraftwerken, Atom und Strom 1960, S. 15.

180 Satzung der Internationalen Atomenergie-Organisation v. 26.10.1956, BGBl 1956 II S. 1357 und 1958 II S. 2.

181 Vgl. IAEO-Pressekommuniqués PR 61/28 v. 03.05.1961.

Deutschland von 1949[182] maßgebend und es stellte sich die Frage nach der Verteilung von Gesetzgebungs- und Verwaltungszuständigkeiten zwischen Bund und Ländern.[183] Doch bevor die inhaltliche Konzeptionierung eines Atomgesetzes im Rahmen der Gesetzgebungsarbeiten thematisiert wurde, war die Festlegung des zuständigen Ressorts erforderlich.

I. Ressortzuständigkeit

1. Ressortzuständigkeit des Bundesministeriums für Wirtschaft bis Oktober 1955

Bereits im Sommer 1952 begann das Bundesministerium für Wirtschaft mit der Ausarbeitung von Gesetzesentwürfen. Der Auftrag von Seiten der Alliierten lautete, ein Kontrollgesetz zu schaffen, welches regelte, wie und vor allem von wem auf dem Gebiet der friedlichen Verwendung der Kernenergie die notwendige Kontrolle ausgeübt werden sollte.[184] Das Bundesministerium für Wirtschaft schlug die Errichtung einer Atomkommission vor. Sie sollte aus Vertretern der Wissenschaft, der Industrie und der Wirtschaft zusammengesetzt werden und dem zuständigen Bundesministerium für Wirtschaft beratend zur Seite stehen.[185] Jedoch konnte bis zur Wiedererlangung der Souveränität am 5. Mai 1955 eine Einigung zwischen den Alliierten, der Bundesregierung und dem Bundeswirtschaftsministerium über Aufbau und Kompetenzen einer derartigen Kommission nicht erzielt werden.[186]

Mit Erlangung der Souveränität der Bundesrepublik gingen die bislang dem militärischen Sicherheitsamt zustehenden Kompetenzen auf das Bundeswirtschaftsministerium über, da der Schwerpunkt der Organisation der Atomenergie auf dem Gebiet der Wirtschaft lag.[187] Aufgrund der Vielschichtigkeit der mit der Atomenergie verbundenen Aufgaben waren jedoch auch andere Ressorts zu beteiligen. Sofern es um zwischenstaatliche Vereinbarungen ging, war das Auswärtige Amt zuständig, für Bestimmungen über den Schutz und die Sicherheit

---

182 BGBL. 1949 I S. 1.

183 So auch in der Schweiz und den USA, vgl. Fischerhof, Das schweizerische und das deutsche Atomgesetz. Ein Beitrag zur Rechtsvergleichung, AtW 1961, S. 2 ff.

184 BArch B 102/3945.

185 Vermerk über die Sitzung v. 06.10.1952 bzgl. eines deutschen Gesetzes zum Zwecke der Kontrolle auf dem Gebiete der Atomenergie, BArch B 102/3945.

186 Vgl. 1. Teil: C.

187 BAnz. Nr. 92 v. 13.05.1955; vgl. BArch B 102/41018 für die einzelnen Sparten Forschung, Bergbau, Chemie, Maschinen- und Apparatebau, Elektrotechnik, Energiewirtschaft sowie Wasserwirtschaft.

von Arbeitnehmern wäre das Bundesarbeitsministerium zuständig gewesen, das Bundesinnenministerium bei der Verunreinigung der Luft durch radioaktive Substanzen und das Bundesministerium für die wirtschaftliche Zusammenarbeit bei Fragen im Rahmen der OEEC.[188] Es stellte sich die Frage, ob die Ressortzuständigkeit für Energiepolitik und die Energieverwaltung unabhängig von der Energieform bei einem neu zu errichtenden Ministerium liegen sollte oder bei dem bislang primär zuständigen Wirtschaftsministerium und den im Einzelfall jeweils zuständigen Ministerien.[189]

2. Errichtung des Bundesministeriums für Atomfragen, Oktober 1955

a) Der Kabinettsbeschluss vom 6. Oktober 1955

Um die Arbeiten an den Gesetzesentwürfen aufgrund von Unklarheiten über die Zuständigkeit nicht weiter zu verzögern, beschloss die Bundesregierung am 6. Oktober 1955 die Errichtung eines Bundesministeriums für Atomfragen.[190]

Der Bundeskanzler hatte bereits in einer persönlichen Vorlage vom 4. Oktober 1955 dem Bundesministern mitgeteilt, dass die Bildung eines Ministeriums für Atomfragen unter Leitung von Strauß (CSU) intendiert sei, um den „bisherigen Zersplitterungen und Unklarheiten auf diesem Gebiet"[191] entgegenzuwirken. Der Bundesminister für wirtschaftliche Zusammenarbeit sprach sich in der Kabinettssitzung am 6. Oktober 1955 dafür aus, dass die wesentliche Aufgabe eines Bundesministeriums für Atomfragen die Schutzgesetzgebung seien müsse. Der Bundesminister der Finanzen hielt die Errichtung eines solchen zuständigen Ministeriums für zwingend. Tillmann, Bundesminister für besondere Aufgaben, bat um Zurückstellung des Antrags des Bundeskanzlers, bis die künftige organi-

188 Ferner BMJ, BMFi, BML, BMV; vgl. BArch B 102/41018.

189 Vgl. Grünberg, Ein neues Ressort: Bundesministerium für Atomfragen – Komplizierter Aufbau und Kompetenzfragen, Artikel in BArch B 102/41018, der sich gegen „die Degradierung des Bundeswirtschaftsministeriums zum Industrieministerium" wendet.

190 Protokoll der 99. Kabinettssitzung v. 06.10.1955 TOP 2, in: Kahlenberg, Die Kabinettsprotokolle der Bundesregierung, Bd. 8, 1955, S. 553; Bulletin d. BReg v. 22. Okt. 1955, S. 1667; später dann ab 29.10.1957 BMin für Kernenergiefragen und Wasserwirtschaft, ab 14.11.1961 BMin für Atomkernenergie, ab 13.12.1962 BMin für Wissenschaft und Forschung, ab 23.12.1969 BMin für Bildung und Wissenschaft, ab 06.06.1986 BMin für Umwelt, Naturschutz und Reaktorsicherheit, ab 1994 BMin für Wissenschaft, Forschung und Technologie, seit 1998 bis heute BMin für Bildung und Forschung; vgl. Müller, Die Geschichte der Kernenergie in der Bundesrepublik Deutschland, Bd. 1, S. 652 ff.; Schöllgen/Geier, Schwellenmacht Deutschland in: FAZ v. 31.05.2012, Nr. 125, S. 7, wonach „bis heute kein zweites deutsches Ministerium in Deutschland auf derart viele Funktions- und Namensänderungen zurückblicken kann".

191 Protokoll der 99. Kabinettssitzung v. 06.10.1955 TOP 2, in: Kahlenberg, Die Kabinettsprotokolle der Bundesregierung, Bd. 8, 1955, S. 553.

satorische Gestaltung und Aufgabenzuweisung für ein Bundesministerium für Atomfragen abgestimmt sei. Von Seiten des Bundesministers für Angelegenheiten des Bundesrates wurden keine verfassungsrechtlichen Bedenken erhoben, jedoch sollte ausdrücklich festgelegt werden, dass sich das Ministerium ausschließlich mit Fragen der friedlichen Verwendung der Atomenergie befassen werde. Der Bundesminister der Justiz befürwortete eine vorherige Abstimmung mit den Fraktionen vor endgültiger Beschlussfassung über den Antrag des Bundeskanzlers, da sich ein solches Vorgehen mit Sicherheit förderlich auf die künftigen Haushaltsberatungen auswirken würde. Nach Vorbringen der dargestellten Bedenken bat der Bundeskanzler um die Beschlussfassung zur Errichtung des geplanten Ministeriums und regte an, Franz Josef Strauß zu beauftragen, innerhalb von drei Monaten dem Kabinett einen umfassenden Organisationsplan vorzulegen. Auf diesen Vorschlag Adenauers wurde der Bildung eines Bundesministeriums für Atomfragen zugestimmt und Strauß wurde beauftragt, innerhalb einer dreimonatigen Frist dem Kabinett einen ausführlichen Bericht vorzulegen.[192] Dieser Bericht sollte über den Sachstand auf dem Atomgebiet und über die beabsichtigte organisatorische Struktur des Ressorts Auskunft geben.

Offiziell nahm das Bundesministerium für Atomfragen seine Tätigkeit am 1. Dezember 1955 auf. Jegliche Kompetenzen auf dem Gebiet der Kernenergienutzung gingen vom Wirtschaftsministerium auf das Bundesministerium für Atomfragen über. Ab dem 1. Januar 1957 nahm das Bundesministerium für Atomfragen die Ausübung der Befugnisse aus dem AHK-Gesetz Nr. 22 wahr.

b) Der Organisationsplan des Bundesministeriums für Atomfragen

An der Spitze des Bundesministeriums für Atomfragen stand als erster deutscher Atomminister der CSU-Politiker Franz Josef Strauß.[193] Unter seiner Leitung sollte das Bundesministerium alle mit der Nutzung oder Forschung der Kernenergie für friedliche Zwecke zusammenhängenden Fragen mit anderen beteiligten Bundesministerien federführend bearbeiten.

Wenige Tage nach seiner offiziellen Bestellung am 20. Oktober 1955 legte Strauß den seitens des Kabinetts verlangten Organisationsplan vor.[194] Die vordringlichsten Aufgaben des Atomministeriums sollten darin bestehen, die Kernforschung und den wissenschaftlichen und technischen Nachwuchs zu fördern und

192 Am 20.10.1955 wurde Strauß durch den Bundespräsidenten zum BMin für Atomfragen ernannt, Bulletin d. BReg v. 22.10.1955, S. 1667.

193 Zuvor war Strauß von 1953 bis 1955 Bundesminister für besondere Aufgaben., von 1955 bis 1956 Bundesminister für Atomfragen und von 1956 Bis 1962 Bundesminister der Verteidigung.

194 Vgl. Grünberg, Ein neues Ressort: Bundesministerium für Atomfragen, S.13, BArch B 102/41018.

Rückstände aufzuholen, um das Niveau anderer Industrieländer zu erreichen. Gleichermaßen bedeutsam sollten die internationale Zusammenarbeit und die Schaffung gesetzlicher Grundlagen für die zukünftigen Kernenergieentwicklung in Deutschland sein.[195] Der Privatwirtschaft sollten Starthilfen in Form staatlicher Unterstützung angeboten werden. Vordringlich waren hierbei jedoch die gesetzgebenden Beratungen mit dem Ziel, das Gesetz Nr. 22 der Alliierten Hohen Kommission durch ein deutsches Atomgesetz und eine entsprechende Strahlenschutzregelung zu ersetzen.

Strukturell unterschied sich das Bundesministerium für Atomfragen von den üblichen Ministerien der Bundesregierung. Durch Heranziehung außenstehender Fachkräfte aus Wissenschaft und Wirtschaft sollte maßgebend deren Einfluss auf die weitere staatliche Förderung der Kernforschung gesichert und die deutsche Atomwirtschaft optimal gefördert werden.

Zu Beginn verfügte das Bundesministerium für Atomfragen über zwei Abteilungen mit jeweils fünf Referaten. Die erste Abteilung: „Allgemeine Angelegenheiten, Recht und Verwaltung“, setzte sich aus dem Generalreferat sowie den Referaten für Rechtsangelegenheiten, internationale Angelegenheiten, volkswirtschaftliche und soziale Angelegenheiten und der Verwaltung zusammen. Die zweite Abteilung: „Forschung, Wirtschaft und Technik“, bestand aus den Referaten Forschung und Ausbildung, Nutzung der Kernenergie in Wirtschaft und Verkehr, Strahlenschutz, Schutz der Bevölkerung und der Geschäftsführung der deutschen Atomkommission.

Von Beginn an sprach sich das Ministerium für die soziale Marktwirtschaft aus und wollte auf dem Gebiet der friedlichen Kernenergienutzung im Gegensatz zu den Regelungen in Frankreich, Großbritannien und den USA keine staatlichen Vorbehalte. Die private Wirtschaft sollte so ermutigt werden, im Bereich der Kernenergie tätig zu werden.[196] Anders als zuvor das Bundeswirtschaftsministerium wollte das Bundesministerium für Atomfragen sich nicht auf die institutionelle Förderung der Atomforschung beschränken. Es beteiligte sich an den geplanten Forschungsvorhaben und förderte diese z.B. durch die Beschaffung von Forschungsgeräten.

Nach einem Jahr fasste das Bundesministerium für Atomfragen seine bis dahin entwickelten Grundsätze in einem Bericht zusammen:

> „Atompolitik möglichst unbürokratisch und anpassungsfähig. Atomverwaltung so klein wie möglich. Enge und vertrauensvolle Zusammenarbeit zwischen Bund, Ländern und Wirtschaft unter Vermeidung von Kompetenzkonflikten. Förderung einer Eigenentwicklung in der Bundesrepublik unter Berücksichtigung der im Ausland gemachten Erfahrungen. Nachhaltige

---

195 BArch B 102/41018.

196 Vgl. den Tätigkeitsbericht des BMAt für das Jahr 1956, S. 7, BArch B 102/41018.

Unterstützung der Atomforschung und Atomtechnik durch Zusammenfassung der personellen und finanziellen Mittel bei völliger Freiheit von Forschung und Lehre. Keine Atomkommandowirtschaft, sondern sinnvolle Koordinierung dezentralisierter Atomforschungsstätten. Ermutigung der privaten Unternehmer-Initiative in der Atomwirtschaft. Weitgehende internationale Zusammenarbeit durch bilaterale und multilaterale Abkommen auf der Grundlage der Gegenseitigkeit unter Ausschluß jeder Diskriminierung".[197]

3. Errichtung der Deutschen Atomkommission und die Bildung eines interministeriellen Ausschusses für Atomfragen im Dezember 1955

Zwei Monate nach Ernennung des Atomministers Strauß beschloss die Bundesregierung in ihrer Kabinettssitzung am 21. Dezember 1955 die Bildung der Deutschen Atomkommission.[198] Gleichzeitig wurde ein interministerieller Ausschuss für Atomfragen gebildet, welcher die Arbeit zwischen den einzelnen zu beteiligenden Ministerien koordinieren und die Regierungsentscheidungen über den Gang der Atompolitik vorbereiten sollte.[199]

a) Der Kabinettsbeschluss vom 21. Dezember 1955

In der Kabinettssitzung am 21. Dezember 1955 stellte der Bundesminister für Atomfragen die Gründe für die Bildung einer Deutschen Atomkommission und eines interministeriellen Ausschusses für Atomfragen dar.[200] Es bestehe die Notwendigkeit, sowohl horizontale als auch vertikale Zuständigkeitsfragen zu regeln, um die Kernenergieentwicklungen in der Bundesrepublik voranzutreiben. Um die Zuständigkeitsfrage auf horizontaler Ebene zu klären, sei ein interministerieller Ausschuss notwendig. Strauß schlug vor, Waldemar Kraft, Bundesminister für wasserwirtschaftliche Fragen und seit Juli 1955 Mitglied der CDU, in den Ausschuss aufzunehmen. Der Bundesminister für Angelegenheiten des Bundesrates bat daraufhin ebenfalls um Aufnahme in den Ausschuss, womit sich Strauß einverstanden erklärte.

---

197 Zit. aus dem Tätigkeitsbericht des BMAt für das Jahr 1956, S. 7, BArch B 102/41018.

198 110. Sitzung des Kabinetts in: Kahlenberg, Die Kabinettsprotokolle der Bundesregierung, Bd. 8, 1955; 1958 wurde diese durch die heute noch tätige, alle kerntechnischen Anlagen begutachtende und prüfende Reaktorsicherheitskommission ergänzt.

199 110. Sitzung des Kabinetts in: Kahlenberg, Die Kabinettsprotokolle der Bundesregierung, Bd. 8, 1955, S. 757; der interministerielle Ausschuss bestand unter dem Vorsitz des Bundesministers für Atomfragen aus Vertretern des Bundeskanzleramtes, des Auswärtigen Amtes sowie der Bundesministerien für Inneres, Justiz, Finanzen, Wirtschaft, Landwirtschaft und Forsten, Arbeit und Sozialordnung, Verkehr, Verteidigung und Angelegenheiten des Bundesrates.

200 110. Sitzung des Kabinetts in: Kahlenberg, Die Kabinettsprotokolle der Bundesregierung Bd. 8, 1955, S. 757.

Weiterhin müsse die Zuständigkeitsverteilung auf vertikaler Ebene erst noch mit den Ländern abgesprochen werden. Die Atomkommission sei hingegen notwendig, um dem Bundesministerium für Atomfragen ein beratendes Gremium zur Seite zu stellen. Der Vizekanzler äußerte Bedenken, ob es richtig sei, dem Bundesminister für Atomfragen den Vorsitz dieses Beratungsgremiums zu geben und ob die Bezeichnung „Beirat" nicht vorzuziehen sei. Der Bundesminister für Wohnungsbau trat dem entgegen und sprach sich für den Vorsitz des Bundesministers für Atomfragen und für dessen Verantwortung für die Zusammensetzung der Kommission aus. Dem schloss sich der Bundesminister des Inneren an. Der Bundesminister für Atomfragen Strauß regte daraufhin an, das Kabinett solle die Errichtung der Kommission beschließen, ihm jedoch die Zusammensetzung überlassen. Nach Abschluss der Aussprache beschloss das Kabinett die Bildung einer deutschen Atomkommission mit beratender Funktion und eines interministeriellen Ausschusses für Atomfragen. Die Zusammensetzung der Atomkommission wurde dabei dem Bundesminister für Atomfragen in eigener Zuständigkeit überlassen.[201]

Als Vorsitzender der Deutschen Atomkommission wurde der Bundesminister für Atomfragen Strauß, als stellvertretende Vorsitzende Leo Brand (Staatssekretär des Landes Nordrhein-Westfalen), Otto Hahn[202] und Karl Winnacker (Vorstandsvorsitzender der Farbwerke Hoechst AG) benannt. Von den restlichen 23 Mitgliedern waren sieben Vertreter aus Wissenschaft und Forschung, 14 aus der Wirtschaft und Industrie[203] und zwei aus dem öffentlichen Leben.[204] Insgesamt zehn dieser Mitglieder gehörten der Physikalischen Studiengesellschaft an, welche sich verstärkt mit der Vorbereitung des deutschen Wiedereinstiegs in die Kernforschung befasst hatte.[205]

Die Deutsche Atomkommission sollte dem Bundesministerium für Atomfragen bei allen wesentlichen Fragestellungen auf dem Gebiet der Erforschung und Nutzung der Atomenergie beratend zur Seite stehen und dazu beitragen, den Rückstand der deutschen Atomforschung gegenüber dem Ausland einzuholen und Deutschland einen „Platz unter den Industrienationen dieser Welt zu behaupten und zu sichern".[206] Die Bundesregierung bezweckte mit der Bildung der Kommis-

---

201 110. Sitzung des Kabinetts in: Kahlenberg, Die Kabinettsprotokolle der Bundesregierung Bd. 8, 1955, S. 757.

202 Ehrenpräsident der Max-Planck-Gesellschaft und Entdecker der Kernspaltung, siehe 1. Teil: A.

203 Davon zehn aus der herstellenden Industrie, zwei aus der Energiewirtschaft und zwei Vertreter aus dem Bereich Banken und Versicherungen.

204 Je ein Vertreter von DAG und DGB; vgl. Protokoll der 110. Kabinettssitzung v. 21.12.1955 TOP 3, in: Kahlenberg, Kabinettsprotokolle der Bundesregierung, Bd. 8, 1955, S. 556 ff.

205 Zur Physikalischen Studiengesellschaft näher Müller, Die Geschichte der Kernenergie in der Bundesrepublik Deutschland, Bd. 1, S. 117 ff.

206 Rede von Franz Josef Strauß anlässlich der Konstituierung der Deutschen Atomkommission v. 26.01.1956, Presse- und Informationsamt d. BReg, Pressearchiv.

sion eine verstärkte Einbindung von Fachleuten und Vertretern der Wissenschaft, der Wirtschaft und des öffentlichen Lebens unter der Leitung des Atomministers.[207]

b) Aufgaben und Befugnisse der Atomkommission

Am 26. Januar 1956 trat im Palais Schaumburg die Deutsche Atomkommission zu ihrer konstituierenden Sitzung zusammen. Es wurde ein Präsidium gewählt, welches aus vier Mitgliedern bestand: Minister Strauß als Vorsitzender und als gleichberechtigte Stellvertreter Hahn, Winnacker und Brandt.

In einem Berufungsschreiben an die Mitglieder wurden zunächst folgende Aufgaben für die Deutsche Atomkommission festgelegt[208]:

1. Ausarbeitung eines Gesetzes über die Verwendung von Kernenergie,
2. Ausarbeitung eines Gesetzes über den Schutz der Bevölkerung vor Schäden durch radioaktive Stoffe,
3. Entwicklung eines Schwerpunktprogramms für Forschung und Entwicklung auf dem Gebiet der friedlichen Nutzung der Kernenergie,
4. Entwicklung eines Koordinierungsprogramms, um den erforderlichen Nachwuchs an Atomwissenschaftlern und Atomtechnikern sicherzustellen,
5. Erarbeitung von Vorschlägen für die planmäßige Verwendung und Verteilung der für diese Zwecke zur Verfügung zu stellenden Mittel des Bundes,
6. Erörterung von Problemen, welche sich im Rahmen der Errichtung der Europäischen Atomgemeinschaft und anderer internationaler Organisationen auf dem Gebiet der Kernenergienutzung ergeben könnten.

Um allen diesen Aufgaben gerecht zu werden, schlug Strauß in der konstituierenden Sitzung vor, zehn Fachkommissionen zu errichten, die gleichzeitig und nebeneinander arbeitsfähig sein sollten. Gebildet wurden zunächst fünf Fachkommissionen. Am 23. Februar 1956 wurde die Fachkommission I: „Kernenergiegesetz“[209], unter dem Vorsitz von Ernst von Caemmerer[210] errichtet, die Ende Januar 1956

---

207 Vgl. BT-Drs. II, 2226; gleichzeitig entsprach das dem Wunsch der Physikalischen Studiengemeinschaft, welche bis dahin verstärkt mit der Vorbereitung des Wiedereinstiegs in die Kernforschung beschäftigt war, vgl. Müller, Die Geschichte der Kernenergie in der Bundesrepublik Deutschland, Bd. 1, S. 117 ff.

208 AtW 1966, S. 149.

209 Ab Ende 1956: „Kernenergierecht“.

210 Deutscher Rechtswissenschaftler, von 1947 bis 1976 Professor am Lehrstuhl für ausländisches und internationales Privatrecht an der Universität Freiburg. Danach u.a. Mitglied der Kommission zur Neugestaltung des Schadensersatzrechts, Ratgeber für das Justizministerium, Gutachter für staatliche und wirtschaftliche Einrichtungen, Vorsitzender der Schuldrechtskommission des Deutschen Rates für internationales Privatrecht. Vgl. Grundmann/Riesenhuber, Deutschsprachige Zivilrechtslehrer des 20. Jahrhunderts in Berichten ihrer Schüler, Bd. 2, S. 309 ff.

mit ihren Beratungen begann. Die Fachkommission II: „Forschung und Nachwuchs", wurde am 3. Mai 1956 mit Wolfgang Riezler[211] als Vorsitzenden gebildet und die Fachkommission III: „Reaktorbau"[212], mit Karl Winnacker[213] als Vorsitzendem am 22. März 1956. Dieser folgte am 13. September desselben Jahres die Fachkommission IV: „Strahlenschutz", mit Ludwig Rosenberg[214] als Vorsitzendem. Als letzte Fachkommission wurde am 17. Dezember 1956 die Fachkommission V: „Wirtschaftliche, finanzielle und soziale Probleme", unter Vorsitz von Herrn Alexander Menne[215] formiert.

Zusätzlich zu den fünf Fachkommissionen wurden 15 Arbeitskreise eingesetzt, welche aus führenden Fachleuten aus unterschiedlichen Gebieten bestanden.[216] Die Arbeitskreise arbeiteten Beschlüsse und Empfehlungen aus, welche den Arbeiten der Fachkommissionen als vorbereitende Arbeitsmaßnahmen dienen sollten. Aufgabe der Fachkommissionen war es, mit Hilfe der Vorarbeiten der Arbeitskreise eigene Empfehlungen und Stellungnahmen zu erarbeiten, um diese dann dem Atomminister mitzuteilen. Den Tätigkeiten der Arbeitskreise wurde großes Gewicht beigemessen, da in ihnen fachliche Spezialisten tätig waren. Ihre Ergebnisse und Empfehlungen wurden daher von den höheren Beratungsgremien zumeist übernommen, soweit dem nicht übergeordnete forschungspolitsche Gründe entgegenstanden.

---

211 Deutscher Physiker, der sich mit der Strahlen- und Kernphysik befasste.

212 Ab Mai 1956 umbenannt in „Technisch-wirtschaftliche Fragen bei Reaktoren".

213 Deutscher Manager in der chemischen Industrie und Hochschullehrer, seit 1945 Vorstandsvorsitzender der Hoechst AG und Vorsitzender des deutschen Atomforums.

214 Deutscher Gewerkschafter, ab 1954 Leiter der Abteilung Wirtschaftspolitik im DGB-Vorstand, von 1962 bis 1969 Vorsitzender des Deutschen Gewerkschaftsbundes.

215 Deutscher Manager und FDP-Mitglied, von 1946 bis 1956 Präsident des Verbandes der Chemischen Industrie (VCI), von 1952 bis 1970 Vorstandsmitglied der Hoechst AG, von 1949 bis 1968 Vizepräsident des Bundesverbands der Deutschen Industrie (BDI).

216 In der FK I: AK I/1 „Haftung und Versicherung", FK II: AK II/2 „Nachwuchs", AK II/3 „Kernphysik", AK II/4 „Kernchemie", AK II/5 „Kerntechnik" (ab 1959 „Technische Forschung"), AK II/6 „Medizin, Biologie und Landwirtschaft"; FK III: AK III/1 „Kernreaktorenbau" (im Mai 1956 Umbildung zu einem Querausschuss von FK II und III als AK II/III/1 „Kernreaktoren"), AK III/2 „Brenn- und Baustoffe für Kernreaktoren", AK III/3 „Beschaffung und Aufbereitung von Uranerzen"; FK IV: AK IV/1 „Strahlenmeßverfahren", AK IV/2 „Strahlenschutz in atomtechnischen Anlagen", AK IV/3 „Strahlenschutz beim Umgang mit radioaktiven Strahlen", AK IV/4 „Strahlenbiologie", AK IV/5 „Rechts- und Verwaltungsfragen des Strahlenschutzes"; FK V ab 1957 AK V/1 „Staatliche Förderungsmaßnahmen für die atomtechnische Entwicklung"; 1960 wurde ein 16. Arbeitskreis für „Schiffsreaktoren" gebildet.

c) Probleme im Rahmen der Arbeiten der Deutschen Atomkommission

Struktur und Aufgabengebiete der ersten Deutschen Atomkommission standen somit fest, jedoch stellten sich nach und nach Probleme innerhalb dieses fachlichen Beratungsgremiums ein. So gerieten Fachkräfte und Wissenschaftler, welche für die nötige Expertise einbringen sollten, häufig in einen Interessenkonflikt. Zum einen sollte den Aufgaben und Zielen der Atomkommission Rechnung getragen werden, zum anderen waren die Wissenschaftler jedoch auch daran interessiert, auf ihrem jeweiligen Fachgebiet die größtmöglichen Forschungserträge zu erzielen. Mitglieder der Kommission, die aus der Industrie stammten, befanden sich in einer ähnlichen Zwickmühle; oft mussten sie an einer Entscheidung mitwirken, die für das angehörige Unternehmen möglicherweise nachteilig war. Bei umgekehrter Konstellation wiederum entstand leicht der Eindruck fehlender Objektivität.

Ein weiteres Problem stellte die zeitlich unbegrenzte personelle Besetzung der Atomkommission dar. Eine Veränderung der Gremien war nicht vorgesehen. Dies galt auch für die Zusammensetzung der Fachkommissionen und der Arbeitskreise. Ein Austausch der Kommissionsmitglieder war somit nicht einfach. Die Zusammensetzung der Gremien, Fachkommissionen und Arbeitskreise wurde daher nicht durch einen Wechsel der Mitgliedschaft, sondern durch die Berufung neuer Mitglieder verändert. Durch die wachsende Zahl der Mitglieder litt jedoch die Handlungsfähigkeit der Kommission.[217] Erst 1966 wurde die Geschäftsordnung dahingehend umformuliert, dass die Mitgliedschaft in den Fachkommissionen und Arbeitskreisen der Deutschen Atomkommission auf drei Jahre beschränkt wurde und die Amtszeit des Vorsitzenden auf zwei Jahre.

Ein zusätzliches Problem, welches die Arbeit der Atomkommission erheblich beeinflusste, war die Geheimhaltung. Die Androhung strafrechtlicher Sanktionen bei Verstoß wurde zwar nicht in die Geschäftsordnung der Kommission aufgenommen, jedoch wurde die Vertraulichkeit der Beratungen der Kommission in der Geschäftsordnung festgelegt. Die Befolgung der Vertraulichkeit bereitete innerhalb der Gremien der Atomkommission in der Praxis Schwierigkeiten, denn oftmals war eine Zusammenarbeit mit Institutionen, Firmen und deren Mitarbeitern, welche nicht Mitglieder der Kommission waren, erforderlich, um bestimmte Fachfragen zu klären. Die Frage der Vertraulichkeit führte daher des Öfteren zu Auseinandersetzungen innerhalb der Gremien.[218]

217 Protokoll DAtK AK „Kernreaktoren“, Sitzung v. 10.10.1961, BArch B 138/3370.

218 Z.B. DAtK AK III/2, Sitzungen v. 13.02.1958 und v. 16.06.1959, FK V, Sitzung v. 21.03.1958, BArch B 138/3384, 138/3385, 138/3325.

4. Ziele des Gesetzgebers

Vor dem Entwerfen der einzelnen atomrechtlichen Vorschriften musste der Gesetzgeber eine Reihe von Grundsatzentscheidungen treffen und grundlegende Prinzipien für das geplante Regelungswerk und die zukünftige Entwicklung der Kernenergie in der Bundesrepublik festlegen.

Nach einem Entwicklungsrückstand von ca. zehn Jahren war die vordringlichste Aufgabe zunächst, die benötigten Physiker, Chemiker und Ingenieure auszubilden und sie mit dem damaligen Stand der Atomwissenschaft und Atomtechnik vertraut zu machen.[219]

Der Gesetzgeber stellte sich die Frage, ob und inwieweit die Forschung und der wirtschaftliche Umgang mit der Atomenergie einem Staatsvorbehalt unterliegen oder gegenüber der freien Marktwirtschaft geöffnet werden sollten. Man führte an, dass angesichts des hohen Kapitalaufwands im Zusammenhang mit dem Bau und Betrieb von Kernreaktoren eine entsprechende wirtschaftspolitische Neutralität wieder der staatlichen Kontrolle weichen würde. Der hohe Kapitalaufwand sei nur mit entsprechenden finanziellen Zuwendungen des Staates aufzubringen, so dass dem Staat im Endeffekt ohnehin die Kontrolle darüber zukomme, wer aus der Privatwirtschaft sich wie mit der Kernenergienutzung beschäftigen würde. Zudem sei aufgrund der Bedeutung der Kernenergienutzung und der ihr innewohnenden Gefahren eine strenge staatliche Kontrolle geboten.

Der Gesetzgeber verzichtete jedoch von Anfang an auf einen staatlichen Vorbehalt und entschied sich für eine wirtschaftspolitisch neutrale Gestaltung des Atomgesetzes. Er schränkte diese nur dort ein, wo der Schutz von Leben, Gesundheit und Sachgütern, der inneren und äußeren Sicherheit der Bundesrepublik und aus Gründen internationaler Verpflichtungen nötig war. Das Atomgesetz sollte möglichst viele Kräfte mobilisieren, um Wirtschaft und Forschung auf dem Gebiet der Kernenergienutzung schnellstmöglich voranzutreiben, und dabei ausreichende Schutzbestimmungen enthalten.[220]

Die Arbeiten zur Vorbereitung der Inbetriebnahme von Forschungs- und später Leistungsreaktoren übernahm die auf Initiative der deutschen Industrie gegründete Physikalische Studiengesellschaft Düsseldorf.[221] Ihre Aufgabe bestand in der finanziellen und personellen Unterstützung der Göttinger Reaktorgruppe des Max-Planck-Instituts, der Gründung eines Bundeskernforschungszentrums sowie in der Bereitstellung einer staatlichen Förderung für den Bereich der Reaktortechnik.

---

219 Vgl. Menne, Atomnutzung im Blickfeld der Wirtschaftspolitik, AtW 1956, S. 6; Seidl, Woher kommen die Ingenieure?, AtW 1956, S. 30.

220 Begr. der BReg zu BT-Drs. II, 3026, S. 16.

221 Beteiligte waren u.a. Hoechst, Bayer, AEG, Siemens, Krupp.

5. Das erste Deutsche Atomprogramm im Dezember 1957

Das erste deutsche Atomprogramm[222] war vom Arbeitskreis Kernreaktoren der Deutschen Atomkommission auf einer Klausurtagung in Eltville entwickelt worden. Die Leiter der kerntechnischen Entwicklungsgruppen aus dem Kernkraftwerksbau, der Metallurgie und der Chemie berieten darüber, auf welchem Weg die Bundesrepublik schnell und sicher Anschluss an die ausländischen Entwicklungen auf dem Gebiet der friedlichen Kernenergienutzung finden könnte.

Hauptintention des Programms war die Entwicklung von Leistungsreaktoren, d.h. die von Kernreaktoranlagen, bei denen durch die Spaltung von Uran oder Plutonium zunächst Wärme entstand, welche sodann in elektrische Energie umgewandelt werden konnte.[223]

Bis zum Jahr 1965 sollten durch namhafte Industrieunternehmen[224] fünf Reaktoren mit zusammen 500 MW Leistung entwickelt und gebaut werden. Dieses erste deutsche Atomprogramm wurde durch den Deutschen Bundestag im Dezember 1957 für den Zeitraum von 1958 bis 1962 verabschiedet.[225] Um das Ziel, die Entwicklung von Leistungsreaktoren, zu erreichen, sah das Atomprogramm drei Stufen vor: als erste Stufe die Förderung von Grundlagenforschung und die Ausbildung des Nachwuchses, als zweite die Errichtung mehrerer Forschungsreaktoren einschließlich des Forschungsreaktors in Karlsruhe und auf der dritten Stufe sollte der Übergang zur wirtschaftlichen Nutzbarmachung der Kernenergie erfolgen, wozu ein Materialprüfreaktor und ein Versuchskernkraftwerk gehören sollten. Alle drei Stufen sollten nicht nacheinander „abgearbeitet“ werden, sondern gleichmäßig nebeneinander vorangetrieben werden.[226]

Die Finanzierung des ersten Atomprogramms sollte so erfolgen, dass die Energieversorgungsunternehmen und der Staat gemeinsam zu jeweils einem Drittel die Kosten für den Bau der Versuchskraftwerke tragen sollten. Das letzte Drittel sollte durch öffentliche oder durch von der öffentlichen Hand gesicherte Kredite finanziell abgedeckt werden.[227]

---

222 Auch „Eltville-Programm“ oder „500-Megawatt-Programm“ genannt.

223 Vgl. Jahresbericht 1957 des BMAt S. 5, BArch B 102/41018.

224 Siemens, AEG, BBC und Deutsche Babcock, vgl. Jahresbericht 1957 des BMAt, S. 5; BArch B 102/41018.

225 Vgl. Jahresbericht 1957 des BMAt, S. 5, BArch B 102/41018; zur näheren Ausarbeitung des Atomprogramms siehe Müller, Die Geschichte der Kernenergie in der Bundesrepublik Deutschland, Bd. 1, S. 354 ff.

226 Vgl. BMFi Schäfer im stenogr. Bericht der Sitzung des 2. BT v. 07.12.1956, S. 9885.

227 Zu den Finanzierungsfragen des Atomprogramms siehe Müller, Die Geschichte der Kernenergie in der Bundesrepublik Deutschland, Bd. 1, S. 370 ff.

II. Die Vorgaben des Grundgesetzes

1. Gesetzgebungskompetenz des Bundes

Die dem deutschen Gesetzgeber durch Art. 1 des Überleitungsvertrages gewährte Disposition zur Aufhebung des AHK-Gesetzes Nr. 22 war nur unter Berücksichtigung der verfassungsrechtlichen Vorgaben möglich. Die Schöpfer des Grundgesetzes teilten die Gesetzgebungszuständigkeiten zwischen Bund und Ländern auf. Diese Verteilung der Gesetzgebungskompetenzen gestaltete sich in der Art, dass grundsätzlich die Länder zur Gesetzgebung ermächtigt sind, der Bund hingegen eine Gesetzgebungskompetenz gem. Art. 70 Abs. 1 des Grundgesetzes nur dann besitzt, wenn das Grundgesetz ihm eine solche ausdrücklich zuweist. Wegen dieses föderativen Aufbaus der Bundesrepublik musste sich zunächst eine Gesetzgebungskompetenz des Bundes aus den Katalogen der Art. 73 ff. GG ergeben.

Eine ausdrückliche Kompetenz des Bundes bei der Regelung aller atomrechtlichen Bereiche bestand nicht, da der Verfassungsgesetzgeber im Jahre 1949 noch nicht von der Möglichkeit der friedlichen Nutzung der Kernenergie in Deutschland ausging bzw. ausgehen konnte.[228] Über die Prämisse, die Vorschriften des Atomgesetzes im gesamten Bundesgebiet einheitlich zu regeln, bestand jedoch weitestgehend Einigkeit.[229] Es musste daher zuerst geprüft werden, ob die konkurrierende Gesetzgebungskompetenz des Bundes anhand des in Art. 74 GG vorhandenen Katalogs begründet werden konnte. Für eine Reihe von Vorschriften des geplanten Atomgesetzes kamen folgende konkurrierende Gesetzgebungskompetenzen des Bundes aus Art. 74 GG in Betracht:

a) Art. 74 Nr. 1 GG: Bürgerliches Recht, Strafrecht

Die Gesetzgebungskompetenz für das bürgerliche Recht umfasst die Ordnung der Individualrechtsverhältnisse, wie sie im BGB und dem herkömmlichen zum bürgerlichen Recht gerechneten Nebengesetzen erfolgt.[230] Strafrecht in diesem Sinne ist

> „die Regelung aller, auch nachträglich, repressiver oder präventiver staatlicher Reaktionen auf Straftaten, die an die Straftat anknüpfen, ausschließlich für Straftäter gelten und ihre sachliche Rechtfertigung auch aus der Anlasstat beziehen".[231]

---

228 So z.B. die Begr. der BReg zu BT-Drs. II, 3026, S. 18.

229 Auch nicht seitens der Bundesländer, vgl. Protokoll der 163. Sitzung des BR v. 05.10.1956, 300, PArch II. WP, 1032, Bd. A1, Bl. 8.; Begr. der BReg zu BR-Drs. II, 322/56 a-b; Protokoll der 29. Sitzung des 3. BT v. 09.05.1958 S. 1596 f., BArch B 142/4736.

230 BVerfGE 42, 20, (31); ebenso wie in der Reichsverfassung von 1871 und der WRV zu verstehen, so BVerfGE 61, 149 (175).

231 BVerfGE 109, 190 (212).

Unter das Strafrecht fällt auch das Recht der Ordnungswidrigkeiten. Von der Kompetenzvorschrift des Art. 74 Nr. 1 GG sind demnach alle zivilrechtlichen Bestimmungen, wie etwa Haftungsvorschriften, Straf- und Ordnungswidrigkeitenvorschriften, erfasst.

b) Art. 74 Nr. 5 GG: Waren- und Zahlungsverkehr mit dem Ausland

Diese Vorschrift eröffnete die Möglichkeit, Regelungen über die Ein- und Ausfuhr von Kernbrennmaterial zu erlassen.

c) Art. 74 Nr. 11 GG: Recht der Wirtschaft

Das Recht der Wirtschaft wird seitens der Rechtsprechung sehr weit ausgelegt. Darunter sind alle Normen zu verstehen, die das wirtschaftliche Leben und die wirtschaftliche Betätigung regeln.[232] Erfasst sind demnach nicht nur die Regelungen zur Organisation der Wirtschaft, der einzelnen Wirtschaftszweige und sowie die Steuerung und Lenkung des Wirtschaftslebens, sondern alle geplanten wirtschaftsrechtlichen Regelungen.

d) Art. 74 Nr. 12 GG: Arbeitsrecht und Arbeitsschutz

Unter das Arbeitsrecht fällt das Sonderrecht der unselbstständigen Arbeitnehmer. Hierzu gehört das individuelle und kollektive, das private und öffentliche Arbeitsrecht.[233] Der Arbeitsschutz stellt eine Ermächtigung zur öffentlich-rechtlichen Regelung des Schutzes der Arbeitnehmer vor den Gefahren der Arbeit dar.[234] Durch ihn werden etwaig geplante Teilregelungen auf dem Gebiet des Strahlenschutzes zugunsten von Arbeitnehmern erfasst.

e) Art. 74 Nr. 13 GG: Förderung der wissenschaftlichen Forschung

Hiernach kann der Bund Forschungsförderung durch organisatorische Maßnahmen oder durch die Zuwendung finanzieller Mittel betreiben.[235] Auch die Ein- und Ausfuhr von Kernbrennstoffen zu Forschungszwecken kann hiernach vom Bund geregelt werden.[236]

f) Art. 74 Nr. 19 GG: Maßnahmen gegen gemeingefährliche Krankheiten, Zulassung zu ärztlichen und anderen Heilberufen, Verkehr mit Heilmitteln und Giften

Diese Vorschrift umfasst die Kompetenz zum Erlass von Regelungen über regelwidrige Körper- oder Geisteszustände, die einer ärztlichen Behandlung bedürfen und gemeingefährlich, d.h. schwer und verbreitet oder übertragbar sind.[237] Die Zulassung zu ärztlichen oder anderen Heilberufen umfasst all jene Vorschriften, die sich auf Erteilung, Zurücknahme und Verlust der Approbation und auf die Befugnis zur Ausübung des ärztlichen Berufs beziehen.[238]

---

232 BVerfGE 55, 274 (308); 68, 319 (330); 116, 202 (215 f.).

233 BVerfGE 7, 342 (351); 38, 281 (299); 106, 62.

234 Vgl. Jarass/Pieroth, GG Kommentar, Art. 74, Rn. 34.

235 Vgl. Jarass/Pieroth, GG Kommentar, Art. 74, Rn. 38.

236 Wahl im schriftlichen Bericht des Bundestagsausschusses für Rechtswesen und Verfassungsrecht (16. BT-Ausschuss) v. 15.04.1957, BT-Drs. II, 3416.

237 BVerwGE 33, 339 (341 f.).

238 BVerfGE 4, 74 (83).

g) Art. 74 Nr. 20: Verkehr mit Lebens- und Genussmitteln und Bedarfsgegenständen

Diese Vorschrift umfasst beispielsweise Lebens- und Genussmittel und Bedarfsgegenstände, welche dem Einfluss radioaktiver Strahlung ausgesetzt wurden, oder sie kann den Erlass einer entsprechenden Verbotsregelung herbeiführen.

h) Art. 74 Nr. 22: Straßenverkehr

Nach Art. 74 Nr. 22 GG besteht eine konkurrierende Gesetzgebungskompetenz für den Straßenverkehr. Hierunter fällt die Benutzung der Straßen durch Fahrzeuge, Fußgänger und Tiere und die Ergreifung von Maßnahmen zur Vermeidung von entsprechenden Gefahren im Straßenverkehr. Nach Art. 74 Nr. 22 GG wären Regelungen für die Beförderung von Kernbrennstoffen mit entsprechenden Schutzbestimmungen möglich.

Eine Aufteilung einzelner Regelungen eines Gesetzes auf verschiedene Gesetzgebungsermächtigungen des Grundgesetzes war verfassungsrechtlich zulässig. Für Zweifel sorgte allerdings der Umstand, dass sich nicht alle geplanten Bereiche des Atomgesetzes auf die vorhandenen Ermächtigungen stützen ließen. So enthielt beispielsweise Art. 74 Nr. 13 GG keine Kompetenz zum Erlass von Vorschriften über die Anwendung von Atomenergie zu medizinischen Zwecken, insbesondere nicht für den Strahlenschutz. Sowohl erforderliche Schutzvorschriften zugunsten der Angestellten des Arztes nach Art. 74 Nr. 12 GG als auch Regelungen zum Schutz der Patienten und der Allgemeinheit hätten auf keine grundgesetzliche Ermächtigung gestützt werden können.[239] Der Art. 74 Nr. 13 GG enthielt auch keine Gesetzgebungskompetenz für den Schutz in Hochschullaboratorien, in denen radioaktive Stoffe verwendet werden sollten. Entsprechende Schutzvorschriften waren jedoch nach den Art. 30 und 33 des Euratom-Vertrages unerlässlich und daher in das geplante Atomgesetz miteinzubeziehen.

Für die Schaffung weiterer hinlänglicher Schutzbestimmungen waren neben straf- und zivilrechtlichen Vorschriften, deren Kompetenz sich aus Art. 74 Nr. 1 GG ergab, auch polizeiliche Regelungen erforderlich. Hierfür wäre keine ausdrückliche, sondern allenfalls eine ungeschriebene Gesetzgebungskompetenz – in Form einer Kompetenz kraft Sachzusammenhangs – in Frage gekommen, die zwar auch schon nach damaliger Rechtslage zulässig, allerdings umstritten war.[240] Jedoch beurteilte der Gesetzgeber auch hier eine solche Gesetzgebungskompetenz für eine derart bedeutungsvolle Regelmaterie wie die friedliche Verwendung der Kernenergie als zu schwach. Denn das erste deutsche Atomgesetz sollte auf sichere verfassungsrechtliche Füße gestellt werden.

---

239 So BMAt Strauß in einem Protokoll: Gedanken und Notwendigkeit der Grundgesetzänderung als Grundlage des Atomgesetzes, BArch B 138/557, S. 529 f.; Rechtsausschuss in BT-Drs. II, 3416.

240 Für eine Kompetenz kraft Sachzusammenhang vgl. Jansen, „Sachzusammenhang“ und „Kompetenzverschiebung“, DÖV 1955, S. 437; a.A.: Pelzer, Die Gesetzgebungszuständigkeit des Bundes über die Atomenergie, DÖV 1959, S. 52.

Nach Auffassung der zuständigen Bundesressorts waren zwar Gesetze über die Förderung der wissenschaftlichen Forschung, wie etwa Regelungen über Geldzuwendungen und die Schaffung von Forschungsorganisationen, nicht aber Regelungen über die Ausübung der wissenschaftlichen Forschung, wie etwa Ein- und Ausfuhr von Kernbrennstoffen zu Forschungszwecken, von der Kompetenzregelung des Art. 74 Nr. 13 GG erfasst.[241] Dem schloss sich die Fachkommission I: „Kernenergiegesetz", der Deutschen Atomkommission an. Sie betonte die Notwendigkeit einer zentralen Zuständigkeit in der Anfangszeit aufgrund der geringen Zahl der zur Verfügung stehenden fachkundigen Personen, der großen Gefahr der neuen Energiequelle und der außerordentlichen wirtschaftlichen Risiken für die zukünftigen Unternehmer auf diesem Gebiet.[242]

Eine Gesetzgebungskompetenz des Bundes für die geplante Regelung des Kernenergierechts wurde somit vom verfassungsrechtlichen Katalog des damaligen Grundgesetzes nicht gänzlich erfasst war und nur durch eine extrem weite Auslegung der Verfassung ableitbar, so dass die Einfügung einer zusätzlichen Bundeskompetenz in den Katalog des Art. 74 GG nahe lag.[243]

2. Verwaltungskompetenz des Bundes

Man war sich aufgrund der Gefährlichkeit und der überörtlichen Bedeutung der Verwendung von Kernenergie und radioaktiver Stoffe darüber einig, dass das Atomgesetz die Erfüllung vieler Verwaltungsaufgaben erfordern würde und diese daher durch den Bund zumindest kontrolliert werden müssten. Darüber hinaus war der Bund zur Einhaltung der bilateralen Übereinkommen[244] verpflichtet, wozu er ebenfalls einer entsprechenden Verwaltungskompetenz bedurfte.

Das Grundgesetz sah drei Möglichkeiten bezüglich der Ausführung von Bundesgesetzen vor:

a) Bundeseigene Verwaltung (Art. 87 Abs. 3 GG)

In den vom Grundgesetz festgelegten Fällen kann der Bund durch eine eigene Organisation der Verwaltung, vollkommen unabhängig von den Ländern, Gesetze ausführen. Die Ausführung des Atomgesetzes wäre hiernach entweder durch eine Bundesoberbehörde oder eine Bundesanstalt nach Art. 87 Abs. 3 S. 1 GG oder durch bundeseigene Mittel- und Unterbehörden gem. Art. 87 Abs. 3 S. 2 GG möglich.

---

241 Das BKA, das BMV und das BMAt, a.A.: BMI.

242 Vgl. Protokoll der Sitzung der DAtK FK I v. 15./16.03. und v. 09.04.1956, BArch B 138/3327.

243 Vgl. hierzu Fischerhof, Probleme der Atomgesetzgebung, DÖV 1956, S. 688.

244 Siehe oben 2. Teil: A.

Ein in der zweiten Wahlperiode vorgelegter Antrag auf Erlass eines Atomgesetzes[245] sah die Errichtung einer Bundesanstalt für Kernenergie vor. Dieser sollte die Entscheidungsgewalt über die Vergabe finanzieller Mittel, über die Erteilung von Forschungsaufträgen und über Bundesbeteiligungen zukommen. Das Kuratorium der Bundesatomanstalt sollte Beschlüsse erlassen können, die wiederum nur von der Bundesregierung hätten außer Kraft gesetzt werden dürfen, wenn sie gegen gesetzliche Bestimmungen verstoßen würden. Gegen die Errichtung einer derart von der Bundesregierung organisatorisch unabhängigen Bundesanstalt zur Ausübung der Atomexekutive bestanden jedoch sowohl verfassungsrechtliche als auch praktische Vorbehalte. In verfassungsrechtlicher Hinsicht bestanden Bedenken, dass eine obere Bundesbehörde wie die geplante Bundesanstalt für Kernenergie nach dem Entwurf zu viele Funktionen habe, welche genuin dem Staat vorbehalten seien. Derartig weitreichende Befugnisse wurden zum Teil für verfassungswidrig gehalten, da sie mit den verfassungsmäßigen Vorgaben über die Bundesregierung, der Verantwortung des zuständigen Bundesministers und der parlamentarischen Kontrolle des Bundestages nicht zu vereinbaren wären.[246]

Auch aus praktischen Gründen wäre eine Zentralverwaltung durch den Bund nicht sachgerecht, da die Verwaltung ortsnah sein müsse. Die Errichtung und die Inbetriebnahme einer Anlage könnte ohnehin niemals abschließend von einer Bundesbehörde genehmigt werden, da hierfür zahlreiche landesrechtliche Genehmigungen erforderlich sind. Ein zweigleisiges Verwaltungsverfahren sei allerdings nicht wünschenswert. Zudem sei eine Bundesverwaltung sehr kostspielig und eine notwendige Zustimmung des Bundesrates nach Art. 87 Abs. 3 S. 2 GG nicht zu erlangen.[247]

Für diese Verwaltungsform sprach sich die Fachkommission I der deutschen Atomkommission aus. Nur sofern das Ministerium durch Erlass von Ausführungsverordnungen von seinen Ausführungsbefugnissen Gebrauch mache, würde sich die Kommission mit der Bundesauftragsverwaltung einverständig erklären können.[248]

b) Landeseigene Verwaltung (Art. 83 GG)

Aufgrund der Bedeutung der Atomenergie, ihrer besonderen Gefährlichkeit und überörtlichen Bedeutung, den internationalen Verpflichtungen und zur Wahrung der Rechts- und Wirtschaftseinheit wurde ein einheitlicher Gesetzesvollzug

245 Entwurf der von BT-Abg. aller Fraktionen und den Mitgliedern der IPA: BT-Drs. II, 1734.

246 Der Abg. Memmel sah einen Verstoß gegen Art. 65 GG in Protokoll der 29. Sitzung des 3. BT, 09.05.1958, S. 1601; vgl. Fischerhof, Atomwirtschaft und Gesetzgeber, AtW 1956, S. 96 f.

247 Vgl. Begr. der BReg zu BT-Drs. II, 3026, S. 34 f.

248 Vgl. Protokolle DAtK FK I v. 15./16.03. und 09.04.1956, BArch B 138/3327.

durch den Bund für notwendig erachtet. Eine landeseigene Verwaltung mit Einzelweisungsbefugnissen des Bundes nur für besondere Fälle war nicht ausreichend, um eine homogene landesweite Verwaltung des Atomgesetzes zu gewährleisten. Eine derartige Verwaltungspraxis wäre schwierig und kostspielig, denn in jedem Land hätten die fachlichen Voraussetzungen geschaffen werden müssen, um ein Genehmigungsverfahren mit der entsprechenden erforderlichen Sachkunde durchführen zu können.[249]

c) Bundesauftragsverwaltung (Art. 85 GG)

Die Bundesauftragsverwaltung ist eine besondere Form der Landesverwaltung. Im Falle der Bundesauftragsverwaltung sind grundsätzlich die Länder für die Ausführung des Gesetzes zuständig. Im Gegensatz zur landeseigenen Verwaltung hätte der Bund in diesem Fall ein umfassendes Weisungsrecht gegenüber den Landesbehörden und würde neben der Rechtsmäßigkeit auch die Zweckmäßigkeit der Gesetzesausführung überprüfen können.[250]

III. Einfachgesetzliche Rahmen-Zuständigkeit aus sonstigen Gesetzes

Da eine verfassungsrechtliche Gesetzgebungskompetenz des Bundes nicht ohne Bedenken herzuleiten war, prüfte man, ob eine solche durch Bundesgesetze bestand. Jedoch war auch die Herleitung einer Gesetzgebungskompetenz des Bundes aus bereits vorhandenen Bundesgesetzen nicht problemlos möglich.

1. Zuständigkeit nach der Gewerbeordnung

a) Zuständigkeit aus § 24 GewO

Der § 24 der Gewerbeordnung[251] beinhaltete eine Verordnungsermächtigung, welche der Regelung des Strahlenschutzes diente.[252] Die Vorschrift ermächtigte die Bundesregierung zum Erlass von Rechtsverordnungen für sog. überwachungsbedürftige Anlagen, wenn dies zum „Schutze der Beschäftigten und Dritter vor

249 BMAt, Gedanken zur Notwendigkeit der Grundgesetzergänzung als Grundlage eines Atomgesetzes, S. 5, BArch B 138/557 Anlage 7; so auch Begr. der BReg zu BT-Drs. II, 3026 S. 18 f.

250 Vgl. Jarass/Pieroth, GG Kommentar Art. 85, Rn. 2 f.

251 I.d.F. des Gesetzes v. 29.09.1953, BGBl. 1953 I S. 1459.

252 Vgl. Pelzer, Die Gesetzgebungszuständigkeit des Bundes über die Atomenergie, DÖV 1959, S. 52.

Gefahren durch Anlagen, die mit Rücksicht auf ihre Gefährlichkeit einer besonderen Überwachung bedürfen", erforderlich wäre. Als überwachungsbedürftige Anlagen galten nach § 24 Abs. 3 Nr. 10 GewO auch Anlagen „zur Erzeugung und Verwendung von Röntgen- und radioaktiven Strahlen". Entsprechende Schutzmaßnahmen konnten nach § 24 Abs. 1 GewO die Einführung von Anzeige- und Genehmigungspflichten sowie bestimmte Anforderungen an die Technik, Prüfungs- und Überwachungsmaßnahmen und die Festsetzung von Gebühren sein. Um entsprechend wirkungsvolle Maßnahmen ergreifen zu können, war die Bundesregierung gem. § 24 Abs. 4 GewO befugt, in einschlägigen Fragen technische Ausschüsse zu Beratungszwecken zu errichten. Der Bundesregierung war es mithin möglich, bei überwachungsbedürftigen Anlagen, soweit bei diesen Strahlung auftrat, Schutzmaßnahmen nach § 24 anzuordnen.

Ausdrücklich nicht unter die Verordnungsermächtigung fielen nach § 24 Abs. 3 jedoch Energieanlagen i.S.d. § 2 Energiewirtschaftsgesetzes vom 13.12.1935.[253] Dies waren Anlagen, die zur Erzeugung, Fortleitung oder Abgabe von Elektrizität und Gas dienen. Dadurch waren Atomanlagen zur Erzeugung von Elektrizität von der Verordnungsermächtigung ausgeschlossen, so dass die Regierung für diesen Bereich keine Schutzmaßnahmen nach § 24 GewO erlassen konnte. Die Regelungen des Energiewirtschaftsgesetzes billigten dem Bundeswirtschaftsminister zwar Eingriffsrechte zu, jedoch waren diese Vorschriften für die Atomenergie und ihre Gefahren nicht ausreichend.[254]

Auch im Bereich der Anwendung von Kernenergie zu medizinischen Zwecken war zweifelhaft, ob dieser Bereich von § 24 GewO erfasst wurde.[255] Zwar waren nach § 24 GewO auch ausdrücklich nicht gewerbliche Anlagen von der Verordnungsermächtigung erfasst, allerdings nur soweit der Arbeitsschutz es erforderte oder im Rahmen einer wirtschaftlichen Betätigung. Damit deckte die Ermächtigung aus § 24 GewO zwar einen Bereich der Anlagenbetreibung unter Verwendung von Atomenergie grundsätzlich ab, jedoch blieben auch hier Regelungsbereiche unberücksichtigt, so z.B. unter Umständen die Benutzung von Kernenergie zu medizinischen Zwecken und die wohl in Zukunft in größerem Umfang betriebenen Atomanlagen zur Elektrizitätserzeugung.

b) Zuständigkeit aus § 120e GewO

Eine weitere Ermächtigung zum Erlass von Rechtsverordnungen zur Durchführung der in den §§ 120a bis e GewO enthaltenen Grundsätze beinhaltete § 120e GewO.

---

253 RGBl. I S. 1451.

254 Vgl. Fischerhoff, Atomenergierecht und Energiewirtschaftsrecht, BB 1955, S. 1113.

255 Vgl. Pelzer, Die Gesetzgebungszuständigkeit des Bundes über die Atomenergie, DÖV 1959, S. 52.

Hiernach hätten arbeitsschutzrechtliche Regelungen für den Umgang mit radioaktivem Material erlassen werden können.[256] So war bereits aufgrund der Ermächtigung des § 120e GewO die Röntgenverordnung vom 7. Februar 1941[257] erlassen worden. Aufgrund der in den §§ 120a bis 120e enthaltenen Ermächtigungen hätte die Bundesregierung weitere Verordnungen erlassen können, jedoch wäre es ihr verwehrt geblieben, neue Gebiete des Atomrechts regeln zu können. So wären auch nach § 120e GewO Regelungen über die Verwendung der Atomenergie zu medizinischen Zwecken, abgesehen von entsprechenden Arbeitsschutzregelungen, nicht möglich gewesen.

c) Zuständigkeit durch Ergänzung der Gewerbeordnung

Die in der Gewerbeordnung enthaltenen Ermächtigungen reichten mithin in ihrer damals bestehenden Form nicht aus, um die geplanten Regelungen bei der Verwendung von Kernenergie zu friedlichen Zwecken gänzlich zu erfassen. Um jedoch eine mögliche Verfassungsänderung zu vermeiden und eine Bundeskompetenz für sämtliche Regelungsbereiche des geplanten Atomgesetzes herzustellen, wurde im Rahmen des Gesetzgebungsverfahrens eine Ergänzung der Gewerbeordnung angeregt.[258]

§ 24 GewO sollte dahingehend geändert werden, dass er alle Atomanlagen (auch die zur Erzeugung elektrischer Energie) erfassen würde. Problematisch war jedoch, dass die Gewerbeordnung voraussetzte, dass es sich stets um gewerbliche Anlagen handeln müsse. Eine Auslegung aller Atomanlagen als gewerbliche Anlagen, um sie unter § 24 GewO fassen zu können, hätte eine zu starke Ausweitung dieser gewerberechtlichen Bundeskompetenzen dargestellt. Die Ergänzung der Gewerbeordnung war damit de lege ferenda abzulehnen.[259]

2. Zuständigkeit aus dem Euratom-Vertrag

Die Art. 33 ff. des Euratom-Vertrages verpflichten die Mitglieder der europäischen Atomgemeinschaft zum Erlass von Vorschriften über den Gesundheits- und Strahlenschutz. Es wurde angeführt, dass die Frage nach einer Gesetzgebungskompetenz des Bundes damit schon „auf der außenpolitischen Ebene" entschieden wurde, so

---

256 So war aufgrund von § 120e GewO bereits die sog. „Röntgenverordnung" v. 07.02.1941 erlassen worden, RGBl. I S. 88, 162.

257 RGBl. I S. 88, 162.

258 Vgl. Schneider in einem Brief an die FDP-BT-Fraktion, BArch B 138/3370, und den Abg. Rutschke im stenogr. Bericht der 29. Sitzung des 2. BT v. 09.05.1958 S. 1597 f.

259 Vgl. Pelzer, Die Gesetzgebungszuständigkeit des Bundes über die Atomenergie, DÖV 1959, S. 53.

dass weder eine Ergänzung des Grundgesetzes noch eine Ergänzung der Gewerbeordnung erforderlich war.[260]

Eine Gesetzgebungskompetenz, die dem Bund dem Grundgesetz nach nicht zusteht, kann jedoch auch nicht über einen völkerrechtlichen Vertrag hergeleitet werden.[261] Eine derartige Reichweite kommt dem Gemeinschaftsrecht nicht zu.

IV. Die Gesetzgebungsarbeiten zur Ergänzung des Grundgesetzes in der zweiten Wahlperiode (1953-1957)

Parallel zu den Gesetzgebungsarbeiten zum Atomgesetz liefen die Arbeiten zu einer Ergänzung der Verfassung. Neben den im Rahmen der Gesetzesarbeiten zum Atomgesetz häufig diskutierten inhaltlichen Fragestellungen war es vor allem die Frage nach der Notwendigkeit der Ergänzung des Grundgesetzes, welche den Erlass des Atomgesetzes immer wieder blockierte.

1. Überblick

Bezüglich der Notwendigkeit einer Gesetzgebungskompetenz des Bundes in Verbindung mit einer Verwaltungskompetenz, die dem Bund ausreichende Kontrollbefugnisse einräumte, bestand von Beginn an Einigkeit. Umstritten war hierbei die Notwendigkeit einer Ergänzung des Grundgesetzes. So stellte sich bereits im Rahmen der ersten Sitzung des Interministeriellen Ausschusses für Atomfragen am 8. Mai 1956 heraus, dass man sich hinsichtlich der Notwendigkeit der Ergänzung des Grundgesetzes auf Regierungsebene nicht einig war.[262] Für eine Verfassungsänderung wurden seitens der Regierung[263] und von den Parteien[264] Entwürfe zur Ergänzung des Grundgesetzes vorgelegt, die gemeinsam mit den Arbeiten am Atomgesetz behandelt wurden. Der Streitpunkt – „Verfassungsergänzung – ja oder nein?“ – hemmte auch den Erlass des Atomgesetzes, da die Grundgesetzänderung wiederholt nicht die nach Art. 79 Abs. 2 GG erforderliche Zweidrittelmehrheit

260 Der Abg. Rutschke (FDP) in: Protokoll der 29. Sitzung des 2. BT v. 09.05.1958 S. 1597, 1598.

261 Konkordats-Urteil v. 26.03.1957 BVerfGE 6, 309; hierzu näher Bullinger, Der Anwendungsbereich der Bundesaufsicht, AöR 1958, S. 279 ff.

262 Gegen eine Ergänzung z.B. Kötter (BWM), dafür Grau und Scheidwimmer (beide BMAt), in: Kurzprotokoll der 1. Sitzung des Interministeriellen Ausschusses für Atomfragen, S. 5 ff., BArch B 142/4735.

263 Regierungsentwurf v. 14.09.1956: BT-Drs. II, 3026 Anlage 1 a.

264 Entwurf von CDU/CSU, SPD, DP (FVP), GB/BHE: BT-Drs. II, 3668; FDP- Entwurf: BT-Drs. III, 226.

von im Bundestag erreichte.[265] Nach dem Regierungsentwurf zur Ergänzung des Grundgesetzes[266] scheiterten drei weitere Entwürfe zur Grundgesetzänderung[267], die aus der Mitte des Bundestages stammten.

In der dritten Wahlperiode wurde das Gesetz zur Ergänzung des Grundgesetzes am 3. Dezember 1959 in zweiter und dritter Lesung vom Bundestag gemeinsam mit dem Atomgesetz verabschiedet.[268] Das Gesetz enthielt jedoch die Einleitungsformel „zur Abgrenzung der Zuständigkeiten zwischen Bund und Ländern". Diese wurde einfügt, um die Bedenken der Abgeordneten auszuräumen, die eine Einschränkung der Rüstungsmöglichkeiten des Bundes fürchteten.[269] Dieser Zusatz war jedoch nur in dem Gesetz zur Ergänzung des Grundgesetzes vorhanden und wurde nicht in dieses selbst eingefügt.

Mit der Grundgesetzänderung war der verfassungsrechtliche Boden für den Erlass des ersten deutschen Atomgesetzes geschaffen worden.

2. Der Regierungsentwurf vom 14. September 1956

Der erste Entwurf zur Ergänzung des Grundgesetzes[270] wurde dem Kabinett am 12. Juli 1956 zusammen mit einem Entwurf eines Atomgesetzes vorgelegt.[271] Die Ergänzung des Grundgesetzes sollte durch die Einfügung einer Nr. 11a zu Artikel 74 des Grundgesetzes und die Einfügung eines Artikels 87c erfolgen.

Art. 74 Nr. 11a GG sollte folgende Gesetzgebungskompetenzregelung enthalten:

> „... die Erzeugung und Nutzung der Kernenergie, den Bau und Betrieb von Anlagen, die diesen Zwecken dienen, den Schutz gegen Gefahren, die bei Freiwerden von Kernenergie oder durch Strahlung radioaktiver Stoffe entstehen, und die Beseitigung radioaktiver Abfallstoffe."

Art. 87c GG sollte die Verwaltungskompetenzen in Form der Bundesauftragsverwaltung festlegen:

> „Gesetze, die auf Grund des Artikels 74 Nr. 11a ergehen, können mit Zustimmung des Bundesrates bestimmen, dass sie von den Ländern im Auftrag des Bundes ausgeführt werden."

---

265 Vgl. Stenogr. Bericht der 221. Sitzung des 2. BT v. 02.07.1957, 13045, und der 227. Sitzung v. 29.08.1957, 13511.

266 BT-Drs. II, 3026 Anlage 1 a.

267 BT-Drs. II, 3688 v. 27.06.1957; BT-Drs. II, 3726 v. 04.07.1957; BT-Drs. II, 3760 v. 15.08.1957 – die letzten beiden Entwürfe sind infolge des Ablaufs der zweiten Legislaturperiode nicht weiter parlamentarisch behandelt worden.

268 Gesetz zur Ergänzung des Grundgesetzes v. 23.12.1959, BGBl 1959 I S. 813; Atomgesetz v. 23.12.1959, BGBl 1959 I S. 814.

269 Insbesondere die CDU, siehe z.B. CDU-Abg. Krone in: Stenogr. Bericht der 221. Sitzung des 2. BT v. 02.07.1957, 13045, PArch II, 1032, Bd. A2, Bl. 11

270 BT-Drs. II, 3026 Anlage 1 a.

271 BT-Drs. II, 3026 Anlage 1 b.

In der Kabinettssitzung am 20. Juli 1956 stellte der Bundesminister für Atomfragen Strauß seine Kabinettsvorlage vor. Hinsichtlich der Ergänzung des Grundgesetzes sprach sich Bundesminister Schäfer für die Errichtung einer Bundesoberbehörde aus. Der Bundesminister für Wohnungsbau hielt die konkurrierende Gesetzgebungskompetenz des Bundes für die Forschung zweckmäßig, jedoch sei sicherzustellen, dass der Bund zum Abschluss internationaler Verträge auf dem Gebiet der Kernenergie die ausschließliche Zuständigkeit habe. Dem stimmte der Vizekanzler zu.[272] Der Bundesminister der Justiz hielt hingegen die gegebenen Regelungsgebiete der konkurrierenden Gesetzgebungskompetenz für ausreichend. Sofern der Bund von seinem Recht zur Gesetzgebung Gebrauch mache, so sei er in dem Moment ausschließlicher Gesetzgeber.[273] Der Bundesminister für Wohnungsbau entgegnete, dass nach der vorgeschlagenen Fassung des Artikels 87c GG jedes Gesetz auf dem Gebiet der Kernenergie die Zustimmung des Bundesrates benötige. Das Kabinett verabschiedete den Entwurf eines Gesetzes zur Ergänzung des Grundgesetzes und den Entwurf eines Atomgesetzes unter Einbeziehung der Vorbehalte, die sich während der Debatte ergaben.[274]

Hinsichtlich der Erweiterung der Gesetzgebungskompetenz des Bundes führte die Bundesregierung als Grund u.a. die bereits übernommenen internationalen Verpflichtungen an (Verbot der Herstellung von Atomwaffen, Kontrolle der Verwendung der von den Vereinigten Staaten zu liefernden Kernbrennstoffe). Die Erfüllung der übernommenen Verpflichtungen erfordere sowohl eine Gesetzgebungs- als auch eine Verwaltungskompetenz des Bundes.[275] Ein Gesetzgebungsrecht des Bundes auf dem Gebiet der friedlichen Kernenergienutzung lasse sich zwar weitgehend aus der bestehenden Fassung des Grundgesetzes ableiten. Um jedoch etwaige Lücken zu schließen und um der Wichtigkeit und Bedeutung des Aufbaus der friedlichen Kernenergienutzung gerecht zu werden, sei es jedoch erforderlich, den Bau und Betrieb von Atomanlagen, den Schutz vor den Gefahren der Strahlung und die Beseitigung radioaktiver Abfallstoffe ausdrücklich durch die Einfügung der Nr. 11a in Art. 74 GG aufzuführen.

Hinsichtlich der Frage der Verwaltungskompetenz des Bundes führte die Regierung an, dass eine Bundesauftragsverwaltung zur Gewährleistung eines einheitli-

---

272 144. Kabinettssitzung v. 20.07.1956 in: Kahlenberg, Die Kabinettsprotokolle der Bundesregierung, Bd. 9, 1956, S. 493.

273 144. Kabinettssitzung v. 20.07.1956 in: Kahlenberg, Die Kabinettsprotokolle der Bundesregierung, Bd. 9, 1956, S. 494.

274 144. Kabinettssitzung v. 20.07.1956, in: Kahlenberg, Die Kabinettsprotokolle der Bundesregierung, Bd. 9, 1956, S. 495.

275 Begr. der BReg zu BT-Drs. II, 3026 S. 6.

chen Gesetzesvollzugs und zur Erfüllung der internationalen Verpflichtungen erforderlich sei.[276]

a) Stellungnahme des Bundesrates

Der Bundesrat, in den der Entwurf am 14. September 1956 gelangte, beschloss am 5. Oktober 1956 in seiner 163. Sitzung gem. Art. 76 Abs. 2 des GG, zu dem Entwurf zur Ergänzung des Grundgesetzes[277] Stellung zu nehmen. Er sprach sich für die Erweiterung des Kompetenzkataloges des Art. 74 GG und für die Einführung einer Bundesauftragsverwaltung aus und übernahm die von Seiten des federführenden Rechtsausschusses[278] und des Ausschusses für Arbeit und Sozialpolitik[279] vorgeschlagenen Änderungen. So sollten in Art. 1 Nr. 1 die Worte „den Bau und Betrieb" ersetzt werden durch die Worte „die Errichtung und den Betrieb". Ferner sollte das Wort „Abfallstoffe" durch das Wort „Stoffe" ersetzt werden. Im Übrigen wurde der Entwurf angenommen.[280]

b) Vorstellung des Entwurfs im Bundestag am 22. Februar 1957

Am 22. Februar 1957 wurde der Entwurf eines Gesetzes zur Änderung des Grundgesetzes[281] erstmalig gemeinsam mit dem Entwurf eines Gesetzes über die Erzeugung und Nutzung der Kernenergie und den Schutz gegen ihre Gefahren (Atomgesetz)[282] im Deutschen Bundestag dem Bundesminister für Atomfragen Balke vorgestellt und begründet.[283] Hiernach wurde beschlossen, den Entwurf zur Ergänzung des Grundgesetztes dem Rechtsausschuss als federführendem Ausschuss und dem Bundestagsausschuss für Atomfragen zur Mitberatung zu überweisen.

---

276 Begr. der BReg zu BT-Drs. II, 3026 S. 6.

277 BR-Drs. Nr. 322/ 56a.

278 Mitlieder des Ausschusses waren: Vorsitzender Eicher (Rheinland-Pfalz), Rebmann (Baden-Württemberg), Reischl (Bayern), Uebelacker (Bayern), Malicke (Berlin), Entholt (Bremen), Schmunk (Hessen), Schlagheck (Nordrhein-Westfalen), Wollstadt (Rheinland-Pfalz), Corves (Schleswig-Holstein); vgl. die Niederschrift der Sitzung des Rechtssausschuss v. 14.09.1956, S. 2 f., in: BR-Protokolle, Rechtssausschuss, 169.-177. Sitzung, 1956.

279 Niederschrift der 123. Sitzung des Ausschusses für Arbeit und Sozialpolitik v. 27.09.1956, S. 3, in: BR-Protokolle, Ausschuss für Arbeit und Sozialpolitik, 113.-129. Sitzung, 1956.

280 Niederschrift der Sitzung des 16. BT-Ausschuss v. 14.09.1956, S. 2 f., in: BR-Protokolle, Rechtssausschuss, 169.-177. Sitzung, 1956; vgl. auch Protokoll der 163. Sitzung des BR v. 05.10.1956, PArch II. WP, 1032, Bd. A1, Bl. 8.

281 BT-Drs. II, 3026 Anlage 1 a.

282 BT-Drs. II, 3026 Anlage 1 b.

283 Stenogr. Bericht der 194. Sitzung des 2. BT v. 22.02.1957, 11051-11061.

c) *Der Bundestagsausschuss für Atomfragen*

In der Sitzung des Ausschusses für Atomfragen am 1. März 1957 legte Grau aus dem Bundesministerium für Atomfragen dar, aus welchen Gründen die Entscheidung für eine Bundesauftragsverwaltung entsprechend dem Gesetzesentwurf zur Ergänzung des Grundgesetzes die richtige sei. Dies ergebe sich aus dem föderalistischen Aufbau in der Bundesrepublik.[284] Durch die Bundesauftragsverwaltung werde ein doppeltes Genehmigungsverfahren nach Bundes- und nach Landesrecht vermieden. Der Entwurf wurde daraufhin in erster[285] und zweiter Lesung[286] vom Bundestagsausschuss für Atomfragen angenommen.

d) *Der Bundestagsausschuss für Rechtswesen und Verfassungsrecht*

Am 1. April 1957 trat der Ausschuss zur Besprechung des Regierungsentwurfes eines Atomgesetzes und eines Gesetzes zur Ergänzung des Grundgesetzes zusammen.[287] Hinsichtlich des Entwurfs zur Ergänzung des Grundgesetzes hatte der Rechtsausschuss die Federführung inne. In einer Lesung am 12. April nahm der Ausschuss den Regierungsentwurf an.[288]

Zunächst beantragte Weber (CDU/CSU) die Absetzung des Atomgesetzesentwurfes von der Tagesordnung des Ausschusses. Der Abgeordnete Metzger (SPD) verwies sodann darauf, dass seine Fraktion die beiden Entwürfe als zusammenhängend betrachte. Der Entwurf eines Atomgesetzes entspreche nicht den Vorstellungen seiner Fraktion. Aus diesem Grunde gehe er davon aus, dass diese dem Entwurf nicht durch eine Ergänzung des Grundgesetzes den Weg ebnen werde. Der Abgeordnete Wahl (CDU/CSU) führte an, dass die Ergänzung des Grundgesetzes erforderlich sei, damit die Bundesregierung mit Hilfe des Weisungsrechts gegenüber den Ländern die Verpflichtungen des Euratom-Vertrages erfüllen könne. Des Weiteren stellte er dar, warum die bestehenden Kompetenzen des Grundgesetzes für die Kernenergienutzung nicht ausreichen. Bun-

284 Kurzprotokoll der 14. Sitzung des 38. BT-Ausschusses v. 01.03.1957, PArch II, 1032, Bd. A 1, Bl.26.

285 Kurzprotokoll der 25. Sitzung des 38. BT-Ausschusses v. 10.04.1957, PArch II, 1032, Bd. A 1, Bl 34.

286 Kurzprotokoll der 27. Sitzung des 38. BT-Ausschusses v. 12.04.1957, PArch II, 1032, Bd. A 1, Bl. 36.

287 Protokoll der 202. Sitzung des 16. BT-Ausschusses v. 01.04.1957, PArch II, 1032, Bd. A1, Bl. 16.

288 Protokoll der 206. Sitzung des 16. BT-Ausschusses v. 12.04.1957, PArch II, 1032, Bd. A 1, Bl. 17.

desratsmitglied Leussner (CSU) bemerkte, dass der Bundesrat mit der vorgesehenen Grundgesetzänderung einverstanden sei. [289]

Wittrock (SPD) teilte mit, seine Fraktion werde sich am 2. April 1957 mit der Ergänzung des Grundgesetzes befassen und dann eine Stellungnahme abgeben können. Daraufhin setzte der Ausschuss die Beratungen über die Ergänzung des Grundgesetzes am 12. April 1957 fort.[290] Die SPD-Fraktionsmitglieder des Rechtsausschusses stimmten dem Entwurf zur Ergänzung des Grundgesetzes[291] mit der Maßgabe zu, dass in Art. 1 des Entwurfs zusammen mit den Änderungen des Bundesrates „zu friedlichen Zwecken" eingefügt werde. Der Vorsitzende des Rechtsausschusses Hoogen (CDU/CSU) hielt diesen Vorschlag der SPD für „sachlich nicht gerechtfertigt"[292] und regte an, den Entwurf zunächst an den Bundestag zurückzuleiten. Im Plenum bestünde immer noch die Möglichkeit, einen entsprechenden Änderungsantrag einzubringen. Die DP/FVP-Abgeordneten Schneider und Euler teilten die Auffassung des Vorsitzenden jedoch nicht. Auch die CDU/CSU-Fraktionsabgeordneten stellte den Antrag, die Worte „zu friedlichen Zwecken" in den Entwurf einzufügen. Art. I Ziffer 2, welcher die Einfügung des Art. 87c GG vorsah, wurde im Ausschuss einstimmig angenommen.[293]

Der Rechtssausschuss stellte sich gemeinsam mit der Bundesregierung und dem Bundesrat auf den Standpunkt, dass eine Erweiterung des Kompetenzkataloges des Bundes notwendig sei, um ein Atomgesetz auf solide verfassungsrechtliche Grundlagen zu stellen.[294] Die bislang im Grundgesetz enthaltenen Ermächtigungen seien nicht ausreichend, um die Regelungsgebiete des Atomgesetzesentwurfs gänzlich zu umfassen. So beinhalte der Entwurf Schutzvorschriften zur Genehmigung und Errichtung von Atomanlagen. Ohne eine entsprechende Ergänzung des Grundgesetzes müsse man die Zuständigkeit für diese polizeilichen Aufgaben den Ländern lassen. Gerade bei einer so wichtigen Materie wie der Kernenergienutzung sollte eine bundeseinheitliche Regelung gelten. Soweit der Entwurf jedoch strafrechtliche und zivilrechtliche (Regelung von Schadensersatzansprüchen) Regelungen beinhalte, reiche die Bundeskompetenz für das Straf- und Zivilrecht nach Art. 74 Nr. 1 GG aus.[295]

---

289 Protokoll der 202. Sitzung des 16. BT-Ausschusses v. 01.04.1957, PArch II, 1032, Bd. A1, Bl. 16.

290 Protokoll der 206. Sitzung des 16. BT-Ausschusses v. 12.04.1957, PArch II, 1032, Bd. A1, Bl. 17.

291 BT-Drs. II, 3026 Anlage 1a.

292 Protokoll der 206. Sitzung des 16. BT-Ausschusses v. 12.04.1957, PArch II, 1032, Bd. A 1, Bl. 17.

293 Protokoll der 206. Sitzung des 16. BT-Ausschusses v. 12.04.1957, PArch II, 1032, Bd. A1, Bl. 17.

294 Schriftlicher Bericht des 16. BT-Ausschusses über den Entwurf eines Gesetzes zur Ergänzung des Grundgesetzes, BT-Drs. II, 3416.

295 Schriftlicher Bericht des 16. BT-Ausschusses über den Entwurf eines Gesetzes zur Ergänzung des Grundgesetzes, BT-Drs. II, 3416.

Inhaltlich schlug der Ausschuss für Rechtswesen und Verfassungsrecht auf Antrag seiner der SPD-Fraktion angehörenden Mitglieder vor, die erweiterte Bundeskompetenz auf die friedliche Kernenergienutzung zu beschränken, also die Worte „zu friedlichen Zwecken, die Errichtung ..." in Art. 74 Nr. 11a GG einzufügen. Damit sei ausdrücklich klargestellt, dass diese Beschränkung der Gesetzgebungskompetenz die Zuständigkeit des Bundes, den Missbrauch von Atomenergie zu anderen als friedlichen Zwecken mit Strafe zu bedrohen, nicht berühre.[296] Ferner schlug er vor, bei der Erweiterung des Art. 74 um Nr. 11a GG die Formulierung „den Bau und Betrieb von Anlagen" durch „die Errichtung und den Betrieb von Anlagen" zu ersetzen. Der Begriff „Errichtung" sei umfassender und entspreche der Terminologie des Atomgesetzes. Daneben wurden dem Bundesrat vorgeschlagen, in Art. 74 Nr. 11a GG das Wort „Abfallstoffe" durch „Stoffe" zu ersetzen. Der 16. Ausschuss führte an, dass nach dem Gesetz nicht nur die Beseitigung radioaktiver Abfallstoffe, sondern auch die Entsorgung von anderen radioaktiven Stoffen in Betracht komme.[297]

Hinsichtlich der Frage der Atomverwaltung führte der Rechtsausschuss an, dass die Einführung einer Bundesauftragsverwaltung aufgrund der durch den Euratom-Vertrag übernommenen Pflichten erforderlich sei, so dass der Bund den Ländern Aufgaben auf dem Gebiet der friedlichen Kernenergienutzung nur als Auftragsangelegenheit zuweisen könne und die Möglichkeit einer stärkeren Einwirkung auf die Länder behalte.[298] Damit schloss sich der Rechtsausschuss der Regierungsvorlage zu Art. 87c GG an.

e) Bundestagsdebatte vom 27. Juni 1957

In seiner 216. Sitzung am 27. Juni 1957 wurde der Regierungsentwurf zur Ergänzung des Grundgesetzes[299] im Bundestag nach zweiter und dritter Beratung abgelehnt.[300] Zwar wurde eine Erweiterung des Gesetzgebungskompetenzkataloges durch Art. 74 Nr. 11a GG insbesondere von Abgeordneten der CDU/CSU befürwortet. Jedoch scheiterte der Entwurf zur Ergänzung des Grundgesetzes mangels der erforderlichen Zweidrittelmehrheit. Bei der Abstimmung durch Hammel-

---

296 Schriftlicher Bericht des 16. BT-Ausschusses über den Entwurf eines Gesetzes zur Ergänzung des Grundgesetzes, BT-Drs. II, 3416.

297 Schriftlicher Bericht des 16. BT-Ausschusses über den Entwurf eines Gesetzes zur Ergänzung des Grundgesetzes, BT-Drs. II, 3416.

298 Schriftlicher Bericht des 16. Ausschusses über den Entwurf eines Gesetzes zur Ergänzung des Grundgesetzes, BT-Drs. II, 3416.

299 BT-Drs. II, 3026 Anlage 1 a, in der Fassung des Ausschussberichts BT-Drs. II, 3416.

300 Stenogr. Bericht der 216. Sitzung des 2. BT v. 27.06.1957, 12771.

sprung[301] wurden nur 345 Stimmen abgegeben, hiervon stimmten 330 Abgeordnete mit Ja, 13 mit Nein und zwei enthielten sich der Stimme.

Insbesondere die FDP hatte eine Ergänzung des Grundgesetzes abgelehnt. Sie war der Auffassung, das Atomgesetz könne auch ohne Grundgesetzänderung erlassen werden. Hinsichtlich der im Entwurf vorgesehenen Bundesauftragsverwaltung brachte die FDP-Fraktion vor, dass die Errichtung einer bundesunmittelbaren Anstalt des öffentlichen Rechts im Vergleich zu der Einführung einer Bundesauftragsverwaltung zweckmäßiger sei. Der FDP-Abgeordnete Drechsel führte in der Bundestagsdebatte über den Entwurf aus, dass eine Einführung des Art. 87c GG nicht erforderlich sei, da auch die Errichtung einer bundesunmittelbaren Anstalt des öffentlichen Rechts nach Art. 87 GG zulässig und möglich sei. Hinzu komme, dass eine Konzentrierung der Verwaltung bei einer Stelle angesichts der enormen Bedeutung der Kernenergie erforderlich sei.[302]

3. Der Gesetzesentwurf der Fraktionen vom 27. Juni 1957

Am 27. Juni 1957 legten die Fraktionen von CDU/CSU, SPD, DP (FVP) und GB/BHE auf Initiative der SPD-Fraktion – ohne die FDP-Fraktion – den Entwurf eines Gesetzes zur Ergänzung des Grundgesetzes als gemeinsamen Antrag vor.[303] Begründet wurde er nicht, da er dem vorherigen Entwurf glich. Eine Aussprache fand nicht statt und auch eine Überweisung an einen Ausschuss wurde nicht beantragt, so dass die erste Beratung über den Entwurf schnell beendet werden konnte. Auch nach zweiter und dritter Beratung über den Entwurf am 2. Juli 1957 erhielt dieser nicht die erforderliche Zweidrittelmehrheit, trotz einer entsprechenden vorherigen interfraktionellen Vereinbarung. Die namentliche Abstimmung verfehlte wiederum die erforderliche Zweidrittelmehrheit. Von 399 abgegebenen Stimmen entfielen 328 auf Ja, 27 auf Nein und 44 Abgeordnete enthielten sich der Stimme.[304] Von den 328 Ja-Stimmen fielen 157 auf die CDU/CSU, 126 auf die SPD, zwei auf die FDP, 26 auf die DP (FVP), 16 auf die GB/BHE und eine Stimme wurde ohne die Zugehörigkeit zu einer Fraktion abgegeben. Von den Nein-Stimmen kamen zwei von der CDU/CSU und 25 von der FDP. Die 44 Enthaltungen stammten aus der CDU/CSU-Fraktion. Diese machte rechtli-

301 Parlamentarisches Abstimmungsverfahren, das nur stattfindet, wenn der Sitzungsvorsitzende (Parlamentspräsidium) hinsichtlich des Ergebnisses der Abstimmung auch nach Gegenprobe nicht überzeugt ist, Brockhaus, Bd. 12, S. 783; vgl. hierzu näher Thiele, Regeln und Verfahren der Entscheidungsfindung innerhalb von Staaten und Staatenverbindungen, S. 502 f.

302 Stenogr. Bericht der 216. Sitzung des 2. BT v. 27.06.1957, 12771.

303 BT-Drs. II, 3688.

304 Stenogr. Bericht der 221. Sitzung des 2. BT v. 02.07.1957, 13021.

che, föderalistische und politische Vorbehalte geltend[305], wobei insbesondere der Zusatz „zu friedlichen Zwecken“ zu Bedenken innerhalb der CDU/CSU-Fraktion führte. Sie befürchtete durch diesen Zusatz eine Einschränkung der ausschließlichen Gesetzgebungskompetenz des Bundes in Wehrfragen aus Art. 72 Abs. 1 GG. Eine solche Einschränkung stieß wiederum auf Bedenken hinsichtlich der Vereinbarkeit des Art. 72 Abs. 1 GG mit dem NATO-Bündnis.[306]

4. Gesetzesvorlagen kurz vor dem Ende der zweiten Wahlperiode

Am 4. Juli 1957 folgte eine Gesetzesvorlage der DP (FVP)[307] und eine der SPD-Fraktion am 15. August 1957.[308] Inhaltlich stimmten die Entwürfe überein und enthielten in Artikel I den Zusatz „für friedliche Zwecke“ bei. In der 227. Sitzung des Deutschen Bundestages appellierte Wittrock (SPD), den SPD-Entwurf auf die Tagesordnung zu setzen.[309] Er warf der CDU/CSU-Fraktion vor, sich die Möglichkeit einer atomaren Bewaffnung der Bundesrepublik offenhalten zu wollen. Allein aus diesem Grunde habe die Fraktion gegen die interfraktionelle Vereinbarung verstoßen und am 2. Juli 1957 gegen den Entwurf gestimmt. Die CDU/CSU führte an, dass derart bedeutende Fragen wie eine Grundgesetzänderung in Verbindung mit Rüstungsfragen der Bundesrepublik nicht in einer vom Wahlkampf bestimmten Atmosphäre zu klären seien und daher der dritte Bundestag dies zu entscheiden haben werde.[310] Der Antrag von Wittrock, den SPD-Entwurf zur Ergänzung des Grundgesetzes auf die Tagesordnung zu nehmen, wurde daraufhin abgelehnt.[311] Zu einer Beschlussfassung über die Gesetzesvorlage der DP (FVP)[312] kam es in der zweiten Legislaturperiode nicht mehr.

305 Vgl. CDU-Abgeordneter Krone in: Stenogr. Bericht der 221. Sitzung des 2. BT v. 02.07.1957, 13045.

306 Stenogr. Bericht der 221. Sitzung des 2. BT v. 02.07.1957, 13045.

307 BT-Drs. II, 3726.

308 BT-Drs. II, 3760.

309 Stenogr. Bericht der 227. Sitzung des 2. BT v. 29.08.1957, 13511.

310 Vgl. Abg. Rasner (CDU/CSU) in der 227. Sitzung des 2. BT v. 29.08.1957, 13511.

311 Stenogr. Bericht der 227. Sitzung des 2. BT v. 29.08.1957.

312 BT-Drs. II, 3726.

V. Die Entwürfe zur Ergänzung des Grundgesetzes in der dritten Wahlperiode (1957 bis 1961)

1. Überblick

In der dritten Legislaturperiode wurden zwei Gesetzesentwürfe zur Ergänzung des Grundgesetzes in den Bundestag eingebracht.[313] Als federführender Bundestagsausschuss wurde erneut der Rechtsausschuss[314] festgesetzt und dem Bundestagsausschuss für Atomkernenergie und Wasserwirtschaft wurde der Entwurf zur Mitberatung überwiesen.

2. Die Gesetzesvorlagen der SPD und der FDP

a) Die Unterschiede zwischen den Entwürfen

Die Gesetzesvorlage der SPD vom 28. November 1957[315] hatte den gleichen Wortlaut wie der interfraktionelle Änderungsantrag zur zweiten Beratung des Entwurfs eines Gesetzes zur Ergänzung des Grundgesetzes im zweiten Bundestag.[316] Demnach sollte Art. 74 Nr. 11 GG eingefügt werden, der eine konkurrierende Gesetzgebungskompetenz des Bundes für

> „die Erzeugung und Nutzung der Kernenergie, den Bau und Betrieb von Anlagen, die diesen Zwecken dienen, den Schutz gegen Gefahren, die bei Freiwerden von Kernenergie oder durch Strahlung radioaktiver Stoffe entstehen, und die Beseitigung radioaktiver Abfallstoffe"

vorsah. Ferner sollte durch einen Art. 87c GG eine Bundesauftragsverwaltung für die aufgrund des Art. 74 Nr. 11a ergehenden Gesetze festgelegt werden.[317]

Der Entwurf der FDP vom 11. März 1958[318] sah, wie der SPD-Entwurf, eine Ergänzung des Kompetenzkatalogs des Art. 74 durch die Einfügung einer Nr. 11a vor. Hingegen war die Einführung einer Möglichkeit der Bundesauftragsverwaltung durch einen Art. 87c GG nicht vorgesehen.

---

313 BT-Drs. III, 30 und BT-Drs. III, 266.

314 Vorsitzender Hoogen (CDU/CSU), Bartels, Benda, Deringer, Kanka, Klemmert, Kuchtner, Nellen, Schwarzhaupt, Wilhelmi, Winter, Memmel (alle CDU/CSU), Arndt, Bauer, Jahn, Nadig, Harm, Rehs, Schröter, Wittrock (alle SPD), Bucher und Diemer-Nicolaus (FDP), Cartellieri und Scheidwimmer (BMAt), Gessler, Ebersberg, Dreher, Raisch, Kropf, Klingsporn (alle BMJ), Bechtolsheim (BMA), Vogt, Jess, Mann (alle BMVtg), Tomasczewski (BMBes), Volze (BMW), Oeding (BMV), Vertreter des Bundesrates: Herzog (Niedersachsen), Malicke (Berlin), Kauffmann (Bayern).

315 BT-Drs. III, 30.

316 BT-Drs. II, 3416; BT-Drs. II, 3026 Anlage 1a.

317 BT-Drs. II, 3416; BT-Drs. II, 3026 Anlage 1a.

318 BT-Drs. III, 266.

b) *Die Beratung im Bundestag am 9. Mai 1958*

Am 9. Mai 1958 wurde der von der SPD-Fraktion eingebrachte Entwurf zur Ergänzung des Grundgesetzes erstmalig beraten. Der SPD-Abgeordnete Wittrock stellte die Gründe für die Notwendigkeit der Ergänzung des Grundgesetzes vor und warf der CDU/CSU vor, für das Scheitern des Regierungsentwurfs aus der zweiten Wahlperiode[319] verantwortlich zu sein. Dabei sei für die SPD entscheidend gewesen, die Option für eine militärische Verwendung der Kernenergie offenzulassen.[320] Hierbei betonte er, dass es der SPD ganz gezielt auf die friedliche Verwendung der Kernenergie ankomme und sie jegliche militärische Verwendung ablehne.

Nach Behandlung der SPD-Vorlage wurde in der gleichen Sitzung am 9. Mai 1958 der Entwurf der FDP[321] erstmalig im Bundestag beraten.[322] Der Abgeordnete Rutschke (FDP) stellte vorab klar, dass die FDP von Beginn an eine Ergänzung des Grundgesetzes für nicht notwendig erachtet habe und an dieser Meinung bis heute festhalte. Darüber hinaus stellte er dar, dass die FDP nach wie vor dafür sei, den Umgang mit der Kernenergie zu friedlichen Zwecken ganz dem Staat vorzubehalten. Hierdurch sei eine ausreichende Kontrolle und auch mehr Sicherheit gewährleistet.[323] Zudem sei nicht damit zu rechnen, dass die Privatwirtschaft die notwendige Initiative ergreife und entsprechende finanzielle Mittel aufwenden könne. Als Beispiel verwies er auf die Kernreaktor GmbH, welche ein Gesellschaftskapital von 40 Millionen DM aufweise, das jeweils zur einen Hälfte von der Privatwirtschaft und dem Land Baden-Württemberg und zur anderen vom Bund aufgebracht wurde. Der Bund habe zusätzlich 12 Millionen DM für die Kernbrennstoffe und eine weitere Million DM für die Betriebskosten aufgewandt. Das Stimmenverhältnis im Aufsichtsrat zwischen Privatwirtschaft und Staat sei 50 zu 50. Eine derartige Abweichung sei nicht mit dem Grundsatz der privaten Initiative zu vereinbaren. Der CDU-Abgeordnete Weber sprach sich dafür aus, dass zunächst die Frage nach der Notwendigkeit einer Grundgesetzergänzung geklärt werden müsse. Nach der ersten Lesung der Anträge erging der Beschluss, beide Anträge[324] dem Rechtsausschuss und mitberatend dem Atomausschuss zu überweisen.[325]

---

319 BT-Drs. II, 3026 Anlage 1 a.

320 Stenogr. Bericht der 29. Sitzung des 3. BT v. 09.05.1958, 1596.

321 BT-Drs. III, 266.

322 Stenogr. Protokoll der 51. Sitzung des 16. BT-Ausschusses v. 18.02.1959, PArch III WP, 155, Bd. A.

323 Stenogr. Protokoll der 51. Sitzung des 16. BT-Ausschusses v. 18.02.1959, PArch III WP, 155, Bd. A.

324 BT-Drs. III, 30 und BT-Drs. III, 266.

325 Stenogr. Bericht der 29. Sitzung des 3. BT v. 09.05.1958, 1607.

c) *Die Kabinettssitzung vom 7. Mai 1958*

In der Kabinettssitzung am 7. Mai 1958 sprachen sich sowohl der Bundeskanzler als auch der Bundesminister des Inneren dafür aus, ein Atomgesetz zu schaffen, für welches eine Grundgesetzänderung nicht erforderlich wäre.[326] Auch der Bundesminister für Atomfragen führte aus, dass er eine Grundgesetzergänzung gerne vermeiden würde, er eine solche jedoch aus einschlägigen Gründen in Übereinstimmung mit dem Bundesministerium der Justiz und des Bundesministeriums für Verteidigung für unumgänglich halte. [327] Bundesatomminister Balke wies darauf hin, dass sein Ministerium darauf verzichtet habe, ein Gesetz zur Ergänzung des Grundgesetzes neben dem Regierungsentwurf zu einem Atomgesetz[328] vorzulegen, sich jedoch gerne in den Ausschusssitzungen mit dem seitens der SPD-Fraktion vorgelegten Entwurf[329] einverstanden erklären würde, damit die für den Regierungsentwurf[330] erforderliche Mehrheit für die Grundgesetzänderung erreicht werde.

d) *Die Beratungen des Bundestagsausschusses für Atomkernenergie und Wasserwirtschaft*

In der Ausschusssitzung am 5. November 1958 wurden die Gesetzesvorlagen der SPD und der FDP gemeinsam behandelt. Der Abgeordnete Leiske (CDU/CSU) befürwortete die Entwurfsvorlage der SPD, da die darin vorgesehene Grundgesetzänderung umfassender sei und auch die ionisierenden Strahlen berücksichtige.[331] Der Entwurf sehe die Einführung des Art. 87c GG vor, welcher die Bundesauftragsverwaltung ermögliche. Rutsche (FDP) hielt den Entwurf der FDP für weitgehender, da dieser die Durchführung des Atomgesetzes allein dem Bund überlassen wolle. Durch seine Formulierung seien alle auch in Zukunft möglichen Konstellationen auf dem Gebiet der Kernenergie erfasst. Darauf wiesen Bechert und Raztel (beide SPD) auf die Notwendigkeit hin, auch die ionisierenden Strahlen in den Entwurf mitaufzunehmen. Dieser Zusatz sei erforderlich, da dieser Bereich von der Gewerbeordnung nicht abgedeckt werde. Die Regierungsvertreter sprachen sich ebenfalls für den Antrag der SPD aus.

---

326 24. Sitzung des Kabinetts v. 07.05.1958. in: Weber, Kabinettsprotokolle der Bundesregierung Bd. 11, 1958, S. 238.

327 24. Sitzung des Kabinetts v. 07.05.1958. in: Weber, Kabinettsprotokolle der Bundesregierung Bd. 11, 1958, S. 238.

328 BT-Drs. III, 759.

329 BT-Drs. III, 30.

330 BT-Drs. III, 759.

331 Enders/Schawe, Kurzprotokoll der 14. Sitzung des 26. BT-Ausschuss v. 05.11.1958, PArch III, 156, Bd. A, Bl. 6.

Der Ausschuss stimmte der SPD-Vorlage zu und erklärte den Antrag der FDP für erledigt.[332]

e) Der Rechtsausschuss des Bundestages

Am 18. Februar 1959 behandelte der Rechtsausschuss die Entwürfe der SPD und der FDP.[333] Der Referent Wahl (CDU/CSU) bezog sich hinsichtlich der Gründe für die Notwendigkeit einer Ergänzung des Grundgesetzes auf den früheren schriftlichen Bericht des Rechtsausschusses aus der zweiten Wahlperiode.[334] Er erinnerte daran, dass trotz der positiven Stellungnahmen des Rechtsausschusses die Grundgesetzänderung im Plenum im letzten Moment gescheitert war. Grund sei die Befürchtung gewesen, dass eine Erweiterung des Kompetenzkatalogs mit der Formulierung „Verwendung der Atomkraft für friedliche Zwecke" eine andere Bestimmung des Grundgesetzes aushebeln könne, nämlich die Bestimmung über die ausschließliche Zuständigkeit des Bundes in Wehrfragen, Art. 73 Nr. 1 GG. Der Rechtsausschuss habe diese Bedenken bis zum jetzigen Zeitpunkt nicht geteilt.[335] Der Bund habe die ausschließliche Gesetzgebungskompetenz für Rüstungsfragen. Daran ändere sich auch dann nichts, wenn er nun zusätzlich durch die Erweiterung der konkurrierenden Zuständigkeit im Verhältnis zu den Ländern befugt sei, Regelungen über die friedliche Verwendung der Kernenergie zu erlassen. Eine Erweiterung der Gesetzgebungskompetenz könne keine Schmälerung der Gesetzgebungskompetenzen des Bundes beinhalten. Darüber hinaus regele die konkurrierende Gesetzgebung allein die Abgrenzung der Zuständigkeiten zwischen Bund und Ländern, ausschließliche Kompetenzen blieben insoweit unberührt. Wahl schlug daraufhin vor, die Grundgesetzänderung im Sinne des Antrags der Fraktion der SPD anzunehmen. Um die Bedenken hinsichtlich der Einschränkung der Rüstungsmöglichkeiten des Bundes entgegenzuwirken – auch wenn sie unbegründet seien –, schlug er vor, diese durch die Einfügung des Zusatzes „Der Bundestag hat mit Zustimmung des Bundesrates zur Abgrenzung der Zuständigkeit zwischen Bund und Ländern das folgende Gesetz beschlossen" auszuräumen.[336] Dieser Zusatz solle jedoch nur in dem einleitenden Satz des

332 Vgl. Enders/Schwawe, Kurzprotokoll der 14. Sitzung des 26. BT-Ausschuss v. 05.11.1958, PArch III, 156, Bd. A, Bl. 6.

333 Stenogr. Protokoll der 51. Sitzung des Rechtsausschusses (in der 2. WP: 12. BT-Ausschusses) v. 18.02.1959, PArch III, 156, Bd. A, Bl. 8.

334 Vgl. BT-Drs. II, 3416.

335 Schriftlicher Bericht des 12. BT-Ausschusses zu BT-Drs. III, 30, BT-Drs. III, 896.

336 So der Abg. Wahl (CDU/CSU) in: Stenogr. Protokoll der 51. Sitzung des 12. BT-Ausschusses v. 18.02.1959, PArch III WP, 155, Bd. A; Bl. 8.

Gesetzes zur Ergänzung des Grundgesetzes, nicht jedoch im Grundgesetz selbst aufgenommen werden.

In der weiteren Diskussion sprachen sich alle Mitglieder des Rechtsausschusses für die Annahme des SPD-Antrags aus. Die SPD-Abgeordneten Jahn und Metzger sowie der Ausschussvorsitzende Bucher (FDP) wandten sich jedoch gegen den von Wahl angeregten Zusatz. Ein solcher Zusatz sei unnötig und „im Ergebnis nur eine Art verstümmelte Präambel".[337] Der Vorsitzende Bucher führte aus, seine Fraktion, die FDP, könne allein der Ziffer 1 des SPD-Antrages, welche die Erweiterung des Kompetenzkatalogs des Art. 74 GG vorsehe, zustimmen, der Ziffer 2, welche durch Art. 87c GG eine Einführung der Bundesauftragsverwaltung vorsehe, hingegen nicht.

Daraufhin nahm der Ausschuss Ziffer 1 des SPD-Antrages einstimmig an. Ziffer 2 wurde mit allen Stimmen gegen eine angenommen. Der Antrag des Abgeordneten Wahl (CDU/CSU), in der Einleitung die Worte „zur Abgrenzung der Zuständigkeiten zwischen Bund und Ländern" einzufügen, wurde mit sieben gegen fünf Stimmen angenommen.[338]

f) Die zweite und dritte Lesung im Bundestag am 3. Dezember 1959

In der 92. Sitzung des Deutschen Bundestages am 3. Dezember 1959 wurde der SPD-Entwurf zur Ergänzung des Grundgesetzes[339] in der durch den schriftlichen Bericht des Rechtsausschusses gefassten Form[340] in zweiter und dritter Lesung beraten. Die FDP zog ihren Entwurf zurück.[341]

Die namentliche Abstimmung über den SPD-Entwurf kam zu dem Ergebnis, dass 412 Mitglieder des Bundestages und zusätzlich 16 Berliner Abgeordnete mit Ja stimmten. Damit war der Entwurf zur Ergänzung des Grundgesetzes angenommen. Das Gesetz zur Ergänzung des Grundgesetzes wurde daraufhin am 23. Dezember 1959 gemeinsam mit dem Atomgesetz vom Bundespräsidenten ausgefertigt und am 31. Dezember 1959 im Bundesgesetzblatt verkündet[342], so dass beide am 1. Januar 1960 in Kraft traten.

---

337 Abg. Metzger (SPD) in: Stenogr. Protokoll der 51. Sitzung des 12. BT-Ausschusses v. 18.02.1959, PArch III WP, 155, Bd. A, Bl. 8.

338 Stenogr. Protokoll der 51. Sitzung des 12. BT-Ausschusses v. 18.02.1959, PArch III WP, 155, Bd. A, Bl. 8.

339 BT-Drs. III, 30.

340 BT-Drs. III, 896.

341 Stenogr. Bericht der 92. Sitzung des 3. BT v. 03.12.1959, 5041.

342 Das Atomgesetz: BGBl. 1959 I S. 814; Das Gesetz zur Ergänzung des Grundgesetzes: BGBl. 1959 I S. 813.

g) Die Beratungen des Bundesrates

Im Rahmen der Beratungen des federführenden Rechtsausschusses des Bundesrates am 6. November 1958 waren sich die Ausschussmitglieder zwar darüber uneins, welche Vorschriften des Atomgesetzes eine Änderung des Grundgesetzes tatsächlich erforderlich machten, jedoch beschlossen sie einstimmig eine Stellungnahme, wonach eine Ergänzung des Grundgesetzes in jeden Fall erfolgen sollte.[343] In zweiter Lesung stimmte der Rechtsausschuss dem Gesetz zur Ergänzung des Grundgesetzes zu und empfahl der Vollversammlung des Bundesrats, dem Gesetz gem. Art. 79 Abs. 3 GG zuzustimmen.[344] Auch der Ausschuss für Innere Angelegenheiten sah eine Grundgesetzänderung als verfassungsrechtlich notwendig an.[345]

In seiner 213. Sitzung stimmte der Bundesrat sodann entsprechend den Empfehlungen seiner Ausschüsse im zweiten Durchgang mit der erforderlichen Zweidrittelmehrheit gem. Art. 87 Abs. 3 S. 2 GG dem Gesetz zur Ergänzung des Grundgesetzes zu.[346]

C. Zusammenfassung

Von internationaler Seite bestand für die Bundesrepublik vorrangig die Restriktion, die Kernenergie allein zu friedlichen Zwecken zu nutzen. Diese Verpflichtung ergab sich aus dem noch wirksamen Protokoll Nr. III über die Rüstungskontrolle zu den Pariser Verträgen vom 23. Oktober 1954[347] und aus unterschiedlichen bi- und multilateralen Verträgen.[348] Weitere rechtliche Vorgaben bestanden durch den Abschluss des Euratom-Vertrages.[349] Dieser legte z.B. das Eigentum an Kernbrennstoffen (Art.) fest, traf Regelungen zur Überwachung von

343 Niederschrift der 204. Sitzung des Rechtsausschusses v. 06.11.1958, S. 11 in: BR-Protokolle, Rechtsausschuss, 192.-206. Sitzung, 1958

344 Niederschrift der 218. Sitzung des Rechtsausschusses v. 09.12.1959, S. 25 in: BR-Protokolle, Rechtsausschuss, 207.-218. Sitzung, 1959.

345 Niederschrift der 177. Sitzung des Ausschusses für Innere Angelegenheiten v. 06.11.1958 in: BR-Protokolle, Ausschuss für Innere Angelegenheiten, 169.-179. Sitzung, 1958.

346 Stenogr. Bericht der 213. Sitzung des 3. BR, 18.12.1959, 261 A ff.

347 BGBl. 1955 II S. 267, 630.

348 Mit den USA das Abkommen v. 3.7.1957 i.d.F. des Abänderungsabkommens v. 07.12.1959, BAnz. 1957 Nr. 181, 1959 Nr. 246; sowie das Abkommen v. 28.6.1957, BAnz. 1957 Nr. 182; mit Großbritannien das Abkommen v. 31.07.1956, BAnz. 1956, Nr. 177; mit Kanada das Abkommen v. 11.12.1957, BAnz. 1958 Nr. 46; Wortlaut auch in AtW 1958, S. 40-41.

349 Euratom-Vertrag v. 25.03.1957, BGBl. 1957 II S. 1014 ff.

Kernbrennmaterial durch die Kommission (Art. 77 ff.) und machte Vorgaben hinsichtlich des Patentrechtes (Art. 12 ff.).

Vor Beginn der eigentlichen Gesetzgebungsarbeiten zu einem ersten deutschen Atomgesetz bestand Uneinigkeit bezüglich der nationalen verfassungsrechtlichen Lage. Zwar herrschte Konsens darüber, dass der Bund die erforderliche Gesetzgebungskompetenz auf dem Gebiet der Kernenergienutzung habe und die Verwaltung des Atomgesetzes derart organisiert werden müsse, dass ein ausreichender Einfluss des Bundes bestehe, um eine bundeseinheitliche Verwaltungshandhabe zu gewährleisten. Der Streit über die Notwendigkeit einer Grundgesetzänderung hierfür und das Ausmaß der Änderung verzögerten jedoch den Erlass eines Atomgesetzes. Letztlich entschied sich der deutsche Gesetzgeber dafür, die Zuständigkeit des Bundes auf dem Gebiet der Kernenergie im Grundgesetz ausdrücklich gesetzlich zu verankern und diese nicht aus den einzelnen Ziffern des Art. 74 GG „zusammenzustückeln“.[350] Für den Bereich der Verwaltungsorganisation wurde die Bundesauftragsverwaltung in der Verfassung festgelegt (Art. 87c GG). Dies ermöglichte, die Verwaltung des Atomgesetzes durch die Länder im Auftrag des Bundes durchzuführen, so dass wichtige Weisungsbefugnisse und Auskunftsrechte des Bundes in Hinblick auf die Gesetzmäßigkeit und Zweckmäßigkeit der Ausführung durch die Länder bestanden.

Das „Gesetz zur Ergänzung des Grundgesetzes“ wurde gleichzeitig mit dem „Gesetz über die friedliche Verwendung der Kernenergie und den Schutz gegen ihre Gefahren (Atomgesetz)“[351] am 23. Dezember 1959 vom Bundespräsidenten ausgefertigt und im Bundesgesetzblatt Teil I Nr. 56 vom 31. Dezember 1959 verkündet. Beide Gesetze traten am 1. Januar 1960 in Kraft.[352]

350 Fischerhof, Das deutsche Atomgesetz, NJW 1960, S. 318.
351 BGBl. 1959 I S. 814.
352 Grundgesetz: BGBl. 1959 I S. 813; Atomgesetz: BGBl. 1959 I S. 814.

Dritter Teil: Die Entwürfe zum Atomgesetz in der zweiten Wahlperiode (Mai 1955 bis August 1957)

A. Überblick

I. Die Entwürfe von Mai 1955 bis August 1957

Eine abschließende Einigung hinsichtlich der Gestaltung einzelner Regelungen des Atomgesetzes zwischen den Alliierten, dem Wirtschaftsministerium und der Bundesregierung war bis zum 5. Mai 1955 nicht möglich. Mit dem Inkrafttreten des Protokolls über die Beendigung des Besatzungsregimes ab diesem Datum[353] erlangte die Bundesrepublik ihre Souveränität zurück und konnte nach über vier Jahren Besatzung auch auf dem Gebiet der friedlichen Verwendung der Kernenergie selbstständig Entscheidungen treffen und Regelungen erlassen. Die Arbeiten der Legislativorgane an einem deutschen Atomgesetz wurden weitergeführt. Bereits im November des Jahres 1955 legte das Bundesministerium für Wirtschaft den siebten Entwurf eines Atomgesetzes vor, welcher sich an den vorangegangenen Entwürfen orientierte, allerdings hinsichtlich der Frage nach der Errichtung und Zusammensetzung einer Atomkommission noch keine abschließende Klärung bringen konnte.

Dem folgte am 3. Oktober 1955 ein Antrag von Abgeordneten aller Fraktionen betreffend die Nutzung der Kernenergie für friedliche Zwecke.[354] Der Antrag beinhaltete u.a. die Forderung an die Bundesregierung, ein Kernenergiegesetz zu schaffen, welches die Verwendung von Kernbrennstoffen zu militärischen Zwecken verbieten und Regelungen über die Verwendung von Kernbrennstoffen und über ihre Anbietungspflicht enthalten sollte. Ferner sollte eine rechtsfähige Bundesanstalt errichtet werden, welche für die Durchführung aller erforderlichen Maßnahmen auf dem Gebiet der Kernenergie unter Mitwirkung eines Kuratoriums zuständig sein sollte.

353 BGBl. 1955 II S. 213.
354 BT-Drs. II, 1734.

Am 19. April 1956 wurde im Bundestag erstmalig ein von der Fraktion der FDP vorgelegter Atomgesetzesentwurf[355] beraten, welcher auf den Vorarbeiten der Interparlamentarischen Arbeitsgemeinschaft beruhte.[356] Der Bundesminister für Atomfragen Strauß kritisierte diesen Entwurf und kündigte während dieser ersten deutschen Atomdebatte im Bundestag am 19. April 1956 an, dass in Kürze ein Gesetzesentwurf des Bundesministeriums für Atomfragen vorgelegt werde.[357] Im September 1956 wurde diese angekündigte Regierungsvorlage zwecks Beschlussfassung nach Art. 76 Abs. 2 GG dem Bundesrat zugeleitet, welcher den Entwurf am 5. Oktober 1956 gemeinsam mit einem Entwurf zur Ergänzung des Grundgesetzes beriet.[358] Der Bundestag beriet über den Entwurf zusammen mit dem Entwurf über die Ergänzung des Grundgesetzes erstmalig am 22. Februar 1957.[359] Beide Entwürfe wurden an den Ausschuss für Atomfragen[360] und den Ausschuss für Rechtswesen und Verfassungsrecht[361] überwiesen. Zu einer zweiten und dritten Beratung des Entwurfs im Bundestag kam es nicht, da der Entwurf zur Ergänzung des Grundgesetzes in der Sitzung vom 27. Juni 1957 die erforderliche Zweidrittelmehrheit nicht erreichte.[362] Noch am selben Tag brachten CDU/CSU, SPD, DP/FVP und GB/BHE einen interfraktionellen Antrag und einen eigenen Entwurf für eine Änderung des Grundgesetzes ein.[363] Doch auch dieser scheiterte am 2. Juli 1957 an der mangelnden Zweidrittelmehrheit.[364]

Das Ende der zweiten Legislaturperiode des Bundestages stand unmittelbar bevor. Das Kabinett befürchtete aufgrund des gescheiterten Bundesatomgesetzes den Erlass von Atomgesetzen durch die Länder und eine dadurch entstehenden Rechtszersplitterung der Atomgesetzgebung in der Bundesrepublik. Um dem vorzubeugen, beauftragte das Kabinett den Bundesatomminister, ein vorläufiges Atomgesetz zu erarbeiten, welches keine Änderung des Grundgesetzes erforderte. In der Kabinettssitzung vom 20. Juli 1956 stimmten die Kabinettsmitglieder dem

---

355 BT-Drs. II, 2142.

356 Stenogr. Bericht der 141. Sitzung des 2. BT v. 19.04.1956, 7290 B ff.

357 Stenogr. Bericht der 141. Sitzung des 2. BT v. 19.04.1956, 7290 A ff.

358 Stenogr. Bericht des 2. BR v. 05.10.1956 300 B ff., 326 B ff.; BT-Drs. II, 2142.

359 Stenogr. Bericht der 194. Sitzung des 2. BT v. 22.02.1957 11049 A ff.

360 Im Folgenden auch 38. BT-Ausschuss; Ausschussmitglieder: von Bismarck, Bergmeyer, Brand, Funk, Geiger, Geisendörfer, Günther, Leiske, Nellen, Sabaß (alle CDU/CSU), Gefeller, Kurlbaum, Priebe, Ratzel, Ruhnke, Wehr (alle SPD), Drechsel und Schwann (FDP), Elbträchter (DP), Euler (FVP), Cartellieri, Engelhardt, Pretsch, Trabandt, Brandl, Straimer, Scheidwimmer, Raisch, Kühne, Bösenberg, Sauer, Schnurr, Kröger (alle BMAt), Wiens und Späth (Bundesminister für Verkehr), Schulz (BMJ), Vosseler (Bundesarbeitsministerium), Schrader (BMV).

361 Im Folgenden auch 16. BT-Ausschuss.

362 BT-Drs. II, 3026 Anlage 1 a und b und BT-Drs. II, 3502, stenogr. Bericht des 2. BT 12771 B ff.

363 BT-Drs. II, 3688.

364 Stenogr. Bericht der 221. Sitzung des 2. BT v. 02.07.1957, 13043.

Entwurf zu.[365] Am 26. Juli 1957 wurde der Entwurf eines vorläufigen Atomgesetzes dem Bundesrat vorgelegt, dieser verzichtete jedoch auf eine Stellungnahme.[366] Der Entwurf wurde im Bundestag in der zweiten Legislaturperiode nicht mehr eingebracht.

II. Die Atomgesetze der Länder 1957/1958

Einige Bundesländer erließen eigene vorläufige Landesatomgesetze, um den Bau geplanter Versuchsreaktoren nicht zu verzögern.[367] Diese Entwürfe bestanden, abgesehen vom nordrhein-westfälischen Atomgesetz, nur aus wenigen Paragrafen und wiesen zum Teil erhebliche inhaltliche Unterschiede auf.[368]

B. Der 7. Entwurf des Bundesministeriums für Wirtschaft vom Juni 1955

Bereits im Juni 1955 lag erneut ein Entwurf zu einem Atomgesetz vor, welcher noch vom Bundesministerium für Wirtschaft ausgearbeitet worden war.[369]

I. Überblick über den Inhalt des Entwurfs

Der letzte Entwurf des Bundesministeriums für Wirtschaft vor der Übernahme der Federführung durch das Bundesministerium für Atomfragen bestand aus 14 Paragrafen und war das Ergebnis von zweijährigen vorangegangenen Vorarbeiten.[370]

Am Anfang dieses Regelungswerks definierte § 1 Begriffe wie Kernenergie, Kernbrennstoff, Ausgangsstoffe und Einrichtungen für die Erzeugung oder Verwendung von Kernbrennstoff und zur gesteuerten Verwendung von Kernenergie. So sah § 1 Nr. 1 des Entwurfs dieselbe Definition für den Begriff der Kernenergie

365 144. Sitzung des Kabinetts in: Kahlenberg, Kabinettsprotokolle der Bundesregierung, Bd. 9, 1956, S. 492-495.

366 BR-Drs. II, 357/57.

367 Bayern (erließ eine AtomVO), Baden-Württemberg, Berlin, Bremen, Hamburg, Hessen, Nordrhein-Westfalen, Schleswig-Holstein; Übersicht über die einzelnen Atomgesetze der Länder bei Fischerhof, Atomgesetze der Länder – eine Übersicht, DÖV 1958, S. 16-20.

368 Dazu näher 3. Teil: H.; vgl. auch Fischerhof, Atomgesetze der Länder – eine Übersicht, DÖV 1958, S. 16 ff.

369 BArch B 102/3045, blieb jedoch unveröffentlicht.

370 Siehe 1. Teil: C.I.1.

vor, wie schon die ihm vorangegangenen Entwürfe 4 bis 6, die vom Bundeswirtschaftsministerium ausgearbeitet worden waren.[371]

Die darauffolgenden Paragrafen legten Genehmigungserfordernisse für die Verwendung von Kernenergie und Kernbrennstoffen (§ 2), von Ausgangsstoffen (§ 3), für die Schaffung von Einrichtungen für die Erzeugung oder Verwendung von Kernbrennstoff und zur gesteuerten Verwendung der Kernenergie (§ 4) und für die Ein- und Ausfuhr von Kernbrennstoffen, Ausgangsstoffen und Einrichtungen (§ 5) fest. Zuständig für die Prüfung und Erteilung der genannten Genehmigungen sollte dem Entwurf zufolge stets der Bundesminister für Wirtschaft sein, wobei eine Genehmigung für eine Einrichtung für die Erzeugung oder Verwendung von Kernbrennstoff oder zur gesteuerten Verwendung der Kernenergie laut § 4 Abs. 2 mit Einvernehmen des Bundesministers des Inneren erfolgen sollte. § 6 legte die Voraussetzungen für die in den §§ 2 bis 5 festgelegten Genehmigungen fest. Die Erteilung der Genehmigung war danach in das Ermessen des Bundesministers für Wirtschaft gelegt, soweit die einzelnen in § 6 Nr. 1 bis 3 genannten Voraussetzungen vorlagen.[372] Der Antragssteller musste die Gewähr dafür bieten, die Vorschriften des Atomgesetzes und der aufgrund von § 12 erlassenen Rechtsverordnungen einzuhalten und mit der Tätigkeit, für welche er die Genehmigung begehrte, der Förderung der Forschung auf dem Gebiet der Kernenergie zu dienen. Der Bundesminister für Wirtschaft war ferner nach den Bestimmungen des Entwurfs für die Überwachung und Einhaltung der in dem Entwurf enthaltenen Regelungen zuständig (§ 8), wobei ihm ein Recht auf Auskunftserteilung erteilt wurde (§ 9). Gem. § 10 konnten die Genehmigungen mit Auflagen und Bedingungen versehen und jederzeit vom Bundesminister widerrufen werden. § 7 des Entwurfs sah die Errichtung und Zusammensetzung einer Kernenergiekommission vor, welche die Bundesregierung bei allen sich aus dem Atomgesetz ergebenen Fragen unterstützen sollte (§ 7 Abs. 5).

§ 11 enthielt die einzige Strafbestimmung des Entwurfs. Er stellte unter Nr. 1 jegliche Tätigkeit ohne die nach den §§ 2 bis 5 erforderlichen Genehmigungen unter Strafe, in Nr. 2 wurden sowohl verschiedene Formen der Auskunftsverweigerung (vgl. § 9) als auch die Nichtbeachtung von Auflagen oder das Zuwiderhandeln gegen die aufgrund des Atomgesetzes erlassenen Rechtsverordnungen oder Verfügungen unter Strafe gestellt. Als Strafrahmen wurde für alle Tatbestände Gefängnis, Geldstrafe oder eine Kombination beider vorgesehen. § 11 Abs. 2 stellte auch jede Form des Versuchs unter Strafe.

---

371 Siehe 1. Teil: C.I.1.

372 § 6 des Entwurfs: „Die nach §§ 2 bis 5 erforderlichen Genehmigungen können nur erteilt werden, wenn ...“

§ 12 des Entwurfs enthielt eine Ermächtigung zum Erlass von Rechtsverordnungen.[373] Nach Ab. 2 war der Bundesminister für Wirtschaft befugt, für die Vorschriften dieses Gesetzesentwurfes Verordnungsermächtigungen an nachgeordnete Behörden zu übertragen, abgesehen von den in § 12 Abs. 1 aufgeführten Fällen. § 13 sah eine Aufhebung der Gesetze der Alliierten Hohen Kommission Nr. 22, 53 und 68 vor. Als letzter Paragraf bestimmte § 14 das Inkrafttreten des Gesetzes am Tag seiner Verkündung.

II. Schwachpunkte des Entwurfs

Der Entwurf regelte zahlreiche Einzelfragen nicht. So wurde kritisiert, dass Bestimmungen über die Abfallbeseitigung und ein Hinweis auf das Strahlenschutzrecht fehlen.[374] Das Bundesarbeitsministerium stellte fest, dass die Strahlenschutzverordnung drei Gebiete behandeln sollte, welche nicht gänzlich aufgrund bereits vorhandener Rechtsgrundlagen erlassen werden konnten: den Patientenschutz, die Verteilung und Ein- und Ausfuhr radioaktiver Stoffe sowie den Arbeitsschutz. Das Bundesinnenministerium forderte daher für diese Regelungsbereiche eine Verordnungsermächtigung innerhalb des Atomgesetzes.[375] Zudem seien Regelungen über die Bildung und Zusammensetzung einer Kernenergie-Kommission erforderlich.[376] Aufgrund dieser Schwächen kam der Entwurf nie über das Stadium der Ressortbesprechung hinaus.

C. Der Antrag aller Fraktionen im Bundestag auf Vorlage eines Kernenergiegesetzes im Oktober 1955

Am 3. Oktober 1955 brachten 75 Abgeordnete aller Fraktionen, die der Interparlamentarischen Arbeitsgemeinschaft angehörten, einen Antrag betreffend die Nutzung der Kernenergie für friedliche Zwecke in den Bundestag ein.[377] In dem Antrag wurde die Vorlage eines Kernenergiegesetzes, die Festlegung eines zu-

---

373 VO-Ermächtigung für die Bezeichnung einzelner Stoffe, für die Aus- und Einfuhr von Gegenständen, die zur Kernenergienutzung geeignet sind und für das nach den §§ 2 bis 5 erforderliche Genehmigungsverfahren.

374 So BMJ, vgl. Vermerk über die Besprechung v. 14.06.1955 im BMWi, BArch 142/4735, Bl. 510.

375 So Vosseler aus dem Bundesarbeitsministerium und das BMI, vgl. Vermerk über die Besprechung v. 14.6.1955 im BMWi, BArch 142/4635, Bl. 510 f.

376 Vermerk über die Besprechung v. 14.06.1955, BArch 142/4735, Bl. 514; vgl. auch Kruse, Der gegenwärtige Stand der Atomenergiegesetzgebung in der Bundesrepublik, BB 1955, 976.

377 BT-Drs. II, 1734.

ständigen Ressorts der Bundesregierung, die Ergreifung von Schutzmaßnahmen gegen die in Verbindung mit der Nutzung der Kernenergie möglichen Gefahren, die Ergreifung von Maßnahmen zur Sicherstellung des deutschen Bedarfs an Kernbrennstoff, die Förderung des Nachwuchses und der Ausbildung von Fachkräften für Praxis- und Grundlagenforschung bezüglich der Kernenergie und die Aufstellung eines Finanzierungsplanes für die Kernenergienutzung durch die Bundesregierung gefordert.

D. Der Entwurf der Interparlamentarischen Arbeitsgemeinschaft zu einem Atomgesetz im Oktober 1955

I. Überblick über den Inhalt des Entwurfs

Die Interparlamentarische Arbeitsgemeinschaft war ein 1952 gebildeter, fraktionsübergreifender Zusammenschluss von Parlamentsabgeordneten aller Parteien, die dem Bundestag und auch den verschiedenen Länderparlamente angehörten.[378] Ziel der Interparlamentarischen Arbeitsgemeinschaft war die Stärkung der parlamentarischen Initiative und eine Förderung der koordinierten Beteiligung der Abgeordneten der verschiedenen Parlamente.[379] „Die Atomgesetzgebung müsse vorangetrieben und die Bundesregierung endlich zum Handeln gezwungen werden.“[380] Aus dieser Motivation heraus beschloss die Interparlamentarische Arbeitsgemeinschaft am 28. September 1955 einstimmig die Erarbeitung einer Initiativvorlage eines Kernenergiegesetzes.[381] So schuf sie bereits bis Oktober 1955 einen umfangreichen Entwurf zu einem grundlegenden Kernenergiegesetz.[382] Am 17. Oktober 1955 waren die Arbeiten unter der Beteiligung von Mitgliedern aller Fraktionen und zahlreicher Sachverständigen so weit vorangeschritten, dass der Entwurf den Mitgliedern des Bundestages und den Landtagen hätte zugeleitet werden können.[383]

In einer Unterredung mit Mitgliedern der Interparlamentarischen Arbeitsgemeinschaft wies Strauß (BMAt) darauf hin, dass nicht nur die Bundesregierung

---

378 Vgl. Burhenne/Kehrhahn, Neue Formen parlamentarischer Zusammenarbeit, S. 314.

379 Kurzprotokoll über die Sondersitzung der IPA v. 31.01.1956, IPA-Protokolle, 1.-35. Sitzung, Protokoll Nr. 13, S. 1.

380 Kurzprotokoll über die Sondersitzung der IPA v. 31.01.1956, IPA-Protokolle, 1.-35. Sitzung, Protokoll Nr. 13, S. 2.

381 Vgl. Kurzprotokoll über die Sondersitzung der IPA v. 31.01.1956, IPA-Protokolle, 1.-35. Sitzung, Protokoll Nr. 13, S. 2.

382 IPA-Drs. Nr. 39, Bd. 1.

383 Vgl. Kurzprotokoll der IPA v. 25.10.1955, IPA-Protokolle, 1.-35. Sitzung, Protokoll-Nr. 11.

an einem Entwurf eines Atomgesetzes arbeite, sondern auch einige Abgeordnete einen eigenen Entwurf vorbereiten würden. Die Einbringung des Entwurfs der Interparlamentarischen Arbeitsgemeinschaft sei unzweckmäßig, da diesem kurzfristig der Regierungsentwurf und ein zweiter Initiativgesetzesentwurf folgen würden.[384] In einer Sondersitzung der Interparlamentarischen Arbeitsgemeinschaft am 31. Januar 1956 beschloss diese auf Antrag des Vorstandes mit einer Stimmenenthaltung, ihre Arbeiten zu dem Initiativentwurf nicht fortzusetzen.[385] Die Arbeiten der Interparlamentarischen Arbeitsgemeinschaft hätten ihr Ziel, die Beschleunigung der gesetzgeberischen Entwicklungen, erreicht. Der Entwurf stelle wertvolles Material für weitere gesetzgeberische Beratungen hinsichtlich der friedlichen Nutzung der Kernenergie dar, für die weiteren gesetzgeberischen Arbeiten seien jedoch nun das zwischenzeitlich errichtete Atomministerium und das Kabinett zuständig.[386]

II. Wesentliche Regelungen des Entwurfs

Der Entwurf bestand aus 31 Paragrafen, unterteilt in zehn Abschnitte. Die wesentlichen Bestimmungen des Entwurfs sahen vor: 1. ein Verbot für die Verwendung von Kernbrennstoffen zu militärischen Zwecken (§ 1 Abs. 2), 2. die Depotpflicht für Kernbrennstoffe (§ 13 Abs. 1, Abs. 2), 3. eine Genehmigungspflicht für die Erzeugung und Weitergabe von radioaktiven Substanzen (§ 18), 4. eine Lizenzpflicht für Patente, so weit dies im Interesse der Entwicklung erforderlich scheint (§ 21), 5. die Errichtung einer Bundesanstalt für Kernenergie als bundesunmittelbare Anstalt des öffentlichen Rechts, in deren Händen die Durchführung der im Gesetz vorgesehenen Bestimmungen liegen sollte (§§ 4-10). Entscheidende Regelungsbereiche des IPA-Entwurfs waren die Vorschriften über die Errichtung einer Bundesanstalt für Kernenergie und die patentrechtlichen Bestimmungen.

1. Bundesanstalt für Kernenergie (§§ 4-10)

Die Bundesanstalt für Kernenergie sollte als rechtsfähige bundesunmittelbare Anstalt des öffentlichen Rechts errichtet werden, welche der Aufsicht der Bundesregierung untersteht und ihr in einschlägigen Fragen als Beirat an die Seite

384 Kurzprotokoll über die Sondersitzung der IPA v. 31.01.1956, IPA-Protokolle, 1.-35. Sitzung, Protokoll Nr. 13, S. 2.

385 Kurzprotokoll über die Sondersitzung der IPA v. 31.01.1956, IPA-Protokolle, 1.-35. Sitzung, Protokoll Nr. 13, S. 2.

386 Kurzprotokoll über die Sondersitzung der IPA v. 31.01.1956, IPA-Protokolle, 1.-35. Sitzung, Protokoll Nr. 13, S. 2.

tritt (§ 4 Abs. 2, Abs. 3). Ihre Organe sollten das Kuratorium, das Direktorium und der Präsident sein (§ 5). Das Kuratorium sollte sich gem. § 6 aus Persönlichkeiten des Bundestages, des Bundesrates, Vertretern der kommunalen Spitzenverbände[387], der Gewerkschaften, der Wirtschaft und der Wissenschaft zusammensetzen. Das Direktorium sollten drei Mitglieder bilden, welche von der Bundesregierung nach Anhörung des Kuratoriums bestellt werden (§ 7 Abs. 2). Der Präsident wiederum sollte von der Bundesregierung im Einvernehmen mit dem Kuratorium aus den drei Mitgliedern des Direktoriums gewählt werden (§ 8 Abs. 1).

Die Hauptaufgabe der Bundesanstalt sollte neben der Förderung der Forschung und Entwicklung auf dem Gebiet der friedlichen Kernenergienutzung auch die finanzielle Unterstützung (§ 10 Abs. 2) sein. Daneben war die Bundesanstalt zuständig für die Erteilung von Genehmigungen über die Verwendung, die Einfuhr und den Erwerb radioaktiver Substanzen (§§ 18, 19) und Kernbrennstoffe (§§ 12, 13). Darüber hinaus war eine grundsätzliche Verwahrungspflicht der Bundesanstalt für Kernbrennstoffe vorgesehen (§§ 13 Abs. 1, Abs. 2, 14). Diesbezüglich war die Bundesanstalt auch nach § 15 mit entsprechenden Kontrollbefugnissen ausgestattet, so dass sie von jedermann Auskünfte, die Vorlage von Unterlagen oder die Zulassung von Kontrollen verlangen konnte. Die Ausfuhr von Ausgangsstoffen war nur mit einer Unbedenklichkeitsbescheinigung der Bundesanstalt nach § 17 zulässig. Auch auf dem Gebiet der internationalen Zusammenarbeit auf dem Gebiet der friedlichen Kernenergienutzung war die Bundesanstalt für Kernenergie zu beteiligen (§ 22) und sie war explizit für die Überwachung des Atomwaffenverbots in der Bundesrepublik zuständig (§ 25).

2. Erteilung von Patenten (§ 21)

§ 21 des Entwurfs enthielt Regelungen über die Erteilung von Patenten.[388] So war gem. § 21 Abs. 1 im Falle der Weigerung der Erteilung von Lizenzen durch

---

387 Freiwilliger Zusammenschluss kommunaler Gebietskörperschaften und deren Regionalverbänden auf Bundesebene. Aufgaben: Förderung der kommunalen Selbstverwaltung, Erfahrungsaustausch, Beratung staatlicher und kommunaler Stellen sowie die Interessenvertretung ihrer Mitglieder gegenüber Regierung, Parlament und Öffentlichkeit, Brockhaus, Bd. 15, S. 346.

388 § 21de IPA-Entwurfs: „(1) Weigert sich der Inhaber eines Patents, von dem das Direktorium der Bundesanstalt für Kernenergie feststellt, dass seine Benutzung durch andere für den Fortschritt der Entwicklung erforderlich ist, gegen angemessene Vergütung Lizenzen zu erteilen, so ist geeigneten Antragsstellern die Erlaubnis zur Benutzung der Erfindung gem. § 15 des Patentgesetzes bereits nach Ablauf eines Jahres seit Bekanntmachung des Patents zu erteilen. (2) Stellt das Direktorium der Bundesanstalt fest, dass Erfindungen sich angesichts der Entwicklung der Kerntechnik als grundlegende wissenschaftliche Erkenntnisse erweisen, so sind diese insoweit nicht patentfähig. Der Präsident der Anstalt ist berechtigt, in diesen Fällen die Nichtigkeitserklärung bereits erteilter Patente gem. § 13 des Patentgesetzes zu beantragen.“

den Patentinhaber die Bundesanstalt für Kernenergie dennoch berechtigt, einem geeigneten Antragssteller eine Erlaubnis zur Benutzung der Erfindung bereits nach Ablauf eines Jahres nach Bekanntmachung des Patents gem. § 15 des Patentgesetzes zu erteilen. Dies sollte nur dann gelten, wenn die Bundesanstalt für Kernenergie feststellte, dass die Benutzung der Erfindung durch andere für den Fortschritt der wissenschaftlichen Entwicklung erforderlich war. Allerdings war nach § 21 Abs. 2 des Entwurfs die Erfindung nicht patentfähig, sofern das Direktorium der Bundesanstalt feststellte, dass eine Erfindung angesichts der Entwicklung der Kerntechnik als grundlegende wissenschaftliche Erkenntnis einzustufen sei. Diese Vorschrift sollte eine Blockierung von Entwicklungsarbeiten im Anfangsstadium der friedlichen Verwendung der Kernenergie durch eine monopolistische Patentausnutzung und die Patentierung von grundlegenden Erkenntnissen verhindern.[389] Insbesondere sollte dem Fall entgegengewirkt werden, dass Schlüsselpatente erworben und durch die Verweigerung von Lizenzen die weiteren Entwicklungen auf dem Gebiet der friedlichen Kernenergienutzung blockiert werden.[390] Eine solche Gefahr sei gerade in der Bundesrepublik besonders groß, da in den vorangegangenen Jahren kaum einschlägige Erfindungen als Patent angemeldet worden seien und somit noch der gesamte Bereich der Kerntechnik für die Patenterteilung offenstehe. Die in § 15 des Patentgesetzes sonst vorgesehene dreijährige Frist bis zur Erteilung einer Zwangslizenz erscheine aufgrund des schnellen Tempos der weltweiten Entwicklungen zu lang.

Die in dem Entwurf der Interparlamentarischen Arbeitsgemeinschaft vorgesehenen Bestimmungen wichen vom grundsätzlichen System der Erteilung von Zwangslizenzen und der Durchführung des Nichtigkeitsverfahrens ab und wurden vielfach kritisiert.[391]

Grundsätzlich war das Verfahren für die Erteilung von Zwangslizenzen ein richterliches Verfahren vor dem Patentamt und fand in der zweiten Instanz vor dem Bundesgerichtshof statt (§§ 15, 37 bis 42 PatG). Materiellrechtlich wurde nach § 15 PatG für die Erteilung einer Zwangslizenz verlangt, dass bei Weigerung des Patentinhabers diesem eine angemessene Vergütung zu zahlen und Sicherheit dafür zu leisten ist, dass die Benutzung der Erfindung durch denjenigen, der die Zwangslizenz begehrt, im öffentlichen Interesse geboten war. Für diese Entscheidung musste eine Abwägung des Interesses des Gemeinwohls einerseits und des Interesses der Freiheit des Patentinhabers andererseits erfol-

389 Begründung zum Entwurf der IPA, IPA-Drs. Nr. 39, Bd. 1, S. 18.

390 Begründung zum Entwurf der IPA, IPA-Drs. Nr. 39, Bd. 1, S. 18.

391 Vgl. Fischerhof, Atomwirtschaft und Gesetzgeber, AtW 1956, S. 98; Reimer/von Moltke, Erfindungs- und patentrechtliche Vorschriften im kommenden deutschen Atomenergierecht, S. 3 ff.; Andrejewski/Idel, Die Atomenergie und das deutsche Patentrecht, AtW 1957, S. 167 f.

gen. Eine solche Abwägung sollte unter Berücksichtigung des freien Stands der Technik des jeweiligen Fachgebietes erfolgen und aufgrund der speziellen patentrechtlichen Fragen von einem patentrechtlich geschulten Gericht.[392]

Der Entwurf der Interparlamentarischen Arbeitsgemeinschaft sah in seinem § 21 nun erstmalig vor, dass spezifische patentrechtliche Fragen nicht vom Patentamt oder von speziell zuständigen Gerichten beurteilt werden sollten, sondern vom Direktorium der Bundesanstalt für Kernenergie. Diese Zuständigkeitsverschiebung wurde vielfach abgelehnt. So sah u.a. Fischerhof durch die Regelungen des Entwurfes die Unabhängigkeit des Patentamtes sowie den Rechtsschutz des Erfinders beeinträchtigt.[393] Dem Direktorium der Bundesanstalt für Kernenergie fehle es, trotz wissenschaftlicher Qualifikation, an dem notwendigen patentspezifischen Fachwissen, um Zwangslizenzen zu erteilen oder das Nichtigkeitsverfahren nach § 13 PatG durchzuführen. Darüber hinaus seien diese nach Entscheidung des Direktoriums der Bundesanstalt für Kernenergie durch das Verwaltungsgericht überprüfbar. Dem Verwaltungsgericht fehle es jedoch an patentrechtlichem Fachwissen.[394]

Eduard Reimer, damals Präsident des Patentamtes[395], und sein Mitarbeiter Moltke kritisierten ferner, der IPA-Entwurf verkenne, dass wissenschaftliche Erkenntnisse im deutschen Patentrecht nie schutzfähig gewesen seien. Die im Entwurf vorgesehene Feststellung der Nichtigkeit eines Patents, welches eine wissenschaftliche Erkenntnis zum Gegenstand habe, sei überflüssig.[396]

III. Zusammenfassung

Der Entwurf der Interparlamentarischen Arbeitsgemeinschaft fand aufgrund der zwischenzeitlichen Errichtung das Atomministeriums nicht den Weg in den parlamentarischen Beratungsprozess. Der Entwurf wurde nie veröffentlicht, allerdings dienten die Vorarbeiten der Interparlamentarischen Arbeitsgemeinschaft als Arbeitsgrundlage für nachfolgende Gesetzesentwürfe. So wurde die Errichtung einer Bun-

392 Vgl. Andrejewski/Idel Die Atomenergie und das deutsche Patentrecht, AtW 1957, S. 167.

393 Vgl. Fischerhof, Atomwirtschaft und Gesetzgeber, AtW 1956, S. 98; auch Andrejewski/Idel, Die Atomenergie und das deutsche Patentrecht, AtW 1957, S. 167.

394 Vgl. Andrejewski/Idel, Die Atomenergie und das deutsche Patentrecht, AtW 1957, S. 167.

395 Eduard Reiner (1896-1957) war von 1924 bis 1945 Rechtsanwalt beim Landgericht, später Kammergericht Berlin, 1945 bis 1946 Oberamtsrichter, 1947 bis 1949 Rechtsanwalt und Notar und ab dem 01.10.1949 Präsident des deutschen Patentamtes im Vereinigten Wirtschaftsgebiet.

396 Vgl. Reimer/von Moltke, Erfindungs- und patentrechtliche Vorschriften im kommenden deutschen Atomenergierecht, S. 17 ff.

desanstalt für Kernenergie zwar auch von dem nachfolgenden Entwurf der FDP[397] aufgenommen, jedoch konnte sich im weiteren Verlauf der Gesetzgebungsarbeiten zum ersten deutschen Atomgesetz die Einführung spezieller patentrechtlicher Vorschriften nicht durchsetzen.

E. Der Entwurf der FDP-Fraktion vom 28. Februar 1956

Die Freie Demokratische Partei Deutschlands bildete bei ihrem Parteivorstand einen Beirat für Atomenergiefragen, welcher den Entwurf eines Kernenergiegesetzes nebst Begründung ausarbeitete und der Bundestagsfraktion zur Beratung zuleitete. Diesen legte die FDP dem Deutschen Bundestag am 28. Februar 1956 vor.[398] Der Entwurf schloss sich an den Entwurf der Interparlamentarischen Arbeitsgemeinschaft an, von welchem die Errichtung einer Bundesanstalt für Kernenergie und die Depotpflicht für Kernbrennstoffe übernommen wurde.[399] Die FDP sah in ihrem Gesetzesentwurf die Zuständigkeit des Bundes als gegeben an.[400]

Am 19. April 1956 wurde der Entwurf im Plenum des Bundestages in erster Lesung im Bundestag erstmalig beraten.[401] Der Bundesminister für Atomfragen Strauß forderte im Rahmen der Debatte, mit den Beratungen bis zur Vorlage des Kernenergiegesetzesentwurfes der Regierung zu warten. Der Entwurf wurde dem federführenden Bundestagsausschuss für Atomfragen, welcher am 24. März 1956 gebildet worden war, und dem Bundestagsausschuss für Rechtswesen und Verfassungsrecht zur Mitberatung überwiesen. Den Ausschüssen wurde zeitnah der nachfolgende Regierungsentwurf eines Atomgesetzes[402] zugeleitet. Die Weiterbehandlung des FDP-Entwurfs wurde daraufhin zugunsten des Regierungsentwurfes aufgegeben.[403]

---

397 So z.B. laut dem Abg. Drechsel (FDP) der FDP-Entwurf BT-Drs. II, 2142 in: Stenogr. Protokoll der 141. Sitzung des BT, 7290; siehe unten unter 3. Teil: E.

398 BT-Drs. II, 2142.

399 Vgl. Kruse, Der gegenwärtige Stand der Atomenergiegesetzgebung in der Bundesrepublik, BB 1955, S. 977.

400 Stenogr. Bericht der 216. Sitzung des 2. BT v. 27.06.1957, 12771 ff.

401 Stenogr. Bericht der 141. Sitzung des 2. BT v. 19.04.1956, 7290 B ff.

402 BT-Drs. II, 3026 Anlage 1 b.

403 Stenogr. Bericht der 216. Sitzung des 2. BT v. 02.07.1957, 13042, 13047.

I. Überblick über den Inhalt des Entwurfs

Der Entwurf des FDP-Beirats betonte im Gegensatz zu den Vorarbeiten der Interparlamentarischen Arbeitsgemeinschaft eine freiere wirtschaftliche Betätigung auf dem Gebiet der Kernenergienutzung. In Hinblick auf die Überwachungsvorschriften wies er einige Gemeinsamkeiten mit dem Energiewirtschaftsgesetz auf, so war auch hier eine Anzeigepflicht normiert. Die öffentliche Hand sollte wirtschaftliche Unternehmen für die friedliche Verwendung der Kernenergie nur dann errichten, übernehmen oder erweitern dürfen, sofern der Zweck der Unternehmen nicht ebenso gut und ebenso wirtschaftlich durch einen anderen erfüllt werde oder erfüllt werden könne.

Der Entwurf bestand aus neun Abschnitten. Der erste Abschnitt enthielt Begriffsbestimmungen und legte in § 1 die Aufsichts- und Förderungspflicht des Bundes sowie die Verpflichtung zur Einhaltung aller internationalen Verpflichtungen fest. Im zweiten Abschnitt wurden die Errichtung und die Kompetenzen einer Bundesanstalt für Kernenergie festgelegt. Der dritte Abschnitt regelte die Genehmigungspflicht für die Verwendung von Kernbrennstoffen im Bundesgebiet und stellte die Erteilung einer Genehmigung ins freie Ermessen der Bundesanstalt für Kernenergie (§ 14 Abs. 2), welcher die Verwahrung und Verwaltung von Kernbrennstoffen obliegen sollte. Der vierte Abschnitt normierte die Aufgabe der Bundesanstalt für Kernenergie, eine Übersicht über die im Bundesgebiet vorhandenen Ausgangsstoffe zu führen (§ 17) und die Ausfuhr von Ausgangsstoffen nur zu gestatten, sofern eine Unbedenklichkeitsprüfung seitens der Bundesanstalt vorgenommen wurde (§ 18). Ein fünfter Abschnitt regelte die Genehmigungspflicht für die Einfuhr, Erzeugung oder das Inverkehrbringen radioaktiver Substanzen. Wobei auch hier die Bundesanstalt für Kernenergie für die Genehmigungserteilung zuständig sein sollte. Im sechsten Abschnitt des Gesetzentwurfes sollte eine Nutzung von Entwicklungspatenten sichergestellt werden, indem eine Erlaubnis zur Benutzung eines Patents gem. § 15 Patentgesetz bereits nach Ablauf eines Jahres seit Bekanntmachung des Patents zu erteilen war. Im siebten Abschnitt war die internationale Zusammenarbeit mit der Bundesanstalt für Kernenergie geregelt. Diese war befugt, mit ausländischen Einrichtungen Vereinbarungen zur Wahrnehmung ihrer Aufgaben zu treffen (§ 23 Abs. 2). Ein achter Abschnitt enthielt Strafbestimmungen. Hiernach war die Anbietung und Verwendung von Kernbrennstoffen in der Bundesrepublik ohne die Genehmigung der Bundesanstalt für Kernenergie unter Strafe gestellt (§ 26 Abs. 1). Darüber hinaus war auch das Unterlassen der Anmeldung bei Einfuhr oder Erzeugung radioaktiver Stoffe strafbar (§ 26 Abs. 2). Nach Absatz 3 sollte derjenige bestraft werden, der die im Zusammenhang mit einer Genehmigung einhergehenden Verpflichtungen nicht einhielt. Dem folgte der neunte und letzte Abschnitt mit den Schlussbestimmungen, welche den Erlass von Rechtsverordnungen, die Aufhebung der Gesetze der Alliierten regelte und eine Berlin-Klausel[404] enthielten.

II. Problembereiche des Entwurfs

Der Entwurf fiel durch die umfangreichen Bestimmungen bezüglich einer im Entwurf vorgesehenen Bundesanstalt für Atomenergie auf. Die Bundesanstalt sollte die Bundesregierung sowie die zuständigen Stellen des Bundes, der Länder und der Gemeinden in allen Fragen der friedlichen Verwendung der Kernenergie beraten und auch insoweit auskunftspflichtig sein.

Die Errichtung und der Aufbau einer Bundesanstalt für Kernenergie war in den §§ 5 bis 13 des Entwurfs geregelt. § 5 sah zunächst die Errichtung einer Bundesanstalt für Kernenergie als Anstalt des öffentlichen Rechts vor, die der Aufsicht der Bundesregierung unterliegen sollte. In Abs. 2 wurden die Organe der Anstalt bestimmt: der Verwaltungsrat und das Direktorium. Der darauffolgende § 6 normierte die Struktur und Zusammensetzung sowie die Rechte und Pflichten der Mitglieder des Verwaltungsrates der Bundesanstalt. § 7 führte dies fort und legte die Wahl des Präsidenten des Verwaltungsrates und deren Voraussetzungen fest. In § 8 wurden die Aufgaben des Verwaltungsrats näher definiert. Die §§ 9 und 10 regelten die Zusammensetzung des Direktoriums und legten deren Aufgabenbereich fest. Nach § 11 Abs. 1 konnte die Bundesanstalt die im Haushaltplan vorgesehenen Mittel zu Forschungs- und Entwicklungsvorhaben in privatwirtschaftlicher Form verwenden. Darüber hinaus stand es ihr nach Abs. 2 zu, entsprechende Forschungsaufträge zu vergeben. § 12 legte eine zentrale Funktion der Bundesanstalt dar – die Beratungsfunktion. Die Bundesanstalt sollte gegenüber der Bundesregierung, den zuständigen Stellen der Länder und des Bundes Ansprechpartner in sämtlichen Fragen die friedliche Nutzung der Atomenergie betreffend sein.

Hinsichtlich der Bestimmungen über die Entsorgung radioaktiven Abfalls sah der Entwurf in § 21c vor, dass „die Übergabe der nicht weitergegebenen und nicht oder nicht mehr verwendeten radioaktiven Substanzen durch die Erzeuger der Bundesanstalt unter Übernahme der Kosten der Unschädlichmachung“[405] erfolgen sollte.

Wie der vorangegangene Entwurf der Interparlamentarischen Arbeitsgemeinschaft beinhaltete der FDP-Entwurf inhaltlich übereinstimmende Vorschriften,

---

404 Hiernach gilt das Gesetz nach Maßgabe des § 13 Abs.1 des Dritten Überleitungsvertrages v. 04.01.1952 auch im Land Berlin, BGBl. 1954 II S. 157, später i.d.F. BGBl. 1955 II S. 405.

405 § 20 c BT-Drs. II, 2142.

die eine Änderung des geltenden Patentrechts bedeutet hätten.[406] Die patentrechtlichen Bestimmungen des FDP-Entwurfes wurden im Schrifttum wie bereits die im Entwurf der Interparlamentarischen Arbeitsgemeinschaft enthaltene patentrechtliche Vorschrift des § 21 stark kritisiert.[407] Der damalige Präsident des Patentamtes, Eduard Reimer, forderte die Unabhängigkeit des Deutschen Patentamtes.[408] Eine Ergänzung des Patentgesetzes könne jedoch in einer Erweiterung des § 15 Abs. 1 liegen, wonach Zwangslizenzen auch dann erteilt werden sollten, „wenn die Benutzung der Erfindung durch andere in der Entwicklung auf dem Gebiet der Atomenergie erforderlich ist".[409] Ob diese Voraussetzung gegeben sei, solle durch die Einholung eines Gutachtens der zuständigen Verwaltungsbehörde durch das Patentamt geprüft werden. Daneben solle eine Verpflichtung des Erfinders und des Patentamtes eingeführt werden, jede einschlägige Erfindung oder Anmeldung „der zuständigen Verwaltungsbehörde anzuzeigen und ihr auf Verlangen Einsicht in die Unterlagen der Erfindung oder Anmeldung zu gewähren".[410] Die Verwaltungsbehörde solle dabei die Erfindung nicht ohne Einwilligung des Erfinders benutzen dürfen und sei verpflichtet, Kenntnisse geheim zu halten.

III. Die erste Lesung im Bundestag vom 19. April 1956

In der Begründung des Gesetzesentwurfs durch den Abgeordneten Drechsel (FDP) im Deutschen Bundestag am 19. April 1956 wurde vorab darauf verwiesen, dass bei allen Ländern, welche sich auf dem Gebiet der friedlichen Kernenergienutzung betätigten, dasselbe Problem bestehe, nämlich die Einschaltung von Sachverständigen aller betroffenen Fachkreise bei einer einzigen staatlichen Kontrollstelle. Für die Errichtung einer derartigen staatlichen Kontrollstelle wie der im FDP-Entwurf vorgesehenen Bundesanstalt sei eine möglichst bewegliche Organisationsform erforderlich, um den geringen Erfahrungen und den noch zu erwartenden raschen Entwicklungen auf dem Gebiet der friedlichen Kernenergieforschung und -verwendung gerecht werden zu können. Zum Vergleich wurden die jeweiligen Organisationsformen der drei großen Atommächte USA, England

---

406 § 22 des FDP-Entwurfs: „Weigert sich der Inhaber eines Patents, von dem das Direktorium der Bundesanstalt feststellt, daß seine Benutzung durch andere für den Fortschritt der Entwicklung erforderlich ist, gegen angemessene Vergütung Lizenzen zu erteilen, so ist geeigneten Antragsstellern die Erlaubnis zur Benutzung gem. § 15 des Patentgesetzes bereits nach Ablauf eines Jahres seit Bekanntmachung des Patents zu erteilen."

407 So z.B. durch Fischerhof, Atomwirtschaft und Gesetzgeber, AtW 1956, S. 98; vgl. Andrejewski/Idel, Die Atomenergie und das deutsche Patentrecht, AtW 1957, S. 167.

408 Vgl. AtW 1956, S. 432, unter „Verschiedenes".

409 Vgl. AtW 1956, S. 432, unter „Verschiedenes".

410 Vgl. AtW 1956, S. 432, unter „Verschiedenes".

und Frankreichs dargestellt.[411] Der Entwurf orientiere sich zum einen an den Erfahrungen und rechtlichen Konstruktionen dieser Länder. Auf der anderen Seite habe man bei den Arbeiten zu diesem Entwurf jedoch erkannt, dass bei diesen Ländern die militärische Verwendung der Kernenergie eine Rolle gespielt habe. Dieser Aspekt habe für die Gesetzgebungsarbeiten in der Bundesrepublik jedoch keine Relevanz. Der Entwurf sehe daher keine oberste Bundesbehörde, sondern eine Bundesanstalt vor. Diese Rechtsform sei insbesondere für die Förderung der internationalen Zusammenarbeit zweckmäßig, die ohne Ministerialbürokratie möglich wäre. Die Organisationsform einer Bundesanstalt sei als Verhandlungspartner gegenüber anderen Staaten besonders geeignet.[412] Durch die Errichtung eines Verwaltungsrates für die Bundesanstalt sei darüber hinaus die weitgehende Beteiligung von Legislative, Wirtschaft, Wissenschaft, Wirtschaft, Arbeitnehmern und kommunaler Spitzenverbände gewährleistet. Die staatliche Aufsicht, also der Einfluss der Bundesregierung, sei dadurch sichergestellt, dass sowohl die Mitglieder des Verwaltungsrates als auch die des Direktoriums von der Bundesregierung ernannt werden sollten. Der zuständige Ressortminister nehme auch an den Sitzungen des Verwaltungsrates teil. Der Einsatz der Mittel für Forschung und Entwicklung solle einheitlich durch die Bundesanstalt festgelegt werden. Ihre besondere Aufgabe bestehe jedoch darin, die Bundesregierung sowie die Länder und Gemeinden in allen Fragen der Sicherheit und Schutzmaßnahmen, die bei der Beförderung und der Verwendung von Kernbrennstoffen und radioaktiven Substanzen notwendig seien, zu beraten. Auch auf diesem Gebiet sei von einer wünschenswerten internationalen Zusammenarbeit auszugehen.

Nach dieser Darstellung des FDP-Entwurfs durch den Abgeordneten Drechsel (FDP) übernahm der Bundesminister für Atomfragen Franz Josef Strauß das Wort und zeigte einige wesentliche Mängel des Entwurfs auf.[413] Es fehle an ausreichenden Haftungs- und Versicherungsbestimmungen. Auch Genehmigungsvorschriften für die Errichtung und den Betrieb von Atomanlagen fehlten. Ohne entsprechende Regelungen seien die Errichtung und der Betrieb von Atomanlagen genehmigungsfrei, da Atomanlagen nicht unter die Genehmigungsvorschriften für Anlagen der Gewerbeordnung gefasst werden könnten.[414] Auch entsprechende

411 Die USA hatte die Atomic Energy Commission. Sie stellte eine staatliche Einrichtung dar, welche vom Präsidenten unabhängig war und eigene rechtliche Befugnisse besaß. In England gab es die Atomic Energy Authoriy, eine selbstständige juristische Person des öffentlichen Rechts, welche unter der Aufsicht des Präsidenten des Geheimen Staatsrates stand. In Frankreich bestand ein Kommissariat, welches den Charakter einer öffentlichen Anstalt hatte. Vgl. Stenogr. Bericht der 141. Sitzung des 2. BT v. 19.04.1956, 7290 B ff.

412 Stenogr. Bericht der 141. Sitzung des 2. BT v. 19.04.1956, 7290 B ff.

413 Stenogr. Bericht der 141. Sitzung des 2. BT v. 19.04.1956, 7294 A ff.

414 Siehe 2. Teil: B.II.1.a.

Schutzvorschriften, die während des Betriebes einer Anlage beachtet werden sollten, müsse das deutsche Atomgesetz enthalten. Daneben seien die Voraussetzungen für die Genehmigung der Verwendung von Kernbrennstoffen ein wichtiger Regelungspunkt, der in dem Entwurf nicht enthalten sei. Außerdem würden Strafbestimmungen, Begriffsdefinitionen und Ermächtigungen zum Erlass von Rechtsverordnungen fehlen.

Abgesehen von den inhaltlichen Mängeln, bezog sich der Bundesminister für Atomfragen auch auf überflüssige und unpratikable Bestimmungen des Entwurfs.[415] So sei die in § 21 festgelegte Aufzeichnungspflicht der Bundesanstalt über die Art und die Menge radioaktiver Substanzen schwer durchführbar, da es eine Reihe Substanzen gebe, welche nur während eines kurzen Zeitraumes radioaktiv seien. Aus diesem Grunde wäre keine Verwaltungsbehörde in der Lage, einer derartigen gesetzlichen Aufzeichnungspflicht nachzukommen. Die Gestaltung einer nur einigermaßen genauen und richtigen Übersicht der radioaktiven Substanzen erfordere einen unverhältnismäßig hohen Verwaltungsaufwand.

Von Strauß (BMAt) wurde die Errichtung einer Bundesanstalt in Frage gestellt. Er hielt es in verfassungsrechtlicher Hinsicht für bedenklich, die Bundesanstalt entsprechend §§ 15 und 20 des Entwurfs zum Erlass von Richtlinien über die Verteilung von Kernbrennstoffen und die Erzeugung, Einfuhr und Weitergabe von radioaktiven Stoffen zu ermächtigen. Allgemein verbindliche Regelungen seien nicht in Form von Richtlinien, sondern in Form von Rechtsverordnungen zu erlassen. Sofern § 1 des Entwurfs dem Bund die Aufsicht über die friedliche Verwendung der Kernenergie übertrage, so wurden auch hier verfassungsrechtliche Bedenken geäußert. Allein dem Grundgesetz sei es vorbehalten, eine Bundesverwaltung festzulegen. Eine solche Regelung in Bundesgesetzen sei unzulässig. Darüber hinaus gestatte es die Verfassung nicht, einer Bundesanstalt Regierungsfunktionen zu übertragen. Diese dürfe nur rein verwaltenden Tätigkeiten nachgehen.[416] Dem schloss sich der CDU/CSU-Abgeordnete Kleindienst an, welcher den Gesetzesentwurf zumindest für verfassungsmäßig unklar hielt.[417] Die Genehmigung des Haushalts und des Stellenplans durch den Verwaltungsrat (§ 8), die Beschlussfassung über die Besetzung von Stellen und die Verwendung der Mittel für Forschungsaufträge (§ 11) – all diese Kompetenzen ließen einen Zusammenhang mit der Verantwortung der Bundesregierung vermissen.[418]

---

415 Stenogr. Bericht der 141. Sitzung des 2. BT v. 19.04.1956, 7296 D.

416 Stenogr. Bericht der 141. Sitzung des 2. BT v. 19.04.1956, 7293 B.

417 Stenogr. Bericht der 141. Sitzung des 2. BT v. 19.04.1956, 7299 A.

418 So der Abg. Kleindienst (CDU/CSU) in: Stenogr. Bericht der 141. Sitzung des 2. BT v. 19.04.1956, 7293 A.

IV. Zusammenfassung

Der seitens der FDP-Fraktion vorgelegte Entwurf konnte angesichts des mit der Kernenergie verbundenen Gefahrenpotenzials nicht mit der dafür erforderlichen und angemessenen Regelungsdichte aufwarten. So ist der Äußerung des Bundesatomministers beizupflichten, dass „der Entwurf an den wesentlichen Fragen vorbeigehe, an denen die Öffentlichkeit ein berechtigtes Interesse habe“.[419] Es fehlte an ausreichenden Schutzbestimmungen, umfassenden Genehmigungsvorschriften, an Regelungen über die Haftung und Versicherung von Atomschäden und an Strafbestimmungen. Der Entwurf führte jedoch zu einer Auseinandersetzung mit dem bis dahin zentralen Thema, der Schaffung einer Bundesanstalt, und beschleunigte die Fertigstellung des ihm nachfolgenden Regierungsentwurfes, der von der Errichtung einer derartigen Anstalt absah und auf den bereits bestehenden Behördenapparat der Bundesrepublik zurückgriff.[420]

Am Ende der Sitzung des Deutschen Bundestages am 19. April 1956 wurde beschlossen, den Entwurf an den federführenden Ausschuss für Atomenergiefragen und den Ausschuss für das Rechtswesen zur Mitberatung zu überweisen.[421] Der Ausschuss für Atomkernenergie und Wasserwirtschaft bestand in der dritten Wahlperiode aus 21 Mitgliedern. Vom 23. März 1956 bis zum 10. Januar 1957 war Geiger (CDU/CSU)[422] Vorsitzender des Ausschusses und wurde ab dem 10. Januar 1957 durch Euler (DP/FVP)[423] ersetzt. Als stellvertretender Vorsitzender des Ausschusses wurde Ratzel (SPD) berufen.

Der FDP-Entwurf verblieb ein Jahr lang beim federführenden Bundestagsausschuss[424], bis dieser in seinem schriftlichen Bericht vom 9. Mai 1957[425] darlegte, dass nach gleichzeitiger Beratung mit dem darauffolgenden Entwurf der Bundesregierung[426] diesem im Rahmen der weiteren Ausschussberatungen der Vorzug gegeben würde.[427] Auch im Bundestag wurde am 2. Juli 1957 gegen die

419 BMAt Strauß in: Stenogr. Bericht der 141. Sitzung des 2. BT v. 19.04.1956, 7293 B.

420 BT-Drs. II, 3026 Anlage 1 b.

421 Stenogr. Bericht der 141. Sitzung des 2. BT v. 19.04.1956, 7293 B.

422 Geiger war von 1950 bis 1953 Landtagsabgeordneter in Bayern und gehörte dann von 1953 bis 1961 dem Deutschen Bundestag an. Dort vertrat er im Parlament den Wahlkreis Tirschenreuth. In der dritten Wahlperiode war er stellvertretender Vorsitzender des 26. BT-Ausschuss.

423 Euler war in den Jahren 1946/1947, 1950/1951 und 1954/1955 Landtagsabgeordneter in Hessen und gehörte 1949 bis 1958 dem Deutschen Bundestag an. Zunächst als stellvertretender Fraktionsvorsitzender, wurde er am 10.01.1951 zum Vorsitzenden der FDP-Fraktion gewählt. Am 10.09.1958 legte er sein Bundestagsmandat nieder und wechselte zu Euratom.

424 Vgl. AtW 1956, S. 77, 163.

425 Schriftlicher Bericht des 38. BT-Ausschusses, BT-Drs. II, 3502.

426 BT-Drs. II, 3026 Anlage 1 b; dazu näher im 3. Teil: F.

427 Schriftlicher Bericht des 38. BT-Ausschusses, BT-Drs. II, 3502.

Beratung des FDP-Entwurfes gestimmt, so dass dieser von der Tagesordnung genommen wurde.[428] Zu einer zweiten und dritten Beratung des FDP-Entwurfs kam es in der zweiten Legislaturperiode nicht.

F. Der Regierungsentwurf vom 14. September 1956 (Überblick und Problembereiche)

Ein vom Bundesministerium für Atomfragen ausgearbeiteter Entwurf wurde dem Kabinett am 12. Juli 1956 vorgelegt. Der Entwurf bestand aus zwei Gesetzesentwürfen. Zum einen aus dem Entwurf eines Gesetzes zur Ergänzung des Grundgesetzes und zum anderen aus einem Entwurf eines Gesetzes „über die Erzeugung und Nutzung der Kernenergie und den Schutz gegen ihre Gefahren (Atomgesetz)".[429] Im September 1956 leitete die Bundesregierung den Regierungsentwurf an den Bundesrat weiter, von dem er am 5. Oktober 1956 beraten wurde. Der Bundesrat kam zu dem Beschluss, das im Regierungsentwurf eines Atomgesetzes vorgesehene gewerberechtliche Genehmigungsverfahren in ein Konzessionsverfahren abzuändern, wobei die Erteilung einer Konzession im Ermessen der Landesbehörden stehen sollte. Ferner entschied der Bundesrat, die Haftungshöchstbeträge im Falle der Tötung oder Verletzung eines Menschen heraufzusetzen. Der Entwurf wurde in der ersten Lesung im Bundestag ohne Widerspruch beraten[430], scheiterte jedoch am 27. Juni 1957 aufgrund einer fehlenden Zweidrittelmehrheit für die erforderliche Grundgesetzänderung.[431]

Im Folgenden werden die wichtigsten Punkte des ersten Regierungsentwurfs zu einem deutschen Atomgesetz und einzelne inhaltliche Bestimmungen dargestellt.

I. Überblick über den Inhalt des Entwurfs

1. Die Arbeiten in der Deutschen Atomkommission

Die Fachkommission I: „Kernenergiegesetz", der Atomkommission beriet den vom Bundesatomministerium ausgearbeiteten Entwurf bereits in ihrer konstituierenden Sitzung am 23. Februar 1956. Hier beschloss sie, den speziellen Arbeitskreis „Haftung und Versicherung" unter Vorsitz von Josef Esser (Universität

428 Stenogr. Bericht der 221. Sitzung des 2. BT v. 02.07.1957, 13047.
429 BT-Drs. II, 3026 Anlage 1 a und b.
430 Stenogr. Bericht der 194. Sitzung des 2. BT v. 22.02.1957, 11049 ff.
431 Stenogr. Bericht der 216. Sitzung des 2. BT v. 27.06.1957, 12771 ff.

Mainz) einzusetzen.[432] Am 2. März 1956 erhielt die Atomkommission den mit einigen wenigen Änderungen versehenen Entwurf der Fachkommission I. Die Fachkommission beriet nachfolgend auch die weiteren Bestimmungen des Entwurfs. So tagte Ende März 1956 ein „Redaktionskomitee der Physiker", welches sich ausschließlich mit den Begriffsbestimmungen des Entwurfes beschäftigte.[433] Am 20. April 1955 während der dritten Sitzung der Atomkommission stellte Strauß jedoch fest, dass die Fachkommission zum sachlichen Inhalt des Entwurfes keine Änderungsvorschläge gemacht habe.[434]

2. Die Verabschiedung durch das Kabinett am 20. Juli 1956

Im Mittelpunkt der Kabinettsberatungen zu dem von Bundesminister für Atomfragen vorgelegten Gesetzesentwurfs eines Atomgesetzes stand außerdem die Erforderlichkeit einer Änderung des Grundgesetzes.[435] Strauß (BMAt) verwies auf die Problematik des Eigentums an Kernbrennstoffen. Dies sei die politisch bedeutendste Regelung des Entwurfs.[436] Das deutsche Rechtssystem gewähre ausreichende Sicherungs- und Kontrollmöglichkeiten, so dass in der Bundesrepublik, anders als in den USA, die Einführung von Staatseigentum nicht notwendig sei. Das Kabinett stimmte der in dem Entwurf vorgeschlagenen Eigentumsregelung zu.[437]

3. Inhalt des Entwurfs

Der Entwurf des Atomgesetzes gliederte sich in sechs Abschnitte. Der erste Abschnitt regelte die Zweckbestimmung des Gesetzes und die Begriffsbestimmungen für Ausgangs- und Kernbrennstoffe (§§ 1, 2). Die Vorschriften des zweiten Abschnitts stellten Überwachungsvorschriften dar (§§ 3-16). Die Betätigung mit Kernbrennstoffen wurde unter ein Genehmigungserfordernis gestellt. Eine Genehmigung war für die Ein- und Ausfuhr, die Beförderung von Kernbrennstoffen (§§ 3, 4) sowie für die Errichtung oder Inbetriebnahme einer Anlage zur Erzeugung oder Spaltung von Kernbrennstoffen oder zur Aufarbeitung bestrahlter Kernbrennstoffe (§ 7) als auch für die sonstige Verwendung von Kernbrennstoffen (§ 8) erforderlich. Nach § 10 Abs. 1 konnte durch Rechtsverordnung bestimmt werden, dass

---

432 Protokoll der Sitzung der FK I v. 23.2.1956, BArch B 138/3327.

433 Protokolle der Sitzungen der DAtK, BArch B 138/3297.

434 Protokoll der Sitzung der DAtK v. 20.04.1956, BArch B 138/3297.

435 144. Sitzung des Kabinetts, in: Kahlenberg, Die Kabinettsprotokolle der Bundesregierung, Bd. 9, 1956, S. 493.

436 144. Sitzung des Kabinetts in: Kahlenberg, Die Kabinettsprotokolle der Bundesregierung, Bd. 9, 1956, S. 494.

437 144. Sitzung des Kabinetts in: Kahlenberg, Die Kabinettsprotokolle der Bundesregierung, Bd. 9, 1956, S. 494.

von dem Genehmigungserfordernis der §§ 3 bis 8 abgesehen werden könne, soweit es nur um geringe Mengen an Kernbrennstoffen oder um Anlagen gehe, die nicht geeignet wären, den in § 1 Nr. 1 und Nr. 2 bezeichneten Zweck zu gefährden.

Im Rahmen des Genehmigungsverfahren wurden die Möglichkeit der Hinzuziehung von Sachverständigen (§ 12) als auch die während des Genehmigungsverfahrens anfallenden Kostentragungs-, Buchführungs- und Meldungspflichten (§§ 13, 16) normiert. § 14 des Entwurfs regelte das Verhältnis zur Gewerbeordnung; § 15 diente dem Schutz gegen Schäden durch die Strahlung radioaktiver Stoffe und enthielt in Abs. 2 eine Ermächtigung zum Erlass von Rechtsverordnungen. Diese Verordnungsermächtigung sollte insbesondere als Grundlage für den Erlass einer Strahlenschutzverordnung dienen. Der dritte Abschnitt (§§ 17-19) bestimmte die Verwaltungsbehörden, welche das Gesetz ausführen sollten. Hierbei griff der Regierungsentwurf auf bereits bestehende Behörden des Bundes und der Länder zurück und entschied sich, anders als die vorangegangenen Entwürfe der IPA[438] und der FDP[439], gegen die Errichtung einer zentralen Bundesanstalt. So legte der Entwurf für die Ein- und Ausfuhr von Kernbrennstoffen die Zuständigkeit des Bundesamtes für gewerbliche Wirtschaft (§ 17) und für die Verwahrung die der Physikalisch-Technischen Bundesanstalt fest (§ 18). Im Übrigen sollten die Landesbehörden im Auftrage des Bundes tätig sein (§ 19).

Im vierten Abschnitt (§§ 20-30) wurde die Haftung des Inhabers eines Reaktors oder einer sonstigen gefährlichen Atomanlage und des Besitzers radioaktiver Stoffe festgelegt. Der fünfte Abschnitt (§§ 31-40) bestimmte, welche Handlungen in Verbindung mit Kernenergie unter Strafe und Bußgeld zu stellen waren. Der letzte, sechste Abschnitt (§§ 41-45) enthielt die Schlussbestimmungen, welche die Erfassung von Schäden aus ungeklärter Ursache (§ 41), eine Ermächtigung zum Erlass von Rechtsverordnungen über die Kosten der atomgesetzlichen Genehmigungsverfahren und über eine Strahlenschutzverordnung (§ 42), die Aufhebung und Äderung der AHK-Gesetze (§ 43), eine ausdrückliche klarstellende Regelung, welche die Unanwendbarkeit der atomgesetzlichen Regelungen bei Atomwaffen (§ 44) und schließlich den Tag des Inkrafttretens festlegte (§ 45), umfasste.

4. Die Beratungen des Bundesrates

Die Beratungen im Bundesrat setzen sich schwerpunktmäßig mit den Überwachungsbestimmungen (§§ 3-16) sowie den Verwaltungs- (§§ 17-19) und den Haftungsvorschriften (§§ 20-30) auseinander.

438 IPA-Drs. Nr. 39, Bd. 1.

439 BT-Drs. II, 2142.

Als federführenden Ausschuss setzte der Bundesrat den Wirtschaftsausschuss[440] ein. Daneben berieten auch der Rechtsausschuss[441], der Ausschuss für Arbeit und Sozialpolitik[442], der Ausschuss für Innere Angelegenheiten, der Finanzausschuss[443] und der Ausschuss für Kulturfragen.[444]

Allein der Ausschuss für Arbeit und Sozialpolitik sprach gegenüber dem Bundesrat die Empfehlung aus, den Entwurf abzulehnen, da er in der vorliegenden Fassung nicht durchführbar sei.[445] Die Regelungsmaterie solle vielmehr in zwei Gesetze gefasst werden, getrennt nach wirtschaftspolitischen und strahlenschutzrechtlichen Vorschriften. Der Entwurf regle zwei getrennte Materien. Der strahlenschutzrechtliche Teil sei dabei der zunächst wichtigere, da bereits in vielen Wirtschaftsbereichen mit radioaktiver Strahlung gearbeitet werde, ohne dass hierfür ausreichende gesetzliche Schutzregelungen bestünden. Der Bereich des Strahlenschutzes sei damit gegenwärtig bereits von praktischer Bedeutung und somit vordringlich. Demnach solle zunächst unter Verwendung der vom

---

440 Mitglieder des Ausschusses: Vorsitzender Veit (Baden-Württemberg), Heilmann (Bayern), Klein (Berlin), Wolters (Bremen), Luigs (Hamburg), Franke (Hessen), Benkendorff (Niedersachsen), Arnold (Nordrhein-Westfalen), Esch (Rheinland-Pfalz), Böhrnsen (Schleswig-Holstein), vgl. Niederschrift der 129. Sitzung des Wirtschaftsausschusses v. 27.09.1956 in: BR-Protokolle, Wirtschaftsausschuss, 119.-135. Sitzung, 1956.

441 Mitglieder des Ausschusses: Vorsitzender Eicher, Rebmann (Baden-Württemberg), Reischl (Bayern), Uebelecker (Bayern), Malicke (Berlin), Enholt (Bremen), Schmunk (Hessen), Schlagheck (Nordrhein-Westfalen), Eicher und Wollstadt (Rheinland-Pfalz), Corves (Schleswig-Holstein), vgl. Niederschrift der Sitzung des Rechtsausschusses v. 14.09.1956, in: BR-Protokolle, Rechtsausschuss, 169.-177. Sitzung, 1956.

442 Mitglieder des Ausschusses: Vorsitzender van Heukelum (Bremen), Hessel (Baden-Württemberg), Stain (Bayern), Ringhandt (Berlin), Tuebben (Hamburg), Reuß (Hessen), Hoppe (Niedersachsen), Hölscher (Nordrhein-Westfalen), Reis (Rheinland-Pfalz), Meyen und Geigenmüller (Schleswig-Holstein), vgl. Niederschrift der 123. Sitzung des Ausschusses für Arbeit und Sozialpolitik v. 27.09.1956 in: BR-Protokolle, Ausschuss für Arbeit und Sozialpolitik, 113.-129. Sitzung, 1956.

443 Mitglieder des Ausschusses: Frank (Baden-Württemberg), Zietsch (Bayern), Biedermann (Berlin), Nolting-Hauff (Bremen), Schultze-Schlutius (Hamburg), Feick (Hessen), Koch (Niedersachsen), Weyer (Nordrhein-Westfalen), Nowak (Rheinland-Pfalz), Schaefer (Schleswig-Holstein), vgl. Niederschrift der 155. Sitzung des Finanzausschusses v. 27.09.1956 in: BR-Protokolle, Finanzausschuss, 144.-161. Sitzung, 1956.

444 Mitglieder des Ausschusses: Vorsitzender Simpendörfer (Baden-Württemberg), Albertz (Berlin), Rucker (Bayern), Dehnkamp (Bremen), Wenke (Hamburg), Henning (Hessen), Rönnebeck (Niedersachsen), Luchtenberg (Nordrhein-Westfalen), Orth (Rheinland-Pfalz), Kock (Schleswig-Holstein), vgl. BR-Protokolle, Kulturausschuss, 17.-35. Sitzung, 1953-1956; der Bundesratsausschuss für Kulturfragen wurde hinzugezogen, da der Schwerpunkt seiner Tätigkeit u.a. auf der Forschungsförderung lag, vgl. Reiners, Zur Arbeit des Ausschusses für Kulturfragen 1950-1980, S. 5.

445 Niederschrift der 123. Sitzung des Ausschusses für Arbeit und Sozialpolitik v. 27.09.1956, S. 2 f., in: BR-Protokolle, Ausschuss für Arbeit und Sozialpolitik, 113.-129. Sitzung, 1956.

Bundesministerium für Arbeit entworfenen Strahlenschutzverordnung separat ein entsprechender Gesetzesentwurf vorgelegt werden.[446] Dieser Vorschlag der Zweiteilung von Atomgesetz und Strahlenschutz wurde vom Bundesrat jedoch nicht übernommen.

Die weiteren Ausschussberatungen führten zu einigen wesentlichen Änderungsvorschlägen, die der Bundesrat in seine endgültigen Stellungnahme übernahm. Bedeutendster Änderungsvorschlag des Bundesrates war, das in dem Entwurf vorgesehene Genehmigungsverfahren durch ein staatliches Konzessionsverfahren zu ersetzen. Dadurch sollte der Genehmigungsbehörde gestattet werden, nach freiem Ermessen zu entscheiden, und es sollte eine verwaltungsgerichtliche Nachprüfung der Genehmigungsentscheidung ausgeschlossen bzw. wesentlich eingeschränkt werden.[447] Ein weiterer wichtiger Vorschlag des Bundesrates war, dass die Länderbehörden selbst bestimmen, welche oberste Landesbehörde für die Genehmigung und Beaufsichtigung von Atomanlagen zuständig ist.[448] Die im Entwurf vorgesehene Regelung wurde von den Ländern als Eingriff in ihr Organisationsrecht angesehen.[449] Auch die Kostentragungspflicht von Land und Bund im Falle des Widerrufs einer Genehmigung sollte neu geregelt werden, damit der Bund in diesem Falle allein entschädigungspflichtig war.[450] Darüber hinaus sprach sich der Bundesrat gegen die unterschiedliche Ausgestaltung der Haftung für Atomanlagen (§ 20) und der Haftung für den Umgang mit radioaktiven Stoffen (§ 21) aus.[451] Ferner wollte der Bundesrat eine Heraufsetzung der Haftungshöchstbeträge in § 26 und eine Verlängerung der Verjährungsfrist erreichen.[452] Die Bundesregierung lehnte jedoch größtenteils Änderungsvorschläge des Bundesrates ab.[453]

446 Niederschrift der 123. Sitzung des Ausschusses für Arbeit und Sozialpolitik v. 27.09.1956, S. 2 f. in: BR-Protokolle, Ausschuss für Arbeit und Sozialpolitik, 113.-129. Sitzung, 1956.

447 Vgl. Stellungnahme des BR, S. 48, BT-Drs. II, 3026 Anlage 2 b.

448 Vgl. Stellungnahme des BR, S. 53, BT-Drs. II, 3026 Anlage 2 b.

449 So Scheidwimmer (BMAt) in: Kurzreferate über die Abänderungsvorschläge des Bundesrates vor der Deutschen Atomkommission am 15.11.1956, S. 5, BArch B 138/560.

450 Vgl. Stellungnahme des BR, S. 50, BT-Drs. II, 3026 Anlage 2 b.

451 Vgl. Stellungnahme des BR, S. 53, BT-Drs. II, 3026 Anlage 2 b.

452 Vgl. Stellungnahme des BR, S. 54, BT-Drs. II, 3026 Anlage 2 b.

453 Stellungnahme der BReg zu den Änderungsvorschlägen und Empfehlungen des BR, BT-Drs. II, 3026 Anlage 3.

5. Die Beratung im Plenum des Bundestags am 22. Februar 1957

Der Regierungsentwurf wurde dem Bundestag am 14. Dezember 1956 zugeleitet, am 22. Februar 1957 stellte der Bundesminister für Atomfragen Balke[454] den Regierungsentwurf, bestehend aus einem Gesetz zur Ergänzung des Grundgesetzes und einem Atomgesetzesentwurf, dem Plenum des Deutschen Bundestags vor.[455] Er erinnerte an die Anfänge der Atomforschung in Deutschland und daran, aus welchen Gründen die Vorlage eines Regierungsentwurfes einige Zeit in Anspruch genommen hatte, und verwies diesbezüglich auf die Sitzung des Bundestages vom 19. April 1956.[456] Die seitens der Bundesrepublik eingegangenen internationalen Verpflichtungen der Bundesrepublik erforderten den Erlass eines deutschen Atomgesetzes. Die Gewährleistung der Einhaltung internationaler Verpflichtungen sei unabdingbar, um die erforderlichen Kernbrennstoffe aus dem Ausland beziehen zu können.[457] Aus diesem Grunde sei die Erfüllung der internationalen Vereinbarungen als Aufgabe in § 1 des Gesetzesentwurfes mit aufgenommen worden.[458] Ferner sei die freie und ungehinderte Entwicklung der Forschung und der friedlichen Nutzung der Kernenergie ebenfalls in § 1 enthalten und werde als besondere Aufgabe hervorgehoben. Allerdings stellte Balke ausdrücklich fest, dass die weitere Forschung und Entwicklung auf dem Gebiet der friedlichen Kernenergienutzung damit keinem staatlichen Vorbehalt unterliegen solle. Vielmehr solle durch den Gesetzesentwurf der privaten Initiative Ansporn gegeben werden, sich auf diesem Gebiet zu betätigen. Der Privatinitiative solle nur dort Grenzen gesetzt werden, wo dies zum Schutze von Leben, Gesundheit und Sachgütern sowie der inneren und äußeren Sicherheit der Bundesrepublik und auf Grund internationaler Verpflichtungen notwendig sei. Der Entwurf weise hierfür ausreichende Überwachungsvorschriften auf. Die Schutzfunktion des Atomgesetzes sei von elementarer Bedeutung und daher ebenfalls in der Zweckbestimmungsvorschrift des § 1 enthalten. Um diese zu gewährleisten, habe die Legislative zunächst die Aufgabe festzustellen, ob und wo Gefahren für Leben, Gesundheit und Sachgüter vorliegen. Balke betonte, dass sich das Bundesministerium für Atomfragen für die Beantwortung dieser Frage an den „Grundsätzen der exakten Wissenschaft“[459] orientiere.

---

454 Siegfried Balke (CSU) war seit dem 16.10.1956 Bundesminister für Atomfragen und vom 15.10.1957 bis 15.10.1961 Bundesminister für Kernenergie und Wasserwirtschaft.

455 Stenogr. Bericht der 194. Sitzung des 2. BT v. 22.02.1957, 11051.

456 Stenogr. Bericht der 141. Sitzung des 2. BT v. 19.04.1956, 7290 zu BT-Drs. II, 2142.

457 Z.B. das Abkommen mit den USA v. 03.07.1957, BAnz. 1957 Nr. 181, 1959 Nr. 246; siehe 2. Teil: A.

458 Stenogr. Bericht der 194. Sitzung des 2. BT v. 22.02.1957, 11055.

459 Stenogr. Bericht der 194. Sitzung des 2. BT v. 22.02.1957, 11057.

Die Gefahren der Kernenergie stellte der Atomminister sodann knapp dar. Eine Gefahr durch radioaktive Strahlen bestehe zum einen für die in Atomanlagen beschäftigten Personen, so dass für diese ausreichende Schutzmaßnahmen getroffen werden müssten. Auch einer Gefährdung der Bevölkerung müsse entgegengewirkt werden. Dabei sei zu beachten, dass die natürliche Radioaktivität des Bodens und der Atmosphäre eine ständige und nicht beherrschbare Gefahrenquelle darstelle. Hinsichtlich der Furcht vor Erbschäden durch Mutationen sei die biologische Wissenschaft bisher nicht in der Lage, eine genaue Antwort darauf zu geben, wie hoch die natürliche Mutationsrate bei Lebewesen, insbesondere bei Menschen, durch die natürliche Radioaktivität der Erde sei. Auch das Ausmaß der Gefahr durch die zusätzliche Einwirkung radioaktiver Strahlung, unabhängig von der natürlichen der Erde, könne von Biogenetikern bisher nicht exakt festgelegt werden. Die genaue Festlegung der medizinisch-biologisch zulässigen Grenzen der Strahlenbelastung sei eine wichtige Aufgabe und werde vom Bundesministerium für Atomfragen gefördert. Ungeachtet dessen sei festzuhalten, dass jede Strahleneinwirkung auf den menschlichen Organismus gefährlich ist und alle erdenklichen Schutzmaßnahmen dagegen ergriffen und lückenlose Kontrollsysteme errichtet werden müssten. Für die notwendige Kontrolle sei jedoch die Einführung staatlichen Eigentums an Kernbrennstoffen nicht erforderlich. Abzustellen sei allein auf die Verfügungsbefugnis. Für die weitere Gewährleistung einer ausreichenden Kontrolle sei es erforderlich, jeglichen Umgang mit Kernbrennstoffen unter eine Erlaubnispflicht zu stellen. Die §§ 7 und 8 des Entwurfes stellen hierfür strenge Genehmigungsvoraussetzungen auf. Bei voller Erfüllung dieser strengen Voraussetzungen solle ein Anspruch auf die begehrte Genehmigung bestehen. Die erforderliche Schutzfunktion des Atomgesetzes fordere ferner einen funktionierenden Verwaltungsapparat und spezielle Haftungsbestimmungen entsprechend den Vorschriften des Entwurfes.

Nach der Vorstellung des Entwurfs im Deutschen Bundestag wurde beschlossen, den Regierungsentwurf federführend dem Ausschuss für Atomfragen und dem Ausschuss für Rechts- und Verfassungswesen zur Mitberatung zu überweisen.[460]

6. Die Stellungnahmen der Verbände

In der zweiten Wahlperiode beteiligten sich zahlreiche Verbände und Institute an den Gesetzgebungsarbeiten zum Regierungsentwurf. Die umfangreichsten Stellungnahmen und bedeutendsten Änderungsvorschläge kamen vom Bundesverband der Deutschen Industrie, dem Deutschen Gewerkschaftsbund, dem Institut

460 Stenogr. Bericht der 194. Sitzung des 2. BT v. 22.02.1957, 11058.

für Energierecht der Universität Bonn und der Bundesvereinigung der kommunalen Spitzenverbände. Letztere besteht aus dem Deutschen Landkreistag, dem Deutschen Städtetag und dem Deutschen Städte- und Gemeindebund. Ihre Aufgabe besteht darin, die den Gemeinden, Städten und Landkreisen grundgesetzlich garantierte Selbstverwaltung zu fördern, Erfahrungsaustausch zu ermöglichen und die gemeinsamen Belange gegenüber dem Staat und der Öffentlichkeit geltend zu machen.

In einem Schreiben vom 13. März 1957 an die Abgeordneten des Deutschen Bundestages begrüßte die Bundesvereinigung der kommunalen Spitzenverbände insbesondere die Änderungen im Regierungsentwurfes gegenüber dem vorherigen FDP-Entwurf[461] hinsichtlich der wirtschaftlichen Betätigung von Gemeinden.[462] Die nunmehrige Regelung, die auf die Errichtung einer Bundesanstalt für Kernenergie verzichte und keinen Unterschied zwischen öffentlichen und privaten Betrieben mache, sei aus Sicht der Bundesvereinigung der kommunalen Spitzenverbände unter wirtschaftpolitischen Gesichtspunkten zutreffend.[463] Allerdings wurde die Geltung des Grundsatzes der Gewerbefreiheit für die Genehmigung von Atomanlagen nach § 7 des Entwurfes kritisiert.

Der Bundesverband der Deutschen Industrie regte in seiner Stellungnahme vom 29. Januar 1959 u.a. eine Konkretisierung der verwaltungsrechtlichen und eine Änderung der haftungsrechtlichen Bestimmungen des Entwurfs an.[464]

Der Deutsche Gewerkschaftsbund kritisierte in seiner Stellungnahme vom 24. April 1957 die unterschiedliche Haftungsgestaltung des § 20 und § 21 des Entwurfs. Darüber hinaus sollten auch „anonyme Strahlenschäden"[465] dem Geschädigten ersetzt und die Haftung nicht für den Fall der höheren Gewalt ausgeschlossen werden.[466] Auch das Institut für Energierecht der Universität Bonn machte Änderungsvorschläge hinsichtlich der Haftungsbestimmungen und sprach sich u.a. für den Ersatz „anonymer Strahlenschäden" aus.[467]

461 BT-Drs. II, 2142; vgl. 3. Teil: E.

462 Schreiben der Bundesvereinigung der Kommunalen Spitzenverbände v. 13.03.1957, BArch B 142/4737, Bl. 470.

463 Schreiben der Bundesvereinigung der Kommunalen Spitzenverbände v. 13.03.1957, S. 1 f., BArch B 142/4737.

464 Stellungnahme des Bundesverbandes der Deutschen Industrie v. 29.01.1959, S. 5 ff.; PArch III, 156, Bd. A 2, Anlage 1.

465 Fischerhof, Das deutsche Atomgesetz, NJW 1960, S. 320 f.

466 Stellungnahme des Deutschen Gewerkschaftsbundes S. 9, PArch II, 1032, Bd. B, Bl. 16.

467 Stellungnahme des Instituts für Energierecht der Universität Bonn, PArch II. WP, 1032, Bd. B.

7. Die Arbeiten des Bundestagsausschusses für Rechtswesen und Verfassungsrecht

Der mitberatende Rechtsausschuss des Bundestages hatte nur vereinzelt rechtliche Bedenken gegen Bestimmungen des Entwurfes. So beschäftigte ihn die verfassungsrechtliche Zulässigkeit der Verordnungsermächtigung aus § 15 Abs. 2 und Abs. 3. Einzelne Begriffe im Bereich der Strafvorschriften bedurften einer genaueren Festlegung und allein die Vorschrift des § 44 Abs. 1 wurde gänzlich abgelehnt. Im Übrigen erhob der mitberatende Bundestagsausschuss gegen den Regierungsentwurf keine rechtlichen Bedenken, insbesondere nahm er die Haftungsbestimmungen ausnahmslos in nur einer Lesung an.[468]

8. Die inhaltlichen Änderungen durch den Bundestagsausschuss für Atomfragen

Der federführende Bundestagsausschuss für Atomfragen war maßgebend an der Weiterentwicklung des Regierungsentwurfes beteiligt. Er behandelte folgende Themen:

1. Radioaktive Verunreinigung der Luft, des Wassers und des Bodens und die gegen Strahlenschäden gegebenen Schutzmaßnahmen,
2. die Frage, welche typischen Schädigungen mit welcher Wahrscheinlichkeit von einem Reaktor bestimmter Größe ausgehen,
3. Fragen der Haftungsbestimmungen des Atomgesetzes[469],
4. Fragen hinsichtlich eines Unglücks bei Reaktoren.[470]

Die erste Lesung des Entwurfes war nach acht Sitzungen Ende März 1957 abgeschlossen.[471]

Nach der zweiten Lesung, die ebenfalls nach acht Sitzungen abgeschlossen war[472], akzeptierte der Ausschuss den Entwurf, machte jedoch einige Änderungsvorschläge. Nach eingehender Diskussion des Ausschusses über Sinn und Zweck des Gesetzes in seiner Sitzung am 13. März 1957 beschloss dieser, in dem Titel des Gesetzes die Worte „Erzeugung und Nutzung“ durch die Worte „friedliche

---

468 Protokoll der 210. Sitzung des 16. BT-Ausschusses v. 06.05.1957, S. 11, PArch II. WP, 1032 Bd. A1, Bl. 18.

469 Hierzu wurden als Sachverständige Goudefroy, Belser und Pinkernelle gehört.

470 Hierzu wurde als Sachverständiger Gerlach gehört.

471 Sitzungen des 38. BT-Ausschusses am 1., 13, 20., 21., 22., 26., 27. und 28. März 1957, PArch II. WP, 1032 Bd. A 1, Bl. 26-31.

472 Sitzungen des 38. BT-Ausschusses am 3., 4., 10., 12. und 29. April sowie am 3. und 9. Mai und am 3. Juli 1957, PArch II. WP, 1032 Bd. A 1, Bl. 32-41.

Verwendung" zu ersetzen, damit schon hier die Klarstellung erfolge, dass die Bundesrepublik sich nur der friedlichen Kernenergienutzung zuwende.[473]

9. Die Abstimmungen im Bundestag am 27. Juni 1957 und am 2. Juli 1957

Am 27. Juni 1957 behandelte der Bundestag in zweiter und dritter Lesung sowohl die Entwürfe der Bundesregierung (Atomgesetz und Grundgesetzergänzung)[474] als auch den FDP- Entwurf.[475] Die Änderung des Grundgesetzes erlangte hingegen nicht die erforderliche Zweidrittelmehrheit. Bei der Abstimmung durch Hammelsprung wurden nur 345 Stimmen abgegeben, hiervon stimmten 330 Abgeordnete mit Ja, 13 mit Nein und zwei enthielten sich der Stimme. Anschließend wurde der Regierungsentwurf eines Atomgesetzes von der Tagesordnung abgesetzt, da es an der notwendigen verfassungsrechtlichen Grundlage mangelte. Der FDP-Entwurf wurde nicht mehr behandelt.[476] Die Bundestagsfraktionen von CDU/CSU, SPD, DP (FVP) und GB/BHE brachten umgehend einen neuen Entwurf zur Ergänzung des Grundgesetzes in den Bundestag ein.[477] Dieses Mal fand am 2. Juli 1957 eine namentliche Abstimmung statt.[478] Doch wieder wurde die erforderliche Zweidrittelmehrheit nicht erreicht. Von 399 abgegeben Stimmen stimmten 328 mit Ja, 27 mit Nein und 44 enthielten sich der Stimme.[479] Die Entwürfe zum Atomgesetz wurden erneut von der Tagesordnung genommen.[480]

---

473 Kurzprotokoll der 16. Sitzung des 38. BT-Ausschusses v. 13.03.1957, PArch II, 1032, Bd. A 1, Bl. 27.

474 BT-Drs. II, 3026 Anlagen 1a und b.

475 BT-Drs. II, 2142.

476 Stenogr. Bericht der 221. Sitzung des 2. BT v. 02.07.1957, 13042, 13047.

477 BT-Drs. II, 3688.

478 Hierzu näher Thiele, Regeln und Verfahren der Entscheidungsfindung innerhalb von Staaten und Staatenverbindungen, S. 449 ff.

479 Stenogr. Bericht der 221. Sitzung des 2. BT v. 02.07.1957, 13021.

480 Stenogr. Bericht der 221. Sitzung des 2. BT v. 02.07.1957, 13042.

II. Problembereiche des Entwurfs

1. Allgemeine Vorschriften (§§ 1, 2)

a) Zweckbestimmung des Gesetzes (§ 1)

aa) Begründung der Bundesregierung

Die Zweckbestimmung in § 1 sollte laut der Entwurfsbegründung der Bundesregierung[481] nicht nur das Programm für die nähere Ausgestaltung der übrigen Vorschriften sein, sondern auch eine Richtschnur für den Erlass späterer Rechtsverordnungen und für die Ausführung durch die Verwaltungsbehörden. Durch § 1 Nr. 1 sollte der Entwurf der Aufgabe gerecht werden, so viele Kräfte wie nur möglich zu mobilisieren, um Wirtschaft und Wissenschaft einen möglichst großen Ansporn zur Betätigung auf dem Gebiet der Erforschung und friedlichen Nutzung der Kernenergie zu geben. Die private Initiative wurde durch die Bestimmungen des Entwurfs nur dort eingeschränkt, wo dies zum Schutz von Leben, Gesundheit und Sachgütern sowie der inneren und äußeren Sicherheit der Bundesrepublik und aus Gründen internationaler Verpflichtungen nötig sei. Ein möglichst unkompliziertes, geordnetes und mit rechtlichen Garantien ausgestattetes Überwachungssystem sollte verhindern, dass die wirtschaftliche Betätigung auf dem Gebiet der Kernenergienutzung beeinträchtigt würde. Durch den Verzicht auf ein staatliches Monopol an bestimmten Stoffen und Anlagen sowie auf Bewirtschaftungs- und Lenkungsmaßnahmen sollte allen, die sich auf dem Gebiet der Erforschung und Nutzung der Kernenergie betätigen wollten, gleich große Chancen gegeben werden.

Die in § 1 Nr. 2 niedergelegte Schutzfunktion der atomrechtlichen Regelungen ziehe sich durch das gesamte Regelungswerk. So sollten die im Entwurf der Bundesregierung enthaltenen scharfen Überwachungsbestimmungen, die strengen Strafvorschriften und die umfassenden Haftungsbestimmungen zur Vorsicht Anlass geben. Die Haftungs- und Strafbestimmungen sollten dabei gleichzeitig auch der Zweckbestimmung aus § 1 Nr. 3 des Entwurfs Rechnung tragen. Den bereits von der Bundesrepublik eingegangenen internationalen Verpflichtungen müsste entsprochen werden und auch die Einhaltung der noch in Zukunft einzugehenden internationalen Abkommen sei für die Wahrung der Rechts- und Wirtschaftseinheit sowie für den Anschluss Deutschlands an die ausländische Entwicklung auf dem Gebiet der Kernenergienutzung und -forschung erforderlich.

---

481 Begr. der BReg zu BT-Drs. II, 3026, S. 19.

bb) Stellungnahme des Bundesrates

Der Rechtsausschuss des Bundesrates sprach die Empfehlung aus, § 1 vollständig zu streichen, da dieser nur Regelungen enthalte, welche normalerweise in einer Präambel, nicht jedoch im Gesetz selbst enthalten seien. Die Aufnahme einer solchen Vorschrift in den Gesetzestext könne dazu führen, dass im Rahmen der Vollziehung des Gesetzes Folgerungen gezogen werden, welche vom Gesetzgeber nicht beabsichtigt gewesen seien. Darüber hinaus sei das Verhältnis der einzelnen Ziffern des § 1 zueinander unklar. Ferner sei bedenklich, ob Nr. 2 und Nr. 3 des § 1 von der Gesetzgebungskompetenz des geplanten Art. 74 Nr. 11a gedeckt seien.[482] Der Wirtschaftsausschuss[483], der Ausschuss für Kulturfragen[484], der Ausschuss für Innere Angelegenheiten[485] und der Ausschuss für Arbeit und Sozialpolitik[486] widersprachen dieser Empfehlung. Aufgrund der Neuartigkeit der Materie sollte der Zweck des Gesetzes explizit herausgestellt werden.

In seiner Stellungnahme akzeptierte der Bundesrat die Zweckbestimmungsvorschrift des § 1 und regte gleichzeitig auf Vorschlag des Bundesratsausschusses für Innere Angelegenheiten[487] an, den mit „und“ beginnenden zweiten Halbsatz in Nr. 2 zu streichen und als neue Nr. 3 folgendem Wortlaut einzufügen: „3. die Gefährdung der inneren und äußeren Sicherheit der Bundesrepublik durch Anwendung der Kernenergie zu verhindern.“[488]

cc) Gegenäußerung der Bundesregierung

Diesem Änderungsvorschlag des Bundesrates stimmte die Bundesregierung mit der Maßgabe zu, dass § 1 Nr. 3 folgende Fassung erhalten sollte: „3. zu verhin-

482 Niederschrift der Sitzung des Rechtsausschusses des BR v. 14.09.1956, S. 6, in: BR-Protokolle, Rechtsausschuss, 169.-177. Sitzung 1956.

483 Niederschrift der Sitzung des Wirtschaftsausschuss des BR v. 27.09.1956, S. 16, in: BR-Protokolle, Wirtschaftsausschuss, 119.-135. Sitzung, 1956.

484 Niederschrift der 34. Sitzung des Ausschusses für Kulturfragen v. 21.09.1956, S. 2 in: BR-Protokolle, 17.-35. Sitzung, 1953-1956.

485 Niederschrift der 147. Sitzung des Ausschusses für Innere Angelegenheiten v. 26.09.1956, S. 30, in: BR-Protokolle, Ausschuss für Innere Angelegenheiten, 138.-153. Sitzung, 1956.

486 Niederschrift der 123. Sitzung des Ausschusses für Arbeit und Sozialpolitik v. 27.09.1956, S. 3, in: BR-Protokolle, Ausschuss für Arbeit und Sozialpolitik, 113.-129. Sitzung, 1956.

487 Niederschrift der 147. Sitzung des Ausschusses für Innere Angelegenheiten v. 26.09.1956, S. 31, in: BR-Protokolle, Ausschuss für Innere Angelegenheiten, 138.-153. Sitzung, 1956.

488 Die bisherige Nr. 3 sollte zur Nr. 4 werden, vgl. Stellungnahme des BR BT-Drs. II, 3026 Anlage 2 b, S. 47.

dern, dass durch Anwendung der Kernenergie die innere und äußere Sicherheit der Bundesrepublik gefährdet wird.“[489]

dd) Der Bundestagsausschuss für Rechtswesen und Verfassungsrecht

Der Ausschuss für Rechtswesen und Verfassungsrecht nahm § 1 in erster Lesung mit sechs Stimmen und zwei Enthaltungen an.[490]

ee) Der Bundestagsausschuss für Atomfragen

Im Ausschuss für Atomfragen ergab sich in erster Lesung des § 1 eine längere Debatte über die Begriffe „innere und äußere Sicherheit“ aus § 1 Nr. 2.[491] Wolfgang Cartellieri (BMAt)[492] erläuterte die Vorschrift und verwies auf die Verwendung der Worte „safety“[493] und „security“[494] in internationalen Vereinbarungen, welche als Vorbild für diese Begriffe gedient hätten. Die äußere Sicherheit betreffe den Bestand der Bundesrepublik Deutschland als Ganzes, wobei die innere Sicherheit gleichzusetzen sei mit Sicherheit und Ordnung in der Bundesrepublik.[495]

Unter Berücksichtigung der Änderungsvorschläge des Bundesrates nahm der Ausschuss § 1 Nr. 1 unverändert an. Zu Nr. 2 machte er lediglich redaktionelle Änderungsvorschläge. Zudem sprach er sich für die seitens des Bundesrats vorgeschlagene Einfügung einer Nr. 3 in § 1 aus.[496]

489 Dem schloss sich auch der 38. Ausschuss in seinem schriftlichen Bericht an, BT-Drs. II, zu 3502, S. 1-2.

490 Protokoll der 210. Sitzung des 16. BT-Ausschusses v. 06.05.1957, PArch II, 1032, Bd. A1, Bl. 18.

491 Kurzprotokoll der 16. Sitzung des 38. BT-Ausschusses v. 13.03.1957, PArch II, 1032, Bd. A1, Bl. 27.

492 Das CDU/CSU-Mitglied Wolfgang Cartellieri war von 1952 bis 1954 Leiter der Unterabteilung „Organisation“ im BMV und seit 1956 als Ministerialdirektor Leiter der Abteilung I (Recht, Wirtschaft, Verwaltung, Internationale Zusammenarbeit) im BMAt.

493 Zum Verständnis dieses Begriffs als Schutz gegen Strahlengefahren vgl. Fischerhof, Deutsches Atomgesetz und Strahlenschutzrecht Kommentar, Einf., Rn. 9.

494 Zum Verständnis dieses Begriffes als Schutz der öffentlichen Ordnung und gegen politischen und militärischen Missbrauch vgl. Fischerhof, Deutsches Atomgesetz und Strahlenschutzrecht Kommentar, Einf., Rn. 9.

495 Kurzprotokoll der 16. Sitzung des 38. BT-Ausschusses v. 13.03.1957, PArch II, 1032, Bd. A1, Bl. 27.

496 „[Z]u verhindern, dass durch die Anwendung oder Freiwerden der Kernenergie die innere und äußere Sicherheit der Bundesrepublik gefährdet wird“; die bisherige Nr. 3 sollte dann zu § 1 Nr. 4 werden.

b) Begriffsbestimmungen (§ 2)

aa) Begründung der Bundesregierung

In § 2 des Entwurfs wurden die Begriffe „Ausgangs- und Kernbrennstoffe" festgelegt: In § 2 Nr. 1 wurden die sog. Ausgangsstoffe begrifflich normiert. Unter Ausgangsstoffe fielen hiernach Mineralien, Erze, chemische Verbindungen oder Legierungen, welche Uran oder Thorium beinhalten. Als Ausgangsstoffe galten ebenso chemisch reines Uran und Thorium.

In § 2 Nr. 2 wurden die Kernbrennstoffe aufgelistet, die aus den genannten Ausgangsstoffen hergestellt werden. Entsprechend der Begründung der Bundesregierung handelte es sich bei Kernbrennstoffen um Stoffe, welche durch den Beschuss mit Neutronen ihre Atomkerne abspalten, wobei kinetische Energie (Wärme) und Beta- und Gammastrahlung freigesetzt wird. Unterschieden werden die Kernbrennstoffe danach, ob sie in der Natur vorkommen (sog. natürliche Kernbrennstoffe) oder künstlich hergestellt werden.[497] Der einzige in der Natur vorkommende Kernbrennstoff in diesem Sinne ist Uran 235. Alle weiteren in dem Entwurf aufgeführten Kernbrennstoffe sind den künstlichen Kernbrennstoffen zuzuordnen.[498]

bb) Stellungnahme des Bundesrates und Gegenäußerung der Bundesregierung

Der Bundesrat schlug in seiner Stellungnahme vor, § 2 Nr. 1 wie folgt neu zu fassen: „1. Ausgangsstoffe: Uran- und Thoriumerze, Uran- und Thoriumkonzentrate, Uran, Thorium, Uran- und Thoriumlegierungen, Uran- und Thoriumverbindungen sowie Uran und Thorium enthaltende Mischungen und Gemenge."[499] Durch diese Einbeziehung der Mischungen und Gemenge werde klargestellt, dass nicht nur die reinen Stoffe als Ausgangsstoffe gelten. Damit folgte der Bundesrat dem Vorschlag des Wirtschaftsausschusses, für den sich auch der Ausschuss für Arbeit und Sozialpolitik des Bundesrates ausgesprochen hatte.[500] Die Bundesregierung stimmte diesem Änderungsvorschlag zu.[501]

497 Begr. der BReg zu BT-Drs. II, 3026, S. 20.

498 Begr. der BReg zu BT-Drs. II, 3026, S. 20.

499 Stellungnahme des BR zu BT-Drs. II, 3026 Anlage 2 b, S. 47, 48.

500 Niederschrift der Sitzung des Wirtschaftsausschusses des BR v. 27.09.1956, S. 17, in: BR-Protokolle, Wirtschaftsausschuss, 119.-135. Sitzung, 1956.

501 Stellungnahme der BReg zu den Änderungsvorschlägen und Empfehlungen des BR, BT-Drs. II, 3026 Anlage 3.

cc) Der Bundestagsausschuss für Atomfragen

Aufgrund der fortschreitenden internationalen Zusammenarbeit und einer erwünschten Annäherung der Begriffe auf dem Gebiet der Kernenergie legte das Bundesministerium für Atomfragen dem Ausschuss für Atomfragen am 20. März 1957 eine Neufassung des § 2 vor, welcher daraufhin erstmalig beraten wurde[502] und in der Ausschusssitzung am 20. Mai 1957 zu folgender Fassung führte:

„Im Sinne dieses Gesetzes sind

1. besondere spaltbare Stoffe:
   Plutonium 239, Uran 233, mit den Isotopen 235 oder 233 angereichertes Uran, jeder Stoff, der einen oder mehrere der vorerwähnten Stoffe enthält. Der Ausdruck ‚mit den Isotopen 235 oder 233 angereichtertes Uran' bedeutet solches Uran, welches die Isotope 235 oder 233 oder diese beiden Isotope in einer solchen Menge enthält, dass das Verhältnis der Summe dieser Isotope zum Isotop 238 größer ist als das in der Natur auftretende Verhältnis des Isotops 235 zum Isotop 238.

2. Ausgangsstoffe:
   Uran, das die in der Natur auftretende Isotopen-Mischung enthält, Uran, dessen Gehalt an Uran 235 unter dem natürlichen Gehalt liegt, Thorium, jeder der erwähnten Stoffe in Form von Metall, Legierung chemischer Verbindung oder von Konzentrat sowie Uran- und Thoriumerze."[503]

Am 26. März 1957 legten die Vertreter des Bundesministeriums für Atomfragen in zweiter Lesung der Vorschrift eine neue Fassung des § 2[504] vor, welche im Rahmen der Gesetzgebungsarbeiten in der zweiten Wahlperiode nicht, jedoch dann für den Regierungsentwurf der darauffolgenden dritten Wahlperiode übernommen wurde.[505]

2. Überwachungsbestimmungen (§§ 3-16)

Der Abschnitt II des Entwurfs beinhaltete die Voraussetzungen für die Erteilung von Genehmigungen jeglicher Art. Die Erteilung von Genehmigungen war erforderlich für die Ein- und Ausfuhr von Kernbrennstoffen (§ 3), ihre Beförderung (§ 4), ihre Verwahrung (§§ 5, 6), die Errichtung und den Betrieb von Anlagen (§ 7) und für die sonstige Verwendung von Kernbrennstoffen außerhalb genehmigungsbedürftiger Anlagen (§ 8).

---

502 Protokoll der 17. Sitzung des 38. BT-Ausschusses v. 20.03.1957, S. 6, PArch II, 1032, Bd. A1, Bl. 28.

503 Kurzprotokoll der 17. Sitzung des 38. BT-Ausschusses v. 20.03.1957, S. 8, PArch II, 1032, Bd. A 1, Bl. 28.

504 Kurzprotokoll der 20. Sitzung des 38. BT-Ausschusses v. 26.03.1957, S. 7, 8, PArch II, 1032, Bd. A 1, Bl. 31.

505 § 2 der BT-Drs. III, 759.

Ihrer Struktur nach waren die Genehmigungsvorschriften des Entwurfs denen der Gewerbeordnung nachgebildet.[506] Es wurde ein präventives Verbot mit Erlaubnisvorbehalt normiert.[507] Die Erteilung einer Genehmigung wurde sodann von persönlichen und sachlichen Voraussetzungen abhängig gemacht. Lagen diese Voraussetzungen vor, hatte der Antragssteller einen Rechtsanspruch auf die Erteilung der Genehmigung.[508]

Die Genehmigungen nach dem Entwurf der Bundesregierung sollten mit Bedingungen und Auflagen versehen werden und gegebenenfalls auch widerrufen werden können (§ 9). Daneben wurde durch § 10 die Möglichkeit geschaffen, durch den Erlass von Rechtsverordnungen Ausnahmen von den Genehmigungserfordernissen der §§ 3 bis 8 zu schaffen. Die Überprüfung der Einhaltung der Genehmigungsvoraussetzungen sollte der staatlichen Aufsicht unterliegen (§ 11), die über jeglichen Umgang mit Ausgangs- und Kernbrennstoffen Buch zu führen hatte (§ 16). Im Rahmen des Genehmigungsverfahrens sollte unter Umständen die Hilfe von Sachverständigen herangezogen werden können (§ 12). Die Kostentragungspflicht hierfür regelte § 13. § 14 nahm Bezug auf das Verhältnis zu den Regelungen der Gewerbeordnung und § 15 bestimmte den Schutz gegen Schädigungen durch die Strahlung radioaktiver Stoffe.

a) Ein- und Ausfuhr von Kernbrennstoffen (§ 3)

aa) Begründung der Bundesregierung

Nach der Intention der Bundesregierung sollten die Regelungen über die Ein- und Ausfuhr in erster Linie der bereits in § 1 Nr. 2 des Entwurfs enthaltenen Schutzbestimmung Rechnung tragen.[509] Des Weiteren hatte sie jedoch auch den in § 1 Nr. 3 bezeichneten Zweck im Auge, die Erfüllung internationaler Verpflichtungen der Bundesrepublik auf dem Gebiet der Kernenergie zu gewährleisten.

Die Ein- und Ausfuhr von Kernbrennstoffen wurde unter einen Genehmigungsvorbehalt gestellt (§ 3 Abs. 1). Für die Erteilung der Genehmigung sollte nach § 17 des Entwurfs das Bundesamt für gewerbliche Wirtschaft zuständig sein. Um den Inhaber einer genehmigten Anlage nicht unnötig zu behindern, müsse dieser bei Einhaltung der Voraussetzungen auf die Erteilung einer entsprechenden Genehmigung vertrauen können. Die Genehmigungserteilung sei aus diesem Grunde nicht in das freie Ermessen der Behörde gestellt worden. Für die Erteilung einer Genehmigung verlangte § 3 Abs. 2 die Überprüfung der Zuverlässigkeit des

506 Begr. der BReg zu BT-Drs. II, 3026, S. 20 ff.
507 §§ 3 Abs. 1, 4 Abs. 1, 5 Abs. 2, 6 Abs. 1, 7 Abs. 1, 8 Abs. 1 des Entwurfs BT-Drs. II, 3026 Anlage 1 b.
508 Begr. der BReg zu BT-Drs. II, 3026, S. 20 ff.
509 Begr. der BReg zu BT-Drs. II, 3026, S. 20.

Einführers. Diese Überprüfung sollte sich danach richten, ob der Einführer seiner Persönlichkeit nach die Gewähr dafür bot, die Vorschriften des Atomgesetzes einzuhalten und Kernbrennstoffe nicht missbräuchlich zu verwenden. Zur Gewährleistung dieser subjektiven Zuverlässigkeit sollten auch objektive Anhaltspunkte vorliegen, die Anlass dazu geben, von der Beachtung der Vorschriften des Atomgesetzes und der Einhaltung der zwischenstaatlichen Verpflichtungen der Bundesrepublik auszugehen. Laut der Begründung der Bundesregierung liegen diese objektiven Anhaltspunkte vor, wenn der Einführer bereits einen genehmigten Reaktor betreibt oder eine Genehmigung zur Verwendung von Kernbrennstoffen nach § 8 oder eine Genehmigung zur nichtstaatlichen Verwahrung von Kernbrennstoffen nach § 6 erteilt bekommen hat.[510] Wenn diese Anhaltspunkte nicht vorliegen, solle geprüft werden, ob der Einführer die Kernbrennstoffe für einen berechtigten inländischen Empfänger oder zum Zwecke einer genehmigten Ausfuhr einführen wolle.

In Abs. 3 sind die Bedingungen für die Ausfuhr durch die gleichen Anhaltspunkte zu bestimmen wie für die Einfuhr.

bb) Stellungnahme des Bundesrates und Gegenäußerung der Bundesregierung

Neben der an die Bundesregierung gerichteten Bitte des Bundesrates, alle in Abschnitt II enthaltenen Genehmigungsregelungen einer staatlichen Konzession zu unterwerfen, bat dieser die Bundesregierung, im weiteren Verlauf des Gesetzgebungsverfahrens zu prüfen, ob § 3 Abs.1 nicht dahingehend eingeschränkt werden müsse, dass nur die Ein- und Ausfuhr in bzw. aus dem Geltungsbereich des Grundgesetzes erfasst wird.

Auf Anregung seitens des Bundesrates schlug die Bundesregierung die Anfügung des folgenden Absatzes 5 an § 3 vor: „(5) Der Einfuhr oder Ausfuhr im Sinne der Absätze 1 bis 4 steht jede sonstige Verbringung in den Geltungsbereich oder aus dem Geltungsbereich dieses Gesetzes gleich."[511] Auch der federführende Bundestagsausschuss stimmte dieser Ergänzung zu.[512]

---

510 Begr. der BReg zu BT-Drs. II, 3026, S. 21.

511 Stellungnahme der BReg zu den Änderungsvorschlägen und Empfehlungen des BR, BT-Drs. II, 3026 Anlage 3.

512 Bereits in erster Lesung: Kurzprotokoll der 16. Sitzung des 38. BT-Ausschusses v. 13.03.1957, S. 5, PArch II, 1032, Bd. A 1, Bl. 27; Schriftlicher Bericht des 38. BT-Ausschusses, BT-Drs. II, 3502, S. 2.

b) Beförderung von Kernbrennstoffen (§ 4)

aa) Begründung der Bundesregierung

Die Beförderung von Kernbrennstoffen wurde nach § 4 Abs. 1 zur Gewährleistung der Sicherheit und einer lückenlosen Kontrolle unter einen Genehmigungsvorbehalt gestellt.[513] Zuständig für die Erteilung dieser Genehmigung sollte nach § 18 die Physikalisch-Technische Bundesanstalt sein. Nach § 4 Abs. 1 S. 2 des Entwurfs war für die Deutsche Bundesbahn keine Genehmigung zur Beförderung von Kernbrennstoffen erforderlich. Als Begründung führte die Bundesregierung an, dass die Bundesbahn schon durch ihre eigenen Sicherheitsvorschriften die Voraussetzungen des § 4 Abs. 2 des Entwurfs erfülle. Ihre Organisation gewährleiste die Einhaltung der für die Beförderung geltenden Rechtsvorschriften, zudem sei auch gewährleistet, dass sie gesetzliche Schadensersatzverpflichtungen erfüllen könne.[514] Durch die bahnpolizeilichen Vorschriften sei darüber hinaus ein ausreichender Schutz gegen unberechtigte Einwirkungen Dritter gegeben.

bb) Stellungnahme des Bundesrates

Im Rahmen der Beratungen der Ausschüsse des Bundesrates sprach sich der Ausschuss für Arbeit und Sozialpolitik dafür aus, dem § 4 Abs. 1 S. 2 folgende Fassung zu geben: „Dies gilt nicht für den Schienenverkehr der Deutschen Bundesbahn“. Eine Ausnahme für die Deutsche Bundesbahn rechtfertige sich nur für den Schienenverkehr. Die Benutzung öffentlicher Straßen und Wasserwege durch die Bundesbahn erfolge durch deren Vollzugsorgane nicht, so dass sich hier auch keine Ausnahme zugunsten der Bundesbahn ergeben könne.[515]

Der Bundesrat sprach sich jedoch entsprechend einer Empfehlung seines federführenden Wirtschaftsausschusses in seiner Stellungnahme für die Streichung des § 4 Abs. 1 S. 2 aus. Es sei unüblich, in einem Gesetz bestimmte Unternehmen von einem Konzessionserfordernis generell freizustellen. Im Übrigen könne der Deutschen Bundesbahn genauso wie jedem anderen privaten Eisenbahnbetreiber die Genehmigung per Verwaltungsakt erteilt werden, eine Privilegierung in der im Regierungsentwurf vorgesehenen Form sei daher abzulehnen.[516]

---

513 Begr. der BReg zu BT-Drs. II, 3026, S. 21.

514 Begr. der BReg zu BT-Drs. II, 3026, S. 22.

515 Niederschrift der 123. Sitzung des Ausschusses für Arbeit und Sozialpolitik v. 27.09.1956, S. 4, in: BR-Protokolle, Ausschuss für Arbeit und Sozialpolitik, 113.-129. Sitzung, 1956.

516 Stellungnahme des BR zum Atomgesetz, BT-Drs. II, 3026 Anlage 2 b; so auch der Wirtschaftsausschuss des BR: Niederschrift der 129. Sitzung vom 27.09.1956, S. 14 f., in: BR-Protokolle, Wirtschaftsausschuss, 119.-135. Sitzung, 1956.

cc) Gegenäußerung der Bundesregierung

Die Bundesregierung stimmte dem Änderungsvorschlag des Bundesrates hinsichtlich der Streichung des § 4 Abs. 1 S. 2 nicht zu. Es sei erforderlich, die Anwendbarkeit des § 4 Abs. 1 S. 1 auf den Schienenverkehr der Deutschen Bundesbahn auszuschließen. Dem Entwurf entsprechend, sehe dieser für Beförderungsvorgänge nur die Möglichkeit einer Genehmigung für den Einzelfall vor. Eine derartige Genehmigungspraxis, die von Fall zu Fall zu erteilen sei, würde den Bedürfnissen der Deutschen Bundesbahn widersprechen. Aus den bereits in der Entwurfsbegründung der Regierung genannten Gründen sei eine derartige Handhabe bei der Bundesbahn aus Sicherheitsgründen nicht erforderlich.[517]

dd) Der Bundestagsausschuss für Atomfragen

Im Ausschuss für Atomfragen wurde insbesondere die Privilegierung der Deutschen Bundesbahn in § 4 Abs. 1 S. 2 kritisiert.[518] Von mehreren Mitgliedern des Ausschusses wurde eine Regelung gefordert, die nicht für die Deutsche Bundesbahn allein gelten solle, sondern für sämtliche Eisenbahnen im Bundesgebiet.[519] Diese Regelung legten die Vertreter des Bundesministeriums für Atomfragen in Zusammenarbeit mit dem Bundesverkehrsministerium dem Ausschuss am 20. März 1957 vor:

> „§ 4 Abs. 3: Für die Beförderung mit der Eisenbahn ist einem Eisenbahnunternehmen auf Antrag eine allgemeine Genehmigung auf jeweils längstens 3 Jahre zu erteilen, wenn die Voraussetzungen des Absatzes 2 Nr. 2 bis 4 gegeben sind, das Unternehmen zuverlässig ist und gewährleistet ist, dass das Unternehmen den Transport durch zuverlässige Personen ausführen läßt. Absatz 1 Satz 3 findet keine Anwendung."[520]

Raisch (BMAt) führte aus, dass die Deutschen Bundesbahn grundsätzlich auch einer Genehmigungspflicht unterliegen solle.[521] Die zeitliche Begrenzung der Genehmigung auf drei Jahre ergebe sich daraus, dass innerhalb eines solchen Zeitraumes mit einer Änderung der wissenschaftlichen Erkenntnisse zu rechnen sei und geprüft werden könne, ob weitere Vorkehrungen bei der Beförderung zu

---

517 Stellungnahme der BReg zu den Änderungsvorschlägen und Empfehlungen des BR, BT-Drs. II, 3026 Anlage 3.

518 Z.B. durch den Abg. Ruhnke (SPD), Kurzprotokoll der 16. Sitzung des 38. BT-Ausschusses v. 13.03.1957, S. 5-6, PArch II, 1032, Bd. A 1, Bl. 27.

519 Kurzprotokoll der 16. Sitzung des 38. BT-Ausschusses v. 13.03.1957, S. 6, PArch II, 1032, Bd. A 1, Bl. 27.

520 Kurzprotokoll der 17. Sitzung des 38. BT-Ausschusses v. 20.03.1957, S. 3, PArch II, 1032, Bd. A 1, Bl. 28.

521 Kurzprotokoll der 17. Sitzung des 38. BT-Ausschusses v. 20.03.1957, S. 4, PArch II, 1032, Bd. A 1, Bl. 28.

treffen seien. Die Deutsche Bundesbahn sei damit grundsätzlich einem privaten Bahnunternehmen gleichgestellt. Allein die Voraussetzungen für die Zuverlässigkeit nach § 4 Abs. 2 Nr. 1 sollten für die Deutsche Bundesbahn modifiziert werden, da nicht jedes Mal besondere Transportbegleiter tätig sein könnten. Hier sollten die Bundesbahn und die sonstigen Eisenbahnunternehmen eine Garantie abgeben, dass sie die Transporte durch zuverlässige Personen durchführen lasse. Im Rahmen des Genehmigungsverfahrens habe das Bundesverkehrsministerium die Zuverlässigkeit des Eisenbahnunternehmers zu prüfen.

Der Ausschuss nahm § 4 Abs. 3 in der durch das Bundesministerium für Atomfragen und das Bundesverkehrsministerium erarbeiteten Fassung an.[522]

c) Verwahrung von Kernbrennstoffen (§§ 5, 6)

Die §§ 5 und 6 des Entwurfs legten eine grundsätzliche staatliche Verwahrungspflicht für Kernbrennstoffe und mögliche Ausnahmen von diesem Grundsatz sowie die Erteilung von entsprechenden Genehmigungen fest. Zuständig für die Erteilung und den Widerruf dieser Genehmigungen sollte die Physikalisch-Technische Bundesanstalt gem. § 18 des Entwurfs sein. Der Entwurf gewährte mithin Privateigentum an Kernbrennstoffen und regelte lediglich eine „staatliche Verwahrung".

In der Entwurfsbegründung der Bundesregierung wurde die staatliche Verwahrungspflicht mit dem hohen Gefahrenpotenzial der Kernbrennstoffe und der daher erforderlichen lückenlosen Kontrollmöglichkeit begründet. Um eine Kontrolle durchzuführen, sei eine Einführung staatlichen Eigentums an Kernbrennstoffen nicht erforderlich. Anders als in manchen ausländischen Staaten, wie beispielsweise den Vereinigten Staaten von Amerika, wo die damaligen Kriegsverhältnisse ausschlaggebend gewesen waren für die starke Einschränkung des Privateigentums, sei die Situation in der Bundesrepublik anders, so dass eine Einführung von Staatseigentum nicht notwendig sei.[523] Die deutsche Rechtsordnung gestatte aufgrund der hohen sozialen Bindung Eingriffe und Einschränkungen in das Eigentum. Es gebe keinen Fall, in welchem der Staat zur Ausübung einer wirksamen Kontrolle gezwungen wäre, Eigentum zu erwerben. Trotz zahlreicher Gesetze über die Verwendung gefährlicher Güter, wie z.B. das Sprengstoff- oder Opiumgesetz, sei auch hier eine Eigentumsregelung nicht erforderlich. Die Gesetze gewährleisteten auch ohne staatliche Eigentumsregelung ein mehr oder minder lückenloses Kontrollsystem. Der Umgang mit diesen Gesetzen habe

522 Kurzprotokoll der 17. Sitzung des 38. BT-Ausschusses v. 20.03.1957, S. 7, PArch II, 1032, Bd. A 1, Bl. 28.

523 Begründung der BReg zu BT-Drs. II, 3026, S. 23, so auch Kruse, Kernbrennstoffeigentum, ATP 1957, S. 250 ff.

erwiesen, dass die gesetzlich normierten Kontrollen einer missbräuchlichen Benutzung der gefährlichen Stoffe vorbeugen. Dagegen sei die Einführung von Staatseigentum nicht geeignet, die staatliche Kontrolle und deren Wirksamkeit zu erhöhen.

Der Bundesrat machte hinsichtlich der Verwahrungsvorschriften lediglich redaktionelle Änderungsvorschriften.[524] Diese nahm die Bundesregierung zum größten Teil an.[525]

Im Bundestag spielte im Rahmen der Verwahrungsvorschriften die Frage nach der Einführung von Staatseigentum für Kernbrennstoffe eine Rolle. Letztlich wurde dies jedoch abgelehnt. Staatliches Eigentum sei nicht geeignet, die Wirksamkeit der staatlichen Kontrolle zu erhöhen, soweit der Staat die Gegenstände zur Benutzung durch Dritte doch aus der Hand geben müsse.[526]

d) Die atomrechtlichen Genehmigungsvorschriften (§§ 7-13)

Die Vorschriften des Genehmigungsverfahrens bezüglich jeglicher Verwendung von Kernbrennstoffen orientierten sich stark an den Genehmigungsvorschriften der Gewerbeordnung. Der Regierungsentwurf stellte die Erteilung der Genehmigungen nicht in das freie Ermessen der zuständigen Behörden. Die jeweilige Genehmigung sollte erteilt werden müssen, wenn die entsprechenden Voraussetzungen vorliegen.

Die Voraussetzungen zur Erteilung einer atomrechtlichen Genehmigung wurden von subjektiven und objektiven Anforderungen an den Antragssteller abhängig gemacht. So musste dieser zuverlässig sein (§§ 3 Abs. 2 Nr. 1, Abs. 3 Nr. 1, 4, Abs. 2 Nr. 1, 5, Abs. 2, 6, Abs. 2 Nr. 1, 7, Abs. 2 Nr. 1, 8, Abs. 2 Nr. 1), es musste Vorsorge für die Erfüllung gesetzlicher Schadensersatzverpflichtungen getroffen worden sein (§§ 4 Abs. 2 Nr. 3, 6, Abs. 2 Nr. 3, 7, Abs. 2 Nr. 3, 8, Abs. 2 Nr. 3) und der erforderliche Schutz gegen Störmaßnahmen oder sonstige Einwirkungen Dritter sollte gewährleistet sein (§§ 4 Abs. 2 Nr. 4, 6 Abs. 2 Nr. 4, 7, Abs. 2 Nr. 4, 8, Abs. 2 Nr. 4).

Die Kosten des Genehmigungsverfahrens, einschließlich der Kosten, die durch die notwendige Hinzuziehung eines Sachverständigen entstehen, sollte der Antragssteller tragen (§ 13). Alle nach §§ 3 bis 8 erteilten Genehmigungen können mit Bedingungen und Auflagen erteilt und auch widerrufen werden. Gem. § 9 Abs. 2 war der Inhaber der Genehmigung im Falle des Widerrufs zu entschädigen. Im Falle des Widerrufs einer nach § 3, § 4, § 5 Abs. 4 Nr. 2 oder

524 Stellungnahme des BR BT-Drs. II, 3026, Anlage 2 b, S. 49.

525 Stellungnahme der BReg zu den Änderungsvorschlägen und Empfehlungen des BR BT-Drs. II, 3026 Anlage 3, S. 56 f.

526 So z.B. Balke (BMAt) in: Stenogr. Bericht der 194. Sitzung des 2. BT v. 22.02.1957, 11058 D.

nach § 6 erteilten Genehmigung war der Bund entschädigungspflichtig, im Falle des Widerrufs einer nach § 7 oder § 8 erteilten Genehmigung sollte das Land, dessen Behörde die Genehmigung widerrufen hat, Entschädigung leisten (§ 9 Abs. 3). So sollte entsprechend dem Vorbild aus § 51 GewO die Entschädigungsleistung dem Träger der widerrufenden Behörde auferlegt werden (Bund oder Land), wobei diesem jedoch ein teilweiser Rückgriff auf andere Gebietskörperschaften eingeräumt würde (§ 9 Abs. 3). Neben den speziellen Haftungsbestimmungen in Abschnitt IV des Entwurfs bestand nach § 7 Abs. 5, der auf den § 26 GewO verwies, für Einwirkungen, die von einem benachbarten Grundstück ausgehen, der sog. Aufopferungsanspruch, der weder Verschulden voraussetzt noch Haftungshöchstgrenzen kannte.

Zentrale Regelung innerhalb der Genehmigungsvorschriften und bedeutendste Norm für die Erfüllung des Schutzzwecks aus § 1 des Entwurfs war § 7, welcher die Voraussetzungen für die Genehmigung von Atomanlagen festlegte.

aa) Entwurf und Begründung der Bundesregierung

In der Begründung speziell zu § 7 des Entwurfs stellte die Bundesregierung zunächst dar, welche Arten von Anlagen von der Genehmigungsvorschrift des § 7 erfasst sind.[527] Aufgezählt wurden chemische Fabriken, in denen Uran oder Uranverbindungen so rein hergestellt werden, dass mit ihnen in Reaktorbetrieben Kettenreaktionen aufrechterhalten werden können, Isotopentrennanlagen, in denen das Uran-Isotop 235 im Isotopengemisch des natürlichen Urans (99,3 % Uran 238 und 0,7 % Uran 235) angereichert wird, Reaktoren, in denen Kernbrennstoffe gespalten oder Plutonium 239 oder Uran 233 erzeugt werden, und chemische Fabriken, in denen die in einem Reaktor der Bestrahlung ausgesetzten Kernbrennstoffe aufgearbeitet werden. Zuständig für die nach den §§ 7 bis 9 zu treffenden Maßnahmen und die Erteilung der Genehmigungen sollten gem. § 19 Abs. 2 des Entwurfs die für die Gewerbeaufsicht zuständigen obersten Landesbehörden sein.

Aufgrund der besonderen Gefährlichkeit der genannten Anlagen setzte der Entwurf die Erteilung einer besonderen Genehmigung voraus. Primäre Voraussetzung für die Erteilung einer solchen Genehmigung nach § 7 Abs. 2 Nr. 1 des Entwurfs war die Zuverlässigkeit des Antragsstellers und der für die Errichtung, Leitung und Beaufsichtigung der Inbetriebnahme der Anlage verantwortlichen Personen. Durch die enormen Gefahren, die bei der Inbetriebnahme einer solchen Anlage bestünden, seien an die gesetzliche Voraussetzung der Zuverlässigkeit

527 Begr. der BReg BT-Drs. II, 3026 Anlage 1 b, S. 25.

hohe Anforderungen zu stellen.[528] Der reibungslose Betrieb einer einschlägigen Anlage hänge vorrangig von der strikten Einhaltung der gesetzlichen Vorschriften ab. Als zuverlässig könnten einzig Personen gelten, welche die Gewähr bieten, dass sie die Anlage und die darin zugänglichen Stoffe nicht zu staatsfeindlichen Zwecken verwenden.[529]

Als zweite Voraussetzung nennt § 7 Abs. 2 Nr. 1 des Entwurf eine ausreichende Fachkunde aufseiten der mit Errichtung, Leitung und Beaufsichtigung der Anlage betrauten Personen, an die laut Entwurfsbegründung in gleicher Weise hohe Anforderungen zu stellen seien. Nach § 7 Abs. 2 Nr. 3 des Entwurfs muss der Antragssteller den Nachweis erbringen, dass nach dem Stand der wissenschaftlichen und technischen Erkenntnisse ausreichende Vorsorge dafür getroffen wurde, dass im Rahmen der Errichtung oder der Inbetriebnahme der Anlage keine Schäden entstehen. In der Praxis solle dieser Nachweis im Genehmigungsverfahren einleitend durch die Einreichung der Pläne für die Errichtung der Anlage mit einem umfassenden Bericht über die möglichen Gefahren sowie über die zur Vermeidung dieser Gefahren vorgesehenen Sicherungsmaßnahmen erfolgen. Die Prüfung der Pläne und des Berichts erfolge durch die Genehmigungsbehörde, welche sodann die Aussichten, die Vollständigkeit und die Wirksamkeit der geplanten Sicherungsmaßnahmen prüfe und, soweit erforderlich, weitere Sicherungsmaßnahmen anordne. Die Inbetriebnahme der Anlage dürfe erst erfolgen, wenn alle nach der Sachlage erforderlichen Sicherungsvorkehrungen wirksam geworden seien.

Als weitere Voraussetzung für die Erteilung einer Genehmigung sei gem. § 7 Abs. 2 Nr. 3 die ausreichende Vorsorge für die Erfüllung gesetzlicher Schadensersatzverpflichtungen nachzuweisen. Die Genehmigungsbehörde habe hierbei nach Prüfung der Art und Größe der Anlage und der von ihr ausgehenden Gefahren im Einzelfall zu entscheiden, ob die nachgewiesene Vorsorge ausreiche oder nicht.

Die Bedeutung der durch § 7 betroffenen Anlagen gebiete es ferner, dass entsprechend Abs. 2 Nr. 4 sichergestellt sei, dass die Anlage gegen Störmaßnahmen und sonstige Einwirkungen Dritter geschützt sei. Soweit für diesen Schutz das geltende Polizeirecht nicht ausreiche, müsse der Antragssteller im Rahmen des Genehmigungsverfahrens nachweisen, dass er alle notwendigen Schutzvorkehrungen getroffen habe. Die in Abs. 2 enthaltenen Voraussetzungen seien zwar streng, jedoch sei dies aufgrund der übergreifenden Gefahren der genannten Anlagen geboten. Dabei bestehe jedoch, sofern die Voraussetzungen des § 7 Abs. 2 vorlägen, ein Rechtsanspruch auf Erteilung der Genehmigung. Bei den dargestellten Voraussetzungen handele es sich um sog. unbestimmte Rechtsbegriffe, die nicht im Ermessen der Verwaltungsbehörden lägen. Die Verwaltungsgerichte

528 Begr. der BReg zu BT-Drs. II, 3026, S. 25.
529 Begr. der BReg zu BT-Drs. II, 3026, S. 25.

seien daher in der Lage nachzuprüfen, ob die Genehmigungsbehörde die Tatsachen richtig unter § 7 Abs. 2 subsumiert habe.

Verwaltungsorganisatorisch legte § 7 Abs. 4 fest, dass die Genehmigungsbehörde alle Behörden des Bundes, der Länder und der Gemeinden, deren Zuständigkeitsbereich eröffnet wird, am Genehmigungsverfahren teilhaben lasse. Im Übrigen sei das Genehmigungsverfahren nach den bewährten Grundsätzen der Gewerbeordnung, den §§ 17 bis 19 und § 49, durch Rechtsverordnung näher zu bestimmen. Als bedeutende Vorschrift wurde § 18 der Gewerbeordnung hervorgehoben. Dieser stelle sicher, dass einschlägige Anlagen nicht genehmigt werden dürften, sofern ihre Einrichtung und ihr Betrieb gegen andere – insbesondere polizeirechtliche – Vorschriften verstoße. Einschlägige andere Vorschriften würden dann gleichzeitig von der Genehmigungsbehörde mitgeprüft werden. Durch diese Handhabe würde ein Auseinanderreißen des Genehmigungsverfahrens vermieden. Hierdurch wirke man einer sonstigen Verzögerung und Verteuerung des Genehmigungsverfahrens entgegen. Ferner sei gewährleistet, dass nicht über verschiedene Behörden den eingereichten Gesuchen widersprechende Entscheidungen ergingen.

Der Absatz 5 übernehme die Regelungen des § 26 der Gewerbeordnung, wonach Einwirkungen, die von einer genehmigten Anlage auf ein benachbartes Grundstück ausgehen, nicht mehr zur Grundlage eines zivilrechtlichen Anspruchs auf Einstellung des Betriebes der Anlage gemacht werden. Der betroffene Nachbar könne nur die Herstellung von Einrichtungen verlangen, die nachtteilige Einwirkungen ausschließen oder vermindern können. Bei Anwendung dieser Regelung im Entwurf könne auf die Erläuterungen zu § 26 der Gewerbeordnung in Rechtsprechung und Schrifttum zurückgegriffen werden.

bb) Stellungnahme des Bundesrates

(1) zum Genehmigungsverfahren nach dem Vorbild der Gewerbeordnung

Am 5. Oktober 1956 wurde der Regierungsentwurf erstmalig im Plenum des Bundesrats beraten.[530] Der Hauptpunkt der Auseinandersetzungen im Bundesrat, mit dem sich in erster Linie der Wirtschaftsausschuss und der Ausschuss für Arbeit und Sozialpolitik des Bundesrates befassten, war das in dem Entwurf vorgesehene gewerberechtliche Genehmigungsverfahren. Insbesondere der Rechtsanspruch auf Erteilung der Erlaubnis war hierbei Hauptkritikpunkt. So sprachen sich im Wirtschaftsausschuss die Vertreter der Länder Hessen, Bremen und Baden-Württemberg für die Einführung eines Staatsvorbehalts aus und widersprachen den Bestimmungen des Entwurfes, nach denen bei Vorliegen der erforderlichen Voraussetzungen

530 BR-Drs. Nr. 322/56 b.

zungen sogar ein Rechtsanspruch auf Erteilung einer Genehmigung bestehe.[531] Auf Antrag des Vertreters Baden-Württembergs beschloss der Wirtschaftsausschuss einstimmig die Empfehlung, die Genehmigungsvorschriften nach dem Vorbild der Gewerbeordnung durch ein staatliches Konzessionsverfahren zu ersetzen.[532]

Der Ausschuss für Arbeit und Sozialpolitik sprach sich dafür aus, sämtliche Genehmigungsvorschriften des Entwurfes wie folgt zu fassen: „die Genehmigung darf nur erteilt werden, wenn ...“.[533] Durch eine solche Neufassung der Genehmigungsvorschriften sei zumindest der Rechtsanspruch auf Erteilung einer Genehmigung ausgeschlossen. Der Genehmigungsbehörde werde durch diese Änderung ein Spielraum eingeräumt, damit dem vordringlichen Interesse des Gefahrenschutzes im Rahmen der in § 1 gesteckten Grenzen in jedem Falle gewürdigt werden könne.[534]

Der Berichterstatter des Wirtschaftsausschusses Veit (SPD)[535] stellte in der 163. Sitzung des Bundesrates dar, dass in den USA zu Beginn der friedlichen Kernenergienutzung eine staatliche Konzession erforderlich war. Aufgrund der enormen Bedeutung und der Gefahren der friedlichen Kernenergienutzung sei ein gewerberechtliches Genehmigungsverfahren mit einem Rechtsanspruch unzweckmäßig. Wie schon bei der Einführung des Eisenbahngesetzes im Jahre 1838, als ebenfalls die staatliche Verleihung einer Konzession zur Grundlage der Entscheidung gemacht worden sei, solle auch im Falle des Atomgesetzes zunächst eine solche festgelegt werden.[536] Auch der Ausschuss für Arbeit und Sozialpolitik war der Auffassung, dass die Gewährung eines Rechtsanspruches angesichts der Neuartigkeit und Gefährlichkeit der Materie außerordentlich bedenklich sei.[537]

Nach Ansicht des Bundesrates sollte in Abschnitt II des Entwurfs die gewerberechtliche Genehmigung durch eine staatliche Konzession ersetzt werden.[538] Die Bestimmungen des Abschnittes II seien daher mit folgenden Worten einzuleiten: „Die Konzession darf nur erteilt werden, wenn ...“. Die übrigen Regelungen seien, soweit sie auf die Erteilung einer Genehmigung eingingen, entsprechend

531 Niederschrift der Sitzung des Wirtschaftsausschuss des BR v. 27.09.1956, S. 14 f., in: BR-Protokolle, Wirtschaftsausschuss, 119.-135. Sitzung, 1956.

532 Niederschrift der Sitzung des Wirtschaftsausschuss des BR v. 27.09.1956, S. 15, in: BR-Protokolle, Wirtschaftsausschuss, 119.-135. Sitzung, 1956.

533 Niederschrift der 123. Sitzung des Ausschusses für Arbeit und Sozialpolitik v. 27.09.1956, S. 4, in: BR-Protokolle, Ausschuss für Arbeit und Sozialpolitik, 113.-129. Sitzung, 1956.

534 Niederschrift der 123. Sitzung des Ausschusses für Arbeit und Sozialpolitik v. 27.09.1956, S. 3, 4, in: BR-Protokolle, Ausschuss für Arbeit und Sozialpolitik, 113.-129. Sitzung, 1956.

535 Landtagsabgeordneter aus Baden-Württemberg.

536 Protokoll d. 163. Sitzung des BR, PArch II. WP, 1032, Bd. A1, Bl. 8.

537 Protokoll d. 163. Sitzung des BR, PArch II. WP, 1032, Bd. A1, Bl. 8.

538 BArch B142/4635, S. 169 f.; insbesondere der Wirtschaftsausschuss des BR sprach sich gegen das gewerberechtliche Genehmigungsverfahren aus.

zu ändern.[539] Als Begründung führte der Bundesrat an, dass das besonders ausgeprägte Schutzbedürfnis gegen die Gefahren der Strahlenwirkung eine weitreichende Einschränkung der staatlichen Entschließungsfreiheit verbiete. Den Verwaltungsbehörden solle ein freies Ermessen bei der Genehmigungserteilung zustehen, da aufgrund der Neuartigkeit der Materie die weitere Entwicklung noch nicht absehbar sei. Um dem Rechnung zu tragen und eine verwaltungsgerichtliche Auseinandersetzung zu vermeiden, solle die gewerberechtliche Genehmigung durch eine staatliche Konzession ersetzt werden, die dem Antragssteller keinen Rechtsanspruch auf Erteilung der Genehmigung einräumt.

(2) Erweiterung der Genehmigungspflicht des § 7 für die Kernumwandlung

Darüber hinaus sprach der Bundesrat sich dafür aus, in § 7 Abs. 1 des Entwurfs das Wort „Spaltung" durch das Wort „Umwandlung" zu ersetzen, damit auch die zum Zweck der Kernvereinigung betriebenen Anlagen unter die Genehmigungspflicht fallen. Dieser Vorschlag wurde vom Ausschuss für Kulturfragen erarbeitet.[540] Auf diese Weise wären Anlagen sowohl zur Kernspaltung als auch zur Kernumwandlung von der Konzessionspflicht des § 7 erfasst. Im Rahmen der weiteren Beratungen im Ausschuss für Kulturfragen erfolgte ein Antrag eines Vertreters des Landes Bayern, in § 7 Abs. 4 den letzten Satz durch folgenden Halbsatz zu ergänzen: „bei weniger bedeutenden Anlagen kann von der Anwendung der Grundsätze der §§ 17 bis 19 der Gewerbeordnung abgesehen werden". Hintergrund des Änderungsvorschlages war, die Zulassung von sog. Teilchenbeschleunigern[541] zu erleichtern. Dieser Vorschlag fand im Ausschuss für Kulturfragen jedoch keine Unterstützung.[542]

539 Stellungnahme des BR v. 05.10.1956, Parlamentsarchiv II. WP 1032 Bd. A1.

540 Niederschrift d. 34. Sitzung des Ausschusses für Kulturfragen v. 21.09.1956, S. 3, in: BR-Protokolle, Kulturausschuss, 17.-35. Sitzung, 1953-1956.

541 „Teilchenbeschleuniger sind Maschinen, in denen geladene Teilchen, z.B. Elektronen oder Protonen, auf sehr hohe Geschwindigkeit beschleunigt werden. Mit diesen hochbeschleunigten Teilchen können Kernspaltungen erzielt werden, die u.a. Aufschluss über die Struktur der Materie geben sollen. Theoretisch könnten mittels Teilchenbeschleunigern auch Kernbrennstoffe gespalten werden, in der Praxis finden jedoch in der Regel andere, in diesem Fall geeignetere Stoffe, Verwendung". Fischerhof, Deutsches Atomgesetz und Strahlenschutzrecht Kommentar, Bd. I, 2. Auflage § 7 Rn. 3.

542 Niederschrift der 34. Sitzung des Ausschusses für Kulturfragen v. 21.09.1956, S. 3, in: BR-Protokolle, Kulturausschuss, 17.-35. Sitzung, 1953-1956.

(3) Kosten für Sachverständige im Genehmigungsverfahren

Der Finanzausschuss des Bundesrates regte an, die im Rahmen des Konzessionsverfahrens anfallenden Kosten – auch solche, welche durch die Hinzuziehung von Sachverständigen entstünden – dem Inhaber der Anlage aufzuerlegen.[543] Die im Entwurf vorgesehene Regelung der Kostentragung sei nicht vertretbar. Aufgrund des Schutzzwecks des Entwurfs müsse eine Überprüfung unter Hinzuziehung von Sachverständigen auch dann möglich sein, wenn sich im Vorfeld gesetzeswidrige Zustände noch nicht feststellen lassen. Die hierbei entstehenden Kosten müssten dann ebenfalls dem Inhaber der Anlage auferlegt werden.[544]

(4) Kostentragung im Falle des Widerrufs einer Genehmigung

Weiterer Streitpunkt war die Regelung des § 9 Abs. 3 des Regierungsentwurfs, welcher vorsah, dass im Falle eines Widerrufs einer Genehmigung dem Inhaber der Genehmigung eine angemessene Entschädigung in Geld zu leisten sei. Entschädigungspflichtig sollte hierbei der Träger der widerrufenden Behörde (Bund oder Land) sein. Wenn das Land entschädigungspflichtig sei, solle der Bund, ein anderes Land oder eine sonstige Gebietskörperschaft entsprechend ihrem sich aus der Gesamtlage ergebenden Interesse am Widerruf verpflichtet sein, diesem Land einen Ausgleich zu leisten. Gleiches solle gelten, sofern der Bund entschädigungspflichtig sei. Beanstandet wurde diese Regelung innerhalb des Bundesrates insbesondere vom Finanzausschuss[545] und von dem federführenden Wirtschaftsausschuss.[546] § 9 Abs. 3 des Entwurfs solle dahingehend neu gefasst werden, als dass ausschließlich der Bund im Falle des Widerrufs einer nach §§ 3, 4, 5 Abs. 4 Nr. 2 oder § 6 erteilten Genehmigung Entschädigung leisten müsse. Die Ausübung des Widerrufs durch die Landesbehörden erfolge gem. § 19 des Entwurfs im Auftrage des Bundes. Die Landesbehörden unterstünden dabei gem. Art. 85 Abs. 3 und 4 GG den Weisungen der obersten Bundesbehörden, so dass es sachlich gerechtfertigt sei, dem Bund allein die Entschädigungspflicht aufzuerlegen. Diese Regelung diene zudem der Rechtssicherheit, da durch diese

543 Niederschrift der 155. Sitzung des Finanzausschusses v. 27.09.1956, S. 7, in: BR-Protokolle, 144.-161. Sitzung, 1956.

544 Niederschrift der 155. Sitzung des Finanzausschusses v. 27.09.1956, S. 7, in: BR-Protokolle, 144.-161. Sitzung, 1956.

545 Niederschrift der 155. Sitzung des Finanzausschusses v. 27.09.1956, S. 5, in: BR-Protokolle, Finanzausschuss, 144.-161. Sitzung, 1956.

546 Niederschrift der 129. Sitzung des Wirtschaftsausschusses v. 27.09.1956, S. 19, in: BR-Protokolle, Wirtschaftsausschuss, 119.-135. Sitzung, 1956.

dem Geschädigten nur ein Entschädigungspflichtiger gegenüberstehe.[547] Sofern im Einzelfall die Interesselage der beteiligten Gebietskörperschaften es gebiete, einen Ausgleich vorzunehmen, solle dieser entsprechend der Regierungsvorlage durchgeführt werden. Die Einzelheiten hierzu sollten jedoch durch Rechtsverordnung festgelegt werden.[548]

cc) Gegenäußerung der Bundesregierung

In der Stellungnahme der Bundesregierung zu den vorgenannten Änderungsvorschlägen und Empfehlungen, welche mit der Genehmigung von Anlagen verbunden waren, nahm die Bundesregierung allein den Änderungsvorschlag des Bundesrates zu § 13 an, nach welchem die im Rahmen des Genehmigungsverfahrens entstehenden Kosten – inklusive der Kosten für Sachverständige – voll dem Anlagenbetreiber auferlegt werden sollten.

Im Übrigen lehnte die Bundesregierung die Änderungsvorschläge des Bundesrates hinsichtlich des atomrechtlichen Genehmigungsverfahrens ab. Sie stimmte gegen einen staatlichen Vorbehalt für die Errichtung und den Betrieb von Kernreaktoren. Das Schutzbedürfnis der Allgemeinheit gegen die mit der Erzeugung und Nutzung der Kernenergie verbundenen Gefahren erfordere allerdings die Einführung einer staatlichen Erlaubnis. Das hierfür vorgesehene Verfahren müsse so gestaltet sein, dass die zuständigen Behörden berechtigt und verpflichtet seien, die Genehmigung zu versagen, soweit noch begründete Zweifel hinsichtlich des Gefahrenschutzes bestehen. Um dem Rechnung zu tragen, eigne sich am besten die in der Regierungsvorlage enthaltene Regelung, die darüber hinaus gegenüber den anderen Gestaltungsmöglichkeiten den Vorzug habe, „den unentbehrlichen Einsatz privater Initiative und privaten Kapitals zu fördern".[549] Die Mitarbeit der Privatwirtschaft sei dringend erforderlich, um den Rückstand der Bundesrepublik auf dem Gebiet der Erzeugung und Nutzung der Atomenergie aufzuholen. Ein freies Ermessen der Verwaltungsbehörden sei nicht notwendig. Die interessierten Wirtschaftskreise müssten bei ihren Planungen mit einem geregelten, mit Rechtsgarantien ausgestalteten Genehmigungsverfahren rechnen können. Ein von einer staatlichen Konzession abhängiges Verfahren könnte den Eindruck hervorrufen, die Erzeugung und Nutzung der Kernenergie sei allein dem Staat vorbehalten. Dies widerspreche der Wirtschaftspolitik der Bundesregierung. Ein grundsätzliches Verbot der Erzeugung und Nutzung der Kernener-

547 Wirtschafts- und Finanzausschuss des BR in der 163. Sitzung des BR v. 05.10.1956, PArch II, 1032 Bd. A1.

548 Protokoll der 163. Sitzung des BR, 05.10.1956, PArch II, 1032 Bd. A1.

549 Stellungnahme der BReg zu den Änderungsvorschlägen und Empfehlungen des BR, BT-Drs. II, 3026 Anlage 3, S. 56.

gie mit der Möglichkeit, Ausnahmen zuzulassen, sei sachlich nicht zu rechtfertigen und würde den aufgrund des noch geltenden AHK-Gesetzes Nr. 22 rechtlichen Zustand aufrechterhalten. Nach Ansicht der Bundesregierung käme daher allein ein präventives Verbot mit Erlaubnisvorbehalt in Betracht. Fraglich sei allein der Umfang des der Behörde eingeräumten Ermessensspielraumes. Nach erneuter Prüfung des Entwurfes befand die Bundesregierung, dass die in dem Entwurf enthaltenen Genehmigungsvoraussetzungen den Behörden hinreichenden Spielraum ließen, um eine sachgerechte Prüfung der Genehmigungsanträge vor dem Hintergrund des Schutzes der Allgemeinheit zu gewährleisten.

Die Bundesregierung erklärte sich jedoch bereit, im weiteren Verlauf des Gesetzgebungsverfahrens an der Prüfung der Frage nach der bestmöglichsten Gewährleistung des Schutzes etwa durch Aufstellung weiterer Genehmigungsvoraussetzungen mitzuwirken.

Den Änderungsvorschlag des Bundesrates, durch die Ersetzung des Wortes „Spaltung" durch den Begriff „Umwandlung" auch Anlagen zur Herbeiführung von Kernvereinigungsvorgängen ins Genehmigungsverfahren miteinzubeziehen, lehnte die Bundesregierung ab. Die Erforschung der Kernfusion[550] befinde sich derzeitig weltweit erst in einem Stadium, welches eine Energiegewinnung in absehbarer Zeit noch nicht erkennen lasse. Hinzu komme, dass bei Kettenreaktionen, die bei der Kernfusion auftreten, die radioaktive Strahlung wesentlich weniger gefährlich sei als bei der Kernspaltung. Eine Einbindung der Kernfusion in das atomgesetzliche Genehmigungsverfahren sei erst dann sinnvoll, wenn gewisse technische Vorgänge wissenschaftlich ausgereift seien. Sobald dies der Fall sei, könne dem dann auftretenden Sicherheitsbedürfnis durch eine Ergänzung des Atomgesetzes ausreichend Rechnung getragen werden.

Auch gegenüber dem Änderungsvorschlag des Bundesrates betreffend die Kosten im Falle des Widerrufs einer Genehmigung sprach sich die Bundesregierung ablehnend aus. Auch wenn die Länder im Auftrag des Bundes handeln würden, so seien im Rahmen des Genehmigungsverfahrens dennoch hauptsächlich regionale Gesichtspunkte entscheidungserheblich. Soweit der Bundesrat vorbringe, durch seinen Änderungsvorschlag sei mehr Rechtssicherheit gegeben, sei dem entgegenzusetzen, dass der Regierungsentwurf ganz klar zum Ausdruck bringe, welche Bundes- oder Landesbehörde für den Widerruf einer erteilten Genehmigung zuständig seien. Klar sei daher, dass der Betroffene gegen die

550 Als Kernfusion wird die Verschmelzung leichter Atomkerne zu einem schweren bezeichnet. Die Kernfusion tritt ein, wenn sich zwei Atomkerne so weit nähern, dass die anziehende Kernkraft, die eine sehr kurze Reichweite aufweist, die abstoßende Colomb-Kraft überwindet, Brockhaus, Bd. 14, S. 727.

Körperschaft, deren Behörde die Genehmigung widerrufen habe, auch Schadensersatzansprüche geltend machen könne.

dd) Stellungnahme der Bundesvereinigung der kommunalen Spitzenverbände vom 13. März 1957

Grundsätzlich sprach sich die Bundesvereinigung der kommunalen Spitzenverbände für die Geltung des Grundsatzes der Gewerbefreiheit im Rahmen der Regelungen des Atomgesetzes aus, wonach ein Rechtsanspruch des Antragsstellers auf Erteilung einer Genehmigung zur Errichtung einer Anlage für die Nutzung von Kernenergie bestehe, sofern die gesetzlichen Voraussetzungen erfüllt seien. Für den Fall der Errichtung von Anlagen nach § 7 des Entwurfs äußerte sie jedoch bezüglich des Grundsatzes der Gewerbefreiheit Bedenken und schlug vor, § 7 des Entwurfs insoweit abzuändern, dass die Verleihung einer staatlichen Konzession erforderlich ist.[551] Damit stünde die Erteilung einer Konzession im Ermessen der Behörde und eine verwaltungsgerichtliche Klage könne nur auf die Untersuchung von Ermessenfehler gerichtet sein.

Als Begründung für die Einführung einer staatlichen Konzession führte die Bundesvereinigung der kommunalen Spitzenverbände an, dass die wirtschaftliche Verwertung von Kernbrennstoffen in Hinblick auf die bislang noch nicht überschaubaren Gefahren mit anderen Wirtschaftsbereichen nicht zu vergleichen sei. Aus diesem Grunde sei nach dem gegenwärtigen Stand der wissenschaftlichen und technischen Kenntnisse die Übertragung der gewerberechtlichen Bestimmungen auf den Bereich der anlagenbezogenen Kernenergienutzung zweifelhaft. Aufgrund der besonderen Gefährlichkeit der Brennstoffe könne abschließend nicht mit Sicherheit gesagt werden, dass die in § 7 aufgestellten Voraussetzungen ausreichend seien. Weder die von den Kernbrennstoffen ausgehenden Gefahren im Rahmen ihrer Verwertung noch die anderen sich aus der Errichtung von Kernenergieanlagen ergebenden Probleme und Gefahren seien durchweg bekannt. So sei beispielsweise die wissenschaftliche Frage nach dem günstigsten Standort für Kernenergieanlagen noch nicht beantwortet, so dass sich die Raum- und Landesplanungen mit dieser Frage konfrontiert sähen. Ob raumplanerische Belange in dieser ungewissen Situation anhand des § 7 des Entwurfs ausreichend berücksichtigt werden, sei äußert fragwürdig. Sofern die Voraussetzungen des § 7 Abs. 2 vorliegen, müsse die Genehmigung selbst in einer derart ungewissen Situation erteilt werden. In Hinblick auf das Sicherheitsbedürfnis der Bevölkerung, dem Rechnung getragen werden müsse, seien die Genehmigungen dann mit noch

551 Schreiben der Bundesvereinigung der kommunalen Spitzenverbände v. 13.03.1957, S. 6, BArch B 142/4737, Bl. 472.

weitergehenden Einschränkungen oder Auflagen zu erteilen. Dies führe jedoch erfahrungsgemäß wiederum zu langwierigen Verwaltungsstreitverfahren. Der Grundsatz der Gewerbefreiheit sei daher im Rahmen des § 7 unzweckmäßig, so dass eine Erlaubnis zur wirtschaftlichen Betätigung allein im Wege eine Konzession (Verleihung) zu erteilen sei.[552]

ee) Stellungnahme des Bundesverbands der Deutschen Industrie

Der Bundesverband der Deutschen Industrie sprach sich in seiner ergänzenden Stellungnahme vom 16. Juni 1959 gegen die Regelung des § 13 Abs. 5 aus, wonach Ansprüche aus § 7 Abs. 5 i.V.m. § 26 der Gewerbeordnung nur dann zu den gesetzlichen Schadensersatzverpflichtungen im Sinne des Entwurfs gehören sollten, wenn der Schaden durch einen Unfall entstanden ist. Derartige Schadensersatzverpflichtungen wären dann auch von der Deckungsvorsorge des Bundes ausgeschlossen. Für den Betreiber nuklearer Anlagen ergebe sich dadurch ein erhebliches zusätzliches Risiko. Unter Berücksichtigung der Zweckbestimmungsvorschrift aus § 1, welche eine möglichst freie und ungehinderte Entwicklung der friedlichen Kernenergienutzung ermöglichen und fördern solle, stelle sich die Frage, ob es nicht erforderlich sei, an dieser Stelle die Freistellungsverpflichtung des Bundes zu erweitern. Entgegen der Regierungsvorlage solle klargestellt werden, dass die in § 13 Abs. 5 enthaltene Regelung die dort enthaltene Schadloshaltung zu den gesetzlichen Schadensersatzverpflichtungen zähle. § 13 Abs. 5 S. 2 sollte daher wie folgt gefasst werden: „Schadensersatzverpflichtungen, die sich aus § 7 Abs. 5 dieses Gesetzes in Verbindung mit § 26 GewO ergeben, gehören zu den gesetzlichen Schadensersatzverpflichtungen im Sinne dieses Gesetzes".

ff) Der Bundestagsausschuss für Atomfragen

(1) Die Beratungen des Bundestagsausschusses für Atomfragen

Die Mehrheit der Ausschussmitglieder sprach sich hinsichtlich der Frage der Rechtsnatur des Genehmigungsverfahrens (Konzession oder gewerberechtliche Genehmigung) aus verfassungsrechtlichen und wirtschaftspolitischen Gründen für das im Regierungsvorschlag aufgeführte Genehmigungsverfahren aus. Die Vertreter der SPD-Fraktion sprachen sich hingegen für die Einführung einer Konzession aus.[553]

---

552 Gleiches solle bei § 8 des Entwurfs gelten; Schreiben der Bundesvereinigung der kommunalen Spitzenverbände v. 13.03.1957, S. 4-7, BArch B 142/4737, Bl. 472.

553 Protokoll der 20. Sitzung des 38. BT-Ausschusses, S. 4, PArch II, 1032, Bd. A1, Bl. 31.

In der Sitzung am 20. März 1957 wurde der Vorschlag des Bundesrates, in § 7 das Wort „Spaltung“ durch das Wort „Umwandlung“ zu ersetzen, vom Vorsitzenden Euler (DP/FVP) und vom Regierungsvertreter Raisch abgelehnt. Der SPD-Abgeordnete Ruhnke hingegen bedauerte, dass die Fusion in § 7 bislang keine Berücksichtigung gefunden habe. Der Ausschuss nahm daraufhin § 7 Abs. 1 und 3 in Form der Regierungsvorlage an. Die Absätze 2 und 4 wurden in der vom Bundesrat vorgeschlagenen Fassung beschlossen.[554]

Der Ausschuss stimmte § 9 Abs. 1 und 2 zu. Hinsichtlich des Änderungsvorschlages des Bundesrates zu Abs. 3 zu der Frage, wer grundsätzlich nach außen entschädigungspflichtig sein sollte – der Bund oder das Land – fand im Ausschuss eine längere Diskussion statt. Der Vertreter des Bundesrates Tondeur stellte klar, dass den Mitgliedern des Bundesrates daran gelegen sei, dass die Formulierung „entschädigungspflichtig ist der Bund“ beibehalten werde.[555] Der Abgeordnete Bärsch (SPD) regte an, dass die Vertreter der Bundesregierung bei erneuter Prüfung des § 9 Abs. 3 überlegen sollten, ob es nicht zweckmäßig sei, die anderen Gebietskörperschaften – Gemeinden und Gemeindeverbände – von der Verpflichtung auszunehmen. Diese seien an dem Widerruf der Genehmigung nicht beteiligt und hätten darüber hinaus geringere finanzielle Möglichkeiten.[556] Der Vorsitzende Euler (DP/FVP) unterstützte diesen Vorschlag.[557]

In der nächsten Sitzung am 21. März 1957 wurde dem Ausschuss zunächst mitgeteilt, dass das Bundesfinanzministerium die Auffassung vertrete, § 9 Abs. 3 solle die seitens der Regierung vorgelegte Fassung behalten.[558] Hinsichtlich der vom Bundesrat vorgeschlagenen Änderungen des Absatzes 3 letzter Satz stellten mehrere Mitglieder des Ausschusses dar, dass eine solche Verordnungsermächtigung zur Konkretisierung einer Interessenabwägung im Einzelfall verfassungsrechtlich unzulässig sei.[559] Diese Verordnungsermächtigung wurde vom Ausschuss gänzlich abgelehnt. Jedoch beschloss der Ausschuss, in § 9 Abs. 3 S. 2 die von dem Bundesrat vorgeschlagene Formulierung „Entschädigungspflichtig ist der Bund“ zu übernehmen. Im Übrigen wurden im Ausschuss hinsichtlich der Vorschrift lediglich redaktionelle Änderungen beschlossen.[560]

---

554 Protokoll der 17. Sitzung des 38. BT-Ausschusses v. 20.03.1957, S. 10, PArch II, 1032, Bd. A 1, Bl. 28.

555 Protokoll der 17. Sitzung des 38. BT-Ausschusses, S. 14, PArch II, 1032, Bd. A1, Bl. 28.

556 Protokoll der 17. Sitzung des 38. BT-Ausschusses, S. 18, PArch II, 1032, Bd. A1, Bl. 28.

557 Protokoll der 17. Sitzung des 38. BT-Ausschusses, S. 18, PArch II, 1032, Bd. A1, Bl. 28.

558 Protokoll der 18. Sitzung des 38. BT-Ausschusses, S. 2, PArch II, 1032, Bd. A1, Bl. 29.

559 Die Abg. Euler (DP/FVP) und Scheidwimmer (BMAt), Protokoll der 19. Sitzung des 38. BT-Ausschusses, S. 2, 3, PArch II, 1032, Bd. A1, Bl. 19.

560 Protokoll der 19. Sitzung des 38. BT-Ausschusses, S. 3, 4, PArch II, 1032, Bd. A1, Bl. 19.

(2) Der Ausschussbericht

Nach dem schriftlichen Berichts des 38. Ausschusses über den Entwurf des Atomgesetzes wurde der Vorschlag des Bundesrates, ein Konzessionsverfahren einzuführen, eingehend erörtert, im Ergebnis jedoch abgelehnt.

Die Entschädigungspflicht im Falle des Widerrufs einer Genehmigung (§ 9 des Entwurfs) sollte entsprechend der Regierungsvorlage nicht den Bund, sondern diejenige Gebietskörperschaft treffen, deren Behörde den Widerruf ausgesprochen habe.

Die Empfehlungen des Bundesrates fanden jedoch dahingehend Berücksichtigung, dass der Ausschuss die Voraussetzungen für die Erteilung einer Genehmigung verschärfte. Die entsprechenden Neufassungen waren enthalten in: § 4 Abs. 2 Nr. 2 bis 4, § 6 Abs. 2 Nr. 2 bis 4, § 7 Abs. 2 Nr. 2 bis 4, § 8 Abs. 2 Nr. 2 bis 4.[561]

So wurde die Formulierung aus § 4 Abs. 2 Nr. 2 (der Wortlaut wurde gleichermaßen in § 6 Abs. 2 Nr. 2, § 7 Abs. 2 Nr. 2 und in § 8 Abs. 2 Nr. 2 geändert) des ursprünglichen Entwurfs[562] nunmehr in der Fassung der BT-Drs. II, 3502, eingefügt, dass „jede nach dem Stand der Wissenschaft und Technik gebotene Vorsorge gegen Schäden durch Beförderung der Kernbrennstäbe getroffen werden muss", um eine Genehmigung zu erlangen. Die § 4 Abs. 2 Nr. 3, § 6 Abs. 2 Nr. 3, 7 Abs. 2 Nr. 3 und § 8 Abs. 2 Nr. 3 sollten nunmehr statt „ausreichender Vorsorge" folgenden Wortlaut haben: „jede erforderliche Vorsorge für die Erfüllung gesetzlicher Schadenersatzverpflichtungen getroffen ist".

Die jeweiligen Absätze 2 Nr. 4 der §§ 4, 6, 7 und 8 wurden mit folgenden Wortlaut neu gefasst: „jeder erforderliche Schutz gegen Störmaßnahmen oder sonstige Einwirkungen Dritter gewährleistet ist".[563]

e) Verordnungsermächtigung des § 15 Abs. 2 und 3

In § 15 Abs. 2 und 3 des Regierungsentwurfes waren „zum Schutz von Leben, Gesundheit und Sachgütern vor der Strahleneinwirkung radioaktiver Stoffe" eine Reihe von Verordnungsermächtigungen enthalten.

aa) Entwurf und Begründung der Bundesregierung

Laut Begründung der Bundesregierung sei neben der Generalklausel des § 15 Abs. 1 eine nähere Ausgestaltung des Strahlenschutzes durch Rechtsverordnung

561 Schriftlicher Bericht des 38. BT-Ausschusses, BT-Drs. II, 3502.

562 BT-Drs. II, 3026 Anlage 1 b.

563 Statt vorher: „ausreichender Schutz gegen Störmaßnahmen oder sonstige Einwirkungen Dritter gewährleistet ist".

erforderlich. Die Ermächtigungen des Abs. 2 Nr. 1 bis 7 und Abs. 3 bestimmten Inhalt, Zweck und Ausmaß der jeweiligen Ermächtigung im Sinne der Vorgaben des Art. 80 Abs. 1 S. 2 GG. So beinhaltete § 15 Abs. 2 Nr. 1 bis 3 z.B. Ermächtigungen zur näheren Ausgestaltung von Genehmigungsvorschriften für die Gewinnung, Erzeugung, Abgabe, Beförderung und Verwendung radioaktiver Stoffe sowie deren Beseitigung. § 15 Abs. 2 Nr. 7 enthielt eine Ermächtigung über die Beseitigung nicht mehr verwendeter radioaktiver Stoffe, die an eine zu bestimmende Stelle abzugeben seien. Die Kosten für die Beseitigung solle der Besitzer tragen. In ihrer Begründung sagte die Bundesregierung hierzu:

> „Da die Beseitigung radioaktiver Stoffe ein besonders schwieriges Problem ist und die ordnungsgemäße Beseitigung den einzelnen Besitzern radioaktiver Stoffe voraussichtlich gar nicht möglich sein wird, ist vorgesehen, daß ein zentrales Beseitigungsverfahren angeordnet werden kann ...“[564]

bb) Stellungnahme des Bundesrates und Gegenäußerung der Bundesregierung

Nach Meinung des Bundesrates entsprach § 15 den Anforderungen des Art. 80 GG. Lediglich die Formulierung des § 15 Abs. 2 sollte neu gefasst werden: „(2) Durch Rechtsverordnung kann zum Schutz von Leben, Gesundheit und Sachgütern vor der Strahlenwirkung radioaktiver Stoffe bestimmt werden ...“. Hierbei handelte es sich um einen Vorschlag des Wirtschafts-[565] und des Rechtsausschusses[566] des Bundesrates, welcher das im Regierungsentwurf vorgesehene Ausmaß der Ermächtigung für zu unbestimmt hielt. Eine ausreichende Begrenzung der Ermächtigung sei nur dann gegeben, wenn die Adressaten der Ermächtigung aus § 15 Abs. 2 S. 1 Personen sind, die mit radioaktiven Stoffen umgingen (Abs. 1), Dritte hingegen nicht. Um dies klarzustellen, solle § 15 Abs. 2 S. 1 entsprechend geändert werden.[567]

Diesen Vorschlag nahm die Bundesregierung an.[568]

---

564 Begr. der BReg BT-Drs. II, S. 32 f.

565 129. Sitzung des Wirtschaftsausschusses des BR v. 27.09.1956, S. 23, in: BR-Protokolle, Wirtschaftsausschuss, 119.-135. Sitzung, 1956.

566 Unter Vorsitz von Eicher (Rheinland-Pfalz), weitere Mitglieder: Rebmann (Baden-Württemberg), Reischl und Uebelacker (Bayern), Malike (Berlin), Entholt (Bremen), Schmunk (Hessen), Schlagheck (Nordrhein-Westfalen), Eicher und Wollstand (Rheinland-Pfalz), Corves (Schleswig-Holstein), Regierungsmitglieder: Cartellieri, Scheidwimmer, Raisch (Atomministerium), Arning (Arbeitsministerium), Großrau und Dickescheidt (Justizministerium); vgl. BR-Protokolle, Rechtsausschuss, 169.-177. Sitzung, 1956.

567 Niederschrift der Sitzung des Rechtsausschusses des BR v. 14.09.1956, S. 5, in: BR-Protokolle, Rechtsausschuss, 169.-177. Sitzung, 1956.

568 Stellungnahme der BReg zu den Änderungsvorschlägen und Empfehlungen des BR, BT-Drs. II, 3026, Anlage 3, S. 56.

cc) Der Bundestagsausschuss für Rechtswesen und Verfassungsrecht

Im Bundestagsausschuss für Rechtswesen und Verfassungsrecht wurden zum Teil Bedenken hinsichtlich der in § 15 enthaltenen Verordnungsermächtigungen geäußert.[569] Es wurde an der Vereinbarkeit der in § 15 enthaltenen weiten Ermächtigung mit Art. 80 GG und mit den vom Bundesverfassungsgericht durch sein Urteil zum Kriegsgefangenenentschädigungsgesetz vom 13. Juni 1956[570] zu Art. 80 GG aufgestellten Vorgaben gezweifelt.[571] Auch wurde die Frage geäußert, ob für derart wichtige Regelungsbereiche wie den Strahlenschutz ein eigenes Gesetz zweckmäßiger wäre als eine Rechtsverordnung.[572] Der CDU/CSU-Abgeordnete Wahl führte hinsichtlich der Frage nach der Vereinbarkeit mit verfassungsrechtlichen Vorgaben zu Art. 80 GG aus, dass die Ermächtigungen in § 15 derart weit gefasst seien, da von der Wissenschaft die Schutzmöglichkeiten vor den Gefahren radioaktiver Strahlung noch nicht genügend entwickelt sind. Scheidwimmer (BMAt) machte darauf aufmerksam, dass die Delegationsnorm des § 15 die Verordnungsermächtigung derart präzise formuliere, wie es nach dem heutigen Stand der Technik überhaupt möglich sei. Im Übrigen sei die nunmehr vorgesehene Verordnungsermächtigung angesichts der Gefahren radioaktiver Strahlen und angesichts der Tatsache, dass gegenwärtig bereits radioaktive Isotope in Medizin und Industrie verwendet würden, wesentlich zweckmäßiger, als wenn bis zur Klärung aller Einzelheiten der Strahlenschutzverordnung gewartet werde. Ferner sei die Rechtsform einer Verordnung gewählt worden, um auf neue Erkenntnisse der Wissenschaft durch Schutzbestimmungen schnell reagieren zu können. Mit einem Strahlenschutzgesetz sei eine schnelle Umsetzung neuer Erkenntnisse wesentlich schwieriger. Nach dieser Aussprache stimmte der Ausschuss dem § 15 mit 4 gegen 2 Stimmen zu.[573]

dd) Der Bundestagsausschuss für Atomfragen

Im Rahmen der Verordnungsermächtigung aus § 15 stellte sich der Bundestagsausschuss für Atomfragen die Frage, ob neben dem Schutz vor radioaktiven Substanzen nicht auch der Schutz vor ionisierenden Strahlen von der Ermächtigung

569 FDP-Abg. Stammberger, DP/FVP-Abg. Euler in der 210. Sitzung des 16. BT-Ausschusses, Protokoll Nr. 210, S. 7, PArch II, 1032, Bd. A1, Bl. 18.

570 BVerfG Beschluss v. 13.06.1956, Az: 1 BV L 54/55, BVerfGE 5, 71.

571 So der CDU/CSU-Abg. von Buchka in der 210. Sitzung des 16. BT-Ausschusses, S. 7, PArch II, 1032, Bd. A1, Bl. 18.

572 FDP-Abg. Stammberger in der 210. Sitzung des 16. BT-Ausschusses, S. 7, PArch II, 1032, Bd. A1, Bl. 18.

573 Protokoll der 210. Sitzung des 16. BT-Ausschusses, S. 9, PArch II, 1032, Bd. A1, Bl. 18.

erfasst sein sollte.[574] Insbesondere wäre dann neben § 24 Abs. 3 Nr. 10 der Gewerbeordnung eine Ermächtigung zum Erlass einer Röntgenverordnung gegeben, welche dann auch Vorschriften des allgemeinen Bevölkerungsschutzes enthalten könne. Auch eine Regelung, die es dem Arzt verbiete, Röntgenbestrahlung nach seinem Ermessen zu verwenden, könnte aufgrund der Ermächtigung erlassen werden.[575] Darüber hinaus wurde angeregt zu prüfen, ob aufgrund der zunehmenden Bedeutung von Teilchenbeschleunigern nicht auch für diese eine weitere Ermächtigung in § 15 eingefügt werden sollte.[576] Hinsichtlich einer Röntgenverordnungsermächtigung wurden Zweifel geäußert, ob dieser Regelungsbereich überhaupt von der geplanten Grundgesetzerweiterung[577] in Art. 74 Nr. 11 a GG erfasst sei.[578] Arning (Bundesarbeitsministerium) wies darauf hin, dass die Ermächtigung der Gewerbeordnung ausreichend sei, um etwaige Bestimmungen der Röntgenverordnung zu ändern oder zu ergänzen. Eine neue Ermächtigung im Atomgesetz sei hierfür nicht erforderlich. Dem stimmte Trabant (BMAt) zu.[579] In seinem schriftlichen Bericht schloss sich der Ausschuss der seitens des Bundesrats vorgeschlagenen Fassung des § 15 an und regte bezüglich Absatz 1 lediglich redaktionelle Änderungen an.[580]

3. Verwaltungsbehörden (§§ 17-19)

a) Entwurf und Begründung der Bundesregierung

Die Ausführung und Verwaltung des Atomgesetzes sollte anders als bei dem vorangegangen Entwurf der FDP- Fraktion[581] bereits bestehenden Behörden übertragen werden, wobei der Schwerpunkt der Verwaltung bei den Ländern liegen sollte.[582] Allein die Entscheidungen über Genehmigungen zur Ein- oder Ausfuhr von Kernbrennstoffen sowie Entscheidungen über den Widerruf solcher

574 So insbesondere der SPD-Abg. Ratzel, Protokoll der 19. Sitzung des 38. BT-Ausschusses v. 22.03.1957, S. 6, PArch II, 1032, Bd. A1, Bl. 30.

575 So der SPD-Abg. Ratzel in der 24. Sitzung des 38. BT-Ausschusses, S. 7, PArch II, 1032, Bd. A1, Bl. 33.

576 Protokoll der 19. Sitzung des 38. BT-Ausschusses v. 22.3.1957, S. 5, 6, PArch II, 1032, Bd. A1, Bl. 30.

577 BT-Drs. II, 3026 Anlage 1 a.

578 So Schulz (BMJ) in: Protokoll der 19. Sitzung des 38. BT-Ausschusses v. 22.03.1957, S. 8, PArch II, 1032, Bd. A1, Bl. 30.

579 Protokoll der 19. Sitzung des 38. BT-Ausschusses v. 22.03.1957, S. 5, 6, 12, PArch II, 1032, Bd. A1, Bl. 30.

580 Schriftlicher Bericht des 38. BT-Ausschusses BT-Drs. II, 3502.

581 BT-Drs. II, 2142; siehe 3. Teil: E.II.

582 Begr. der BReg BT-Drs. II, 3026, S. 33.

Genehmigungen sollte einer Bundesbehörde, namentlich dem Bundesamt für gewerbliche Wirtschaft (§§ 17 ff. des Entwurfs) obliegen. Dem Bundesminister für Atomfragen sollte in diesen Fragen ein unmittelbares fachliches Weisungsrecht gegenüber dem Bundesamt für Wirtschaft zustehen (§ 17 Abs. 2, § 18).

Für die staatliche Verwahrung von Kernbrennstoffen sah der Entwurf die Zuständigkeit der Physikalisch-Technischen Bundesanstalt vor (§ 18 des Entwurfs). Ihr sollte auch die Genehmigung und Beaufsichtigung der nichtstaatlichen Verwahrung von Kernbrennstoffen obliegen. Die Zuständigkeit für die allgemeine staatliche Beaufsichtigung aller Beförderungsvorgänge innerhalb der Bundesrepublik sollte jedoch bei den Landesbehörden liegen. Im Übrigen bestimmte Abschnitt III in Übereinstimmung mit der Begründung zur Grundgesetzänderung[583], dass alle Verwaltungsaufgaben von den Ländern im Auftrage des Bundes ausgeführt werden sollten, soweit nicht durch die §§ 17, 18 und § 19 Abs. 1 S. 2 etwas anderes bestimmt ist. Den Ländern sollte es grundsätzlich freistehen, die zuständigen Behörden zu bestimmen. Jedoch legte § 19 des Entwurfs für die wichtigsten von den Ländern auszuführenden Verwaltungsaufgaben Sonderregelungen für die Genehmigung und Beaufsichtigung der Errichtung und des Betriebes einschlägiger Anlagen (§§ 7 und 11), für die Genehmigung und Beaufsichtigung der Verwendung von Kernbrennstoffen außerhalb genehmigungspflichtiger Anlagen (§§ 8 und 11) und für die nach § 9 zu treffenden Maßnahmen (nachträgliche Auflagen und Widerruf von Genehmigungen, sofern die Erteilung der Genehmigung in ihren Händen liegt) die Zuständigkeit der für die Gewerbeaufsicht zuständigen obersten Landesbehörden fest. Die dargelegten Maßnahmen seien derart weitreichend, dass sie eine besondere Fachkunde erforderten, so dass sie nur den obersten Landesbehörden übertragen werden könnten. Darüber hinaus wirke sich die Zuständigkeit der obersten Landesbehörden, insbesondere im Verfahren der Genehmigung von Anlagen nach § 7, positiv aus. Hier seien nicht nur Bundesgesetze, sondern auch zahlreiche Landesgesetze, insbesondere Vorschriften baupolizeilicher, gesundheitspolizeilicher und wasserpolizeilicher Art zu beachten. Landesbehörden seien in der Lage, im Rahmen des Genehmigungsverfahrens sowohl Bundes- als auch Landesrecht anzuwenden. Bundesbehörden dagegen seien auf die Ausführung von Bundesgesetzen beschränkt. Die Prüfung einschlägiger landesrechtlicher Vorschriften müsse wiederum den zuständigen Landesbehörden überlassen werden. Daher würde ein solches Vorgehen zu einer „Zweigleisigkeit“[584] des Genehmigungsverfahrens führen. Um dies und eine daraus resultierende umständlichere und langsamere Sachbehandlung zu verhindern, müsse die Verwaltung des Atomgesetzes grundsätzlich in die Hände der

583 BT-Drs. II, 3026 Anlage 1 a; siehe 2. Teil: B.IV.2.

584 Begr. der BReg zu BT-Drs. II, 3026, S. 35.

Landesbehörden gelegt werden. Die Belange des Bundes und der Länder sowie die Gewährleistung einer einheitlichen Verwaltungspraxis könnten der Entwurfsbegründung der Bundesregierung zufolge im gesamten Bundesgebiet durch das vorgesehene Weisungsrecht des Bundes sichergestellt werden.

b) Stellungnahme des Bundesrates und Gegenäußerung der Bundesregierung

Soweit der Regierungsentwurf in § 19 Abs. 2 die Zuständigkeit der obersten Landesbehörden, denen die Gewerbeaufsicht oblag, für die verwaltungsmäßige Durchführung des Gesetzes bestimmte, sorgte insbesondere diese Bestimmung für erhebliche Diskussionen in den Ausschüssen des Bundesrates. Der Rechtsausschuss[585], der Wirtschaftsausschuss[586], der Ausschuss für Kulturfragen[587] und der Ausschuss für Innere Angelegenheiten sprachen sich gegen eine fachliche Festlegung der zuständigen Landesbehörden im Atomgesetz aus. Den Ländern sollte es überlassen werden, die zuständigen Fachbehörden selbst zu bestimmen.[588] Abgesehen vom Rechtsausschuss waren sich die Ausschüsse darüber einig, dass es sachlich gerechtfertigt sei, grundsätzlich die obersten Landesbehörden mit der Durchführung des Gesetzes zu betrauen. Allein der Ausschuss für Arbeit und Sozialpolitik sprach sich dafür aus, § 19 Abs. 2 in der Fassung der Regierungsvorlage beizubehalten. Hierdurch sei nach einstimmiger Auffassung im Ausschuss gewährleistet, dass die Gesichtspunkte der Gefahrenabwehr hinreichend berücksichtigt seien und in jedem Land von gleichermaßen fachlich geeigneten Stellen wahrgenommen werden würden.[589]

Der Ausschuss für Arbeit und Sozialpolitik des Bundesrates sprach sich damit ausdrücklich gegen die dargestellten Änderungsvorschläge aus.[590] Die in § 19 Abs. 2 enthaltenen Aufgaben seien fachlich dem Aufgabengebiet der Gewerbeaufsicht zuzuordnen und fast ausschließlich unter den Gesichtspunkt der Gefahrenabwehr wahrzunehmen. Aufgaben der Gefahrenabwehr, wie von einem Gewerbebetrieb ausgehende Gefahren, seien seit Langem von Gesetzgebung und Verwaltung der Gewerbeaufsicht übertragen worden, da die Gefahren in erster Linie Arbeitnehmer treffen. Die Gewerbeaufsicht gewährleiste, dass sowohl der

585 Niederschrift der Sitzung des Rechtsausschusses v. 14.09.1956, S. 12, in: BR-Protokolle, Rechtsausschuss, 169.-177. Sitzung, 1956.

586 Niederschrift der 129. Sitzung des Wirtschaftsausschusses v. 27.09.1956, S. 23, in: BR-Protokolle, Wirtschaftsausschuss, 119.-135. Sitzung, 1956.

587 Niederschrift der 34. Sitzung des Ausschusses für Kulturfragen v. 21.09.1956, S. 4, in: BR-Protokolle, Kulturausschuss, 17.-35. Sitzung, 1953-1956.

588 Stenogr. Bericht der 163. Sitzung des BR, 300 ff.

589 Stenogr. Bericht der 163. Sitzung des BR, 300 ff..

590 Niederschrift der 123. Sitzung des Ausschusses für Arbeit und Sozialpolitik v. 27.09.1956, S. 13, in: BR-Protokolle, Ausschuss für Arbeit und Sozialpolitik, 113.-129. Sitzung, 1956.

Sachverstand und die Verwaltungserfahrung der Gewerbeaufsichtsbeamten als auch eine straffe Aufgabenorganisation dem neuen Aufgabengebiet der Kernenergienutzung zugutekommen würden. Ferner werde durch die Übertragung der in § 19 Abs. 2 genannten Aufgaben vermieden, dass die Erfordernisse der Gefahrenabwehr gegenüber Gesichtspunkten der staatlichen Förderung zurücktreten. Die Notwendigkeit, eine entsprechende Zuständigkeitsregelung im Atomgesetz selbst festzulegen, könne nicht verkannt werden. Aufgrund der Neuartigkeit der Materie müsse gewährleistet sein, dass in jedem Bundesland ein gleichartiger vorgebildeter und organisierter Verwaltungsapparat zur Verfügung stehe. Dies sei nur dann sichergestellt, wenn das Gesetz selbst die Aufgaben den für die Gewerbeaufsicht zuständigen Landesbehörden übertrage. Aus diesem Grunde sei es verfassungspolitisch vertretbar, von der Möglichkeit des Art. 85 Abs. 1 GG Gebrauch zu machen, die Zuständigkeit innerhalb von Landesverwaltungen zu bestimmen.[591]

Der Bundesrat folgte jedoch dem Änderungsvorschlag des Rechts-, des Wirtschaftsausschusses, des Ausschusses für Innere Angelegenheiten und des Ausschusses für Kulturfragen. Als Begründung führte er an, dass die Verfassungslage in einigen Ländern dahingehend Berücksichtigung finden müsse, dass die Bestimmung dieser Behörden zur Vermeidung eines Gesetzes der Landesregierung vorbehalten bleibt.[592]

Die Bundesregierung stimmte den Änderungsvorschlägen des Bundesrates zu.[593]

c) Stellungnahme des Bundesverbandes der Deutschen Industrie

Der Bundesverband der Deutschen Industrie sprach sich in seiner Stellungnahme dafür aus, dass nicht nur die Genehmigungen und Zulassungen nach § 17 Abs. 1 S. 1 schriftlich erteilt, sondern auch Ablehnungen mit entsprechender Begründung wie bei einem Verwaltungsakt schriftlich gefasst werden sollten.[594] Daneben hielt er § 17 Abs. 3, welcher die Möglichkeit eines Widerrufs vorsah, sofern eine Gefährdung der Allgemeinheit vorlag, für bedenklich. Diese Bestimmung gebe sehr weite Auslegungsmöglichkeiten. Um ein erhöhtes Maß an Rechtssicherheit bieten zu können, sollte die Formulierung aus § 6 Abs. 5 des Entwurfs,

591 Niederschrift der 123. Sitzung des Ausschusses für Arbeit und Sozialpolitik v. 27.09.1956, S. 13, in: BR-Protokolle, Ausschuss für Arbeit und Sozialpolitik, 113.-129. Sitzung, 1956.

592 Stellungnahme des BR, BT-Drs. II, 3026 Anlage 2 b, S. 53

593 Stellungnahme der BReg zu den Änderungsvorschlägen und Empfehlungen des BR, BT-Drs. II, 3026 Anlage 3, S. 56.

594 Stellungnahme des Bundesverbandes der der Deutschen Industrie, S. 7, v. 29.01.1959; PArch III, 156, Bd. A 2, Anlage 1.

wonach der Widerruf nur „aus zwingenden Gründen des Schutzes der Bevölkerung“ erfolgen dürfe, in § 17 Abs. 3 eingefügt werden.[595]

d) Der Bundestagsausschuss für Rechtswesen und Verfassungsrecht

Der Ausschuss für Rechtswesen und Verfassungsrecht billigte Abschnitt III des Entwurfes, welcher die Verwaltungsvorschriften enthielt, in nur einer Lesung mit einer Enthaltung bei der Abstimmung.[596]

e) Der Bundestagsausschuss für Atomfragen

Im Bundestagsausschuss für Atomfragen sprachen sich die SPD- und die FDP-Fraktion für die Errichtung einer Bundesanstalt für Kernenergie aus. Eine zentrale Oberbehörde, wie sie der vorangegangene FDP-Entwurf[597] vorsah, gewährleiste die notwendige Einheitlichkeit auf dem Gebiet der Atomenergie.[598] Der Abgeordnete Geiger (CDU/CSU) und der Ausschussvorsitzende Euler (DP/FVP) befürworteten demgegenüber die Fassung des Regierungsentwurfes.[599] Der Ausschuss nahm nach eingehender Erörterung die §§ 17 bis 19 in der Fassung der Regierungsvorlage mit den Änderungsvorschlägen des Bundesrates in erster[600] und in zweiter Lesung[601] an.

4. Haftung (§§ 20-30)

a) Entwurf und Begründung der Bundesregierung

Die Bundesregierung sah in ihrem Entwurf aufgrund der besonderen Gefahrsituation beim Umgang mit Kernbrennstoffen und anderen radioaktiven Stoffen ein Haftungssystem vor (Schadensersatz bei unerlaubten Handlungen, §§ 823 ff. BGB), das von dem allgemeinen abweichendes Haftungssystem abwich.[602] Aufgrund der besonderen, beim Umgang mit Kernbrennstoffen bestehenden Gefahren

---

595 Stellungnahme des Bundesverbandes der Deutschen Industrie, S. 7, v. 29.01.1959; PArch III, 156, Bd. A 2, Anlage 1.

596 Protokoll des 16. BT-Ausschusses, 06.05.1957, PArch II, 1032, Bd. A 1, Bl. 18.

597 BT-Drs. II, 2142.

598 Abg. Ratzel (SPD), Abg. Priebe (SPD) in: Protokoll der 20. Sitzung des 38. BT-Ausschusses, S. 3, 4, PArch II, 1032, Bd. A1, Bl. 31.

599 Protokoll der 20. Sitzung des 38. BT-Ausschusses, S. 4, PArch II, 1032, Bd. A1, Bl. 31.

600 Protokoll der 20. Sitzung des 38. BT-Ausschusses, S. 4, PArch II, 1032 Bd. A1, Bl. 31.

601 Protokoll der 24. Sitzung des 38. BT-Ausschusses, S. 8, PArch II, 1032 Bd. A 1, Bl. 33.

602 Auch bei Eisenbahnen, Kraftfahrzeugen (StVG), Luftfahrzeugen sowie bei Elektrizitäts- und Gasanlagen kam es zu einer Verschärfung bei der Haftung.

sei ein ausreichender Opferschutz nur über spezielle Haftungsvorschriften zu gewährleisten.[603] Der Entwurf differenzierte bei der Art der Haftung zwischen der für Anlagen zur Erzeugung, Spaltung und Aufbearbeitung von Kernbrennstoffen (§ 20) und der Haftung des Besitzers für die Fälle des sonstigen Umgangs mit radioaktiven Stoffen sowie für die von Kernspaltungs- und Vereinigungsvorgängen ausgehenden Gefahren (§ 21).

Die Bundesregierung schlug eine Gefährdungshaftung für den Betrieb von Atomanlagen sowie eine Verschuldenshaftung mit Umkehr der Beweislast für den Umgang mit radioaktiven Stoffen vor. Die Haftung sowohl für Atomanlagen als auch für den Umgang mit radioaktiven Stoffen sollte insofern eingeschränkt werden, als die Ersatzpflicht für Personen- und Sachschäden aus demselben Ereignis auf einen Höchstbetrag von 25 Millionen DM begrenzt werden sollte. Im Falle der Schädigung mehrerer Personen aufgrund desselben Ereignisses und der Überschreitung der Höchstgrenze sah der Entwurf vor, dass sich die dem Einzelnen zu gewährende Entschädigung anteilig verringerte.

Eine Haftung für Schäden, welche aufgrund von Kernvereinigungsvorgängen eintreten, sah der Entwurf nicht vor. Die Bundesregierung verwies darauf, dass in absehbarer Zeit in der Bundesrepublik noch nicht mit Anlagen, in denen Kernvereinigungsvorgänge herbeigeführt würden, gerechnet werden könne. Die technischen Voraussetzungen in Deutschland wären hierfür nicht gegeben. Entsprechende Regelungen könnten daher nachträglich in das Atomgesetz eingefügt werden. Eine Haftung für Kernvereinigungsvorgänge war mithin nur im Rahmen der Haftung des Besitzers radioaktiver Stoffe nach § 21 Abs. 2 des Entwurfs möglich.

Die rechtliche Ausgestaltung der Haftungsbestimmungen war im Übrigen weitgehend an die Bestimmungen des Straßenverkehrsgesetzes und des Luftverkehrsgesetzes angelehnt. So wurde die Verjährung der Haftungsansprüche des Atomgesetzes in § 27 geregelt. Dieser entsprach dem § 15 StVG und sah eine regelmäßige Verjährungsfrist von zwei Jahren ab Kenntniserlangung bezüglich des Schadens vor.[604]

Im Folgenden werden die Haftungsbestimmungen des Entwurfs dargestellt, welche am kontroversesten innerhalb der einzelnen Beratungen diskutiert wurden.

aa) Haftung für Anlagen (§ 20)

In § 20 normierte der Regierungsentwurf die Haftung für Anlagen nach § 7. Hiernach musste der Inhaber einer zur Erzeugung, Spaltung oder Aufarbeitung

603 Begr. der BReg zu BT-Drs. II, 3026, S. 35.

604 Begr. der BReg zu BT-Drs. II, 3026, S. 38

von Kernbrennstoffen dienenden Anlage, außer im Falle der höheren Gewalt, für Körper- und Sachschäden haften, die durch die Wirkung eines Kernspaltungsvorganges oder von der Strahlung eines radioaktiven Stoffes ausgelöst werden, sofern diese Wirkung ihrerseits in einem ursächlichen Zusammenhang mit der Anlage oder einer dem Betrieb der Anlagen zugehörigen Einrichtung oder Handlung einschließlich der Abfallbeseitigung steht. § 20 Abs. 2 des Entwurfs enthielt die Feststellung, dass die radioaktive Verseuchung einer Sache als Sachbeschädigung gelte. Die Formulierung „Inhabers der Anlage" war laut Begründung der Bundesregierung entsprechend § 1a des Reichshaftpflichtgesetzes auszulegen.[605] Die Haftung nach § 20 bestehe ohne Rücksicht darauf, ob für die Anlage eine Genehmigung nach § 7 bestehe oder nicht.

Hinsichtlich der zu einer Anlage gehörigen Einrichtungen oder Handlungen in dem im Entwurf aufgeführten Sinne gehöre grundsätzlich auch die Eigenverwahrung von Kernbrennstoffen im Sinne des § 6. Die sich im Einzelfall stellende Frage, ob und unter welchen Voraussetzungen eine Verwahrung von Kernbrennstoffen, sofern sie räumlich getrennt von der Anlage erfolgt, eine Haftung nach § 20 begründete, sollte der Rechtsprechung überlassen werden. Derartige Fragestellungen seien stets nach den jeweiligen Umständen des Einzelfalls zu beurteilen und entzogen sich daher einer generellen gesetzlichen Regelung.

Sofern ein Verletzer einen Haftungsanspruch nach § 20 geltend machen wolle, sei dieser seinerseits für das Vorliegen einer Körper- oder Sachbeschädigung und auch für den Ursächlichkeitszusammenhang zu der Anlage beweispflichtig. Hingegen müsse der Inhaber der Anlage dartun, dass der Schaden durch höhere Gewalt verursacht wurde. Hierbei sei auf die durch die Rechtsprechung zum Reichshaftpflichtgesetz entwickelten Grundsätze zurückzugreifen, wonach ein Fall der höheren Gewalt stets dann vorliege, wenn betriebsfremde, von außen durch elementare Naturkräfte oder durch Handlungen dritter Personen herbeigeführte Ereignisse, die nach menschlicher Einsicht und Erfahrung unvorhersehbar sind, mit wirtschaftlich erträglichen Mitteln auch durch die äußerste nach der Sachlage vernünftige Weise zu erwartende Sorgfalt nicht verhütet oder unschädlich gemacht werden können und auch nicht wegen ihrer Häufigkeit von dem Inhaber der Anlage in Kauf zu nehmen sind.[606] Hierbei wies die Bundesregierung insbesondere darauf hin, dass als Ereignisse höherer Gewalt niemals solche Umstände anzusehen seien, die ihre Ursache in dem Betrieb der Anlage selbst und den mit ihr verbundenen Gefahren haben.[607]

---

605 Begr. der BReg zu BT-Drs. II, 3026, S. 36.

606 So die Begr. der BReg zu BT-Drs. II, 3026, S. 36 mit Verweis auf RG JW 1931, 865.

607 So die Begr. der BReg zu BT-Drs. II, S. 36.

bb) Haftung für den Besitz radioaktiver Stoffe oder von einer Kernspaltung oder Kernvereinigung betroffener Stoffe in anderen Fällen (§ 21)

Die Bundesregierung ging davon aus, dass die weiteren Entwicklungen auf dem Gebiet der Kernenergie vermehrt den Gebrauch radioaktiver Stoffe mit sich bringen werden, was wiederum dazu führen würde, dass zunehmend Stoffe mit einer hohen Strahlenintensität in Gebrauch genommen werden. Ausgehend von dieser Erwartung habe die Bundesregierung die Notwendigkeit gesehen, die Haftung für die durch radioaktive Stoffe verursachten Schädigungen zu regeln, so dass auch in diesem Bereich ein ausreichender Opferschutz durch eine Haftung des Besitzers gewährleistet sei. Zwar sei aufgrund des § 15 die Möglichkeit eröffnet, entsprechende Schutzvorschriften zu erlassen. Diese Vorschriften könnten jedoch nur für die Beurteilung des Verschuldensmaßstabes und als Schutzgesetz im Sinne des § 823 Abs. 2 BGB herangezogen werden. Eine allein hierauf gestützte Haftung könne jedoch nicht als ausreichend angesehen werden. Dies liege daran, dass die deliktische Haftung für den Geschädigten nicht die hinreichende Möglichkeit eines begründeten Anspruchs biete. Im Rahmen des Deliktsrecht habe der Geschädigte den Nachweis des Verschuldens zu erbringen, wobei dem Geschäftsherrn zusätzlich noch der Entlastungsbeweis aus § 831 BGB zur Seite stehe. Dieser könne sich, soweit eine schädigende Handlung oder Unterlassung durch seine Verrichtungshilfen vorliege, auf den § 831 BGB berufen und einer Haftung entgehen. Es sei insofern geboten, die Haftung in einem für den Verletzten günstigeren Sinne zu regeln. Eine solche günstigere Haftungssituation solle durch § 21 des Entwurfs geschaffen werden.

Im Verhältnis zu § 20 sei der § 21 subsidiär. Die in § 21 geregelte Besitzhaftung greife erst dann, wenn sich keine Haftung aus § 20 ergebe.[608]

Eine Haftung des Besitzers eines radioaktiven Stoffes und ebenso die des Besitzers eines von einem Kernspaltungs- oder Kernvereinigungsvorganges betroffenen Stoffes ergebe sich gem. § 21 Abs. 2 des Entwurfs, wenn ein durch die Wirkung dieser Stoffe verursachter Körper- und Sachschaden kausal entstanden sei. Ausgeschlossen sei eine Haftung nach § 21 Abs. 2 nur, wenn der Besitzer sowohl für sich als auch für die Person, die für ihn im Zusammenhang mit dem Besitz des betreffenden Stoffes tätig ist, den Entlastungsbeweis dahingehend führen kann, dass er und diese Person jede zur Vermeidung einer Gefahr nach den Umständen des Falles gebotene Sorgfalt beobachtet haben.[609] Dies stelle eine Verschuldenshaftung mit Umkehrung der Beweislast dar, bei welcher der Entlastungsbeweis nach § 831 BGB ausgeschlossen sei. Angelehnt sei die Vorschrift

608 Begr. der BReg zu BT-Drs. II, 3026, S 37.

609 Begr. der BReg zu BT-Drs. II, 3026, S. 37.

des § 21 Abs. 2 an § 7 Abs. 2 des Straßenverkehrsgesetzes. An die gebotene Sorgfalt seien daher nach § 7 Abs. 2 des Entwurfs die gleichen erhöhten Anforderungen zu stellen wie schon nach § 7 Abs. 2 des Straßenverkehrsgesetzes.

Soweit § 21 die Haftung des Besitzers betreffe, sei hierunter sowohl der unmittelbare als auch der mittelbare Besitzer zu verstehen, nicht aber der Besitzdiener. Eine Beschränkung auf den Eigenbesitzer sehe der Entwurf dementsprechend nicht vor. Die Haftung greife somit unabhängig davon, ob der Besitzer den Stoff „als ihm gehörend" besitze (Eigenbesitz) oder nicht. Sofern für eine Haftung mehrere Besitzer in Betracht komme, bestimme sich die Haftung im Innen- und Außenverhältnis nach § 30 des Entwurfs. Dieser entsprach seiner Systematik nach dem § 17 StVG, dem § 27 LVG und dem § 6 Eisenbahnsachhaftpflichtgesetz. Danach sei bei einer Haftung mehrerer nach §§ 20 und 21 des Entwurfs der Umfang der Ersatzpflicht des Einzelnen von den Umständen abhängig, insbesondere davon, inwieweit der Schaden auf Ursachen beruht, für die der eine oder andere Teil verantwortlich ist.

Gem. § 21 Abs. 3 hafte derjenige, der den Besitz eines Stoffes verloren habe, ohne ihn an eine dem Gesetz nach (insbesondere § 15 des Entwurfs) berechtigte Person zu übertragen, gleich einem Besitzer. Wann Besitz als verloren gelte, beurteile sich nach § 856 BGB. § 21 Abs. 3 des Entwurfes gewährleiste eine Fortdauer der Haftung des Besitzers, selbst wenn dieser den Besitz aufgegeben habe.

§ 21 Abs. 4 enthielt einen Haftungsausschluss gegenüber Personen, welche die besondere Gefahr in Kauf genommen haben. Ob die geschädigte Person die Gefahr in Kauf genommen habe, richte sich nach einer Untersuchung des zugrunde liegenden Rechtsverhältnisses. Soweit eine ausdrückliche Bestimmung fehle, sei die getroffene Vereinbarung durch Auslegung und Ermittlung des Parteiwillens nach den §§ 133, 157 und 242 BGB zu bestimmen. Daneben solle die Haftung aus anderen Vorschriften, wie z.B. aus § 898 RVO, unberührt bleiben. Durch Abs. 4 seien all diejenigen Fälle aus der strengen Haftung des § 21 herauszunehmen, in denen der Verletzte durch Rechtsgeschäft die Gefahr auf sich genommen habe. So zähle z.B. der Patient, der sich mit einer Behandlung durch radioaktive Stoffe einverstanden erklärt hat, zum Anwendungsbereich des § 21 Abs.4.

cc) Höchstbeträge (§ 26)

Der Regierungsentwurf sah entsprechend § 12 StVG a.F. und § 23 LVG Höchstbeträge für den Schadensersatz vor, wobei jedoch bei der Bestimmung der Höchstbeträge Abweichendes festgelegt wurde.

Als Höchstbetrag für jede verletzte Person wurde ein Betrag von 100.000 DM vorgesehen, was einer Jahresrente von 6.000 DM bzw. einer Monatsrente von 500 DM entspricht. Im Vergleich mit den nach dem Straßenverkehrsgesetz gewährten

Höchstbeträgen bei Personenschäden waren die im Entwurf vorgesehen Höchstbeträge doppelt so hoch. Der Haftungshöchstbetrag lag jedoch immer noch unter dem im Reichshaftpflichtgesetz vorgesehenen Höchstbetrag in Form einer Jahresrente von 15.000 DM.

Laut der Entwurfsbegründung der Bundesregierung entschied diese sich jedoch, im Falle der Haftung für eine Sachbeschädigung keine zahlenmäßige Begrenzung der Höchstsumme vorzusehen, da im Falle des Atomgesetzes – anders als bei dem Straßenverkehrsgesetz – mit Schäden beträchtlichen Umfangs, insbesondere an Grundstücken, gerechnet werden müsse, für die eine Haftungshöchstsumme wie auch schon im Eisenbahnhaftpflichtgesetz unpraktikabel gewesen wäre.[610] Im Rahmen des sich hiernach ergebenen Haftungsbetrages für einen Sachschaden seien auch mögliche Nutzungsschäden zu ersetzen. Treffe der Nutzungsschaden, etwa im Falle einer Vermietung, nicht den Eigentümer, so müssen sich der Eigentümer und der Nutzungsberechtigte im Rahmen des Abs. 3 den durch den gemeinen Wert bestimmten Haftungshöchstbetrag teilen.

Abgesehen von der Begrenzung der Schadensersatzpflicht gegenüber dem einzelnen Betroffenen nach § 26 Abs. 1 des Entwurfs waren Haftungshöchstgrenzen auch für den wegen eines schädigenden Ereignisses insgesamt zu leistenden Schadensersatz in § 26 Abs. 2 vorgesehen. Die Festsetzung der Höchstgrenze auf 25 Millionen DM wurde mit der Ansicht von Sachverständigen begründet, welche diesen Höchstbetrag – außer im Falle einer atomaren Großkatastrophe – als ausreichend bezeichneten.[611] Explizit wurde jedoch in der Entwurfsbegründung erwähnt, dass die in § 26 normierten Haftungshöchstgrenzen nur für die in diesem Gesetzesentwurf geregelte Haftung gelten und dass die neben dieser Haftung stehende allgemeine Verschuldenshaftung nach §§ 823 ff. BGB daneben bestehen bleibe und der Höhe nach unbeschränkt bleiben solle.

Von dem allgemeinen Höchstbetrag von 25 Millionen DM sollten zwei Drittel auf Personenschäden und ein Drittel auf Sachschäden entfallen. Zugunsten des Opferschutzes sei vorgesehen, dass die nicht ausgenutzten Beträge der einen Schadensart jeweils für die andere genutzt werden können. Reichen die nach § 26 zur Verfügung gestellten Beträge nicht aus, um alle Betroffenen vollumfänglich zu entschädigen, so finde gem. Abs. 3 eine entsprechende Herabsetzung der Anspruchshöhe statt.[612]

610 Begr. der BReg zu BT-Drs. II, 3026, S. 38.

611 Begr. der BReg zu BT-Drs. II, 3026, S. 38.

612 Eine Verkürzung der Ansprüche ähnlich einem Konkursverfahren, so Mattern/Raisch, Atomgesetz Kommentar, § 37, Rn.1.

b) Stellungnahme des Bundesrates

In § 20 Abs. 1 des Entwurfs forderte der Bundesrat die Streichung des letzten Satzes, welcher die Haftung für Anlagen bei höherer Gewalt ausschloss. Es sei nicht ersichtlich, warum, nachdem schon im Luftverkehrsgesetz und in bestimmtem Umfang in § 1a des Reichshaftpflichtgesetzes eine Haftungsverpflichtung auch bei höherer Gewalt bestehe, eine solche auch nicht für das Atomgesetz gelten solle. Diese Stellungnahme ging insbesondere auf den Rechtsausschuss[613], den Wirtschaftsausschuss[614] und den Finanzausschuss[615] des Bundesrates zurück. Nachdem schon im Luftverkehrsgesetz und in bestimmten Umfang in § 1a des Reichshaftpflichtgesetzes Haftung auch bei höherer Gewalt vorgesehen sei, erscheine es ungerechtfertigt, hier eine solche Haftung auszuschließen.[616]

Ferner sei die differenzierte Haftungsausgestaltung – Gefährdungshaftung für den Betrieb von Atomanlagen (§ 20) einerseits und Verschuldenshaftung mit Umkehr der Beweislast für den Umgang mit radioaktiven Stoffen (§ 21) andererseits – nicht zweckmäßig. Der Bundesrat schlug daher vor, die in § 21 Abs. 1 S. 1 erfassten Schadensfälle in die Gefährdungshaftung des § 20 miteinzubeziehen.[617] Darüber hinaus regte der Bundesrat im weiteren Gesetzgebungsverfahren an zu prüfen, ob nicht zugunsten des Geschädigten in § 21 Abs. 4 des Entwurfs eine Verschuldenshaftung mit umgekehrter Beweislast vorgesehen werden könne. Eine Realisierung der Ansprüche des Geschädigten sei meist schwierig, wenn diesem zugemutet werde, die Schadensursache aufzuklären und den Nachweis zu erbringen, dass den Besitzer des Stoffes ein Verschulden trifft.

Des Weiteren ersuchte der Bundesrat die Bundesregierung, im weiteren Gesetzgebungsverfahren zu prüfen, ob auf der Rechtsfolgenseite, etwa bei § 24, nicht auch der Ersatz immaterieller Schäden festgelegt werden könne. Insbesondere sollten immaterielle Schäden ersetzt werden, welche als typische Kernenergieschäden anzusprechen seien.[618]

---

613 Niederschrift der Sitzung des Rechtsausschusses des BR v. 14.09.1956, S. 11, in: BR-Protokolle, Rechtsausschuss, 169.-177. Sitzung, 1956.

614 Niederschrift der 129. Sitzung des Wirtschaftsausschusses v. 27.09.1956, S. 24, in: BR-Protokolle, Wirtschaftsausschuss, 119.-135. Sitzung, 1956.

615 Niederschrift der 155. Sitzung des Finanzausschusses v. 27.09.1956, S. 7, in: BR-Protokolle, 144.-161. Sitzung, 1956.

616 Niederschrift der 129. Sitzung des Wirtschaftsausschusses v. 27.09.1956, S. 24, in: BR-Protokolle, Wirtschaftsausschuss, 119.-135. Sitzung, 1956; Niederschrift der 155. Sitzung des Finanzausschusses v. 27.09.1956, S. 7, in: BR-Protokolle, 144.-161. Sitzung, 1956.

617 Stellungnahme des BR, BT-Drs. II, 3026 Anlage 2 b.

618 Dies erfolgte auf Anregung des Wirtschaftsausschusses, vgl. Niederschrift der 129. Sitzung des Wirtschaftsausschusses v. 27.09.1956, S. 25, in: BR-Protokolle, Wirtschaftsausschuss, 119.-135. Sitzung, 1956.

In der Bundesratssitzung am 5. Oktober 1956 beantragte das Land Bayern, dass der Bundesrat gem. Art. 76 Abs. 2 GG beschließen solle, in § 26 Abs. 1 Nr. 1 eine Schadensersatzpflicht festzulegen, wenn „im Falle der Tötung oder Verletzung eines Menschen nur bis zu einem Kapitalbetrag von 250.000 Deutsche Mark oder bis zu einem Rentenbetrag von jährlich 15.000 Deutsche Mark“ erreicht werde. Darüber hinaus beantragte das Land Bayern, dass im weiteren Verlauf des Gesetzgebungsverfahrens geprüft werden solle, inwieweit die in den Absätzen 2 bis 4 des § 26 vorgesehenen Haftungshöchstbeträge zu erhöhen seien oder gänzlich entfallen sollten.[619] Auch der Rechtsausschuss des Bundesrates hatte zuvor um erneute Überprüfung der Haftungshöchstbeträge gebeten, dies jedoch dem zuständigen Fachausschuss überlassen.[620] Ebenso bat der federführende Wirtschaftsausschuss des Bundesrates um Überprüfung und Angleichung der Haftungshöchstbeträge.[621]

Hinsichtlich der Verjährungsregelung in § 27 empfahl der Rechtsausschuss des Bundesrates, im Falle von genetischen Schäden die 30-jährige Verjährungsfrist auszuschließen.[622] Der Ausschuss für Arbeit und Sozialpolitik sprach sich dafür aus, die im Entwurf vorgesehene regelmäßige Verjährungsfrist von zwei auf fünf Jahre zu verlängern, sowie ebenfalls dafür, im Fall von genetischen Schäden die 30-jährige Verjährungsfrist auszuschließen.[623]

In seiner endgültigen Stellungnahme zum Regierungsentwurf beanstandete der Bundesrat die Begrenzung der Haftungssumme im Falle der Tötung oder Verletzung eines Menschen. Die in § 26 Abs. 1 Nr. 1 vorgesehenen Höchstbeträge von 100.000 bzw. 6.000 DM seien im Hinblick auf die Schwere der möglichen Gesundheitsschädigungen zu gering. Auch die in Abs. 2 enthaltene Begrenzung des Gesamtschadensbetrages aus demselben Ereignis auf einen Höchstbetrag von 25 Millionen DM sei nicht nachvollziehbar. Angesichts der außerordentlichen Gefahren, die mit dem Betrieb einer Kernumwandlungsanlage verbunden sind, sollte der Haftungshöchstbetrag erheblich höher festgesetzt werden. Der Bundesrat schlug vor, den Kapitalbetrag auf 250.000 Deutsche Mark und den jährlichen Rentenbetrag auf 15.000 Deutsche Mark hochzusetzen.[624]

---

619 Antrag des Landes Bayern zu BR-Drs. Nr. 322/2/56 b, PArch II, 1032, Bd. A1.

620 Niederschrift der Sitzung des Rechtsausschuss des BR v. 14.09.1956, S. 11, in: BR-Protokolle, Rechtsausschuss, 169.-177. Sitzung, 1956.

621 Niederschrift der 129. Sitzung des Wirtschaftsausschusses v. 27.09.1956, S. 25 in: BR Protokolle, Wirtschaftsausschuss, 119.-135. Sitzung, 1956.

622 Niederschrift der Sitzung des Rechtsausschuss des BR v. 14.09.1956, S. 13, in: BR-Protokolle, Rechtsausschuss, 169.-177. Sitzung, 1956.

623 Niederschrift der 123. Sitzung des Ausschusses für Arbeit und Sozialpolitik v. 27.09.1955, S. 14, in: BR-Protokolle, Ausschuss für Arbeit und Sozialpolitik, 113.-129. Sitzung, 1956.

624 Stellungnahme des BR BT-Drs. II, 3026 Anlage 2 b, S. 54.

Ferner sei in § 27 Abs. 1 des Entwurfs die regelmäßige Verjährungsfrist für Schadensersatzansprüche von zwei auf fünf Jahre hochzusetzen. Darüber hinaus empfahl der Bundesrat entsprechend der Empfehlung des Rechtsausschusses des Bundesrates, bei genetischen Schäden die 30-jährige Verjährungsfrist auszuschließen (§ 27 Abs. 2 des Entwurfs), da aufgrund der Eigenart von Strahlungserkrankungen das Ausmaß der Schädigung in kurzer Zeit nicht festgestellt werden könne.

c) Gegenäußerung der Bundesregierung

Die Bundesregierung lehnte den Änderungsvorschlag des Bundesrates bezüglich der Haftungsgestaltung für den Betrieb einer Anlage und für den Umgang mit radioaktiven Stoffen ab.[625] Die unterschiedliche Behandlung im Regierungsentwurf sei aufgrund des unterschiedlichen Gefahrenrisikos bei dem Betrieb von Atomanlagen und dem Umgang mit radioaktiven Stoffen geboten. Das Risiko des „Außer-Kontrolle-Geratens" bei dem Betrieb von Atomanlagen sei trotz umfangreicher Kontrollen nicht gänzlich auszuschließen. Konträr dazu stehe die Strahlungsenergie eines radioaktiven Stoffes, bei dem die Menge der freigesetzten Energie von vornherein bekannt und vorhersehbar sei. Der Schutz vor der Strahlung des radioaktiven Stoffes könne daher von Beginn an und für die gesamte Lebensdauer des Stoffes genau vorhergesehen und dosiert werden. Die Einhaltung vorher erlassener Schutzvorschriften (etwa durch eine Strahlenschutzverordnung) sorge daher für genügend Verkehrssicherheit bei dem Umgang mit radioaktiven Stoffen. Eine derartige Verkehrssicherheit lasse sich bei dem Betrieb von Atomanlagen schon aufgrund der nicht voll kalkulierbaren physikalischen und chemischen Beanspruchung der Kontroll- und Betriebseinrichtungen nicht erzielen.[626] Hinzu komme, dass auch der quantitative Gefährlichkeitsgrad beim Betrieb einer Anlage und beim Umgang mit radioaktiven Stoffen unterschiedlich sei, so dass eine einheitliche Haftung für beide Konstellationen unbillig sei. Die Verwendung und Lagerung radioaktiver Stoffe zum Zwecke ihres Einsatzes in der Forschung, in der Medizin, der Technik, der Industrie und ihres Einsatz in der Landwirtschaft setze eine quantitativ weitaus geringere Menge an Radioaktivität frei, welche immer nur ein Bruchteil der Radioaktivität in einem laufenden Reaktor sein werde. Eine unterschiedliche Ausgestaltung der Haftungsbestimmungen – Verschuldenshaftung mit Umkehr der Beweislast für den Umgang mit radioaktiven Stoffen, Gefährdungshaftung

---

625 Stellungnahme d. BReg zu den Änderungsvorschlägen des BR, BT-Drs. III, 3026 Anlage 3, S. 59 f.

626 Stellungnahme d. BReg zu den Änderungsvorschlägen des BR, BT-Drs. III, 3026 Anlage 3, S. 60.

bei dem Betrieb von Atomanlagen – sei daher geboten. Damit gehe die Bundesregierung konform mit der Auffassung der Deutschen Atomkommission sowie mit den Ergebnissen der internationalen Diskussion, etwa im Rahmen der OEEC und der CEA, welche sich für eine unterschiedliche Konzeptionierung der Haftungsregelungen aussprachen.[627]

Wie bei den meisten Vorschriften, die eine Gefährdungshaftung oder eine qualifizierte Verschuldenshaftung zum Inhalt haben, sei die Haftung auch nach dem Entwurf der Bundesregierung dem Umfang und der Höhe nach begrenzt.[628]

Die Bundesregierung kam den Änderungsvorschlägen des Bundesrates jedoch insoweit entgegen, als sie die Haftung für Schäden, die aus dem Umgang mit radioaktiven Stoffen entstanden, entsprechend den Haftungsbestimmungen im Straßenverkehrsgesetz durch eine vom Verschulden unabhängige Haftung für das Scheitern von Schutzeinrichtungen oder Fehler in deren Beschaffenheit ergänzte. Die Bundesregierung schlug daher vor, Satz 2 in § 21 Abs.1 des Entwurfs durch folgende Formulierung zu ersetzen:

> „Die Ersatzpflicht tritt nicht ein, wenn der Schaden durch ein Ereignis verursacht wird, das der Besitzer und die für ihn im Zusammenhang mit dem Besitz tätigen Personen auch bei Anwendung jeder nach den Umständen gebotenen Sorgfalt nicht vermeiden konnten und das weder auf einem Fehler in der Beschaffenheit der Schutzeinrichtungen noch auf einem Versagen ihrer Verrichtungen beruht.“[629]

Soweit eine Verlängerung der in § 27 Abs. 1 genannten Verjährungsfrist von zwei Jahren auf fünf Jahre empfohlen wurde, widersprach die Bundesregierung. Nach ihrer Ansicht bestehe im Rahmen der Vorschrift des § 27 Abs. 1 kein Anlass, von der zweijährigen Verjährungsfrist abzuweichen. In Anlehnung an andere Gesetze, welche die Gefährdungshaftung vorsahen – etwa dem Straßenverkehrsgesetz und dem Luftverkehrsgesetz – sei kein Grund für eine Heraufsetzung der Verjährungsfrist ersichtlich. Unbillige Nachteile aus der zweijährigen Verjährungsfrist könnten für den Geschädigten ohnehin nicht eintreten, da die Frist erst mit Kenntnis des Schadens und der Person des Ersatzpflichtigen zu laufen beginne.[630] Der Empfehlung des Bundesrates, bei genetischen Schäden auf eine Verjährungsfrist gänzlich zu verzichten, trage eine solche Regelung dem Erfordernis der Rechtssicherheit nicht hinreichend Rechnung. Auch bei genetischen Schäden müssten aus Gründen der Rechtssicherheit die daraus resultierenden

---

627 Vgl. Stellungnahme d. BReg zu den Änderungsvorschlägen des BR, BT-Drs. III, 3026 Anlage 3, S. 60.

628 So Balke in: Stenogr. Bericht der 194. Sitzung des 2. BT v. 22.02.1957, S. 11060.

629 Gegenäußerung der BReg zu den Änderungsvorschlägen des BR, BT-Drs. II, 3026 Anlage 3, S. 60.

630 Gegenäußerung der BReg zu den Änderungsvorschlägen des BR, BT-Drs. II, 3026 Anlage 3, S. 62.

Schadensersatzansprüche verjähren. Eine, wie vom Bundesrat vorgeschlagene, Unverjährbarkeit bringe in der Praxis keinen Vorteil, da nach mehr als 30 Jahren außer in seltenen Ausnahmefällen der Nachweis der Kausalität nicht mehr erbracht werden könne. Wobei hier zu berücksichtigen sei, dass ein sicherer Nachweis eines ursächlichen Zusammenhangs zwischen genetischem Schaden und Kernenergieeinwirkungen ohnehin höchst diffizil sein werde.

d) Stellungnahme des Instituts für Energierecht der Universität Bonn vom 2. März 1957

In der Stellungnahme des Instituts für Energierecht der Universität Bonn vom 2. März 1957[631] wurde insbesondere auf den Begriff des „Besitzers" Bezug genommen. Die einfache Verwendung des Begriffes in § 21 Abs. 1 des Entwurfs sei zu ungenau. So schlug das Institut vor, die genaue Art des Besitzes entsprechend der im BGB enthaltenen Regelungen zum mittelbarem und unmittelbarem Besitz näher zu differenzieren, so dass aus dem Gesetz klar hervorgehe, dass auf den tatsächlichen Gewahrsam abgestellt werden solle.

Ferner sprach sich das Institut für die Einfügung eines Schmerzensgeldanspruchs in § 24 aus, wobei auch dieser Anspruch eine gesonderte summenmäßige Beschränkung erfahren könne. Darüber hinaus sei die summenmäßige Begrenzung der Haftung bei Personenschäden (§ 26 Abs.1 Nr. 1 des Entwurfs) im Gegensatz zur Haftung bei Sachschäden (§ 26 Abs. 1 Nr. 2 des Entwurfs) unbillig. Auch für den Fall von Sachschäden sei eine Haftungshöchstgrenze erforderlich, welche es im Einzelfall ermöglichen würde, die Höchstsätze bei Personenschäden zu erhöhen, auch wenn dies lediglich bei den Renten vorzusehen sei. Bezüglich der Regelung des § 26 Abs. 2 des Entwurfs würde auch hier die Einführung einer Staatshaftung im Falle der Erschöpfung der gesetzlich festgelegten Haftungshöchstsummen angeregt, damit mögliche Opfer im Falle einer Großkatastrophe davor bewahrt werden, nicht den gesamten Schaden ersetzt zu bekommen.

Als allgemeines Problem wurde im Rahmen von § 41 des Entwurfs angeregt, dass eine Bestimmung für den Ersatz sog. „anonymer Strahlenschäden" erforderlich sei, da der Nachweis der Kausalität nicht in die Hände der Geschädigten gelegt werden könne, die diesen Nachweis meist gar nicht zu erbringen in der Lage seien. Die Beweislast solle daher „so geregelt sein, dass sie dem Geschädigten zugemutet werden kann".[632] Für genetische Schäden, die erst Jahre nach dem schädigenden Ereignis eintreten, schlug das Institut vor, eine spezielle Verjährungsregelung in den § 27 einzufügen. Für die erst nach Ablauf der Verjährungsfrist

631 Stellungnahme des Instituts für Energierecht, PArch II. WP, 1032, Bd. B.

632 Stellungnahme des Instituts für Energierecht, S. 6, PArch, II. WP, 1032, Bd. B.

auftretenden Schäden solle eine Haftung des Staates oder eine Art Kollektivhaftung greifen, so dass auch solche Opfer entschädigt würden.[633]

e) Gutachten der Deutschen Atomkommission

Die Fachkommission I (Kernenergierecht) und der Arbeitskreis „Haftung und Versicherung“ der Deutschen Atomkommission erarbeiteten ein gemeinsames Gutachten u.a. zu Fragen der Haftpflicht, welches auf Vorschlag der Deutschen Atomkommission vom 21. Februar 1957 vom Bundesminister für Atomfragen dem Bundeskabinett zur Weiterleitung an die parlamentarischen Körperschaften vorgelegt werden sollte.[634] Hierin wurden folgende Leitsätze für die Ausgestaltung der Haftungsvorschriften aufgestellt:

> „1. Unterschiedliche Haftung und Deckung des Haftungsrisikos bei Reaktoren und anderen Anlagen und bei Einrichtungen zur Bearbeitung, Verarbeitung und sonstigen Verwendung künstlich radioaktiver Stoffe (Isotope). Bei der Reaktorhaftung ist die Einführung einer Gefährdungshaftung, unbeschadet der zivilrechtlichen Bestimmungen angebracht. Bei der Isotopenhaftung nicht.
>
> 2. Im Falle der Gefährdungshaftung solle der Haftungsumfang beschränkt sein. Aus Gerechtigkeits- und Praktikabilitätsgründen müsse dieser aufgrund des Gefahrenpotenzials begrenzt sein. Bei der Isotopenhaftung sei die Gefahr von Masseschäden nicht gegeben, so dass eine Haftungshöchstgrenze, wie § 26 Abs. 2 des Entwurfs sie vorsehe, nicht erforderlich sei.
>
> 3. Da im Falle von Masseschäden die Privatwirtschaft und auch die Versicherungen nicht in der Lage sein werden, den Schaden zu decken, ein voller Schutz und Ausgleich für Schäden der Bevölkerung an Leib und Leben jedoch gewährleistet sein müsse, müsse der Staat eintreten. Hierdurch werde er auch den in § 1 des Entwurfs genannten Aufgaben und Zweckbestimmungen des Atomgesetzes gerecht.“[635]

f) Stellungnahme des Deutschen Gewerkschaftsbundes

Der Deutsche Gewerkschaftsbund, der sich in seiner Stellungnahme vom 23. April 1957 insgesamt gegen den Regierungsentwurf aussprach, forderte eine umfassende Gefährdungshaftung des Staates mit einem Rückgriffsrecht gegen den Schadensstifter.[636] Der Rückgriffanspruch sollte je nachdem, ob der Schaden schuldhaft oder nicht schuldhaft herbeigeführt wurde, unterschiedlich ausgestaltet sein. Daneben müsse auch die Haftung für sog. „anonyme Strahlenschäden“[637], d.h. für solche Gesundheits- oder Sachschäden, deren Verursacher nicht zu er-

---

633 Stellungnahme des Instituts für Energierecht, S. 6, PArch II. WP, 1032, Bd. B.
634 PArch II, 1032, Bd. B, Bl. 31.
635 PArch II, 1032, Bd. B, Bl. 31.
636 PArch II, 1032, Bd. B, Bl. 16, S. 9.
637 Fischerhof, Das deutsche Atomgesetz, NJW 1960, S. 320.

mitteln war, und für Nichtvermögensschäden sichergestellt sein. Für das bei einem Reaktor bestehende Risiko solle der Rückgriffsanspruch über einen zu schaffenden Haftpflichtverband mit obligatorischer Mitgliedschaft aller Reaktorunternehmer befriedigt werden. Durch gesetzliche Regelungen solle sichergestellt werden, dass der schuldhafte Schadensstifter belastet wird und auf die Leistungsfähigkeit des jeweiligen Unternehmens Rücksicht zu nehmen ist. Ein Ausschluss der Staatshaftung im Falle der höheren Gewalt sei aufgrund der besonderen Gefahren der Kernenergie nicht hinnehmbar. Für die Bemessung der Haftungsbeträge sollten die Vorschriften des Luftverkehrgesetzes herangezogen werden. Auch der Staat dürfe nicht unbegrenzten Schadensersatzforderungen ausgesetzt werden. So sei der Haftungshöchstbetrag für jede einzelne Schadensart gesondert festzusetzen. Ferner sollten Schadenersatzansprüche auch dann eingeräumt werden, wenn die Schädigung bereits vor der Geburt eingetreten sei. Die Ansprüche aus Gefährdungshaftung sollten in einem Zeitraum von zwei Jahren verjähren, eine Vorschrift über die Verwirkung solle in dem Atomgesetz nicht enthalten sein.[638]

g) Der Bundestagsausschuss für Atomfragen

aa) Stellungnahme des Sachverständigen Hans Goudefroy (Allianz Versicherungs-AG)

Der als Sachverständige für die Fragen der Haftung und Versicherung im Atomrecht berufene Goudefroy (Vorstandsvorsitzender der Allianz Versicherungs-AG[639]) sprach sich gegen die seitens des Bundesrates vorgeschlagene Gleichstellung der Isotopen- und Anlagenhaftung aus.[640] Die Haftung für Reaktoranlagen und die für radioaktive Isotope müssen unterschiedlich ausgestaltet sein. Eine „Verkennung der Risikounterscheidung“ würde den Aufbau des Wirtschaftszweiges der friedlichen Kernenergienutzung konterkarieren.[641] Ferner äußerte Goudefroy Bedenken hinsichtlich der in dem Regierungsentwurf vorgesehenen Haftungshöchstbeträge. Diese müssten bei radioaktiven Isotopen und bei Reaktoranlagen unterschiedlich ausgestaltet sein. Im Übrigen dürften die vorgesehenen Haftungshöchstbeträge nicht zu hoch angesetzt werden, so dass eine Höchsthaftung noch realisierbar ist. Eine zu hohe Haftung könne ansonsten dazu führen, dass auf dem Versicherungsmarkt keine entsprechende Deckung erbracht werden könne, sodass der Unternehmer dann wirtschaftlich ruiniert wäre und der Verletzte keine ausreichende Entschädigung erhalte.[642]

---

638 PArch II, 1032, Bd. B, Bl. 16, S. 9.

639 Heute: Allianz SE.

640 Goudefroy, Haftung und Versicherung im Atomrecht, Sonderdruck AtW 1957, Heft 4.

641 Goudefroy, Haftung und Versicherung im Atomrecht, Sonderdruck AtW 1957, Heft 4.

642 Goudefroy, Haftung und Versicherung im Atomrecht, Sonderdruck AtW 1957, Heft 4.

bb) Der Bundestagsausschuss für Atomfragen

Der Ausschuss für Atomfragen prüfte, ob eine Haftung für Atomanlagen und für den Umgang mit radioaktiven Stoffen die Schaffung besonderer Haftungstatbestände erforderlich mache oder ob die allgemeinen Haftungsbestimmungen des BGB ausreichten. In der Ausschusssitzung am 27. März 1957 erklärte sich der Abgeordnete Geiger (CDU/CSU) mit der vorgesehenen Gefährdungshaftung bei Reaktoren einverstanden, erhob jedoch Bedenken hinsichtlich der modifizierten Verschuldenshaftung bei Isotopen.[643] Der Ausschussvorsitzende Euler (DP/FVP) regte an, im Falle von Katastrophenschäden eine Staatshaftung zu normieren.[644]

Nach eingehender Prüfung kam der Ausschuss in Übereinstimmung mit dem Regierungsentwurf und im Gegensatz zu der Meinung des Bundesrates zu der Ansicht, dass der unterschiedliche Grad der Gefährlichkeit von Atomanlagen und von radioaktiven Stoffen durch eine Ausdifferenzierung der Haftungsbestimmungen Berücksichtigung finden müsse. So entschied sich der Ausschuss entsprechend der Regierungsvorlage für eine reine Gefährdungshaftung bei Atomanlagen und eine modifizierte Haftung für den Umgang mit radioaktiven Stoffen.[645] Der Besitzer radioaktiver Stoffe solle ohne Verschulden für Schäden haften. Soweit er jedoch nachweisen könne, dass ihn kein Verschulden treffe, solle er von der Haftung befreit werden. Die Berufung auf einen solchen Entlastungsbeweis sei jedoch in den folgenden zwei Fällen ausgeschlossen: erstens in Anlehnung an die Vorschrift des § 7 Abs. 2 des Straßenverkehrsgesetzes bei einem Scheitern der Schutzeinrichtungen; zweitens bei einer Haftung für den Verrichtungsgehilfen, welche auch dann im Gegensatz zu § 831 BGB bestehen solle, wenn der Besitzer die gebotene Sorgfalt bei der Auswahl und Beaufsichtigung des Verrichtungsgehilfen ausgeübt hat. Die allgemeine Verschuldenshaftung des BGB solle in beiden Haftungsfällen bestehen bleiben.

Der Ausschuss schloss sich auch in der Frage des Haftungsausschlusses sowohl beim Betrieb einer Anlage als auch beim Umgang mit radioaktiven Stoffen im Falle der höheren Gewalt der Regierungsvorlage an. Als Begründung hob die Mehrheit des Ausschusses hervor, dass als „betriebsfremde Ereignisse" nach der höchstrichterlichen Rechtsprechung nur solche Ereignisse erfasst seien, die so außergewöhnlicher Natur sind, dass mit ihnen nicht gerechnet werden kann, und die auch bei größter Sorgfalt nicht abwendbar gewesen wären.

---

643 Kurzprotokoll der 22. Sitzung des 38. BT-Ausschusses v. 27.03.1957, S. 11, PArch II, 1032, Bd. A1, Bl. 31.

644 Kurzprotokoll der 21. Sitzung des 38. BT-Ausschusses, S. 11, PArch II, 1032, Bd. A1, Bl. 31.

645 Kurzprotokoll der 22. Sitzung des 38. BT-Ausschusses v. 27.03.1957, S. 12 f., PArch II, 1032, Bd. A1, Bl. 31.

Bei der Frage der Haftungshöchstbeträge wich der Ausschuss allerdings in einem wesentlichen Punkt von der Regierungsvorlage ab. Bezüglich der Haftung für Atomanlagen bei der Schädigung mehrerer Personen (§ 26 Abs. 3) hielt er es für sozial unverträglich, möglichen Opfern im Falle einer Katastrophe ihre Schadensersatzansprüche dann zu verkürzen, wenn der gesetzlich vorgesehene Höchstbetrag erreicht ist und für die volle Entschädigung aller Opfer nicht ausreicht. Eine derartige Begrenzung des Haftungshöchstbetrages sei unverhältnismäßig. Vielmehr sprach sich die Mehrheit der Ausschussmitglieder nach Anhörung des Sachverständigen Goudefroy[646] und unter Berücksichtigung des Gutachtens der Fachkommission I und des Arbeitskreises Haftung und Versicherung der Atomkommission[647] gegen die dem Unternehmer auferlegte Eigenverantwortlichkeitsgrenze von 25 Millionen DM aus (§ 26 Abs. 2).[648] Die Frage der Höhe der Eigenverantwortlichkeit sei nicht durch naturwissenschaftliche Erkenntnisse zu beantworten, vielmehr solle bei der Frage der Eigenverantwortlichkeit auf das vertretbare und noch realisierbare Maß geachtet werden. Hierbei sei insbesondere zu berücksichtigen, bis zu welcher Höhe der Unternehmer eine Deckung durch die Haftpflichtversicherung erreichen könne. Aus diesen Erwägungen heraus beschloss der Ausschuss in seiner ersten Lesung zunächst eine Begrenzung der Eigenverantwortlichkeit auf 10 Millionen DM.[649] In zweiter Lesung entschied sich der Ausschuss jedoch für eine Begrenzung der Eigenverantwortlichkeit auf 15 Millionen DM und dafür, dem Inhaber für die darüber hinausgehenden Schäden einen Freistellungsanspruch gegenüber dem Bund zu gewähren, so dass der Bund im Falle der Erreichung der Haftungshöchstsumme für den darüber hinausgehenden Schaden einzutreten habe.[650] Eine derartige Belastung des Staates sei wirtschaftlich und politisch geboten, da die deutsche Volkswirtschaft und der Bund selbst das stärkste Interesse an einem Vorankommen auf dem Gebiet der Kernenergie haben. Hingegen sei für die Haftung für den Umgang mit radioaktiven Stoffen (§ 21) aufgrund des Nichtauftretenkönnens von Masseschäden eine Begrenzung der Haftung und damit auch eine Eintrittspflicht des Bundes nicht erforderlich.

Soweit der Bundesrat die Verjährungsfrist bei der Haftung nach den atomrechtlichen Vorschriften von zwei auf fünf Jahre verlängern wollte, entschied der Ausschuss, an der im Regierungsentwurf enthaltenen zweijährigen Verjährungsfrist festzuhalten. Eine Verlängerung der Verjährungsfrist wirke sich, insbesondere bei genetischen Schäden, in den nächsten Jahren ohnehin noch nicht aus. Zu

646 Vgl. Goudefroy, Haftung und Versicherung im Atomrecht, Sonderdruck AtW 1957, Heft 4.
647 PArch II, 1032, Bd. B, Bl. 31.
648 Protokoll der 27. Sitzung des 38. BT-Ausschusses, S. 1-18, PArch II, 1032, Bd. A1, Bl. 36.
649 Protokoll der 27. Sitzung des 38. BT-Ausschusses, S. 21, PArch II, 1032, Bd. A1, Bl. 36.
650 Schriftlicher Bericht des 38. BT-Ausschusses, BT-Drs. II, 3502, S. 5.

einem späteren Zeitpunkt solle jedoch noch einmal eingehend geprüft werden, ob eine Verlängerung der Fristen erforderlich sei.

5. Strafvorschriften, (§§ 31-40)

Im fünften Abschnitt des Entwurfs, in den §§ 31 bis 40, waren die atomrechtlichen Strafvorschriften normiert. Sie bezogen sich auf den Missbrauch von Kernenergie und den Missbrauch radioaktiver Stoffe (§§ 31 bis 35), die Einhaltung der verwaltungsrechtlichen Gebote und Verbote des Entwurfs (§ 36) sowie den Schutz von Geschäfts- und Betriebsgeheimnissen (§ 40).

a) Begründung der Bundesregierung

Zunächst stellte die Bundesregierung in ihrer Entwurfsbegründung dar, ob Kernbrennstoffe, die für die Herbeiführung einer Explosion durch Freisetzung von Kernenergie geeignet sind, unter das Sprengstoffgesetz zu fallen. Für den Begriff „Sprengstoff" im Sinne des Sprengstoffgesetzes komme es nach der Rechtsprechung des ehemaligen Reichsgerichts auf die „Fähigkeit des Stoffes an, vermöge seiner Zusammensetzung im Falle der Entzündung sich plötzlich auszudehnen und hierdurch auf die ihn umgebenden Gegenstände derart gewaltsam zerstörend einzuwirken, daß das Ergebnis eine Sprengung bildet".[651] Ob unter diese Definition auch spaltbares Material falle, sei zweifelhaft, da bei einer Kernspaltung keine Entzündung stattfinde, vielmehr lasse der physikalische Vorgang der Kernspaltung keine Vergleiche mit dem Verbrennungsvorgang bei Sprengstoffen zu. Zwar sei es im Einzelfall denkbar, dass die Rechtsprechung zu dem Ergebnis komme, Kernbrennmaterial falle unter das Sprengstoffgesetz, allerdings sei aufgrund der Unsicherheit der Rechtslage und wegen der danebenstehenden verbrecherischen Anwendung von Strahlen radioaktiver Stoffe ohnehin eine spezielle Regelung erforderlich. Sofern der Entwurf strafrechtliche Sonderregelungen der Materie enthalte, solle eine Anwendung der Vorschriften des Sprengstoffgesetzes ausgeschlossen sein, wie es § 39 Abs. 3 des Entwurfs bestimmte.[652]

Die der Atomenergie anhaftende Gefahr und die im Falle des Missbrauchs entstehenden unübersehbaren Folgen geböten die Schaffung spezieller strafrechtlicher Bestimmungen, welche schon die bloße Gefährdung bestimmter Rechtsgüter unter Strafe stellten.[653] Wie bereits bei der Bekämpfung von Verbrechen mit Sprengstoff, wo die allgemeinen Verletzungstatbestände des Strafgesetzbuches (§§ 211, 212, 223 ff., 303 ff., 311) nicht für ausreichend erachtet wurden, müsse

651 RGSt 48, S. 72, 75.
652 Begr. der BReg zu BT-Drs. II, 3026, S. 40.
653 Begr. der BReg zu BT-Drs. II, 3026, S. 39.

dies für die verbrecherische Verwendung der Kernenergie erst recht gelten.[654] Der strafrechtliche Schutz des Atomgesetzes dürfe hinter dem des Sprengstoffgesetzes nicht zurückbleiben.[655]

Als gefährlichste Form des Missbrauchs stellte § 31 die Freisetzung von Kernenergie zum Zwecke der Herbeiführung einer Explosion unter Strafe. Die Vorschrift des § 32 enthielt eine dreifach abgestufte Strafdrohung gegen den Missbrauch der Strahlung radioaktiver Stoffe.[656] § 33 sah für die schwersten Fälle der Verbrechen mit Kernenergie eine Ausdehnung der Tatbestände auf bloße Vorbereitungshandlungen vor. Eine solche Regelung sei aufgrund der Regelung des § 81, die als Vorbild gedient habe, gerechtfertigt, da es sich um Taten handelt, bei denen die Vollendung des Delikts nicht zu übersehende Folgen herbeiführen würde.[657] Aufgrund der Mannigfaltigkeit der denkbaren Vorbereitungshandlungen eines Kernenergieverbrechens sei eine abschließende Aufzählung gewisser typischer Fälle, wie es § 7 des Sprengstoffgesetzes tue, abzulehnen.[658] § 34 enthielt neben der in § 33 festgelegten Freiheitsstrafe die Festsetzung einer Geldstrafe. § 35 eröffnete dem Gericht die Möglichkeit, die in den §§ 31 und 32 Abs. 1 und Abs. 2 oder in § 33 angedrohte Strafe zu unterschreiten oder auf eine mildere Strafart zu erkennen, sofern der Täter seine Tätigkeit aus freien Stücken aufgab und den Erfolg abwendete. Dadurch sollte die Möglichkeit eines strafbefreienden Rücktritts nach § 46 des Strafgesetzbuches ausgeräumt werden.[659] § 36 enthielt Strafsanktionen, welche die Einhaltung der Überwachungsbestimmungen des Entwurfs „wirkungsvoll" unterstützen sollten. § 36 Abs. 3 des Entwurfs stellte bereits die fahrlässige Herbeiführung einer Gemeingefahr (§ 315 Abs. 3 StGB) durch die in Nr. 1 oder Nr. 2 dargelegten vorsätzlichen Handlungen unter Strafe. § 37 regelte die Einziehung von Gegenständen aus strafbedrohten Handlungen und § 38 die Entschädigung im Falle der Einziehung. Das Verhältnis zu anderen Strafvorschriften regelte § 39, der in Abs. 1 die in den §§ 31 und 32 Abs. 2 und 33 normierten Straftaten als gemeingefährliche Verbrechen im Sinne des § 138 StGB festlegte und diese in Abs. 2 dem § 4 Abs. 3 Nr. 3 des Sprengstoffgesetzes gleichstellte. Absatz 4 legte die Zuständigkeit der Schwurgerichte für Verbrechen nach § 32 oder § 32 Abs. 2 fest.

Als letzte Bestimmung der Strafvorschriften regelte § 40 die Strafbarkeit im Falle der Verletzung von Geschäfts- oder Betriebsgeheimnissen.[660]

---

654 Begr. der BReg zu BT-Drs. II, 3026, S. 39.
655 Begr. der BReg zu BT-Drs. II, 3026, S. 39.
656 Hierzu näher Begr. der BReg zu BT-Drs. II, 3026, S. 40.
657 Hierzu näher Begr. der BReg zu BT-Drs. II, 3026, S. 40.
658 Hierzu näher Begr. der BReg zu BT-Drs. II, 3026, S. 40.
659 Hierzu näher Begr. der BReg zu BT-Drs. II, 3026, S. 42.
660 Hierzu näher die Begr. der BReg zu BT-Drs. II, 3026, S. 44.

b) Änderungsvorschläge des Bundesrates

Das Land Baden-Württemberg schlug im Rechtsausschuss des Bundesrates vor, § 36 Abs. 3 wie folgt neu zu fassen:

> „(3) Wer durch eine der in den Absätzen 1 oder 2 bezeichneten Handlungen vorsätzlich eine Gemeingefahr (§ 315 Abs. 3 StGB) herbeiführt, wird mit Zuchthaus bis zu fünf Jahren, wer eine solche Gemeingefahr fahrlässig herbeiführt, wird mit Gefängnis nicht unter drei Monaten bestraft.“[661]

Neben der fahrlässigen Herbeiführung einer Gemeingefahr, die bereits nach § 36 Abs. 3 des Entwurfs Strafschärfungsgrund sei, müsse die vorsätzliche Herbeiführung einer Gemeingefahr ebenfalls als Strafschärfungsgrund berücksichtigt werden. Die vorsätzliche Zuwiderhandlung gegen § 26 Abs. 1 Nr. 4 und Nr. 5, welche im Bewusstsein der Herbeiführung einer Gemeingefahr begangen wird, falle tatbestandsmäßig unter § 31, sofern im Zusammenhang mit dieser Zuwiderhandlung das Bewirken einer Explosion durch Freisetzung von Kernenergie beabsichtigt war oder erfolgte. Eine Strafschärfung dürfe nicht ausgeschlossen werden, wenn bei den übrigen Zuwiderhandlungen gem. § 36 Abs. 1 und Abs. 2 die Herbeiführung einer Gemeingefahr vom Täter zumindest bewusst in Kauf genommen worden sei (dolus eventualis).[662]

Dieser Vorschlag wurde vom Bundesrat übernommen, so dass im Rahmen des § 36 auch die vorsätzliche Herbeiführung einer Gemeingefahr als Strafschärfungsgrund Berücksichtigung finden sollte. Die übrigen seitens des Bundesrats vorgeschlagenen Änderungen im Bereich der Strafvorschriften waren lediglich redaktioneller Art.[663]

c) Gegenäußerung der Bundesregierung

Die Bundesregierung lehnte die Änderungsvorschläge des Bundesrates ab.[664] Sofern der Täter die Herbeiführung einer Gemeingefahr zumindest „bewusst in Kauf genommen habe“, also mit bedingtem Vorsatz gehandelt habe, richte sich die Strafbarkeit nach § 31. Es bestehe demnach kein Bedürfnis, in § 36 Abs. 3 auch die vorsätzliche Herbeiführung einer Gemeingefahr zu berücksichtigen, da die in § 36 Abs. 1 und 2 beschriebenen Handlungen nach § 31 zu beurteilen seien.

---

661 Anlage zur Niederschrift der Sitzung des Rechtsausschuss des BR v. 14.09.1956, in: BR-Protokolle, Rechtsausschuss, 169.-177. Sitzung, 1956.

662 Anlage zur Niederschrift der Sitzung des Rechtsausschuss des BR v. 14.09.1956, in: BR-Protokolle, Rechtsausschuss, 169.-177. Sitzung, 1956.

663 Stellungnahme des BR zum Atomgesetz, BR-Drs. 322/ 56 b, Anlage 2 b, S. 54, 55; PArch III. WP, 155 Bd. A.

664 Stellungnahme d. BReg zu den Änderungsvorschlägen des BR, BT-Drs. II, 3026 Anlage 3.

d) *Die Beratungen des Bundestagsausschusses für Rechtswesen und Verfassungsrecht*

In der Sitzung des Bundestagsausschusses für Rechtswesen und Verfassungsrecht stellte die CDU/CSU-Abgeordnete Schwarzhaupt die Frage, wann nach § 32 Abs. 2 des Entwurfs eine „unübersehbare Zahl von Menschen" vorliege.[665] Schafheutle (BMJ) führte an, die Regierung habe damit die Fälle erfassen wollen, bei denen die Verwendung radioaktiver Stoffe eine gleichsam gefährliche Situation, wie bei einer Explosion, heraufbeschworen würde. Im Strafgesetzbuch sei es als Strafschärfungsgrund festgelegt, wenn bei einer Tat eine ganze Menschenmenge gefährdet werde. Der Begriff der „Menschenmenge" sei durch die Rechtsprechung dahingehend definiert worden, als hierfür eine Vielzahl von Menschen örtlich zusammentreffen müsse. Dieser Begriff könne für das Atomgesetz nicht maßgebend sein, da bei der Strahlung radioaktiver Stoffe eine weiter reichende Zahl von Menschen, ohne ein örtliches Zusammentreffen, betroffen sein könne. Der CDU/CSU-Abgeordneter Wahl plädierte für die Einfügung der Formulierung „unübersehbar große Zahl". Gegen diese Formulierung sprachen sich Mitglieder des Bundesjustizministeriums, der SPD und der DP/FVP aus. Das Wort „groß" sei zu unbestimmt. Der Bundestagsausschuss für Rechtswesen und Verfassungsrecht beschloss am 6. Mai 1957 einstimmig, den § 32 Abs. 2 des Entwurfs dahingehend zu ändern, dass statt der Formulierung „unübersehbare Zahl von Menschen" die Formulierung „Vielzahl von Menschen" in den Entwurf eingefügt wird.[666]

e) *Die Beratungen des Bundestagsausschusses für Atomfragen*

Im Rahmen der ersten Lesung der Strafvorschriften im Bundestagsausschuss für Atomfragen wurde angeregt, eine Regelung zu schaffen, welche die vorsätzliche und fahrlässige fehlerhafte Lieferung von Atomanlagen unter Strafe stellt.[667] Der Ausschuss bat daraufhin die Vertreter des Bundesministeriums für Atomfragen und des Bundesministeriums der Justiz um die Ausarbeitung einer entsprechenden Vorschrift. Noch am selben Tag legten die Vertreter des Bundesministeriums für Atomfragen und des Bundesministeriums der Justiz einen entsprechenden Vorschlag vor:

> „§ 36 a Verletzung von Herstellungs- und Lieferungspflichten

---

665 210. Sitzung des 16. BT-Ausschusses, S. 11, PArch II, 1032, Bd. A1, Bl. 18.

666 Kurzprotokoll der 210. Sitzung des 16. BT-Ausschusses, S. 13, PArch II, 1032, Bd. A1, Bl. 18.

667 CDU/CSU-Abg. Geisendörfer in: Protokoll der 21. Sitzung des 38. BT-Ausschusses, S. 6, PArch II, 1032, Bd. A1, Bl. 31.

(1) Wer wissentlich eine Anlage zur Erzeugung oder zur Spaltung von Kernbrennstoffen oder zur Aufarbeitung bestrahlter Kernbrennstoffe oder Gegenstände, die zur Errichtung oder zum Betrieb einer solchen Anlage bestimmt sind, fehlerhaft herstellt oder liefert und dadurch wissentlich eine Gemeingefahr (§ 315 Abs. 3 des Strafgesetzbuchs) herbeiführt, die mit der Wirkung eines Kernspaltungsvorgangs oder der Strahlung eines radioaktiven Stoffes zusammenhängt, wird mit Gefängnis nicht unter drei Monaten bestraft.

(2) Der Versuch ist strafbar.

(3) In besonders schweren Fällen ist die Strafe Zuchthaus bis zu zehn Jahren.

(4) Wer die Gemeingefahr in den Fällen des Absatzes 1 nicht wissentlich, aber vorsätzlich oder fahrlässig herbeiführt, wird mit Gefängnis bestraft."

In der ersten Lesung der Vorschrift am 25. März 1957 behielt sich der Ausschuss die endgültige Beschlussfassung für die zweite Lesung vor.[668] Er nahm diese dann in der zweiten Lesung am 4. April 1957 an.[669]

6. Schlussbestimmungen (§§ 41-45)

a) Begründung der Bundesregierung

§ 41 befasste sich mit der „Erfassung von Schäden aus ungeklärter Ursache". Die Frage nach dem Nachweis der Kausalität bei Strahlenschäden war nach den bisherigen Erfahrungswerten ein Problem, welches auch in ausländischen Rechtsordnungen keine zufriedenstellende Lösung gefunden hatte. Die Bundesregierung stellte in ihrer Begründung das Problem der Nachweisbarkeit von Strahlenschäden dar. In Form von körperlichen Schäden würden solche häufig erst Jahre nach dem Eintritt des schädigenden Ereignisses bekannt werden. Den Nachweis der Kausalität zwischen schädigendem Ereignis und Schaden zu führen sei schwierig. Aus diesem Grunde sei es erforderlich, zur Hilfe der Betroffenen Methoden zu finden, die es erleichtern, den nach dem heutigen Stand der Kenntnisse schwer zu führenden Kausalitätsnachweis zu erbringen.[670] Durch § 41 sei daher die Registrierung von Schäden aus ungeklärter Ursache beim Bundesminister für Atomfragen geregelt, um sich dann der Untersuchung der Schäden mit Hilfe von Sachverständigen zu widmen.

668 Kurzprotokoll der 21. Sitzung des 38. BT-Ausschusses v. 27.03.1957, PArch II, 1032, Bd. A1, Bl. 31.

669 Kurzprotokoll der 24. Sitzung des 38. BT-Ausschusses v. 04.04.1957, PArch II, 1032, Bd. A1, Bl. 33.

670 Hierzu näher Begr. der BReg zu BT-Drs. II, 3026, S. 44.

§ 42 legte fest, wer die im Gesetzesentwurf vorgesehenen Rechtsverordnungen erlassen sollte.[671] Hiernach sollten Rechtsverordnungen, soweit sie die Zuständigkeit mehrerer Ressorts berührten, durch die Bundesregierung erlassen werden. Im Übrigen sollte der Bundesminister für Atomfragen für den Erlass der Verordnungen zuständig sein. § 43 legte sodann die Aufhebung und Änderung von Rechtsvorschriften fest, welche unter anderem die Aufhebung des Gesetzes Nr. 22 der Alliierten Hohen Kommission[672] enthielt.

Als Schlussbestimmung wurde § 44 in den Entwurf eingefügt. Laut seinem Abs. 1 sollten die Vorschriften der §§ 1, 3 bis 19 und 42 unbeschadet völkerrechtlicher Verpflichtungen keine Anwendung auf Atomwaffen finden, welche der Bundesrepublik zu Verteidigungszwecken zur Verfügung gestellt wurden.

Scheidwimmer (BMAt) verwies darauf, dass die militärische Verwendung von Kernbrennstoffen von den Regelungen des Atomgesetzes ausgeschlossen sein müsse, da Atombomben, die der Bundeswehr im Rahmen der NATO einmal zur Verfügung gestellt würden, bei der Physikalisch-Technischen Bundesanstalt in Braunschweig hinterlegt werden müssten.[673] Die Bundesregierung führte zur Begründung dieses Passus aus, dass „die militärische Verwendung von radioaktiven Stoffen, Kernbrennstoffen, Anlagen und Einrichtungen, soweit sie später in Frage kommen sollte, einer Sonderregelung bedürfe".[674]

b) Stellungnahme des Bundesrates

Hinsichtlich der Vorschrift des § 44 Abs. 1 machte der Bundesrat keine Änderungsvorschläge.

Im Rahmen der Schlussbestimmungen empfahl der Rechtsausschuss des Bundesrates die Einfügung einer Berlin-Klausel in § 44 a. Es entspreche dem Grundgedanken des Entwurfs, dass das Atomgesetz auch in Berlin gelten solle. Entgegenstehende Vorschriften der Alliierten Kommandantur sollten den Gesetzgeber nicht daran hindern, die Einbeziehung von Berlin in den Regelungsbereich des Atomgesetzes zu beschließen. Aufgabe des Berliner Senats sei es daher, widersprechende alliierte Bestimmungen aufzuheben.[675] Sowohl der Wirt-

---

671 Hierzu näher die Begr. der BReg zu BT-Drs. II, 3026, S. 45.

672 Amtsbl. der AHK in Deutschland S. 122.

673 Protokoll der Sitzung der DAtK v. 05.06.1956, BArch B 138/3297.

674 Begr. der BReg zu BT-Drs. II, 3026, S. 45 f.

675 Niederschrift der Sitzung des Rechtsausschuss des BR v. 14.09.1956, S. 14, in: BR-Protokolle, Rechtsausschuss, 169.-177. Sitzung, 1956.

schaftsausschuss[676] als auch der Ausschuss für Arbeit und Sozialpolitik sprachen sich für die Einführung einer solchen Berlin-Klausel aus.[677]

In der Sitzung des Ausschusses für Kulturfragen am 21. September 1956 vermisste Rucker (Bayern) im Gesetzesentwurf Übergangsbestimmungen für die bereits aufgrund der Geltung des AHK-Gesetzes Nr. 22 genehmigten Anlagen.[678] Der Vertreter des Bundesministeriums für Atomfragen entgegnete, dass Genehmigungen nach dem AHK-Gesetz Nr. 22 sich ausschließlich auf die Verwendung radioaktiver Stoffe, nicht jedoch auf Reaktoren beziehen würden. Die Verwendung von radioaktiven Stoffen würde jedoch durch Rechtsverordnung geregelt werden.[679]

c) Stellungnahme des Rechtsausschusses

Der Bundestagsausschuss für Rechtswesen und Verfassungsrecht beschloss in seiner Sitzung am 6. Mai 1957 mit vier gegen zwei Stimmen, § 44 Abs. 1 des Entwurfs zu streichen. Der DP/FVP-Abgeordnete Schneider führte an, dass mit der Regelung des § 44 Abs. 1 bereits ein Tatbestand als gegeben normiert werde, über den bis heute noch politische Verhandlungen stattfänden. Laut Euler (DP/FVP) sei die Vorschrift des § 44 Abs. 1 nicht erforderlich. Soweit eine solche Regelung in Zukunft einmal nötig sein sollte, könne diese immer noch durch eine Gesetzesnovelle erfolgen.

d) Stellungnahme des Ausschusses für Atomfragen

Auch der federführende Ausschuss sprach sich für die Streichung der in § 44 Abs. 1 enthaltenen Regelung aus. Die Streichung sei geboten, da das Gesetz nach seiner Zweckbestimmung, insbesondere nach § 1 Nr. 2, auch für etwaige Schäden aus militärischer Verwendung gelten müsse.[680]

---

676 Niederschrift der 129. Sitzung des Wirtschaftsausschusses v. 27.09.1956, S. 26, in: BR-Protokolle, Wirtschaftsausschuss, 119.-135. Sitzung, 1956.

677 Niederschrift der 123. Sitzung des Ausschusses für Arbeit und Sozialpolitik v. 27.09.1956, S. 14, in: BR-Protokolle, Ausschuss für Arbeit und Sozialpolitik, 113.-129. Sitzung, 1956.

678 Niederschrift der 34. Sitzung des Ausschusses für Kulturfragen v. 21.09.1956, S. 5, in: BR-Protokolle, Kulturausschuss, 17.-35. Sitzung, 1953-1956.

679 Niederschrift der 34. Sitzung des Ausschusses für Kulturfragen v. 21.09.1956, S. 6, in: BR-Protokolle, Kulturausschuss, 17.-35. Sitzung, 1953-1956.

680 Schriftlicher Bericht des 38. BT-Ausschusses, BT-Drs. II, 3502.

7. Änderungsantrag der Fraktionen vom 25. Juni 1957

Am 25. Juni 1957 brachten die Fraktion von CDU/CSU, SPD, DP (FVP) und GB/BHE einen Änderungsantrag in den Bundestag ein[681], der sich auf die §§ 3 bis 10, 12 bis 19, 37, 44 und 46a des Regierungsentwurfes bezog.[682] Im Wesentlichen zielte er darauf ab, die in die im Regierungsentwurf enthaltenen Regelungen bezüglich einer Genehmigung nach dem Vorbild der gewerberechtlichen Genehmigung durch eine staatliche Konzession zu ersetzen. Daneben sollten nach § 7 Abs. 1 nur solche Anlagen eine Konzession bekommen können, die den Zwecken der Forschung, Lehre oder Entwicklung dienen, und zwar nur dann, wenn sie eine elektrische Laufleistung von 15 MW nicht überstiegen. Nach § 46a des Änderungsantrags sollte eine spätere gesetzliche Regelung bezüglich der Errichtung und Inbetriebnahme von Leistungsreaktoren vorbehalten bleiben. Dieser Paragraf wurde jedoch nicht mehr behandelt.[683]

III. Zusammenfassung

Der vom Bundesministerium für Atomfragen ausgearbeitete Entwurf kann als erster umfassenderer Entwurf eines Atomgesetzes bezeichnet werden. Er enthielt umfangreiche Genehmigungs- und Verwaltungsvorschriften und im Vergleich zu den vorherigen Entwürfen breit gefächerte Verordnungsermächtigungen. Darüber hinaus enthielt er Tatbestände, die den vorsätzlichen Missbrauch von Kernenergie als schweres Kriminalunrecht behandelten und weitgehend dem Sprengstoffgesetz nachgebildet waren. Im Rahmen der Beratungen waren Hauptdiskussionspunkte die Ausgestaltung der Genehmigungsvorschriften und in diesem Rahmen die Festlegung der Kompetenzen und Pflichten von Bund und Ländern. Kernpunkt der Auseinandersetzungen bei den Beratungen des Entwurfs bildeten jedoch die Haftungsbestimmungen. Insbesondere durch die Arbeiten des federführenden Bundestagsausschusses für Atomfragen[684] waren diese inhaltlich umfassender und präziser formuliert worden.

Am Ende der zweiten Legislaturperiode scheiterte der Regierungsentwurf allerdings nicht aufgrund seiner inhaltlichen Bestimmungen, sondern aufgrund der fehlenden Zweidrittelmehrheit für die erforderliche Ergänzung des Grundgesetzes.[685] Die Arbeiten zu diesem Entwurf waren jedoch grundlegend für das erste

681 PArch II, 1032, Bd. A2, Bl. 6.

682 BT-Drs. II, 3502 und 3026 Anlage 1 b.

683 Stenogr. Bericht der 219. Sitzung des 2. BT v. 25.06.1957, 11023.

684 Siehe hierzu den schriftlichen Bericht des 38. BT-Ausschusses, BT-Drs. II, 3502.

685 Stenogr. Bericht der 221. Sitzung des 2. BT v. 02.07.1957, 13045; siehe 2. Teil: B.IV.

deutsche Atomgesetz, welches zahlreiche Bestimmungen des Entwurfs in der durch den federführenden Bundestagsausschuss gefundenen Fassung[686] übernahm.

G. Der Entwurf eines vorläufigen Atomgesetzes vom 24. Juli 1957

Nach dem Scheitern des in der zweiten Wahlperiode eingebrachten Regierungsentwurfes[687] beauftragte das Kabinett das Atomministerium, zumindest ein vorläufiges Atomgesetz auszuarbeiten, damit der wirtschaftliche und wissenschaftliche Fortschritt auf dem Gebiet der friedlichen Kernenergienutzung bis zum Erlass des endgültigen Gesetzes gefördert werden könne. Im Übrigen befürchtete man, dass es ohne den Erlass einer bundeseinheitlichen Regelung zu Schwierigkeiten bei der Durchführung von Forschungsvorhaben kommen könne. Ferner sollten die Bundesländer, so weit möglich, davon abgehalten werden, eigene Atomgesetze zu erlassen, beziehungsweise, so weit sie den Erlass für erforderlich hielten, sich zumindest an dem Muster eines vorläufigen Bundesatomgesetzes orientieren.[688]

Bereits in der Sitzung des Ausschusses für Atomfragen am 20. März 1957, in der die Beratung des Regierungsentwurfes[689] auf der Tagesordnung stand, hatte sich der Abgeordnete Ratzel (SPD) für den Erlass einer Kurzfassung des Regierungsentwurfes ausgesprochen, welcher sich lediglich auf den Strahlenschutz und die Voraussetzungen zur Errichtung von Reaktoren beschränken sollte.[690] Unterdessen waren die wissenschaftlichen und wirtschaftlichen Tätigkeiten auf dem Gebiet der Kernenergienutzung weiter vorangeschritten. Das damalige Kernenergieprogramm sah die Entwicklung von Leistungsreaktoren nach deutschen Plänen vor, welche der Erzeugung elektrischer Energie dienen sollten, dem vorangehend sollten im Spätsommer desselben Jahres Forschungsreaktoren in Betrieb genommen werden.[691]

Am 24. Juli 1957 legte der Bundesminister für Atomfragen Strauß dem Kabinett den Entwurf eines „Gesetzes zur vorläufigen Regelung der wissenschaftlichen und wirtschaftlichen Anwendung der Kernenergie“ (Vorläufiges Atomge-

---

686 BT-Drs. II, 3026 Anlage 1 b i.d.F. BT-Drs. II, 3502.

687 BT-Drs. II, 3026 Anlage 1 b i.d.F. BT-Drs. II, 3502.

688 So Bundeskanzler Adenauer in der 189. Kabinettssitzung v. 16.07.1957, in: Weber, Die Kabinettsprotokolle der Bundesregierung, Bd. 10, 1957, S. 334.

689 BT-Drs. II, 3026 Anlage 1 b.

690 Protokoll der 17. Sitzung des Ausschusses für Atomfragen v. 20.03.1957, S. 2, PArch II, 1032, Bd. A 1, Bl. 28.

691 Jahresbericht 1957 des BMAt, S. 5, BArch B 102/41018; vgl. Abg. Euler in: Stenogr. Bericht der 221. Sitzung des 2. BT v. 02.07.1957, 13047 A.

setz) vor.[692] Die Kabinettsmitglieder stimmten dem Entwurf zu und dieser sollte sodann als Regierungsvorlage unmittelbar dem Bundesrat zugeleitet werden.[693]

In der Begründung zum vorläufigen Atomgesetz[694] wurde auf die Dringlichkeit einer bundesweiten Regelung für die Errichtung der geplanten Forschungsreaktoren und auf den Erlass einer Strahlenschutzverordnung hingewiesen. Um die geplanten Forschungsreaktoren in Betrieb nehmen zu können, sei der Erlass eines vorläufigen – bis zum 31.12.1958 befristeten – Atomgesetzes erforderlich. Das Gesetz solle keine abschließenden Regelungen enthalten und sich nur auf die zum damaligen Zeitpunkt unbedingt erforderlichen Vorschriften beschränken. Unbedingt erforderlich für ein solches vorläufiges Gesetz seien laut Entwurfsbegründung folgende Regelungsbereiche:

1. Vorschriften über die Möglichkeit vorläufiger Reaktorgenehmigungen,
2. eine Ermächtigung für den Erlass ausreichender Strahlenschutzbestimmungen und eine Ermächtigung zum Erlass von Vorschriften zur Erfüllung internationaler Verpflichtungen der Bundesrepublik auf dem Gebiet der Kernenergie,
3. Haftungsbestimmungen, die der spezifischen Gefährlichkeit des Umgangs mit Kernbrennstoffen und radioaktiven Stoffen gerecht werden.

Von Vorteil sei, dass der Entwurf keine Bestimmungen enthalte, die eine Ergänzung des Grundgesetzes erfordern würden. Die Gesetzgebungskompetenz des Bundes für die beschränkten Regelungen des Entwurfes zum vorläufigen Atomgesetz ergäben sich aus Art. 73 Nr. 5 und 6 und Art. 74 Nr. 1, 11, 12, 13, 19 und 21 bis 23 des Grundgesetzes.[695]

Der Entwurf war in fünf Artikel gegliedert und bestand insgesamt aus 16 Vorschriften. In Art. I wurden die Voraussetzungen für die Zulassung von Kernreaktoren dargestellt. Hiernach konnte eine Ausnahme von dem noch bestehenden Verbot der Alliierten bezüglich der Kernenergieforschung und -nutzung[696] erteilt werden, sofern der Kernreaktor der Forschung, Lehre oder Entwicklung diente und seine elektrische Leistung 15 MW nicht überstieg. Im Übrigen galt nach Absatz 2 der § 26 der Gewerbeordnung sinngemäß, so dass der Inhaber eines rechtmäßig errichteten und betriebenen Reaktors vor zivilrechtlichen Un-

---

692 190. Kabinettssitzung v. 24.07.1957 in: Weber, Die Kabinettsprotokolle der Bundesregierung, Bd. 10, 1957, S. 343.

693 190. Kabinettssitzung v. 24.07.1957 in: Weber, Die Kabinettsprotokolle der Bundesregierung, Bd. 10, 1957, S. 343.

694 BArch B 142/4736, 407.

695 Begründung zum vorläufigen Atomgesetz, S. 2, PArch II.WP, Bd. A2, S. 15.

696 Art. 1 Abs.1b des Gesetzes Nr. 22 der Alliierten Hohen Kommission (AHK) – Überwachung von Stoffen, Einrichtungen und Ausrüstungen auf dem Gebiet der Atomenergie – v. 02.03.1950 (Amtsbl. der AHK S. 122) in der Fassung des AHK-Gesetzes Nr. 53 v. 26.04.1951 (Amtsbl. der AHK S. 882) und des AHK-Gesetzes Nr. 68 v. 14.12.1951 (Amtsbl. Der AHK S. 1361).

terlassungsklagen geschützt war. Das Gesetz Nr. 22 der AHK sollte außerdem unverändert in Kraft bleiben, so dass sich die staatliche Aufsicht über Atomanlagen weiterhin nach Art. 8 des Gesetzes Nr. 22 der AHK richtete. Dadurch seien weitreichende Eingriffs- und Kontrollbefugnisse der Verwaltungsbehörden gesichert.

Unter dem Artikel II § 1 fanden sich Ermächtigungen zum Erlass von Rechtsverordnungen.[697] Der darauffolgende § 2 enthielt eine „strafrechtliche Blankettvorschrift", welche dazu dienen sollte, die Beachtung aller Gebote und Verbote zu sichern, welche die Bundesregierung auf dem Gebiet des Strahlenschutzes durch den Erlass von Rechtsverordnungen aufstellen würde.[698] Als Strafrahmen sah § 2 Abs. 1 als Höchststrafe für vorsätzliche Taten Gefängnis bis zu fünf Jahren und Geldstrafe bis zu 100.000 DM vor, für fahrlässige Taten sah § 1 Abs. drei zwei Jahre Gefängnis vor. Der Entwurfsbegründung zufolge trug der relativ weite Strafrahmen dieser strafrechtlichen Bankettvorschrift der Überlegung Rechnung, dass die einschlägigen Rechtsverordnungen Vorschriften von unterschiedlicher Bedeutung enthalten würden. Der Strafrahmen sei jedoch nur anwendbar, insofern die Bundesregierung in der Rechtsverordnung ausdrücklich auf § 2 des vorläufigen Atomgesetzes verweise. § 1 Abs. 3 sah einen strengeren Strafrahmen vor, so weit vorsätzliches Zuwiderhandeln gegen Strahlenschutzvorschriften vorliege und dadurch eine Gemeingefahr zumindest fahrlässig herbeigeführt werde. Dabei sei der Begriff der Gemeingefahr nach Abs. 2 entsprechend des § 315 Abs. 3 StGB auszulegen.

Unter Artikel III wurden die Haftungsbestimmungen gefasst, welche den Vorschriften der kurz zuvor gescheiterten Regierungsvorlage in der Beschlussfassung der Ausschüsse[699] nachgebildet waren. Entsprechend wurde bei der Haftung für Atomanlagen eine reine Gefährdungshaftung bis zur Grenze der höheren Gewalt festgelegt und eine Haftung des Besitzers von radioaktiven Stoffen, welche den Haftungsvorschriften des StVG nachgebildet war und eine Anwendung des § 831 BGB ausschloss. Auch Haftungshöchstgrenzen wurden eingeführt, dem Unternehmer von Reaktoren nach § 7 Abs. 2 bis 5 des Entwurfs einen Befreiungsanspruch gegenüber dem Bund zu gewähren, soweit die aus einem bestimmten Schadensereignis entstandenen Schäden 15 Millionen DM überstiegen. Artikel IV enthielt die Berlin-Klausel. Der Entwurf fand seinen Abschluss mit Artikel V, welcher die Geltungsdauer des vorläufigen Atomgesetzes bis zum 31. Dezember 1958 festlegte.

697 Erlass von Schutzbestimmungen (§1), umfangreiche Genehmigungsvorschriften (§ 1 Abs. 3), Vorschriften über die Ein- und Ausfuhr sowie die Beförderung von Kernbrennstoffen (§ 1 Abs. 3 Nr. 4).

698 Begründung zum vorläufigen Atomgesetz, S. 4, PArch II.WP, Bd. A2, S. 15.

699 BT-Drs. II, 3026 i.d.F. BT-Drs. II, 3502.

Am 25. Juli 1957 leitete die Bundesregierung den Entwurf eines „Gesetzes zur vorläufigen Regelung der wissenschaftlichen und wirtschaftlichen Anwendung der Kernenergie“ an den Bundesrat weiter mit der Bitte um Beschlussfassung.[700] Der Bundesrat machte von seinem Recht auf Stellungnahme jedoch keinen Gebrauch.[701] Die Bundesregierung nahm davon Abstand, den am 24. Juli 1957 vom Kabinett verabschiedeten Entwurf eines vorläufigen Atomgesetzes noch in den am 29. August 1957 zum letzten Mal in der zweiten Legislaturperiode tagenden Bundestag einzubringen.

Trotz der zu Beginn an den Tag gelegten Dringlichkeit beim Erlass eines vorläufigen Atomgesetzes war es bis zum Ende der zweiten Legislaturperiode mithin weder gelungen, die erforderliche Ergänzung des Grundgesetzes anzubringen, noch ein Bundesatomgesetz zu erlassen.

H. Die Atomgesetze der Länder

I. Die Verabschiedung von Atomgesetzen durch die Bundesländer

Aufgrund des Fehlens eines Bundesatomgesetzes am Ende der zweiten Legislaturperiode sahen sich einzelne Bundesländer dazu veranlasst, vorläufige Atomgesetze auf Landesebene zu erlassen.[702] Die Länder wollten die geplante Inbetriebnahme von Reaktoren, Urananreicherungsanlagen und Großbeschleunigern nicht hinauszögern.

Der Bundeswirtschaftsminister hatte zwar im Einvernehmen mit dem Bundesminister für Atomfragen am 10. Januar 1957 eine Regelung erlassen, welche eine allgemeine Genehmigung ermöglichte. Hiernach war Erzeugung, Herstellung, Gewinnung, Verarbeitung, Kauf, Besitz, Lagerung, Verkauf sowie Ein- und Ausfuhr einer großen Anzahl der Gegenstände, die in der AHK-Liste aufgezählt wurden, möglich. Die Regelung trat am 1. Januar 1957 in Kraft.[703] Ob sie den Bau und die Inbetriebnahme von Kernreaktoren umfasste, war jedoch zweifelhaft. So bestand in den Ländern Unsicherheit, ob diese „allgemeine Genehmigung“ ausreiche, um die geplanten Reaktoren, Urananreicherungsanlagen und

700 Dieser ging beim BR am 25.07.1957 ein, Parch II. WP, 1032, S. 15; BR-Drs. II, 357/57.

701 Vgl. das Schreiben des Direktors des BR an das BKA v. 03.08.1957, BArch B 136/2041.

702 Übersicht bei Fischerhof, Atomgesetze der Bundesländer – Eine Übersicht, DÖV 1958, S. 16 ff.

703 „Allgemeine Genehmigung aufgrund der AHK-Gesetze Nr. 22, 53 und 68 über die Überwachung von Stoffen, Einrichtungen und Ausrüstungen auf dem Gebiet der Atomenergie“, BAnz. Nr. 8 v. 12.01.1957, S. 1.

Großbeschleuniger zu errichten und in Betrieb zu nehmen.[704] Eine aus Ländervertretern bestehende Unterkommission, der „Länderausschuss für Atomfragen“, war auf Einladung des Bundesministeriums für Atomfragen am 18. Dezember 1956 erstmalig zusammengetreten und kam zu drei Möglichkeiten hinsichtlich der Errichtung und Inbetriebnahme von Reaktoren:

1. Durch weitere Geltung des Art. 1.1b des AHK-Gesetzes Nr. 22 sind Forschungsreaktoren weiterhin bis zum Inkrafttreten eines Bundesatomgesetzes verboten.
2. Das nun der Gesetzgebungshoheit der Bundesrepublik unterworfene AHK-Gesetz Nr. 22 müsse am Grundgesetz gemessen werden. Grundsätzlich empfehle sich eine enge Auslegung des AHK-Gesetzes, jedoch müsse es mit der Freiheit der Forschung und Lehre nach Art. 5 Abs. 3 GG und mit dem Schutz der verfassungsmäßigen Ordnung, des Sittengesetzes und der Rechte Dritter nach Art. 2 GG vereinbar sein. Aus diesem Grunde könne eine Ausnahmegenehmigung für Forschungsreaktoren erteilt werden, die allerdings mit Auflagen und Bedingungen versehen werden kann.
3. Eine Auslegung des AHK-Gesetzes Nr. 22 in Verbindung mit Art. 5 Abs. 3 GG ergebe eine grundsätzliche Erlaubnis für den Bau und den Betrieb von Forschungsreaktoren, so dass eine Genehmigung nicht erforderlich sei.[705]

Die Referenten der Bundesländer entschieden sich für die zweite Variante.[706] Da für die Inbetriebnahme von Forschungsreaktoren schon eine Auslegung des AHK-Gesetzes Nr. 22 erforderlich war, sollte diese zumindest weitgehend der bundesrechtlichen Regelung durch das geplante Atomgesetz entsprechen. Daher könne man nicht alle Reaktoren genehmigungsfrei stellen, vielmehr sollten der Privatwirtschaft und dem Staat unter den gleichen Voraussetzungen der Bau und der Betrieb von Forschungsreaktoren ermöglicht werden. Darüber hinaus enthalte das AHK-Gesetz Nr. 22 selbst eine Ausnahmeregelung. Auf diese könne man sich im Rahmen der Auslegung berufen. Nach Art. 1 Abs. 2 des AHK-Gesetzes Nr. 22 waren Ermächtigungen für den Kauf, den Verkauf, Besitz, Gebrauch und die Lagerung auch der nach Art. 1 Abs. 1 verbotenen Gegenstände möglich.[707] Problematisch blieb jedoch die Genehmigung für Reaktoren. Nach Art. 1 Abs. 2 war der „Aufbau“ von Kernreaktoren verboten. Auch die Inbetriebnahme von im Ausland gekauften Reaktoren müsse als Aufbau im Sinne des Abs. 1 angesehen

704 Vgl. Müller, Die Geschichte der Kernenergie in der Bundesrepublik Deutschland, Bd. 1, S. 545.

705 Protokoll des Länderausschusses, Sitzung v. 18.12.1956 sowie Protokoll der Besprechung im Bayerischen Staatsministerium für Wirtschaft und Verkehr v. 08.03.1957, BArch B 138/2017.

706 Protokoll der Sitzung des Länderausschusses, Sitzung v. 18.12.1956, BArch B 138/2017.

707 Protokoll der Sitzung des Länderausschusses, Sitzung v. 18.12.1956, BArch B 138/2017.

werden und könne nicht unter „Gebrauch" nach Abs. 2 gefasst werden. Eine auf dieser zweifelhaften Rechtsgrundlage erteilte Genehmigung stelle einen Verwaltungsakt dar und könne daher durch Anfechtungsklage aufgehoben bzw. es könnten im Eilverfahren einstweilige Anordnungen erlassen werden.[708]

Nach dem Scheitern des Bundesatomgesetzes in der zweiten Legislaturperiode sahen sich die Länder gezwungen, diese Überlegungen anzustellen. Die Inbetriebnahme von Forschungsreaktoren stand in einigen Bundesländern unmittelbar bevor. So war in Bayern die Inbetriebnahme des „Forschungsreaktors München" in Garching bei München geplant.[709] In Nordrhein-Westfalen wollte man „die gemeinsame Atomforschungsanlage Nordrhein-Westfalen", bestehend aus einen Kernreaktor und einer Isotopentrennanlage, in Betrieb nehmen. In den vier norddeutschen Küstenländern Hamburg, Bremen, Schleswig-Holstein und Niedersachsen beschloss man die Errichtung und Inbetriebnahme eines Forschungsreaktors in Geesthacht (Schleswig-Holstein). Für den in Berlin-Wannsee geplanten Forschungsreaktor und den Beschleuniger des gemeinsamen Instituts für Kernphysik der Freien Universität und der Technischen Hochschule war aufgrund der amerikanischen Lieferung des Reaktors und des Beschleunigers eine gesetzliche Grundlage erforderlich.[710] Die Amerikaner hatten in einem Schreiben vom 26. Januar 1957 an den regierenden Bürgermeister von Berlin zum Ausdruck gebracht, dass die Verbringung des Reaktors und des Beschleunigers nur dann erfolgen werde, sofern in Berlin

> „ausreichende gesetzliche Vorschriften zur Überwachung von Kernspaltungsmaterial, von Einrichtungen und Gegenständen für die Zwecke der Atomenergie und zum Schutz von auf Atomenergie bezüglichen Informationen in Kraft treten".[711]

In Berlin war daher der Erlass einer zumindest vorläufigen Regelung in Hinblick auf die geplante Inbetriebnahme des Forschungsreaktors und des Beschleunigers erforderlich. In den anderen Bundesländern war eine vorläufige gesetzliche Regelung nicht zwingend erforderlich, da im Einzelfall auf bereits bestehende Regelungen des Berg-, Wasser-, Bau-, des allgemeinen Gesundheitsrechts und auf das Polizeirecht zurückgegriffen werden konnte.[712] Allerdings bestand auf Seiten der Länder die Befürchtung, dass wenn das Verbot des AHK-Gesetzes Nr. 22 weiterhin aufrechterhalten bleibe, die Gerichte diesen im Rahmen von Anträgen auf Erlass

708 Protokoll der Sitzung des Länderausschusses v. 18.12.1956, BArch B 138/2017.

709 Dieser ging am 31.10.1957 in Betrieb.

710 Vgl. Costa, Die Abkommen der Bundesrepublik Deutschland mit den USA über Kraftreaktoren und über die Zusammenarbeit zugunsten von Berlin, S. 256.

711 Costa, Die Abkommen der Bundes Bundesrepublik Deutschland mit den USA über Kraftreaktoren und über die Zusammenarbeit zugunsten von Berlin, S. 257.

712 Vgl. Riederer, Atomgesetzgebung in Bayerischer Sicht, AtW 1957, S. 337.

einstweiliger Anordnungen stattgeben könnten. Um den wirtschaftlichen und wissenschaftlichen Fortschritt auf dem Gebiet der friedlichen Kernenergienutzung nicht zu hemmen, entschlossen sich die Bundesländer zum Erlass vorläufiger atomgesetzlicher Regelungen. Ein Versuch des Bundesatomministeriums, in seiner Besprechung am 27. September 1957 diese Entwicklung durch eine bindende Vereinbarung mit den Referenten der Länder zu verhindern, scheiterte.[713]

Als erstes Bundesland erließ Bayern das „Gesetz zur vorläufigen Regelung der Errichtung und des Betriebs von Kernreaktoren und der Anwendung radioaktiver Isotope" am 13. Juli 1957. Dieses trat am 1. August 1957 in Kraft.[714] Bayern erließ auch eine Atomverordnung.[715] Hintergrund war die möglichst schnelle Inbetriebnahme eines von den Vereinigten Staaten zur Verfügung gestellten Forschungsreaktors.[716] Allerdings bezog sich die Erlaubnis zur Errichtung und für den Betrieb nur auf staatliche Kernreaktoren. Als RWE und Bayernwerk ein Versuchkernkraftwerk auf bayerischen Boden errichten wollten, musste das Bayerische Atomgesetz ergänzt werden.[717]

Auch Hessen[718], Hamburg[719], Nordrhein-Westfalen[720], Baden-Württemberg[721], Berlin[722] und Schleswig-Holstein[723] folgten und erließen vorläufige Landesatomgesetze.

Die Gesetzgebungskompetenz für die getroffenen Haftungsregelungen ergaben sich aus Art. 105 EGBGB.[724]

---

713 AtW 1957, S. 349.

714 Bayer. GVBl. 1957, S. 147; auch abgedruckt in AtW 1957, S. 269.

715 „Erste Verordnung zum Schutze der Allgemeinheit vor radioaktiven Gefährdungen", 1. Atomverordnung, 1. ATVO v. 19.08.1957, GVBl. S. 183.

716 Pachtvertrag zwischen der BReg und den USA 1957 i.R.d. Abkommens v. 13.02.1956, Bulletin Nr. 37 v. 23.02.1956 S. 317; dann abgelöst durch das sog. Kraftreaktorabkommen v. 03.07.1957, Bulletin Nr. 143 v. 25.07.1957 S. 1261; die BRD schloss daraufhin einen Unterpachtvertrag mit dem Land Bayern.

717 Zum Entwurf zur Ergänzung des Bayerischen Atomgesetzes: AtW 1958, S. 374.

718 „Gesetz zur vorläufigen Regelung der Errichtung und des Betriebes von Kernreaktoren für Forschungszwecke und des Strahlenschutzes" v. 01.10.1957, Hess. GVBl. 1957, S. 141.

719 „Gesetz zur vorläufigen Regelung der Anwendung der Kernenergie" v. 18.10.1957, Hamb. GVBl., Teil I, S. 465.

720 „Gesetz zur vorläufigen Regelung der Errichtung und des Betriebes von Atomanlagen" v. 4.02.1958, Landtags-Drs. Nr. 597; GVBl. 1958, S. 39.

721 Gesetz v. 12.05.1958; Gesetzblatt für Baden-Württemberg 1958, S. 129

722 Berliner Atomgesetz v. 26.06.1958, Gesetz- und Verordnungsblatt für Berlin, GVBl. 1958, S. 563.

723 Gesetz v. 20.06.1958; Landtags-Drs. Nr. 693; Schl.-Holst. GVBl. 1958, S. 225.

724 Art. 105 EGBGB: „Unberührt bleiben die landesgesetzlichen Vorschriften, nach welchen der Unternehmer eines Eisenbahnbetriebs oder eines anderen mit gemeiner Gefahr verbundenen Betriebs für den aus dem Betrieb entstehenden Schaden in weiterem Umfang als nach den Vorschriften des Bürgerlichen Gesetzbuchs verantwortlich ist." Hinsichtlich des Strahlenschutzes

II. Überblick über die Regelungsinhalte der Landesatomgesetze

Die Landesatomgesetze bestanden zumeist aus nur einigen wenigen Paragrafen[725], wiesen jedoch inhaltlich einige wesentliche Unterschiede auf.

Aufgrund des Umstands, dass das alliierte Verbotsgesetz nach wie vor für die gesamte Bundesrepublik gültig war, konnten die Länder das AHK-Gesetz Nr. 22 nicht aufheben. Sie mussten sich mit Hilfe ihrer Landesatomgesetze mit einer „Befreiung" vom Verbot dieses Gesetzes behelfen.[726] Die meisten Bundesländer normierten eine derartige Befreiung gleich zu Anfang ihrer vorläufigen Atomgesetze.[727] Allerdings wich die rechtliche Ausgestaltung im Einzelnen voneinander ab. So war nach Art. 1 des Bayerischen Atomgesetzes und auch des Nordrhein-Westfälischen Atomgesetzes eine Befreiung vom AHK-Verbot Nr. 22 in der Fassung der Nr. 53 und Nr. 68 sowohl für Forschungs- als auch für Leistungsreaktoren vorgesehen. Andere Länder wie Hamburg, Bremen, Schleswig-Holstein und Hessen sahen in ihren Atomgesetzen jeweils nur eine Befreiung für Forschungsreaktoren vor. Doch auch die Ausgestaltung der Befreiung war von Bundesland zu Bundesland unterschiedlich. So bestand z.B. in Bayern ein Rechtsanspruch auf die Befreiung. In anderen Ländern war wiederum geregelt, dass ein derartiger Anspruch nicht bestand. Lagen die Voraussetzungen für die Befreiung vor, „konnte" diese erteilt werden. Als Voraussetzungen legten die Gesetze fest, dass der Antragssteller und die für den Betrieb verantwortlichen Personen persönliche Zuverlässigkeit und die erforderliche Fachkunde besitzen sollten, alle erforderlichen Schutzmaßnahmen gewährleistet waren und „jede erforderliche Vorsorge für die Erfüllung gesetzlicher Schadensersatzverpflichtungen getroffen ist"[728].

Hinsichtlich einer geplanten landesrechtlichen Strahlenschutzverordnung wiesen die Landesatomgesetze Bayerns, Hessens, Bremen, Schleswig-Holsteins, Baden-Württembergs und Berlins eine entsprechende Verordnungsermächtigung auf, das Atomgesetz Nordrhein-Westfalens jedoch nicht. Statt einer Verordnungsermächtigung enthielt dieses jedoch als einziges Landesatomgesetz Haftungsvorschriften. Insoweit war das Gesetz dem Entwurf der Bundesregierung für ein vor-

---

vgl. Fonk, Zuständigkeit der Länder für den Erlaß von Rechtsvorschriften auf dem Gebiet des Strahlenschutzes, DÖV 1958, S. 20 ff.

725 Allein Nordrhein-Westfalen erließ ein etwas umfangreicheres vorläufiges Atomgesetz.

726 Vgl. Müller, Die Geschichte der Atomenergie in der Bundesrepublik Deutschland, Bd. 1, S. 116.

727 Die Atomgesetze Hamburgs und Schleswig-Holstein nahmen nicht Bezug auf das AHK-Gesetz Nr. 22.

728 So z.B. „Gesetz zur vorläufigen Regelung der Errichtung und des Betriebes von Atomanlagen" v. 4.02.1958, Landtags-Drs. Nr. 597; GVBl. 1958, S. 39.

läufiges Bundesatomgesetz nachgebildet.[729] Für den Umgang mit radioaktiven Stoffen außerhalb des Betriebes eines Kernreaktors sahen die §§ 5 bis 10 des Landesgesetzes Gefährdungshaftung bis zur Grenze der höheren Gewalt vor. Daneben sollte ein etwaiges Mitverschulden des Verletzten berücksichtigt werden. Ein Schmerzensgeldanspruch war nicht vorgesehen. Im Falle der Tötung oder Verletzung eines Menschen waren Haftungshöchstbeträge von 100.000 bzw. 6.000 DM jährlicher Rente vorgesehen. Bei einer Sachbeschädigung war Ersatz bis zur Höhe des gemeinen Wertes der beschädigten Sache zuzüglich der Kosten für die Sicherung gegen die von der beschädigten Sache ausgehenden Strahlungsgefahr zu leisten. Soweit Personen- und Sachschäden aus ein und demselben Ereignis vorlagen und insgesamt 15 Millionen DM überstiegen und eine Schadensersatzleistung weder dem Ersatzpflichtigen noch seinem Versicherer möglich war, sollte der Staat eintreten. Eine Haftungsobergrenze für die Eintrittspflicht des Staates sah das Atomgesetz Nordrhein-Westfalens nicht vor. Somit stellte es sicher, dass die Geschädigten einen Rechtsanspruch auf eine vollumfängliche Entschädigung hatten. Bestimmungen über die Art und Weise der Schadenersatzleistung, über die Verjährung, die Verwirkung und einen Gesamtschuldnerausgleich enthielt das NRW-Landesatomgesetz jedoch nicht, da ihm insoweit die erforderliche Gesetzgebungskompetenz fehlte.

Auch Strafbestimmungen waren in einigen Landesatomgesetzen enthalten. So enthielt das hessische Landesgesetz Strafbestimmungen für Verstöße gegen die Strahlenschutzverordnung.[730] Auch das vorläufige Atomgesetz Schleswig-Holsteins enthielt Strafvorschriften und Ordnungswidrigkeiten bei Verstößen gegen die gesetzlichen Bestimmungen.[731] Andere Landesatomgesetze enthielten hingegen keinerlei Strafvorschriften.[732]

III. Zusammenfassung

Das Ergebnis der Atomgesetzgebung auf Landesebene war, dass einzelne atomrechtliche Bestimmungen der Länder stark von einander abwichen und eine Art „Rechtszersplitterung" auf dem Gebiet des Atomenergierechts entstand.[733]

---

729 Siehe 3. Teil: G.

730 „Gesetz zur vorläufigen Regelung der Errichtung und des Betriebes von Kernreaktoren für Forschungszwecke und des Strahlenschutzes" v. 01.10.1957, Hess. GVBl. 1957, S. 141.

731 Gesetz v. 20.06.1958; Landtags-Drs. Nr. 693; Schl.-Holst. GVBl. 1958, S. 225.

732 So enthielt z.B. das Atomgesetz Nordrhein-Westfalens keine Strafbestimmungen, da die noch geltenden Strafbestimmungen des AHK-Gesetzes als ausreichend erachtet wurden.

733 So auch Fischerhof, Atomgesetze der Bundesländer – Eine Übersicht, DÖV 1958, S. 20.

Einzelne Forschungsreaktoren mussten ohne ein festgelegtes bundeseinheitliches Genehmigungsverfahren errichtet werden. So musste z.B. für den Aufbau des Karlsruher Atomforschungszentrums eine Vielzahl von neuen technischen Tatbeständen anhand von bestehenden verwaltungsrechtlichen Genehmigungsvorschriften geprüft werden.[734] Es erfolgte die Genehmigung der Bauten nach der Landesbauordnung[735], die wasserrechtlichen Voraussetzungen wurden nach dem Landeswassergesetz geprüft.[736] Insgesamt wurden fünf Atomanlagen nach landesrechtlichen Vorschriften genehmigt.[737] Die landesrechtliche Lösung war zwar nicht das Optimum, jedoch sprach sich das Bundesatomministerium in seinem Jahresbericht 1957 für die Regelungen der Länder aus:

> „Dank der von mehreren Länderregierungen ergriffenen Initiative für eine atomgesetzliche Regelung auf Landesebene, hat das Fehlen einer bundesgesetzlichen Regelung bisher nicht zu einer Behinderung der atomtechnischen Entwicklung im Bundesgebiet geführt."[738]

Allerdings musste der Atomminister Balke am 13. Februar 1958 im Bundestag einräumen, dass die derzeitige gesetzliche Lage eine lückenlose Kontrolle radioaktiver Stoffe nicht gewährleiste.[739] In der Zeitschrift „Die Atomwirtschaft" hieß es im März 1958 zu der aktuellen Gesetzeslage:

> „Es ist wirklich an der Zeit, daß von allen Beteiligten alles getan wird, ein Bundesatomgesetz mit einer darauf beruhenden Strahlenschutzverordnung bald in Kraft treten zu lassen, damit die technische Weiterentwicklung ungestört verlaufen kann, ohne daß das Schutzbedürfnis vernachlässigt wird. Die Diskrepanz zwischen technischem Fortschritt und zugehöriger gesetzlicher Ordnung ist einem modernen Staatswesen abträglich."[740]

---

734 Vgl. hierzu eingehender Ziegler, Verwaltungsrechtliche Fragen, AtW 1957, S. 443-444.

735 Badische Landesbauordnung i.d.F. der Bekanntmachung v. 26.07.1935, Badisches Gesetz- und Verordnungsblatt, S. 187.

736 Badisches Wassergesetz v. 12.04.1913 und Verordnung zum Vollzug des Wassergesetzes v. 12.04.1913, Badisches Gesetz- und Verordnungsblatt, S. 250.

737 (1) In Berlin: Hahn-Meitner-Institut für Kernforschung; 50 kW-Homogenreaktor; (2) Frankfurt a.M.: Institut für Kernphysik der Universität; 50 kW-Homogenreaktor; (3) Geesthacht: Gesellschaft für Kernenergieverwertung in Schiffbau und Schifffahrt mbH; (4) Universitäten Hamburg und Kiel, Technische Hochschule Hannover 5 MW-Schwimmbad-Reaktor; (5) München: Siemens-Schuckert-Werke AG; 1 kW-Argonaut; vgl. Fischerhof, Das deutsche Atomgesetz ist da, AtW 1960, S. 3.

738 Tätigkeitsbericht des BMAt 1957, BArch B 102/41018.

739 Vgl. Müller, Die Geschichte der Kernenergie in der Bundesrepublik Deutschland, Bd. 1, S. 564.

740 Wo bleibt die Strahlenschutzverordnung? (ohne Autorennennung), AtW 1958, S. 95.

Vierter Teil: Die Entwürfe zum Atomgesetz in der dritten Wahlperiode (April 1958–Januar 1959) und die weitere Entwicklung des Atomrechts

A. Überblick über die Entwürfe aus der dritten Wahlperiode

Die Arbeiten an dem Entwurf eines Bundesatomgesetzes wurden zu Beginn der dritten Legislaturperiode im Bundesministerium für Atomkernenergie und Wasserwirtschaft fortgesetzt.[741] Währenddessen stellte die SPD-Fraktion am 28. November 1957 im Bundestag zunächst einen Antrag auf Ergänzung des Grundgesetzes.[742] Dem folgte am 11. März 1958 ein Antrag zur Änderung des Grundgesetzes von Seiten der FDP.[743] Beide Anträge wurden dem Rechtsausschuss[744] federführend und dem Ausschuss für Atomkernenergie und Wasserwirtschaft[745] zur Mitberatung überwiesen.[746]

In der Kabinettssitzung vom 7. Mai 1958 drängte Bundeskanzler Adenauer den Bundesminister für Atomkernenergie und Wasserwirtschaft Balke (CSU) dazu, ein Atomgesetz zu erarbeiten, welches eine Grundgesetzänderung nicht erfordern würde.[747] Dennoch hielt Balke (BMAt) daran fest, dass eine Ergänzung des Grundgesetzes, insbesondere für den Bereich des Strahlenschutzes, zwingend notwendig sei. Staatssekretär Rust führte an, dass eine Einschränkung der

741 Vorher Bundesatomministerium, ab 29.10.1957 BMin für Kernenergiefragen und Wasserwirtschaft, ab 14.11.1961 BMin für Atomkernenergie, ab 13.12.1962 BMin für Wissenschaft und Forschung, ab 23.12.1969 BMin für Bildung und Wissenschaft, ab 06.06.1986 BMin für Umwelt, Naturschutz und Reaktorsicherheit, ab 1994 BMin für Wissenschaft, Forschung und Technologie, seit 1998 bis heute BMin für Bildung und Forschung; vgl. Müller, Die Geschichte der Kernenergie in der Bundesrepublik Deutschland, Bd. 1, S. 652 ff. (im Folgenden auch: BMAt).

742 BT-Drs. III, 30, siehe 2. Teil: B.V.2.

743 BT-Drs. III, 266, hierzu 2. Teil: B.V.2.

744 Im Folgenden auch: 12. BT-Ausschuss.

745 Im Folgenden auch: 26. BT-Ausschuss.

746 Siehe unter 2. Teil: B.V.

747 24. Sitzung des Kabinetts v. 07.05.1958, in: Weber, Kabinettsprotokolle der BReg, Bd. 11, 1958, S. 238; siehe näher unter 2. Teil: B.V.2.c.

Zuständigkeit des Bundes für Verteidigungsfragen nicht gewollt sei.[748] Der Bundesminister des Inneren wollte dies durch eine entsprechende Erklärung im Bundestag klarstellen, um bestehenden Bedenken entgegenzutreten. Der Bundeskanzler sprach sich für ein Atomgesetz ohne Grundgesetzergänzung aus. „Ein unvollkommenes Atomgesetz sei ihm in jedem Fall lieber als gar kein Atomgesetz".[749] Der Deutsche Gewerkschaftsbund (DGB) forderte den Bundeskanzler mit Schreiben vom 30. April 1958 zum Erlass eines Atomgesetzes unter gleichzeitiger Änderung des Grundgesetzes auf.[750]

In der Bundestagssitzung vom 9. Mai 1958[751] stellte die SPD-Fraktion einen Antrag auf Vorlage eines Atomgesetzes durch die Bundesregierung.[752] Dieser Antrag sollte den Erlass eines Atomgesetzes, unter Berücksichtigung der in dem Antrag enthaltenen Gesichtspunkte, bewirken.[753] Dem folgte kurz darauf ein Initiativgesetzentwurf der FDP, welcher am 19. Juni 1958 im Bundestag vorgelegt wurde.[754]

Der zwischenzeitlich fertiggestellte Entwurf des Bundesministeriums für Atomkernenergie und Wasserwirtschaft wurde dem Bundesrat am 24. Oktober 1958 gem. Art. 76 Abs. 2 GG überwiesen. Die Regierungsvorlage folgte der Grundkonzeption der Regierungsvorlage aus dem zweiten Bundestag.[755] Im Bundesrat wirkten der federführende Wirtschaftsausschuss, der Ausschuss für Innere Angelegenheiten, der Rechtsausschuss, der Finanzausschuss und der Ausschuss für Arbeit und Sozialpolitik maßgeblich am Gesetzgebungsprozess während der dritten Wahlperiode mit. Nach den ersten Beratungen im Bundesrat wurde der Regierungsentwurf[756] gemeinsam mit dem FDP-Entwurf[757] am 21. Januar 1959 erstmalig im Bundestag beraten.[758] Beide Entwürfe wurden dem federführenden Bundestagsausschuss, dem Rechtsausschuss sowie dem Ausschuss für Gesundheitswesen[759] überwiesen.[760] Der Haushaltsausschuss[761] war laut Ent-

748 24. Sitzung des Kabinetts v. 07.05.1958, in: Weber, Kabinettsprotokolle der BReg, Bd. 11, 1958, S. 239.

749 Adenauer in der 24. Sitzung des Kabinetts v. 07.05.1958, in: Weber, Kabinettsprotokolle der BReg, Bd. 11, 1958, S. 239.

750 BArch B 136/2037.

751 Stenogr. Bericht der 29. Sitzung des 3. BT. v. 09.05.1958, 1599 ff.

752 BT-Drs. III, 344.

753 Dazu näher unter 4. Teil: B.

754 BT-Drs. III, 471.

755 BT-Drs. II, 3026.

756 BT-Drs. III, 759.

757 BT-Drs. III, 471.

758 Stenogr. Bericht der 29. Sitzung des 3. BT v. 09.05.1958, 3020 D ff.

759 Im Folgenden auch: 11. BT-Ausschuss.

760 Stenogr. Bericht der 29. Sitzung des 3. BT v. 09.05.1958, 1607.

761 Im Folgenden auch: 13. BT-Ausschuss.

scheidung des Ältestenrats des Bundestages vom 27. Januar 1959 an den Beratungen der Vorlagen ebenfalls zu beteiligen.[762] Der federführende Bundestagsausschuss unter dem Vorsitz von Dehler (FDP) bestand in der dritten Legislaturperiode nunmehr aus 29 Mitgliedern.[763]

Am 3. Dezember 1959 wurden die Grundgesetzergänzung und das Atomgesetz vom Bundestag nach zweiter und dritter Beratung im Bundestagsplenum verabschiedet.[764] Der SPD-Entwurf zur Ergänzung des Grundgesetzes[765] wurde durch namentliche Abstimmung einstimmig mit 412 Stimmen und zusätzlich 16 Stimmen der Berliner Abgeordneten angenommen.[766] Der Entwurf zu einem Atomgesetz[767] wurde mit überwiegender Mehrheit und nur einer Enthaltung angenommen.[768]

Der Bundesrat stimmte am 18. Dezember 1959 dem Entwurf im zweiten Durchgang[769] gem. Art. 84 Abs. 1 und Art. 87 Abs. 3 S. 2 GG zu.[770] Damit entschied sich der Bundesrat gegen eine Empfehlung des Bundesratsausschusses für Arbeit und Sozialpolitik[771] und gegen einen Antrag des Landes Hessen[772], den Vermittlungsausschuss nach Art. 77 Abs. 2 des Grundgesetzes anzurufen.

Beide Gesetze wurden daraufhin am 23. Dezember 1959 vom Bundespräsidenten ausgefertigt und am 31. Dezember 1959 im Bundesgesetzblatt verkündet[773], so dass sie am 1. Januar 1960 in Kraft traten.

---

762 PArch III. WP, 156 Bd. A1.

763 Von Bismarck, Draeger, Geiger, Geisendörfer, Jordan, Leiske, Lenz, Memmel, Reith (alle CDU/CSU), Bechert, Dopatka, Jacobi, Priebe, Ratzel (alle SPD), Dehler und Rutschke (FDP), Cartellieri, Engelhardt, Pohland, Scheidwimmer, Straimer, Borst (alle Mitglieder des BMAt), Ebersberg, Tack (Mitglieder des BMJ), Bartzsch und Berg (BMV), Arning (BMA), Lantzke (BMWi),, Bechtolsheim (BKA).

764 Stenogr. Bericht des 3. BT v. 03.12.1959, 5038 D ff.

765 BT-Drs. III, 30.

766 Stenogr. Bericht des 3. BT v. 03.12.1959, 5037 C.

767 BT-Drs. III, 759.

768 Stenogr. Bericht des 3. BT v. 03.12.1959, 5041 B.

769 Zur Ergänzung des Grundgesetzes: BT-Drs. III, 30; zum Atomgesetz: BT-Drs. III, 759.

770 Zu BT-Drs. III, 759; Stenogr. Bericht der Sitzung des 3. BR v. 18.12.1959, 261 A ff.

771 Stenogr. Bericht der 213. Sitzung des BR v.18.12.1959, 261 A ff.

772 BR-Drs. 411/2/59 in der 213. Sitzung des BR v. 18.12.1959, 261 A ff.

773 Das Atomgesetz: BGBl. 1959 I S. 814; Das Gesetz zur Ergänzung des Grundgesetzes: BGBl. 1959 I S. 813.

B. Der SPD-Antrag vom 9. Mai 1958 auf Vorlage eines Atomgesetzes

I. Inhalt des Antrags

In der neuen Wahlperiode stellte die SPD-Fraktion am 9. Mai 1958 im Bundestag einen Antrag auf Vorlage eines Atomgesetzes durch die Bundesregierung.[774] Der Zweck des Atomgesetzes sollte hiernach sein, die Forschung und Entwicklung auf dem Gebiet der Atomenergie zu fördern, die Atomenergie zu friedlichen Zwecken für die Bevölkerung nutzbar zu machen, Leben, Gesundheit, Sachgüter vor den Gefahren der Kernenergie und die innere und äußere Sicherheit der Bundesrepublik zu schützen und die Erfüllung internationaler Verpflichtungen sicherzustellen. Um diese Aspekte zu gewährleisten, sollte das zu erarbeitende Gesetz insbesondere einer ausreichenden Einbindung des Staates Rechnung tragen. So sollten Kernbrennstoffe und Ausgangsstoffe im Eigentum des Bundes verbleiben, soweit nicht Euratom das Eigentum zukomme.[775] Die Ein- und Ausfuhr sowie die Verwahrung und Verteilung von Kernbrennstoffen sollte in der ausschließlichen Zuständigkeit des Bundes liegen. Ferner sollten Anlagen, welche der Spaltung von Kernbrennstoffen oder der Aufbearbeitung bestrahlter Kernbrennstoffe dienten, nur von der öffentlichen Hand betrieben werden. Nur bei Anlagen zu Forschungszwecken könne hiervon eine Ausnahme gemacht werden. Eine solche Ausnahme solle in Form einer staatlich zu verleihenden Konzession im Gesetz verankert werden. Zum Schutz der Bevölkerung und der in Atomanlagen Beschäftigten sollte eine lückenlose Kontrolle und ein ausreichender Versicherungsschutz gegen Atomschäden normiert werden. Um die erforderlichen Kontrollaufgaben zu erfüllen, müsse eine eindeutige Aufgabenverteilung zwischen Bundes- und Landesbehörden erfolgen. Für die Gewährleistung einer ausreichenden und unabhängigen Beratung der Regierung und der Parlamente müsse eine unabhängige deutsche Atomkommission auf gesetzlicher Grundlage gebildet werden, welche auch unaufgefordert ihre Meinung gegenüber den staatlichen Stellen äußern sollte.

II. Behandlung des SPD-Antrags im Bundestag am 9. Mai 1958

Der SPD-Antrag läutete die Gesetzgebungsarbeiten zum Atomgesetz in der dritten Wahlperiode ein. Am 9. Mai 1958 begründete der SPD-Abgeordnete Ratzel den

---

774 BT-Drs. III, 344.

775 Nach Art. 86 Euratom-Vertrag, vgl. unter 2. Teil: A.II.1.a.

Antrag seiner Fraktion im Deutschen Bundestag.[776] Er gab zunächst einen Überblick über die Gesetzgebungsarbeiten der zweiten Wahlperiode und zählte die Gründe für die Dringlichkeit und Notwendigkeit des baldigen Erlasses eines Atomgesetzes auf.[777] Ferner wies er darauf hin, dass seine Fraktion gegen einen privaten Wettbewerb in Form des vorangegangenen Regierungsentwurfes[778] sei. Der Regierungsentwurf aus der zweiten Wahlperiode führe zu einer „Sozialisierung des Risikos", da das finanzielle Risiko zum größten Teil der Bund tragen müsse.[779] Für die Ein- und Ausfuhr, die Verwahrung und die Verteilung von Kernbrennstoffen solle allein der Bund zuständig sein und die technische Überwachung solle einer zentralen Bundesoberbehörde obliegen.[780]

Der Bundesminister für Atomkernenergie und Wasserwirtschaft Balke (CSU) entgegnete, dass eine zweckmäßige technische Überwachung betriebsnah sein müsse und sich aus diesem Grunde eine Bundesauftragsverwaltung anbiete. Die notwendige Sicherheit könne nicht nur dann erreicht werden, wenn die Atomenergienutzung in staatlicher Hand liege.[781] Im Übrigen liege der Bundesregierung derzeit der Entwurf eines Atomgesetzes vor, so dass demnächst mit der Vorlage eines dem SPD-Antrag entsprechenden Gesetzesentwurfes zu rechnen sei. Der Abgeordnete Weber (CDU) führte aus, dass er grundsätzlich den Anträgen zustimme, dass jedoch die Frage nach der Notwendigkeit einer Grundgesetzergänzung abschließend geklärt werden müsse. Rutschke (FDP) wandte sich gegen die im SPD-Antrag vorgesehene Einführung einer staatlichen Konzession und bevorzugte die Einführung eines Genehmigungsverfahrens entsprechend der gewerberechtlichen Vorschriften.

Am Ende der ersten Lesung des SPD-Antrags im Bundestag wurde beschlossen, diesen an den Atomausschuss und den Rechtsausschuss zur Mitberatung zu überweisen.[782] Mit Vorlage des nachfolgenden Regierungsentwurfes[783] wurde der SPD-Antrag nicht weiterverfolgt.

---

776 Stenogr. Bericht der 29. Sitzung des 3. BT v. 09.05.1958, 1599.

777 Die Gründe waren: befürchtete Rechtszersplitterung aufgrund der Landesatomgesetze, Erfüllung der Vorgaben des Euratom-Vertrages, Erforderlichkeit von Schutzmaßnahmen zugunsten der Bevölkerung und Arbeitnehmer vor ionisierender Strahlung, vgl. Abg. Ratzel (SPD) in: Stenogr. Bericht der 29. Sitzung des 3. BT v. 09.05.1958, 1599.

778 BT-Drs. II, 3026.

779 Abg. Ratzel (SPD) in: Stenogr. Bericht der 29. Sitzung des 3. BT v. 09.05.1958, 1601.

780 Stenogr. Bericht der 29. Sitzung des 3. BT v. 09.05.1958, 1600.

781 Stenogr. Bericht der 29. Sitzung des 3. BT v. 09.05.1958, 1602, 1603.

782 Stenogr. Bericht der 29. Sitzung des 3. BT v. 09.05.1958, 1607.

783 BT-Drs. III, 759.

C. Der Regierungsentwurf vom 24. Oktober 1958 (Überblick und Problembereiche)

I. Überblick über den Inhalt des Entwurfs

1. Wesentliche Neuerungen des Entwurfes

Inhaltlich orientierte sich der Regierungsentwurf an dem zuletzt in der zweiten Wahlperiode eingebrachten Entwurf in der durch die Ausschüsse erlangten Fassung.[784] Er sei als eine „verbesserte Neuauflage des ersten Regierungsentwurfes" anzusehen.[785] Abweichungen zu diesem Entwurf enthielt der Regierungsentwurf der dritten Wahlperiode insoweit, als die Vorschriften über die Haftung und Versicherung sowie die Ermächtigungsvorschriften für die Strahlenschutzgesetzgebung erweitert wurden und unter den Strafvorschriften Tatbestände mit aufgenommen wurden, nach denen Ordnungswidrigkeiten mit Bußgeld geahndet werden konnten.[786]

Nachfolgend werden schwerpunktmäßig die Vorschriften des Regierungsentwurfes dargestellt, welche maßgebliche Änderungen gegenüber dem vorherigen Regierungsentwurf aus der zweiten Legislaturperiode[787] enthielten, und solche Vorschriften, die im Rahmen der Gesetzgebungsarbeiten der dritten Wahlperiode kontrovers diskutiert wurden.[788]

2. Die Frage nach der Grundgesetzänderung im Kabinett am 15. Oktober 1958

Wesentlicher Punkt der Besprechung des Kabinetts am 15. Oktober war vor allem die Erforderlichkeit einer Grundgesetzergänzung für den Erlass des vom Bundesminister für Atomkernenergie und Wasserwirtschaft vorgestellten Entwurfs.[789] Nach Abschluss der Beratungen zu diesem Problempunkt betonte Bundeskanzler Adenauer nachdrücklich, dass endlich ein Entschluss erforderlich sei. So schlug er vor, den Entwurf eines Atomgesetzes zu verabschieden und die Grundgesetzänderung im Sinne des Antrags des Abgeordneten Hoogen (Vorsitzender des

784 Ursprünglich BT-Drs. II, 3026 dann i.d.F. des schriftlichen Berichts des 38. BT-Ausschusses BT-Drs. II, 3502.

785 Balke (BMAt) in: Stenogr. Bericht der 55. Sitzung des 3. BT v. 21.01.1959, 3022.

786 Vgl. Begr. der BReg zu BT-Drs. III, 759, S. 17-18.

787 BT-Drs. II, 3026.

788 Im Übrigen wird auf die Ausführungen in 3. Teil: F, verwiesen.

789 38. Kabinettssitzung v. 15.10.1058, S. 355 in: Weber, Die Kabinettsprotokolle der BReg, Bd. 11, 1958.

Rechtsausschusses des Bundestages)[790] zu unterstützen. Soweit der Rechtsausschuss des Bundestages zu dem Ergebnis komme, dass eine Grundgesetzänderung obsolet sei, könne man dem zustimmen. Daraufhin beschloss das Kabinett, unter Stimmenthaltung der Bundesminister des Inneren und des Bundesministers für Angelegenheiten des Bundesrates und der Länder, entsprechend dem Vorschlag des Bundeskanzlers.[791]

3. Die Beratungen des Bundesrates von November 1958 bis Dezember 1959

Den Entwurf übersandte die Bundesregierung am 24. Oktober 1958 dem Bundesrat zur Stellungnahme. Für die weiteren Gesetzgebungsarbeiten am Atomgesetz setzte der Bundesrat die Unterausschüsse ein, welche bereits in der zweiten Legislaturperiode tätig gewesen waren. Federführend war erneut der Wirtschaftsausschuss[792], als mitberatende Ausschüsse wurden der Rechtsausschuss, der Finanzausschuss, der Ausschuss für Innere Angelegenheiten und der Ausschuss für Arbeit und Sozialpolitik berufen.

Inhaltlich setzten sich der Bundesrat und seine Unterausschüsse mit einigen Problempunkten auseinander, die auch schon in der vorangegangenen Legislaturperiode aktuell waren. So stand nach wie vor die Frage nach der Gestaltung der Genehmigungsvorschriften im Vordergrund. Auch die Ersatzpflicht im Falle des Genehmigungswiderrufs (§ 18 Abs. 1 des Entwurfs) wurde im Rahmen der Bundesratssitzungen und der Ausschusssitzungen des Bundesrates umfassend diskutiert. Zudem wurden der Schutz vor Allgemeinschäden[793] und die Vorschriften zur Verordnungsermächtigung der §§ 11 und 12 eingehend erörtert. Darüber hinaus standen die Haftungsvorschriften und die Strafvorschriften im Mittelpunkt der Änderungsvorschläge des Bundesrates in seiner Stellungnahme vom 14. November 1958.[794]

---

790 „Die dem Bund nach Art. 73 Ziff. 1 zustehende Zuständigkeit auf dem Gebiet der Verteidigung wird nicht berührt". 38. Sitzung des Kabinetts v. 15.10.1958, in: Weber, Die Kabinettsprotokolle der BReg, Bd. 11, 1958, S. 355.

791 38. Sitzung des Kabinetts v. 15.10.1958, in: Weber, Die Kabinettsprotokolle der BReg, Bd. 11, 1958, S. 356.

792 Mitglieder: Vorsitzender Veit (Baden-Württemberg), Grasser (Bayern), Klein (Berlin), Richter (Bremen), Asschenfeldt (Hamburg), Haussleiter (Hessen), Muschalek (Niedersachsen), Arnold (Nordrhein-Westfalen), Esch (Rheinland-Pfalz), Dupré (Saarland), Sureth (Schleswig-Holstein), vgl. Niederschrift der 162. Sitzung des Wirtschaftsausschusses v. 06.11.1958 in: BR-Protokolle, Wirtschaftsausschuss, 151.-164. Sitzung, 1958.

793 Vgl. Stickrodt, Das Problem der Gemeinschäden im Atomgesetz, AtW 1959, S 76 ff.

794 Stellungnahme des BR, BT-Drs. III, 759 Anlage 2.

3. Die erste Beratung im Bundestag am 21. Januar 1959

Am 21. Januar 1959 wurde die neue Gesetzesvorlage der Bundesregierung vom Bundesminister für Atomkernenergie und Wasserwirtschaft Balke (CSU) in den Deutschen Bundestag eingebracht.[795] Balke (CSU) umriss die wichtigsten inhaltlichen Bestimmungen des Entwurfs und bat den Bundestag, sich der Einigung zwischen Bundesregierung und Bundesrat hinsichtlich des Streits aus der zweiten Wahlperiode um die „Genehmigung oder Konzession" anzuschließen.[796]

Bezüglich der Einführung einer Freistellungsverpflichtung des Bundes (§ 37) führte Balke an, dass diese Form der Hilfe als „notwendige Starthilfe" für die Atomindustrie anzusehen sei. Initiativen der Privatwirtschaft oder der öffentlichen Hand müsste gleichermaßen die Betätigung auf dem Gebiet der friedlichen Kernenergienutzung ermöglicht werden. Die strengen Haftungsvorschriften, die selbst eine Haftung im Falle der höheren Gewalt nicht ausschließen, und die Freistellungsverpflichtung des Bundes sollten zudem der Beruhigung der Bevölkerung dienen.[797]

Nach der Vorstellung des Regierungsentwurfes durch Balke (BMAt) ergriff der SPD-Abgeordnete Ratzel das Wort. Er kritisierte die Verzögerungen seitens der Bundesregierung und verlangte die Aufstellung eines klaren Programms zur gesicherten Finanzierung der Atomforschung und -entwicklung.[798] Daneben vertrete die SPD den Standpunkt, dass die öffentliche Hand nicht allein der faktisch zahlende Teil der weiteren Kernenergieentwicklung und -projekte, sondern auch der bestimmende, lenkende Teil sein sollte. Die Privatwirtschaft könne die Finanzierung des Atomenergiesektors ohnehin nur zu einem geringen Teil tragen, so dass der Bund hier der hauptsächliche Geldgeber sei und daher er der eigentliche Betreiber sein müsse, nicht die private Hand. Ein Vergleich mit anderen Ländern zeige, dass auch hier alle auf Atombasis beruhenden Elektrizitätsunternehmen von der öffentlichen Hand betrieben werden.[799] Die SPD präferiere daher nach wie vor ein staatliches Konzessionsverfahren.

Im Anschluss sprach Geiger (CDU/CSU), der Vorsitzende des federführenden Bundestagsausschusses für Atomfragen während der zweiten Wahlperiode.[800] Zunächst zog er Vergleiche zu der wirtschaftlichen Nutzbarmachung anderer

---

795 BT-Drs. III, 759.

796 Stenogr. Bericht des 3. BT v. 21.01.1959, 3025; zu dieser Streitfrage in der 2. WP siehe 3. Teil: F.II.2.d.

797 Stenogr. Bericht des 3. BT v. 21.01.1959, 3024.

798 Stenogr. Bericht des 3. BT v. 21.01.1959, 3033.

799 Der Abg. Ratzel (SPD) verwies dabei auf England, Frankreich und Holland, vgl. Stenogr. Bericht des 3. BT v. 21.02.1959, 3034.

800 Zu der Zusammensetzung des 38. BT-Ausschusses in der 2. WP vgl. 3. Teil: F.I.8.

Naturkräfte und wies darauf hin, dass auch hier zunächst Angst geherrscht habe, dass Opfer an Gesundheit, Leben oder Sachgütern erbracht werden müssten.[801] Diese „naturgegebenen Schädigungen“ gelte es weitestgehend zu vermeiden. Hierfür sei insbesondere die weitere Erforschung möglicher genetischer Schäden durch Strahleneinwirkung zu untersuchen.[802] Im Vergleich mit dem seitens der FDP vorgelegten Entwurf[803] sei der Regierungsentwurf wesentlich ausgereifter. Allerdings sei im Rahmen der Haftungsvorschriften die vorgesehene Entwicklung hin zur „Erfolgshaftung“ (Gefährdungshaftung einschließlich einer Haftung für höhere Gewalt) zweifelhaft.[804] Darüber hinaus sei im weiteren Verlauf der Gesetzgebungsarbeiten zu prüfen, inwieweit eine Haftung für Allgemeinschäden in dem Entwurf Berücksichtigung finden müsse. Unter Allgemeinschäden seien Schäden an Sachgütern der Allgemeinheit zu verstehen, wie beispielsweise die öffentliche Wasserversorgung.[805]

Abschließend wies Burgbacher (CDU/CSU) darauf hin, dass es auf dem Wirtschaftsgebiet der friedlichen Kernenergienutzung niemals ausreichend miteinander im Wettbewerb stehende Stellen geben könne. Je mehr Vertreter auch der privaten Hand sich an dem Aufbau der Kernenergie in der Bundesrepublik beteiligten, desto besser wäre dies für die gesamtwirtschaftliche Entwicklung auf dem Gebiet der friedlichen Kernenergienutzung.[806] Dabei sei zu erkennen, dass die Privatwirtschaft angesichts der Größe der geplanten Objekte staatliche Unterstützung benötige. Hierbei sei jedoch zu beachten, dass keineswegs die Absicht bestehe, die Verluste zu sozialisieren und die Gewinne bei der Privatwirtschaft zu belassen.[807]

Beide Entwürfe wurden an den Bundestagsausschuss für Atomkernenergie und Wasserwirtschaft als federführenden Ausschuss sowie an den Rechtsausschuss und den Ausschuss für Gesundheitswesen zur Mitberatung überwiesen. Der Ältestenrat des Bundestages entschied, den Haushaltsausschuss an der Beratung der Vorlage zu beteiligen.

4. Die Stellungnahmen der Verbände

In der dritten Legislaturperiode gaben drei Verbände umfassende Stellungnahmen zu dem Regierungsentwurf[808] gegenüber dem Bundestag ab.

801 Als Vergleich zog Geiger u.a. die Wasserkraft und die Entdeckung des Feuers heran, vgl. Stenogr. Bericht des 3. BT v. 21.01.1959, 3036, 3037.

802 Stenogr. Bericht des 3. BT v. 21.01.1959, 3038.

803 BT-Drs. III, 471.

804 Stenogr. Bericht des 3. BT v. 21.01.1959, 3039.

805 Stenogr. Bericht des 3. BT v. 21.01.1959, 3039.

806 Stenogr. Bericht des 3. BT v. 21.01.1959, 3041.

807 Stenogr. Bericht des 3. BT v. 21.01.1959, 3041.

808 BT-Drs. III, 759.

a) Der Bundesverband der Deutschen Industrie

Der Bundesverband der Deutschen Industrie befürwortete in seiner Stellungnahme vom 16. Juni 1959 die Genehmigungsvorschriften des Entwurfes; dadurch werde es der Privatwirtschaft erleichtert, auf dem Gebiet der friedlichen Kernenergienutzung tätig zu werden.[809] Die vier Genehmigungstatbestände, welche zur Erteilung einer Genehmigung vorliegen müssten, seien ausreichend, um dem Schutzgedanken des Gesetzes Rechnung zu tragen.[810]

b) Der Deutsche Anwaltverein e.V.

Der Deutsche Anwaltverein bezog zu dem Entwurf eines Atomgesetzes in seinem Schreiben vom 26. Januar 1959 Stellung.[811] Insbesondere im Bereich der Genehmigungsvorschriften, der Haftungs- und Strafvorschriften regte er Änderungen des Entwurfs an.

c) Verband der deutschen Gas- und Wasserwerke e.V.

Im Rahmen der Genehmigungsvorschriften regte auch der Verband der deutschen Gas- und Wasserwerke e.V. mit Schreiben vom 29. Januar 1959 Änderungen an.[812] Dem Verband ging es vor allem um den Schutz der Allgemeinheit vor Gemeinschäden. Dabei sei unter Gemeinschaden etwa die Verunreinigung der öffentlichen Wasserversorgung zu verstehen. Hierfür begehrte der Verband eine ausreichende Einbeziehung der Landeswasserbehörden im Rahmen der zu verschärfenden Genehmigungsvorschriften und den Schutz des Betreibers der öffentlichen Wasserversorgung vor einer Haftung nach den §§ 25 und 26 des Entwurfs.[813]

---

809 Stellungnahme des Bundesverbandes der Deutschen Industrie v. 16.06.1959, S. 4, PArch III, 156, Bd. A 2, Anlage 1.

810 Stellungnahme des Bundesverbandes der Deutschen Industrie v.16.06.1959, S. 4, PArch III, 156, Bd. A 2, Anlage 1.

811 Stellungnahme des Atomrechtsausschusses des Deutschen Anwaltvereins v. 26.01.1959, PArch III, 156, Bd. A 2, Anlage 2, und Stellungnahme des Strafrechtsausschusses des Deutschen Anwaltvereins v. 16.10.1959, PArch III, 156, Bd. A 2, Anlage 3.

812 Stellungnahme des Verbandes der deutschen Gas- und Wasserwerke v. 29.01.1959, PARch III, 156, Bd. A 2, Anlage 5.

813 Stellungnahme des Verbandes der deutschen Gas- und Wasserwerke v. 29.01.1959, PARch III, 156, Bd. A 2, Anlage 5.

5. Die Arbeit des federführenden Bundestagsausschusses

Den Vorsitz des federführenden Bundestagsausschusses für Atomkernenergie übernahm Dehler (FDP)[814] und als stellvertretender Vorsitzender wurde Geiger (CDU/CSU) berufen.[815]

a) Die Anhörung von Sachverständigen

Der federführende Bundestagsausschuss beschloss zu Beginn seiner Beratungen zum Atomgesetz in der dritten Wahlperiode u.a. die Anhörung von Sachverständigen zu folgenden Themen[816]:

1. Zum *Problem der Isotopenanwendung*: Hierzu wurde als Sachverständiger Berthold gehört. Dieser gab zunächst einen kurzen Überblick über die industrielle Anwendung geschlossener radioaktiver Isotope in der Bundesrepublik und prognostizierte weitere Einsatzmöglichkeiten und ihre zunehmende Anwendung in der Zukunft.[817] Nach Durchsicht des Regierungsentwurfes sei er zu der Überzeugung gelangt, dass die dort enthaltenen Bestimmungen die Anwendung geschlossener radioaktiver Isotope zum Erliegen bringen könnte. Die gesetzlichen Bestimmungen sollten diesbezüglich aufgelockert werden.[818] Der federführende Ausschuss setzte eine Auflockerung der Bestimmungen über die Anwendung geschlossener radioaktiver Isotope jedoch nicht um.[819]

---

814 Dehler war von 1946 bis 1949 Mitglied des Bayerischen Landtags. 1947 bis 1948 war er Mitglied des Länderrates der amerikanischen Besatzungszone und von 1948 bis 1949 Mitglied des Parlamentarischen Rates. Ab 1949 bis zu seinem Tod 1967 war er Mitglied des Deutschen Bundestages, von 1953 bis 1957 FDP-Fraktionsvorsitzender. Er leitete von 1957 bis 1961 den Arbeitskreis Außenpolitik und Verteidigung der FDP-Bundestagsfraktion und war neben dieser Tätigkeit Vorsitzender des Bundestags 26. BT-Ausschuss (Atomausschuss).

815 Weitere Mitglieder des federführenden Bundestagsausschusses: Bergmeyer, Geiger, Geisendörfer, Jordan, Kraft, Leiske, Memmel, Pernoll, Friedensburg, Renger, Seume (alle CDU/CSU), Bechert, Lünenstraß, Priebe, Ratzel, Ruhnke (alle SPD), Dehler und Rutschke (beide FDP), als Vertreter des Bundesrates Rutschke (Bayern), Pretsch und Scheidwimmer (BMAt), Ebersberg und Maassen (BMJ), Wetzel (BMA), Schmidt-Amelung und Lantzke (BMW), Dählmann (BMI), Schrader (BMVtdg), Bechtolsheim (BKA).

816 Kurzprotokoll der 18. Sitzung des 26. BT-Ausschusses v. 18.02.1959, S. 3 f., PArch III, 156, Bd. A 1, Bl. 28.

817 Berthold in: Kurzprotokoll der 23. Sitzung des 26. BT-Ausschusses v. 23.04.1959, S. 3, PArch III, 156, Bd. A 1, Bl. 30.

818 Berthold in: Kurzprotokoll der 23. Sitzung des 26. BT-Ausschusses v. 23.04.1959, S. 4, PArch III, 156, Bd. A 1, Bl. 30.

819 Siehe hierzu 4. Teil: C.II.8.

2. Zum Thema „*Haftung und Versicherung*“[820]: Hierzu stellten als Sachverständige Brandl (BMAt)[821] und Fritz (ab 1952 Vizepräsident, ab 1957 Präsident des Bundesaufsichtsamtes für das Versicherungs- und Bausparwesen) im Wesentlichen die Sicherheit von Kernkraftwerken dar und verwiesen auf das geringe Risiko bei ihrem Betrieb. Gleichzeitig kamen sie jedoch zu dem Ergebnis, dass, wenn der unwahrscheinliche Fall eintreten sollte, die Schäden ein unvorstellbar großes Ausmaß erreichen könnten.[822] Der Sachverständige Fritz befürwortete die unterschiedliche Ausgestaltung der Haftungsvorschriften, die Vorschriften über die Deckungsvorsorge und die Freistellungsverpflichtung des Bundes.[823]
3. Zu den *wirtschaftlichen Problemen der Verwendung der Kernenergie*: Hierzu führte der Sachverständige Brandl (BMAt) aus, dass die geplanten Atomkraftwerke im Wesentlichen mit den Steinkohlekraftwerken in Konkurrenz stehen würden. Die Grenze der Wirtschaftlichkeit werde voraussichtlich erst durch die zweite Generation von Atomkraftwerken in den Jahren 1965 bis 1970 erreicht sein.[824]

aa) Das Bundesaufsichtsamt für das Versicherungs- und Bausparwesen

Der Präsident des Bundesaufsichtsamtes für das Versicherungs- und Bausparwesen Fritz stellte in der 26. Sitzung des federführenden Bundestagsausschusses für die haftungs- und versicherungsrechtlichen Fragestellungen des Entwurfs Leitsätze auf.[825] Diese bezogen sich auf die Ausgestaltung der Deckungsvorsorge (§§ 13-15), die Verjährung (§ 32) und die Freistellungsverpflichtung des Bundes (§ 37).[826]

820 Hierzu sollten als Sachverständige gehört werden: Fritz, Zürich, ein Vertreter der Reaktorenversicherungsgemeinschaft, ein Vertreter der Versicherungsnehmer.

821 Seit 1954 im Amt Blank (Vorläufer des BVM) tätig, seit 1956 im BMAt.

822 Vgl. Scheidwimmer (BMAt) in der 27. Sitzung des 26. BT-Ausschusses v. 06.10.1959, S. 6, PArch III, 156, Bd. A 1, Bl. 37.

823 Leitsätze des Präsidenten des Bundesaufsichtsamtes für das Versicherungs- und Bausparwesen Fritz zu den Thema Haftung und Versicherung nach dem Entwurf eines Atomgesetzes, PArch III, 156, Bd. B, Bl. 15.

824 Vgl. Referat von Brandl, S. 2, Anlage 1 zu Protokoll Nr. 20 des 26. BT-Ausschusses, PArch III, 156, Bd. A 1, Bl. 30.

825 Kurzprotokoll der 26. Sitzung des 26. BT-Ausschusses v. 17.09.1959, S. 3 f., PArch III, 156, Bd. A 1, Bl. 36.

826 Leitsätze des Präsidenten des Bundesaufsichtsamtes für das Versicherungs- und Bausparwesen Fritz zu dem Thema Haftung und Versicherung nach dem Entwurf eines Atomgesetzes, PArch III, 156, Bd. B, Bl. 15.

bb) Rechtsanwalt Hans Fischerhof zu den Rechtsproblemen der Atomhaftung

Rechtsanwalt Hans Fischerhof, Lehrbeauftragter für Energiewirtschaftsrecht an der Universität Frankfurt/Main[827], hielt am 21. April 1959 vor der Deutschen Gesellschaft für Atomenergie e.V. einen Vortrag, welcher in erweiteter schriftlicher Fassung den Beratungen des federführenden Bundestagsausschusses zugrunde gelegt wurde.[828] Der Vortrag setzte sich mit den Rechtsproblemen der Atomhaftung auseinander. Hauptkritikpunkte bzw. Anregungen Fischerhofs waren die Klarstellung, dass § 37 auch für eine Haftung nach dem Wasserhaushaltsgesetz (WHG) gelten solle. Ferner sollte die Übernahme von Fomulierungen aus anderen Gesetzen in den Regierungsentwurf erneut überprüft werden, so z.B. bei § 28 Abs. 2.[829] Hinsichtlich der seitens des Bundesrates angesprochenen „Gemeinschäden" sprach sich Fischerhof eindeutig gegen eine bevorzugte Berücksichtigung gegenüber anderen Schäden aus.[830] Auch eine besondere gesetzliche Regelung für Schadensersatzansprüche bei „anonymen Strahlenschäden" lehnte er ab.[831]

b) Die Gesetzesberatungen

Erst nach Anhörung aller Sachverständigen trat der Ausschuss in die Lesung der einzelnen Vorschriften des Gesetzesentwurfes ein.[832] Zu den Bestimmungen des Atomgesetzes trat der Ausschuss zu insgesamt fünf Sitzungen zusammen, in welchen Sachverständige gehört und die Vorschriften nach erster[833] und nach zweiter Lesung[834] mit Änderungen vom Ausschuss verabschiedet wurden. Der federführende Ausschuss befasste sich schwerpunktmäßig mit der rechtlichen Gestaltung und Konkretisierung der Genehmigungsvorschriften, der Ermächti-

827 Fischerhofs Fachgebiete waren das Wasser-, das Energie- und insbesondere das Atomrecht, bis 1939 war er Rechtsreferent im Reichswirtschaftsministerium, nach Kriegsende Leiter des Rechtsreferats der Abteilung Energie- und Wasserwirtschaft im Zentralamt für Wirtschaft, dann Tätigkeit als Rechtsanwalt und Sachverständiger für Fragen des Bereiches Wasser und Energie; Lukes, Hans Fischerhof zum 70. Geburtstag, NJW 1978, S. 2286.

828 Vgl. Fischerhof, Rechtsprobleme der Atomhaftung, PArch III, 156, Bd. B, Anlage 7.

829 Vgl. Fischerhof, Rechtsprobleme der Atomhaftung, S. 12, PArch III, 156, Bd. B, Anlage 7.

830 Vgl. Fischerhof, Rechtsprobleme der Atomhaftung, S. 6, PArch III, 156, Bd. B, Anlage 7.

831 Vgl. Fischerhof, Rechtsprobleme der Atomhaftung, S.13, PArch III, 156, Bd. B, Anlage 7.

832 Kurzprotokoll der 18. Sitzung des 26. BT-Ausschusses v. 18.02.1959, S. 10 ff., PArch III, 156, Bd. A 1, Bl. 28.

833 18. Sitzung des 26. BT-Ausschusses v. 18.02.1959 (Anhörung von Sachverständigen und 1. Lesung der §§ 1-12) PArch III, 156, Bd. A, Bl. 28; 23. Sitzung vom 23.04.1959 (Anhörung von Sachverständigen und 1. Lesung der §§ 12-24) PArch III, 156, Bd. A, Bl. 33; 27. Sitzung v. 06.10.1959 (1. Lesung der Haftungsbestimmungen und der Strafvorschriften) PArch III, 156, Bd. A, Bl. 37; 28. Sitzung v. 07.10.1959 (2. Lesung §§ 1-53) PArch III, 156, Bd. A, Bl. 38.

834 28. Sitzung des 26. BT-Ausschusses v. 08.10.1959, PArch III, 156, Bd. A 1, Bl 38.

gungsvorschriften zum Erlass von Rechtsverordnungen, der Haftungsbestimmungen einschließlich der Bestimmungen über die Deckungsvorsorge und der Freistellungsverpflichtung des Bundes. Auch im Rahmen der Strafvorschriften des fünften Abschnitts und der Schlussbestimmungen des sechsten Abschnitts forderte der federführende Ausschuss einige bedeutende Änderungen des Gesetzesentwurfs.[835]

6. Die Arbeiten der übrigen Bundestagsausschüsse

Auch der Rechtsausschuss[836] und der Gesundheitsausschuss[837] schlugen Änderungen vor, die zum Teil in die endgültige Fassung des Atomgesetzes übernommen wurden. So sollte der Begriff der „Zuverlässigkeit" nach § 3 näher bestimmt werden. Weitere Änderungsvorschläge machte der Rechtsausschuss im Rahmen des § 33 und der Strafvorschriften.[838] Der Haushaltsausschuss äußerte in seiner Sitzung am 21. Oktober 1959 gegen den Gesetzesentwurf keine Änderungsvorschläge oder Bedenken und nahm ihn unverändert an.[839]

7. Der weitere Verlauf der Gesetzgebungsarbeiten

In zweiter Lesung am 3. Dezember 1959 nahm der Bundestag die §§ 1 bis 6 mehrheitlich an.[840] Der Änderungsantrag der FDP[841], die Genehmigungsregelungen der § 7 Abs. 2 und § 9 Abs. 2 dahingehend zu ändern, dass entsprechend dem vorangegangenen Regierungsentwurf[842] ein Rechtsanspruch auf Erteilung einer Genehmigung bei Vorliegen der erforderlichen Voraussetzungen bestehen sollte, wurde abgelehnt.[843] Die §§ 7 bis 59 wurden in zweiter Lesung in der Ausschussfassung[844] angenommen. In der nachfolgenden dritten Lesung wurde der Entwurf in der durch den federführenden Bundestagsausschuss für Atomkernenergie und Wasserwirtschaft vorgeschlagenen Fassung[845] mit überwiegender Mehrheit im Bundestag angenommen.[846]

---

835 Schriftlicher Bericht des 26. BT-Ausschusses, BT-Drs. III, 1412.

836 Vorsitzender Hoogen (CDU/CSU), stellvertretender Vorsitzender Bucher (FDP).

837 Vorsitzender Stammberger (FDP), stellvertretende Vorsitzende Steinbiß (CDU/CSU).

838 Schreiben des Vorsitzenden des Rechtsausschusses an den Vorsitzenden des 26. BT-Ausschuss v. 10.11.1959, PArch III, 156, Bd. A 1, Bl. 21.

839 Kurzprotokoll der 94. Sitzung des Haushaltsausschusses v. 21.10.1959, S. 13, PArch III, 156, Bd. B, Bl. 24.

840 Stenogr. Bericht der 92. Sitzung des BT v. 03.12.1959, 5038 D ff.

841 Umdruck 434.

842 BT-Drs. II, 3026.

843 Stenogr. Bericht der 92. Sitzung des BT v. 03.12.1959, 5040.

844 BT-Drs. III, 1412.

845 BT-Drs. III, 1412.

846 Stenogr. Bericht der 92. Sitzung des BT v. 03.12.1959, 5041.

8. Die zweite Lesung im Bundesrat im Dezember 1959

Im Rahmen der Beratungen des Bundesrates rief dieser im zweiten Durchgang am 18. Dezember 1959 trotz einer Empfehlung des Bundesratsausschusses für Arbeit und Sozialpolitik[847] und eines Antrags des Landes Hessen[848] nicht den Vermittlungsausschuss nach Art. 77 Abs. 2 des Grundgesetzes an, sondern stimmte dem Entwurf nach Art. 84 Abs.1 und Art. 87 Abs. 3 GG zu.[849]

II. Problembereiche des Entwurfs

1. Zweckbestimmung (§ 1)

a) Begründung der Bundesregierung und Stellungnahme des Bundesrates

Die Zweckbestimmungsvorschrift des § 1 stimmte inhaltlich mit der Regierungsvorlage aus der zweiten Wahlperiode[850] überein und war lediglich redaktionell geändert worden[851], so dass hinsichtlich der Begründung der Bundesregierung hierauf verwiesen werden kann.[852]

Der Bundesrat bat die Bundesregierung zunächst darum, im weiteren Verlauf des Gesetzgebungsverfahrens zu prüfen, inwieweit Schutzvorschriften vor Gemeinschäden zugunsten der Allgemeinheit in den Entwurf aufzunehmen seien und wie der Ausgleich bereits entstandener Gemeinschäden zu erfolgen habe.[853] Die seitens des Bundesrats gegebene Begründung hielt es für unzureichend, dass der Gesetzesentwurf „nur Leben, Gesundheit und Sachgüter des einzelnen" schützte und nur in diesen Fällen entsprechende Schadensersatzansprüche gewährte. Dabei führte der Bundesrat aus, dass als „Sachgut" nur die einzelne Sache oder eine Sachmehrheit in ihrer Beziehung zu der Person des Berechtigten verstanden werden könne, so dass Gemeinschäden nicht unter die Vorschrift des § 1 Nr. 2 fallen würden. Als Gemeinschäden seien beispielsweise die Verunreinigung von Luft, Grundwasser und Boden anzusehen. Damit einhergehend solle überprüft werden, inwieweit eine entsprechende Schutzbestimmung in § 1 Nr. 2 eingefügt werden sollte. Dieses Anliegen des Bundesrates gegenüber der Bundesregierung

847 Stenogr. Bericht der 213. Sitzung des BR v. 18.12.1959, 261 A ff., PArch III, 156, Bd. A 1, Bl. 46.

848 Drs. 411/2/59 in der 213. Sitzung des BR v.18.12.1959, PArch III, 156, Bd. A 1, Bl. 47.

849 Stenogr. Bericht der 213. Sitzung des BR v. 18.12.1959, PArch III, 156, Bd. A 1, Bl. 48.

850 BT-Drs. II, 3026.

851 Nr. 2 von § 1 der BT-Drs. II, 3026 wurde geteilt in Nr. 3 und Nr. 4 bei BT-Drs. III, 759.

852 Siehe 3. Teil: F.II.1.a, aa.

853 Stellungnahme des BR zu BT-Drs. III, 759, Anlage 2, S. 49.

erging aufgrund einer Stellungnahme des Bundesratsausschusses für Innere Angelegenheiten. Der Ausschuss hatte einen Antrag von Gensior (Vertreter des Landes Nordrhein-Westfalen) im Rahmen der Ausschussberatungen angenommen, wonach eine Schutzbestimmung in § 1 und ein Schadensausgleich im Falle von Gemeinschäden in den Entwurf eingefügt werden sollte.[854]

b) Gegenäußerung der Bundesregierung

Die Bundesregierung lehnte Vorschriften über den Schutz der Allgemeinheit vor Gemeinschäden ab. Dieser Schutz sei bereits durch die in dem Gesetzesentwurf enthaltenen Bestimmungen in Verbindung mit den noch zu erlassenen Strahlenschutzverordnungen gewährleistet.[855] Allerdings erweiterte die Regierung die Vorschrift des § 1 Nr. 2 dahingehend, dass folgender Zusatz eingefügt werden sollte: „und durch Kernenergie oder ionisierende Strahlen verursachte Schäden auszugleichen". Durch die Erweiterung der Zweckbestimmungsvorschrift des § 1 Nr. 2 seien nunmehr zweifellos auch die Sachgüter der Allgemeinheit geschützt.[856]

c) Stellungnahme des Atomausschusses des Deutschen Anwaltvereins

In seiner Stellungnahme vom 26. Januar 1959 sprach sich der Atomausschuss des Deutschen Anwaltvereins gegen die Einführung des Begriffs „Gemeinschaden" aus, räumte jedoch ein, dass der Hinweis des Bundesrates, auch Schäden wie z.B. die Verunreinigung von Wasser, Luft und Boden in den Entwurf mit aufzunehmen, von Beutung sei, allerdings von der Regierungsvorlage schon mit umfasst sei.[857]

d) Stellungnahme des Verbands der Deutschen Gas- und Wasserwerke

Die Deutschen Gas- und Wasserwerke pflichteten in ihrer Stellungnahme vom 6. März 1959 der Anregung des Bundesrates bei, zu prüfen, ob und inwieweit auch „Gemeinschäden" in § 1 geregelt werden sollten.[858] Folgender Absatz 2

---

854 Niederschrift der 177. Sitzung des Ausschusses für Innere Angelegenheiten v. 06.11.1958, S. 3, in: BR-Protokolle, Ausschuss für Innere Angelegenheiten, 169.-179. Sitzung, 1958.

855 Stellungnahme der BReg zu den Änderungsvorschlägen und Empfehlungen des BR, BT-Drs. II, 759 Anlage 3, S. 58.

856 Stellungnahme der BReg zu den Änderungsvorschlägen und Empfehlungen des BR, BT-Drs. II, 759 Anlage 3, S. 58.

857 Stellungnahme des Atomausschusses des Deutschen Anwaltvereins e.V. v. 26.01.1959, S. 3, PArch III, 156, Bd. A2, Anlage 2.

858 Stellungnahme der Deutschen Gas- und Wasserwerke e.V. v. 06.03.1959, S. 3, 4, PArch III, 156, Bd. A 2, Anlage 5.

sollte angefügt werde: „Der Schutz der Allgemeinheit vor den Auswirkungen der Kernenergieausnutzung i.S. des Abs. 1 umfaßt insbesondere auch die Erfordernisse der öffentlichen Wasserversorgung.“[859]

e) Der Bundestagsausschuss für Atomkernenergie und Wasserwirtschaft

aa) Fischerhof zur Regelung des „Gemeinschadens“

Im federführenden Bundestagsausschuss wurde den Beratungen auch die Stellungnahme Fischerhofs zugrunde gelegt. Hinsichtlich des Vorbringens des Bundesrates, den Schutz vor Gemeinschäden in § 1 zu normieren, sprach sich Fischerhof in seinem Vortrag vom 21. April 1959 gegen eine Bevorzugung von „Gemeinschäden“ gegenüber anderen Schäden aus.[860] Der Begriff des „Gemeinschadens“ existiere nicht und darüber hinaus sei es schwer, einen solchen Begriff rechtlich zu definieren. Mit „Gemeinschäden“ seien wohl Schäden gemeint, die sich für das Gemeinwohl nachteilig auswirkten, wie z.B. die Wasserversorgung oder das Straßenwesen. Verfehlt sei es, hierunter Schäden zu verstehen, welche die öffentliche Hand betreffen. Allerdings sei im Einzelfall eine Abgrenzung, was dem Gemeinwohl diene und was nicht, äußert schwierig und könnte u.U. in Konflikt mit den verfassungsrechtlichen Gleichheitssatz aus Art. 3 Abs. 1 GG geraten. Die allgemeinen Grundsätze des Schadensersatzes seien ausreichend, um auch etwaige „Gemeinschäden“ zu ersetzen und mithin entsprechenden Schutz zu bieten.[861]

bb) Beratungen und Bericht des federführenden Ausschusses

In der zweiten Lesung des Bundestagsausschusses für Atomkernenergie und Wasserwirtschaft zu der Zweckbestimmungsvorschrift des § 1 äußerte Jacobi (SPD) die Meinung, dass in § 1 ausdrücklich darauf hingewiesen werden müsse, dass es nicht allein um den Schutz des Einzelnen gehe, sondern auch um den der Allgemeinheit, insbesondere um den Schutz der öffentlichen Wasserversorgung.[862] Scheidwimmer (BMAt) verwies darauf, dass dieser Bereich schon von § 1 umfasst sei und eine Aufzählung aller einzelnen Sachbereiche unzweckmäßig wäre. Nach eingehender Debatte beschloss der Ausschuss, dass im schriftlichen Bericht ausdrücklich betont werden solle, dass die Formulierung „Leben, Gesundheit und Sachgüter“

859 Stellungnahme der Deutschen Gas- und Wasserwerke e.V. v. 06.03.1959, S. 3, 4, PArch III, 156, Bd. A 2, Anlage 5.

860 Vgl. Fischerhof, Rechtsprobleme der Atomhaftung, S. 6 ff., PArch III, 156 Bd. B, Anlage 7.

861 Vgl. Fischerhof, Rechtsprobleme der Atomhaftung, S. 7, PArch III, 156 Bd. B, Anlage 7.

862 Kurzprotokoll der 28. Sitzung des 26. BT-Ausschusses v. 07.10.1959, S. 3, PArch III, 156, Bd. A 1, Bl. 38.

in Nr. 2 neben Rechtsgütern des Einzelnen auch Rechtsgüter der Allgemeinheit, z.B. die öffentliche Wasserversorgung, umfasse. § 1 wurde daraufhin unverändert angenommen.[863] Der federführende Bundestagsausschuss folgte damit Fischerhof und lehnte die explizite Regelung einer „speziellen Schadensart" in § 1 ab.[864]

In seinem abschließenden schriftlichen Bericht regte der federführende Bundestagsausschuss zu § 1 lediglich redaktionelle Änderungen an.[865]

2. Die Einfuhr und Ausfuhr von Kernbrennstoffen (§ 3)

a) Begründung der Bundesregierung und Stellungnahme des Bundesrates

§ 3 über die Einfuhr und die Ausfuhr von Kernbrennstoffen stimmte inhaltlich mit der Vorschrift des § 3 des Regierungsentwurfs aus der zweiten Wahlperiode[866] überein. Im Rahmen der Gesetzgebungsarbeiten und Beratungen in der dritten Legislaturperiode stand der Begriff der Zuverlässigkeit aus § 3 Abs. 2 Nr. 1 und Abs. 3 Nr. 1 im Vordergrund.

Die Begründung der Bundesregierung stimmte mit der zu § 3 des Regierungsentwurfes aus der zweiten Wahlperiode[867] überein, so dass insoweit auf diese verwiesen wurde.[868] Der Bundesrat hatte hinsichtlich des § 3 lediglich redaktionelle Änderungsvorschläge.[869]

b) Stellungnahme des Atomrechtsausschusses des Deutschen Anwaltverein

In der Stellungnahme des Atomausschusses des Deutschen Anwaltvereins ging dieser auf den Begriff der „Zuverlässigkeit" in § 3 Abs. 2 Nr. 1 und Abs. 3 Nr. 1 ein. Rechtlich sei der Begriff dem Gewerbepolizeirecht zuzuordnen und stamme historisch aus der Zeit des Nationalsozialismus. Er knüpfe teils an einen bestimmten Gewerbebetrieb an, teils wäre eine „allgemeine" Zuverlässigkeit gefordert. Gerade beim Atomgesetz sollte dieser Begriff näher bestimmt werden, um voreiligen Entscheidungen oder gar Missbrauch vorzubeugen.[870] Daher schlug der Deutsche Anwaltsverein vor, die Zuverlässigkeit ausdrücklich auf § 1

863 Kurzprotokoll der 28. Sitzung des 26. BT-Ausschusses v. 07.10.1959, S. 3, PArch III, 156, Bd. A 1, Bl. 38.

864 Schriftlicher Bericht des 26. BT-Ausschusses, BT-Drs. III, 1412, S. 2.

865 Schriftlicher Bericht des 26. BT-Ausschusses, BT-Drs. III, 1412, S. 2.

866 BT-Drs. II, 3026.

867 BT-Drs. II, 3026.

868 Siehe 3. Teil F: II.2.a, aa.

869 Vgl. die Stellungnahme des BR, BT-Drs. III, 759, Anlage 2, S. 50.

870 Stellungnahme des Atomrechtsausschusses des Deutschen Anwaltvereins e.V., S. 3, PArch III, 156, Bd. A2.

Nr. 2 bis 4 zu beziehen. So könne an geeigneter Stelle z.B. ein § 9 a mit folgendem Inhalt eingefügt werden: „Die in den Bestimmungen dieses Gesetzes geforderte Zuverlässigkeit ist nach den Erfordernissen des Abs. 1 Nr. 2-4 zu prüfen."[871]

c) Der Rechtsausschuss des Bundestages

Im Rechtsausschuss des Bundestages wurde ebenfalls der Begriff der Zuverlässigkeit nach § 3 Abs. 2 Nr. 1 und Abs. 3 Nr. 1 eingehend erörtert. Der SPD-Abgeordnete Jahn führte an, dass mit diesem unbestimmten Rechtsbegriff durchaus eine Art politischer Zuverlässigkeit gemeint sein könne, so dass eine derart allgemeine Formulierung im Entwurf nicht ausreichend sei. Zu bevorzugen sei eher ein strafrechtlich geprägter Begriff der Zuverlässigkeit.[872] Schwarzhaupt (CDU) hielt diese Einschränkung des Begriffs für zu eng.[873] Schweidwimmer (BMAt) wies darauf hin, dass der Begriff der Zuverlässigkeit im Zusammenhang mit der Zweckbestimmung des Gesetzes aus § 1 gewertet werden müsse. Dieser unbestimmte Rechtsbegriff sei letztlich von den Verwaltungsgerichten zu konkretisieren.[874] Jahn (SPD) bat darauf hin, in § 3 auf die Zweckbestimmung in § 1 zu verweisen, um den Begriff zu präzisieren, und übernahm den Vorschlag des Atomausschusses des Deutschen Anwaltvereins. Staatssekretär Cartellieri (BMAt) lehnte dies ab und brachte vor, dass dann auch an anderer Stelle des Gesetzes jeweils der Verweis auf § 1 erforderlich wäre. Der § 1 solle jedoch gerade durch seine vorrangige Stellung eine Richtschnur für alle Bestimmungen des Gesetzes darstellen.[875] Eine Klarstellung im Bericht, dass für die Zuverlässigkeit die Zweckbestimmung des § 1 maßgebend sei, reiche aus. Dem schloss sich Bucher (FDP) an.[876] Arndt (SPD) schlug vor, vor den Begriff der Zuverlässigkeit jeweils das Wort „rechtliche" zu setzen. Hierdurch werde klar, dass es um die rechtliche und nicht um die moralische oder politische Zuverlässigkeit gehe.[877] Nach dieser

---

871 Stellungnahme des Atomrechtsausschusses des Deutschen Anwaltvereins e.V., S. 3, PArch III, 156, Bd. A2.

872 Stenogr. Bericht der 80. Sitzung des 12. BT-Ausschusses v. 04.11.1959, PArch III, 156, Bd. A1, Bl. 19.

873 Stenogr. Bericht der 80. Sitzung des 12. BT-Ausschusses v. 04.11.1959, PArch III, 156, Bd. A1, Bl. 19.

874 Stenogr. Bericht der 80. Sitzung des 12. BT-Ausschusses v. 04.11.1959, PArch III, 156, Bd. A1, Bl. 19.

875 Stenogr. Bericht der 80. Sitzung des 12. BT-Ausschusses v. 04.11.1959, PArch III, 156, Bd. A1, Bl. 19.

876 Stenogr. Bericht der 80. Sitzung des 12. BT-Ausschusses v. 04.11.1959, PArch III, 156, Bd. A1, Bl. 19.

877 Stenogr. Bericht der 80. Sitzung des 12. BT-Ausschusses v. 04.11.1959, PArch III, 156, Bd. A1, Bl. 19.

Auseinandersetzung mit dem Begriff der Zuverlässigkeit beschloss der Rechtsausschuss, zu § 3 Abs. 2 Nr. 1 und Abs. 3 Nr. 1 keine Änderungsanträge zu stellen, jedoch solle der federführende Bundestagsausschuss für Atomkernenergie und Wasserwirtschaft anhand der vorgebrachten Argumente klarstellen, dass der Begriff der Zuverlässigkeit nur in Hinblick auf den in § 1 des Gesetzes zum Ausdruck kommenden Zweck des Gesetzes als rechtlich relevante Zuverlässigkeit zu verstehen sei.[878]

d) Der Bundestagsausschuss für Atomkernenergie und Wasserwirtschaft

Im Rahmen der Ausschussberatungen regte der federführende Ausschuss für § 3 Abs. 2 Nr. 1 folgende Fassung an: „wenn keine Tatsachen vorliegen, aus denen sich Bedenken gegen die Zuverlässigkeit des Einführers ergeben;". Im Übrigen nahm der Ausschuss den § 3 in der Fassung der Stellungnahme der Bundesregierung zu den Änderungsvorschlägen des Bundesrates an.[879]

3. Genehmigungsvorschriften (§§ 6, 7, 9)

a) Begründung der Bundesregierung

Die Genehmigungsvorschriften stimmten inhaltlich mit denen des Regierungsentwurfs aus der zweiten Wahlperiode[880] überein, wiesen jedoch die durch die Ausschussfassung erarbeiteten redaktionellen Änderungen auf.[881] Hinsichtlich der Begründung wird auf die Begründung zum vorangegangenen Regierungsentwurf verwiesen.[882]

b) Stellungnahme des Bundesrates

Im Rahmen der Beratungen des Bundesrates zu den Genehmigungsvorschriften während der zweiten Legislaturperiode hatten sich die Ausschüsse des Bundesrates stets für ein staatliches Konzessionsverfahren ausgesprochen.[883] Bei den Beratungen des Regierungsentwurfes in der dritten Wahlperiode[884] hielten der Vorsitzende

878 Stenogr. Bericht der 80. Sitzung des 12. BT-Ausschusses v. 04.11.1959, PArch III, 156, Bd. A1, Bl. 19.

879 Kurzprotokoll der 18. Sitzung des 26. BT-Ausschusses v. 18.02.1959, S. 12, PArch III, 156, Bd. A 1, Bl. 28.

880 BT-Drs. II, 3026.

881 BT-Drs. II, 3502 und BT-Drs. II, 3416.

882 Begr. der BReg zu BT-Drs. II, 3026 Anlage 1 b.

883 Siehe z.B. unter 3. Teil: F.I.5.

884 BT-Drs. III, 759.

des Wirtschaftsausschusses Veit (Baden-Württemberg) und andere Ausschussmitglieder an einer staatlichen Konzession fest.[885] Auch der Bundesratsausschuss für Innere Angelegenheiten[886] und der Bundesratsausschuss für Arbeit und Sozialpolitik[887] sowie das Plenum des Bundesrates[888] hielten in ihren Stellungnahmen an dem staatlichen Konzessionsverfahren fest.

Der Wirtschaftsausschuss des Bundesrates empfahl hingegen nun ausdrücklich, das in dem Regierungsentwurf vorgesehene Genehmigungsverfahren nach dem Vorbild der gewerberechtlichen Bestimmungen zu gestalten.[889] Die näheren Untersuchungen hätten ergeben, dass eine „Konzession" nur dann vorliege, wenn zugleich ein Staatsvorbehalt bezüglich der in Betracht kommenden Tätigkeiten eingeführt werde. Anderenfalls würde der Rechtsbegriff der Konzession seine ursprüngliche Prägung verlieren und lediglich als Oberbegriff gelten. Rein faktisch werde der Begriff der Konzession zwar verwandt, jedoch dem der Genehmigung gleichgestellt. Aufgrund des Staatsvorbehalts widersprach der Wirtschaftsausschuss dem Konzessionsverfahren und empfahl dem Bundesrat, das Genehmigungsverfahren in Form eines präventiven Verbots mit Erlaubnisvorbehalt zu gestalten. So sollten die Eingangsworte wie folgt gefasst werden: „Die Genehmigung darf nur erteilt werden, ..." Mit dieser Formulierung sei auch ein Rechtsanspruch auf Erteilung der Genehmigung nicht gegeben, vielmehr habe der Antragssteller dann einen Anspruch auf ermessensfehlerfreie Entscheidung.[890] Dem stimmte der Bundesrat zu.[891]

Im Rahmen der Genehmigung von Anlagen empfahl der Wirtschaftsausschuss, als weitere Genehmigungsvoraussetzung einzufügen, dass das überwiegende öffentliche Interesse dem Standort der zu errichtenden Anlage nicht entgegenstehen dürfe.[892]

---

885 Niederschrift der 162. Sitzung des Wirtschaftsausschusses v. 06.11.1958, S. 8 f., in: BR-Protokolle, Wirtschaftsausschuss, 151.-164. Sitzung, 1958.

886 Niederschrift der 177. Sitzung des Ausschusses für Innere Angelegenheiten v. 06.11.1958, S. 5, in: BR-Protokolle, Ausschuss für Innere Angelegenheiten, 169.-179. Sitzung, 1958.

887 Niederschrift der 156. Sitzung des Ausschusses für Arbeit und Sozialpolitik v. 06.11.1958, S. 3, in: BR-Protokolle, Ausschuss für Arbeit und Sozialpolitik, 145.-158. Sitzung, 1958.

888 Stenogr. Bericht der 213. Sitzung des BR v. 18.12.1959, S. 261 D.

889 Niederschrift der 162. Sitzung des Wirtschaftsausschusses v. 06.11.1958, S. 11, in: BR-Protokolle, Wirtschaftsausschuss, 151.-164. Sitzung, 1958; vgl. Veit (Baden-Württemberg) in der 198. Sitzung des 3. BR v. 14.11.1958, S. 231; PArch III, 156, Bd. A 1, Bl. 8.

890 Niederschrift der 162. Sitzung des Wirtschaftsausschusses v. 06.11.1958, S. 11, in: BR-Protokolle, Wirtschaftsausschuss, 151.-164. Sitzung, 1958.

891 Stenogr. Bericht der 213. Sitzung des BR v. 18.12.1959, S. 261 D.

892 Niederschrift der 162. Sitzung des Wirtschaftsausschusses v. 06.11.1958, S. 11, in: BR-Protokolle, Wirtschaftsausschuss, 151.-164. Sitzung, 1958; Stenogr. Bericht der 198. Sitzung des 3. BR v. 14.11.1958, S. 231.

In Bezug auf die Überwachungsvorschriften des zweiten Abschnitts und die Genehmigungsbestimmungen regte der Bundesrat an, in § 7 Abs. 2 die Eingangsworte wie folgt neu zu fassen: „Die Genehmigung darf nur erteilt werden, wenn ...“.[893]

Hierdurch könne die Behörde über die Erteilung einer Genehmigung im Rahmen ihres pflichtgemäßen Ermessens entscheiden. Ein in der Form größerer Entscheidungsspielraum sei erforderlich, um den lückenlosen Schutz der Allgemeinheit bestmöglich zu gewährleisten, da mit der Regelung des Rechts der Kernenergie Neuland betreten werde.[894] Ferner sei § 18, welcher die Entschädigungspflicht im Falle des Widerrufs einer Genehmigung regelte, dahingehend zu ändern, dass allein der Bund ersatzpflichtig sein sollte. Da die Länder über Art. 85 Abs. 3 und 4 GG den Weisungen der obersten Bundesbehörden unterstünden, sei es sachlich gerechtfertigt, dass der Bund im Falle des Widerrufs einer Genehmigung allein entschädigungspflichtig sei.[895]

Im Rahmen des § 9 sprach sich der Bundesrat für eine Erweiterung der Genehmigungspflicht aus.[896] Derjenige, der eine Änderung des Verfahrens und/oder der Betriebsstätte vornehmen will, bedürfe ebenfalls einer Genehmigung.

c) *Gegenäußerung der Bundesregierung*

Die Bundesregierung stimmte dem Änderungsvorschlag des Bundesrates zu. Es erscheine vertretbar, der Genehmigungsbehörde die Möglichkeit zu geben, die Genehmigung zu versagen, wenn es besondere, nach dem heutigen Stand der Erkenntnis noch nicht vorhersehbare und deshalb in den Genehmigungsvoraussetzungen gem. § 7 Abs. 2 Nr. 1 bis 5 erfasste Umstände gebieten.[897]

d) *Stellungnahme des Atomausschusses des Deutschen Anwaltvereins*

Der Atomausschuss des Deutschen Anwaltvereins sprach sich gegen die durch Anregung des Bundesrates und von der Bundesregierung akzeptierte Regelung des § 7 Abs. 2 aus.[898] Für den Unternehmer entstehe durch diese Einführung eines Verbots mit Erlaubnisvorbehalt Rechtsunsicherheit und ein erhöhtes finanzielles Risiko. Die seitens der Bundesregierung vorgetragene Begründung für die

893 Stellungnahme des BR, BT-Drs. III, 759, Anlage 2, S. 50 f.
894 Stellungnahme des BR, BT-Drs. III, 759, Anlage 2, S. 50.
895 Stellungnahme des BR, BT-Drs. III, 759, Anlage 2, S. 53.
896 Stellungnahme des BR, BT-Drs. III, 759, Anlage 2, S. 51.
897 BT-Drs. III, 759, Anlage 3.
898 Stellungnahme des Atomausschusses des Deutschen Anwaltvereins v. 26.01.1959, S. 4; PArch III, 156, Bd. A 2, Anlage 2.

Annahme des Änderungsvorschlages des Bundesrates überzeuge nicht. § 7 Abs. 2 Nr. 2 und Nr. 4 würden vorsehen, dass „jede nach dem Stand der Wissenschaft und Technik gebotene Vorsorge gegen Schäden durch die Errichtung und den Betrieb der Anlage getroffen" und „jeder erforderliche Schutz gegen Störmaßnahmen oder sonstige Einwirkungen Dritter" gewährleistet sei. Zudem könnten die Genehmigungen inhaltlich beschränkt und mit Auflagen versehen werden. Die ursprüngliche Fassung des Gesetzesentwurfes sei ausreichend. Die Behörde könne nach § 7 Abs. 1 Nr. 2 bis 5 die Genehmigung auch dann versagen, wenn sich nach dem heutigen Stand noch nicht gesetzlich erforderliche und erkennbare Genehmigungsvoraussetzungen in der Zukunft als erforderlich erweisen sollten. Aus rein rechtlichen Gründen sei daher eine Annährung der Bundesregierung an die Forderungen des Bundesrates weder notwendig noch zweckmäßig.[899]

e) Stellungnahme des Bundesverbands der Deutschen Industrie

Hinsichtlich der Genehmigungsvorschriften der §§ 4, 6, 7 und 9 machte der Bundesverband der Deutschen Industrie in seiner Stellungnahme einige Formulierungsvorschläge, um zukünftigen Missverständnissen und Schwierigkeiten vorzubeugen. So sollte es hinsichtlich des Genehmigungserfordernisses der Zuverlässigkeit heißen: „wenn keine Tatsachen vorliegen, aus denen sich Bedenken gegen die Zuverlässigkeit des ... ergeben".[900]

Hinsichtlich § 4 des Entwurfes, welcher eine Genehmigungspflicht für die Beförderung von Kernbrennstoffen normierte, schlug der Bundesverband der Deutschen Industrie vor, gewissen Unternehmen eine generelle Genehmigung zur Beförderung von Kernmaterial zu erteilen. Die Einholung einer Genehmigung für jeden Einzelfall sei unpraktikabel und würde sich nur hemmend auf die deutsche Atomwirtschaft auswirken.[901]

Gegen den Änderungsvorschlag des Bundesrates, in § 7 und § 9 jeweils die Worte „ist zu erteilen" durch „darf erteilt werden" zu ersetzen, sprach sich der Bundesverband der Deutschen Industrie aus rechtsstaatlichen Gründen aus. Die seitens des Bundesrates vorgebrachte Begründung laufe ins Leere, da bereits in anderen Ländern seit einigen Jahren eine ganze Reihe von Reaktoren und Atomanlagen in Betrieb seien und insofern Klarheit über hier auftretenden Gefahren bestehe. Im Übrigen seien die Genehmigungsvoraussetzungen derart weit und

899 Stellungnahme des Atomausschusses des Deutschen Anwaltvereins v. 26.01.1959, S. 5, PArch III, 156, Bd. A 2, Anlage 2.

900 Stellungnahme des Bundesverbandes der Deutschen Industrie, S. 3, PArch III, 156, Bd. A 2, Anlage 1.

901 Stellungnahme des Bundesverbandes der Deutschen Industrie, S. 3, 4, PArch III, 156, Bd. A 2, Anlage 1.

allgemein gefasst, dass der Genehmigungsbehörde im Falle einer ernst zu nehmenden denkbaren Gefährdung der Allgemeinheit die Möglichkeit zukomme, die Genehmigung zu versagen oder mit Auflagen zu versehen.[902] Den Verwaltungsgerichten solle gerade auf einem derart bedeutenden und gefährlichen Gebiet wie der Kernenergie eine volle rechtliche Überprüfungsmöglichkeit erteilt werden, während auf der anderen Seite eine gewisse Entscheidungsfreiheit der Behörden gewährleistet sein müsse. Der ursprüngliche Regierungsentwurf stelle eine gute Synthese dar, da er aufgrund seiner allgemein gehaltenen Formulierung den Behörden einen ausreichenden Spielraum gewähre und gleichwohl eine volle rechtliche Überprüfung gestatte.[903]

f) Stellungnahme des Verbands der Gas- und Wasserwerke

Der Verband für Gas- und Wasserwerke regte an, in § 7 Abs. 4 S. 1 eine Regelung zu integrieren, nach der die Genehmigungsbehörde das Einvernehmen der landesrechtlich zuständigen Wasserbehörde einholen müsse, wenn mit der Errichtung oder dem Betrieb einer Anlage eine Benutzung oder eine schädliche Veränderung von Gewässern verbunden sei. Ferner sei eine Vorschrift erforderlich, nach welcher die Wasserversorgungsunternehmen am Genehmigungsverfahren zu beteiligen seien, sofern deren Interessen durch eine Anlage betroffen wären.[904]

Hinsichtlich der Genehmigungsvorschrift des § 9 brachte der Verband der Gas- und Wasserwerke vor, dass ein Rechtsanspruch auf Erteilung einer Genehmigung für den Umgang mit radioaktiven Isotopen nur dann gewährt werden solle, wenn gewährleistet sei, dass der erforderliche Schutz regelmäßig überprüft und unter Kontrolle gehalten werde. Eine entsprechende Messpflicht unter staatlicher Aufsicht müsse mithin in den Entwurf miteinbezogen werden, um den Rechtsanspruch aus § 9 zu legitimieren.[905]

g) Der Rechtsausschuss des Bundestags

Jahn (SPD) äußerte Zweifel darüber, im Rahmen des § 7 einen Rechtsanspruch auf Erteilung der Genehmigung zu gewähren, soweit die tatbestandlichen Voraussetzungen vorliegen. Im Zweifelsfall sei es sinnvoller, die Verwaltung nicht

---

902 Stellungnahme des Bundesverbandes der Deutschen Industrie, S. 5, 6, PArch III, 156, Bd. A 2, Anlage 1.

903 Stellungnahme des Bundesverbandes der Deutschen Industrie, S. 6, PArch III, 156, Bd. A 2, Anlage 1.

904 Stellungnahme der Deutschen Gas- und Wasserwerke v. 06.03.1959, S. 5, PArch III, 156, Bd. A 2, Anlage 5.

905 Stellungnahme der Deutschen Gas- und Wasserwerke v. 06.03.1959, S. 7; PArch III, 156, Bd. A 2, Anlage 5.

in der Form zu binden und ihr einen größeren Ermessenspielraum einzuräumen.[906] Diese Frage müsse jedoch der Rechtsausschuss beantworten, da hier Rechtsfragen im Vordergrund stünden. Staatssekretär Cartellieri (BMAt) stellte daraufhin die vier möglichen Arten eines „Genehmigungs- oder Konzessionsverfahrens“ dar:

1. Die Errichtung und der Betrieb von Atomanlagen werde grundsätzlich verboten, da man davon ausgehe, dass von diesen eine enorme Gefahr ausgehe. Höchstens in einem Ausnahmefall könne es einen Dispens von diesem Verbot geben. Als Beispiel für diese Form eines Konzessions- oder Genehmigungsverfahrens führte Cartellieri den Betrieb von Spielbanken an.
2. Es besteht die Möglichkeit, die Errichtung und den Betrieb von Atomanlagen dem Staat vorzubehalten. Nur ausnahmsweise erteile dieser, ohne dass hierauf ein Rechtsanspruch besteht, jemanden eine Konzession.
3. Der Staat verbiete zwar prohibitiv die Errichtung und den Betrieb von Atomanlagen, der Bürger dürfe jedoch, soweit er die gesetzlichen Auflagen erfülle, mit entsprechender Genehmigung tätig werden. Auf die Genehmigung bestehe sodann auch ein Rechtsanspruch. Diese rechtliche Konstruktion sei für § 7 des Entwurfs gewählt worden.
4. Bei einem gemischten Zulassungsverfahren bestehe auch grundsätzlich ein prohibitives Verbot. Der Antragssteller müsse eine Reihe von Voraussetzungen erfüllen, wobei die Behörde die Erfüllung dieser Voraussetzungen im Rahmen ihres pflichtgemäßen Ermessens erweitern könne. In diesem Falle würde die Einleitungsformel lauten: „Die Genehmigung darf nur erteilt werden, wenn ....“. Diese Lösung schlage der Bundesrat vor, da hier kein strenger Rechtsanspruch wie im Falle der 3. Alternative gewährt würde.[907]

Scheidwimmer (BMAt) äußerte sich zu den Bedenken des Bundesrates hinsichtlich eines Rechtsanspruchs auf Erteilung einer Genehmigung bei Erfüllung bestimmter Voraussetzungen. Der Bundesrat habe als Hauptargument angeführt, dass in Bezug auf den Betrieb von Kernreaktoren noch zu wenig Erfahrungen bestünden. So sei es denkbar, dass man zehn Bedingungen für die Erteilung der Genehmigung aufstelle, dann aber in der Praxis merke, dass darüber hinaus noch weitere Voraussetzungen, welche im Gesetz nicht genannt sind, erfüllt werden müssten. Der Abgeordnete Dehler (FDP) und der Ausschussvorsitzende Hoogen (CDU/CSU) teilten diese Bedenken nicht, schließlich lege § 3 Abs. 2 Nr. 2 fest, dass die nach dem Stand von Wissenschaft und Technik erforderliche Vorsorge

906 Stenogr. Bericht der 80. Sitzung des 12. BT-Ausschusses v. 04.11.1959, PArch III, 156, Bd. A1, Bl. 19.

907 Stenogr. Bericht der 80. Sitzung des 12. BT-Ausschusses v. 04.11.1959, PArch III, 156, Bd. A1, Bl. 19.

gegen Schäden durch die Errichtung und den Betrieb der Anlage zu treffen seien. Hierdurch könnten auch neue wissenschaftliche Erkenntnisse im Genehmigungsverfahren Berücksichtigung finden.[908] Kuchtner (CDU/CSU) stellte daraufhin den Antrag, dem Vorschlag des Bundesrates zu folgen. Dieser Antrag wurde mit zehn gegen drei Stimmen im Rechtsausschuss abgelehnt.[909]

h) Der Bundestagsausschuss für Atomkernenergie und Wasserwirtschaft

aa) Die Auschussberatungen

Im Rahmen der Beratungen des federführenden Ausschusses sprach sich vor allem die SPD für das vom Bundesrat vorgeschlagene Genehmigungsverfahren aus.[910] Der Ausschussvorsitzende Dehler (FDP) befürwortete hingegen die Beibehaltung des § 7 Abs. 2 in der durch die Regierungsvorlage vorgesehenen Form, damit eine eindeutige Formulierung vorliege, welche einen Rechtsanspruch auf die Erteilung der Genehmigung gewähre und der freie Wettbewerb der Wirtschaft hierdurch gefördert werde.[911] Dem schlossen sich die CDU/CSU-Abgeordneten Geiger, Bergmeyer und Elbträchter an.[912] In erster Lesung der Vorschrift lehnte die Mehrheit der Ausschussmitglieder den Änderungsvorschlag des Bundesrates zu § 7 Abs. 2 ab.[913] In zweiter Lesung wurde auf Anregung des Abgeordneten Jacobi (SPD) beschlossen, folgende Erläuterungen in den schriftlichen Bericht aufzunehmen:

> „a) durch Abs. 2 Nr. 2 sind unter Schäden nicht nur Schäden Einzelner, sondern auch Schäden der Allgemeinheit, wie z.B. der öffentlichen Wasserversorgung erfasst;
>
> b) das ‚überwiegende öffentliche Interesse' in Abs. 2 Nr. 5 ist nicht als Behördeninteresse, sondern als allgemeines Interesse zu verstehen."[914]

---

908 So Dehler, dem zustimmend Hoogen in: Stenogr. Bericht der 80. Sitzung des 12. BT-Ausschusses v. 04.11.1959, S. 17, PArch III, 156, Bd. A1, Bl. 19.

909 Stenogr. Bericht der 80. Sitzung des 12. BT-Ausschusses v. 04.11.1959, PArch III, 156, Bd. A1, Bl. 19.

910 Abg. Ratzel und Priebe (SPD) in: Kurzprotokoll der 20. Sitzung des 26. BT-Ausschusses v. 26.02.1959, S. 3, PArch III, 156, Bd. A 1, Bl. 30.

911 Kurzprotokoll der 20. Sitzung des 26. BT-Ausschusses v. 26.02.1959, S. 4, PArch III, 156, Bd. A 1, Bl. 30.

912 Kurzprotokoll der 20. Sitzung des 26. BT-Ausschusses v. 26.02.1959, S. 4, PArch III, 156, Bd. A 1, Bl. 30.

913 Kurzprotokoll der 20. Sitzung des 26. BT-Ausschusses v. 26.02.1959, S. 4, PArch III, 156, Bd. A 1, Bl. 30.

914 Kurzprotokoll der 28. Sitzung des 26. BT-Ausschusses v. 07.10.1959, S. 4, PArch III, 156, Bd. A 1, Bl. 38.

Im Übrigen wurde § 7 in zweiter Lesung unverändert angenommen.[915]

bb) Der Ausschussbericht

In seinem Bericht schlug der federführende Ausschuss neben lediglich redaktionellen folgende Änderungen vor: Unter die Genehmigungspflicht des § 7 Abs. 1 sollte auch die Variante gehören, dass „die Anlage oder ihr Betrieb wesentlich verändert" werde.[916] Abs. 2 sollte entsprechend dem Vorschlag des Bundesrates einleitend bestimmen: „Die Genehmigung darf nur erteilt werden, wenn ...". Zudem sollte in Abs. 2 Nr. 5 eine zusätzliche Genehmigungsvoraussetzung eingefügt werden, welche festlegte, dass überwiegende öffentliche Interessen, besonders die Reinhaltung des Wassers, der Luft und des Bodens, der Wahl des Standortes nicht entgegenstehen dürften.[917]

i) Änderungsantrag der FDP-Fraktion am 3. Dezember 1959

Während der zweiten und dritten Beratung des Gesetzesentwurfes legte die FDP-Fraktion einen Änderungsantrag vor, nach dem § 7 Abs. 2 in der Fassung der Regierungsvorlage wiederhergestellt werden sollte.[918] Es sollte ein Rechtsanspruch auf Erteilung der Genehmigung bestehen, sofern die entsprechenden Voraussetzungen vorlägen. Dehler (FDP und Vorsitzender des federführenden Ausschusses) betonte, dass durch die nunmehrige Fassung des § 7 Abs. 2 die Gefahr einer abweichenden Handhabung der Genehmigungsbestimmungen von Bundesland zu Bundesland bestehe. Memmel (CDU/CSU) und Jahn (SPD) baten um Ablehnung des FDP-Antrages, um eine weitere Verzögerung des Erlasses des Atomgesetzes zu verhindern. Der Änderungsantrag wurde daraufhin im Bundestag abgelehnt.[919]

4. Die Ermächtigungsvorschriften zum Erlass von Schutzbestimmungen (§§ 11, 12)

Die Vorschriften zum Erlass von Rechtsverordnungen waren im Vergleich zu denen des vorangegangen Regierungsentwurf[920] ausgereifter. So regelte der § 10 des vorangegangen Regierungsentwurfes[921] noch eine weitaus engere Ermächtigung

915 Kurzprotokoll der 28. Sitzung des 26. BT-Ausschusses v. 07.10.1959, S. 4, PArch III, 156, Bd. A 1, Bl. 38.

916 Schriftlicher Bericht des 26. BT-Ausschusses, BT-Drs. III, 1412, S. 6.

917 Schriftlicher Bericht des 26. BT-Ausschusses, BT-Drs. III, 1412, S. 6.

918 Umdruck 434 Ziffer 1; stenogr. Bericht der 92. Sitzung des 3. BT v. 03.12,1959, 5038 D.

919 Stenogr. Bericht der 92. Sitzung des 3. BT v. 03.12.1959, 5040 B.

920 BT-Drs. II, 3026.

921 „(1) Durch Rechtsverordnung können Ausnahmen von dem Erfordernis einer Genehmigung nach den §§ 3 bis 8 zugelassen werde, soweit es sich um geringe Mengen von Kernbrennstof-

zum Erlass von Rechtsverordnungen als der Entwurf aus der zweiten Wahlperiode. Die Vorschrift des § 11 konkretisierte nunmehr, inwieweit von den allgemeinen Genehmigungs- oder Anzeigevoraussetzungen Ausnahmen durch Rechtsverordnungen bestimmt werden sollten. § 12 stellte in seinem Abs. 1 Nr. 1 bis 7 klar, inwieweit zur Erfüllung der in § 1 bezeichneten Zwecke Schutzmaßnahmen durch Rechtsverordnung festgelegt werden durften.

a) Begründung der Bundesregierung

Aufgrund der stetig wachsenden Verwendung radioaktiver Stoffe und ionisierender Strahlen in der Technik und in der Medizin war nach Meinung der Bundesregierung zum Schutz der Beschäftigten und der Bevölkerung der Erlass entsprechender Schutzbestimmungen erforderlich. Aufgrund der schnell voranschreitenden wissenschaftlichen Entwicklungen auf dem Gebiet des Strahlenschutzes seien entsprechende Strahlenschutzregelungen flexibel auszugestalten. Die Vorschriften aus dem Atomgesetz gingen den Regelungen aus der Rechtsverordnung vor. Soweit das Atomgesetz jedoch keine Regelung enthalte, sollten hierfür die Vorschriften der Rechtsverordnung als Mindestnormen gelten.[922] In § 11 enthielt der Entwurf Ermächtigungsvorschriften bezüglich der näheren Ausgestaltung der Genehmigungsvorschriften, der Anzeigepflichten und der allgemeinen Zulassungsvoraussetzungen. § 12 ermächtigte zum Erlass von Schutzvorschriften.

§ 11 Abs. 1 des Entwurfs bestimmte Inhalt, Zweck und Ausmaß der Ermächtigung nach Art. 80 Abs. 1 S. 2 des Grundgesetzes wie folgt:

1. Nach Nr. 1 konnte jeder Umgang und Verkehr, die Beförderung radioaktiver Stoffe sowie die Ein- und Ausfuhr von einer Genehmigung oder Anzeige abhängig gemacht werden. Um zu verhindern, dass diese gefährlichen Stoffe in die Hand von Unbefugten geraten, müsse die zuständige Behörde einen Überblick über den Verbleib dieser Stoffe erhalten.
2. Ebenfalls von einer Genehmigung oder Anzeige abhängig sein sollte nach Nr. 2 die Errichtung und der Betrieb von Anlagen zur Erzeugung ionisierender

---

fen oder um Anlagen handelt, durch welche die in § 1 Nr. 2 und 3 bezeichneten Zwecke des Gesetzes gefährdet werden können. (2) Durch Rechtsverordnung können zum Schutz von Leben, Gesundheit und Sachgütern vor den Gefahren der Kernenergie Vorschriften darüber erlassen werden, welche Vorsorgemaßnahmen im Sinne des § 4 Abs. 2 Nr. 3, § 6 Abs. 2 Nr. 2 und 3, § 7 Abs. 2 Nr. 2 und 3und § 8 Abs. 2 Nr. 2 und 3 erforderlich sind. (3) Ferner können durch Rechtsverordnung Vorschriften über den Schutz von Kernbrennstoffen und Anlagen gegen Störmaßnahmen und sonstige Einwirkungen Dritter in den Fällen der §§ 4 und 6 bis 8 erlassen werden", BT-Drs. II, 3026.

922 Begr. der BReg zu BT-Drs. III, 759, S. 25.

Strahlen. Hierbei sei insbesondere an die Errichtung und den Betrieb von Teilchenbeschleunigern zu denken.
3. Nach der Durchführung einer Bauartprüfung durch eine in der Rechtsverordnung zu bestimmenden Stelle sollten Anlagen, Geräte und Vorrichtungen, die radioaktive Stoffe enthielten oder ionisierende Strahlen erzeugten, allgemein zugelassen werden können. Aufgrund des Umstandes, dass die Industrie dazu im Stande sei, Geräte zu entwickeln, in denen radioaktive Stoffe für verschiedene Verwendungszwecke, insbesondere aber zu Messzwecken eingebaut sind, welche die zulässige Strahlenhöchstdosis dann nicht überschreiten, sei es erforderlich, eine allgemeine Zulassung für derartige Geräte vorzusehen. Dies müsse jedoch eine Prüfung der Bauart voraussetzen. Hier sei speziell an Dickenmessgeräte zu denken, die schon heute zur Messung dünner Folien, z.B. in der Papierindustrie, Verwendung finden würden.

§ 11 Abs. 2 ermöglichte es, die persönlichen und sachlichen Voraussetzungen für die Erteilung von Genehmigungen und Zulassungen im Rahmen der Zweckbestimmungsvorschrift des § 1 durch Rechtsverordnung festzulegen. Daneben bestehe die Option, Genehmigungen und Zulassungen gem. § 17 inhaltlich zu beschränken oder mit Auflagen zu verbinden, zu befristen oder zu widerrufen.[923]

§ 12 enthielt die Ermächtigung, durch Rechtsverordnung einen umfassenden Strahlenschutz zu garantieren. Um die Ausführung des Gesetzes und der aufgrund des Gesetzes erlassenen Rechtsverordnungen zu gewährleisten und der Zweckbestimmungsvorschrift des § 1 hinreichend Rechnung zu tragen, seien allgemeine Vorschriften zur Vorsorge und zur Überwachung von radioaktiven Stoffen zum Schutze der Beschäftigten, Dritter und der Allgemeinheit erforderlich. § 12 Abs. 1 enthielt daher folgende Ermächtigungen zum Erlass von entsprechenden Schutzvorschriften:

1. Es könne vorgeschrieben werden, welche Vorsorge- und Überwachungsmaßnahmen zum Schutze der Beschäftigten, Dritter und der Allgemeinheit beim Umgang und dem Verkehr mit Kernbrennstoffen und sonstigen radioaktiven Stoffen, bei der Errichtung und beim Betrieb von Anlagen der in §§ 7 und 11 Abs. 1 Nr. 2 bezeichneten Art, bei dem Umgang mit Anlagen, Geräten und Vorrichtungen i.S.d. § 11 Abs. 1 Nr. 3 sowie bei der Beförderung dieser Stoffe, Anlagen, Geräte und Vorrichtungen zu treffen sind. Der Rahmen für die Festlegung solcher Maßnahmen sei von Gesetzes wegen sehr weit. So könnten beispielsweise bauliche Vorkehrungen sowie die Bereitstellung von Geräten und Schutzausrüstungen für Personen angeordnet werden. Auch Beschäftigungsverbote und -beschränkungen sowie Regelungen über den Ablauf gewisser Arbeitsvorgänge könnten vorgeschrieben werden. Zusätzlich bestehe

923 Begr. der BReg zu BT-Drs. III, 759, S. 26.

die Möglichkeit, auch Maßnahmen zur Vorsorge zur Erfüllung der gesetzlichen Schadensersatzverpflichtungen festzulegen.

2. Es könne angeordnet werden, welche Vorsorgemaßnahmen zu treffen seien, damit bestimmte Strahlengrenzwerte in Luft und Wasser nicht überschritten werden.
3. Ferner könne die Verpflichtung festgelegt werden, dass Personen, welche sich in strahlenbelasteten Bereichen aufhalten oder aufgehalten haben, sich einer ärztlichen Untersuchung oder Messungen zu unterziehen haben. Derartige Untersuchungen sollten jedoch durch besonders dazu ermächtigte Ärzte vorgenommen werden. Die Messung der Strahlendosis und die Untersuchung der Strahleneinwirkung auf den menschlichen Körper durch eine ärztliche Behandlung sei für den Schutz der Beschäftigten von essenzieller Bedeutung. Um mögliche Strahlenschäden frühzeitig erkennen zu können, sei eine regelmäßige Untersuchung der Beschäftigten erforderlich. So sei schon der Beschäftigungsbeginn von einer ärztlichen Untersuchung abhängig zu machen. Die aufgrund von § 11 Abs. 1 Nr. 3 ergehenden Vorschriften der Rechtsverordnung seien dann gegenüber den Beschäftigten unmittelbar verpflichtend.
4. Nach der Ermächtigung in § 12 Nr. 4 sollte durch Rechtsverordnung vorgeschrieben werden können, dass und in welchem Umfang über den Verbleib von Ausgangsstoffen, Kernbrennstoffen und sonstigen radioaktiven Stoffen und der jeweiligen Strahlendosis Buch zu führen sei. Diese Ermächtigung sei Teil des strengen Kontrollsystems des Atomgesetzes und solle der Verhinderung von Schäden durch die Kernenergie dienen. Der zuständigen Behörde solle jederzeit die Befugnis und die Möglichkeit zustehen, einen genauen Überblick über den Verbleib radioaktiven Materials zu bekommen. Grund hierfür sei die Gewährleistung ausreichenden Schutzes und die Einhaltung der internationalen Verpflichtungen. Die Aufsichtsbehörde solle im Rahmen dieser Buchführungspflichten das Recht zukommen, sich von der Richtigkeit der Messungen der Buchführung und der Meldungen zu überzeugen.
5. Ferner könne bestimmt werden, „dass und auf welche Art nicht mehr verwendete radioaktive Stoffe aufzubewahren, abzuliefern, zu beseitigen oder durch eine Behörde sicherzustellen sind". Um Dritte zu schützen, sei der Umgang mit nicht mehr verwendbarem radioaktiven Material wichtig. Es müsse sichergestellt werden, dass durch solche Stoffe nicht andere Stoffe verunreinigt werden. Durch Rechtsverordnung sollte ein einheitliches Beseitigungsverfahren vorgeschrieben werden, welches für alle Genehmigungsinhaber und Besitzer derartiger Stoffe verpflichtend sei.
6. Weiter sollte festgelegt werden können, auf welche Weise der Schutz vor Kernbrennstoffen und sonstigen radioaktiven Stoffen und vor Anlagen gegen Störmaßnahmen und sonstigen unbefugten Einwirkungen Dritter zu gewähr-

leisten sei. Bei Anlagen, Geräten und Vorrichtungen, welche allgemein nach § 11 Abs. 1 Nr. 3 zugelassen werden können, bestehe kein Bedürfnis für besondere Schutzvorkehrungen, da eine allgemeine Zulassung nur bei weniger gefährlichen Anlagen möglich sei.

7. Schließlich sah die Ermächtigung in Nr. 7 den Erlass von Verfügungen zur Durchführung der auf Grund der § 12 Abs. 1 Nr. 1 bis 6 ergangenen Rechtsvorschriften durch die Aufsichtsbehörde vor. Durch diese Ermächtigung können die Generalklauseln durch den Erlass von Verfügungen konkretisiert werden.

In Hinblick auf Art. 19 Abs. 1 S. 2 GG und die Einschränkung des Grundrechts auf körperliche Unversehrtheit nach Art. 2 Abs. 2 GG nenne § 12 Abs. 2 ausdrücklich deren Einschränkung für die Fälle des § 12 Abs. 1 Nr. 3 des Entwurfs.[924]

b) Stellungnahme des Bundesrats

Der Bundesrat schlug vor, jeweils in § 11 Abs. 1, § 12 Abs. 1 und § 13 Abs. 3 auf die genaue Zweckbestimmung des § 1 zu verweisen. Die in § 1 aufgeführten Zwecke des Gesetzes seien sehr verschieden und könnten ihrer Zielsetzung zufolge zueinander in Widerspruch stehen. Aus diesem Grunde sei es notwendig, den Zweck der Ermächtigung zu konkretisieren und nicht lediglich allgemein auf die Zwecksetzungen des § 1 zu verweisen.[925]

aa) Änderungen zu § 11

§ 11 sei in den Abs. 1 Nr. 1 und 3 wie folgt neu zu fassen:

> „1. dass die Aufsuchung von radioaktiven Stoffen, der Umgang mit radioaktiven Stoffen (Gewinnung, Erzeugung, Lagerung, Bearbeitung, Verarbeitung, sonstige Verwendung und Beseitigung), der Verkehr mit radioaktiven Stoffen (Erwerb und Abgabe an andere), die Beförderung und die Ein- und Ausfuhr dieser Stoffe einer Genehmigung oder Anzeige bedürfen,
>
> 3. dass nach einer Bauartprüfung durch eine in der Rechtsverordnung zu bezeichnende Stelle Anlagen, Geräte und Vorrichtungen, die radioaktive Stoffe enthalten oder ionisierende Strahlen erzeugen, allgemein zugelassen werden können."[926]

Zu Nr. 1 führte der Bundesrat als Begründung an, dass die Aufsuchung von Stoffen weder als Umgang noch als Verkehr mit derartigen Stoffen anzusehen sei. Für den Umgang und den Verkehr sollten gesonderte Definitionen vorgesehen werden,

---

924 Begr. der BReg zu BT-Drs. III, 759, S. 25.

925 Stellungnahme des BR, BT-Drs. III, 759, Anlage 2, S. 51.

926 Stellungnahme des BR, BT-Drs. III, 759, Anlage 2, S. 51, auf Vorschlag des Ausschusses für Arbeit und Sozialpolitik, vgl. Niederschrift der 156. Sitzung des Ausschusses für Arbeit und Sozialpolitik v. 06.11.1958, S. 6, in: BR-Protokolle, Ausschuss für Arbeit und Sozialpolitik, 145.-158. Sitzung, 1958.

da die Begriffe bereits in den §§ 12 und 19 des Entwurfs getrennt verwendet würden.

Durch die neue Fassung der Nr. 3 werde klargestellt, dass in der Rechtsverordnung nicht die für die allgemeine Zulassung zuständige Stelle bezeichnet werden sollte, sondern die für die Bauartprüfung zuständige Stelle.[927]

bb) Änderungen zu § 12

Zu § 12 machte der Bundesrat folgende Änderungsvorschläge: In Abs. 1 Nr. 1 seien die Worte „bei Errichtung und beim Betrieb" durch die Worte „bei der Errichtung, beim Betrieb und beim Besitz" zu ersetzen. Damit übernahm der Bundesrat einen Vorschlag des Bundesratsausschusses für Arbeit und Sozialpolitik.[928] Auch für bereits errichtete und nicht mehr betriebene Anlagen sei der Erlass von Vorsorge- und Überwachungsbestimmungen erforderlich; durch die bloße Existenz solcher Anlagen könnten Gefahren entstehen. Als Beispiel nannte der Bundesrat eine Reaktoranlage, die nach einem Unfall stillgelegt wurde.

Die Worte „Umgang mit Anlagen, Geräten und Vorrichtungen" seien durch die Worte „Umgang und Verkehr mit Anlagen, Geräten und Vorrichtungen" zu ersetzen. Der erste Entwurf einer Strahlenschutzverordnung, welcher bereits mit den Ländern erörtert wurde, sehe Überwachungsbestimmungen bei dem Erwerb und bei der Abgabe typenmäßig zugelassener Vorrichtungen vor, so dass die Ermächtigungsgrundlage entsprechend erweitert werden müsse.

In Abs. 1 sei nach Nr. 1 folgende Nr. 1a einzufügen:

> „1a. dass Unfälle oder sonstige Schadensfälle beim Umgang mit Kernbrennstoffen und sonstigen radioaktiven Stoffen, beim Betrieb von Anlagen der in §§ 7 und 11 Abs. 1 Nr. 2 bezeichneten Art, beim Umgang mit Anlagen, Geräten und Vorrichtungen der in § 11 Abs.1 Nr. 3 bezeichneten Art sowie bei der Beförderung dieser Stoffe, Anlagen, Geräte und Vorrichtungen der Aufsichtsbehörde zu melden sind,".

Durch diesen vom Ausschuss für Arbeit und Sozialpolitik[929] vorgeschlagenen Zusatz solle eine Ermächtigung geschaffen werden, welche der Verordnung vom 14. Juni 1944[930] entspreche und auch die im Gesetzesentwurf vorgesehenen

927 Niederschrift der 156. Sitzung des Ausschusses für Arbeit und Sozialpolitik v. 06.11.1958, S. 6, in: BR-Protokolle, Ausschuss für Arbeit und Sozialpolitik, 145.-158. Sitzung, 1958.

928 Niederschrift der 156. Sitzung des Ausschusses für Arbeit und Sozialpolitik v. 06.11.1958, S. 6, in: BR-Protokolle, Ausschuss für Arbeit und Sozialpolitik, 145.-158. Sitzung, 1958.

929 Niederschrift der 156. Sitzung des Ausschusses für Arbeit und Sozialpolitik v. 06.11.1958, S. 7, in: BR-Protokolle, Ausschuss für Arbeit und Sozialpolitik, 145.-158. Sitzung, 1958.

930 PolizeiVO über die Anzeige von Schadensfällen in den der Gewerbeaufsicht unterstehenden Betrieben und an überwachungspflichtige Anlagen, RGBl. 1944 I S. 135.

Betriebe und Tätigkeiten erfasse. Hierdurch sei die Aufsichtsbehörde in der Lage, das zur Durchführung der Aufsicht unerlässliche Material zu erhalten.[931]

Abs. 2 sei wie folgt neu zu fassen:

> „(2) In den Rechtsverordnungen nach Abs. 1 Nr. 3 kann das Grundrecht des Art. 2 Abs. 2 S. 1 GG auf körperliche Unversehrtheit eingeschränkt werden, wenn und soweit es zum Schutz von Leben und Gesundheit der Beschäftigten, Dritter oder der Allgemeinheit erforderlich ist."[932]

Zwar sei eine Einschränkung von Grundrechten durch den Erlass von Rechtsverordnungen möglich, jedoch müsse das ermächtigende Gesetz selbst das zulässige Ausmaß der Beschränkung festlegen. Der Änderungsvorschlag zielte mithin darauf ab, die genaue Beschränkung der Grundrechte in der Verordnungsermächtigung mitaufzuführen.

Dem § 12 sollte folgender Absatz 3 angefügt werden:

> „(3) Bis zum Erlass einer Rechtsverordnung nach Absatz 1 Nr. 5 dürfen radioaktive Abfallstoffe nicht beseitigt werden. Sie sind vielmehr so zu verwahren, dass sie keinen Schaden verursachen können."[933]

Hierdurch wollte der Bundesrat dem Umstand entgegenwirken, dass bis zum Erlass entsprechender Rechtsverordnungen zu den Fragen der Entsorgung radioaktiver Stoffe Abfallstoffe achtlos weggeschüttet werden und dadurch gegebenenfalls in das allgemeine Kanalisationssystem oder auf Müllplätze gelangen und hiermit eine radioaktive Kontamination des Bodens oder des Grundwassers verursachen könnten.[934]

c) Gegenäußerung der Bundesregierung

aa) zu § 11

Den Änderungsvorschlag des Bundesrates, in den § 11 Abs. 1, § 12 Abs. 1 und § 13 Abs. 3 des Entwurfes die genaue Zweckbestimmung aus § 1 aufzuführen, lehnte die Bundesregierung in ihrer Stellungnahme ab. Die Rechtsverordnungen sollten nicht einseitig der Verfolgung einzelner Zwecke dienen. Vielmehr seien die in § 1 genannten Zwecke als Gesamtheit zu betrachten und die entsprechenden

---

931 Stellungnahme des BR, S. 52, BT-Drs. III, 759, Anlage 2; vgl. Niederschrift der 156. Sitzung des Ausschusses für Arbeit und Sozialpolitik v. 06.11.1958, S. 7, in: BR-Protokolle, Ausschuss für Arbeit und Sozialpolitik, 145.-158. Sitzung, 1958.

932 Stellungnahme des BR, BT-Drs. III, 759, Anlage 2, S. 52; vgl. Niederschrift der 156. Sitzung des Ausschusses für Arbeit und Sozialpolitik v. 06.11.1958, S. 7, in: BR-Protokolle, Ausschuss für Arbeit und Sozialpolitik, 145.-158. Sitzung, 1958.

933 Stellungnahme des BR, BT-Drs. III, 759, Anlage 2, S. 52.

934 Stellungnahme des BR, BT-Drs. III, 759, Anlage 2, S. 52.

Rechtsverordnungen auch in diesem Sinne auszulegen. Der § 1 solle in seiner Gesamtheit der Konkretisierung der Bestimmungen der Rechtsverordnungen dienen, so dass auf ihn grundsätzlich und vollumfänglich Bezug genommen werden solle.[935]

bb) zu § 12

Soweit der Bundesrat vorbrachte, in § 12 eine Nr. 1a einzufügen, stimmte die Bundesregierung zu, jedoch sollte der Inhalt als Nr. 4 a dem § 12 hinzugefügt werden. Auch bezüglich der Neufassung des § 12 Abs. 2 stimmte die Bundesregierung zu, die eine genauere Einschränkung des Art. 2 Abs. 2 S. 1 GG festlegte.

Den Änderungsvorschlages des Bundesrates, in § 12 einen Absatz 3 einzufügen, welcher eine Abfallbeseitigung bis zum Erlass einer Rechtsverordnung nach § 12 Abs. 1 Nr. 5 verbieten sollte, lehnte die Bundesregierung mit der Begründung ab, dass für eine solche Vorschrift keinerlei Bedürfnis bestehe. Die erste Strahlenschutzverordnung könne unmittelbar nach Inkrafttreten des Gesetzes erlassen werden. Im Übrigen verwies die Bundesregierung darauf, dass eine entsprechende Regelung im Falle eines längeren Zeitraumes zwischen Erlass des Atomgesetzes und Inkrafttreten einer Strahlenschutzverordnung zu erheblichen Gefährdungen führen könnte. Auch in diesem Zwischenzeitraum müsse die Beseitigung radioaktiver Stoffe zur Verhinderung von Gefährdungen möglich sein.[936]

d) Stellungnahme des Atomausschusses des Deutschen Anwaltvereins

Der Atomausschuss des Deutschen Anwaltvereins sprach sich in seiner Stellungnahme vom 26. Januar 1959 für die Einfügung eines Abs. 3 in § 12 aus: „In Rechtsverordnungen nach Abs. 1 können auch dritten Personen Meldepflichten auferlegt werden.“[937] Der Aufbau und der Wortlaut des § 12 erwecke Zweifel, ob hiernach auch Rechtsvorschriften erlassen werden könnten, durch welche dritten Personen Verpflichtungen auferlegt werden könnten, wie z.B. die Verpflichtung, Schäden oder ionisierende Strahlung zu melden. Um derartige Vorschriften erlassen zu können, sei die Einführung des Abs. 3 erforderlich.[938]

---

935 Stellungnahme der BReg zu den Änderungsvorschlägen und Empfehlungen des BR, BT-Drs. III, 759, Anlage 3, S. 60.

936 Stellungnahme der BReg zu den Änderungsvorschlägen und Empfehlungen des BR, BT-Drs. III, 759, Anlage 3, S. 60.

937 Stellungnahme des Atomausschusses des Deutschen Anwaltvereins v. 26.01.1959, S. 7; PArch III, 156, Bd. A 2, Anlage 2.

938 Stellungnahme des Atomausschusses des Deutschen Anwaltvereins v. 26.01.1959, S. 7; PArch III, 156, Bd. A 2, Anlage 2.

e) Der Bundestagsausschuss für Gesundheitswesen

Am 4. November 1959 beriet der Bundestagsausschuss für Gesundheitswesen in seiner 57. Sitzung erstmalig den Regierungsentwurf des Atomgesetzes.[939] Die §§ 11 und 12 des Entwurfes wurden mit der Maßgabe angenommen, dass in § 11 Abs. 1 eine neue Ziffer 2a mit folgender Fassung eingefügt werden sollte:

> „dass für die Genehmigung oder Anzeige die Landesärztekammern zuständig sind, soweit es sich um die Verwendung von radioaktiven Stoffen und ionisierenden Strahlen durch Ärzte und Zahnärzte zu medizinischen Zwecken handelt,“[940]

f) Der Bundestagsausschuss für Atomkernenergie und Wasserwirtschaft

aa) Die Ausschussberatungen

In erster Lesung des § 11 lehnte der Ausschuss den Änderungsvorschlag des Bundesrates, die Zweckbestimmungen in § 11 zu integrieren, entsprechend der Stellungnahme der Bundesregierung ab.[941]

Hinsichtlich der Vorschrift des § 12 beschloss der Ausschuss auf Vorschlag des Vorsitzenden Dehler (FDP), vor der Beratung die Meinung und Expertise eines Sachverständigen zum Thema Strahlenschutz zu hören.[942] In der 23. Ausschusssitzung am 13. April 1959 wurde daraufhin Berthold zur Regelung der industriellen Anwendung geschlossener Radionuklide[943] im Atomgesetz gehört.[944] Hinsichtlich des § 12 Abs. 1 Nr. 3 brachte Berthold vor, dass die dort normierte Verpflichtung, sich einem Heilverfahren zu unterziehen, unbillig sei, da keine ansteckende Krankheit vorliege, sondern allein die Möglichkeit einer vererblichen Erkrankung. Es gebe weder anerkannte Heilverfahren, noch lasse sich mit Sicherheit das Vorliegen eines genetischen Schadens feststellen, bevor dieser evident sei.[945] Scheidwimmer (BMAt) hob diesbezüglich hervor, dass die

---

939 PArch III, 156, Bd. A1.

940 PARch III, 156, Bd. A1; ferner sollten in § 12 Abs. 1 Nr. 3 die Worte „oder die Behandlung“ gestrichen werden.

941 Kurzprotokoll der 20. Sitzung des 26. BT-Ausschusses v. 26.02.1959, S. 5, PArch III, 156, Bd. A1, Bl. 30.

942 Kurzprotokoll der 20. Sitzung des 26. BT-Ausschusses v. 26.02.1959, S. 6, PArch III, 156, Bd. A1, Bl. 30.

943 Nuklide, die sich durch radioaktiven Zerfall (Radioaktivität), v.a. unter Aussendung von α-, β- oder γ- Strahlung in andere Nuklide umwandeln, Brockhaus, Bd. 22, S. 448.

944 Kurzprotokoll der 23. Sitzung des 26. BT-Ausschusses v. 23.04.1959, S. 3, PArch III, 156, Bd. A 1, Bl. 33.

945 Kurzprotokoll der 23. Sitzung des 26. BT-Ausschusses v. 23.04.1959, S. 6, PArch III, 156, Bd. A 1, Bl. 33.

Möglichkeit einer zwangsweisen Isolierung einer strahlenerkrankten Person immer an den Normen des Grundgesetzes über die Würde des Menschen aus Art. 1 Abs. 1 GG ihre Grenzen finden werde. Daraufhin sprachen sich die Ausschussmitglieder im Rahmen der zweiten Lesung des § 12 Abs. 1 Nr. 3 dafür aus, die Möglichkeit einer zwangsweisen Isolierung einer erkrankten Person im Entwurf beizubehalten. Die Vertreter des Bundesministeriums für Atomkernenergie und Wasserwirtschaft wurden gebeten, für die zweite Lesung einen entsprechenden Formulierungsvorschlag vorzulegen.[946]

Hinsichtlich des § 12 Abs. 1 Nr. 3 wurde die Fassung

> „ärztlicher Untersuchungen und, soweit zum Schutze anderer Personen oder der Allgemeinheit erforderlich, ärztliche Behandlungen zu unterziehen und dass die Untersuchung oder die Behandlung durch besonders ermächtigte Ärzte vorzunehmen ist"

in den Entwurf eingefügt und angenommen. Im Übrigen wurde § 12 in zweiter Lesung unverändert angenommen.[947]

bb) Der Bericht des Ausschusses für Atomkernenergie und Wasserwirtschaft

Der 26. Ausschuss regte neben redaktionellen Änderungen[948] an, in § 11 Abs. 1 Nr. 3 die Verordnungsermächtigung insoweit zu erweitern, dass auch bestimmt werden könne, welche Anzeigepflichten der Inhaber einer Anlage von Geräten oder Vorrichtungen haben sollte.[949] Der § 11 Abs. 2 solle dahingehend erweitert werden, dass das Verfahren bei Genehmigungen und allgemeinen Zulassungen durch Rechtsverordnung geregelt werden könne.

Bei der Ermächtigungsvorschrift des § 12 machte der Ausschuss für Atomkernenergie und Wasserwirtschaft zwei wesentliche Änderungsvorschläge. Es sollte eine Nr. 2a eingefügt werden, wonach die Beschäftigung von Personen in strahlengefährdeten Bereichen von einer Bescheinigung besonders ermächtigter Ärzte abhängig gemacht werden sollte. Nur mit einer Bescheinigung, die keine Bedenken gegen die Beschäftigung attestiert, sollte eine solche erlaubt sein. Die endgültige Entscheidung treffe jedoch die Aufsichtsbehörde nach Anhörung von ärztlichen Sachverständigen.[950] Die Einfügung einer Nr. 4 a solle eine Ermächtigung zum Erlass von Vorschriften beinhalten, welche dafür sorgen würden, dass

946 Kurzprotokoll der 23. Sitzung des 26. BT-Ausschusses v. 23.04.1959, S. 7, PArch III, 156, Bd. A 1, Bl. 33.

947 Kurzprotokoll der 28. Sitzung des 26. BT-Ausschusses v. 07.10.1959, S. 6, PArch III, 156, Bd. A 1, Bl. 38.

948 Siehe hierzu schriftlicher Bericht des 26. BT-Ausschusses, BT-Drs. III, 1412.

949 Schriftlicher Bericht des 26. BT-Ausschusses, BT-Drs. III, 1412, S. 8.

950 Schriftlicher Bericht des 26. BT-Ausschusses, BT-Drs. III, 1412, S. 8.

Unfälle und sonstige Schadensfälle beim Umgang mit Kernbrennstoffen und sonstigen radioaktiven Stoffen beim Betrieb von Anlagen nach Art der §§ 7 und 11 Abs. 1 Nr. 2, beim Umgang mit Anlagen, Geräten und Vorrichtungen der in § 11 Abs. 1 Nr. 3 bezeichneten Art sowie bei der Beförderung dieser Stoffe und Anlagen, Geräte und Vorrichtungen der Aufsichtsbehörde gemeldet werden.[951]

5. Vorsorge für die Erfüllung gesetzlicher Schadensersatzverpflichtungen (§ 13)

a) Begründung der Bundesregierung und Stellungnahme des Bundesrates

Die Vorschrift über eine sog. Deckungsvorsorge für die Erfüllung gesetzlicher Schadensersatzverpflichtungen war eine der wesentlichen Neuerungen gegenüber dem Regierungsentwurf der dritten Wahlperiode.[952]

Die Betätigung auf dem Gebiet der friedlichen Kernenergienutzung bedurfte nach den §§ 3 ff. des Entwurfs grundsätzlich der Genehmigung. Für die Fälle der Beförderung (§ 4) und der Aufbewahrung von Kernbrennstoffen (§ 6), für die Errichtung und den Betrieb von Anlagen i.S.d. § 7 und für die Bearbeitung, Verarbeitung und sonstige Verwendung von Kernbrennstoffen nach § 9 sollte eine Genehmigung nur dann erteilt werden, wenn unter anderem die Voraussetzungen des § 13 erfüllt waren.[953]

§ 13 des Entwurfs enthielt nähere Vorschriften über die Vorsorge hinsichtlich der Erfüllung gesetzlicher Schadensersatzverpflichtungen, die sog. Deckungsvorsorge. Abs. 1 bestimmte, dass Art, Umfang und Höhe der Deckungsvorsorge im Genehmigungsverfahren festzusetzen und dann im Abstand von zwei Jahren zu überprüfen seien. Im Falle der Veränderung des Risikos könne eine Neufestsetzung auch außerhalb des Zweijahresturnus erforderlich sein.

§ 13 sollte grundsätzlich für alle Genehmigungsverfahren nach dem Atomgesetz und der hierauf beruhenden Rechtsverordnungen gelten. Nach Abs. 3 konnten durch Rechtsverordnungen in besonderen Fällen Ausnahmen von dem Erfordernis der Festsetzung einer Deckungsvorsorge gemacht werden.

Für die Festsetzung der Deckungsvorsorge sah der Entwurf die Zuständigkeit der Genehmigungsbehörde vor.[954] Jedoch müsse der Bund auf die Festsetzung der Deckungsvorsorge ausreichend Einfluss nehmen können, da vom Umfang der jeweiligen Festsetzung auch die Freistellungsverpflichtung des Bundes nach

---

951 Schriftlicher Bericht des 26. BT-Ausschusses, BT-Drs. III, 1412, S. 10.

952 BT-Drs. II, 3026.

953 Vgl. § 4 Abs. 2 Nr. 3, § 6 Abs. 2 Nr. 3, § 7 Abs. 2 Nr. 3, § 9 Abs. 2 Nr. 3 der BT-Drs. III, 759.

954 Begr. der BReg zu BT-Drs. III, 759, S. 27.

§ 37 im Falle des § 25 abhänge. Dies sei dem Bund dann allerdings durch die vorgesehene Bundesauftragsverwaltung möglich.[955]

§ 13 Abs. 2 enthielt Vorschriften über die unterschiedliche Höhe der Deckungsvorsorge. § 13 Abs. 2 Nr. 1 behandelte die Deckungsvorsorge bei Anlagen und Tätigkeiten, bei denen eine Haftung nach § 25 und daher eine Freistellungsverpflichtung des Bundes nach § 37 in Betracht käme. Die Freistellungsverpflichtung aus § 37 hatte zur Folge, dass bei Erreichung einer bestimmten Schadenshöhe der Bund für die darüber hinausgehenden Kosten ersatzpflichtig sein sollte.[956] Die Deckungsvorsorge brauchte hiernach aufgrund der Freistellungsverpflichtung des Bundes nicht alle Schäden abdecken. Sie sollte jedoch der Höhe nach in einem angemessenen Verhältnis zu der Gefährlichkeit der Anlage festgesetzt werden und im Regelfall nicht unter dem Höchstmaß des Versicherungsschutzes, welcher auf dem Versicherungsmarkt zu zumutbaren und zu wirtschaftlichen oder sonstigen Interessen an dem Betrieb einer solchen Anlage oder an der Ausübung einer derartigen Tätigkeit in einem angemessenen Verhältnis steht, zurückbleiben. Nr. 2 regelte die übrigen Fälle einer genehmigungspflichtigen Betätigung auf dem Gebiet der Kernenergie, bei denen eine Freistellungsverpflichtung des Bundes anders als bei § 25 nicht bestand und allein die Deckungsvorsorge die Befriedigung möglicher Geschädigter gewährleisten konnte. Aus diesem Grunde müsse die Vorsorge so hoch angesetzt werden, dass aus ihr im Schadensfalle alle Schäden beglichen werden können.

§ 13 Abs. 3 enthielt eine Ermächtigung zum Erlass näherer Vorschriften über die zu treffenden Maßnahmen zur Erfüllung gesetzlicher Schadenersatzverpflichtungen. Eine derartige Ermächtigung sei laut Regierungsbegründung notwendig, da viele Einzelheiten über Art, Umfang und Höhe der Deckungsvorsorge nicht im Atomgesetz selbst, sondern in einer flexiblen Rechtsverordnung geregelt werden sollten.[957]

In § 13 Abs. 4 waren Sonderregelungen für den Bund und die Länder enthalten. Für den Bund, ausgenommen die Deutsche Bundesbahn, und die Länder sei die Festsetzung einer Deckungsvorsorge nicht erforderlich. Aufgrund ihrer Finanzkraft sei es nicht vonnöten, dass sie eine besondere Vorsorge für die Erfüllung gesetzlicher Schadensersatzverpflichtungen trifft. Auch unter wirtschaftlichen Gesichtspunkten sei eine solche Ausnahme unbedenklich und würde nicht zu einer Verschiebung der Wettbewerbsverhältnisse zwischen öffentlicher Hand und der Privatwirtschaft führen. Es bestehe nicht die Absicht, den Bund oder die

955 Begr. der BReg zu BT-Drs. III, 759, S. 38.

956 Dazu näher 4. Teil: C.II.8.g.

957 Begr. der BReg zu BT-Drs. III, 759, S. 28.

Länder selbst werbend Eigenunternehmen betreiben zu lassen.[958] Dennoch solle den Ländern der Vorteil zukommen, durch den Bund freigestellt zu werden (§ 37), wofür die Bestimmung des Umfangs der Deckungsvorsorge in Satz 2 festgelegt wurde. Im Falle einer Haftung der Länder nach § 25 seien damit die Absätze 1, 2 und 3 entsprechend anzuwenden.

In § 13 Abs. 5 S. 1 wurde festgelegt, dass als gesetzliche Schadensersatzverpflichtungen im Sinne des Gesetzes alle die auf gesetzlichen Haftungsbestimmungen beruhenden Vorschriften privatrechtlichen Inhalts gelten. Daneben sollten nach Satz 2 Schadensersatzverpflichtungen, die sich aus § 7 Abs. 5 dieses Gesetzes in Verbindung mit § 26 der Gewerbeordnung ergeben, nur dann zu den gesetzlichen Schadensersatzverpflichtungen gehören, wenn der Schaden durch einen Unfall entstanden sei. Nur in derartigen Fällen komme diesen Ansprüchen Schadensersatzcharakter zu.[959] In allen anderen Fällen mangele es an einem derartigen Charakter, vielmehr seien sie als eine Art Preis dafür anzusehen, dass der Nachbar Dauereinwirkungen wie Gas, Dampf, Rauch, Ruß, Wärme oder Erschütterungen dulden müsse, weil Schutzeinrichtungen hiergegen unzweckmäßig oder mit der Anlage unvereinbar seien.[960]

Der Bundesrat stimmte der Vorschrift des § 13 zu.[961]

b) Stellungnahme des Bundesverbands der Deutschen Industrie

Hinsichtlich der Deckungsvorsorge kritisierte der Bundesverband der Deutschen Industrie den § 13 Abs. 4, der vorsah, dass eine Deckungsvorsorge für den Bund und die Länder nicht erforderlich sei. Sollte der Bund oder ein Bundesland für wirtschaftliche Zwecke einmal eine Atomanlage in Eigenregie betreiben wollen, so hätten staatliche Betreibe einen nicht gerechtfertigten Vorteil gegenüber den von der Privatwirtschaft betriebenen. Unter Umständen wäre in solchen Fällen eine Rückstellung für die Eigenversicherung der öffentlichen Betriebe zweckmäßig, um den Wettbewerbsvorteil wiederauszugleichen.[962]

958 Begr. der BReg zu BT-Drs. III, 759, S. 28.

959 Begr. der BReg zu BT-Drs. III, 759, S. 28.

960 Begr. der BReg zu BT-Drs. III, 759, S. 28.

961 BT-Drs. III, 759 Anlage 2.

962 Stellungnahme des Bundesverbandes der Deutschen Industrie, S. 6; PArch III, 156, Bd. A 2, Anlage 1.

c) Leitsätze des Präsidenten des Bundesaufsichtsamtes für Versicherungs- und Bausparwesen

Der Präsident des Bundesaufsichtsamtes für das Versicherungs- und Bausparwesen Fritz hatte zu den Vorschriften zur Ausgestaltung der Deckungsvorsorge einige Leitsätze aufgestellt.[963] Er befürwortete die unterschiedliche Ausgestaltung der Deckungsvorsorge für unter § 25 fallende Tätigkeiten und die in § 26 geregelten Fälle. Eine solche Differenzierung sei aus versicherungstechnischen Gründen gerechtfertigt, da ein möglichst vollumfänglicher Versicherungsschutz anders nicht zu bewerkstelligen sei.[964] So gehe der Entwurf zu Recht davon aus, dass Kernenergiehaftpflichtschäden, welche bei dem Betrieb eines Reaktors anfallen können, aufgrund der begrenzten Leistungsfähigkeit der Versicherungswirtschaft nicht vollumfänglich versicherbar sind. Aus diesem Grunde sei eine die Deckungsvorsorge überschreitende Freistellungsverpflichtung des Bundes (§ 37) unentbehrlich, um dem Schutz der Bevölkerung und die Förderung der Atomindustrie bestmöglich zu gewährleisten.[965] Das im Entwurf vorgesehene elastische Zusammenspiel zwischen Deckungsvorsorge für das Reaktorrisiko mit der Freistellungsverpflichtung (§ 37) sei zu begrüßen.[966]

d) Der Bundestagsausschuss für Atomkernenergie und Wasserwirtschaft

In der ersten Lesung des § 13 erhoben die Ausschussmitglieder keine Bedenken gegen den Grundsatz der Deckungsvorsorge.[967] Scheidwimmer (BMAt) regte an, demjenigen, der zur Deckungsvorsorge verpflichtet sei, eine angemessene Frist für diesen Nachweis zu gewähren. Die CDU/CSU-Abgeordnete Geisendörfer stimmte dem zu. So wurde in der ersten Lesung beschlossen, in § 13 Abs. 1 S. 2 eine Regelung einzufügen, die eine angemessene Fristsetzung gegenüber dem zur Deckungsvorsorge Verpflichteten durch die Verwaltungsbehörde festlegt. Zu § 13 Abs. 2 bat Ratzel (SPD) um Klarstellung, was unter einem „angemessenen

---

963 PArch III, 156, Bd. B, Bl. 15.

964 Leitsätze des Präsidenten des Bundesaufsichtsamtes für Versicherungs- und Bausparwesen Fritz zu dem Thema Haftung und Versicherung nach dem Entwurf eines Atomgesetzes, S. 2, PArch III, 156, Bd. B, Bl. 15.

965 Leitsätze des Präsidenten des Bundesaufsichtsamtes für Versicherungs- und Bausparwesen Fritz zu dem Thema Haftung und Versicherung nach dem Entwurf eines Atomgesetzes, S. 2, PArch III, 156, Bd. B, Bl. 15.

966 Leitsätze des Präsidenten des Bundesaufsichtsamtes für Versicherungs- und Bausparwesen Fritz zu dem Thema Haftung und Versicherung nach dem Entwurf eines Atomgesetzes, S. 3, PArch III, 156, Bd. B, Bl. 15.

967 Kurzprotokoll der 27. Sitzung des 26. BT-Ausschusses v. 06.10.1959, S. 16, PArch III, 156, Bd. A 1, Bl. 37.

Verhältnis zur Gefährlichkeit der Anlage oder der Tätigkeit" zu verstehen sei und welche Vorsorge im konkreten Fall für die Reaktoren in der Bundesrepublik getroffen werde. Die Mitglieder des Bundesatomministeriums sagten eine entsprechende Antwort zu.[968] Daraufhin wurden Abs. 2, 3 und 4 unverändert entsprechend der Regierungsvorlage angenommen.

In seinem abschließenden schriftlichen Bericht regte der federführende Ausschuss neben redaktionellen Änderungen an, § 13 Abs. 1 dahingehend zu ändern, dass eingefügt werde, dass die Verwaltungsbehörde dem zur Deckungsvorsorge Verpflichteten eine angemessene Frist zum Nachweis der Deckungsvorsorge setzen müsse, im Übrigen nahm er § 13 unverändert an.[969]

6. Entschädigung im Falle des Widerrufs einer Genehmigung (§ 18)

§ 18 entsprach im Wesentlichen der Vorschrift dem § 9 Abs. 3 des vorangegangenen Regierungsentwurfes.[970]

In § 18 Abs. 1 S. 1 war der Grundsatz normiert, dass im Falle des Widerrufs einer Genehmigung nach dem Atomgesetz oder nach einer aufgrund des Atomgesetzes erlassenen Rechtsverordnung eine angemessene Entschädigung in Geld zu leisten sei. Die Entschädigung sollte jedoch begrenzt sein, im Falle von Anlagen durch die Höhe des Zeitwertes der Anlage, im Übrigen durch die Höhe der seitens des Betroffenen getätigten Aufwendungen. Ein entgangener Gewinn sei dem Berechtigten nicht zu ersetzen, da die rechtzeitige Kenntnisnahme der den Widerruf begründenden Umstände die Genehmigung oder allgemeine Zulassung ohnehin verhindert hätte.[971] Über die Höhe der Entschädigung müsse aufgrund der „Verwandtschaft der Vorschrift mit Art. 14 Abs. 3"[972] der Rechtsweg zu den ordentlichen Gerichten offenstehen.

Entsprechend der Vorschrift des § 51 der Gewerbeordnung sei es angemessen, beim Widerruf von Genehmigungen und allgemeinen Zulassungen im Sinne des Gesetzesentwurfes die Entschädigungspflicht gegenüber dem Betroffenen dem Träger der widerrufenden Behörde aufzuerlegen, jedoch sei diesem dann ein teilweiser Rückgriff auf die anderen Gebietskörperschaften einzuräumen. Für die Streitigkeiten zwischen diesen Körperschaften sei der Verwaltungsrechtsweg eröffnet. Im Falle einer Streitbeteiligung des Bundes sei im ersten und letzten

968 Kurzprotokoll der 27. Sitzung des 26. BT-Ausschusses v. 06.10.1959, S. 16, PArch III, 156, Bd. A 1, Bl. 37.

969 § 13 Abs. 1 letzter Satz, schriftlicher Bericht des 26. BT-Ausschusses, BT-Drs. III, 1412.

970 BT-Drs. II, 3026.

971 Begr. der BReg zu BT-Drs. III, 759, S. 31.

972 Begr. der BReg zu BT-Drs. III, 759, S. 31.

Rechtszug das Bundesverwaltungsgericht gem. § 9 Abs. 1c des Gesetzes über das Bundesverwaltungsgericht zuständig.

§ 18 Abs. 2 bestimme die Fälle, in denen eine Entschädigung ausgeschlossen sei. So könne derjenige eine Entschädigung nicht verlangen, der den Anlass zum Widerruf selbst gegeben habe. Eine Entschädigung könne ferner derjenige nicht verlangen, von dessen Anlage oder Tätigkeit selbst erhebliche begründete Gefährdungen für Beschäftigte, Dritte oder die Allgemeinheit ausgehen. Abs. 3 erkläre die vorherigen Vorschriften über die Entschädigung im Falle eines Widerrufs einer Genehmigung oder allgemeinen Zulassung auch auf nachträgliche Auflage entsprechend für anwendbar. Nachträglich erteilte Auflagen nach § 17 Abs. 1 S. 3 sollten im Einzelfall derart einschneidend sein können, dass sie ihrer Wirkung nach einem Widerruf gleichkommen, so dass aus diesem Grunde auch für nachträgliche Auflagen als Rechtsfolge eine Entschädigung eintreten müsse.[973]

a) Stellungnahme des Bundesrates

Der Finanz-[974] und der Wirtschaftsausschuss[975] sprachen sich dafür aus, eine generelle Entschädigungspflicht des Bundes zu statuieren und einen Ausgleich zwischen Bund und Land im Innenverhältnis zu bestimmen. Dementsprechend empfahlen sie dem Bundesrat in § 18 Abs. 1 S. 2, die Regelung „Entschädigungspflichtig ist der Bund“ einzufügen.

Ferner sollte § 18 Abs. 4 neu gefasst werden und den internen Ausgleich zwischen Bund und Ländern regeln.[976] Demnach sollte der Bund bei Leistung einer Entschädigung auf die Länder oder sonstige Gebietskörperschaften zurückgreifen können, wenn und soweit dies nach ihrem sich aus der Gesamtlage ergebenden Interesse am Widerruf gerechtfertigt sei. Eine nähere Regelung des Ausgleichsverfahrens sollte durch Rechtsverordnung erfolgen, deren Ermächtigung in Abs. 4 vorgesehen war.[977]

Als Begründung führte der Bundesrat an, dass die Landesbehörden gem. § 24 des Entwurfs im Auftrag des Bundes tätig seien. Nach Art. 85 Abs. 3 und 4 GG unterstehen diese dabei den Weisungen der obersten Bundesbehörden. Sachlich

---

973 Begr. der BReg zu BT-Drs. III, 759, S. 31.

974 Niederschrift der 187. Sitzung des Finanzausschusses v. 06.11.1958, S. 7, in: BR-Protokolle, Finanzausschuss, 177.-189. Sitzung, 1958.

975 Niederschrift der 162. Sitzung des Wirtschaftsausschusses v. 06.11.1958, S. 13, in: BR-Protokolle, Wirtschaftsausschuss, 151.-164. Sitzung, 1958.

976 Vgl. Niederschrift der 187. Sitzung des Finanzausschusses v. 06.11.1958, S. 7, in: BR-Protokolle, Finanzausschuss, 177.-189. Sitzung, 1958.

977 Niederschrift der 162. Sitzung des Wirtschaftsausschusses v. 06.11.1958, S. 11, in: BR-Protokolle, Wirtschaftsausschuss, 151.-164. Sitzung, 1958; vgl. 198. Sitzung des 3. BR v. 14.11.1958, S. 232.

gerechtfertigt sei es daher, dass der Bund allein zur Entschädigung verpflichtet sei. Sofern jedoch im Einzelfall die Interessenlage einen Ausgleich gebiete, solle diese unter Aufrechterhaltung der Grundsätze der Regierungsvorlage gem. der zu § 18 Abs. 4 vorgeschlagenen Änderungen durchgeführt werden.[978]

b) Gegenäußerung der Bundesregierung

Die Bundesregierung widersprach den Änderungsvorschlägen des Bundesrates.[979] Sofern der Widerruf von einer Landesbehörde ausgesprochen werde, so seien hierfür örtliche Gesichtspunkte maßgebend. Das Land, welchem die widerrufende Behörde angehöre, könne besser als der Bund eine angemessene Höhe der Entschädigung festsetzen und das Vorliegen etwaiger Ausschlussgründe beurteilen. Auch die vorgeschlagene Verordnungsermächtigung sei nicht erforderlich, da der Regierungsentwurf in § 18 Abs. 4 für den Ausgleich im Innenverhältnis bereits einen Maßstab festlege und dabei alle wesentlichen Gesichtspunkte berücksichtige.[980]

c) Stellungnahme des Bundesverbands der Deutschen Industrie

Der Bundesverband der Deutschen Industrie regte in seiner Stellungnahme vom 29. Januar 1959 an, die Entschädigungspflicht auf die Fälle auszuweiten, in denen nachträglich Auflagen erteilt werden, welche ihrer Wirkung nach einer entschädigungspflichtigen Enteignung gleichkommen oder bei denen aus Billigkeitsgründen eine Entschädigung erforderlich sei.[981] Der Umfang der Entschädigung in Abs. 1 S. 4, welche die Höhe der vom Betroffenen gemachten Aufwendungen bzw. auf den Zeitwert der Anlage abstelle, stimme mit der Enteignungsentschädigung aus dem Grundgesetz nicht überein. Der Bundesverband schlug daher vor, den § 18 Abs. 1 S. 4 ersatzlos zu streichen.[982]

Ferner regte der Bundesverband der Deutschen Industrie an, die Entschädigungspflicht auf Drittschäden auszudehnen. Auch die Schäden, welche der Inhaber der Genehmigung oder der Zulassung einem Vertragspartner gegenüber zu ersetzen habe, sollten in dem Gesetz normiert werden. Darüber hinaus erschien dem Bundesverband der Ausschluss jeglicher Entschädigung in § 18 Abs. 2 Nr. 3 aufgrund

978 Stellungnahme des BR, BT-Drs. III, 759, Anlage 2, S. 53.

979 Stellungnahme der BReg zu den Änderungsvorschlägen und Empfehlungen des BR, BT-Drs. III, 759, Anlage 3, S. 60, 61.

980 Stellungnahme der BReg zu den Änderungsvorschlägen und Empfehlungen des BR, BT-Drs. III, 759, Anlage 3, S. 61.

981 Stellungnahme des Bundesverbandes der Deutschen Industrie v. 29.01.1959, S. 7; PArch III, 156, Bd. A 2, Anlage 1.

982 Stellungnahme des Bundesverbandes der Deutschen Industrie v. 29.01.1959, S. 8; PArch III, 156, Bd. A 2, Anlage 1.

nachträglich eingetretener erheblicher Gefährdungen ungerecht zu sein. In solchen Fällen müsse zwar der Widerruf einer Genehmigung zulässig sein, jedoch sei es unbillig, dass der Unternehmer den wirtschaftlichen Schaden allein tragen müsse. Für solche Fälle solle eine „billige Entschädigung“ vorgesehen werden.[983]

d) Der Bundestagsausschuss für Atomkernenergie und Wasserwirtschaft

Der federführende Ausschuss nahm die Vorschrift entsprechend den Vorgaben der Regierung an und lehnte die Änderungsvorschläge des Bundesrates in erster Lesung ab.[984] In der zweiten Lesung ergab sich eine Debatte über die Frage der Ausgleichspflicht der „sonstigen Körperschaften“. Dopatka (SPD) hielt die Vorschrift unter Hinweis auf die Interessenlage der Länder für unbillig.[985] Die Abgeordneten Jacobi (SPD) und Rutschke (FDP) sowie der Ausschussvorsitzende Dehler (FDP) teilten diese Auffassung.[986] Scheidwimmer (BMAt) hielt die Vorschrift hinsichtlich der Ausgleichspflicht der Gemeinden für erforderlich, da hier eine vergleichbare Interessenlage vorliege. Der Ausschuss beschloss, den Absatz 4 zu streichen. § 18 Abs. 1 bis 3 wurden unverändert in zweiter Lesung angenommen.[987]

7. Zuständigkeit von Landesbehörden (§ 24)

a) Begründung der Bundesregierung

§ 24 übertrug die bedeutendsten Verwaltungsaufgaben den Ländern in der Form der Bundesauftragsverwaltung. § 24 entsprach der Regelung des § 19 des vorangegangen Regierungsentwurfes[988], so dass die Regierungsbegründung der vorangegangenen zu § 19 glich.[989] § 24 Abs. 2 S. 1 legte fest, dass für die wichtigsten von den Ländern auszuführenden Verwaltungsaufgaben, nämlich die Erteilung und den Widerruf von Genehmigungen nach § 7 und § 9, die durch die Landesregierungen bestimmten obersten Landesbehörden zuständig sein sollten.

---

983 Stellungnahme des Bundesverbandes der Deutschen Industrie v. 29.01.1959, S. 8; PArch III, 156, Bd. A 2, Anlage 1.

984 Kurzprotokoll der 23. Sitzung des 26. BT-Ausschusses v. 23.04.1959, S. 8, PArch III, 156, Bd. A 1, Bl. 33.

985 Kurzprotokoll der 23. Sitzung des 26. BT-Ausschusses v. 23.04.1959, S. 8, PArch III, 156, Bd. A 1, Bl. 33.

986 Kurzprotokoll der 28. Sitzung des 26. BT-Ausschusses v. 07.10.1959, S. 7, PArch III, 156, Bd. A 1, Bl. 38.

987 Kurzprotokoll der 28. Sitzung des 26. BT-Ausschusses v. 07.10.1959, S. 7, PArch III, 156, Bd. A 1, Bl. 38.

988 BT-Drs. II, 3026.

989 Siehe 3.Teil: F.II.3.a.

b) Stellungnahme des Bundesrates

Der Bundesrat sprach sich in seiner Stellungnahme grundsätzlich gegen die Festlegung von Zuständigkeiten in Bundesgesetzen für den Bereich der Landesverwaltung aus. Daher sollte § 24 Abs. 2 S. 1 wie folgt neu gefasst und die Sätze 2 bis 4 gestrichen werden:

> „Für die Genehmigung nach § 7 und 9 und deren Widerruf, sowie für die Aufsicht über Anlagen nach § 7 und die Verwendung von Kernbrennstoffen außerhalb dieser Anlagen sind die Landesregierungen oder die von ihnen bestimmten Behörden zuständig."[990]

Durch diese Regelung sei eine Beeinträchtigung der Dispositionsmöglichkeiten bezüglich der Behördenzuständigkeit in den Ländern nicht zu befürchten.

c) Gegenäußerung der Bundesregierung

Die Bundesregierung lehnte den Änderungsvorschlag des Bundesrates, den Ländern im Rahmen der Vorschrift des § 24 Abs. 2 mehr Autonomie bezüglich der Festlegung der zuständigen Landesbehörden für die Aufgaben des § 7 und § 9 zu gewähren, ab.[991] Die Bundesregierung führte an, dass man auf die Errichtung einer bundeseigenen Behörde zur Ausführung der Aufgaben der §§ 7 und 9 mit der Maßgabe verzichtet habe, dass diese Verwaltungsaufgaben zumindest von den obersten Landesbehörden wahrgenommen werden. Nur auf diesem Wege wäre in einem besonderen Maße gewährleistet, dass eine der Bedeutung und den zumeist überörtlichen Auswirkungen der Genehmigungen angemessene und homogene Sachprüfung stattfinde. Im Übrigen lege die Bundesregierung Wert darauf, dass unmittelbarer Verkehr mit den Genehmigungsbehörden entsprechend des Art. 85 Abs. 3 S. 2 GG möglich sei.[992]

d) Der Bundestagsausschuss für Atomkernenergie und Wasserwirtschaft

aa) Die Ausschussberatungen

Die Vorschrift des § 24 wurde in erster Lesung des federführenden Ausschusses am 7. Oktober 1959 trotz des Hinweises des Staatssekretärs Cartellieri, dass eine Änderung der Vorschrift vom Bundesrat aufgrund der Organisationshoheit der

990 Stellungnahme des BR, BT-Drs. III, 759 Anlage 2, S. 54.
991 Gegenäußerung der BReg zu den Änderungsvorschlägen und Empfehlungen des BR, BT-Drs. III, 759, Anlage 3, S. 61.
992 Gegenäußerung der BReg zu den Änderungsvorschlägen und Empfehlungen des BR, BT-Drs. III, 759, Anlage 3, S. 61.

Länder wahrscheinlich abgelehnt werde, unverändert angenommen.[993] Im Rahmen der Ausschussberatungen wurde die Einführung einer Vorschrift zugunsten der Bundeswehr nach dem Vorbild des § 68 der Straßenverkehrs-Zulassungs-Ordnung[994] eingehend diskutiert und ihr wurde zugestimmt.[995] Die im Rahmen des Dienstbereiches der Bundeswehr möglichen Anlagen konnten demnach Kleinreaktoren zur Stromerzeugung oder der Umgang mit radioaktiven Stoffen zur wissenschaftlichen Erforschung und Erprobung von Schutzmaßnahmen sein.[996]

bb) Der Ausschussbericht

In seinem Bericht schlug der federführende Ausschuss vor, dem § 24 einen Absatz 3 mit folgendem Wortlaut anzufügen:

> „Für den Dienstbereich der Bundeswehr werden die in den Absätzen 1 und 2 bezeichneten Zuständigkeiten durch den Bundesminister der Verteidigung oder die von ihm bezeichneten Dienststellen im Benehmen mit dem Bundesminister für Atomkernenergie und Wasserwirtschaft wahrgenommen."

So beinhaltete Abs. 3 des § 24 eine neue Regelung und räumte für den Dienstbereich der Bundeswehr für Anlagen ein Sonderrecht ein. Dem Bundesminister der Verteidigung oder den durch ihn bezeichneten Dienststellen sollte entsprechend der Vorschrift des § 68 StVZO und ähnlicher ausländischer Vorschriften die Verwaltungskompetenz zukommen, soweit das Gesetz auf die Bundeswehr Anwendung fand. Die Genehmigung von Anlagen zur Erzeugung usw. von Kernbrennstoffen gem. § 7 des Gesetzes und zur Verwendung vom Kernbrennstoffen nach § 9 sollte im Dienstbereich der Bundeswehr dem Bundesverteidigungsminister zustehen, welcher lediglich an das Einvernehmen des Bundesatomministers gebunden sein sollte.[997]

Die Vorschrift des § 24 nahm der Bundestag am 3. Dezember 1959 unverändert an.[998]

---

993 Kurzprotokoll der 28. Sitzung des 26. BT-Ausschusses v. 07.10.1959; PArch III, 156, Bd. A 1, Bl. 38.

994 „Die Zuständigkeiten der Verwaltungsbehörden und höheren Verwaltungsbehörden auf Grund dieser Verordnung werden für die Dienstbereiche der Bundeswehr, der Bundespolizei, der Bundesanstalt Technisches Hilfswerk und der Polizei durch deren Dienststellen nach Bestimmung der Fachminister wahrgenommen. Für den Dienstbereich der Polizei kann die Zulassung von Kraftfahrzeugen und ihrer Anhänger nach Bestimmung der Fachminister durch die nach Absatz 1 zuständigen Behörden vorgenommen werden."

995 Schriftlicher Bericht des 26. BT-Ausschusses, BT-Drs. III, 1412, S. 4.

996 Vgl. Fischerhof, Deutsches Atomgesetz und Strahlenschutzrecht, Kommentar, § 24 Rn. 8.

997 Vgl. Schriftlicher Bericht des 26. BT-Ausschusses, BT-Drs. III, zu 1412, S. 4.

998 Stenogr. Bericht der 92. Sitzung des 3. BT v. 03.12.1959, 5041 A.

e) *Erneute Beratung im Bundesrat*

Nach Verabschiedung des Atomgesetzes durch den Bundestag am 3. Dezember 1959[999] empfahl der Bundesratsausschuss für Arbeit und Sozialpolitik u.a. aufgrund des § 24, den Vermittlungsausschusses gem. Art. 77 Abs. 2 anzurufen.[1000] So beschloss der genannte Ausschuss in seinen Sitzungen am 8. und 9. Dezember 1959 mit 9 Stimmen, dass der § 24 Abs. 2 S. 1 folgende Fassung erhalten sollte: „Für die Genehmigung nach §§ 7 und 9 und deren Widerruf sowie für die Aufsicht über Anlagen nach § 7 und die Verwendung von Kernbrennstoffen außerhalb dieser Anlagen sind die Landesregierungen oder die von ihnen bestimmten Behörden zuständig."[1001] Die Sätze 2 bis 5 sollten gestrichen werden, um die Dispositionsfreiheit der Länder zu bewahren.[1002]

Der Absatz 3 sollte zunächst auf Wunsch des Bundesratsausschusses für Arbeit und Sozialpolitik gänzlich gestrichen werden, wobei sich zwei Länder im Ausschuss gegen die Streichung aussprachen (Nordrhein-Westfalen und Rheinland-Pfalz) und zwei sich der Stimme enthielten (Bayern und Niedersachsen.[1003] Die Zweckbestimmungsvorschrift des § 1 lege in Nr. 1 fest, dass allein die Entwicklung und Nutzung der Kernenergie zu friedlichen Zwecken gefördert werden solle. Da sich das Gesetz nur auf die friedliche Verwendung der Kernenergie beziehe, stelle sich die Frage, welche Anlagen der Bundesminister für Verteidigung genehmigen solle. Auch wenn die Bundeswehr zu Verteidungszwecken errichtet worden sei, so diene sie im Endeffekt der Abwehr eines Krieges. Aus diesem Grunde könne man im Zusammenhang mit Anlagen der Bundeswehr nach §§ 7 und 9 nicht davon sprechen, dass diese zu friedlichen Zwecken errichtet würden. Der Bundesverteidigungsminister solle eindeutig darlegen, welche Anlagen mit der Bestimmung des § 24 Abs. 3 gemeint seien und aus welchen Gründen eine Einfügung des Absatzes 3 notwendig sei.[1004] Sofern die Bundeswehr beabsichtigen solle, Anlagen nach § 7 oder § 9 des Entwurfs zu friedlichen Zwecken zu errichten, könnten Genehmigungen nach § 24 Abs. 2 auch durch die

---

999 Stenogr. Bericht der 92. Sitzung des 3. BT v. 03.12.1959, 5038.

1000 BR-Drs. 411/1/59, S. 2.

1001 Niederschrift über die 171. Sitzung des BR-Ausschusses für Arbeit und Sozialpolitik v. 8. und 9. Dezember 1959, S. 33, AS 0100-Nr. 47/59.

1002 Niederschrift über die 171. Sitzung des BR-Ausschusses für Arbeit und Sozialpolitik v. 8. und 9. Dezember 1959, S. 33, AS 0100-Nr. 47/59.

1003 Niederschrift über die 171. Sitzung des BR-Ausschusses für Arbeit und Sozialpolitik v. 8. und 9. Dezember 1959, S. 34, AS 0100-Nr. 47/59.

1004 Niederschrift über die 171. Sitzung des BR-Ausschusses für Arbeit und Sozialpolitik v. 8. und 9. Dezember 1959, S. 34, AS 0100-Nr. 47/59.

obersten Landesbehörden erfolgen.[1005] Neben dem Zuwiderlaufen des Absatzes 3 gegen die Zweckbestimmung des Gesetzesentwurfes bemängelte der Bundesratsausschuss für Arbeit und Sozialpolitik die fehlende Beteiligung der Länder, Kreise und Gemeinden bei Erteilung von Genehmigungen nach § 24 Abs. 3.[1006]

Das Land Hessen unterbreitete daraufhin einen Kompromissvorschlag, dem sich der Bundesratsausschuss für Arbeit und Sozialpolitik anschloss. Danach sollte der Bundesrat den Vermittlungsausschuss gem. Art. 77 Abs. 2 des Grundgesetzes aus folgendem Grund anrufen:

> „§ 24 Abs. 3 erhält folgende Fassung: Für den Dienstbereich der Bundeswehr werden die in den Absätzen 1 und 2 bezeichneten Zuständigkeiten durch den Bundesminister für Verteidigung oder die von ihm bezeichneten Dienststellen im Einvernehmen mit dem Bundesminister für Atomkernenergie und Wasserwirtschaft wahrgenommen. § 7 Abs. 4 bleibt unberührt."[1007]

Als Begründung führte der Berichterstatter Hemsath[1008] an, dass die Ausschaltung der nach dem Gesetz zuständigen Fachbehörden zugunsten der Bundeswehr nicht tragbar sei, schließlich handele es sich um die Verwendung von Kernenergie zu friedlichen Zwecken. Der Schutz der Bevölkerung verlange, dass auch hier die zuständigen und fachlich ausgebildeten Kontrollstellen maßgebend mitwirken. Aus diesem Grunde sollte der Bundesverteidigungsminister zumindest an das Einvernehmen des Bundesministers für Atomkernenergie und Wasserwirtschaft gebunden sein. Neben der erforderlichen Mitwirkung der zuständigen fachlichen Instanzen sei auch eine Mitwirkung der Landesverwaltung vonnöten, damit die Interessen der Länder und Gemeinden ausreichend gewahrt werden, die durch Anlagen nach § 7 oder durch Tätigkeiten nach § 9 betroffen sein könnten. Aus diesem Grunde sei die Klarstellung in § 24 erforderlich, dass auch hier § 7 Abs. 4 gelte, der die Beteiligung aller Landesbehörden vorschreibe, deren Zuständigkeitsbereich durch die zu erteilende Genehmigung berührt werde. Durch diesen Kompromissvorschlag folge man der ursprünglichen Gesetzesfassung, allerdings mit der Einschränkung, dass Genehmigungen der Zustimmung des Bundesministers für Atomkernenergie und Wasserwirtschaft bedürften und die Verpflichtung zur Einschaltung aller zuständigen Landesbehörden explizit in § 24 erwähnt werde.

Der Wirtschaftsausschuss und der Rechtsausschuss empfahlen hingegen, dem Gesetz zuzustimmen und nicht den Vermittlungsausschuss anzurufen. Der

---

1005 Niederschrift über die 171. Sitzung des BR-Ausschusses für Arbeit und Sozialpolitik v. 8. und 9. Dezember 1959, S. 34, AS 0100-Nr. 47/59.

1006 Niederschrift über die 171. Sitzung des BR-Ausschusses für Arbeit und Sozialpolitik v. 8. und 9. Dezember 1959, S. 34, AS 0100-Nr. 47/59.

1007 Antrag des Landes Hessen BR-Drs. 411/2/59.

1008 Berichterstatter des Bundesratsausschusses für Arbeit und Sozialpolitik, Vertreter des Landes Hessen.

Rechtsausschuss des Bundesrates machte in zweiter Lesung keine Änderungsvorschläge und nahm § 24 Abs. 3 unverändert an, nachdem im Rahmen der Beratungen eingehend diskutiert worden war, ob Art. 87 b Abs. 2 GG der Regelung entgegenstehe.[1009] So sprach sich Scheidwimmer (BMAt) dafür aus, dass das vorliegende Gesetz auch der Verteidigung diene, soweit es für die Bundeswehr Anwendung finde.[1010] Der Berichterstatter des Rechtsausschusses führte hingegen aus, dass § 24 Abs. 3 allein für Anlagen gelte, die der friedlichen Verwendung der Kernenergie dienen. Es handele sich bei der Vorschrift mithin nicht um einen Bereich der Bundeswehrverwaltung.[1011]

Der Bundesrat sprach sich jedoch im Rahmen des § 24 Abs. 2 für mehr Autonomie der Länder für die Zuständigkeit nach § 7 und § 9 aus.[1012] Er entschied sich jedoch gegen die Anrufung des Vermittlungsausschusses und lehnte die Änderungsvorschläge des Bundesratsausschusses für Arbeit und Sozialpolitik[1013] und den Änderungsantrags des Landes Hessen[1014] ab; § 24 Abs. 3 wurde unverändert angenommen.[1015]

8. Haftungsbestimmungen (§§ 25-40)

Neben redaktionellen Änderungen brachte der Regierungsentwurf im Vergleich zum vorherigen[1016] die meisten inhaltlichen Änderungen bzw. Ergänzungen im Bereich der Haftungsbestimmungen.

a) Haftung für den Besitz radioaktiver Stoffe oder von einer Kernspaltung oder Kernvereinigung betroffener Stoffe in anderen Fällen (§ 26)

Die grundsätzliche Haftungskonzeption – Gefährdungshaftung für den Inhaber einer Anlage nach § 7 ohne Haftungsausschluss für den Fall der höheren Gewalt (§ 25) und modifizierte Gefährdungshaftung des Besitzers radioaktiver Stoffe (§ 26) [1017] – behielt der Entwurf bei. Ergänzt wurde jedoch § 26, welcher die

1009 Niederschrift der 218. Sitzung des Rechtsausschusses v. 09.12.1959, S. 25, in: BR-Protokolle, Rechtsausschuss, 207.-218. Sitzung, 1959.

1010 Niederschrift der 218. Sitzung des Rechtsausschusses v. 09.12.1959, S. 27, in: BR-Protokolle, Rechtsausschuss, 207.-218. Sitzung, 1959.

1011 Niederschrift der 218. Sitzung des Rechtsausschusses v. 09.12.1959, S. 27, in: BR-Protokolle, Rechtsausschuss, 207.-218. Sitzung, 1959.

1012 Stenogr. Bericht der 213. Sitzung des BR v. 18.12.1959, 263.

1013 BR-Drs. 411/1/59.

1014 BR-Drs. 411/2/59.

1015 Stenogr. Bericht der 213. Sitzung des BR v. 18. 12.1959, 261 A ff.

1016 BT-Drs. II, 3026, siehe oben unter 3. Teil F. II. 4. a).

1017 Dem § 7 StVG und dem § 33 Luftverkehrsgesetz nachgebildet; siehe 3. Teil: F.II.4.a.

Haftung für den Besitz radioaktiver oder von einer Kernspaltung oder Kernvereinigung betroffener Stoffe in anderen Fällen regelte. In § 26 Abs. 4 wurde eine Nr. 1 eingefügt, welche bestimmte, dass

> „die Vorschriften der Absätze 1 bis 3 nicht gelten, wenn die radioaktiven Stoffe gegenüber dem Geschädigten von einem Arzt oder Zahnarzt oder unter der Aufsicht eines Arztes oder Zahnarztes bei der Ausübung der Heilkunde angewendet würden,“[1018].

Ähnlich wie bei § 8 des StVG, welcher die Gefährdungshaftung des Kraftfahrzeughalters gegenüber den Insassen des Kraftfahrzeuges und den bei dem Betrieb tätigen Personen ausschließe, sei durch Absatz 4 die Haftung nach § 26 gegenüber Personen auszuschließen, welche die besondere Gefahr in Kauf genommen haben.[1019]

aa) Die Beratungen im Bundesrat

Der Ausschuss für Innere Angelegenheiten regte an, die unterschiedliche Regelung der Haftung für Großanlagen und der Haftung in den anderen Fällen zu überprüfen, da sich die Schadensfälle nicht wesentlich voneinander unterscheiden würden.[1020] Der Rechtsausschuss ließ seine Anregung aus der zweiten Wahlperiode, im Rahmen der Gesetzgebungsarbeiten zu prüfen, inwieweit immaterielle Schäden ersetzt werden müssten, fallen.[1021]

(1) Antrag des Landes Bayern

In der 163. Sitzung des Bundesrates am 5. Oktober 1958 stellte das Land Bayern den Antrag, der Bundesrat möge gem. Art. 76 Abs. 2 GG eine Stellungnahme beschließen, die Haftungshöchstbeträge in § 26 Abs. 1 Nr. 1 im Falle der Tötung oder der Verletzung eines Menschen auf einen Kapitalbetrag von 250.000 DM oder bis zu einem Rentenbetrag von jährlich 15.000 DM zu erhöhen. Die vorgesehenen Höchstbeträge seien im Hinblick auf die Schwere der möglichen Gesundheitsschädigungen zu gering. Im Übrigen solle auch im weiteren Verlauf des Gesetzgebungsverfahrens geprüft werden, in welchem Umfang die Haftungsbegrenzungen des § 26 Abs. 2 bis 4 zu erhöhen seien.

1018 BT-Drs. III, 759, S. 11.

1019 Begr. der BReg zu BT-Drs. III, 759, S. 37.

1020 Vgl. Berichterstatter Veit (Baden-Württemberg) in der 198. Sitzung des BR v. 14.11.1958, S. 234.

1021 Niederschrift der 204. Sitzung des Rechtsausschusses v. 06.11.1958, S. 17, in: BR-Protokolle, Rechtsausschuss, 192.-206. Sitzung, 1958.

(2) Endgültige Stellungnahme des Bundesrates

Zu § 26 bat der Bundesrat zunächst um Prüfung, ob Abs. 1 S. 2 nicht gänzlich gestrichen werden könne. Die in § 26 Abs.1 normierten Schadensfälle seien von denen in § 25 geregelten nicht so verschieden, so dass der Bundesrat es als gerechtfertigt ansah, die Geschädigten auf eine grundsätzliche Verschuldenshaftung mit umgekehrter Beweislast zu verweisen. Es sei unbillig, den Geschädigten ohne Ersatz zu lassen, wenn ein Schaden aufgrund eines Versagens der Schutzeinrichtungen eingetreten sei.[1022] Diesen Vorschlag machte der Ausschuss für Innere Angelegenheiten.[1023]

Daneben sollte entsprechend der Anregung des Bundesratsausschusses für Arbeit und Sozialpolitik[1024] folgender Wortlaut des § 26 a in den Entwurf eingefügt werden:

> „(1) Die Haftung nach §§ 25 und 26 kann im Rahmen des Arbeitsverhältnisses durch Vertrag nicht ausgeschlossen oder beschränkt werden. (2) § 898 der Reichsversicherungsordnung findet keine Anwendung mit der Maßgabe, dass sich die Verbindlichkeit des Unternehmers auf den Betrag beschränkt, um den sie die Entschädigung aus der Unfallversicherung übersteigt."[1025]

Begründet wurde dieser Vorschlag damit, dass der Schutz der Arbeitnehmer es erfordere, diese vor einer Einschränkung ihrer Rechte zu bewahren. Die Gesichtspunkte, welche bei der Teilnahme am öffentlichen Verkehr zum Ausschluss des § 898 RVO[1026] geführt hätten, lägen auch bei der Haftung nach dem vorliegenden Gesetzesentwurf vor. Sowohl im Kraftfahrzeugsrecht als auch im Atomrecht bestehe die Pflicht zum Abschluss einer Haftpflichtversicherung (§§ 13 bis 16). Eine Freistellung des Unternehmers würde sich sodann zugunsten des Haftpflichtversicherers auswirken. Es sei untragbar, dass unter solchen Umständen ein Arbeitnehmer bei einem Unfall schlechter gestellt werde als z.B. ein Nachbar des Betriebes oder eine Person, welche sich besuchsweise im Betrieb aufhalte. Soweit die Anwendbarkeit des § 898 RVO in diesen Fällen ausgeschlossen werde, müsse gleichzeitig dafür Sorge getragen werden, dass der Arbeitnehmer seine Schadensersatzansprüche trotz der Regelung des § 26 Abs. 4 aufrechterhalten könne und diese nicht durch Vertrag ausgeschlossen werden.[1027]

1022 Stellungnahme des BR, BT-Drs. III, 759, Anlage 2.

1023 Niederschrift der 177. Sitzung des Ausschusses für Innere Angelegenheiten v. 06.11.1958, S. 12, in: BR-Protokolle, Ausschuss für Innere Angelegenheiten, 169.-179. Sitzung, 1958.

1024 Niederschrift der 156. Sitzung des Ausschusses für Arbeit und Sozialpolitik v. 06.11.1958, S. 12, in: BR-Protokolle, Ausschuss für Arbeit und Sozialpolitik, 145.-158. Sitzung, 1958.

1025 Stellungnahme des BR, BT-Drs. III, 759, Anlage 2, S. 54.

1026 Gesetz über die erweiterte Zulassung von Schadensersatzansprüchen bei Dienst- und Arbeitsunfällen v. 07.12.1943, RGBl. I S. 674.

1027 So der Ausschuss für Arbeit und Sozialpolitik in der 213. Sitzung des BR v. 18.12.1959, PArch III, 156, Bd. A 1, Bl. 46.

bb) Gegenäußerung der Bundesregierung

Soweit der Bundesrat in seiner Stellungnahme darum bat, zu prüfen, ob § 26 Abs.1 S. 2 nicht gestrichen werden könne, lehnte die Bundesregierung eine Haftungsverschärfung im Rahmen der Haftung für den Besitz radioaktiver Stoffe oder von einer Kernspaltung oder Kernvereinigung betroffener Stoffe ab.[1028] Die Haftung nach § 26 des Entwurfs sei im Vergleich zum vorherigen Entwurf[1029] bereits verschärft worden. Würde der Entlastungsbeweis im Rahmen des § 26 nicht gelten, wäre diese Haftung der Haftung für Anlagen nach § 25 gleichgestellt. Aufgrund der angestrebten Harmonisierung des Atomhaftungsrechts im Rahmen der OEEC-Staaten sei die im Entwurf vorgesehene unterschiedliche Ausgestaltung der Haftung erwünscht.

Die Einfügung eines § 26 a in den Entwurf, wodurch ein Haftungsausschluss der §§ 25 und 26 durch eine Vereinbarung im Rahmen eines Arbeitsverhältnisses ausgeschlossen sein sollte und nach Absatz 2 eine Einschränkung des § 898 der Reichsversicherungsordnung vorgesehen war, lehnte die Bundesregierung ab. Im Rahmen einer vorläufigen Stellungnahme führte die Regierung an, dass nach dem Grundgedanken des § 898 der Reichsversicherungsordnung der Unternehmer aufgrund seiner Beitragsleistung zur Unfallversicherung grundsätzlich von der Haftung für Unfälle befreit sei. Bliebe dem Unternehmer der Schutz des § 898 der Reichsversicherungsordnung erhalten, so bestehe auch kein Bedürfnis für diesen, im Rahmen eines Arbeitsverhältnisses seine Haftung auszuschließen oder zu beschränken.[1030] Damit liege in der Praxis kein Bedürfnis nach einer dem § 26a entsprechenden Regelung vor.[1031]

cc) Stellungnahme des Bundesverbands der Deutschen Industrie

Der Bundesverband der Deutschen Industrie äußerte in seiner Stellungnahme vom 29. Januar 1959 Bedenken gegenüber der seitens der Bundesregierung eingefügten Umkehrung der Beweislast für Schäden bei der Verwendung radioaktiver Isotope. Der mit dieser Haftung verbundene Versicherungsschutz wäre durch diese Regelung von einem wissenschaftlichen Institut oder gar einem freien Forscher kaum zu erlangen. In erster Linie seien jedoch die von radioaktiven Isotopen ausgehenden

1028 Stellungnahme der BReg zu den Änderungsvorschlägen und Empfehlungen des BR, BT-Drs. III, 759, Anlage 3.

1029 BT-Drs. II, 3026 Anlage 1b, § 21.

1030 Gegenäußerung der BReg zu den Änderungsvorschlägen und Empfehlungen des BR, BT-Drs. II, 759, Anlage 3, S. 62.

1031 Gegenäußerung der BReg zu den Änderungsvorschlägen und Empfehlungen des BR, BT-Drs. II, 759, Anlage 3, S. 62.

Gefahren in keiner Weise vergleichbar mit denen von Reaktoren oder anderen Atomanlagen. Das Strahlungsrisiko sei bereits seit der Entdeckung der Röntgenstrahlen bekannt. Darüber hinaus würden radioaktive Isotope jeweils nur in kleinen Mengen für bestimmte Zwecke benutzt. Große, unvorhersehbare Schäden wie bei Atomanlagen oder Reaktoren seien also auf dem Gebiet der Verwendung radioaktiver Isotope nicht denkbar. Dem Betriebsinhaber solle daher der Entlastungsbeweis bei Fehlern in der Beschaffenheit der Schutzvorrichtung oder bei Versagen von Verrichtungen entgegen der Bestimmung in § 26 Abs. 1 erhalten bleiben, so dass § 26 Abs. 1 letzter Satz ersatzlos gestrichen werden solle.[1032] Soweit der Bundesrat in seiner Stellungnahme vorschlug, die Möglichkeit des Entlastungsbeweises wegfallen zu lassen, widersprach der Bundesverband der Deutschen Industrie diesem Vorschlag. Auch die seitens des Bundesrates vorgeschlagene Einfügung eines § 26a lehnte der Bundesverband ab.[1033]

Ergänzend trug der Bundesverband der Deutschen Industrie mit Schreiben vom 16. Juni 1959 vor, dass sich die verschärfte Haftung für den Umgang mit radioaktiven Istotopen hemmend auf die Industrie auswirke und daher allein eine Verschuldenshaftung im Sinne des bürgerlichen Rechts in Betracht komme.[1034]

dd) Stellungnahme des Atomausschusses des Deutschen Anwaltvereins

Der Atomausschuss des Deutschen Anwaltvereins sprach sich ebenso wie die Bundesregierung gegen den Vorschlag des Bundesrates aus, die in § 26 Abs. 1 statuierte Verschuldenshaftung zu einer Gefährdungshaftung zu wandeln. Zwischen den von den §§ 25 und 26 erfassten Sachverhalten bestünden erhebliche Unterschiede. Bei der Haftung nach § 25 i.V.m. § 7 seien nur wenige Unternehmen von der strengen Haftung erfasst. Von § 26 würden hingegen zahlreiche Personen der Landwirtschaft, Industrie und der Heilberufe betroffen sein. Eine zu strenge Haftung, auch für zufällige Schäden, könne zu stark in ihre Entfaltungsmöglichkeit eingreifen und wirtschaftlich hemmend wirken. Hingegen halte die in § 26 Abs. 1 des Regierungsentwurfs vorgesehene Haftung zwischen der strengen Gefährdungshaftung und der Verschuldenshaftung des Bürgerlichen Gesetzbuches „die richtige Mitte".[1035]

1032 Stellungnahme des Bundesverbandes der Deutschen Industrie v. 29.01.1959, S. 10; PArch III, 156, Bd. A 2, Anlage 1.

1033 Stellungnahme des Bundesverbandes der Deutschen Industrie v. 29.01.1959, S. 10; PArch III, 156, Bd. A 2, Anlage 1.

1034 Ergänzende Stellungnahme des Bundesverbandes der Deutschen Industrie v. 16.06.1959, S. 2-3; PArch III, 156, Bd. A 2, Anlage 3.

1035 Stellungnahme des Atomausschusses des Deutschen Anwaltvereins v. 26.01.1959, S. 10; PArch III, 156, Bd. A 2, Anlage 2.

ee) Stellungnahme des Verbands der Deutschen Gas- und Wasserwerke

Der Verband der Deutschen Gas- und Wasserwerke regte an, in § 26 Abs. 1 nicht nur eine Haftung des Besitzers vorzusehen, sondern eine den Regelungen des Straßenverkehrsgesetzes entsprechende Differenzierung zu treffen. Durch eine Entnahme von Wasser werde das Wasserversorgungsunternehmen Besitzer der in dem Wasser enthaltenen radioaktiven Stoffe. Das Wasserversorgungsunternehmen würde demnach gegenüber seinen Abnehmern für einen durch die Trinkwasserversorgung eintretenden Schaden haften, ohne sich auf eine Haftungsbeschränkung berufen zu können. Dies sei für die öffentliche Wasserversorgung untragbar, daher sei eine Freistellung der Haftung der Wasserversorgungsunternehmen, wenn die Radioaktivität des entnommenen Wassers noch nicht erkannt worden sei, erforderlich. Dem Geschädigten würden nach § 26 weiterhin Ansprüche gegen den Isotopenverwender zustehen.[1036]

ff) Leitsätze des Präsidenten des Bundesaufsichtsamtes für das Versicherungs- und Bausparwesen

Fritz sprach sich entsprechend der seitens der Bundesregierung vorgebrachten Begründung gegen den Vorschlag des Bundesrates aus, dem Entwurf einen § 26a beizufügen.[1037] Die Versicherer hatten es bereits bisher grundsätzlich abgelehnt, die Ansprüche der Arbeitnehmer gegen den Arbeitgeber in Deckung zu nehmen. Durch die Einführung einer Regelung i.S.d. § 26a wäre die Haftpflichtversicherung vor eine vollkommen neue Situation gestellt.[1038]

gg) Der Rechtsausschuss des Bundestages

Im Rechtsausschuss wurde das Problem des „unfreiwilligen Besitzers" im Rahmen des § 26 erörtert. So stellte Scheiwimmer (BMAt) fest, dass eine Haftung nur mit einem entsprechenden Besitzwillen zustandekomme. Im Übrigen sei insbesondere im Falle der Wasserversorgung zu berücksichtigen, dass in der Regel der Exkulpationsbeweis greife. Der Ausschuss überließ die Entscheidung dieser Frage dem

1036 Stellungnahme der Deutschen Gas- und Wasserwerke v. 06.03.1959, S. 9; PArch III, 156, Bd. A 2, Anlage 5.

1037 Leitsätze des Präsidenten des Bundesaufsichtsamtes für das Versicherungs- und Bausparwesen Fritz zu dem Thema Haftung und Versicherung nach dem Entwurf eines Atomgesetzes, S. 5, PArch III, 156, Bd. B, Bl. 15.

1038 Leitsätze des Präsidenten des Bundesaufsichtsamtes für das Versicherungs- und Bausparwesen Fritz zu dem Thema Haftung und Versicherung nach dem Entwurf eines Atomgesetzes, S. 5, PArch III, 156, Bd. B, Bl. 15.

federführenden Ausschuss und so billigte er nach kurzer Aussprache die von der Regierung vorgeschlagene Fassung des § 26.[1039]

hh) Der Bundestagsausschuss für Atomkernenergie und Wasserwirtschaft

(1) Anhörung des Sachverständigen Rudolf Berthold

In den Beratungen des federführenden Ausschusses ging es primär um die Frage, ob man die Isotopenhaftung anders gestalten sollte als die Haftung für Reaktoren. Um hinsichtlich dieser Frage eine Entscheidung treffen zu können, hörte der Ausschuss zunächst den Sachverständigen Rudolf Berthold[1040], welcher über die Gefahren radioaktiver Isotope und deren Regelung der industriellen Anwendung Auskunft gab. Zunächst gab Berthold einen Überblick über die Verbreitung der industriellen Anwendung geschlossener radioaktiver Isotope in der Bundesrepublik und führte aus, dass deren Anwendung in der Zukunft noch mehr zunehmen werden werde.[1041] Neben der Anwendung von Isotopen zu Forschungszwecken werden sie in der Industrie größtenteils zur Erhöhung der Betriebssicherheit verwandt.[1042] Die geplanten Strahlenschutzbestimmungen und -auflagen sollten keinesfalls die Einführung von Einrichtungen hindern, welche der Gefahrenabwendung dienen.[1043] Berthold führte aus, dass der Gesetzesentwurf den Erlass von bestimmten Auflagen ermögliche, welche die Anwendung geschlossener Radioisotope in der Industrie zum Erliegen bringen würde.[1044] Die für Atoman-

---

1039 Stenogr. Bericht der 80. Sitzung des 12. BT-Ausschusses v. 04.11.1959, S. 22, PArch III, 156, Bd. A1, Bl. 19.

1040 Rudolf Berthold (1848-1960) war ein deutscher Wissenschaftler; er gilt als einer der Begründer der zerstörungsfreien Prüfung in der BRD, widmete sich der Weiterentwicklung von Geräten zur zerstörungsfreien Materialprüfung und dem Bau von Strahlenmessgeräten für verschiedene industrielle Anwendungen.

1041 Danach wurden in 500 Firmen geschlossene radioaktive Isotope angewendet, 1200 Beta-Dickenmessgeräte und 500 Füllstand-Überwachungsgeräte sowie 200 Gamma-Einrichtungen für Radiographie von Schweißgeräten und Gussteilen und etwa 100 Gamma-Quellen für sonstige technische Anwendungen aufgestellt (Dichtemessung, Hochofenausmauerung, Dornbruchsicherung, Dickenmessung, Bohrlochuntersuchungen u.Ä.), vgl. 23. Sitzung des 26. BT-Ausschusses v. 23.04.1959, S. 3, PArch III. 156, Bd. A1, Bl. 33.

1042 23. Sitzung des 26. BT-Ausschusses v. 23.04.1959, S. 3, PArch III. 156, Bd. A1, Bl. 33.

1043 So z.B. die radioaktiven Füllstandüberwachung, die durch das Explosionsunglück bei der BASF 1948 eingeführt worden sei, vgl. 23. Sitzung des 26. BT-Ausschusses v. 23.04.1959, S. 3, PArch III. 156, Bd. A1, Bl. 33.

1044 Diese Ansicht werde laut Berthold auch von dem Zentralverband der elektrischen Industrie e.V., von der Gesellschaft zur Förderung zerstörungsfreier Prüfverfahren e.V. und vom Vorstand der Isotopen-Studiengesellschaft geteilt, 23. Sitzung des 26.BT-Ausschusses v. 23.04.1959, S. 4, PArch III. 156, Bd. A1, Bl. 33.

lagen und offene Radioisotope erforderlichen Schutzmaßnahmen für die Bevölkerung seien bei geschlossenen Radioisotopen und Röntgenstrahlen nicht vonnöten. Bereits seit 50 Jahren würden Röntgenstrahlen und Radium-Quellen in der Medizin verwandt, seit 30 Jahren in der Technik. Der bisher bestehende Strahlenschutz sei ausreichend gewesen, um gewichtige Schadensfälle zu vermeiden.[1045] Der Gesetzesentwurf lasse erkennen, dass er ursprünglich für Kernreaktoren hatte gelten sollen und erst später auch auf ionisierende Strahlen ausgeweitet worden sei. Als Konsequenz daraus lasse sich festhalten, dass der Entwurf die Gefahren radioaktiver Isotope überbewerte, da er auf eine millionenfach höhere Gefahr ausgelegt worden sei.[1046] Dies verdeutliche insbesondere § 26 Abs. 1, der eine Gefährdungshaftung mit Exkulpationsmöglichkeit normiere. Den Nachweis einer Exkulpation sei jedoch in der Realität nicht führbar. Insbesondere bei Spätschäden seien Vorgänge oder Einrichtungen nicht ausreichend zu rekonstruieren, um eine Exkulpation zu ermöglichen.[1047]

(2) Stellungnahme des Rechtsanwalts Hans Fischerhof

Fischerhof befürwortete die im Regierungsentwurf enthaltene unterschiedliche Ausgestaltung der Vorschriften für die Anlagenhaftung und für die Isotopenhaftung.[1048] Die Gefahrenlage bei der Verwendung von Isotopen und beim Betrieb von Kernenergieanlagen sei unterschiedlich. Die Gefahr beim Betrieb eines Reaktors bestehe darin, dass trotz Vorsichtmaßnahmen eine gewisse Unberechenbarkeit beim Vorgang der Kettenreaktion vorliege, die eine hohe Strahlenbelastung hervor bringen könne.[1049] Darüber hinaus sei das Unfall- und Katastrophenrisiko schon allein unter räumlichen Gesichtspunkten anders als bei der Verwendung von Isotopen, da eine unüberschaubare Zahl an Menschen betroffen sein könne.[1050] Beim Betrieb von Reaktoren würden diese ständig und nach genauen Sicherheitsbestimmungen überwacht, während dies beim Umgang mit Isotopen nicht stets in gleicher Weise sichergestellt werden könne. Die Gefahren bei der Isotopenverwendung könnten damit zwar nicht als „geringer" als die Gefahren eines Reaktorbetriebes bezeichnet werden, sondern eher als „relativ

---

1045 Kurzprotokoll der 23. Sitzung des 26. BT-Ausschusses v. 23.04.1959, S. 4, PArch III. 156, Bd. A1, Bl. 33.

1046 Kurzprotokoll der 23. Sitzung des 26. BT-Ausschusses v. 23.04.1959, S. 4, PArch III. 156, Bd. A1, Bl. 33.

1047 Kurzprotokoll der 23. Sitzung des 26. BT-Ausschusses v. 23.04.1959, S. 4, PArch III. 156, Bd. A1, Bl. 33.

1048 Vgl. Fischerhof, Rechtsprobleme der Atomhaftung, S. 10 ff., PArch III, 156, Bd. B, Anlage 7.

1049 Vgl. Fischerhof, Rechtsprobleme der Atomhaftung, S. 10, PArch III, 156, Bd. B, Anlage 7.

1050 Vgl. Fischerhof, Rechtsprobleme der Atomhaftung, S. 10, PArch III, 156, Bd. B, Anlage 7.

größer", wobei die Gefahrensituation jedoch jeweils eine ganz andere sei.[1051] Daher sei allein aufgrund der tatbestandlichen Gegebenheiten eine Gleichstellung mit der auf unberechenbare Großschäden ausgelegten Reaktorhaftung nicht gerechtfertigt.[1052]

(3) Ausschussberatungen

Nach Anhörung des Sachverständigen Berthold und der Behandlung des Vortrages von Fischerhof wies Scheidwimmer (BMAt) darauf hin, dass der § 26 des Entwurfs einen guten Mittelweg zwischen einer reinen Gefährdungshaftung und einer reinen Verschuldenshaftung enthalte. Dem stimmte Geiger (CDU/CSU) zu. Priebe und Ratzel (beide SPD) äußerten hingegen Bedenken, ob eine derart modifizierte Gefährdungshaftung für die Verwendung radioaktiver Isotope angebracht sei. Der Ausschussvorsitzende Dehler (FDP) schlug vor, den „unfreiwilligen Besitzer" von der Haftung auszuschließen. Als ein solcher Besitzer sei z.B. auch der Wasserversorgungsunternehmer anzusehen, sobald das Wasser des Wasserwerkes plötzlich radioaktiv verseucht sei. Scheidwimmer (BMAt) entgegnete, dass in einem solchen Falle keine Haftung nach § 26 eintrete, da es an dem erforderlichen Besitzwillen fehle. Dieses Problem behielt der Ausschuss sich sodann für die zweite Lesung vor und nahm § 26 Abs. 1, 2, 3 und 4 unverändert an.[1053]

Während der zweiten Lesung der Vorschrift am 7. Oktober 1959 regte Jacobi (SPD) an, in § 26 folgenden Abs. 2 a einzufügen:

> „Abs. 1 und 2 gelten nicht, wenn durch den Vorgang ein Unternehmen der öffentlichen Wasserversorgung in der Durchführung seiner Aufgaben beeinträchtigt wird. In diesem Fall findet auf die Verpflichtung des Besitzers des radioaktiven oder von der Kernspaltung betroffenen Stoffes zum Schadensersatz § 25 entsprechende Anwendung."[1054]

Ebersbergs (Bundesjustizministerium) entgegnete, dass eine solche Bestimmung nicht notwendig sei, da man in einem solchen Fall §§ 22 und 10 des Wasserhaushaltsgesetzes beachten müsse.[1055] Nach Erörterung dieses Punktes nahm der Ausschuss den § 26 in zweiter Lesung unverändert an.[1056]

1051 Vgl. Fischerhof, Rechtsprobleme der Atomhaftung, S. 11, PArch III, 156, Bd. B, Anlage 7.
1052 Vgl. Fischerhof, Rechtsprobleme der Atomhaftung, S. 11, PArch III, 156, Bd. B, Anlage 7.
1053 Kurzprotokoll der 27. Sitzung des 26. BT-Ausschusses v. 06.10.1959, S. 20, PArch III, 156, Bd. A1, Bl. 37.
1054 Kurzprotokoll der 28. Sitzung des 26. BT-Ausschusses v. 07.10.1959, S. 8, PArch III, 156, Bd. A 1, Bl. 38.
1055 Kurzprotokoll der 28. Sitzung des 26. BT-Ausschusses v. 07.10.1959, S. 9, PArch III, 156, Bd. A 1, Bl. 38.
1056 Kurzprotokoll der 28. Sitzung des 26. BT-Ausschusses v. 07.10.1959, S. 9, PArch III, 156, Bd. A 1, Bl. 38.

ii) Erneute Beratung im Bundesrat, 18. Dezember 1959

Der Bundesratsausschuss für Arbeit und Sozialpolitik regte an, u.a. aufgrund der Fassung des § 26 den Vermittlungsausschuss anzurufen.[1057] § 26 sollte entsprechend der vorangegangenen Stellungnahme des Bundesrates geändert werden.[1058] Der Bundesrat lehnte den Vorschlag des Bundesratsausschusses für Arbeit und Sozialpolitik jedoch ab und rief den Vermittlungsausschuss nicht an, sondern stimmte dem Gesetzesentwurf gem. Art. 84 Abs. 1 und Art. 87 Abs. 3 S. 2 GG zu.[1059]

b) Haftungsumfang nach § 28 Abs. 2

Hinsichtlich des Haftungsumfangs regelte § 28 Abs. 2 die Unterhaltspflicht im Falle der Tötung eines zum Unterhalt Verpflichteten und legte fest, dass der Schädiger die Unterhaltsverpflichtung des Getöteten übernehmen müsse, wenn dieser zur Zeit der Verletzung einem Dritten gegenüber unterhaltspflichtig war.

aa) Stellungnahme des Atomausschusses des Deutschen Anwaltvereins

In seiner Stellungnahme vom 26. Januar 1959 verwies der Atomausschuss des Deutschen Anwaltvereins darauf, dass für die Regelung des § 28 Abs. 2 des Regierungsentwurfs die Fomulierungen des § 10 Abs. 2 StVG und des § 844 Abs. 2 BGB als Vorbild dienten, nach denen maßgebend sei, ob der Getötete „zur Zeit der Verletzung" unterhaltspflichtig war. Die als Vorlage dienenden Bestimmungen gingen davon aus, dass die „Verletzung" ein sofort erkennbares Ereignis sei, auch wenn das Ausmaß der Schädigung noch nicht absehbar sein möge. Wer also erst nach dem Zeitpunkt der Verletzung unterhaltsberechtigt werde oder zu dem Getöteten in ein Verhältnis trete, aufgrund dessen er unterhaltsberechtigt werden könne, habe nach § 10 StVG oder § 844 Abs. 2 BGB keinen Anspruch.[1060] Der Ausschuss des Deutschen Anwaltvereins hatte begründete Zweifel, ob eine Übertragung dieser Regelung auf Strahlenschäden sinnvoll sei. Diese seien u.U. erst nach längerer Zeit erkennbar und erst im Rückschluss auf den Unfallzeitpunkt könne der „Verletzungszeitpunkt" bestimmt werden.[1061] Aus diesem Grund schlug der Deutsche Anwaltsverein vor, nicht allein den Zeitpunkt der Verletzung,

---

1057 BR-Drs. 411/1/59, S. 4.

1058 § 26 Abs. 1 S. 2 sollte gestrichen werden und ein § 26a eingefügt werden, vgl. Stellungnahme des Bundesrates, BT-Drs. III, 759, Anlage 2, S. 54.

1059 Stenogr. Bericht der 213. Sitzung des BR v. 18.12.1959, 263.

1060 Stellungnahme des Atomrechtsausschusses des Deutschen Anwaltvereins v. 26.01.1959, S. 11, PArch III, 156, Bd. A2.

1061 Stellungnahme des Atomrechtsausschusses des Deutschen Anwaltvereins v. 26.01.1959, S. 11, PArch III, 156, Bd. A2.

sondern auch den Zeitpunkt der Kenntniserlangung von der Verletzung maßgebend sein zu lassen. Der § 28 Abs. 2 sei daher wie folgt zu fassen: „Stand der Getötete zur Zeit der Verletzung oder zur Zeit der Erlangung der Kenntnis von der Verletzung einem Dritten ...“.

Da der Regierungsentwurf auf den Zeitpunkt der Verletzung abstelle, würden Witwen und Kinder eines Strahlengeschädigten, der in Unkenntnis seiner Verletzung geheiratet habe, keinen Anspruch auf Schadensersatz haben, wenn er aufgrund eines Strahlenschadens versterbe. Gleichzeitig sei gewährleistet, dass ein Strahlengeschädigter nach Kenntniserlangung Dritten, z.B. durch eine schnelle Heirat vor seinem Tode, Ansprüche verschaffen könne.[1062]

bb) Der Rechtsausschuss des Bundestags

Der SPD-Abgeordnete Jahn brachte vor, dass durch den Vorschlag des Atomausschusses des Anwaltvereins die Unterhaltsberechtigten ihre Ansprüche zwar nicht verlieren würden, jedoch die Gefahr bestehe, dass in der Praxis „noch am Totenbett“, wenn der Betroffene Kenntnis von der Schädigung habe, durch eine Eheschließung Unterhaltsansprüche geschaffen werden könnten.[1063] Angesichts der Eigenart der möglichen Schädigungen sollte jedoch dieses Risiko des Rechtsmissbrauchs unter Umständen in Kauf genommen werden.

FDP- und CSU/CDU-Abgeordnete sprachen sich dagegen aus, auf den Zeitpunkt der Kenntniserlangung abzustellen, und bevorzugten den Zeitpunkt der Schädigung.[1064] Der SPD-Abgeordnete Jahn stellte daraufhin folgenden Formulierungsvorschlag zur Diskussion: „Stand der Getötete zur Zeit der Verletzung oder im Zeitpunkt des Eintritts des Todes zu einem Dritten in einem Verhältnis, ...“. Gegen diesen Formulierungsvorschlag brachte Schwarzhaupt (CDU/CSU) Bedenken vor, denn es sei denkbar, dass bei einer solchen Regelung zwei Frauen Unterhaltsansprüche geltend machten, von denen eine zum Zeitpunkt des Todes des Verletzten mit diesem verheiratet war und die andere zum Zeitpunkt der Verletzung.[1065] Diese Bedenken fanden Zustimmung bei der FDP-Abgeordneten Diemer-Nicolaus und dem CDU/CSU-Abgeordneten Benda. Benda hielt es für

---

1062 Stellungnahme des Atomrechtsausschusses des Deutschen Anwaltvereins v. 26.01.1959, S. 12, PArch III, 156, Bd. A2.

1063 Jahn in: Stenogr. Protokoll der 80. Sitzung des 12. BT-Ausschusses, 04.11.1959, S. 23, PArch III, 156, Bd. A1, Bl. 19.

1064 Dehler und Diemer-Nicolaus (FDP), Schwarzhaupt und Memmel (CDU/CDU) in: Stenogr. Protokoll der 80. Sitzung des 12. BT-Ausschusses v. 04.11.1959, S. 23, 24, PArch III, 156, Bd. A1, Bl. 19.

1065 Stenogr. Protokoll der 80. Sitzung des 12. BT-Ausschusses v. 04.11.1959, S. 25, PArch III, 156, Bd. A1, Bl. 19.

äußerst unwahrscheinlich, dass ein Verletzter von seiner Strahlenschädigung keine Kenntnis erlangen könne. Jeder, der mit radioaktiver Strahlung in Kontakt komme, müsse sich ständig Messungen unterziehen. Dass jemand im Reaktor tätig sei und von einer Verletzung keine Kenntnis erlange, sei kaum denkbar.[1066] Cartellieri stellte abschließend fest, dass beide Fälle denkbar seien. So könnte z.B. eine Gruppe von Personen einen Reaktor besichtigen und einer der Besucher aufgrund eines Fehlers der Anlage, ohne es zu bemerken, einen Strahlenschaden davontragen.[1067]

Der Ausschuss hielt mit elf Stimmen gegen eine Stimme bei zwei Enthaltungen die in § 28 Abs. 2 des Entwurfs vorgesehene Regelung für unbefriedigend und bat den federführenden Bundestagsausschuss, eine den angesprochenen Bedenken und Anregungen Rechnung tragende Formulierung zu erarbeiten.[1068]

cc) Der Bundestagsausschuss für Atomkernenergie und Wasserwirtschaft

Der Vorschlag des Atomausschusses des Deutschen Anwaltvereins wurde im federführenden Ausschuss eingehend erörtert. In der ersten Lesung der Vorschrift kam man überein, dass das Atomrecht sich zunächst so weit wie möglich an bereits bestehende Regelungen anlehnen und nicht von der Formulierung des § 844 BGB abweichen sollte. Eine mögliche Weiterentwicklung könne man zunächst der Rechtsprechung überlassen. So wurde § 28 Abs. 2 in der ersten[1069] und in der zweiten Lesung[1070] vom federführenden Ausschuss unverändert angenommen. Den Bedenken des Rechtsausschusses schloss sich der federführende Ausschuss nicht an. Es sei unwahrscheinlich, dass von einem Strahlenschaden keine Kenntnis genommen werde, so dass § 28 Abs. 2 in der bestehenden Form bleiben könne.[1071]

1066 Stenogr. Protokoll der 80. Sitzung des 12. BT-Ausschusses v. 04.11.1959, S. 25, PArch III, 156, Bd. A1, Bl. 19.

1067 Stenogr. Protokoll der 80. Sitzung des 12. BT-Ausschusses v. 04.11.1959, S. 26, PArch III, 156, Bd. A1, Bl. 19.

1068 Stenogr. Protokoll der 80. Sitzung des 12. BT-Ausschusses v. 04.11.1959, S. 27, PArch III, 156, Bd. A1, Bl. 19.

1069 So Scheidwimmer und Cartellieri (BMAt), Weitnauer (BMJ), der FDP-Abg. Rutschke in: Kurzprotokoll der 27. Sitzung des 26. BT-Ausschusses v. 06.10.1959, S. 20-21, PArch III, 156, Bd. A 1, Bl. 37.

1070 Kurzprotokoll der 28. Sitzung des 26. BT-Ausschusses v. 07.10.1959, S. 9, PArch III, 156, Bd. A 1, Bl. 38.

1071 Kurzprotokoll der 28. Sitzung des 26. BT-Ausschusses v. 07.10.1959, S. 9, PArch III, 156, Bd. A 1, Bl. 38.

c) *Höchstbeträge (§ 31)*

aa) Begründung der Bundesregierung und Stellungnahme des Bundesrats

Die Haftungshöchstbeträge wurden durch § 31 festgelegt und wichen von denen des vorherigen Entwurfs ab.[1072]

So bestimmte § 31:

> „Der nach § 25 oder § 26 Ersatzpflichtige haftet
>
> 1. im Falle der Tötung oder Verletzung eines Menschen, soweit es sich um den in § 30 bezeichneten Schadensersatz handelt, nur bis zu einer Jahresrente von 15.000 Deutsche Mark;
> 2. im Falle der Sachbeschädigung nur bis zur Höhe des gemeinen Wertes der beschädigten Sache zuzüglich der Kosten für die Sicherung gegen die von ihr ausgehende Strahlungsgefahr."[1073]

Der Entwurf enthielt im Gegensatz zur Vorlage in der zweiten Wahlperiode eine erhöhte Jahresrente im Falle der Tötung oder Verletzung eines Menschen.[1074] Hinsichtlich der Haftung aus dem Besitz radioaktiver Stoffe (§ 26) bestanden, in Übereinstimmung mit der Ausschussfassung des Gesetzesentwurfes aus der zweiten Legislaturperiode[1075], keine Höchstgrenzen mehr für den gesamten, aus ein und demselben Ereignis zu leistenden Schadensersatzanspruch. Laut Begründung der Bundesregierung sei eine derartige Begrenzung nicht erforderlich, weil sog. Masseschäden nicht auftreten könnten und sich daher aufgrund der Häufung der begrenzten Einzelschäden ohnehin eine vernünftige Begrenzung des Gesamtumfanges des Schadensersatzes ergebe.[1076] Hingegen sei bei einer Haftung nach § 25 eine Eingrenzung des Gesamtrisikos notwendig. Unangemessen sei es jedoch, durch eine Begrenzung die Schadensersatzansprüche der Opfer zu verkürzen. Durch die Weiterentwicklung der bereits in der zweiten Legislaturperiode vom Ausschuss für Atomfragen[1077] vorgeschlagenen Lösung wurden die §§ 37 bis 40 in den Entwurf eingefügt, um die Gefährdungshaftung nach außen im Wesentlichen unbeschränkt zu lassen, das Risiko des Haftpflichtigen jedoch

---

1072 § 26 des Entwurfs BT-Drs. II, 3026.

1073 § 31, BT-Drs. II, 759.

1074 Ursprünglich war in § 26 Abs.1 Nr. 1 ein Kapitalbetrag von 100.000 DM oder ein Rentenbetrag von jährlich 6.000 DM vorgesehen, BT-Drs. II, 3026.

1075 Schriftlicher Bericht des 38. BT-Ausschusses, BT-Drs. II, 3502.

1076 Begr. der BReg zu BT-Drs. III, 759, S. 38.

1077 Schriftlicher Bericht des 38. BT-Ausschusses, BT-Drs. II, 3502, § 27 Abs. 3 bis 5, siehe 3. Teil: F.II.4.h.

von einem bestimmten Betrag an zu beseitigen und den Bund zur Freistellung zu verpflichten.[1078]

Der Bundesrat nahm die Regelung des § 31 in der von der Regierung vorgegebenen Form an.[1079]

bb) Stellungnahme des Verbands der deutschen Gas- und Versorgungswerke

Der Verband der deutschen Gas- und Versorgungswerke bemängelte in seiner Stellungnahme vom 6. März 1959, dass durch § 31 die Schadensersatzpflicht aus den §§ 25 und 26 nicht lediglich der Höhe nach, sondern auch wert- und umfangmäßig eingeschränkt werde. Eine solche Rechtsfolge widerspreche dem Bedürfnis nach einem vollen Ausgleich von Gemeinschäden. Es sei erforderlich, dass der durch die Sachbeschädigung entstandene Schaden in vollem Umfang, notfalls in Höhe des Wiederbeschaffungswertes, zu ersetzen sei. Gerade im Bereich von Atomhaftungsfällen seien die Schädiger, anders als bei anderen Rechtsgebieten wie dem Straßenverkehrsrecht, dem Bürgerlichen Recht oder dem Luftverkehrsgesetz in der Regel nicht bekannt. Aus diesem Grund sei eine Regelung für Anlagen, die dem Gemeinwohl dienten (z.B. Anlagen der öffentlichen Wasserversorgung), in das Gesetz mit aufzunehmen, wonach der Ersatzpflichtige sämtliche Kosten für die Wiederherstellung der Anlage oder für eine Ersatzanlagen zu erstatten habe.[1080] Eine solche Vorschrift solle gewährleisten das entsprechende Schäden, notfalls in Form des Wiederbeschaffungswertes, vollumfänglich ersetzt werden.[1081]

cc) Stellungnahme des Atomausschusses des Deutschen Anwaltsvereins

In seiner Stellungnahme wies der Atomausschuss des Deutschen Anwaltvereins darauf hin, dass die in § 31 Nr. 2 für Sachschäden geltende Begrenzung bis zur Höhe des gemeinen Wertes der Sache eine zu strenge sachliche Grenze ziehe. Hinzu kommen die Kosten für die Sicherung gegen die von Sachen ausgehende Strahlungsgefahr. Damit sei ein von § 12 Abs. 1 StVG abweichendes Prinzip in den Entwurf aufgenommen worden. Dieser sehe eine strenge Haftungshöchstsumme von 10.000 DM vor. § 31 begrenze die Haftung hingegen nicht betragsmäßig und ohne Rücksicht auf die Art des Schadens, sondern rein sachlich nach

1078 Begr. der BReg zu BT-Drs. III, 759, S. 38.
1079 Stellungnahme des BR, BT-Drs. III, Anlage 2.
1080 Stellungnahme des Verbandes der deutschen Gas- und Wasserwerke e.V. v. 06.03.1959, S. 9 f., PArch III, 156, Bd. A 2, Anlage 5.
1081 Stellungnahme des Verbandes der deutschen Gas- und Wasserwerke e.V. v. 06.03.1959, S. 9 f.; PArch III, 156, Bd. A 2, Anlage 5.

dem gemeinen Wert der beschädigten Sache. Dies sei für eine im Rahmen der §§ 25 und 26 erforderliche Haftungsbegrenzung nicht ausreichend. Im Falle der Sachbeschädigung nach den §§ 25 und 26 des Entwurfs sei auch die Einführung eines Haftungshöchstbetrages problematisch. Anders als bei Schäden, welche durch Kraftfahrzeuge verursacht werden, sei der Strahlenschaden häufig nicht fassbar und könne zwischen kleinen und kaum kalkulier- und vorhersehbaren Großschäden schwanken.[1082]

Aus diesem Grunde bat der Atomausschuss des Anwaltsvereins in seiner Stellungnahme um Prüfung, ob die in § 31 Nr. 2 festgelegten Grenzen unter besonderer Berücksichtigung der weit und mittelbar wirkenden Strahlungsschäden nicht zu eng seien.[1083] Darüber hinaus schlug der Ausschuss vor, die Haftungsgrenzen für Anlagen, die dem Gemeinwohl dienen[1084], durch folgende Bestimmung, beispielsweise als § 31 Nr. 3, weiter zu fassen:

> „Ist durch die Sachbeschädigung eine Beeinträchtigung von Anlagen, die dem Gemeinwohl dienen, eingetreten, so haftet der Ersatzpflichtige auch für die Kosten, die zur Wiederherstellung dieser Anlagen oder zur Bereitstellung von Ersatzanlagen aufgewendet werden müssen. Anlagen, die dem Gemeinwohl dienen sind insbesondere öffentliche Wege sowie die Anlagen der öffentlichen Energieversorgung und Wasserversorgung.“

Mit der Einführung einer solchen Regelung entspreche man gleichzeitig dem Anliegen des Bundesrates, die Allgemeinheit vor Gemeinschäden zu schützen.[1085]

dd) Leitsätze des Präsidenten des Bundesaufsichtsamtes für das Versicherungs- und Bausparwesen

Fritz wies darauf hin, dass die Anpassung der Haftungshöchstbeträge in der Gefährdungshaftung nach den §§ 25 und 26 für einzelne Personenschäden zwar im Interesse des Opfers eines Kernenergieunfalls sei, dies jedoch gleichzeitig zu einer Verteuerung des Versicherungsschutzes führe.[1086]

1082 Stellungnahme des Atomausschusses des Deutschen Anwaltvereins v. 26.01.1959, S. 13; PArch III, 156, Bd. A 2, Anlage 2.

1083 Stellungnahme des Atomausschusses des Deutschen Anwaltvereins v. 26.01.1959, S. 13; PArch III, 156, Bd. A 2, Anlage 2.

1084 Wie z.B. öffentliche Energie- und Wasserversorgungsbetriebe, Stellungnahme des Atomausschusses des Deutschen Anwaltvereins v. 26.01.1959, S. 12; PArch III, 156, Bd. A 2, Anlage 2.

1085 Stellungnahme des Atomausschusses des Deutschen Anwaltvereins v. 26.01.1959, S. 14; PArch III, 156, Bd. A 2, Anlage 2.

1086 Leitsätze des Präsidenten des Bundesaufsichtsamtes für das Versicherungs- und Bausparwesen Fritz zu dem Thema Haftung und Versicherung nach dem Entwurf eines Atomgesetzes, S. 5, PArch III, 156, Bd. B, Bl. 15.

ee) Der Rechtsausschuss des Bundestags

Auch im Rechtsausschuss wurde die Regelung des § 31 Abs. 2 thematisiert. Ebersberg (BMJ) hielt die Sorge der Wasserwerke für unbegründet.[1087] In § 34 des Entwurfs sei ausdrücklich festgelegt, dass sonstige haftungsrechtliche Vorschriften unberührt blieben, so dass auch eine weitergehende Haftung nach § 22 des Wasserhaushaltsgesetzes möglich sei. Deringer (CDU/CSU) schlug vor, die Haftung in Abs. 2 auf eine bestimmte Summe zu begrenzen, damit die Risiken insbesondere für die Versicherungen kalkulierbar seien.[1088] Cartellieri (BMAt) gab zu bedenken, dass, wenn man eine höhere Summe festlege als die in dem Entwurf vorgesehene des gemeinen Wertes, die Reaktoren in der Praxis nicht mehr versicherbar seien. Um in diesem Fall keine Staatshaftung einführen zu müssen, sollte sich die Haftung in einem kalkulierbaren Rahmen bewegen.[1089] Korreferent Jahn (SPD) sprach sich dafür aus, dem federführenden Ausschuss zu empfehlen, einen anderen Maßstab für die Begrenzung der Haftungssumme zu wählen als den des gemeinen Wertes.[1090] Diesen Vorschlag lehnte der Rechtsausschuss mit acht gegen drei Stimmen bei vier Enthaltungen ab und sprach sich für die Regelung des § 31 Abs. 2 der Regierungsvorlage aus.[1091]

ff) Der Bundestagsausschuss für Atomkernenergie und Wasserwirtschaft

Der federführende Bundestagsausschuss befasste sich mit der Frage, ob die Beschränkung der Ersatzpflicht auf den gemeinen Wert der Sache auch dann gelten solle, wenn eine Einrichtung, welche dem allgemeinen Wohl diene – wie etwa ein Wasserwerk –, beschädigt werde, oder ob in einem derartigen Fall nicht auch die Aufwendungen zu erstatten seien, welche erforderlich sind, um eine Ersatzanlage zu erstellen. So wurde auch der Vorschlag des Verbandes der deutschen Gas- und Wasserwerke e.V, statt auf den Gemeinwert auf den Wiederbeschaffungswert abzustellen, eingehend in erster Lesung diskutiert.[1092] Scheidwimmer

1087 Stenogr. Protokoll der 80. Sitzung des 12. BT-Ausschusses v. 04.11.1959, S. 28, PArch III, 156, Bd. A1, Bl. 19.

1088 Stenogr. Protokoll der 80. Sitzung des 12. BT-Ausschusses v. 04.11.1959, S. 28, PArch III, 156, Bd. A1, Bl. 19.

1089 Stenogr. Protokoll der 80. Sitzung des 12. BT-Ausschusses v. 04.11.1959, S. 29, PArch III, 156, Bd. A1, Bl. 19.

1090 Stenogr. Protokoll der 80. Sitzung des 12. BT-Ausschusses v. 04.11.1959, S. 31, PArch III, 156, Bd. A1, Bl. 19.

1091 Stenogr. Protokoll der 80. Sitzung des 12. BT-Ausschusses v. 04.11.1959, S. 31, PArch III, 156, Bd. A1, Bl. 19.

1092 Kurzprotokoll der 27. Sitzung des 26. BT-Ausschusses v. 06.10.1959, S. 21, PArch III, 156, Bd. A 1, Bl. 37.

(BMAt) sprach sich dagegen aus und führte an, dass man eine Sonderbehandlung aufgrund des Gleichheitssatzes des Grundgesetzes nicht zulassen könne.[1093] Weitnauer (BMJ) war der Ansicht, dass insofern schon eine Begrenzung des Schadensersatzes bei Tötung oder Verletzung eines Menschen vorgesehen werden müsse, dann auch eine Begrenzung im Falle von Sachschäden gerechtfertigt sei. Allerdings sollten auch Nutzungsschäden ersetzt werden.[1094] Priebe (SPD) hielt eine besondere Berücksichtigung von Anlagen, welche dem Gemeinwohl dienten, für erforderlich.[1095] Nach der ersten Lesung wurde § 31 zunächst unverändert angenommen.[1096] In der zweiten Lesung des § 31 schlug der Abgeordnete Jacobi (SPD) vor, dem § 31 eine Nr. 3 anzufügen:

> „Ist durch die Sachbeschädigung eine Beeinträchtigung von Anlagen, die dem Gemeinwohl dienen, eingetreten, so haftet der Ersatzpflichtige auch für die Kosten, die zur Wiederherstellung dieser Anlagen oder zur Herstellung von gleichwertigen Ersatzanlagen aufgewendet werden müssen. Anlagen, die dem Gemeinwohl dienen, sind insbesondere öffentliche Wege, sowie die Anlagen der öffentlichen Energie- und Wasserversorgung."[1097]

Dieser Antrag wurde mehrheitlich abgelehnt und § 31 in zweiter und letzter Lesung unverändert angenommen.[1098]

d) Verjährungsfrist (§ 32)

aa) Begründung der Bundesregierung

§ 32 Abs. 1 regelte für die in Abschnitt IV des Atomgesetzes normierten Schadensersatzansprüche eine regelmäßige Verjährungsfrist von zwei Jahren. Die Verjährungsfrist sollte zu laufen beginnen, sobald der Ersatzberechtigte von dem Schaden Kenntnis erlangt. Mit Ablauf der absoluten Verjährungsfrist von 30 Jahren sollten die Ansprüche jedoch spätestens verjähren. Fristbeginn für die abso-

---

1093 Kurzprotokoll der 27. Sitzung des 26. BT-Ausschusses v. 06.10.1959, S. 21, PArch III, 156, Bd. A 1, Bl. 37.

1094 Kurzprotokoll der 27. Sitzung des 26. BT-Ausschusses v. 06.10.1959, S. 21, PArch III, 156, Bd. A 1, Bl. 37.

1095 Kurzprotokoll der 27. Sitzung des 26. BT-Ausschusses v. 06.10.1959, S. 21, PArch III, 156, Bd. A 1, Bl. 37.

1096 Kurzprotokoll der 27. Sitzung des 26. BT-Ausschusses v. 06.10.1959, S. 21, 22, PArch III, 156, Bd. A 1, Bl. 37.

1097 Kurzprotokoll der 28. Sitzung des 26. BT-Ausschusses v. 07.10.1959, S. 9, PArch III, 156, Bd. A 1, Bl. 38.

1098 Kurzprotokoll der 28. Sitzung des 26. Ausschusses v. 07.10.1959, S. 9, PArch III, 156, Bd. A 1, Bl. 38.

lute Verjährung wäre der Zeitpunkt des schädigenden Ereignisses.[1099] Diese Bestimmung war § 14 des Straßenverkehrsgesetzes nachgebildet.[1100]

bb) Stellungnahme des Bundesrates

Hinsichtlich der in § 32 geregelten Verjährungsfrist von 30 Jahren ohne Kenntnis der Ersatzpflicht bat der Bundesrat darum, zu prüfen, ob bei genetischen Schäden ein Bedürfnis bestehe, die 30-jährige Verjährungsfrist auszuschließen bzw. zu verlängern, da derartige Schäden erst sehr viel später auftreten können und auch dann noch ersatzpflichtig sein sollten.[1101] Diese Stellungnahme ging auf eine Empfehlung des Rechtsausschusses des Bundesrates zurück.[1102]

cc) Gegenäußerung der Bundesregierung

Sofern der Bundesrat um die Überprüfung der Notwendigkeit der 30-jährigen Verjährungsfrist aus § 32 des Entwurfs für genetische Schäden bat, hielt die Bundesregierung an dieser Frist fest. Eine erneute, eingehendere Prüfung habe ergeben, dass auf diese Frist nicht verzichtet werden könne. In der Praxis könne ein Nachweis, dass ein bestimmter Schaden auf einem vor mehr als 30 Jahre zurückliegenden Ereignis beruhe, ohnehin kaum erbracht werden. Insoweit wäre ein Verzicht auf die 30-jährige Verjährungsfrist und die Einführung einer noch längeren Frist oder gar der gänzliche Ausschluss einer Verjährungsfrist ohne praktische Bedeutung. Allenfalls würde dies zu einem erhöhten Maß an Rechtsunsicherheit und zu noch höheren und ungerechtfertigten Versicherungslasten im Rahmen der Deckungsvorsorge führen, sofern dann überhaupt eine Versicherungsmöglichkeit bestehe. Soweit sich innerhalb von dreißig Jahren nach Inkrafttreten des Atomgesetzes zeige, dass die Notwendigkeit zur Verlängerung der Frist bestehe, könne diese nachträglich immer noch verändert werden.[1103]

1099 Abs. 2 bestimmte die Hemmung der Verjährung eines Schadensersatzanspruches, sofern zwischen dem Ersatzpflichtigen und dem Ersatzberechtigten Verhandlungen über diesen geführt werden, bis der eine oder der andere Teil die Fortsetzung der Verhandlungen verweigert.

1100 Begr. der BReg zu BT-Drs. III, 759.

1101 Stellungnahme des BR, BT-Drs. III, 759, Anlage 2, S. 55.

1102 Niederschrift der 204. Sitzung des Rechtsausschusses v. 06.11.1958, S. 17, in: BR Protokolle, Rechtsausschuss, 192.-206. Sitzung, 1958.

1103 Stellungnahme der BReg zu den Änderungsvorschlägen des BR, BT-Drs. III, 759, Anlage 3, S. 62.

dd) Stellungnahme des Atomausschusses des Deutschen Anwaltvereins

Aus Gründen der Rechtssicherheit und der Rechtsangleichung sprach sich der Atomausschuss des Deutschen Anwaltvereins für die Beibehaltung der Verjährungsfristen von zwei Jahren und von 30 Jahren aus.[1104]

ee) Leitsätze des Präsidenten des Bundesaufsichtsamtes für das Versicherungs- und Bausparwesen

Der Präsident des Bundesaufsichtsamtes für das Versicherungs- und Bausparwesen Fritz lehnte eine Ausdehnung der absoluten Verjährungsfrist ab. Bei dem speziellen Problem der Spätschäden bestehe keine Möglichkeit, den Haftpflichtversicherungsschutz auf alle Schäden auszudehnen, die erst nach der absoluten Verjährungsfrist des § 32 auftreten. Die Vorschrift des § 32 scheine daher nur vertretbar, soweit die Freistellungsverpflichtung des Bundes greife.[1105]

ff) Der Rechtsausschuss des Bundestags

Im Rechtsausschuss des Bundestages wurde die Formulierung „Kenntnis erlangen“ beraten. Jahn (SPD) führte an, dass es unklar sei, welche Anforderungen an den Rechtsbegriff der Kenntniserlangung vom schädigenden Ereignis zu stellen seien. Es müsse ein Mindestmaß an Sicherheit bezüglich der dem schädigenden Ereignis zugrunde liegenden Umstände vorliegen. Wann diese Sicherheit vorliege, sei im Einzelfall schwer zu bestimmen. Aus diesem Grund sollte im Bereich der Strahlenschäden bereits die Möglichkeit des Bestehens eines derartigen Schadens ausreichen.[1106] Arndt (SPD) verwies darauf, dass sich bei dem Regierungsentwurf die Frage stelle, ob sich die Kenntniserlangung auf den Schaden oder auch auf die Kausalität zwischen schädigendem Ereignis und Schaden beziehen müsse. Die Mehrheit der Ausschussmitglieder kam überein, dass sich die Kenntnis auch auf die Kausalität beziehen müsse.[1107]

1104 Stellungnahme des Atomausschusses des Deutschen Anwaltvereins v. 26.01.1959, S. 14; PArch III, 156, Bd. A 2, Anlage 2.

1105 Leitsätze des Präsidenten des Bundesaufsichtsamtes für das Versicherungs- und Bausparwesen Fritz zu dem Thema Haftung und Versicherung nach dem Entwurf eines Atomgesetzes, S. 5, PArch III, 156, Bd. B, Bl. 15.

1106 Stenogr. Protokoll der 80. Sitzung des 12. BT-Ausschusses v. 04.11.1959, S. 32, PArch III, 156, Bd. A1, Bl. 19.

1107 Stenogr. Protokoll der 80. Sitzung des 12. BT-Ausschusses v. 04.11.1959, S. 33, PArch III, 156, Bd. A1, Bl. 19.

gg) Der Bundestagsausschuss für Atomkernenergie und Wasserwirtschaft

In der ersten und zweiten Lesung wurde § 32 unverändert angenommen.[1108] An den im Entwurf vorgesehenen Verjährungsfristen sollte im Interesse der Rechtsgleichheit und -sicherheit festgehalten werden.[1109]

e) Verwirkung (§ 33)

aa) Begründung der Bundesregierung und Stellungnahme des Bundesrates

§ 33 entsprach § 28 des vorangegangen Regierungsentwurfes.[1110] In ihrer Begründung verwies die Bundesregierung auf § 15 des Straßenverkehrsgesetzes, § 26 des Luftverkehrsgesetzes und § 5 des Gesetzes über die Haftpflicht von Eisenbahnen und Straßenbahnen, wo jeweils eine Verwirkung für Sachschäden vorgesehen sei, sofern der Verletzte nicht innerhalb von drei Monaten, nachdem er von dem Schaden und der Person des Ersatzverpflichteten Kenntnis erlangt hat, diesem den Schaden anzeige. Die Person des Ersatzpflichtigen sei dem Verletzten nach der Vorschrift des § 33 erst dann bekannt, wenn er den ursächlichen Zusammenhang mit der Strahlenquelle erkannt habe. Jedoch sei der Rechtsverlust durch Verwirkung in zwei Fällen ausgeschlossen:

1. sofern der Ersatzberechtigte das Unterbleiben der Anzeige nicht zu vertreten habe,
2. wenn der Ersatzpflichtige innerhalb der drei Monate auf andere Weise als durch Mitteilung durch den Geschädigten von dem Schaden Kenntnis erhalten habe.[1111]

Der Bundesrat nahm die Vorschrift des § 33 unverändert an.[1112]

bb) Stellungnahme des Atomausschusses des Deutschen Anwaltvereins

Der Atomausschuss des Deutschen Anwaltsvereins sprach sich gegen die Regelung des § 33 aus. Es erscheine unbillig, im Falle von Strahlenschäden bei Verletzung der Anzeigepflicht einen völligen Verlust der Ansprüche zu normieren.

1108 Kurzprotokoll der 27. Sitzung des 26. BT-Ausschusses v. 06.10.1959, S. 21, PArch III, 156, Bd. A 1, Bl. 37; Kurzprotokoll der 28. Sitzung v. 07.10.1959, S. 9, PArch III, 156, Bd. A 1, Bl. 38.

1109 Kurzprotokoll der 27. Sitzung des 26. BT-Ausschusses v. 06.10.1959, S. 21, PArch III, 156, Bd. A 1, Bl. 37.

1110 BT-Drs. II, 3026.

1111 Vgl. Begr. der BReg zu BT-Drs. III, 759.

1112 BT-Drs. III, 759, Anlage 2.

Die Auswirkungen dieser „Bestrafung“ treffe u.U. nicht nur den Geschädigten sondern auch andere Ersatzberechtigte wie z.B. unterhaltsberechtigte Ehefrauen, Kinder und Nascituri gem. § 28. Aus diesem Grunde sei die Verwirkungsvorschrift des § 33 aus dem Entwurf gänzlich zu streichen.[1113]

cc) Der Rechtsausschuss und der federführende Ausschuss des Bundestags

Im Rechtsausschuss des Bundestages wurde ebenfalls sowohl eine Streichung des § 33 als auch eine Verlängerung der Verwirkungsfristen diskutiert.[1114] Mit überwiegender Mehrheit beschloss der Rechtsausschuss die Streichung des § 33 in Anpassung an eine noch nicht ratifizierte Haftungskonvention der OEEC, welche eine Verwirkungsvorschrift nicht vorsah.[1115]

In Bezug auf die Vorschrift des § 33, welche die Verwirkung von Haftungsansprüchen nach dem Atomgesetz regelte, verwies der federführende Bundestagsausschuss ebenfalls darauf, eine solche nicht zuzulassen und die Vorschrift gänzlich aus dem Entwurf zu streichen.[1116]

f) Übernahme der Deckungsvorsorge bei Beförderungen (§ 36)

§ 36 Abs. 1 normierte die Verpflichtung des Absenders von Kernbrennstoffen oder sonstigen radioaktiven Stoffen gegenüber dem Beförderer, Vorsorge zu treffen für die Erfüllung gesetzlicher Schadensersatzverpflichtungen, welche sich aus der Beförderung ergeben können.

aa) Begründung der Bundesregierung

Laut Regierungsbegründung könne der Beförderer die ihm nach den §§ 4, 11 und 13 obliegende Deckungsvorsorge für Haftpflichtschäden nur dann selbst tragen, wenn das Beförderungsentgelt eine entsprechende Erhöhung erfahren würde. Anderenfalls würden die üblichen Frachtsätze in keinem Verhältnis zu den Kosten aus der Deckungsvorsorge stehen.[1117] Für den Eisenbahn-, Straßen- und Binnenschifffahrtsverkehr würde die notwendige Erhöhung der Frachtkosten das dort für Festfrachten geltende Tarifsystem sprengen. Ferner sei es schwierig, das

1113 Stellungnahme des Atomausschusses des Deutschen Anwaltvereins v. 26.01.1959, S. 15; PArch III, 156, Bd. A 2, Anlage 2.

1114 Stenogr. Protokoll der 80. Sitzung des 12. BT-Ausschusses v. 04.11.1959, S. 33-34, PArch III, 156, Bd. A1, Bl. 19.

1115 Stellungnahme des 12. BT-Ausschusses, PArch III, 156, Bd. A 1, Bl. 21.

1116 Kurzprotokoll der 27. Sitzung des 26. BT-Ausschusses v. 06.10.1959, S. 22, PArch III, 156, Bd. A 1, Bl. 37; schriftlicher Bericht des 26. BT-Ausschusses, BT-Drs. III, 1412.

1117 Begr. der BReg zu BT-Drs. III, 759, S. 39.

jeweilige Beförderungsentgelt in Form eines festen Betrages festzusetzen, vielmehr sei dieser nach der jeweiligen Höhe der Haftpflichtversicherungsprämie zu bestimmen. Dadurch sei jedoch der Betrag extremen Schwankungen ausgesetzt und die Frachtsätze müssten von Fall zu Fall individuell durch die tarifgebundenen Verkehrsunternehmer festgesetzt werden. Eine solche Vorgehensweise sei jedoch weder mit dem deutschen noch mit dem internationalen Frachtbildungssystem zu vereinbaren. Aus diesem Grunde sei nach § 26 die Deckungsvorsorge des Beförderers im Innenverhältnis auf den am Beförderungsgut stärker interessierten Absender abzuwälzen.[1118] So sei es beispielsweise unbillig, einen Eisenbahnunternehmer mit einer allgemeinen Genehmigung nach § 4 Abs. 3 zuzumuten, vor der Beförderung erst einen Versicherer aufsuchen zu müssen.

Die durch den Absender zu treffende Deckungsvorsorge solle sich allein auf die sich aus der Radioaktivität der zu befördernden Stoffe resultierenden Risiken, in der Regel jedoch nicht auf den Beförderungsvorgang selbst beziehen, da hier die Besitzerhaftung des Beförderers mit der bereits erforderlichen Deckungsvorsorge greife. Die Haftung des Beförderers gegenüber dem geschädigten Dritten werde durch die getroffene Regelung nicht tangiert.

§ 36 Abs. 2 legte fest, dass sich Art, Umfang und Höhe der Deckungsvorsorge des Absenders danach richten sollten, welche Vorsorgemaßnahmen der Beförderer nach § 13 zu treffen habe. In Absatz 3 war bestimmt, dass der Bund und die Länder von der Verpflichtung zur Deckungsvorsorge befreit sind.[1119]

bb) Stellungnahme des Bundesrates

Der Bundesrat billigte die Vorschrift des § 36 und regte auf Anraten des Ausschusses für Arbeit und Sozialpolitik an, in Abs. 1 nach dem Wort „Beförderer“ folgende Worte anzufügen: „bei Beförderung auf See auch dem Schiffskapitän“.[1120] Als Begründung führte der Bundesrat in seiner Stellungnahme an, dass der Schiffskapitän nach der Rechtsprechung und der herrschenden Lehre unmittelbarer Besitzer der zu befördernden Güter sei. Aus diesem Grund hafte er nach § 26 des Entwurfs. Der Kapitän hafte jedoch neben dem Verfrachter und dem Reeder, so dass er nicht als „Beförderer“ im Sinne des § 36 angesehen werden könne. Bei der Beförderung durch Seeschiffe sei der Absender dem Reeder gegenüber verpflichtet, Vorsorge für die Erfüllung gesetzlicher Schadensersatzansprüche, die sich aus der Beförderung ergeben, zu treffen. Diese Verpflichtung

1118 Begr. der BReg zu BT-Drs. III, 759, S. 39.

1119 Begr. der BReg zu BT-Drs. III, 759, S. 39.

1120 Niederschrift der 156. Sitzung des Ausschusses für Arbeit und Sozialpolitik v. 06.11.1958, S. 13, in: BR-Protokolle, Ausschuss für Arbeit und Sozialpolitik, 145.-158. Sitzung, 1958.

beziehe sich jedoch nicht auf den Kapitän, da dieser unmittelbarer Besitzer, nicht aber Beförderer sei.[1121]

cc) Gegenäußerung der Bundesregierung

Im Grundsatz stimmte die Bundesregierung dem Änderungsvorschlag des Bundesrates zu. Sie verwies jedoch darauf, dass sich nunmehr allgemein die Frage stelle, ob und in welchem Umfang sich die Deckungsvorsorge außer auf den Schiffskapitän noch auf weitere Personen erstrecke, die mit der Ausführung der Beförderung befasst sind. Diese Frage sei von überragender internationaler Bedeutung und werde derzeit im Rahmen der Beratungen zur Haftungskonvention der OEEC thematisiert.[1122] Das Ergebnis dieser Beratungen wolle die Bundesregierung abwarten, um dann im weiteren Verlauf des Gesetzgebungsverfahrens zu dieser Frage erneut Stellung zu nehmen.[1123]

dd) Der Bundestagsausschuss für Atomkernenergie und Wasserwirtschaft

Der federführende Bundestagsausschuss für Atomkernenergie und Wasserwirtschaft lehnte die Änderungsvorschläge des Bundesrates ab und billigte die Auffassung der Bundesregierung, die Ergebnisse der internationalen Beratungen abzuwarten.[1124] Allerdings kam man im Rahmen der Arbeiten der OEEC zu keinem konkreten Ergebnis, welches eine Änderung der Vorschrift gefordert hätte. Im Ergebnis entschied sich der federführende Bundestagsausschuss dafür, die Regelung des § 36 in der ursprünglichen Form des Regierungsentwurfes zu belassen. Der federführende Ausschuss nahm § 36 bis auf redaktionelle Änderungsvorschläge an.[1125]

1121 Stellungnahme des BR, BT-Drs. III, 759, Anlage 2, S. 55.

1122 Vgl. später (am 29.07.1960 unterzeichnet) Art. 4 Abs. e der OEEC-Haftungskonvention; BGBl. 1975 II 959.

1123 Stellungnahme der BReg zu den Änderungsvorschlägen und Empfehlungen des BR, BT-Drs. III, 759, S. 62.

1124 Kurzprotokoll der 27. Sitzung des 26. BT-Ausschusses v. 06.10.1959, S. 22, PArch III, 156, Bd. A 1, Bl. 37.

1125 Kurzprotokoll der 27. Sitzung des 26. BT-Ausschusses v. 06.10.1959, S. 22, PArch III, 156, Bd. A 1, Bl. 37; Schriftlicher Bericht des 26. BT-Ausschusses, BT-Drs. III, 1412, S. 21.

g) Die Freistellungsverpflichtung des Bundes (§ 37)

aa) Begründung der Bundesregierung

§ 37 legte fest, unter welchen Voraussetzungen der Bund den zum Schadensersatz Verpflichteten von seiner Haftung nach § 25 des Entwurfs freizustellen habe und selbst für den Schaden aufkommen solle. Die Einführung einer derartigen Freistellungsverpflichtung sei laut Regierungsbegründung notwendig, um im Falle eines Großschadens die Risiken angemessen zu verteilen.[1126] Derzeitig sei ein ausreichender Haftpflichtversicherungsschutz in der Bundesrepublik nicht zu erlangen, so dass im Falle eines Großschadens als Ultima Ratio allein der Bund die notwendigen finanziellen Mittel bereitstellen könne. Dieser Gedanke war erstmals in den Vereinigten Staaten durch das Price-Anderson-Gesetz von 1957[1127] gesetzlich verankert worden. Dem Price-Anderson- Act zufolge sollte die staatliche Atomic Energy Commission bis zu einer Haftungshöchstsumme von 500 Millionen Dollar eintreten.[1128]

1126 Begr. der BReg zu BT-Drs. III, 759, S. 39.

1127 Public Law 85-256, 85th Congress, 1st Sess. (1957), 71 Stat. 576, 42 U.S.C.A. §2210 (Supp. 1958), amending the Atomic Energy Act of 1954, 68 Stat. 919, 42 U.S.C.A. §§ 2011-2281 (Supp. 1958), so zitiert bei Statson, Estep, Oierce, Atoms and the Law, S. 574.

1128 „(e) *Limitation on aggregate public liability*

(1) The aggregate public liability for a single nuclear incident of persons indemnified, including such legal costs as are authorized to be paid under subsection (o) (1) (D) of this section, shall not exceed –

(A) in the case of facilities designed for producing substantial amounts of electricity and having a rated capacity of 100,000 electrical kilowatts or more, the maximum amount of financial protection required of such facilities under subsection (b) of this section (plus any surcharge assessed under subsection (o) (1) (E) of this section);

(B) in the case of contractors with whom the Secretary has entered into an agreement of indemnification under subsection (d) of this section, the amount of indemnity and financial protection that may be required under paragraph (2) of subsection (d) of this section; and

(C) in the case of all other licensees of the Commission required to maintain financial protection under this section –

(i) $ 500,000,000, together with the amount of financial protection required of the licensee; or

(ii) if the amount of financial protection required of the licensee exceeds $ 60,000,000, $560,000,000 or the amount of financial protection required of the licensee, whichever amount is more.

(2) In the event of a nuclear incident involving damages in excess of the amount of aggregate public liability under paragraph (1), the Congress will thoroughly review the particular incident in accordance with the procedures set forth in subsection (i) of this section and will in accordance with such procedures, take whatever action is determined to be necessary (including approval of appropriate compensation plans and appropriation of funds) to provide full and prompt compensation to the public for all public liability claims resulting from a disaster of such magnitude.

Wie in den USA sei auch in Deutschland im Falle einer Großkatastrophe ein ausreichender Schutz durch die Privatwirtschaft allein nicht zu gewährleisten. Daher sei eine staatliche Hilfeleistung erforderlich, diese müsse jedoch auf den Fall einer Haftung nach § 25 begrenzt werden. Für alle anderen Fälle sei der Eintritt von Großschäden nicht zu befürchten, ein Katastrophenrisiko bestehe nicht.[1129] Nach Abs. 1 wurde demnach die Freistellungsverpflichtung des Bundes auf die Fälle des § 25, d.h. auf diejenigen Fälle beschränkt, in denen eine Haftung für typische Atomschäden aus dem Betrieb von Anlagen im Sinne des § 7 und den ihr zugehörigen Einrichtungen oder Handlungen herrührt. Der Schutz durch eine Freistellungsverpflichtung sollte nicht nur dem Inhaber einer Anlage, sondern auch den Zulieferern und Beschäftigten zugutekommen, sofern sie wegen eines typischen Atomgroßschadens gesetzlichen Schadensersatzverpflichtungen ausgesetzt waren und diese den Höchstbetrag der nach § 13 angeordneten Deckungsvorsorge überstiegen.

Im Gegensatz zu den früheren Ausschussberatungen aus der zweiten Legislaturperiode[1130] sollte die Freistellungsverpflichtung nunmehr der Höhe nach begrenzt sein, denn selbst der Bund könne nicht unbegrenzt haften.[1131] So bestimmte § 37 die Grenze der Freistellungsverpflichtung des Bundes bei 500 Millionen DM, abzüglich des durch die Eigenvorsorge zu deckenden Betrages für § 13. Der Höhe nach solle die Freistellungsverpflichtung so hoch liegen, dass sie nicht zu einer Verkürzung der Ansprüche der Opfer führt.

§ 37 Abs. 1 sah eine zeitliche Begrenzung der Freistellungsverpflichtung vor. Diese solle nur dann greifen, wenn die erforderliche Genehmigung bis zum 31. Dezember 1965 erteilt wurde. Soweit mit dem Betrieb der genehmigten Anlage oder der Tätigkeit bis zu diesem Zeitpunkt tatsächlich begonnen werden sollte, galt die Freistellungsverpflichtung auch über den 31. Dezember 1965 hinaus. Vor Ablauf dieses gesetzlich bestimmten Zeitpunktes sei erneut zu prüfen, ob die

---

(3) No provision of paragraph (1) may be construed to preclude the Congress from enacting a revenue measure, applicable to licensees of the Commission required to maintain financial protection pursuant to subsection (b) of this section, to fund any action undertaken pursuant to paragraph (2).

(4) With respect to any nuclear incident occurring outside of the United States to which an agreement of indemnification entered into under the provisions of subsection (d) of this section is applicable, such aggregate public liability shall not exceed the amount of $500,000,000, together with the amount of financial protection required of the contractor." Legal Information Institute, Cornell University, Stand: 21.09.2012, unter: http://www.law.cornell.edu/uscode/text/42/2210, Stand: 28.10.2012; zum Anderson-Price-Amendment näher Haunschild, Das amerikanische Atomhaftungsgesetz, VW 1957, S. 610 ff.

1129 Begr. der BReg zu BT-Drs. III, 759, S. 39.

1130 Z.B. Erler, Kurzprotokoll der 21. Sitzung des 26. BT-Ausschusses, S. 11, PArch II, 1032, Bd. A1, Bl. 31.

1131 Begr. der BReg zu BT-Drs. III, 759, S. 40.

Freistellungsverpflichtung des Bundes aufgrund des Bedürfnisses nach einem ausreichenden Opferschutz noch erforderlich und zu verlängern oder infolge der bis dahin möglichen Versicherungskapazitäten obsolet sei.[1132]

§ 37 Abs. 2 regelte die Schadensersatzverpflichtungen, welche nicht von der Freistellungsverpflichtung des Bundes erfasst wurden. So sollten Verpflichtungen infolge von Schäden an der Anlage und den ihr zugehörigen Betriebsgrundstücken, Betriebseinrichtungen, Betriebsgeräten etc. (Nr. 1) und Schäden, die dem Inhaber der Anlage, dem Zulieferer und den Beschäftigten beim Betrieb der Anlage entstehen (Nr. 2), von der Freistellungsverpflichtung ausgenommen werden. Die hier möglichen Schäden seien im Wesentlichen durch die Sachversicherer abdeckbar, so dass eine Einstandspflicht des Bundes nicht erforderlich sei.[1133] Ferner sei aufgrund des von Beginn an feststehenden Beteiligtenkreises eine vorherige Vereinbarung zu Abwicklung möglicher Schäden wünschenswert.[1134]

Schließlich schrieb § 37 Abs. 3 vor, dass auf die Freistellungsverpflichtung des Bundes die jeweiligen Vorschriften des Versicherungsvertragsgesetzes einschließlich der Vorschriften über die Pflichtversicherung Anwendung finden sollten, soweit das Atomgesetz nichts anderes bestimmte. Die Freistellungsverpflichtung müsse den zur Freistellung Berechtigten in gleicher Weise schützen wie eine Haftpflichtversicherung, die einen sehr breiten Risikobereich abdecken müsse.[1135]

bb) Stellungnahme des Bundesrates

Der Wirtschaftsausschuss des Bundesrates sprach sich für eine Verlängerung der in § 37 Abs. 1 S. 1 genannten Frist bis zum 31. Dezember 1970 aus.[1136] Dieser Vorschlag wurde von dem Plenum des Bundesrates übernommen, so dass dieser anregte, die in § 37 Abs. 1 bis zum 31. Dezember 1965 geltende Frist bis zum 31. Dezember 1970 zu verlängern, so dass die vorläufige Verpflichtung des Bundes zum Schadensersatz nach § 25 noch fünf Jahre länger bestehen würde.

Die Freistellungsverpflichtung des Bundes sei insbesondere für die Entwicklung und Inbetriebnahme von Leistungsreaktoren in der Bundesrepublik von erheblicher Bedeutung.[1137] Diese Leistungsreaktoren würden aller Voraussicht nach nicht vor dem 31. Dezember 1970 in Betrieb genommen werden. Um die

---

1132 Begr. der BReg zu BT-Drs. III, 759, S. 40.

1133 Begr. der BReg zu BT-Drs. III, 759, S. 40.

1134 Begr. der BReg zu BT-Drs. III, 759, S. 40.

1135 Begr. der BReg zu BT-Drs. III, 759, S. 40.

1136 Niederschrift der 162. Sitzung des Wirtschaftsausschusses v. 06.11.1958, S. 15, in: BR-Protokolle, Wirtschaftsausschuss, 151.-164. Sitzung, 1958; vgl. auch Berichterstatter Veit (Baden-Württemberg) in der 198. Sitzung des 3. BR v. 14.11.1958, S. 234.

1137 Stellungnahme des BR, BT-Drs. III, 759, Anlage 2, S. 55.

Privatwirtschaft nicht in Ungewissheit darüber zu lassen, was nach diesem Zeitpunkt geschehen würde und welche Risiken und welches mögliche Ausmaß einer Schadenshaftung bestehen, sollte die Befristung verlängert werden.[1138]

cc) Gegenäußerung der Bundesregierung

Den Vorschlag des Bundesrates, die zeitliche Begrenzung der Freistellungsverpflichtung des Bundes bis zum 31. Dezember 1970 zu verlängern, nahm die Bundesregierung an.[1139]

dd) Leitsätze des Präsidenten des Bundesaufsichtsamtes für das Versicherungs- und Bausparwesen

Der Präsident des Bundesaufsichtsamtes für das Versicherungs- und Bausparwesen Fritz befürwortete die Regelung des § 37.[1140] Sie trage dem Umstand Rechnung, dass der Umfang des Versicherungsschutzes der Höhe nach begrenzt sein müsse, und berücksichtige darüber hinaus, dass es Haftpflichtfälle gebe, in denen aus versicherungstechnischen Gründen keine Deckung der Haftung gewährt werden könne. Die Freistellungsverpflichtung des Bundes in § 37 trage damit der Schutzfunktion und der Förderungsfunktion des Atomgesetzes Rechnung. Darüber hinaus billigte Fritz die vom Bundesrat vorgeschlagene Verlängerung der Befristung der Freistellungsverpflichtung des Bundes auf Anlagen, die bis zum 31.12.1970 genehmigt und in Betrieb genommen werden.[1141]

ee) Der Rechtsausschuss und der Haushaltsausschuss des Bundestages

Der mitberatende Rechtsausschuss billigte § 37 mit den durch den federführenden Bundestagsausschuss vorgeschlagenen Änderungen.[1142]

Der Haushaltsausschuss diskutierte die im Regierungsentwurf vorgesehene Freistellungsverpflichtung des Bundes vor dem Hintergrund des Systems der

---

1138 Stellungnahme des BR, BT-Drs. III, 759, Anlage 2, S. 55.

1139 Stellungnahme der BReg zu den Änderungsvorschlägen und Empfehlungen des BR, BT-Drs. III, 759, Anlage 3, S. 58.

1140 Leitsätze des Präsidenten des Bundesaufsichtsamtes für das Versicherungs- und Bausparwesen Fritz zu dem Thema Haftung und Versicherung nach dem Entwurf eines Atomgesetzes, S. 6, PArch III, 156, Bd. B, Bl. 15.

1141 Leitsätze des Präsidenten des Bundesaufsichtsamtes für das Versicherungs- und Bausparwesen Fritz zu dem Thema Haftung und Versicherung nach dem Entwurf eines Atomgesetzes, S. 6, PArch III, 156, Bd. B, Bl. 15; zum Änderungsvorschlag des Bundesrates siehe BT-Drs. III, 759, Anlage 2, S. 55.

1142 Stenogr. Bericht der 80. Sitzung des 12. BT-Ausschusses v. 04.11.1959, PArch III, 156, Bd. A1, Bl. 19.

Risikodeckung. Der SPD-Abgeordnete Ritzel wies darauf hin, dass der Bund dem Gesetzesentwurf zufolge lediglich die Risiken tragen sollte, jedoch nicht am Gewinn beteiligt werde. Er stellte die Frage, ob eine Form von Gewinnbeteiligung des Staates nicht sinnvoll wäre, da diese es dem Bunde erleichtere, Risiken zu übernehmen.[1143] Die Mehrheit der Ausschussmitglieder sprach sich jedoch gegen eine Gewinnbeteiligung des Staates zur Kompensierung aus.[1144] Der Ausschuss beschloss bei einer Stimmenthaltung des Abgeordneten Ritzel (SPD), keine Bedenken gegen den Gesetzesentwurf in der Fassung des Bundestagsausschusses für Atomkernenergie und Wasserwirtschaft zu erheben.[1145]

ff) Der Bundestagsausschuss für Atomkernenergie und Wasserwirtschaft

In erster Lesung des § 37 am 6. Oktober 1959[1146] nahm der federführende Ausschuss den Änderungsvorschlag des Bundesrates, die Begrenzung der Haftung des Bundes bis 1970 zu erweitern, an. Die Absätze 2 und 3 nahm der Ausschuss in erster Lesung unverändert an. In seinem schriftlichen Bericht wurde § 37 in folgender Fassung angenommen: In Abs. 1 sollte der Änderungsvorschlag des Bundesrates gelten. Ferner sollte ein Abs. 1a mit folgendem Wortlaut eingefügt werden:

> „Für den Dienstbereich der Bundeswehr werden die in den Absätzen 1 und 2 bezeichneten Zuständigkeiten durch den Bundesminister für Verteidigung oder die von ihm bezeichneten Dienststellen im Benehmen mit dem Bundesminister für Atomkernenergie und Wasserwirtschaft wahrgenommen."[1147]

Alle diese Änderungsvorschläge sollten verdeutlichen, dass der Bund dem Geschädigten gegenüber immer vom tatsächlichen Ende der Deckungsvorsorge auszugehen hat.[1148]

1143 Kurzprotokoll der 94. Sitzung des Haushaltsausschusses v. 21.10.1959, S. 11, PArch III, 156, Bd. A 1, Bl. 24.

1144 So z.B. die Abg. Dehler und Niederalt, Kurzprotokoll der 94. Sitzung des Haushaltsausschusses v. 21.10.1959, S. 12, PArch III, 156, Bd. A 1, Bl. 24.

1145 Kurzprotokoll der 94. Sitzung des Haushaltsausschusses v. 21.10.1959, S. 13, PArch III, 156, Bd. A 1, Bl. 24.

1146 Kurzprotokoll der 27. Sitzung des 26. BT-Ausschusses v. 06.10.1959; PArch III, 156, Bd. A 1, Bl. 37.

1147 Schriftlicher Bericht des 26. BT-Ausschusses, zu BT-Drs. III, 1412, S. 5

1148 Schriftlicher Bericht des 26. BT-Ausschusses, zu BT-Drs. III, 1412, S. 5; für § 37 Abs. 2 schlug der Ausschuss lediglich redaktionelle Änderungen vor; Schriftlicher Bericht des 26. Ausschusses, zu BT-Drs. III, 1412, S. 22.

h) Verteilungsverfahren (§ 38)

§ 38 regelte den sog. Katastrophenfall.[1149] Dieser lag dem Entwurf zufolge vor, wenn die entstandenen Schäden 500 Millionen DM überstiegen. Anders als der Entwurf aus der zweiten Wahlperiode[1150], welcher in einem solchen Falle eine verhältnismäßige Kürzung der Ansprüche vorsah, sah der nunmehrige Entwurf der Bundesregierung[1151] vor, die Verteilung der zur Verfügung stehenden Mittel durch den Erlass eines besonderen Gesetzes und bis dahin durch Rechtsverordnung zu regeln. Abs. 2 schrieb vor, dass diese Rechtsverordnung nur vorläufigen Charakter haben, er dürfe nur solche Regelungen treffen, welche zur Abwendung von Notständen erforderlich seien, und müsse sicherstellen, dass einzelnen Gläubiger nicht auf Kosten der Gesamtheit der Geschädigten unangemessen bevorzugt werden.

Die endgültigen durch das Gesetz zu treffenden Regelungen sollten laut Regierungsbegründung vor allem Vorschriften über das bei der Befriedigung der Geschädigten vorzunehmende Verfahren enthalten, welche einem konkursähnlichen Gesamtverfahren sinnvollerweise nachgebildet werden sollten.[1152] Der federführende Bundestagsausschuss und der Bundesrat nahmen § 38 unverändert an.[1153]

i) Ausschluss von Ansprüchen (§ 39)

§ 39 regelte den Ausschluss gesetzlicher Schadensersatzansprüche bei Atomanlagen, soweit sie nicht aufgrund der Deckungsvorsorge und der Freistellungsverpflichtung des Bundes abgedeckt waren. Die Vorschrift ist Ausfluss des Förderungszweckes des Gesetzesentwurfes (§ 1 Nr. 1) und sollte den Schutz des Haftpflichtigen gegen die mit einer Atomanlagen verbundenen Risiken auch im Falle von Großschäden sichern.[1154] Nach § 39 Abs. 1 sollten daher gesetzliche Schadensersatzansprüche, die aufgrund eines Schadensereignisses im Sinne des § 25 entstehen, grundsätzlich auf den Gesamtbetrag von 500 Millionen DM begrenzt

---

1149 Vgl. Mattern/Raisch, Atomgesetz. Kommentar, § 37, Rn.1.

1150 BT-Drs II, 3026.

1151 BT-Drs. III. 759.

1152 Begr. der BReg zu BT-Drs. III, 759, S. 40; zu den Nachteilen eines konkursähnlichen Verfahrens vgl. Knoerrich, Die Freistellungsverpflichtung des Bundes im Atomgesetz, AtW 1960, S. 174.

1153 Schriftlicher Bericht des 26. BT-Ausschusses, BT-Drs. III, 1412, S. 22; eine entsprechende VO solle erst nach Eintritt des Schadensfalls erlassen werden, so die Antwort der BReg auf die kleine Anfrage der Abg. Sylvia Kotting-Uhl, Hans-Josef Fell, Bärbel Höhn, Oliver Krischer, Undine Kurth, Nicole Maisch, Hermann Ott, Dorothea Steiner, Brigitte Pothmer und der Fraktion Bündnis 90/Die Grünen, BT-Drs. XVII, 2547.

1154 Fischerhof, Deutsches Atomgesetz und Strahlenschutzrecht Kommentar Bd. I, § 38 Rn. 1.

sein, der von der Freistellungsverpflichtung des Bundes gedeckt war. § 39 Abs. 2 beinhaltete eine Regelung für Schäden im betrieblichen Rahmen, bei denen eine Freistellungsverpflichtung des Bundes nach § 37 Abs. 2 ausgeschlossen war. So sollten auch im Falle solcher Schäden die über die 500-Millionen-DM-Grenze hinausgehenden Ansprüche ausgeschlossen sein. Die Sätze 2 und 3 bezogen sich auf sonstige gesetzliche Schadensersatzansprüche, die sich in einem unter das Eigenrisiko fallenden Schadensfall gegen den zur Deckungsvorsorge Verpflichteten und die in § 15 Abs. 2 bezeichneten Personen richtete. Hierunter sollten insbesondere die Ansprüche aus den §§ 823 ff. BGB fallen. Nur soweit der Geschädigte nicht auf andere Weise Ersatz zu erlangen vermochte, sollten derartige Schadensersatzansprüche nach § 39 S. 2 nicht ausgeschlossen sein. Diese Bestimmung war § 839 Abs.1 S. 2 BGB nachgebildet.

Die Bundesregierung verwies in ihrer Begründung auch auf die Auslegung dieser Vorschrift durch die Rechtsprechung. So sei aufgrund einer mit der Rechtsprechung konform gehenden Auslegung in den Fällen, in denen z.B. ein Reaktorunternehmer aus unerlaubter Handlung und ein Dritter aus dem gleichen Grund schadensersatzpflichtig wären, abweichend von § 840 BGB allein der Dritte in Anspruch zu nehmen. § 39 Abs. 2 S. 3 sollte diese Folge daher ausdrücklich ausschließen.

Derjenige, der den Schaden vorsätzlich herbeigeführt habe, verdiene die Vorteile durch den Ausschluss oder die Begrenzung der Schadensersatzansprüche nicht. Vielmehr solle dieser bis zur Erschöpfung seiner finanziellen Leistungskraft für den Schaden einstehen. § 39 Abs. 3 bestimme aus diesem Grunde die Unanwendbarkeit der Vorschriften des § 39 Abs. 1 und Abs. 2 S. 2 und S. 3, soweit der in Anspruch Genommene den Schaden vorsätzlich herbeigeführt habe und dieser Umstand strafgerichtlich festgestellt oder ein Strafverfahren aus anderen als Beweismangelgründen nicht durchgeführt wurde.

§ 39 Abs. 4 regelte die Geltung der Absätze 1 bis 3, soweit der Bund für Schäden nach § 25 haftete. Abs. 5 bestimmte, dass auch diejenigen, welche nach Abs. 3 berechtigt seien, Schadensersatzansprüche über 500 Millionen DM geltend zu machen, sich an dem Gesamtabwicklungsverfahren nach § 38 zu orientieren und zu beteiligen haben. Solche Schadensersatzansprüche könnten nur geltend gemacht werden, soweit im Verfahren nach § 38 eine Befriedigung nicht erlangt werden konnte oder offensichtlich war, dass eine solche nicht erlangt werden könne.

Der Bundesrat nahm die Vorschrift des § 38 an.[1155] Vom federführenden Bundestagsausschuss für Atomkernenergie und Wasserwirtschaft wurde § 38 mit lediglich redaktionellen Änderungsvorschlägen angenommen.[1156]

1155 Stellungnahme des BR, BT-Drs. III, 759, Anlage 2, S. 55.

1156 Schriftlicher Bericht des 26. BT-Ausschusses, BT-Drs. III, 1412, S. 23.

j) Leistungsfreiheit und Rückgriff (§ 40)

§ 40 des Entwurfs schränkte die Freistellungsverpflichtung des Bundes gegenüber dem Freistellungsberechtigten entsprechend der versicherungsrechtlichen Grundsätze ein, ohne dass sich dies zum Nachteil des Geschädigten auswirkt.[1157]

aa) Begründung der Bundesregierung und Stellungnahme des Bundesrates

Die Stellung des Bundes gegenüber Freistellungsberechtigten sei ähnlich derjenigen eines Haftpflichtversicherers. Auch ein Haftpflichtversicherer sei in bestimmten Fällen von der Verpflichtung zur Leistung befreit, ohne dass sich dies zum Nachteil des Geschädigten auswirke. Der Bund sollte nach § 40 Abs. 2 selbst im Falle der Leistungsfreiheit verpflichtet sein, die Geschädigten zu befriedigen. Er erlangt jedoch nach § 40 Abs. 3, soweit er einen Geschädigten befriedigen muss, einen Rückgriffsanspruch gegenüber demjenigen, im Verhältnis zu dem er von der Verpflichtung zur Leistung frei geworden war.

§ 40 Abs. 1 Nr. 1 bis 3 regelte die Gründe für den Ausschluss der Freistellungsverpflichtung des Bundes. Die Gründe waren einigen Bestimmungen des Versicherungsvertragsgesetzes[1158] und allgemeinen Versicherungsbedingungen des Versicherungsvertrages, nachgebildet.[1159]

Nach § 40 Nr. 1 war der Bund von seiner Leistungsverpflichtung befreit, soweit die Haftung der freizustellenden Person den Schaden vorsätzlich oder unter bewussten Verstoß gegen gesetzliche oder sonstige Sicherheits- oder Schutzbestimmungen oder aufgrund grob fahrlässiger Unkenntnis derartiger Bestimmungen herbeigeführt habe. § 40 Abs. 1 Nr. 2 bestimmte, dass der Bund gegenüber einem Freistellungsberechtigten, der Angehöriger eines fremden Staates war, dann von seiner Leistungspflicht befreit sei, wenn dies durch eine nach § 55 Abs. 3 S. 1 erlassene Rechtsverordnung angeordnet sei. Die Bundesregierung wollte damit verhindern, dass einem Ausländer ein rechtlicher Vorteil entstehe, welcher im entsprechenden Fall eines deutschen Staatsbürgers nicht entstanden wäre. Voraussetzung sollte sein, dass die Gegenseitigkeit nicht verbürgt war. Nach § 40 Abs.1 Nr. 3 fällt die Freistellungsverpflichtung weg, wenn der Freistellungsberechtigte ohne die Zustimmung des Bundes einen Schadensersatzanspruch, welcher unter die Freistellungsverpflichtung fällt, anerkannt oder befriedigt hat, außer wenn er die Anerkennung oder Befriedigung ohne offenbare Unbilligkeit

1157 Vgl. Fischerhof, Deutsches Atomgesetz und Strahlenschutzrecht, Kommentar, Bd. I § 39, Rn. 1.

1158 Z.B. §§ 152 VVG, 153 VVG, 158 c und e VVG.

1159 Begr. der BReg zu BT-Drs. III, 759, S. 42.

nicht verweigern konnte. Damit sollte die Regulierung, zumindest jedoch die Mitwirkung bei der Schadensabwicklung, dem Bund vorbehalten sein.[1160]

Der Bundesrat nahm die Vorschrift unverändert an.[1161]

bb) Der Bundestagsausschuss für Atomkernenergie und Wasserwirtschaft

Der Ausschuss für Atomkernenergie und Wasserwirtschaft regte aufgrund eines schon in erster Lesung getroffenen Beschlusses[1162] an, dem § 40 einen Absatz 1a anzufügen:

> „Der Bund ist ferner dem zur Deckungsvorsorge Verpflichteten gegenüber von der Verpflichtung zur Leistung frei, soweit die Deckungsvorsorge hinter der Festsetzung nach § 13 Abs. 1 zurückbleibt oder Schadensersatzverpflichtungen aus ihr nicht erfüllt werden können."

§ 40 Abs. 2 sollte sich sodann auch auf den Absatz 1a beziehen.[1163] Ferner fügte der federführende Ausschuss in Abs. 3 ein, dass der Bund auch berechtigt sein sollte, Rückgriff gegen den zur Deckungsvorsorge Verpflichteten zu nehmen, jedoch nur in dem Umfang, in dem dieser für die Erfüllung der Vorsorge einzustehen habe.[1164]

9. Strafvorschriften (§§ 41-53)

Die Strafvorschriften im fünften Abschnitt des Entwurfs stimmen in den §§ 41 bis 47 und den §§ 51 bis 53 mit den Strafbestimmungen des vorherigen Entwurfes überein.[1165] Abweichungen zu dem Entwurf aus der zweiten Wahlperiode ergeben sich durch Einfügung der §§ 47, 48 und 49 sowie der Hinzufügung des Abs. 5 zu § 50 des Entwurfes, welcher die Einziehung von Gegenständen regelt, soweit wegen einer in § 47 Abs. 3 S. 1 bezeichneten Ordnungswidrigkeit keine Geldbuße festgesetzt werden kann.

1160 Fischerhof, Deutsches Atomgesetz und Strahlenschutzrecht Kommentar, § 40, Rn. 7.

1161 Stellungnahme des BR, BT-Drs. III, 759, Anlage 2.

1162 Kurzprotokoll der 27. Sitzung des 26. BT-Ausschusses v. 06.10.1959, S. 23, PArch III, 156, Bd. A 1, Bl. 37.

1163 „(2) Dem Geschädigten gegenüber kann sich der Bund nicht auf die Leistungsfreiheit nach den Absätzen 1 und 1a berufen", Schriftlicher Bericht des 26. BT-Ausschusses, BT-Drs. III, 1412, S. 24.

1164 Neu in § 40 Abs. 3 Nr. 2, in: Schriftlicher Bericht des 26. BT-Ausschusses, BT-Drs. III, 1412, S. 24.

1165 Die §§ 41 bis 47 stimmen größtenteils mit den §§ 31 bis 37 der BT-Drs. II, 3026 und die §§ 50 bis 53 stimmen mit den §§ 37 bis 40 der BT-Drs. II, 3026 überein.

a) Abweichungen zum vorherigen Entwurf

aa) Ordnungswidrigkeiten (§ 47)

Durch die Einfügung von § 47 wurde die Möglichkeit geschaffen, Verstöße gegen die noch zu erlassenden Strahlenschutzbestimmungen, gegen die festgesetzte Deckungsvorsorge und gegen Auflagen oder staatliche Anordnungen, welche aufgrund des Atomgesetzes oder aufgrund einer nach § 11 oder § 12 ergangenen Rechtsverordnung als Ordnungswidrigkeit galten, zu verfolgen. Hierbei handelte es sich im Wesentlichen um Unfallverhütungsvorschriften, weniger um Gefährdungsdelikte, welche schon von einem früheren Zeitpunkt an eine Strafandrohung erforderten.[1166] Satz 1 drohte eine Geldbuße im Falle des vorsätzlichen Zuwiderhandelns gegen die festgesetzte Deckungsvorsorge nach § 13 Abs. 1, gegen Auflagen nach § 17 Abs. 1 oder staatliche Anordnungen, welche nach § 19 Abs. 3 ergangen waren, an. In Hinblick auf die Bedeutung der Deckungsvorsorge für mögliche Schadensfälle sei es gerechtfertigt, diese Fälle als Ordnungswidrigkeit zu ahnden.[1167]

Absatz 2 enthielt eine Blankettvorschrift für jedwede Zuwiderhandlung gegen Strahlenschutzbestimmungen. Der Verordnungsgeber habe damit die Wahl, ob eine Zuwiderhandlung je nach ihrer Schwere unter eine Strafvorschrift oder eine Ordnungswidrigkeit falle. Jedoch sei im Falle einer Zuwiderhandlung gegen Auflagen oder staatliche Anordnungen, welche aufgrund einer Rechtsverordnung ergangen seien, nur die Verhängung eines Bußgeldes zulässig. Dadurch solle erreicht werden, dass derartige Verstöße eine einheitliche Behandlung erfahren.[1168]

bb) Strafbare Verletzung von Schutzvorschriften, Auflagen und Anordnungen (§ 48)

Der § 48 normierte, dass, sofern ein Verstoß gegen eine in § 47 festgelegte vorsätzliche Handlung vorsätzlich oder fahrlässig eine Gefahr für Leib oder Leben eines Menschen oder für fremde Sachen von bedeutenden Wert herbeigeführt hat und diese Gefahr von einem Kernspaltungsvorgang oder von ionisierenden Strahlen ausgeht, so sei dieser durch Verhängung einer Gefängnis- oder Geldstrafe bis zu 100.000 DM zu bestrafen.

1166 Begr. der BReg zu BT-Drs. III, 759, S. 45.

1167 Begr. der BReg zu BT-Drs. III, 759, S. 45.

1168 Nach Absatz 4 drohte im Falle der Verletzung einer in § 4 Abs. 1 S. 3 oder in einer Rechtsverordnung enthaltenen Pflicht über das Mitsichführen der Urkunde über die Beförderungsgenehmigung eine Geldbuße von bis zu 1000 DM.

Sofern die Gefahr wissentlich herbeigeführt wurde, bestimmte § 48 S. 2 eine Gefängnisstrafe von nicht unter drei Monaten.

cc) Verletzung von Herstellungs- und Lieferungspflichten (§ 49)

Diese Vorschrift wurde auf Anraten des Bundestagsausschusses für Atomfragen aus der zweiten Legislaturperiode[1169] in den Entwurf eingefügt. § 49 enthielt eine Strafandrohung von mindestens sechs Monaten Gefängnis gegen denjenigen, der wissentlich eine Atomanlage i.S.d. § 7 herstellte oder lieferte und dadurch anderen Personen oder fremde Sachen einer Strahlungsgefährdung aussetzte. Die Entwurfsbegründung verwies darauf, dass eine entsprechende Strafandrohung aufgrund der besonderen Gefährlichkeit von Atomanlagen, erforderlich sei.[1170] Als Vorbild für diese Vorschrift habe der § 109e Abs. 2 des Strafgesetzbuches in der Fassung des vierten Strafrechtsänderungsgesetzes vom 11. Juni 1957[1171] gedient.

Der Absatz 1 verlangte Wissentlichkeit, so dass ein dolus eventualis in diesem Falle nicht ausreichte. Absatz 2 stellte den Versuch unter Strafe. Absatz 3 setzte in besonders schweren Fällen als Strafe Zuchthaus bis zu zehn Jahren fest. In Absatz 4 war, soweit eine Gemeingefahr nicht wissentlich, jedoch vorsätzlich oder fahrlässig herbeigeführt worden war, Gefängnisstrafe vorgesehen.

dd) Abgrenzungen (§ 57)

§ 57 schloss die Anwendbarkeit der §§ 1 bis 4 des Sprengstoffgesetzes und der auf Grund des Atomgesetzes erlassenen Rechtsverordnungen sowie landesrechtliche Vorschriften auf dem Gebiet des Sprengstoffwesens aus, sofern das Atomgesetz Anwendung fand. Zwar könnten im Einzelfall Kernbrennstoffe als Sprengstoffe angesehen werden, die existierenden Sprengstoffvorschriften würden jedoch dem ausgeprägten Kontrollbedürfnis für den Umgang mit Kernbrennstoffen nicht gerecht.[1172]

Keine Anwendung finden sollen nach § 57 Abs. 2 die Überwachungs- und Verwaltungsvorschriften des Atomgesetzes auf Atomwaffen, die der Bundesrepublik zu Verteidigungszwecken zur Verfügung stehen. In ihrer Begründung verwies die Bundesregierung explizit darauf, dass insbesondere die im dritten Abschnitt genannten Genehmigungs- und Aufsichtsbefugnisse der Verwaltungsbehörden

1169 Nr. 24 des schriftlichen Berichts des 26. BT-Ausschusses, BT-Drs. II, 3502.

1170 Begr. der BReg zu BT-Drs. III, 759, S. 45 f.

1171 „[E]benso wird bestraft, wer wissentlich einen solchen Gegenstand oder den dafür bestimmten Werkstoff fehlerhaft herstellt oder liefert und dadurch wissentlich die in Absatz 1 bezeichnete Gefahr herbeiführt“, BGBl 1957 I S. 597.

1172 Begr. der BReg zu BT-Drs. III, 759, S. 48.

nicht greifen.[1173] Durch diese Regelung sollen bestehende internationale Verpflichtungen der Bundesrepublik nicht unnötig gefährdet oder erschwert werden.[1174]

b) Stellungnahme des Bundesrates

Hinsichtlich § 41, welcher die Bestrafung beim Missbrauch von Kernenergie regelte, regte der Bundesrat an, die Gesetzesüberschrift in „Herbeiführung einer Explosion durch Kernenergie" umzubenennen.[1175] Ferner wollte der Bundesrat § 41 dahingehend ändern, dass statt „Gemeingefahr" in Abs. 1 eingefügt werden sollte: „und dadurch Leib oder Leben eines anderen oder fremde Sachen von bedeutendem Wert zu gefährden ...". Entsprechende Formulierungen sollten dann auch in den §§ 46 Abs. 3, 48 und 49 eingefügt werden.[1176]

In § 41 Abs. 2 sollte die Herbeiführung einer Explosion durch Kernenergie, durch welche fahrlässig Leib oder Leben eines anderen oder fremde Sachen von bedeutendem Wert gefährdet wären, unter Strafe gestellt werden. Durch Einführung eines Absatzes 3 sollte jeweils die vorsätzliche und die fahrlässige Herbeiführung einer der genannten Gefahren in einem besonders schweren Fall mit einer Freiheitsstrafe nicht unter zehn Jahren und bis zu lebenslangem Zuchthaus bestraft werden.[1177]

§ 42 sollte die Überschrift „Missbrauch ionisierender Strahlen" erhalten. Inhaltlich blieben die Regelungen und Strafrahmen gleich, jedoch sollte nun, statt auf den Gebrauch radioaktiver Stoffe immer auf die Verantwortlichkeit für die Aussetzung ionisierender Strahlung abgestellt werden.[1178]

§ 43[1179] sollte nicht nur die Vorbereitung von Handlungen nach § 41 oder 42 Abs. 2 unter Strafe stellen, sondern auch die Vorbereitungshandlungen, bei denen Kernbrennstoffe, radioaktive Stoffe oder die zur Ausführung der Tat erforderli-

1173 Begr. der BReg zu BT-Drs. III, 759, S. 48.

1174 Begr. der BReg zu BT-Drs. III, 759, S. 48.

1175 Stellungnahme des BR, BT-Drs. III, 759, Anlage 2, S. 55.

1176 Stellungnahme des BR, BT-Drs. III, 759, Anlage 2, S. 55.

1177 „(3) In besonders schweren Fällen ist die Strafe bei Taten nach Absatz 1 Zuchthaus nicht unter zehn Jahren oder lebenslängliches Zuchthaus, bei Taten nach Absatz 2 Zuchthaus nicht unter fünf Jahren. Ein besonders schwerer Fall liegt in der Regel vor, wenn der Täter durch die Tat den Tod eines Menschen verursacht hat." Stellungnahme des BR, BT-Drs. III, 759, Anlage 2, S. 56.

1178 Stellungnahme des BR, BT-Drs. III, 759, Anlage 2, S. 56.

1179 § 43: „Wer zur Vorbereitung eines bestimmten nach § 41 Abs. 1 oder § 42 Abs. 2 strafbaren Unternehmens Kernbrennstoffe, radioaktive Stoffe oder die zur Ausführung der Tat erforderliche Vorrichtung herstellt, einführt, sich oder einem anderen verschafft, verwahrt oder einem anderen überläßt oder eine ähnliche Handlung von gleicher Gefährlichkeit vornimmt, wird mit Zuchthaus bis zu zehn Jahren bestraft. Sind mildernde Umstände vorhanden, so ist die Strafe Gefängnis nicht unter sechs Monaten."

chen Vorrichtungen hergestellt, eingeführt oder einem anderen verschafft, verwahrt oder einem anderen überlassen werden oder eine ähnlich gefährliche Handlung vorgenommen wird.[1180]

Aufgrund einer Empfehlung der Großen Strafrechtskommission sollte § 45 über die Rechtsfolgen im Falle der tätigen Reue neu gefasst werden.[1181] § 51, welcher die Entschädigung im Falle der Einziehung von Gegenständen regelte, sollte in Absatz 1 am Ende folgenden Zusatz erhalten: „so ist der Berechtigte unter Zugrundelegung des Verkehrswertes dieser Gegenstände angemessen in Geld zu entschädigen." Hierdurch werde in Hinblick auf Art. 14 Abs. 3 S. 2 des Grundgesetzes sowohl das Ausmaß als auch die Art der Entschädigung festgelegt. Eine „angemessene" Entschädigung reiche nicht aus.[1182] Den § 57 nahm der Bundesrat unverändert an.[1183]

Der Rechtsausschuss des Bundesrates sprach die Empfehlung aus, die Überschrift des fünften Abschnitts in „Straf- und Bußgeldvorschriften" umzubenennen, was dann auch vom Bundesrat übernommen wurde.[1184]

c) Gegenäußerung der Bundesregierung

Die Änderungsvorschläge des Bundesrates bezüglich der Strafbestimmungen nahm die Bundesregierung ausnahmslos an.[1185] Auch hinsichtlich des Änderungsvorschlages zu § 51 stimmte sie zu, so dass nunmehr die Art und das genaue Ausmaß einer Entschädigung für die unzulässige Einziehung von Gegenständen festgelegt waren.[1186]

1180 Stellungnahme des BR, BT-Drs. III, 759, Anlage 2, S. 56.

1181 § 45: (1) Das Gericht kann die in § 41 Abs. 1, § 42 Abs. 2 angedrohte Mindeststrafe unterschreiten oder auf eine mildere Strafe erkennen, wenn der Täter freiwillig seine Tätigkeit aufgibt oder die Gefahr abwendet. (2) Das Gericht kann die in § 41 Abs. 2, § 42 Abs. 1, § 43 angedrohte Mindeststrafe unterschreiten, auf eine mildere Strafe erkennen oder von einer Bestrafung nach dieser Vorschrift absehen, wenn der Täter freiwillig seine Tätigkeit aufgibt oder die Gefahr abwendet. (3) Wird die Gefahr ohne Zutun des Täters abgewendet, so genügt sein freiwilliges und ernsthaftes Bemühen, sie abzuwenden." Stellungnahme des BR, BT-Drs. III, 759, Anlage 2, S. 56.

1182 Stellungnahme des BR, BT-Drs. III, 759, Anlage 2, S. 57.

1183 Stellungnahme des BR, BT-Drs. III, 759, Anlage 2, S. 57.

1184 Niederschrift der 204. Sitzung des Rechtsausschusses v. 06.11.1958, S. 19, in: BR-Protokolle, Rechtsausschuss, 192.-206. Sitzung, 1958.

1185 Gegenäußerung der BReg zu den Änderungsvorschlägen und Empfehlungen des BR, BT-Drs. II, 759, Anlage 3, S. 62.

1186 Gegenäußerung der BReg zu den Änderungsvorschlägen und Empfehlungen des BR, BT-Drs. II, 759, Anlage 3, S. 62.

d) Stellungnahme des Strafrechtsausschusses des Deutschen Anwaltvereins

Der Strafrechtsausschuss des Deutschen Anwaltvereins äußerte in seiner Stellungnahme vom 16. Oktober 1959 Bedenken gegen die Ausdehnung der Strafvorschriften auf das Gebiet der militärischen Verwendung der Atomenergie, wie z.B. in § 57 Abs. 2 des Entwurfs.[1187] Es bestehe die Befürchtung, dass die Rechtsprechung entgegen der Begründung der Bundesregierung zu § 57 Abs. 2 diesen – in Verbindung mit dem Titel des Gesetzes und der Zweckbestimmungsregelung, den Fall des Missbrauchs der Kernenergie, welcher nicht für friedliche Zwecke vorgesehen war – nicht unter die Strafbestimmungen des Atomgesetzes fassen würde. Der Ausschuss hielt jedoch eine Pönalisierung des Missbrauchs von für militärische Zwecke vorgesehenen Kernbrennstoffen für zwingend erforderlich.[1188]

Als weiteres Problem sprach der Ausschuss das Problem der Rechtswidrigkeit an, d.h. der Abgrenzung zwischen dem rechtmäßigen Gebrauch von Kernbrennstoffen und deren Missbrauch. Der im Entwurf vorgesehene Genehmigungszwang für die Ein- und Ausfuhr, die Beförderung und die Verwahrung sowie Verwendung von Kernbrennstoffen zu friedlichen Zwecken würde bei fehlender Genehmigung in diesen Fällen den Umgang mit Kernbrennstoffen als rechtswidrig gelten lassen. Im Falle des Umgangs mit Kernbrennstoffen, welche für militärische Zwecke vorgesehen sind, fehle es bislang an entsprechenden Vorschriften, welche die Rechtswidrigkeit näher ausgestalten. Die Vorschriften, Befehle oder entsprechende Dienstanweisungen seien nicht geeignet, die Rechtswidrigkeit bei Befehlsverweigerung objektiv zu begründen. Eine klare gesetzliche Regelung sei aus diesen Gründen erforderlich, um feststellen zu können, wann der Umgang mit für militärische Zwecke verwandten Kernbrennstoffen rechtmäßig und wann er rechtswidrig sei.[1189]

e) Der Rechtsausschuss des Bundestages

Der Rechtsausschuss diskutierte in seiner Sitzung am 4. November 1959 die Einführung einer Strafvorschrift über die fahrlässige Erteilung einer Genehmigung, lehnte jedoch den entsprechenden Antrag ab.[1190] Auch eine Pönalisierung einer fahrlässigen Herbeiführung einer Kernexplosion und der dadurch bewirkten

1187 Stellungnahme des Strafrechtsausschusses des Deutschen Anwaltvereins e.V. v. 16.10.1959, S. 2 ff.; PArch III, 156, Bd. A 2, Anlage 3.

1188 Stellungnahme des Strafrechtsausschusses des Deutschen Anwaltvereins e.V. v. 16.10.1959, S. 2 ff.; PArch III, 156, Bd. A 2, Anlage 3.

1189 Stellungnahme des Strafrechtsausschusses des Deutschen Anwaltvereins e.V. v. 16.10.1959, S. 25 ff.; PArch III, 156, Bd. A 2, Anlage 3.

1190 Stenogr. Protokoll der 80. Sitzung des 12. BT-Ausschusses v. 04.11.1959, S. 37, PArch III, 156, Bd. A1, Bl. 19.

Gemeingefahr lehnte der Ausschuss mehrheitlich ab.[1191] In Hinblick auf die Strafvorschriften beantragte der Rechtsausschuss mithin keine Änderungen.[1192]

f) Der Bundestagsausschuss für Atomkernenergie und Wasserwirtschaft

Der federführende Ausschuss für Atomkernenergie und Wasserwirtschaft unterbreitete im Hinblick auf die im fünften Abschnitt enthaltenen Strafbestimmungen hauptsächlich redaktionelle Änderungsvorschläge.[1193] Neben zahlreichen redaktionellen Änderungen sollte der Titel des fünften Abschnitts von „Strafvorschriften" in „Straf- und Bußgeldvorschriften" geändert werden.[1194] Ferner sollte der in § 47 Abs. 1 enthaltene Begriff der „Gemeingefahr" durch „Gefahr für Leib oder Leben eines anderen Menschen oder für Sachen von bedeutenden Wert" ersetzt werden.[1195] § 49 Abs. 4 sollte statt des Begriffs der „Gemeingefahr" nur noch den allgemeineren Begriff „Gefahr" enthalten.[1196]

10. Schlussvorschriften (§§ 54-59)

a) Begründung der Bundesregierung

Die im sechsten Abschnitt des Entwurfs enthaltenen Schlussvorschriften stimmten im Wesentlichen mit denen des vorherigen Entwurfes überein.[1197] Lediglich § 55, welcher die Zuständigkeit für den Erlass der in dem Gesetzesentwurf vorgesehenen Rechtsverordnungen vorsah, stellte nunmehr in Abs. 2 S. 1 ausdrücklich klar, dass die Rechtsverordnungen nur mit Zustimmung des Bundesrates ergehen können. Hiermit wurde der in Art. 80 Abs. 2 des Grundgesetzes enthaltene Rechtssatz in den Entwurf aufgenommen. § 55 Abs. 2 S. 2 legte jedoch eine Ausnahme von diesem verfassungsrechtlichen Grundsatz fest und machte von dem in Art. 80 Abs. 2 normierten Vorbehalt Gebrauch, wonach durch bundesgesetzliche Regelung festgelegt werden konnte, dass an sich zustimmungsbedürftige Rechtsverordnungen einer solchen nicht bedürfen. Rechtsverordnungen, welche sich darauf beschränken, die nach § 11 und § 12 festgelegten physikalischen, tech-

---

1191 Stenogr. Protokoll der 80. Sitzung des 12. BT-Ausschusses v. 04.11.1959, S. 38 ff., PArch III, 156, Bd. A1, Bl. 19.

1192 Vgl. Schreiben des Vorsitzenden des Rechtsausschusses an den Vorsitzenden des 26. BT-Ausschusses v. 10.11.1959, PArch III, 156, Bd. A 1, Bl. 21.

1193 So bei den §§ 41, 42, 43, 45, 46, 47 und 49 Abs. 1, Abs. 4, vgl. Schriftlicher Bericht des 26. BT-Ausschusses, BT-Drs. III, 1412, S. 24-30.

1194 Schriftlicher Bericht des 26. BT-Ausschusses, BT-Drs. III, 1412, S. 24.

1195 Schriftlicher Bericht des 26. BT-Ausschusses, BT-Drs. III, 1412, S. 27.

1196 Schriftlicher Bericht des 26. BT-Ausschusses, BT-Drs. III, 1412, S. 28.

1197 BT-Drs. II, 3026, siehe 3. Teil; F.II.6.

nischen und strahlenbiologischen Werte festzusetzen oder zu ändern, sollten eine Zustimmung des Bundesrates gem. § 55 Abs. 2 S. 2 nicht erfordern. Die Anpassung an neue Erkenntnisse müsse auch ohne Zustimmung des Bundesrates möglich sein, um eine ausreichende Flexibilität der Vorschrift zu gewährleisten.[1198]

§ 55 Absatz 3 legte wie schon § 42 des vorangegangenen Regierungsentwurfes[1199] fest, dass die Bundesregierung durch Rechtsverordnung die in den §§ 11 und 12 festgesetzten Ermächtigungen ganz oder zum Teil auf den Bundesminister für Atomkernenergie und Wasserwirtschaft übertragen könne. Durch diese Bestimmung wurde die in Art. 80 Abs.1 S. 4 GG vorgesehene Möglichkeit in den Entwurf aufgenommen, wonach die Ermächtigung zum Erlass von Rechtsverordnungen weiter übertragen werden kann. Es sollte zukünftigen rasch fortschreitenden Entwicklungen der wissenschaftlichen Erkenntnisse und dem praktischen Bedürfnis nach Beweglichkeit der atom- und strahlenschutzrechtlichen Bestimmungen Rechnung getragen werden.[1200]

Eine weitere Abweichung zum vorangegangenen Regierungsentwurf[1201] war die Einfügung eines Absatzes 2 in die Abgrenzungsvorschrift des § 57. Die Vorschrift des § 57 sollte primär der Abgrenzung gegenüber anderen Gesetzen dienen, so bestimmte z.B. Absatz 1 die Unanwendbarkeit der §§ 1 bis 4 des Sprengstoffgesetzes. Der Absatz 2 bestimmte, dass die Vorschriften der §§ 1, 3 bis 24 und 55 unabhängig von völkerrechtlichen Verpflichtungen auf Atomwaffen, welche der Bundesrepublik zu Verteidigungszwecken zur Verfügung stehen, keine Anwendung finden.

In Absatz 2 sollten die Überwachungs- und Verwaltungsvorschriften des Atomgesetzes unbeschadet völkerrechtlicher Verpflichtungen keine Anwendung auf Atomwaffen finden, welche der Bundesrepublik zu Verteidigungszwecken zur Verfügung gestellt würden.

b) Stellungnahme des Bundesrates

Schon in der ersten Lesung des Entwurfs im Bundesrat am 14. November 1958 wies der Berichterstatter Veit (Baden-Württemberg) darauf hin, dass es dem Entwurf an Übergangsbestimmungen fehle.[1202] Erforderlich seien Regelungen über Zulassungen, Befreiungen oder Genehmigungen, welche bereits vor Inkrafttreten des Bundesatomgesetzes nach den Atomgesetzen der Länder erteilt worden seien. Es müsse feststehen, ob die landesrechtlich erteilten Genehmigungen

---

1198 Begr. der BReg zu BT-Drs. III, 759, S. 47.
1199 BT-Drs. II, 3026.
1200 Begr. der BReg zu BT-Drs. III, 759, S. 47.
1201 BT-Drs. II, 3026.
1202 Stenogr. Bericht der 198. Sitzung des 3. BR v. 14.11.1958, 229.

einheitlich behandelt, befristet oder unbefristet aufrechterhalten werden sollten oder ob eine andere Regelung greifen sollte.[1203]

Der Bundesrat machte im Übrigen größtenteils redaktionelle Änderungsvorschläge. Hinsichtlich § 51, welcher die Entschädigung im Falle der Einziehung von Gegenständen nach § 50 regelte, schlug der Bundesrat vor, den § 51 Abs. 1 zu ergänzen: „..., so ist der Berechtigte unter Zugrundelegung des Verkehrswertes dieser Gegenstände angemessen in Geld zu entschädigen."[1204] Durch diese Spezifikation sei die Art der Entschädigung in Hinblick auf Art. 14 Abs. 3 S. 2 nunmehr ausdrücklich geregelt. Die Regelung, dass der Berechtigte angemessen zu entschädigen sei, reiche in Hinblick auf die verfassungsrechtlichen Vorgaben nicht aus. Die vorgeschlagene Regelung genüge der Bestimmtheitserfordernis.[1205]

c) Gegenäußerung der Bundesregierung

Die Bundesregierung stimmte den seitens des Bundesrates vorgeschlagenen Änderungen zu § 55 nicht zu und nahm die redaktionellen Änderungsvorschläge größtenteils an.[1206]

d) Stellungnahme des Atomausschusses des Deutschen Anwaltvereins

Die Regelung des § 54 bezog sich auf sog. „anonyme Strahlenschäden". Hierunter sind solche Schäden zu fassen, bei denen der Nachweis der Kausalität (Ursächlichkeit zwischen schädigendem Ereignis und Schaden) nicht erbracht werden konnte. Der Deutsche Anwaltsverein bemängelte, dass der Entwurf vorsehe, lediglich diese zu registrieren und zu untersuchen, denn es sei auch in einem solchen Fall erforderlich, dass dem Geschädigten ein Anspruch auf eine billige Entschädigung in Geld zuerkannt werde. Dieser Anspruch sollte sich gegen die Bundesrepublik Deutschland richten. Personen, welche durch die Einwirkung von ionisierenden Strahlen Körper- oder Sachschäden erlitten hätten, seien Opfer einer durch die Bundesrepublik Deutschland genehmigten Tätigkeit. Aus diesem

---

1203 Stenogr. Bericht der 198. Sitzung des 3. BR v. 14.11.1958, 229.

1204 Stellungnahme des BR, BT-Drs. III, 759, Anlage 2, S. 57.

1205 Stellungnahme des BR, BT-Drs. III, 759, Anlage 2, S. 57, mit Verweis auf die Stellungnahme des BR zum Entwurf eines Gesetzes über den Verkehr mit Arzneimitteln, Arzneimittelgesetz, BT-Drs. 654, vgl. hierzu Rotthege, Die Entstehung des Arzneimittelgesetzes vom 16. März 1961, S. 128 ff.

1206 Stellungnahme der BReg zu den Änderungsvorschlägen und Empfehlungen des BR, BT-Drs. III, 759, Anlage 3, S. 63.

Grund sei den durch anonyme Strahlenschäden Betroffenen eine billige Entschädigung zuzugestehen.[1207]

e) Der Bundestagsausschuss für Atomkernenergie und Wasserwirtschaft

Bis auf § 56 und § 57 Abs. 2 machte der 26. Ausschuss in seinem schriftlichen Bericht keinerlei Änderungsvorschläge zu den Schlussbestimmungen. § 56 sollte dahingehend ergänzt werden, dass mit Erlass des Atomgesetzes neben der Aufhebung der Gesetze der Alliierten Hohen Kommission und deren Durchführungsverordnungen auch die vorläufigen Atomgesetze Bayerns, Hessens, Hamburgs, Nordrhein-Westfalens, Baden-Württembergs, Berlins und Schleswig-Holsteins die Röntgenverordnung vom 7. Februar 1941 und Verordnungen, welche aufgrund der vorläufigen Atomgesetze der Länder erlassen worden waren, aufgehoben würden.[1208]

Darüber hinaus sollte ein § 56a eingefügt werden, welcher die Fortgeltung von landesrechtlichen Genehmigungen regeln sollte. Danach sollten nach Abs. 1 die aufgrund von Landesrecht erteilten Genehmigungen, Befreiungen und Zustimmungen zur Errichtung und Inbetriebnahme von Anlagen im Sinne des § 7 zunächst wirksam bleiben und einer nach dieser Norm erteilten Genehmigung grundsätzlich gleichgestellt werden. Sofern im Rahmen der Genehmigung Bestimmungen über die seitens des Inhabers vorzunehmende Vorsorge zur Erfüllung gesetzlicher Schadensersatzverpflichtungen mitentschieden würde, sollte diese vorbehaltlich der Regelung des Absatzes 2 als Festsetzung im Sinne des § 13 Abs. 1 gelten. Absatz 2 regelte, dass die vom Inhaber einer Anlage zu treffende Deckungsvorsorge von der Verwaltungsbehörde innerhalb von drei Monaten nach Inkrafttreten des Gesetzes festzusetzen sei. Soweit nach § 13 Abs. 4 eine Einstandspflicht festgesetzt wird, solle diese auf den Zeitpunkt des Inkrafttretens des Gesetzes zurückwirken.[1209]

Im Rahmen der Schlussbestimmungen des Entwurfs sprach sich der federführende Ausschuss ferner für die Streichung des § 57 Abs. 2 aus, welcher die Verwaltungsvorschriften des Atomgesetzes für Atomwaffen, die der Bundesrepublik zu Verteidigungszwecken zur Verfügung gestellt werden, für unanwendbar erklärte.[1210]

1207 Stellungnahme des Atomausschusses des Deutschen Anwaltvereins e.V. v. 26.01.1959, S. 15; PArch III, 156, Bd. A 2, Anlage 2.

1208 Schriftlicher Bericht des 26. BT-Ausschusses, BT-Drs. III, 1412, S. 31.

1209 Schriftlicher Bericht des 26. BT-Ausschusses, zu BT-Drs. III, 1412, S. 6.

1210 BT-Drs. III, 1412, S. 33.

D. Der Initiativentwurf der FDP-Fraktion zu einem Atomgesetz vom 21. Januar 1959

Der Entwurf der FDP-Fraktion[1211] wurde am 21. Januar 1959 vom Abgeordneten Rutschke (FDP) im Bundestag vorgestellt. Hinsichtlich der Begründung der einzelnen Bestimmungen verwies er auf die Ausführungen des Abgeordneten Drechsel (FDP) vom 19. April 1956[1212], als dieser den ersten FDP-Entwurf eines Atomgesetzes[1213] in der zweiten Legislaturperiode dem Bundestag vorstellte.[1214]

Wie schon der vorherige Entwurf der FDP-Fraktion aus der zweiten Legislaturperiode[1215], sah auch dieser im zweiten Abschnitt die Errichtung einer Bundesanstalt für Kernenergie vor, deren Organe ein Verwaltungsrat und ein Direktorium sein sollten. Schon der zuvor präsentierte Regierungsentwurf[1216] sah für die Erteilung und den Widerruf von Genehmigungen zur Ein- und Ausfuhr von Kernbrennstoffen nach § 22 die Zuständigkeit der Bundesanstalt für gewerbliche Wirtschaft und für die Verwahrung nach § 23 die Physikalisch-Technische Bundesanstalt vor. Rutschke brachte vor, dass wenn man ohnehin die Zuständigkeit von Bundesanstalten für derartige Aufgaben festlege, so sei es doch zweckmäßiger, diese Aufgaben zusammenzufassen und von einer einzigen Bundesanstalt ausführen zu lassen. Im Rahmen des sechsten Abschnitts, welcher die Haftungsbestimmungen enthalte, lege der Entwurf bei der Regelung des Schadensersatzes im Falle von durch Kernenergie verursachten Schäden eine absolute Gefährdungshaftung fest. Abschließend bat Rutschke darum, den Entwurf der FDP an den Atomausschuss und den Rechtssausschuss zu überweisen.[1217]

Der Bundesminister für Atomkernenergie und Wasserwirtschaft Balke (CSU) nahm anschließend zu den Ausführungen Rutschkes Stellung. Er wies darauf hin, dass der Regierungsentwurf[1218] auf bereits vorhandene Bundesanstalten zurückgreife, der Entwurf der FDP jedoch eine neue Bundesanstalt zu errichten gedenke. Dieser Vorschlag der FDP sei „wenig länderfreundlich" und werde voraussichtlich beim Bundesrat auf Ablehnung stoßen.[1219] Ferner sei eine Bundesanstalt aufgrund ihrer Rechtsnatur und weitreichenden Unabhängigkeit von Parlament und Regierung für derart wichtige hoheitliche Aufgaben nicht geeignet.

1211 BT-Drs. III, 471.

1212 Stenogr. Bericht der 141. Sitzung des 2. BT v. 19.04.1956, 7290 B ff.

1213 BT-Drs. II, 2142.

1214 Siehe 3. Teil: E.

1215 BT-Drs. II, 2142.

1216 BT-Drs. III, 759; dazu 4. Teil: E.

1217 Stenogr. Bericht der 55. Sitzung des 3. BT v. 21.01.1959, 3028.

1218 BT-Drs. III, 759.

1219 Stenogr. Bericht der 55. Sitzung des 3. BT v. 21.01.1959, 3029.

Eine parlamentarische Verantwortlichkeit bei der „Atomverwaltung“ müsse sichergestellt werden. Um eine praxisnahe Arbeit zu ermöglichen, müsse eine solche Bundesanstalt betriebs- und ortsnahe Außenstellen errichten, was einen unverhältnismäßig hohen Verwaltungsaufwand erforderlich machen und immense Kosten verursachen würde.[1220]

Der SPD-Abgeordnete Ratzel kritisierte an dem FDP-Entwurf die Zusammensetzung des Verwaltungsrates der vorgesehenen Bundesanstalt für Kernenergie.[1221] Es entspreche keineswegs dem politischen Kräfteverhältnis, wenn von den 21 Mitgliedern des Verwaltungsrates nur vier aus dem Bundestag – von jeder Fraktion einer – kommen sollten. Auch die vorgesehene Anzahl an Vertretern der Arbeitnehmer im Verwaltungsrat würde deren Bedeutung zu niedrig ansetzen. Im Übrigen solle nicht das Verwaltungsgremium für die deutsche friedliche Kernenergiepolitik die Verantwortung übernehmen, sondern allein die Regierung und das Parlament.[1222]

Am Ende der Bundestagssitzung am 21. Januar 1959 wurde beschlossen, den FDP-Entwurf gleichzeitig mit dem Regierungsentwurf[1223] an den Ausschuss für Atomkernenergie und Wasserwirtschaft und dem Rechtsausschuss zur Mitberatung zu überweisen.[1224] Im weiteren Verlauf der Gesetzgebungsarbeiten gaben die Ausschüsse jedoch dem Regierungsentwurf[1225] den Vorzug und verfolgten den Entwurf der FDP nicht weiter.[1226]

E. Verkündung und Inkrafttreten des Atomgesetzes am 1. Januar 1960

Mit Inkrafttreten des ersten Bundesatomgesetzes am 1. Januar 1960 wurde das bis dahin geltende Atomenergierecht außer Kraft gesetzt. Sowohl das alliierte Besatzungsrecht als auch die vorläufigen Atomgesetze der Länder wurden aufgehoben. Ebenso wurde die Verordnungsermächtigung zum Erlass von Vorschriften über Anlagen zur Erzeugung und Verwendung von Röntgen- oder radioaktiven Strahlen nach § 24 Abs. 3 Nr. 10 der Gewerbeordnung[1227] mit Inkrafttreten des Atomgeset-

---

1220 Stenogr. Bericht der 55. Sitzung des 3. BT v. 21.01.1959, 3029.
1221 Stenogr. Bericht der 55. Sitzung des 3. BT v. 21.01.1959, 3034.
1222 Stenogr. Bericht der 55. Sitzung des 3. BT v. 21.01.1959, 3035.
1223 BT-Drs. III, 759.
1224 Stenogr. Bericht der 55. Sitzung des 3. BT v. 21.01.1959, 3041.
1225 BT-Drs. III, 759.
1226 Vgl. z.B. 94. Sitzung des Haushaltsausschusses v. 21.10.1959, S. 9, PArch III, 156, Bd. A1, Bl. 24.
1227 I.d.F. des Gesetzes v. 29.09.1953, BGBl. 1953 I S. 1459.

zes aufgehoben. Verordnungen über Anlagen zur Erzeugung und Verwendung von Röntgen- oder radioaktiven Strahlen sollten nunmehr aufgrund der Ermächtigungen in den §§ 11 und 12 AtomG erlassen werden.

Das AHK-Gesetz Nr. 22 der Alliierten Hohen Kommission in der Fassung der Gesetze Nr. 53 und 68 wurde nach § 55 Abs. 1 Nr. 1 und Abs. 2 Nr. 2 AtomG aufgehoben. Das bisher erlassene Landesatomrecht[1228] trat gem. § 55 Abs. 1 Nr. 2 bis 9, soweit Vorschriften für Atomanlagen und Kernbrennstoffe betroffen waren, mit der Geltung des Atomgesetzes außer Kraft. Nach § 55 Abs. 2 Nr. 3 bis 7 sollten die restlichen landesrechtlichen Vorschriften über den Strahlenschutz ihre Geltung verlieren, sobald die erste Rechtsverordnung nach §§ 11 und 12 in Kraft getreten war. Die erste Strahlenschutzverordnung wurde daraufhin am 24. Juni 1960 erlassen und trat am 1. September 1960 in Kraft.[1229]

Die nach den vorläufigen Atomgesetzen der Länder erteilten Genehmigungen, Befreiungen und Zustimmungen für die Errichtung und den Betrieb von Atomanlagen blieben nach § 56 Abs. 1 AtomG grundsätzlich wirksam. Sie galten als Genehmigungen im Sinne des § 7 AtomG, die damit verbundenen Auflagen galten als Auflagen im Sinne des § 17 Abs. 1 AtomG. Gem. § 56 Abs. 2 war jedoch die Neufestsetzung der Deckungsvorsorge gem. §§ 13 ff. AtomG innerhalb von 3 Monaten nach Inkrafttreten des AtomG erforderlich. Im Falle der Überschreitung dieser Frist war die Genehmigung zwar nicht ipso iure ungültig, nach Festsetzung der Deckungsvorsorge hatte jedoch die Behörde eine angemessene Frist zum Nachweis der Deckungsvorsorge zu setzen; erst nach Ablauf dieser Frist war der Widerruf der Genehmigung nach § 17 Abs. 3 AtomG möglich. Daneben bestand für das Bundesatomministerium nach § 17 AtomG die Möglichkeit, aus Sicherheitsgründen nachträglich Auflagen anzuordnen oder die erteilte Genehmigung zu widerrufen.

Das Atomgesetz war darüber hinaus Ermächtigungsgrundlage für den Erlass zahlreicher Rechtsverordnungen. Neben der Strahlenschutzverordnung vom 1. September 1960[1230] wurden auf der Grundlage der Ermächtigungen des Atomgesetzes u.a. folgende Verordnungen mit der Zustimmung des Bundesrates erlassen:

1) Verordnung über das Verfahren bei der Genehmigung von Anlagen nach § 7 des Atomgesetzes, sog. Atomanlagen – Verordnung vom 20. Mai 1960[1231]
2) Deckungsvorsorge – Verordnung aufgrund des § 13 Abs. 3 AtomG vom 22. Februar 1962[1232]

1228 Bayerisches Atomgesetz v. 13.07.1957, Bayerisches Gesetz- und VOBlatt S. 330; Hessisches Atomgesetz v. 01.10.1957, Gesetz- und VOBlatt für das Land Hessen
1229 BGBl. 1960 I S. 430.
1230 BGBl. 1960 I S. 430.
1231 BGBl. 1960 I S. 310.
1232 BGBl. 1962 I S. 77.

3) Kostenverordnung aufgrund des § 21 Abs. 5 AtomG vom 2. Juli 1962[1233]
4) Verordnung über den Schutz vor Schäden durch ionisierende Strahlen in Schulen aufgrund der §§ 11 und 12 (Zweite Strahlenschutzverordnung) vom 18. Juli 1964[1234]
5) Verordnung über die Zulassung von Arzneimitteln, die mit ionisierenden Strahlen behandelt worden sind oder die radioaktive Stoffe enthalten aufgrund des § 12 AtomG vom 8. August 1967[1235]
6) Verordnung über Röntgengeräte in medizinischen und nichtmedizinischen Betrieben aufgrund des § 11 Abs.1 Nr. 2 AtomG und § 12 AtomG vom 1. März 1973[1236]

F. Das Atomenergierecht außerhalb des Atomgesetzes

Das Atomgesetz und die auf ihm beruhenden Rechtsverordnungen regelten das Atomenergierecht nicht erschöpfend. Neben den bereits genannten internationalen Verträgen[1237] und den verfassungsrechtlichen Grundlagen[1238] waren auch weitere Gesetze und Verordnungen von der Nutzung der Kernenergie betroffen.

So wurde dem in § 1 AtomG normierten Förderungszweck durch entsprechende Haushaltsgesetze des Bundes und der Länder Rechnung getragen, welche im Einzelnen auch die Vergabe von Subventionen, Krediten oder Bürgschaften auf dem Gebiet der Kernenergienutzung vorsahen. Auch Gesetze zur wissenschaftlichen Förderung wurden erlassen, um dieser Zweckbestimmung Rechnung zu tragen.

Das Atomgesetz enthielt keine Bestimmungen über das Urheberrecht und den gewerblichen Rechtsschutz. Insoweit galten die Artikel 12 bis 29 des Euratom-Vertrages über die „Verbreitung der Kenntnisse“[1239] sowie die allgemeinen Regelungen des deutschen Patentgesetzes und die §§ 30a bis 30g des Patentgesetzes.[1240] Hiernach war für eine Erfindung, die als „Staatsgeheimnis“ anzusehen sei, die Erteilung von Geheimpatenten vorgesehen.

1233 BGBl. 1962 I S. 440.
1234 BGBl. 1964 I S. 500.
1235 BGBl. 1967 I S. 893.
1236 BGBl. 1973 I S. 173.
1237 Siehe 2. Teil: A.
1238 Siehe 2. Teil: B.II.
1239 Siehe 2. Teil A.II.1.c.
1240 Patentgesetz vom 05.05.1936, RGBl. II S. 117 i.d.F. der Novelle vom 18.07.1953, BGBl. 1953 I, S. 615.

Auch das Bergrecht war betroffen, soweit es um die Gewinnung von Uran und Thorium[1241] oder andere Stoffe für den Betrieb von Kernkraftwerken ging. Die Berggesetze der Länder waren bereits 1946 durch die Einführung von entsprechenden Staatsvorbehalten bezüglich dieser Mineralien ergänzt worden.[1242]

Für die Luftreinhaltung war das Gesetz über den Deutschen Wetterdienst vom 11. November 1952 in der Fassung vom 23. Dezember 1959[1243] bedeutend, wonach die Bundesanstalt des Deutschen Wetterdienstes für die Überwachung der Atmosphäre auf radioaktive Beimengungen und deren Beförderung zuständig sein sollte. Nicht allein wegen der möglichen radioaktiven Verseuchung von Gewässern, sondern insbesondere aufgrund der Wassernutzung für den Betrieb von Atomanlagen beinhalteten insbesondere § 3 Abs. 2 Nr. 2 und § 22 des Wasserhaushaltsgesetzes vom 27. Juli 1957[1244] Schutz- und Haftungsvorschriften. Diese bezogen sich zwar nicht explizit auf eine radioaktive Verunreinigung des Wassers, jedoch konnten sie unter § 3 Abs. 2 Nr. 2[1245] und § 22 WHG subsumiert werden. Nach § 22 WHG vom 1. März 1960 haftet der Verursacher in vollem Umfang und summenmäßig unbegrenzt für den durch die radioaktive Verseuchung einem anderen entstandenen Personen-, Sach- und Vermögensschäden. Ein Verschulden ist nicht erforderlich.

Auch das Gesundheits-, Lebensmittel- und Arzneimittelrecht enthielt Regelungen über die Strahlenanwendung und den Strahlenschutz. So wurde aufgrund des Lebensmittelgesetzes in der Fassung der Bekanntmachung vom 17. Januar 1926[1246] und des Gesetzes vom 21. Dezember 1958[1247] im Einvernehmen mit dem Bundesminister für Atomkernenergie und Wasserwirtschaft die Lebensmittelverordnung vom 19. Dezember 1959[1248] über die Behandlung von Lebensmitteln mit Elektronen-, Gamma- und Röntgenstrahlen oder ultravioletten Strahlen erlassen.[1249]

1241 „Ausgangsstoffe" i.S.d. § 2 Nr. 2 AtomG.

1242 Über die rechtlichen Grundlagen der Aufsuchung und Gewinnung von Uran und Thorium vgl. Busse, Die rechtlichen Grundlagen für Aufsuchung und Gewinnung von Uran- und Thoriumerzen in der Bundesrepublik, AtW 1959, S. 75 f.

1243 BGBl. 1959 I S. 796.

1244 BGBl. 1957 I S. 1110,.

1245 „Als Benutzungen des Wassers gelten Maßnahmen, die geeignet sind, dauernd oder in einem nicht nur unerheblichen Ausmaß schädliche Veränderungen der physikalischen, chemischen oder biologischen Beschaffenheit des Wassers herbeizuführen."

1246 RGBl. I S. 17.

1247 BGBl. 1958 I S. 950.

1248 BGBl. 1959 I S. 761.

1249 Abgedr. bei Fischerhof, Deutsches Atomgesetz und Strahlenschutzrecht, Kommentar, Bd. II, S. 61 f.

§ 7 Abs. 1 des Arzneimittelgesetzes vom 16. Mai 1961[1250] enthielt das grundsätzliche Verbot, Arzneimittel in den Verkehr zu bringen, welche bei der Gewinnung, Herstellung, Zubereitung oder Aufbewahrung mit ionisierenden Strahlen behandelt worden sind oder radioaktive Stoffe beinhalten. Nach § 7 Abs. 2 besteht die Möglichkeit, durch Rechtsverordnung solche Behandlungsverfahren oder die Beimengung radioaktiver Stoffe zu Arzneimitteln zuzulassen,

> „sofern sie bei bestimmungsgemäßen Gebrauch keine schädlichen Wirkungen haben, die über ein nach den Erkenntnissen der medizinischen Wissenschaft vertretbares Maß hinausgehen und nicht die Folge von besonderen Umständen des Einzelfalles sind".

Eine entsprechende Verordnung, die sog. „Verordnung über die Zulassung von Arzneimitteln, die mit ionisierenden Strahlen behandelt worden sind oder radioaktive Stoffe enthalten" (Arzneimittelverordnung), wurde am 29. Juni 1962[1251] erlassen.

G. Die Entwicklung des Atomrechts von 1960 bis 2012

Trotz anfänglicher Euphorie stellte sich im Laufe der Anwendung des Atomgesetzes die Notwendigkeit seiner rechtlichen Fortbildung und Konkretisierung durch die Gerichte als auch die Notwendigkeit seiner Änderung und Ergänzung durch die Legislative heraus.

I. Die wesentlichen Entscheidungen der Rechtsprechung (Verwaltungsgerichte, Bundesverfassungsgericht)

Die deutsche rechtsprechende Gewalt war ab 1962 mit Gerichtsverfahren im Zusammenhang mit Kernkraftwerken befasst.[1252] Jedoch wurden Klagen auf Schadensersatz gem. den Anspruchsgrundlagen des Atomgesetzes vereinzelt erst nach dem Reaktorunglück von Tschernobyl vor den deutschen Gerichten eingereicht.[1253] Allerdings war die Herleitung einer primären Haftung des Inhabers der Anlage sowohl durch das nationale als auch durch das internationale Recht[1254] mit großen Schwierigkeiten verbunden. Um dieser Unzumutbarkeit für die Ge-

1250 BGBl. 1961 I S. 553.
1251 BGBl. 1962 I S. 439.
1252 Siehe hierzu Albers, Gerichtsentscheidungen zu Kernkraftwerken, S. 256 ff.
1253 AG Köln Beschl. v. 29.09.1987, Az: 9C 362/86, NJW 1988, 1393 ff.; LG Bonn Beschl. v. 14.12.1987, Az: 5T 184/87, NJW 1989, 1225; VG Köln Urt. v. 28.01.1988, Az: 1K 5333/86, NJW 1988, 1995 ff.; OVG NRW Urt. v. 23.03.1990, Az: 21A 801/88, NJW 1990, 3226.
1254 Hierzu näher Lagoni, Wer haftet für radioaktive Schäden?, Spiegel v. 19.05.1986, S. 132 f.

schädigten entgegenzuwirken, gewährte der Bund Ausgleichsansprüche nach der „Richtlinie zur Abwicklung von Ausgleichsansprüchen nach § 38 Abs. 2 des Atomgesetzes nach dem Reaktorunglück von Tschernobyl" (Ausgleichsrichtlinie) vom 21. Mai 1986.[1255]

1. Die Entscheidungen der Verwaltungsgerichte

Verwaltungsgerichtliche Verfahren zu atomrechtlichen Fragestellungen nahmen ab der Mitte der 1960er Jahre stetig zu. Die Gerichtsentscheidungen betrafen zumeist verwaltungsgerichtliche Nachbarklagen gegen die Errichtung und Inbetriebnahme einer Atomanlage.[1256] Nahezu kein Kernkraftwerksprojekt blieb unangefochten.[1257] Dies hatte zunächst zur Folge, dass die Inbetriebnahme von Atomkraftwerken hinausgezögert wurde.

Verwaltungsverfahrensrechtlich stellten sich einige Probleme.[1258] So ergab sich etwa im Eil- und Hauptsacheverfahren die Frage nach der Klagebefugnis nach § 42 Abs. 2 VwGO. In diesem Bereich war die Feststellung, wann jemand potenziell betroffen war, von den Umständen des jeweiligen Einzelfalls abhängig. Die Rechtsprechung stellte bei der Klagebefugnis auf den „Einwirkungsbereich" einer Anlage ab. Danach sollte derjenige klagebefugt sein, welcher im „Einwirkungsbereich" der Anlage seinen Wohnsitz oder ständigen Aufenthaltsort hatte. So bejahte die Rechtsprechung die Klagebefugnis, sofern der Kläger irgendeinen Störfall als möglich darstellen konnte und dieser zu Auswirkungen an seinem gewöhnlichen Aufenthaltsort führte. Solch ein Einwirkungsbereich wurde bei Entfernungen von vier, zehn, 48 und 62 und sogar bei 200 km[1259] anerkannt.[1260] Auch die Klagebefugnis von Gemeinden und die drittschützende Wirkung der Genehmigungsvorschriften des Atomgesetzes sowie die Präklusionsvorschriften[1261] spielten im Rahmen der verfahrensrechtlichen Prüfung eine Rolle.[1262]

Materiellrechtlich waren insbesondere die Verfahren im einstweiligen Rechtsschutz nach § 80 Abs. 5 VwGO durch die summarische Prüfung und die Gewährleistung eines effektiven Rechtsschutzes nach Art. 19 Abs. 4 GG zu berücksichti-

1255 BAnz. 1986 Nr. 95.

1256 BVerwG Urt. v. 16.03.1972, NJW 1972, 1292; OVG Lüneburg, DVBl 1975, 190 ff.

1257 Vgl. Fischerhof, Deutsches Atomgesetz und Strahlenschutzrecht, 2. Auflage, Vorbm., § 3 Rn. 5.

1258 Vgl. dazu näher Kuhnt, Verfahrensrechtliche Probleme in der Rechtsprechung zum Atomrecht, AtW 1977, S. 406; Albers, Gerichtsentscheidungen zu Kernkraftwerken.

1259 VG Schleswig Urt. v. 02.09.1976, Az: 10 A 214/74.

1260 Hierzu näher Kuhnt, Verfahrensrechtliche Probleme in der Rechtsprechung zum Atomrecht, AtW 1977, S. 408.

1261 BVerwG Urt. v. 22.12.1980, RdE 1981, S. 83, 87; vgl. Mutschler, Zum Stand der höchstrichterlichen Rechtsprechung im Atomrecht, S. 211 f.

1262 Winters, DÖV 1978, S. 268 f.

gen. So musste die summarische Prüfung im Einzelfall ausführlicher ausfallen, als dies bis dahin üblich war.[1263] Für das materielle Recht stand die Konkretisierung der Genehmigungsvoraussetzungen, insbesondere nach § 7, im Vordergrund. So musste beispielsweise für eine Genehmigung die Voraussetzung aus § 7 Abs. 2 Nr. 2 Atomgesetz[1264], nämlich die „nach dem Stand von Wissenschaft und Technik erforderliche Vorsorge gegen Schäden durch die Errichtung und den Betrieb der Anlage“, durch die Verwaltungsgerichte präzisiert werden.[1265] Auch das durch § 7 Abs. 2 gewährte Ermessen, welches dem Kläger einen Anspruch auf ermessensfehlerfreie Entscheidung zustand, wurde durch die Verwaltungsgerichte geprüft.[1266]

2. Die Entscheidungen des Bundesverfassungsgerichts zum Atomgesetz

a) Kalkar I, 8. August 1978

Auf den verfassungsrechtlichen Prüfstand geriet das Atomgesetz im Jahr 1978, als das Bundesverfassungsgericht über die Verfassungsmäßigkeit von § 7 AtomG[1267] befand.[1268] Der VII. Senat des Oberverwaltungsgerichts für das Land Nordrhein-Westfalen hatte mit Beschluss vom 18. August 1977 ein Berufungsverfahren gegen ein Urteil des Verwaltungsgerichts Düsseldorf[1269] ausgesetzt und gem. Art. 100 Abs. 1 GG dem Bundesverfassungsgericht die Frage nach der Verfassungsmäßigkeit von § 7 AtomG, soweit er die Genehmigung von Kernkraftwerken des Typs Schneller Brüter betraf, vorgelegt. Das Gericht hielt § 7 AtomG für verfassungswidrig. Die Vorschrift verstoße gegen das Prinzip der Gewaltenteilung nach Art. 20 Abs. 2 S. 2 GG, gegen das Prinzip der parlamentarischen Demokratie aus Art. 20 Abs. 1 und 2 GG und gegen das Rechtsstaatsprinzip aus Art. 20 Abs. 3 GG, soweit sie auch die Genehmigung von schnellen Brutreaktoren ermöglichen.[1270] Politische Leitentscheidungen seien stets vom Parlament zu treffen

1263 Siehe hierzu näher Winters, Zur Entwicklung des Atom- und Strahlenschutzrechts, DÖV 1978, S. 268-271.

1264 Atomgesetz v. 23.12.1959, BGBl. 1959 I S. 814.

1265 VGH Mannheim, DVBl. 1976, S. 538 (542); OVG Lüneburg DVBl. 1977, S. 340 ff.; VG Freiburg, NJW 1977, S. 1645 (1647).

1266 BVerwG DVBl. 1972, 679; OVG Lüneburg NVwZ 1987, S. 75 (76); VGH Mannheim DVBl. 1976, 538 (541); zum Versagungsermessen siehe näher Ossenbuhl, Rechtsanspruch auf Erteilung einer atomrechtlichen Genehmigung und Versagungsermessen, ET 1983, S. 665 ff.

1267 I.d.F. der Bekanntmachung v. 31.10.1976, BGBl. 1976 I S. 3053.

1268 Kalkar I, Beschl. v. 08.08.1978, Az: 2 BvL 8/77, BVerfGE 49, 89-147.

1269 VG Düsseldorf Urt. v. 30.10.1873, Az: 3 K 428/73, Juris.

1270 OVG NRW Beschl. v. 18.08.1977, Az: VII A 338/74, NJW 1978, 439-443.

und durch ein förmliches Gesetz zu konkretisieren. Dieser Anforderung genüge § 7, welcher die Entscheidung der Genehmigung eines Reaktors mit der speziellen Brütertechnologie der Exekutive überlasse, nicht.[1271]

Entgegen der Ansicht des OVG Münster beschloss das Bundesverfassungsgericht, dass der § 7 des Atomgesetzes verfassungsgemäß sei. Es führte an, dass aus dem Grundsatz der parlamentarischen Demokratie ein Vorrang des Parlaments und seiner Entscheidungen gegenüber anderen Gewalten nicht hergeleitet werden könne. Die grundsätzliche Entscheidung für oder gegen die rechtliche Zulässigkeit der friedlichen Kernenergienutzung im Hoheitsbereich der Bundesrepublik sei aufgrund der weitreichenden Auswirkungen auf die Bürger eine grundlegende Entscheidung des Gesetzgebers im Sinne des Vorbehalts des Gesetzes. Sofern jedoch nachträglich aufgrund neuer Erkenntnisse eine erneute Änderung der gesetzlichen Regelungen erforderlich sein sollte, könne der Gesetzgeber von Verfassungs wegen gehalten sein zu überprüfen, ob die ursprüngliche Entscheidung auch unter den veränderten Umständen aufrechterhalten bleiben solle. Die offene Fassung des § 7 Abs. 2 Nr. 3 AtomG diene jedoch einem „dynamischen Grundrechtsschutz“[1272], welcher den Schutzzweck aus § 1 Nr. 2 AtomG bestmöglich umsetzen solle. Vom Gesetzgeber in diesem Zusammenhang zu fordern, jegliche zukünftig möglichen Grundrechtsgefährdungen auszuschließen, würde die Grenzen des menschlichen Erkenntnisvermögens verkennen und jede staatliche Zulassung der Nutzung von Technik unmöglich machen.[1273]

b) Kalkar II, 22. Mai 1990

Im Rahmen eines Bund-Länder-Streitverfahrens nach Art. 93 Abs.1 Nr. 3 GG, §§ 13 Nr. 7, 69 BVerfGG konkretisierte das Bundesverfassungsgericht den Umfang und die Grenzen des Weisungsrechts des Bundes gegenüber den Ländern bezüglich eines atomrechtlichen Genehmigungsverfahrens.[1274] Es führte aus, dass im Bereich der Auftragsverwaltung nach Art. 85 GG die Kompetenzen derart verteilt seien, dass den Ländern die „Wahrnehmungskompetenz“ zukomme, die „Sachkompetenz“ hingegen unter dem Vorbehalt der Inanspruchnahme allein dem Bund zustehe. Eine Weisung des Bundes könne ein Land nur dann in seinen Rechten verletzen, wenn die Inanspruchnahme der Weisungsbefugnis selbst gegen die Verfassung verstoße. Ein einforderbares Recht auf inhaltlich rechtmäßige und verfassungsgemäße Ausübung des Weisungsrechts habe das Land gegenüber dem Bund mithin nicht. Dieser Grundsatz finde nur dort seine

1271 OVG NRW Beschl. v. 18.08.1977, Az: VII A 338/74, NJW 1978, 439-443.

1272 Kalkar I, Beschl. v. 08.08.1978, Az: 2 BvL 8/77, BVerGE 49, 89, 138 f.

1273 Kalkar I, Beschl. v. 08.08.1978, Az: 2 BvL 8/77, BVerfGE 49, 90 f.

1274 Kalkar II, Urt. v. 22.05.1990, Az: 2 BvG 1/88, BVerfGE 81, 310-347.

Grenzen, wo eine zuständige oberste Bundesbehörde unter grober Missachtung der ihr obliegenden Pflichten zu einem Tun oder Unterlassen anweist, welches im Hinblick auf die daraus resultierenden Gefährdungen oder Verletzungen bedeutender Rechtsgüter unverantwortbar sei. Für den Bund ergäben sich im Rahmen seiner Weisungsbefugnis folgende Pflichten: Der Bund sollte das Gebot der Weisungsklarheit beachten, d.h. die angewiesene Behörde sollte in der Lage sein, unter Zuhilfenahme der ihr zustehenden Erkenntnismöglichkeiten den objektiven Sinn der Weisung zu ermitteln. Daneben unterliege der Bund der Pflicht zu bundesfreundlichem Verhalten, welches beinhaltet, dass er grundsätzlich, außer im Falle der Eilbedürftigkeit, vor Weisungserlass dem jeweiligen Land Gelegenheit zu einer Stellungnahme geben sollte.[1275]

c) Biblis A, 19. Februar 2002

In der Entscheidung vom 19. Februar 2002 konkretisierte das Bundesverfassungsgericht den Grundsatz des bundesfreundlichen Verhaltens. Es stärkte die Rechte des Bundes, indem es diesem unter bestimmten Voraussetzungen die Möglichkeit zugestand, direkt gegenüber dem Betreiber einer Atomanlage tätig zu werden.[1276]

II. Die Änderungen des Atomgesetzes im Überblick

Insgesamt wurde das Atomgesetz bis Ende des Jahres 2012 dreizehnmal geändert.

1. Die erste Gesetzesänderung, 23. April 1963

Am 18. Januar 1963 legte die Bundesregierung dem Bundesrat den ersten Entwurf zur Ergänzung des Atomgesetzes vor.[1277] Das Gesetz wurde an die fortgeschrittene technische Entwicklung angepasst und trat 27. April 1963[1278] in Kraft. Es beinhaltete Neuregelungen für ortsveränderliche Anlagen, worunter vor allem atomgetriebene Schiffe fielen als auch Erleichterungen für den Transport von Kernbrennstoffen. Veranlassung zu dieser Neuregelung gab der im Frühjahr des Jahres 1963 vorgesehene Besuch des US-Atomhandelsschiffes „Savannah" in

1275 Kalkar II, Urt. v. 22.05.1990, Az: 2 BvG 1/88, BVerfGE 81, 315 ff.
1276 Biblis A, Urt. v. 19.02.2002, Az: 2 BvG 2/00, BVerfGE 104, 249 ff.
1277 BR-Drs. 23/63.
1278 BGBl. 1963 I S. 201.

deutschen Häfen. Bei der Erteilung einer Betriebserlaubnis an ausländische Reaktorschiffe sollten Verzögerungen vermieden werden.

2. Das zweite Gesetz zur Änderung des Atomgesetzes, 28. August 1969

Am 28. August 1969[1279] modifizierte das zweite Änderungs- und Ergänzungsgesetz das Genehmigungsverfahren und die Haftung für Atomanlagen. Das Gesetz enthielt einige Änderungen, welche eine Anpassung an internationale Rechtsentwicklungen ermöglichen und den praktischen Bedürfnissen der Atomwirtschaft entsprechen sollten. Wie zuvor in § 4 Abs. 1 AtomG vorgesehen, sollte nunmehr eine Genehmigung zur Beförderung von Kernbrennstoffen nicht mehr dem Beförderer, sondern dem Absender erteilt werden.[1280] Daneben sollte die Deckungsvorsorge neben der Haftung des Anlagenbetreibers auch die Haftung für Transportschäden umfassen.

Das Genehmigungsverfahren für Anlagen wurde ergänzt. Durch die Einführung eines § 7a AtomG sollte die Möglichkeit der Erteilung eines Vorbescheids geregelt werden, wodurch, anders als bei Teilgenehmigungen, über wesentliche Einzelfragen des Genehmigungsverfahrens verbindlich entschieden werden sollte, damit das Investitionsrisiko für die Betreiber minimiert werde. Nach § 7b Abs. 1 AtomG war vorgesehen, dass ein Genehmigungsbescheid nach Durchführung eines Offenlegungsverfahrens durch öffentliche Auslegung einem Dritten gegenüber als bekanntgegeben gilt. Diese Fiktion bezweckte die Ingangsetzung der verwaltungsgerichtlichen Fristen. Hinsichtlich der Haftungsbestimmungen waren folgende Änderungen vorgesehen: Zum einen sollte die Freistellungsverpflichtung des Bundes aus § 36 bis zum 31. Dezember 1980 verlängert werden, zum anderen wurde § 25 Abs. 1 AtomG dahingehend geändert, als nunmehr auch Inhaber von Fabrikationsanlagen zur Bearbeitung oder Verarbeitung von Kernbrennstoffen einer absoluten Gefährdungshaftung unterliegen. Auch die Haftung für Schäden während des Transports von Kernmaterial wurde nach § 25 Abs. 2 AtomG einer absoluten Gefährdungshaftung unterworfen. Hierdurch wurde das Haftungsrecht an internationale Standards angepasst.[1281]

1279 BGBl. 1969 I S. 1429.

1280 Entsprechend der Empfehlung der Internationalen Atomenergie-Organisation, IAEO, Regulations for the safe transport of radioactive material, Ausgabe 1967, und der allgemeinen internationalen Praxis.

1281 Vgl. Art. 4 des Pariser Übereinkommens; Art. II des Wiener Übereinkommens v. 21.05.1963 und Art. II des Brüsseler Übereinkommens über die Haftung der Inhaber von Reaktorschiffen v. 25.05.1962, BGBl. II 1975, S. 977.

3. Die dritte Gesetzesnovelle, 1. Oktober 1975

Das Dritte Gesetz zur Änderung des Atomgesetzes[1282] trat am 1. Oktober 1975 in Kraft und beinhaltete eingreifende Änderungen.[1283] Es übernahm nicht nur die Bestimmungen des Pariser[1284] und des Brüsseler Haftungsübereinkommens, sondern enthielt auch weitergehende Änderungen bezüglich der Haftung des Inhabers einer Kernanlage.

Der Bundesminister für Atomkernenergie und Wasserwirtschaft hatte dem Kabinett bereits im Juli 1959, Regelungen vorgelegt, die sich an den Vorarbeiten zum Pariser Haftungsübereinkommen orientierten. So sollten für die Betreiber von Kernanlagen sowie deren Transport die Gefährdungshaftung gelten und die Haftungshöchstgrenze auf etwa 15 Millionen Rechnungseinheiten des Europäischen Währungseinkommens (etwa 15 Millionen Dollar) festgesetzt werden.[1285] Eine Regelung für die Risiken bei der Verwendung von radioaktiven Isotopen enthielt die Konvention nicht. Das Kabinett nahm die Änderungsvorschläge des Bundesministers für Atomkernenergie und Wasserwirtschaft an[1286] und die Haftungshöchstgrenze wurden bereits in § 31 Nr. 1 der Regierungsvorlage aus der dritten Legislaturperiode berücksichtigt.[1287]

Die Gesetzesnovelle vom 1. Oktober 1975 beinhaltete die Einbeziehung von Brennelementefabriken in die Anlagengenehmigung nach § 7 AtomG, welche sich bis dahin nach § 9 AtomG gerichtet hatten. Die bedeutendsten Neuerungen brachte das Änderungsgesetz im Bereich des Haftungsrechts entsprechend dem am 30. September 1975 in Kraft getretenen Pariser Haftungsübereinkommen.[1288] Die Haftung für den Betrieb von Kernanlagen und die Beförderung von Kernmaterial von einer Anlage zu einer anderen lag nun beim Anlageninhaber. Statt der „wirtschaftlichen Kanalisierung“ wurde die „rechtliche Kanalisierung“ der Haf-

---

1282 BGBl. 1957 I S. 1885 i.d.F. des Gesetzes zur Änderung des Dritten Gesetzes zur Änderung des Atomgesetzes v. 19.12.1975, BGBl. 1975 I S. 3162.

1283 Vgl. Fischerhof, Atomgesetz, Kommentar, 2. Auflage, Einf., Rn. 34 ff.; Pfaffelhuber, die Novellierung des Atomgesetzes 1975 und 1976, AtW 1977, S. 391 ff.

1284 Übereinkommen über die Haftung gegenüber Dritten auf dem Gebiet der Kernenergie v. 29.07.1960 (Pariser Haftungskonvention), Ratifizierungsgesetz v. 08.07.1975, BGBl 1975 II S. 957; Bekanntmachung v. 04.02.1976, BGBl 1976 II S. 308.

1285 73. Sitzung des Kabinetts v. 15.07.1959, in: Weber, Die Kabinettsprotokolle der Bundesregierung, Bd. 12, 1959, S. 251.

1286 73. Sitzung des Kabinetts v. 15.07.1959, in: Weber, Die Kabinettsprotokolle der BReg, Bd. 12, 1959, S. 251.

1287 BT-Drs. III, 759, S. 11.

1288 Übereinkommen über die Haftung gegenüber Dritten auf dem Gebiet der Kernenergie v. 29.07.1960 (Pariser Haftungskonvention), Ratifizierungsgesetz v. 08.07.1975, BGBl 1975 II S. 957; Bekanntmachung v. 04.02.1976, BGBl 1976 II S. 308.

tung für den Betrieb von Kernanlagen und die Beförderung von Kernmaterial auf den Anlageninhaber eingeführt.[1289] Dadurch sollte für den Geschädigten eindeutig feststellbar sein, gegen wen er im Schadensfalle seinen Anspruch zu richten habe. Darüber hinaus wurde die in § 31 AtomG festgesetzte Haftungshöchstgrenze von 500 Mio. DM auf 1 Mrd. DM erhöht und zwischen Bund (zu 75 %) und Bundesland, in welchem die Kernenergieanlage ihren Sitz hatte (zu 25 %), aufgeteilt (§§ 34 und 36 AtomG). Daneben sollte nunmehr einem Geschädigten, der seinen Schaden im Geltungsbereich des Grundgesetzes aufgrund eines ausländischen Schadensereignisses erlitten hatte, aber nach dem einschlägigen ausländischen Recht keinen Ersatz erlangen kann, ein Ausgleich durch den Bund bis zu einer Höhe von 1 Mrd. DM nach § 38 AtomG gewährt werden.

Zusammenfassend lässt sich feststellen, dass durch das dritte Änderungsgesetz internationale Vorgaben umgesetzt wurden und insoweit der Opferschutz durch die Änderung der Haftungsbestimmungen erweitert wurde.[1290]

4. Die Einführung abfallrechtlicher Vorschriften durch die vierte Gesetzesnovelle, 30. August 1976

Das vierte Änderungsgesetz vom 30. August 1976[1291] erklärte die Beseitigung radioaktiver Abfälle zur Aufgabe des Staates und schuf die Voraussetzung für die Errichtung einer Endlagerstätte des Bundes (§§ 9a ff.).[1292] Radioaktive Abfälle waren entweder schadlos zu verwerten oder geordnet zu beseitigen. Dabei wurde den Ländern die Pflicht auferlegt, Sammelstellen für die Zwischenlagerung radioaktiver Abfälle zu schaffen, was einer atomrechtlichen Genehmigung nach § 9a bis 9c AtomG bedurfte. Der Bund war verpflichtet, Endlagerungsstätten einzurichten (§ 9 a Abs. 3 AtomG).

Zuletzt wurde die Verordnungsermächtigung in den §§ 11 und 12 AtomG um folgende Bereiche erweitert:

- die Prüfung von Werkstoffen sowie Auslegung, Konstruktion und Fertigung sicherheitstechnisch bedeutsamer Anlagenteile vor Erteilung der atomrechtlichen Anlagengenehmigung;
- die Mitteilungspflicht von sicherheitstechnisch bedeutsamen Abweichungen vom bestimmungsgemäßen Betrieb;

1289 Vgl. Pelzer, Die rechtliche Kanalisierung der Haftung auf den Inhaber einer Atomanlage – ein juristischer und wirtschaftlicher Fehlgriff?, Versicherungsrecht 1966, S. 1010.

1290 Vgl. von Stucken, Die Haftung des Inhabers einer Kernanlage nach Änderung des Atomgesetzes, AtW 1975, S. 576.

1291 BGBl. 1976 I S. 2573.

1292 Vgl. Haensler, ET 1976, S. 434 ff.; Pfaffelhuber, die Novellierung des Atomgesetzes 1975 und 1976, AtW 1977, S. 391 ff.

- die Konkretisierung der Ablieferungspflicht für radioaktive Abfälle;
- die Ausbildung und die Anforderungen an die beruflichen Kenntnisse und Fähigkeiten sowie die Zuverlässigkeit und Unparteilichkeit der Sachverständigen;
- die Festlegung der Fachkunde des Personals in Anlagen nach § 7 AtomG.

Das Atomgesetz wurde daraufhin am 31. Oktober 1976 neu bekannt gegeben.[1293] Bis dahin existierten im heutigen Gebiet der Bundesrepublik Deutschland drei Endlagerstätten (Morsleben, Konrad und Asse II), wobei Morsleben bereits 1971 von der DDR in Betrieb genommen worden war. Morsleben erhielt am 22. April 1986 eine Dauerbetriebsgenehmigung des Staatlichen Amts für Atomsicherheit und Strahlenschutz der ehemaligen DDR. Diese galt nach der Wiedervereinigung gem. § 57a AtomG als Planfeststellungbeschluss nach § 9b AtomG. Das Endlager Morsleben wurde in der DDR ohne entsprechende Öffentlichkeitsbeteiligung errichtet. Auch die Schachtanlage Asse II wurde ohne Öffentlichkeitsbeteiligung als Forschungsbergwerk für die Endlagerung radioaktiver Abfälle betrieben. Statt dem Atomgesetz bildeten zunächst das Bergrecht und das Strahlenschutzrecht die rechtlichen Grundlagen für Asse II. Ihre Inbetriebnahme erfolgte nach dem Bergrecht. Für die nicht rückholbare Endlagerung radioaktiver Abfälle von 1967 bis 1978 war § 3 Genehmigungsgrundlage der 1. Strahlenschutzverordnung.[1294] Seit 2009 ist das Bundesamt für Strahlenschutz der Betreiber von Asse II und diese wird nun nach dem Atomrecht betrieben.

Neben den drei Endlagerstätten gibt es noch das Erkundungsbergwerk Gorleben, dessen Eignung zum Endlager derzeit noch untersucht wird. Nach dem Atomgesetz, wonach für die Endlagerung ab 1976 die Durchführung eines Planfeststellungsverfahrens (§ 9) vorgeschrieben war, wurde bisher allein das Endlager Konrad genehmigt. Die Zuständigkeit für die Endlagerung lag zunächst bei der Physikalisch-Technischen Bundesanstalt. Seit 1989 ist das Bundesamt für Strahlenschutz zuständig. Der Planfeststellungsbeschluss und die Genehmigung nach § 9 AtomG für das Endlager Konrad wurden 2002 vom Niedersächsischen Umweltministerium erteilt.

5. Weitere Änderungen

Ab der 4. Gesetzesnovelle wurden bis 1980 kleine Änderungen am Atomgesetz vorgenommen. So wurden die Kostenvorschriften des Atomgesetzes geändert[1295]

1293 BGBl. 1976 I S. 3053.

1294 I.d.F. der Bekanntmachung v. 15.10.1965, BGBl. 1965 I S. 1653.

1295 Gesetz zur Änderung kostenrechtlicher Vorschriften des AtG v. 20.08.1980, BGBl. 1980 I S. 1457.

und durch die Schaffung eines umfassenden Umweltstrafrechts[1296] die Strafvorschriften aus dem Atomgesetz in den 27. Abschnitt (Gemeingefährliche Delikte) zum Teil in den 28. Abschnitt (Straftaten gegen die Umwelt) des Strafgesetzbuchs eingefügt.

6. Die Novellierung des Haftungsrechts, 22. Mai 1985

Die Änderung des Pariser Haftungsübereinkommens durch das Änderungsprotokoll vom 16. November 1982[1297] erforderte eine erneute Änderung des Atomgesetzes. Eine Gesetzesnovelle erfolgte am 22. Mai 1985[1298], durch welche die bis dahin bestehende Haftungshöchstgrenze des Anlageninhabers nach § 31 AtomG innerstaatlich aufgehoben wurde. Die Deckungsvorsorge wurde jedoch in der bislang geltenden Höhe beibehalten.

Einen weiteren besonderen Einschnitt in der gesellschaftlichen Akzeptanz der friedlichen Kernenergienutzung in Deutschland bedeutete das Reaktorunglück in Tschernobyl am 26. April 1986. Diesem Unfall war am 28. März 1979 in dem Kernkraftwerk Three Mile Island in Pennsylvania, USA, ein Kernschmelzunfall vorausgegangen. Folge dieses Unfalls war die Zerstörung des Reaktorkerns. Menschen kamen nicht zu Schaden.

7. Die Wiederherstellung der deutschen Einheit am 3. Oktober 1990

Durch die Wiedervereinigung und den Beitritt der DDR zur Bundesrepublik Deutschland am 3. Oktober 1990 galt gem. Art. 8 des Einigungsvertrages[1299] das Atomgesetz der Bundesrepublik auch in der DDR. Für die im Rahmen der DDR bis zum 30. Juni 1990 in dem in Artikel 3 des Einigungsvertrages genannten Gebieten galten gem. § 57a Abs. 1 Nr. 1 AtomG[1300] erteilte Genehmigungen, Erlaubnisse und Zulassungen für Kernkraftwerke bis zum Ablauf des 30. Juni 1995 als wirksam, soweit in den Genehmigungen nicht eine kürzere Befristung vorgesehen war. Gem. § 57a Abs. 1 Nr. 4 AtomG waren Genehmigungen, Erlaubnisse und Zulassungen zur Annahme von radioaktiven Abfällen zum Zwecke der Endlagerung oder Aufbewahrung und Lagerung nach den Vorschriften des Atomgesetzes bis zum 27. April 2002 wirksam. Die Beförderung radioaktiver Stoffe, die in den in Art. 3 des Einigungsvertrages genannten Gebieten bisher

1296 Achtzehntes Strafrechtsänderungsgesetz v. 23.03.1980, BGBl. 1980 I S. 373.
1297 BGBl. 1982 II S. 690.
1298 BGBl. 1985 I S. 781.
1299 BGBl. 1990 II S. 885.
1300 I.d.F. v. 15. Juli 1985, BGBl. 1985 I S. 1565, zuletzt geändert durch Art. 22 Verbrauchsteuer-Binnenmarktgesetz v. 21. Dezember 1992, BGBl. 1992 I S. 2150.

genehmigungsfrei war, unterlag gem. § 57a Abs. 2 AtomG ab dem 1. Juli 1992 den Genehmigungsvorschriften des Atomgesetzes und den darauf beruhenden Rechtsverordnungen.

Aufgrund dieser Übergangsvorschriften ging das DDR-Endlager Morsleben in Bundeseigentum über. Die hierfür erteilte DDR-Dauerbetriebsgenehmigung vom 22. April 1986 sollte gem. § 57a AtomG bis zum 30. Juni 2002 als faktischer Planfeststellungsbeschluss im Sinne des § 9b AtomG fortgelten.

Am 20. Februar 1991 erging jedoch eine einstweilige Anordnung auf Einstellung der Einlagerung durch das Bezirksgericht Magdeburg.[1301] Diese einstweilige Anordnung wurde am 25. Juni 1992 durch das Bundesverwaltungsgericht wieder aufgehoben.[1302] Am 13. Oktober 1992 stellte das Bundesamt für Strahlenschutz beim zuständigen Ministerium für Landwirtschaft und Umwelt des Landes Sachen-Anhalt einen Antrag auf Einleitung eines Planfeststellungsverfahrens für den Weiterbetrieb des Endlagers über das Jahr 2000 hinaus. Dieser Antrag wurde 1997 vom Bundesamt für Strahlenschutz auf Weisung des Bundesumweltministeriums auf die Stilllegung des Lagers in Morsleben beschränkt.

Am 25. September 1999 wurde die die Einlagerung von schwach- und mittelradioaktiven Abfällen durch Beschluss des Oberverwaltungsgerichts Magdeburg erneut ausgesetzt.[1303] Mit Schreiben vom 12. April 2001 verzichtete das Bundesamt für Strahlenschutz unwiderruflich auf die weitere Einlagerung radioaktiver Abfälle, da eine solche sicherheitstechnisch unvertretbar sei. Derzeitig wird das Planfeststellungsverfahren zur endgültigen Stilllegung beim Ministerium für Landwirtschaft und Umwelt des Landes Sachsen-Anhalt durchgeführt; der Planfeststellungsbeschluss wird 2014 erwartet.

8. Die Ausstiegsnovelle, 22. April 2002

In der 14. Legislaturperiode schlossen SPD und die Grünen am 20. Oktober 1998 nach langwierigen Koalitionsverhandlungen[1304] einen Koalitionsvertrag, welcher u.a. den Ausstieg aus der Atomenergie festlegte.[1305] Der Ausstieg sollte derart gestaltet sein, dass zunächst Konsensgespräche mit der Energiewirtschaft stattfinden sollten, um sodann nach einem Jahr durch Gesetz den Ausstieg aus der Atomenergienutzung zum gewerblichen Zwecke der Stromerzeugung entschädigungsfrei regeln zu können. Am 14. Juni 2000 schloss die rot-grüne Bundesre-

1301 DVBl. 1991, S. 401 ff.

1302 BVerwGE 90, 255.

1303 NVwZ 1999, 164.

1304 Siehe Bergmann, Regierungsbildung 1998: Dokumentation der Koalitionsverhandlungen, ZParl 1999, S. 316-325.

1305 Abgedr. in: Blätter für deutsche und internationale Politik 12/1998, S. 1549.

gierung eine Vereinbarung mit den Energieversorgungsunternehmen bezüglich eines geregelten Atomausstiegs.[1306] Inhaltlich war das Verbot des Neubaus kommerzieller Atomkraftwerke, die Befristung der Regellaufzeit auf 32 Jahre und die Abschaltung aller Atomkraftwerke bis spätestens 2021 vorgesehen.[1307] Der Vertrag wurde jedoch erst im Jahre 2002 durch das „Gesetz zur geordneten Beendigung der Kernenergienutzung zur gewerblichen Erzeugung von Elektrizität" rechtlich abgesichert.[1308] Inhaltlich wurde § 7 des Atomgesetzes abgeändert, so dass die Erteilung von Errichtungs- und Betriebsgenehmigungen für neue Atomanlagen ausgeschlossen war. Des Weiteren wurde festgelegt, dass die Berechtigungen zum Leistungsbetrieb der bereits bestehenden kommerziellen Reaktoren mit dem Erreichen von bestimmten Reststrommengen erlöschen. Diesen Reststrommengen zufolge ergab sich für jedes Kernkraftwerk eine Betriebsdauer von 32 Jahren.[1309]

9. Die Laufzeitverlängerung und das elfte Änderungsgesetz, 8. Dezember 2010

Am 28. Oktober 2010 beschloss der Bundestag mit einer Bundestagsmehrheit durch CDU/CSU und FDP eine erneute Verlängerung der Laufzeiten deutscher Atomkraftwerke.[1310] Die Kernenergie sollte noch so lange genutzt werden, bis sie durch die erneuerbaren Energiequellen verlässlich ersetzt werden könne. Die Laufzeiten von 17 Atomkraftwerken wurden um durchschnittlich zwölf Jahre verlängert. Für Kernkraftwerke, die bis einschließlich 1980 erstmals ihren Leistungsbetrieb aufnahmen, sollte die Laufzeit um acht Jahre, für die jüngeren um 14 Jahre verlängert werden.[1311]

Das Elfte Änderungsgesetz führte zu erheblichen politischen Auseinandersetzungen zwischen Opposition und Koalition, wobei die Frage nach der Zustimmungsbedürftigkeit durch den Bundesrat im Vordergrund stand.[1312] Unmittelbar nach dem Inkrafttreten des Elften Änderungsgesetzes wurde die Laufzeitverlän-

1306 Abgedr. bei Posser/Schmans/Müller-Dehn, Atomgesetz, Kommentar zur Novelle 2002, S. 285 ff.

1307 Posser/Schmans/Müller-Dehn, Atomgesetz, Kommentar zur Novelle 2002, S. 285 ff.

1308 BGBl. 2002 I S. 1351.

1309 Vgl. Begr. der BReg v. 11.09.2001, BT-Drs. XV, 6890, S. 35 ff.; Böhm, Festlegung der Strommengen, Übertragungsmöglichkeiten und Restlaufzeit, S. 43, 45.

1310 BGBl. 2010 I S. 1814.

1311 Im Einzelnen dazu s. Anlage 3 zum Elften Änderungsgesetz, BGBl. 2010 I,S. 1814.

1312 Vgl. Sellner/Fellenberg, Atomausstieg und Energiewende 2011 – das Gesetzespaket im Überblick, NVwZ 2011, S. 1026.

gerung mit Verfassungsbeschwerden und Normkontrollanträgen beim Bundesverfassungsgericht angegriffen.[1313]

10. Das zwölfte Gesetz zur Änderung des Atomgesetzes, 18. Dezember 2010

Durch das zwölfte Änderungsgesetz[1314] kam die Bundesrepublik ihrer Verpflichtung nach, die Richtlinie 2009/71/EURATOM[1315] in innerstaatliches Recht zu transformieren. Durch diese Richtlinie sollte ein gemeinsamer europäischer Rahmen zur Förderung und Verbesserung der nuklearen Sicherheit kerntechnischer Anlagen geschaffen werden. So sollten die Inhaber von Kernanlagen verpflichtet sein, angemessene personelle und finanzielle Mittel bereitzustellen, und die Aus- und Weiterbildung des für die Sicherheit zuständigen Personals ermöglichen. Ferner sollte das für die kerntechnische Sicherheit zuständige Bundesministerium zukünftig zumindest alle zehn Jahre den Gesetzes-, Verwaltungs- und Organisationsrahmen bewerten. Neben der Umsetzung der Vorgaben der EU-Richtlinie sah das zwölfte Änderungsgesetz zusätzliche Sicherheitsvorkehrungen in Kernkraftwerken vor (§§ 7c, 7d).

11. Der Atomausstieg bis 2022: dreizehntes Änderungsgesetz, 31. Juli 2011

Nach der Nuklearkatastrophe von Fukushima am 11. März 2011 ordnete die Bundesregierung unter der Bundeskanzlerin Merkel am 14. März 2011 ein dreimonatiges Atom-Moratorium an, in dem alle 17 deutschen Atomkraftwerke einer Sicherheitsprüfung unterzogen und die sieben ältesten Kernkraftwerke für drei Monate stillgelegt werden sollten. Diese Entscheidung stützte die Regierung auf § 19 Abs. 3 S. 2 Nr. 3 AtomG, wonach es der Atomaufsicht gestattet war, zur Gefahrenabwehr einstweilen oder endgültig Atomkraftwerke abzuschalten. Das Bundesumweltministerium hatte am 17. März 2011 die Reaktor-Sicherheitskommission[1316] in ihrer

1313 Von den Fraktionen der SPD und der Grünen aus Rheinland-Pfalz, Berlin. Nordrhein-Westfalen, Brandenburg und Bremen.

1314 BGBl. 2010 I S. 1817.

1315 Richtlinie 2009/71/EURATOM des Rates vom 25.06.2009 über einen Gemeinschaftsrahmen für die nukleare Sicherheit kerntechnischer Anlagen, Amtsbl. der Europäischen Union L 172 v. 02.07.2009, S. 18-22.

1316 Im August 1958 durch Verfügung des Bundesministers für Atomenergie gegründetes Gremium von zwölf Experten aus dem Bereich der Kerntechnik, die das BMAt (heute das Bundesministerium für Umwelt, Naturschutz und Reaktorsicherheit) in Fragen der Sicherheit von Kernkraftwerken und der Entsorgung radioaktiver Abfälle beraten soll; hierzu näher Satzung

433. Sitzung aufgefordert, die deutschen Kernkraftwerke auf ihre Sicherheit hin zu überprüfen. Die deutschen Atomkraftwerke wurden daraufhin durch die Reaktor-Sicherheitskommission in enger Zusammenarbeit mit den Aufsichtsbehörden der Länder auf ihre Sicherheit hin geprüft.[1317] Auf dieser Grundlage und aufgrund der Beratungen der Ethikkommission „Sichere Energieversorgung"[1318] beschloss die Bundesregierung den Ausstieg aus der friedlichen Kernenergienutzung zur gewerblichen Stromerzeugung. Dem folgte im Bundestag mit großer Mehrheit (513 Stimmen) ein Gesetz zur Änderung des Atomgesetzes, welches den Atomausstieg bis 2022 festlegte.[1319] Durch Bundespräsident Wulff am 1. August 2011 unterzeichnet, trat es am 6. August 2011 in Kraft.

Nach dem Gesetz sollten die sieben ältesten Kernkraftwerke und das Kernkraftwerk Krümmel ihre Berechtigung zum Leistungsbetrieb sofort verlieren (§ 7 Abs. 1 a Nr. 1). Für die drei jüngsten Anlagen würde die Genehmigung zum Leistungsbetrieb spätestens im Jahr 2022 erlöschen (§ 7 Abs. 1 a Nr. 6) Für alle übrigen Anlagen sollte das Erlöschen der Leistungsbefugnis gestaffelt bis spätestens 2015, 2017, 2019 und 2021 geschehen (§ 7 Abs. 1a Nr. 2-5). Forschungsreaktoren sind von der neuen Regelung nicht betroffen.

Die vom Atomausstieg betroffenen Energiekonzerne EON, RWE und Vattenfall setzen sich auf gerichtlichem Wege gegen die Abschaltung der Kernkraftwerke zur Wehr und legten Verfassungsbeschwerde beim Bundesverfassungsgericht ein. Der Entzug der Betriebserlaubnis für Kernkraftwerke aufgrund des dreizehnten Änderungsgesetzes zum Atomgesetz stellt ihrer Ansicht nach einen Eingriff in das verfassungsrechtlich geschützte Eigentum aus Art. 14 GG dar. Für diesen Eingriff sei zumindest eine angemessene Entschädigung erforderlich. Daneben ist auch die verfassungsrechtliche Vereinbarkeit mit Art. 12 GG und Art. 3 I GG von Interesse.[1320]

Neben der Verfassungsbeschwerde hat Vattenfall gleichzeitig ein Verfahren vor dem internationalen Schiedsgericht der Weltbank in Washington vorbereitet. Das Unternehmen beantragte die Eröffnung eines entsprechenden Schiedsverfahrens.

---

der Reaktor-Sicherheitskommission, online unter: http://www.rskonline.de/die-rsk/satzung/index.htm, Stand: 17.12.2012.

1317 Anlagenspezifische Sicherheitsüberprüfung (RSK-SÜ) deutscher Kernkraftwerke unter Berücksichtigung der Ereignisse in Fukushima I (Japan), online unter: http://www.rskonline.de/downloads/rsk_sn_sicherheitsueberpruefung_20110516_hp.pdf, Stand: 17.20.2012.

1318 Bericht der Ethik-Kommission v. 30.05.2011, online unter: http://www.nachhaltigkeit.info/media/1326189452phpeJPyvC.pdf?sid=e9b8d554d6f646f5f7d6a29f9c60b988, Stand: 17.10.2012.

1319 BGBl. 2011 I, S. 1704.

1320 Zur Prüfung der Verfassungsmäßigkeit und Entschädigungsfreiheit des 13. Änderungsgesetzes siehe Ewer, NvWZ 2011, S. 1035 ff.; de Witt, Ist der Atomausstieg 2011 mit Art. 14 GG vereinbar?, UPR 2012, 281 ff.; Kloepfer, Verfahrene Atomausstiegsverfahren?, UPR 2012, 42 ff.

Fünfter Teil: Zusammenfassung der Ergebnisse und Ausblick auf die zukünftige Entwicklung

A. Würdigung des ersten deutschen Atomgesetzes und Zusammenfassung der Ergebnisse

Das erste deutsche Atomgesetz war ein bedeutender Schritt für den Beginn und die Fortentwicklung der friedlichen Kernenergienutzung in der Bundesrepublik Deutschland. Der Erlass des Atomgesetzes stellte den Abschluss eines Zeitalters der „wissenschaftlichen und wirtschaftlichen Unfreiheit"[1321] dar, welche der Bundesrepublik durch das AHK-Gesetz Nr. 22[1322] von den alliierten Besatzungsmächten auferlegt worden war.

Der nahezu über sechs Jahre andauernde Gesetzgebungsprozess zum Atomgesetz war geprägt durch Meinungsverschiedenheiten zwischen Bundeswirtschaftsministerium und den Alliierten, zwischen den Regierungs- und Oppositionsparteien sowie zwischen Bundesrat und Bundestag. Wesentliche Streitpunkte waren die Frage nach dem Eigentum an Kernbrennstoffen, die Einführung eines Staatsvorbehalts für die friedliche Verwendung der Kernenergie, die Ausgestaltung des verwaltungsrechtlichen Genehmigungsverfahrens und der Haftungs- und Versicherungsbestimmungen des Gesetzes sowie die verfassungsrechtliche Grundlage des Atomgesetzes im Grundgesetz.

Durch Kompromisslösungen und gegenseitiges Nachgeben konnten sich die Beteiligten des Gesetzgebungsprozesses schließlich einigen. Man entschied sich gegen einen staatlichen Vorbehalt und für eine möglichst freie und ungehinderte Betätigung der Privatwirtschaft ohne eine staatliche Forschungs- oder Wirtschaftslenkung. Der Weg für die friedliche Verwendung und Erforschung der Kernenergie war nun bundesweit und unter den gleichen gesetzlichen Bedingungen für die Privatwirtschaft und den Staat gleichermaßen eröffnet. Nur dort, wo der Schutz von Leben, Gesundheit und Sachgütern sowie der inneren und äußeren

1321 Fischerhof, Das deutsche Atomgesetz, NJW 1960, S. 318; Fischerhof, Das deutsche Atomgesetz ist da, AtW 1960, S. 3.

1322 AHK Amtsbl. S. 122, 882, 1361.

Sicherheit der Bundesrepublik und internationale Verpflichtungen es erforderten, wurden der Privatinitiative Grenzen gesetzt. Grund für diese Förderung der Privatwirtschaft waren der Rückstand der Bundesrepublik auf dem Gebiet der friedlichen Kernenergienutzung im internationalen Vergleich und die anfängliche Zurückhaltung der deutschen Energieversorgungsunternehmen. Ein solcher Ansatz versprach, die interessierten Wirtschaftskreise zu motivieren, auf dem neuen Wirtschaftssektor „Atomenergie" tätig zu werden. Verstärkt wurde dieser Anreiz durch die großzügige Freistellungsverpflichtung des Bundes (§ 37), welche das Haftungsrisiko für Anlagenbetreiber, Zulieferer und andere Beteiligte kalkulierbar machte und sie von einem womöglich existenzbedrohenden Risiko befreite. Diese Regelung sollte der Atomwirtschaft „Entwicklungsfähigkeit"[1323] geben und schuf für sie eine wirtschaftliche Grundlage, um auf dem Gebiet der friedlichen Kernenergienutzung tätig zu werden.[1324]

Neben dieser wirtschaftspolitischen Zielvorgabe waren einige weitere Regelungen des ersten deutschen Atomgesetzes signifikant. Die friedliche Gewinnung und Nutzung der Atomenergie unterschied sich von den bis dahin üblichen technischen Vorgängen durch ihr enormes Gefahrenpotenzial sowie die damit verbundenen räumlich und zeitlich weitreichenden Schadenseventualitäten.[1325] Dies erforderte ein Mindestmaß an Rechtssicherheit durch entsprechende Schutz- und Kontrollregelungen. Der Stellenwert der Schutzfunktion des Atomgesetzes zeigte sich in der Zweckbestimmungsvorschrift des § 1, in den Bestimmungen über ein strenges Genehmigungs- und Aufsichtsverfahren, in den ausreichenden Ermächtigungen für den Erlass von Schutzverordnungen, den Haftungsbestimmungen mit der schon erwähnten Freistellungsverpflichtung des Bundes und durch zahlreiche Straf- und Ordnungswidrigkeitentatbestände.

Die Zweckbestimmung in § 1 stellte eine verbindliche Rechtsnorm dar. Auch wenn die Norm keine unmittelbar vollziehbaren Maßnahmen anordnete, so sollte sie gleichwohl als Leitfaden für die Ausfüllung durch spätere Rechtsverordnungen und für die Ausführung durch die Verwaltungsbehörden sowie für die Auslegung des Atomgesetzes, insbesondere für die Beurteilung der „Zuverlässigkeit" des Antragsstellers im Rahmen der Genehmigungsvorschriften dienen.

Der verwaltungsrechtliche Teil des Gesetzes war gekennzeichnet durch Zulassungsbestimmungen, Aufsichtsbefugnisse und andere Verwaltungsmaßnahmen, die ein „Höchstmaß an erstrebter Sicherheit"[1326] gewährleisten sollten. Ein- und

1323 Pabst, Das Bundesatomgesetz, Atom und Strom 1960, S. 2.

1324 So auch Glossner und Direktor Ruppert von der AEG (Allgemeine Elektrizitäts-Gesellschaft), in: AtW 1960, S. 8.

1325 Vgl. Ehlers, Das neue deutsche Atomgesetz, MDR 1960, S. 714.

1326 Vgl. Fischerhof, Deutsches Atomgesetz und Strahlenschutzrecht Kommentar, 2. Auflage, Einführung, Rn. 34.

Ausfuhr, Erzeugung, Beförderung, Aufbewahrung, Verwendung, Beseitigung und die Wiederaufbearbeitung von Kernbrennstoffen bedurften der Genehmigung (§§ 3-9). Die für die Praxis bedeutendste Genehmigungsvorschrift war § 7 zur Errichtung und dem Betrieb von Anlagen zur Erzeugung oder zur Spaltung von Kernbrennstoffen oder zur Aufbearbeitung bestrahlter Kernbrennstoffe. Die Frage nach der Einführung einer Konzession wurde bei den Gesetzgebungsarbeiten eingehend erörtert und führte durch gegenseitiges Nachgeben von Bundestag und Bundesrat zu einer Lösung. Ein Rechtsanspruch auf Erteilung einer Genehmigung nach § 7 wurde – sofern die Genehmigungsvoraussetzungen vorlägen – nicht gewährt. Vielmehr sollte allein ein Anspruch auf ermessensfehlerfreie Entscheidung bestehen. Hinsichtlich des § 9 war die Genehmigungspflicht auf Vorschlag des Bundesrates in der dritten Wahlperiode[1327] erweitert worden, so dass auch derjenige einer Genehmigung bedurfte, der von dem in der früheren Genehmigungsurkunde festgelegten Verfahren für die Bearbeitung, Verarbeitung oder sonstige Verwendung von Kernbrennstoffen wesentlich abwich oder die in der Genehmigungsurkunde bezeichnete Betriebsstätte oder deren Lage wesentlich veränderte.

Eine Besonderheit im Rahmen der Genehmigungsvorschriften war die Voraussetzung der sog. Deckungsvorsorge für mögliche gesetzliche Schadensersatzansprüche (§ 13). Art, Umfang und Höhe dieser Vorsorge, die nachgewiesen werden mussten, war von der Genehmigungsbehörde zu prüfen und festzusetzen und sollte in der Regel durch den Abschluss einer Haftpflichtversicherung erbracht werden.[1328] Die Festsetzung der Deckungsvorsorge sollte im Abstand von zwei Jahren sowie bei erheblichen Änderungen der Verhältnisse erneut vorgenommen werden (§ 13 Abs. 1). Die gesetzlichen Anforderungen an die Deckungsvorsorge waren unterschiedlich, je nachdem, welche Art von Genehmigung der Antragssteller begehrte. Bei einer Genehmigung nach § 7 AtomG, bei der eine Haftung nach § 25 AtomG greifen würde, musste die Deckungsvorsorge in einem angemessenen Verhältnis zur Gefährlichkeit der Anlage oder Tätigkeit stehen. Die Angemessenheit ergab sich nach § 13 Abs. 2 Nr. 1 AtomG im „Regelfall“ aus dem Höchstmaß des Versicherungsschutzes,

> „der auf dem Versicherungsmarkt zu zumutbaren und zu dem wirtschaftlichen oder sonstigen Interesse an dem Betrieb einer derartigen Anlage oder an der Ausübung einer derartigen Tätigkeit in angemessenen Verhältnis stehenden Aufwendungen erhältlich ist“.

Bei allen anderen Genehmigungen nach dem Atomgesetz oder aufgrund von nach dem Atomgesetz erlassenen Rechtsverordnungen, die eine Deckungsvorsorge

1327 Stellungnahme des BR BT-Drs. III, 759 Anlage 2, S. 51.

1328 Eine Deckungsvorsorge hatte es bereits in § 43 LuftverkG und beim Gesetz über die Einführung der Pflichtversicherung für Kfz-Halter v. 07.11.1939, RGBl. I, S. 2223, gegeben.

voraussetzten, musste die Erfüllung gesetzlicher Schadensersatzverpflichtungen „in dem nach den Umständen gebotenen Ausmaß“ sichergestellt werden.

Der vierte Abschnitt enthielt die Haftungsvorschriften; sie bildeten eines der Kernstücke des Atomgesetzes.[1329] Diese Regelungen hatten bei den Gesetzgebungsarbeiten zu erheblichen Diskussionen geführt.[1330] Wegweisend für die Ausgestaltung der Haftungsbestimmungen waren die parallel laufenden Arbeiten internationaler Organisationen im allgemeinen Interesse einer Rechtsangleichung auf dem Gebiet der Kernenergienutzung.[1331] Zum Teil wurde das bis zu diesem Zeitpunkt herkömmliche deutsche Haftungsrechtssystem verlassen. Im Rahmen der materiellen Haftung unterschied das Gesetz zwischen der Haftung für Atomanlagen im Sinne des § 7 und der Haftung für den Umgang mit radioaktiven Stoffen außerhalb einer Atomanlage. Für die Haftung für Atomanlagen war neben dem allgemeinen Haftungsrecht eine Gefährdungshaftung nach § 25 vorgesehen, ohne dass der Nachweis eines Verschuldens oder eine Exkulpationsmöglichkeit im Falle höherer Gewalt festgelegt war. Der Haftungshöchstbetrag wurde nach § 31 für den einzelnen Schadensfall auf 500 Millionen DM festgesetzt. Für die Isotopenhaftung war neben dem allgemeinen Haftungsrecht nach § 26 eine differenzierte Regelung festgelegt worden: Verschuldenshaftung mit Umkehr der Beweislast unter Ausschluss des Entlastungsbeweises des Geschäftsherrn, sofern der Schaden auf einen Fehler in der Beschaffenheit der Schutzeinrichtungen oder einem Versagen ihrer Verrichtungen zurückzuführen war. Soweit das Haftungsrisiko aus § 25 in Verbindung mit § 31 von der Privatwirtschaft nicht allein getragen werden konnte, sah das Atomgesetz für die Deckung des Risikos zwei Stufen vor: Auf der ersten Stufe bestand die Deckungsvorsorge, die von der Verwaltungsbehörde im Genehmigungsverfahren nach § 13 festgesetzt werden sollte. Auf der zweiten Stufe griff die Freistellungsverpflichtung des Bundes nach § 36. Diese für den Katastrophenfall vorsorglich normierte Staatshaftung stellte eine rechtliche Neuerung in der damaligen deutschen Rechtsordnung dar. Der Bund hatte demnach für Schadensersatzverpflichtungen einzutreten, soweit diese von der Deckungsvorsorge nicht gedeckt waren, und zwar bis zu einem Höchstbetrag von 500 Millionen DM, abzüglich des Betrages, der durch die Deckungsvorsorge gedeckt war. Die Freistellungsverpflichtung des Bundes sollte einer finanziellen Überlastung der noch im Aufbau befindlichen Atomindustrie entgegenwirken, jedoch nur für Anlagen gelten, die bis zum 31. Dezember 1970 genehmigt und in Betrieb genommen werden.

1329 Vgl. Cartellieri, Das Atomgesetz, BB 1960, S. 5.

1330 Siehe 4. Teil: C.II.8.; hierzu näher Elsner, Die Haftung von Kernenergieschäden.

1331 So z.B. das sich noch im Verhandlungsstadium befindende Haftungsabkommen der OEEC: Draft Convention on Third Party Liability in the Field of Nuclear Energy.

Von besonderer Bedeutung war bei den Vorschriften über die Deckung des Risikos für Atomanlagen die sog. „Kanalisierung (oder ‚Konzentrierung') der Haftung". Dieser Begriff stammt aus den internationalen Verhandlungen über den Euratom-Vertrag und der OEEC-Haftungskonvention. Die Kanalisierung erstrebt die Konzentration der Schadensersatzansprüche auf einen Haftpflichtigen.[1332] Neben der Haftung des Reaktorinhabers kann bei Reaktorunfällen auch eine Haftung Dritter, wie z.B. des Planers oder des Erbauers der Anlage (wegen fahrlässiger Fehlkonstruktion oder schlechter Bauausführung), der Zulieferer (bei schuldhafter Schlechtlieferung) und der in Atomanlagen beschäftigten Personen (etwa durch schuldhafte Fehlbedienung eines Gerätes), in Betracht kommen. Hierbei ging man davon aus, dass dieser Personenkreis entsprechende Schadensersatzansprüche wirtschaftlich nicht erfüllen könnte und auch eine ausreichende Haftpflichtversicherung aufgrund des enormen Haftpflichtrisikos bei Reaktoranlagen nicht erlangt werden könne. Um zum einen potenziell Geschädigten vor der Geltendmachung von kaum durchsetzbaren Ansprüchen zu schützen, und um zum anderen Dritte vor einem zu großen Haftungsrisiko zu schützen, hatte man eine Konzentrierung der Haftung des Anlagenbetreibers eingeführt. Man unterschied zwischen rechtlicher und wirtschaftlicher Kanalisierung. Die rechtliche Kanalisierung war bereits im britischen[1333] und im Schweizer Atomgesetz[1334] verankert worden. Danach entfiel die Haftung Dritter mit Ausnahme von Regressansprüchen des Inhabers der Atomanlage, sofern eine Schädigungsabsicht dieser Personen vorlag. Die vertragliche Haftung blieb daneben unberührt und nur in bestimmten Ausnahmefällen war ein Rückgriff des Anlagenbetreibers möglich.[1335] Das erste Atomgesetz der Bundesrepublik Deutschland hatte statt der rechtlichen Kanalisierung eine wirtschaftliche Kanalisierung eingeführt. Hiernach waren die gesetzlichen Schadensersatzansprüche der in § 15 Abs. 2 AtomG bezeichneten Personen in die Haftpflichtversicherung des Inhabers der Anlage miteinzubeziehen. Zudem waren diese auch von der Freistellungsverpflichtung des Bundes umfasst. Sie verpflichtete den Anlagenbetreiber, durch den Abschluss von Haftpflichtversicherungen oder durch die Bestellung von sonstigen Sicherheiten zugunsten von Zulieferern und Hilfspersonen diese vor

---

1332 Cartellieri, Das Atomgesetz, BB 1960, S. 5.

1333 British Nuclear Installations (Licensing and Insurance) Act (Cl. 4 (2)), Atomic Energy Act 1946, enacted 6th Nov. 1946; Atomic Energy Authority Act, 1954, enacted 4th June 1954; Nuclear Installations (Licensing and Insurance) Act, 1959 enacted 9th July 1959, übersetzt in: Bundesministerium für Atomkernenergie und Wasserwirtschaft, Großbritannien, Kernenergierecht, Heft 1).

1334 Art. 12 und 13 des Schweizer Atomgesetzes v. 23.12.1959, Amtliche Sammlung Schweiz 1959, 459.

1335 Vgl. zum Unterschied von wirtschaftlicher und rechtlicher Kanalisierung näher Fischerhof, Deutsches Atomgesetz und Strahlenschutzrecht, Kommentar, Bd. I, Vorbm., § 25 Rn. 21.

der wirtschaftlichen Inanspruchnahme aus deliktischer oder vertraglicher Haftung zu schützen. Im Gegensatz zur rechtlichen Kanalisierung – die eine Haftung von Dritten (Zulieferern, Verrichtungsgehilfen etc.) entfallen lässt – sind Dritte nicht gegen Klagen der Geschädigten geschützt und möglichen Regressansprüchen der Versicherer ausgesetzt. Die Haftpflichtversicherung, welche alle gesetzlichen Schadensersatzverpflichtungen, die gegenüber Dritten, insbesondere den Zulieferern entstehen konnten (§§ 15, 25), umfassen musste, stellte einen „Bruch mit allen normalen Haftungsgrundlagen“[1336] dar.

Für den Umgang mit Röntgenstrahlen, Teilchenbeschleunigern und ähnlichen Apparaten enthielt das Atomgesetz keine speziellen Haftungsbestimmungen. Hier galt allein das allgemeine Haftungsrecht.

Neben den umfassenden Haftungs- und Versicherungsbestimmungen und den dargestellten rechtlichen Neuerungen stieß der Erlass des Atomgesetzes zusammen mit dem Gesetz zur Ergänzung des Grundgesetzes – also die Bekanntmachung des Atomgesetzes, bevor die dafür erforderliche Ermächtigung in Kraft getreten war – auf verfassungsrechtliche Bedenken. Es wurde bezweifelt, ob ein Gesetz zur Änderung des Grundgesetzes eine wirksame verfassungsrechtliche Ermächtigungsgrundlage sein konnte, wenn es zeitgleich mit dem Gesetz in Kraft getreten war.[1337] Bereits in den Jahren 1923 und 1931 war, hinsichtlich der Weimarer Reichsverfassung, eine derartige Vorgehensweise bemängelt worden.[1338] Die Verordnungen von 1923 wurden damals erneut ausgefertigt und verkündet.[1339] In einer Entscheidung vom 26. Juli 1972 bemängelte das Bundesverfassungsgericht das erste Gesetz zur Vereinheitlichung und Neuregelung des Besoldungsrechts vom 18. März 1971.[1340] Künftig sei ein Gesetz, das zu einem Zeitpunkt ausgefertigt werde, an dem die dazu ermächtigende Norm noch nicht in Kraft war, nichtig.[1341] Es forderte den Gesetzgeber auf, dieses verfassungsrechtliche Problem zu lösen.[1342] Daraufhin wurde das „Gesetz zur Bereinigung von

1336 Weitnauer, Die Deckung des nuklearen Risikos, DB 1960, S. 284.

1337 Vgl. Müller, Von welchem Zeitpunkt ab darf ein zur Neufassung eines geänderten Gesetzes ermächtigter Minister von dieser Befugnis Gebrauch machen?, DVBl. 1962, S. 589 ff.; Spiegel, Darf eine Verordnung zugleich mit dem ermächtigenden Gesetz verkündet werden?, NJW 1962, S. 1187 ff.; Krüger, Zur Frage der Rechtsgültigkeit von Durchführungsverordnungen (Rechtsverordnungen), die gleichzeitig mit dem ermächtigenden Gesetz verkündet werden, DÖV 1966, 133; Fleck, Gleichzeitige Verkündung von Ermächtigungsnorm und Rechtsverordnung, DÖV 1966, S. 633 ff.; zur Abwesenheit verfassungsrechtlicher Bedenke vgl. hingegen das Urt. des BGH v. 25.02.1965, Az.VII ZR 79/63, BGHZ 43, S. 269 ff.

1338 Vgl. Schneider, Gesetzgebung: Ein Lehr- und Handbuch, S. 282.

1339 Vgl. RGBl. 1923 I S. 946, 984.

1340 „1. Gesetz zur Vereinheitlichung und Neuregelung des Besoldungsrechts in Bund und Ländern v. 18.03.1971“, BGBl. 1971 I S. 208 (zuletzt geändert durch Art. 15 Abs. 45 des Gesetzes v. 15.02.2009, BGBl. 2009 I S. 160).

1341 Urt. des 2. Senats des BVerfG v. 26.07.1972, BVerfGE 34, 9.

1342 Urt. des 2. Senats des BVerfG v. 26.07.1972, BVerfGE 34, 9.

Verfahrensmängeln beim Erlaß einiger Gesetze“ vom 25. März 1974[1343] erlassen. Es behob den verfahrensrechtlichen Fehler beim Zustandekommen von zehn vorzeitig beschlossenen Gesetzen, indem es festlegte, dass die in dem Gesetz zur Bereinigung von Verfahrensmängeln aufgeführten Gesetze an dem Tag nach dem Inkrafttreten der maßgeblichen Grundgesetzergänzung als erlassen gelten sollten.

Einzelne atomrechtliche Regelungen stellten sich als verbesserungswürdig heraus. So waren einige zu unbestimmt, einige nicht umfassend genug und wieder andere Bereiche waren im Gesetz gänzlich unberücksichtigt geblieben. Diese Mängel wurden teils durch die Verordnungen zum Atomgesetz, teils durch die Rechtsprechung[1344] konkretisiert und zum Teil wurden fehlende und lückenhafte Bestimmungen durch Änderungen des Atomgesetzes[1345] behoben.

So stellte sich schnell heraus, dass Rationalisierungsmaßnahmen für das Genehmigungsverfahren von Kernreaktoren erforderlich waren[1346], da der Bau und Betrieb einer Atomanlage zumeist nicht allein die Prüfung der atomrechtlichen Genehmigungsvorschriften erforderte, sondern auch bau- und wasserrechtliche Vorschriften in das Prüfungsverfahren miteinzubeziehen waren.[1347]

Ferner fehlten Genehmigungs- und Haftungsbestimmungen für ortsveränderliche Anlagen sowie für mit Kernenergie betriebene Handelsschiffe. Ebenso enthielt das Atomgesetz keine Regelungen über den Umgang mit radioaktivem Abfall.[1348]

Im Rahmen der Haftungsvorschriften wurde die in § 26 festgelegte strenge Haftung für den Umgang mit radioaktiven Isotopen kritisiert.[1349] Für die Fälle sog. „anonymer Strahlenschäden“ war weder eine Billigkeitshaftung des Staates noch eine Gesamthaftung der Atomenergieverwender statuiert worden. Dem Staat wurde durch § 53 des Atomgesetzes allein die Pflicht auferlegt, derartige Schäden zu untersuchen und zu registrieren.

Das erste deutsche Atomgesetz kann schlechthin nicht als „großer Wurf“ bezeichnet werden. Der Gesetzgeber hatte „juristisches Neuland“[1350] betreten und

1343 „Gesetz zur Bereinigung von Verfahrensmängeln beim Erlaß einiger Gesetze“ v. 25.03.1974, BGBl. 1974 I S. 769.

1344 Siehe 5. Teil: A.

1345 Siehe 5. Teil: B.

1346 Vgl. Haunschild: Einführungsvortrag zum Ersten Deutschen Atomrechts-Symposium, in: Lukes, Erstes Deutsches Atomrechts-Symposium, S. 7.

1347 Nachher wurde das Genehmigungsverfahrens durch die Atomanlageverordnung v. 20.05.1960, BGBl. 1960 I S. 310 konkretisiert; vgl. Borst, Zur Regelung des Rektor-Genehmigungsverfahrens, AtW 1960, S. 172 f.

1348 Ergänzung des Atomgesetzes durch die vierte Gesetzesnovelle v. 30.08.1976, BGBl. 1976 I S. 2573; hierzu näher 5. Teil: B.IV.

1349 Wirtschaftsminister Veit (Baden-Württemberg), Gruse (Vorstandsmitglied der Gerling-Konzern Allgemeine Versicherungs-AG) in: AtW 1960, S. 6 f.

1350 Pabst, Das Bundesatomgesetz, Atom und Strom 1960, S. 1.

versucht, durch zivil-, verwaltungs- und strafrechtliche Vorschriften die spärlich vorhandenen Erfahrungen mit ziviler Kernenergienutzung durch ein möglichst umfassendes Regelungswerk zu kompensieren. Neu gegenüber dem bisherigen Regelungen waren die Einführung einer Staatshaftung (§ 36), deren zeitliche Begrenzung, die Begrenzung der Verschuldenshaftung nach § 38, die „wirtschaftliche Kanalisierung" der Haftung, die im Grundsatz geltende Begrenzung des Eigenrisikos für den Betrieb von Reaktoren (§ 13 i.V.m. § 36) und die Pflicht des Staates, Schäden aus ungeklärter Ursache zu erfassen (§ 53).

Die an der Gesetzgebung beteiligten Organe waren sich jedoch darüber im Klaren, dass keine abschließende und umfassende Regelung der Atomrechtsmaterie geschaffen werden konnte. Dies wurde in dem Bericht des federführenden Bundestagsausschusses und in der Debatte anlässlich der Verabschiedung des Gesetzes durch den Bundestag ausdrücklich hervorgehoben.[1351] Die zukünftigen Erfahrungen auf dem Gebiet der friedlichen Kernenergienutzung sollten zeigen, inwieweit die bestehende Regelung Änderungen und Ergänzungen erfahren musste.[1352] Abschließend lässt sich sagen, dass mit dem Atomgesetz nach jahrelangen Vorarbeiten ein brauchbares Fundament für die deutsche Atomwirtschaft geschaffen wurde. Durch die Zusammenarbeit der gesetzgebenden Organe mit Vertretern der Naturwissenschaft und der Technik war es gelungen, in dem Gesetz das Strahlungsrisiko der Kernenergie so gut wie möglich rechtlich zu fassen und zu verteilen sowie die Zulassung ihres wirtschaftlichen Gebrauchs gem. der Lebensbedürfnisse des Einzelnen und der Gesellschaft vertretbar zu gestalten.

B. Ausblick auf die zukünftige Entwicklung des Atomgesetzes

Laut der Frankfurter Allgemeinen Zeitung vom 29. Juni 2011 war „die 13. Änderung des Atomgesetzes das Herz der sogenannten Energiewende".[1353] Gleichzeitig mit seinem Erlass brachte die Bundesregierung ein umfangreiches Gesetzespaket[1354] zur Förderung der erneuerbaren Energien[1355] auf den Weg, das zum Ziel

---

1351 Stenogr. Bericht des 3. BT v. 03.12.1959, 5040 C.

1352 Vgl. Pabst, Das Bundesatomgesetz, Atom und Strom 1960, S. 1.

1353 Schäfers, Novelle des Atomgesetzes – für jeden Reaktor ein festes Enddatum, in: FAZ v. 29.06.2011, online unter: http://www.faz.net/aktuell/wirtschaft/novelle-des-atomgesetzes-fuer-jeden-reaktor-ein-festes-enddatum-1652717.html, Stand: 18.10.2012.

1354 Gesetz zur Neuregelung des Rechtsrahmens für die Förderung der Stromerzeugung aus erneuerbaren Energien v. 28.07.2011, BGBl. 2011 I S.1634; Gesetz zur Neuregelung energiewirtschaftsrechtlicher Vorschriften v. 26.07.2011, BGBl. 2011 I, 1554; Gesetz über Maßnahmen zur Beschleunigung des Netzausbaus Elektrizitätsnetze v. 28.07.2011, BGBl. 2011 I, S. 1690; Gesetz zur Änderung des Gesetzes zur Errichtung eines Sondervermögens „Energie- und Klimafonds" v. 29.07.2011, BGBl. 2011 I S. 1702; Gesetz zur Stärkung der klimagerechten Entwicklung in Städten und Gemeinden v. 30.07.2011, BGBl. 2011 I S. 1509.

hatte, die Energieversorgung in Deutschland bis zum Jahr 2050 überwiegend durch erneuerbare Energien sicherzustellen. Das „Atomzeitalter“ sollte nun dem „Zeitalter der erneuerbaren Energien“ weichen.[1356]

Das Atomgesetz in seiner jetzigen Fassung bietet den gesetzlichen Rahmen für den sicheren Betrieb aller kerntechnischen Anlagen in Deutschland. Sie wesentlicher Zweck ist neben dem Schutz von Leben, Gesundheit und Sachgütern vor den Gefahren der Kernenergie (§ 1 Nr. 2) der Schutz der inneren und äußeren Sicherheit (§ 1 Nr. 3) und die Einhaltung internationaler Verpflichtungen (§ 1 Nr. 4) sowie die geordnete Beendigung der Nutzung der Kernenergie zur gewerblichen Erzeugung von Elektrizität (§ 1 Nr. 1). Auch nach Abschaltung aller Kernreaktoren, die der gewerblichen Erzeugung von Strom dienen (sog. Leistungsreaktoren) verbleiben dem Atomgesetz einige bedeutende Regelungsgebiete wie die Errichtung und Inbetriebnahme von Forschungs- und Schulungsreaktoren sowie von Anlagen zur Kernbrennstoffver- und -entsorgung, insoweit bleiben entsprechende Genehmigungsvorschriften bestehen (§§ 7, 7a, 7b, 7c, 7d AtomG[1357]). Derzeit sind in Deutschland drei Forschungsreaktoren[1358], fünf Schulungsreaktoren[1359], 19 Anlagen zur Kernbrennstoffver- und -entsorgung[1360] und neun Leistungsreaktoren[1361] in Betrieb.

1355 Energieträger/-quellen, die sich ständig erneuern bzw. nachwachsen. Hierzu zählen Sonnenergie, Biomasse, Wasserkraft, Erdwärme (Geothermie) und Gezeitenenergie, so das Umweltbundesamt, online unter: http://www.umweltbundesamt.at/umweltsituation/energie/energie traeger/erneuerbareenergie/, Stand: 18.10.2012.

1356 So das BMin für Umwelt, Naturschutz und Reaktorsicherheit (BMU) online unter: http://www.bmu.de/energiewende/ kurzinfo/doc/47889.php, Stand: 18.10.2012.

1357 In der Fassung der Bekanntmachung vom 15.07.1985, BGBl. 1985 I S. 1565, zuletzt durch Gesetz v. 24.02.2012, BGBl. 2012 I S. 212 geändert.

1358 Berliner Experimentier-Reaktor, Helmholtz-Zentrum Berlin für Materialien und Energie GmbH (Leistung: 10 MW); Universität Mainz, Institut für Kernchemie (Leistung: 0,1 MW): Technische Universität München Garching (Leistung: 20 MW).

1359 Technische Universität Dresden, Fachhochschule Furtwangen, Universität Hannover, Universität Stuttgart, Hochschule Ulm.

1360 Brennelementfertigungsanlagen Lingen; Atomversuchskraftwerk Jülich, Behälterlager; Pilotkonditionierungsanlage Gorleben, Standort-Zwischenlager; Gemeinschaftskernkraftwerk Neckar, Neckarwestheim, Standort-Zwischenlager; Kernkraftwerk Brokdorf, Standort-Zwischenlager; Kernkraftwerk Brunsbüttel, Standort-Zwischenlager: Lingen, Kernkraftwerk Emsland, Standort-Zwischenlager; Kernkraftwerk Grafenrheinfeld, Standort-Zwischenlager; Kernkraftwerk Isar, Essenbach, Standort-Zwischenlager; Kernkraftwerk Krümmel, Standort-Zwischenlager; Kernkraftwerk Philippsburg, Standort-Zwischenlager; Kernkraftwerk Unterweser, Esenshamm, Standort-Zwischenlager; Kernkraftwerk Grundremmingen, Standort-Zwischenlager; Kernkraftwerk Biblis, Standort-Zwischenlager; Gemeinschaftskernkraftwerk Grohnde; Transportbehälterlager Ahaus; Transportbehälterlager Gorleben; Urananreicherungsanlage Gronau; Zwischenlager Nord Lubmin.

1361 Kernkraftwerke Neckarwestheim 2, Brokdorf, Emsland-Lingen, Grafenrheinfeld, Isar 2 Essenbach, Philippsburg 2, Grundremmingen B, Grundremmingen C, Grohnde.

Auch die Verwendung von Kernbrennstoffen außerhalb von Anlagen unterliegt weiterhin der Genehmigungspflicht (§ 9), wie auch die Ein- und Ausfuhr von Kernbrennstoffen (§ 3) und deren Beförderung (§ 4). Im Atomgesetz sind weiterhin von Bedeutung die Begriffsbestimmungen (§ 2), die Ermächtigungen, insbesondere zum Erlass von Strahlenschutzbestimmungen (§ 12), die Haftungsvorschriften (§§ 25-40), die Regelungen im Zusammenhang mit der Verwertung radioaktiver Reststoffe und der Beseitigung radioaktiver Abfälle (§§ 9a, 9b, 9c, 9d, 9e AtomG[1362]) sowie Ordnungswidrigkeiten (§ 46). Vor allem Vorschriften über die Stilllegung von Anlagen und die Vorschriften über die Endlagerung radioaktiven Abfalls werden in Zukunft von besonderer Bedeutung sein.

1362 In der Fassung der Bekanntmachung vom 15.07.1985, BGBl. I S. 1565, zuletzt durch Gesetz v. 24.02.2012, BGBl. I S. 212 geändert.

Sechster Teil: Anhang

A. Die Entwürfe des Bundeswirtschaftsministeriums von 1952 bis 1955

I. 1. Entwurf: Gesetz zum Zwecke der Kontrolle auf dem Gebiete der Atomenergie vom Oktober 1952

Quelle: Bundesarchiv BArch 102/3945

Das Bundesministerium für Wirtschaft 5. Oktober 1952

Zum Zwecke der Kontrolle auf dem Gebiete der Atomenergie erläßt die Bundesregierung folgendes Gesetz:

Die Bestimmungen dieses Gesetzes beziehen sich auf die Erzeugung von Atomenergie, auf die Verwertung von Kernbrennstoffen und radioaktiven Stoffen für medizinische, biologische und industrielle Zwecke, wie sie sich aus den internationalen Verträgen der Bundesregierung ergeben.

I. Begriff von Kernbrennstoff

Als Kernbrennstoff gilt Plutonium, U 233, U 235 (einschließlich U 233, welche in Uran enthalten ist, das mit mehr als 2,1 Gewichtspresent U 235 angereichert wurde) sowie jedes andere Material, welches geeignet ist, beträchtliche Mengen Atomenergie durch Kernspaltung oder -vereinigung oder eine andere Kernreaktion des Materials freizumachen. Die vorstehenden Materialien werden als Kernbrennstoff angesehen, einerlei, in welchem chemischen oder physikalischen Zustand sie vorliegen.

II. Erzeugung und Einfuhr von Kernbrennstoffen

1. Die Erzeugung von Kernbrennstoff ist gestattet, wenn die jährliche Produktion, die durch irgendein Verfahren ermöglicht wird, nicht mehr als 500 g für das gesamte Gebiet der Bundesrepublik beträgt. Werden Kernreaktoren für die Erzeugung von Kernbrennstoff verwendet, darf die Jahresleistung von 500 g Kern-

brennstoff den Gegenwert einer Wärmeerzeugung von 1,5 Megawatt nicht überschreiten.

2. Sofern die jährliche Höchsterzeugung von Kernbrennstoffen nicht erreicht wird, kann Kernbrennstoff bis zu der im Gebiet der Bundesrepublik gestatteten Höchstgrenze von 500 g eingeführt werden.

III. Herstellung, Einfuhr und Lagerung von Uranium in chemischer Form

1. Die Herstellung oder die Einfuhr von Uranium in irgendeiner chemischen Form ist gestattet, sofern die während der Dauer eines Jahres im Gebiet der Bundesrepublik erzeugten oder eingeführten Mengen nicht größer sind als der Gegenwert von 9 to Uranium-Element.

2. Für den anfänglichen Bedarf eines Reaktors darf die heranstellende Uranium-Menge den erforderlichen Gegenwert von 30 to Uranium-Element nicht übersteigen.

3. Die Lagerung von Uranium in irgendeiner chemischen Form darf eine dem Gegenwert von 18 to Uranium-Element entsprechenden Menge für das gesamte Gebiet der Bundesrepublik zusätzlich zu den unter 2. angeführten anfänglichen Reaktor-Bedarf nicht überschreiten.

IV. Genehmigungspflicht

Es bedürfen der Genehmigung:

1. die Entwicklung, Erzeugung und die Herstellung von Einrichtungen oder Geräten zur Produktion der jährlichen Höchstmenge von 500 g Kernbrennstoff sowie der Besitz und die Einfuhr solcher Einrichtungen oder Geräte;

2. die Erzeugung, Verwendung, der Besitz und die Ein- und Ausfuhr von Kernbrennstoffen;

3. die Erzeugung, Verwendung, Lagerung, der Besitz und die Ein- und Ausfuhr von Uranium und Uranium in irgendeiner chemischen Form;

4. die Erzeugung, Verwendung, Lagerung, der Besitz und die Aus- und Einfuhr von Thorium und Thorium in irgendeiner chemischen Form.

V. Begriff der Atomwaffen

1. Als Atomwaffe gilt jede Waffe, die Kernbrennstoffe oder radioaktive Isotope enthält oder entworfen ist, sie zu enthalten oder zu verwenden und welche – durch Explosion oder andere ungeregelte Kernumwandlungen des Kernbrennstoffen oder radioaktive Isotope – Massenzerstörungen, Massenschaden oder Massenvergiftungen hervorrufen kann.

2. Als Atomwaffe gilt ferner jeder Teil, jede Vorrichtung, jedes Aggregat oder Material, welches eigens für eine unter 1. aufgeführte Waffe oder in erster Linie in ihr verwendbar ist.
3. Als eigens für Atomwaffen entworfene oder in erster Linie dafür verwendbares Material gilt jede 500 g überschreitende Menge von Kernbrennstoff, die im Laufe eines Jahres hergestellt oder eingeführt wird.

VI. Erzeugung und Einfuhr von Atomwaffen

Die Entwicklung, die Herstellung, der Besitz und die Einfuhr von Atomwaffen, die Entwicklung, die Konstruktion oder der Besitz von Kernreaktoren oder sonstigen Einrichtungen und Geräten, die geeignet sind, Atomwaffen herzustellen, ist nicht gestattet, es sei denn auf eine allgemeine Anweisung der EVG.

VII.

Die Ein- und Ausfuhr folgender Artikel und Erzeugnisse bedürfen der Genehmigung:
....

VIII. Schutzbestimmungen

Zum Schutze der Gesundheit während der Forschungs- und Produktionstätigkeiten.

IX.

Die Bundesregierung erteilt die erforderlichen Genehmigungen; sie bedient sich zum Zwecke der Kontrolle einer ihr verantwortlichen Kommission.

II. 4. Entwurf: Gesetz über den Verkehr mit Kernenergie vom Mai 1953

Quelle: Bundesarchiv BArch 102/3945.

I. Abschnitt: Begriffbestimmungen

§ 1

Im Sinne dieses Gesetzes sind

(1) Kernenergie:
die Energie, die bei der Spaltung oder jeder sonstigen Umwandlung von Atomkernen freigemacht wird; hierunter fällt nicht die Energie, die bei der natürlichen

Umwandlung bzw. beim radioaktiven Zerfall frei wird, soweit die Umwandlung oder der Zerfall nicht durch äußere Mittel beschleunigt oder beeinflußt werden;

(2) Kernbrennstoff:

1. Plutonium, Uran-Isotopen 233 und 235 sowie Uran, das zu mehr als 2,1 vom Hundert seines Gewichtes das Uran-Isotop 235 enthält;
2. andere Stoffe, welche geeignet sind, beträchtliche Mengen Kernenergie durch Kernspaltung, Kernvereinigung oder sonstige Umwandlung von Atomkernen freizumachen. Der chemische oder physikalische Zustand dieser als Kernbrennstoff angesehenen Stoffe ist ohne Bedeutung.

(3) Ausgangsstoffe:

1. Uran, Thorium, Uran- und Thoriumverbindungen;
2. alle sonstigen Stoffe, welche für die Erzeugung von Kernbrennstoff geeignet sind;
3. Erze, wenn sie einen oder mehrere der vorgenannten Stoffe in einer Konzentration von mehr als 0,05 vom Hundert enthalten.

(4) Einrichtungen für die Erzeugung oder Verwendung von Kernbrennstoff und zur gesteuerten Verwendung der Kernenergie:

Jede Einrichtung, die für die Erzeugung oder Verwendung von Kernbrennstoff oder Kernenergie für friedliche Zwecke geeignet und oder besonders entwickelt wurde, sowie jeder wichtige Bestandteil, der für solche Einrichtungen besonders entworfen worden ist.

(5) Atomwaffen:

1. jede Waffe, die Kernbrennstoff oder radioaktive Isotope enthält oder entworfen ist, sie zu enthalten oder zu verwenden und welche – durch Explosion oder andere ungeregelte Kernumwandlung des Kernbrennstoffes oder durch Radioaktivität des Kernbrennstoffes oder radioaktive Isotopen – Massenzerstörungen, Massenschaden oder Massenvergiftung hervorrufen kann.
2. Als Atomwaffe gilt ferner jeder Teil, jede Vorrichtung, jedes Aggregat oder Stoff, welche eigens für eine unter 1. aufgeführte Waffe entworfen oder in erster Linie in ihr verwendbar sind.

II. Abschnitt: Ausgangsstoffe

§ 2

Ausgangsstoffe dürfen nur mit Genehmigung des Bundesministers für Wirtschaft gewonnen, erzeugt, gelagert, verarbeitet, in Besitz gehalten, geliefert und bezogen werden.

III. Abschnitt: Kernbrennstoff

§ 3

(1) Kernbrennstoff darf nur mit Genehmigung des Bundesministers für Wirtschaft erzeugt, gelagert, in Besitz gehalten, verwendet, geliefert und bezogen werden.

(2) Kernenergie darf nur mit Genehmigung des Bundesministers für Wirtschaft verwendet werden.

IV. Abschnitt: Einrichtungen für die Erzeugung oder Verwendung von Kernbrennstoff und zur gesteuerten Verwendung der Kernenergie

§ 4

(1) Einrichtungen für die Erzeugung oder Verwendung von Kernbrennstoff und zur gesteuerten Verwendung der Kernenergie dürfen nur mit Genehmigung des Bundesministers für Wirtschaft entwickelt, hergestellt, in Besitz gehalten, geliefert oder bezogen werden.

(2) Eine Genehmigung nach Abs. (1) ist vom Bundesminister für Wirtschaft im Einvernehmen mit dem Bundesminister des Inneren zu erteilen, soweit es sich um die Verwendung von Kernbrennstoff bei der Herstellung von Heilmittel oder von Kernenergie für Heilzwecke handelt.

V. Abschnitt: Ein- und Ausfuhr

§ 5

Ausgangsstoffe, Kernbrennstoff, Einrichtungen für die Erzeugung oder Verwendung von Kernbrennstoff und zur gesteuerten Verwendung der Kernenergie dürfen unbeschadet der allgemeinen Vorschriften über die Ein- und Ausfuhr nur mit besonderer Genehmigung des Bundesministers für Wirtschaft ein- oder ausgeführt werden.

VI. Abschnitt: Verbote

§ 6

Verboten sind:

(1) die Forschung, die Entwicklung, die Herstellung und der Besitz von Atomwaffen; (2) die Entwicklung, der Bau oder der Besitz von Kernreaktoren oder sonstigen Geräten oder Einrichtungen, die geeignet sind, Atomwaffen herzustellen.

VII. Abschnitt: Erfindungen und Patente

§ 7

(1) Wer im Gebiet der Bundesrepublik seinen Wohnsitz, ständigen Aufenthalt oder Sitz hat, ist verpflichtet, Erfindungen auf dem Gebiet der Kernenergie, des Kernbrennstoffes, der Ausgangsstoffe, der Einrichtungen für die Erzeugung oder Verwendung von Kernbrennstoff und zur gesteuerten Verwendung der Kernenergie sowie auf dem Gebiet der Atomwaffen unverzüglich nach ihrer Vollendung dem Bundesminister für Wirtschaft zu melden. In der Meldung ist die Erfindung so zu beschreiben, daß danach ihre Benutzung durch andere Sachverständige möglich erscheint. Als Beschreibung kann die Patentanmeldung (§ 26 des Patentgesetzes) eingereicht werden.

(2) Wer im Gebiet der Bundesrepublik seinen Wohnsitz hat, ständigen Aufenthalt oder Sitz hat, darf eine Erfindung nach Abs. (1) außerhalb der Bundesrepublik Deutschland erst zum Patent anmelden oder für sich anmelden lassen, wenn sie beim Patentamt zum Patent angemeldet worden ist und der Präsident des Patentamtes auf Weisung des Bundesministers für Wirtschaft die schriftliche Genehmigung zur Anmeldung der Erfindung außerhalb der Bundesrepublik Deutschland erteilt hat.

(3) Die Genehmigung darf nur versagt werden, wenn die Erfindung mit Rücksicht auf die Sicherheit des Bundes geheim zu halten ist. Sie kann unter Bedingungen und Auflagen erteilt werden.

(4) Der Bundesminister für Wirtschaft soll innerhalb von sechs Monaten seit dem Tage der Anmeldung der Erfindung zum Patent über die Erteilung einer Weisung an den Präsidenten des Patentamtes entscheiden.

VIII. Abschnitt: Kernenergie-Kommission

§§ 8, 9, 10

„sind neu zu formulieren"

[Die Regelungen des dritten Entwurfes (BArch B 102/3945) zur Kernenergie-Kommission lauten in den §§ 10, 11 und 12 wie folgt:

§ 10

Der Bundesminister für Wirtschaft beruft eine Atomenergie-Kommission, der angehören:

a) je ein Vertreter
des Staatssekretärs des Bundeskanzleramtes
des Bundesministers für Wirtschaft
des Bundesministers des Inneren;

b) je ein Vertreter
der Deutschen Forschungsgemeinschaft
der Max Planck Gesellschaft zur Förderung der Wissenschaft;

c) je ein Vertreter der Wirtschaftszweige
Bergbau
Chemie
Energiewirtschaft

Die Mitglieder sind ehrenamtlich tätig. Sie erhalten auf Antrag Reisekostenentschädigung nach der Reisekostenstufe.... des Gesetzes über die Reisekostenvergütung der Beamten vom 15. Dezember 1933 (RGBl. I S. 1067)

§ 11

(1) Die Atomenergie-Kommission berät den Bundesminister für Wirtschaft auf allen Gebieten der Atomenergie und bei der Ausübung der ihm nach diesem Gesetz zustehenden Befugnisse. Sie erstattet ihm einen Jahresbericht.

(2) Die Atomenergie-Kommission gibt sich eine Geschäftsordnung. Sie tritt mindestens ein Mal vierteljährlich zusammen. Den Vorsitz führt der Bundesminister für Wirtschaft oder ein von ihm bestellter sachkundiger Vertreter.

(3) Die Atomenergie-Kommission erhält im Rahmen des Haushalts des Bundesministers für Wirtschaft einen Haushalt.

§ 12

Die Atomenergie-Kommission hat für besondere Arbeitsgebiete Unterausschüsse einzusetzen, welche ihr über das Ergebnis ihrer Tätigkeit berichten.

Zu Mitgliedern der Unterausschüsse können auch Nichtmitglieder der Atomenergie-Kommission berufen werden. Ihre Tätigkeit ist ehrenamtlich. Sie erhalten auf Antrag Reisekostenentschädigung nach der Reisekostenstufe..... des Gesetzes über die Reisekostenvergütung der Beamten vom 15. Dezember 1933 (RGBl. I S. 1067).]

IX. Abschnitt: Geheimhaltungspflicht

§ 11

(1) Wer in Erfüllung seiner Obliegenheiten Kenntnisse über

1. bestehende oder geplante Anlagen, die zum Zwecke der Erzeugung oder Verwendung von Kernbrennstoff oder Kernenergie verwendet werden oder verwendet werden sollen, oder

2. den Zweck solcher bestehender oder geplanter Anlagen, oder
3. Verfahren, die in einer solchen bestehenden oder geplanten Anlage angewendet werden oder angewendet werden sollen, oder
4. Urkunden, Zeichnungen, Lichtbilder, Pläne oder sonstige Unterlagen über die Gegenstände der Nr. 1-3 erhalten kann, soll durch eine vom Bundesminister für Wirtschaft zu bestimmende Stelle auf Geheimhaltung verpflichtet werden.

(2) Die Pflicht zur Geheimhaltung entfällt insoweit, als der Bundesminister für Wirtschaft nach Anhörung der Kernenergie-Komission Befreiung erteilt hat.

X. Abschnitt: Überwachung

§ 12

(1) Der Bundesminister für Wirtschaft überwacht die Einhaltung der in diesem Gesetz aufgeführten Vorschriften.

(2) Der Bundesminister für Wirtschaft hat insbesondere sicherzustellen, daß

1. Uran in irgendeiner chemischen Form nicht in Mengen hergestellt oder eingeführt wird, die für das gesamte Gebiet der Bundesrepublik innerhalb eines Jahres größer sind als der Gegenwert von 9 to Uranelement. In einer Übergangszeit kann eine Uranmenge hergestellt werden, die nicht größer als der für den anfänglichen Bedarf eines Reaktors erforderliche Gegenwert von 30 to Uranelement sein darf;
2. Uran in irgendeiner chemischen Form – außer in Form von nichtaufbereitetem Erz – nicht in Mengen gelagert wird, die den Gegenwert von 18 to Uranelement für das gesamte Gebiet der Bundesrepublik zusätzlich zu den anfänglichen Reaktorbedarf übersteigen.
3. Kernbrennstoff nicht in Mengen eingeführt oder durch irgendein Verfahren hergestellt wird, die 500 g innerhalb eines Jahres für das gesamte Gebiet der Bundesrepublik übersteigen. Die Leistung von 500 g Kernbrennstoff in einem Kernreaktor entspricht dabei dem Gegenwert von 1,5 Megawatt.

§ 13

Der Bundesminister für Wirtschaft ist auskunftsberechtigte Stelle im Sinne der Verordnung für Auskunftspflicht vom 23. Juli 1923 (RGBl I S. 723) mit der Maßgabe, daß die Auskünfte von jedermann über Verhältnisse aller Art, insbesondere über technische Verhältnisse, verlangt werden können.

§ 14

Jede nach diesem Gesetz zu erteilende Genehmigung kann unter Bedingungen und Auflagen erteilt werden.

XI. Abschnitt: Strafbestimmungen

§ 15

(1) Wer die Geheimhaltungspflicht nach § 11 vorsätzlich verletzt, wird, soweit nicht nach anderen Vorschriften eine schwerere Strafe verwirkt ist, mit Gefängnis bestraft.

(2) Der Versuch ist strafbar.

(3) Wird die Tat fahrlässig begangen, so ist auf Gefängnis bis zu einem Jahr oder mit Geldstrafe zu erkennen, soweit nicht nach anderen Vorschriften eine schwerere Strafe verwirkt ist.

§ 16

(1) Wer ohne Genehmigung des Bundesministers für Wirtschaft

1. Ausgangsstoffe gewinnt, erzeugt, lagert, verwendet, verarbeitet, besitzt, liefert oder bezieht, oder
2. Kernbrennstoff erzeugt, besitzt, verwendet, liefert oder bezieht, oder
3. Einrichtungen zur Erzeugung oder Verwendung von Kernbrennstoff oder zur gesteuerten Verwendung der Kernenergie entwickelt, herstellt, besitzt, liefert oder bezieht, oder
4. Kernenergie verwendet, oder
5. Ausgangsstoffe, Kernbrennstoff, Einrichtungen für die Erzeugung oder Verwendung von Kernbrennstoff oder zur gesteuerten Verwendung der Kernenergie in das Gebiet der Bundesrepublik einführt, oder aus dem Gebiet der Bundesrepublik ausführt, wird, soweit nicht nach anderen Vorschriften eine schwerere Strafe verwirkt ist, mit Gefängnis und mit Geldstrafe bestraft. Die gleichen Strafen treffen denjenigen, der dem Verbot des § 6 oder der Verpflichtung nach § 7 zuwiderhandelt.

(2) Der Versuch ist strafbar.

XII. Abschnitt: Ermächtigungen

§ 17

Der Bundesminister für Wirtschaft wird ermächtigt, nach Anhören der Kernenergie-Kommission mit Zustimmung des Bundesrates durch Rechtsverordnung Vorschriften zu erlassen über:

1. nähere Bestimmungen der Stoffe und Waren, die unter §§ 1 Abs. 2 Nr. 2, Abs. 3 Nr. 2 und § 5 fallen;
2. das Verfahren bei der Erteilung von Genehmigungen nach §§ 2, 3, 4, 5;
3. die Überwachung der im Gesetz ausgeführten Bestimmungen;
4. das Verfahren bei der Verpflichtung zur Geheimhaltung nach § 11 (einschließlich der Bestimmungen über die Geheimhaltungspflicht);
5. den Schutz der menschlichen Gesundheit bei Arbeiten mit Kernbrennstoff, natürlichen und künstlichen radioaktiven Stoffen und Apparaten, welche Alpha-, Beta, Gamma-Strahlen (einschließlich Röntgenstrahlen) aussenden; er bedarf hierzu des Einvernehmens des Bundesministers des Inneren und des Bundesministers für Arbeit.

XIII. Abschnitt

§ 18

Dieses Gesetz tritt am Tage nach seiner Verkündung in Kraft.

III. 7. Entwurf: Gesetz über Kernenergie vom Juni 1955

Quelle: Bundesarchiv BArch 102/3945.

§ 1

Begriffsbestimmungen

Im Sinne dieses Gesetzes sind

1. Kernenergie:
   die Energie, die bei der Spaltung oder jeder sonstigen Umwandlung von Atomkernen freigemacht wird, jedoch mit Ausnahme der Energie, die bei der natürlichen Umwandlung und beim radioaktiven Zerfall nicht durch äußere Mittel beschleunigt oder beeinflußt werden:

2. Kerbrennstoff:
   a. Plutonium, Uran-Isotop 233 und 235 sowie Uran, das zu mehr als 2,1 vom Hundert seines Gewichts das Uran-Isotop 235 enthält;
   b. andere Stoffe, welche geeignet sind, beträchtliche Mengen Kernenergie durch Kernspaltung, Kernvereinigung oder sonstige Umwandlung von Atomkernen freizumachen;
3. Ausgangsstoffe:
   a. Uran, Thorium, Uran- oder Thoriumverbindungen;
   b. alle sonstigen Stoffe, welche für die Erzeugung von Kernbrennstoff geeignet sind;
   c. Erze, wenn sie gewichtsmäßig einen oder mehrere der vorgenannten Stoffe in einer Mindestkonzentration enthalten, die durch eine auf Grund des § 12 Abs. 1 Nr. 1 zu erlassene Rechtsverordnung bestimmt wird;
4. Einrichtungen für die Erzeugung oder Verwendung von Kernbrennstoff und zur gesteuerten Verwendung von Kernenergie:

Jede Einrichtung, die für die Erzeugung oder Verwendung von Kernbrennstoff oder Kernenergie geeignet ist, sowie jeder Gegenstand, der dazu bestimmt ist, Teil einer solchen Einrichtung zu sein.

§ 2

Kernenergie und Kernbrennstoff

(1) Kernenergie darf nur mit Genehmigung des Bundesministers für Wirtschaft verwendet werden.

(2) Kernbrennstoff darf nur mit Genehmigung des Bundesministers für Wirtschaft erzeugt, gelagert, in Besitz gehalten, verwendet, geliefert oder bezogen werden.

(3) Der Bundesminister für Wirtschaft kann durch Verfügung Verwendungs- und Liefergebote für Kernbrennstoff erlassen.

§ 3

Ausgangsstoffe

Ausgangsstoffe dürfen nur mit Genehmigung des Bundesministers für Wirtschaft gewonnen, erzeugt, gelagert, verarbeitet, in Besitz gehalten, geliefert und bezogen werden.

§ 4

Einrichtungen für die Erzeugung oder Verwendung von Kernbrennstoff und zur gesteuerten Verwendung der Kernenergie

(1) Einrichtungen für die Erzeugung oder Verwendung von Kernbrennstoff oder zur gesteuerten Verwendung der Kernenergie dürfen nur mit Genehmigung des Bundesministers für Wirtschaft hergestellt, in Besitz gehalten, geliefert, bezogen und betrieben werden.

(2) Zu einer Genehmigung nach Absatz 1 ist vom Bundesminister für Wirtschaft das Einvernehmen mit dem Bundesminister des Inneren herbeizuführen, soweit es sich um die Verwendung von Kernbrennstoff bei der Herstellung von Heilmitteln oder um die Verwendung von Kernenergie für Heilzwecke handelt.

§ 5

Ein- und Ausfuhr

(1) Kernbrennstoff, Ausgangsstoffe, Einrichtungen für die Erzeugung oder Verwendung von Kernbrennstoff dürfen unbeschadet der allgemeinen Vorschriften über die Ein- und Ausfuhr nur mit besonderer Genehmigung des Bundesministers für Wirtschaft oder einer von ihm bestimmten Behörde ein- oder ausgeführt werden. Die Ausfuhr bei Gegenständen, die in einer auf Grund des § 12 Abs. 1 Nr. 2 erlassenen Rechtsverordnung näher bezeichnet sind.

(2) Absatz 1 gilt nicht für die Durchfuhr durch das Gebiet der Bundesrepublik unter Zollüberwachung.

§ 6

Voraussetzungen für die Genehmigungen

Die nach den §§ 2 bis 5 erforderlichen Genehmigungen können erteilt werden, wenn

1. der Antragssteller die Gewähr dafür bietet, dass er die Vorschriften dieses Gesetzes und der auf Grund des § 12 zu erlassenen Rechtsverordnungen einhalten wird, und
2. die Tätigkeit, für die um Genehmigung nachgesucht wird, der Förderung der Forschung auf dem Gebiet der Kernenergie oder der industriellen Entwicklung oder einer nach den §§ 2 bis 5 bereits genehmigten Tätigkeit dient, und
3. die Erteilung der Genehmigung nicht durch die Vorschrift des § 8 Abs. 2 ausgeschlossen wird.

§ 7

Kernenergie-Kommission

(1) Der Bundeskanzler beruft die Kernenergie-Kommission, der 6 Mitglieder aus Kreisen der Wissenschaft und Wirtschaft angehören.

(2) Die Kernenergie-Kommission wählt ihren Vorsitzenden selbst und gibt sich eine Geschäftsordnung.

(3) Die Kernenergie-Kommission kann für besondere Arbeitsgebiete Unterausschüsse einsetzen.

(4) Die Mitglieder der Kernenergie-Kommission und ihrer Unterausschüsse sind ehrenamtlich tätig.

(5) Die Kernenergie-Kommission berät die Bundesregierung in allen Fragen des Gesetzes.

(6) Die Kernenergie-Kommission erhält im Rahmen des Haushalts des Bundesministers für Wirtschaft Haushaltsmittel zugewiesen.

§ 8

Überwachung

(1) Der Bundesminister für Wirtschaft überwacht die Einhaltung der Vorschriften dieses Gesetzes.

(2) Der Bundesminister für Wirtschaft hat insbesondere sicherzustellen, dass

1. Kernbrennstoff innerhalb eines Jahres im Geltungsbereich dieses Gesetzes nur bis zu einer Gesamtmenge von 3.500 g hergestellt oder eingeführt wird. Die Herstellung entspricht dabei dem Gegenwert von 10 Megawattleistung;
2. insgesamt nicht mehr Einrichtungen entwickelt, gebaut oder in Besitz gehalten werden, als zur Erzeugung von 3.500 g Kernbrennstoff innerhalb eines Jahres notwendig sind.

(3) Absatz 2 und 3 treten außer Kraft am ....

§ 9

Auskunftspflicht

Der Bundesminister für Wirtschaft kann

1. von jedermann Auskünfte verlangen, die sich unmittelbar oder mittelbar auf Rechtsgeschäfte, Handlungen oder Gegenstände beziehen, die den Vorschriften dieses Gesetzes unterliegen;

2. verlangen, dass ihm oder seinen Beauftragten Zutritt zu Betrieben, Räumen und sonstigen Einrichtungen gewährt wird, in denen Gegenstände, die den Vorschriften dieses Gesetzes unterliegen, hergestellt werden oder in denen das Vorhandensein solcher Gegenstände zu vermuten ist;
3. verlangen, dass ihm oder seinen Beauftragten Bücher, Belege und sonstige Schriftstücke, deren Prüfung sie in Bezug auf die in Nr. 1 genannten Rechtsgeschäfte, Handlungen oder Gegenstände für zweckdienlich halten, vorgelegt werden;
4. verlangen, dass ihm oder seinen Beauftragten Gegenstände, die den Vorschriften dieses Gesetzes unterliegen, übersandt oder vorgelegt oder Behältnisse zur Besichtigung geöffnet werden.

§ 10

Bedingungen, Auflagen und Widerruf

(1) Jede nach diesem Gesetz zu erteilende Genehmigung kann unter Bedingungen oder Auflagen erteilt werden; sie kann nach Ermessen des Bundesministers für Wirtschaft jederzeit widerrufen werden. Der Antragssteller ist auf diese Widerruflichkeit bei der Erteilung der Genehmigung hinzuweisen.

(2) Die Genehmigung ist nicht übertragbar.

§ 11

Strafbestimmungen

(1) Wer

1. ohne Genehmigung oder in Überschreitung einer Genehmigung des Bundesministers für Wirtschaft
   a) Kernenergie verwendet oder
   b) Kernbrennstoff erzeugt, lagert, besitzt, verwendet, liefert oder bezieht oder
   c) Ausgangsstoffe gewinnt, erzeugt, lagert, verarbeitet, besitzt, liefert oder bezieht oder
   d) Einrichtungen zur Erzeugung oder Verwendung von Kernbrennstoff herstellt, besitzt, liefert, bezieht oder betreibt oder
   e) Kernbrennstoff, Ausgangsstoffe, Einrichtungen für die Erzeugung oder Verwendung von Kernbrennstoff und andere Gegenstände (§ 5 Abs. 1 Satz 2) in das Gebiet der Bundesrepublik einführt oder aus dem Gebiet der Bundesrepublik ausführt oder

2. a) die nach § 9 Nr. 1 verlangten Auskünfte nicht, nicht in der bestimmten Frist, unvollständig oder unrichtig erstattet oder
   b) entgegen § 9 Nr. 2 dem Bundesminister für Wirtschaft oder seinen Beauftragten keinen Zutritt zu Betrieben, Räumen und sonstigen Einrichtungen gewährt, oder
   c) entgegen § 9 Nr. 3 die Bücher, Belege oder sonstigen Schriftstücke nicht, nicht in der bestimmten Frist oder unvollständig vorlegt oder
   d) entgegen § 9 Nr. 4 Gegenstände nicht übersendet oder vorlegt oder Behältnisse nicht zur Besichtigung öffnet oder
3. die nach § 10 Abs. 1 erteilten Auflagen nicht, nicht in der bestimmten Frist, unvollständig oder unrichtig erfüllt oder
4. den auf Grund dieses Gesetzes erlassenen Verordnungen oder einer darauf beruhenden schriftlichen Verfügung, sofern die Verordnung oder Verfügung ausdrücklich auf diese Strafbestimmung hinweist, zuwiderhandelt,

wird mit Gefängnis, neben dem auf Geldstrafe erkannt werden kann, oder mit Geldstrafe bestraft.

(2) Der Versuch ist strafbar.

§ 12

Ermächtigungen

(1) Der Bundesminister für Wirtschaft wird ermächtigt, nach Anhören der Kernenergie-Kommission durch Rechtsverordnung

1. die Stoffe, die unter § 1 Nr. 2 b, 3 b und c fallen, im einzelnen zu bezeichnen;
2. die Ausfuhr von Gegenständen, die zur Verwendung im Zusammenhang mit Kernenergie geeignet sind, von der Erteilung einer besonderen Genehmigung abhängig zu machen;
3. das Verfahren bei der Erteilung von Genehmigungen nach §§ 2, 3, 4 und 5 zu regeln;
4. die Führung besonderer Aufzeichnungen über Rechtsgeschäfte, Handlungen oder Gegenstände, die den Vorschriften dieses Gesetzes unterliegen, vorzuschreiben.

(2) Der Bundesminister für Wirtschaft kann die ihm nach den Vorschriften dieses Gesetzes, jedoch mit Ausnahme des Absatzes 1, zustehenden Befugnisse durch Rechtsverordnung auf nachgeordnete Behörden übertragen.

§ 13

Aufhebung von Vorschriften

Die Gesetze der Alliierten Hohen Kommission Nr. 22, Nr. 53 und Nr. 68 (Amtsblatt der Alliierten Hohen Kommission S. 122, 882 und 1361) werden aufgehoben.

§ 14

Dieses Gesetz tritt am Tage nach seiner Verkündung in Kraft.

B. Entwurf eines Gesetzes über die Erzeugung und Nutzung der Kernenergie und den Schutz gegen ihre Gefahren (Atomgesetz) (BR: 14.09.1956/ BT: 14.12.1956)

Quelle: BT-Drs. II, 3026 Anlage 1 b

ABSCHNITT I

Allgemeine Vorschriften

§ 1

Zweckbestimmung des Gesetzes

Zweck dieses Gesetzes ist,

1. eine möglichst freie und ungehinderte Entwicklung der Erforschung und der friedlichen Nutzung der Kernenergie zu ermöglichen und zu fördern,
2. Leben, Gesundheit und Sachgüter vor den Gefahren der Kernenergie zu schützen und zu verhindern, daß die innere und äußere Sicherheit der Bundesrepublik durch Anwendung der Kernenergie gefährdet wird,
3. Die Erfüllung internationaler Verpflichtungen der Bundesrepublik auf dem Gebiet der Kernenergie zu gewährleisten.

§ 2

Begriffsbestimmungen

Im Sinne dieses Gesetzes sind

1. Ausgangsstoffe:
   Uran, Thorium, Uran- und Thoriumerze, Uran- und Thoriumkonzentrate, Uran- und Thoriumverbindungen sowie Uran- und Thoriumlegierungen;

2. Kernbrennstoffe:
   Plutonium, das Uran-Isotop 233 sowie Stoffe, die Plutonium oder das Uran-Isotop 233 zu mehr als einem Millionstel ihres Gewichts enthalten, das Uran-Isotop 235 sowie Stoffe, die das Uran-Isotop 235 zu mehr als eins von Hundert ihres Urangehaltes enthalten, ferner Uran und uranhaltige Stoffe, die so rein sind, dass durch sie in einer geeigneten Anlage (Reaktor) eine sich selbst tragende Kettenreaktion aufrechterhalten werden kann.

ABSCHNITT II

§ 3

Einfuhr und Ausfuhr

(1) Wer Kernbrennstoffe einführt oder ausführt, bedarf der Genehmigung.

(2) Die Genehmigung zur Einfuhr ist zu erteilen, wenn

1. gegen die Zuverlässigkeit des Einführers keine Bedenken bestehen und
2. gewährleistet ist, dass die einzuführenden Kernbrennstoffe unter Beachtung der Vorschriften dieses Gesetzes und der zwischenstaatlichen Verpflichtungen der Bundesrepublik auf dem Gebiete der Kernenergie verwendet werden.

(3) Die Genehmigung zur Ausfuhr ist zu erteilen, wenn

1. gegen die Zuverlässigkeit des Ausführers keine Bedenken bestehen und
2. gewährleistet ist, dass die auszuführenden Kernbrennstoffe nicht in einer die zwischenstaatlichen Verpflichtungen der Bundesrepublik auf dem Gebiete der Kernenergie oder die innere und äußere Sicherheit der Bundesrepublik gefährdenden Weise verwendet werden.

(4) Andere Rechtsvorschriften über die Einfuhr und Ausfuhr bleiben unberührt.

§ 4

Beförderung von Kernbrennstoffen

(1) Wer Kernbrennstoffe befördert, bedarf der Genehmigung. Dies gilt nicht für die Deutsche Bundesbahn. Die Genehmigung kann einem Beförderer nur für den Einzelfall erteilt werden. Die Genehmigungsurkunde ist bei der Beförderung mitzuführen und den für die Kontrolle zuständigen Beamten auf Verlangen vorzuzeigen.

(2) Die Genehmigung ist zu erteilen, wenn

1. gegen die Zuverlässigkeit des Beförderers und der den Transport ausführenden Person keine Bedenken bestehen und mindestens ein Transportbegleiter die für die Beförderung von Kernbrennstoffen erforderliche Fachkunde besitzt;
2. gewährleistet ist, dass die Kernbrennstoffe unter Beachtung der für den jeweiligen Verkehrsträger geltenden Rechtsvorschriften über die Beförderung gefährlicher Güter befördert werden oder, soweit solche Vorschriften fehlen, auf andere Weise ausreichend Vorsorge getroffen ist, dass durch die Beförderung der Kernbrennstoffe keine Schäden entstehen können;
3. ausreichende Vorsorge für die Erfüllung gesetzlicher Schadensersatzverpflichtungen getroffen ist;
4. ausreichender Schutz gegen Störmaßnahmen oder sonstige Einwirkungen Dritter gewährleistet ist.

(3) Die für die jeweiligen Verkehrsträger geltenden Rechtsvorschriften über die Beförderung gefährlicher Güter bleiben unberührt.

§ 5

Verwahrung von Kernbrennstoffen

(1) Kernbrennstoffe sind staatlich zu verwahren.

(2) Außerhalb der staatlichen Verwahrung darf niemand Kernbrennstoffe in unmittelbarem Besitz haben, es sei denn, dass er die Kernbrennstoffe

1. auf Grund einer Genehmigung nach § 6 verwahrt;
2. in einer nach § 7 genehmigten Anlage oder auf Grund einer Genehmigung nach § 8 bearbeitet, verarbeitet oder sonst verwendet;
3. nach § 4 berechtigt befördert.

(3) Wer Kernbrennstoffe in unmittelbarem Besitz hat, ohne nach Absatz 2 dazu berechtigt zu sein, hat sie der Verwahrungsbehörde auf seine Kosten unverzüglich abzuliefern.

(4) Die Ablieferungspflicht entfällt, wenn die Kernbrennstoffe einem nach § 4 berechtigten Beförderer übergeben werden

1. zum Zweck einer nach § 3 genehmigten Ausfuhr oder
2. zum Zweck einer genehmigten Abgabe an einen inländischen Empfänger. Diese Genehmigung ist dem Ablieferungspflichtigen zu erteilen, wenn nachgewiesen wird, dass der Empfänger nach Absatz 2 Nr. 1 und 2 zum Besitz der an ihn abzugebenden Menge von Kernbrennstoffen berechtigt ist.

(5) Die Herausgabe von Kernbrennstoffen aus der staatlichen Verwahrung nach Absatz 1 oder aus der genehmigten Verwahrung nach § 6 kann nur verlangt werden, wenn der Empfänger gemäß Absatz 2 Nr. 1 oder 2 zum Besitz der Kernbrennstoffe berechtigt ist.

§ 6

Verwahrung von Kernbrennstoffen außerhalb der staatlichen Verwahrung

(1) Wer Kernbrennstoffe außerhalb der staatlichen Verwahrung verwahrt, bedarf der Genehmigung.

(2) Die Genehmigung ist zu erteilen, wenn ein Bedürfnis für eine solche Verwahrung besteht und wenn

1. gegen die Zuverlässigkeit des Antragsstellers und der für die Leitung und Beaufsichtigung der Verwahrung verantwortlichen Personen keine Bedenken bestehen und die für die Leitung und Beaufsichtigung der Verwahrung verantwortlichen Personen die hierfür erforderliche Fachkunde besitzen;
2. ausreichende Vorsorge getroffen ist, dass durch die verwahrenden Kernbrennstoffe keine Schäden entstehen können;
3. ausreichende Vorsorge für die Erfüllung gesetzlicher Schadensersatzverpflichtungen getroffen ist;
4. ausreichender Schutz gegen Störmaßnahmen oder sonstige Einwirkungen Dritter gewährleistet ist.

§ 7

Genehmigung von Anlagen

(1) Wer eine Anlage zur Erzeugung oder zur Spaltung von Kernbrennstoffen oder zur Aufarbeitung bestrahlter Kernbrennstoffe errichtet oder betreibt, bedarf der Genehmigung.

(2) Die Genehmigung ist zu erteilen, wenn

1. gegen die Zuverlässigkeit des Antragsstellers und der für die Errichtung, Leitung und Beaufsichtigung des Betriebes der Anlage verantwortlichen Personen keine Bedenken bestehen und die für die Errichtung, Leitung und Beaufsichtigung des Betriebes der Anlage verantwortlichen Personen die hierfür erforderliche Fachkunde besitzen;
2. ausreichende Vorsorge getroffen ist, dass durch die Errichtung und den Betrieb der Anlage keine Schäden entstehen können;

3. ausreichende Vorsorge für die Erfüllung gesetzlicher Schadensersatzverpflichtungen getroffen ist;
4. ausreichender Schutz gegen Störmaßnahmen oder sonstige Einwirkungen Dritter gewährleistet ist.

(3) Der Errichtung einer Anlage steht die wesentliche Veränderung einer bestehenden Anlage gleich.

(4) Im Genehmigungsverfahren sind alle Behörden des Bundes, der Länder und der Gemeinde zu beteiligen, deren auf anderen Rechtsvorschriften beruhender Zuständigkeitsbereich berührt wird. Bestehen zwischen der Genehmigungsbehörde und einer beteiligten Bundesbehörde Meinungsverschiedenheiten, so hat die Genehmigungsbehörde die Weisung des Bundesministers für Atomfragen einzuholen. Im übrigen wird das Genehmigungsverfahren nach den Grundsätzen der §§ 17 bis 19 und 49 der Gewerbeordnung durch Rechtsverordnung geregelt.

(5) § 26 der Gewerbeordnung gilt sinngemäß für die Einwirkungen, die von einer genehmigten Anlage auf ein benachbartes Grundstück ausgehen.

§ 8

Bearbeitung, Verarbeitung und sonstige Verwendung von Kernbrennstoffen außerhalb genehmigungspflichtiger Anlagen

(1) Wer Kernbrennstoffe außerhalb von Anlagen der in § 7 bezeichneten Art bearbeitet, vertreibt oder sonst verwendet, bedarf der Genehmigung.

(2) Die Genehmigung ist zu erteilen, wenn

1. gegen die Zuverlässigkeit des Antragsstellers und der für die Leitung und Beaufsichtigung der Verwendung der Kernbrennstoffe verantwortlichen Personen keine Bedenken bestehen und die für die Leitung und Beaufsichtigung der Verwendung der Kernbrennstoffe verantwortlichen Personen die hierfür erforderliche Fachkunde besitzen;
2. ausreichende Vorsorge getroffen ist, dass durch die Verwendung der Kernbrennstoffe keine Schäden entstehen können;
3. ausreichende Vorsorge für die Erfüllung gesetzlicher Schadensersatzverpflichtungen getroffen ist;
4. ausreichender Schutz gegen Störmaßnahmen oder sonstige Einwirkungen Dritter gewährleistet ist.

§ 9

Bedingungen, Auflagen, Widerruf

(1) Genehmigungen nach den §§ 3 bis 8 sind schriftlich zu erteilen. Sie können von Bedingungen abhängig gemacht und mit Auflagen verbunden werden. Die Genehmigungsbehörde kann im Genehmigungsbescheid nachträgliche Auflagen vorbehalten, soweit dies im Hinblick auf die Neuartigkeit der genehmigungspflichtigen Vorgänge veranlaßt ist. Die Genehmigungen nach den §§ 3 bis 6 und 8 können zeitlich befristet werden.

(2) Die Genehmigungen nach den §§ 3 bis 8 können widerrufen werden, wenn eine ihrer Voraussetzungen von Anfang an nicht gegeben war oder später weggefallen ist. Eine Genehmigung ist zu widerrufen, wenn dies der Schutz der Allgemeinheit erfordert.

(3) Im Falle des Widerrufs einer nach den §§ 3 bis 8 erteilten Genehmigung muss dem Inhaber der Genehmigung eine angemessene Entschädigung in Geld geleistet werden. Wird eine nach § 3, § 4, § 5 Absatz 4 Nr. 2 oder § 6 erteilte Genehmigung widerrufen, so ist der Bund, wird eine nach den §§ 7 oder 8 erteilte Genehmigung widerrufen, so ist das Land, dessen Behörde die Genehmigung widerrufen hat, zur Leistung der Entschädigung verpflichtet. Die Entschädigung ist begrenzt durch die Höhe der vom Betroffenen gemachten Aufwendungen, bei Anlagen durch die Höhe ihres Zeitwerts. Eine Entschädigungspflicht ist nicht gegeben, wenn

1. der Inhaber die Genehmigung auf Grund von Angaben erhalten hat, die im wesentlichen Punkten unrichtig oder unvollständig waren;
2. der Inhaber der Genehmigung oder die für ihn im Zusammenhang mit der Ausübung der Genehmigung tätigen Personen durch ihr Verhalten Anlaß zum Widerruf der Genehmigung gegeben haben, insbesondere durch erhebliche oder wiederholte Verstöße gegen die Vorschriften dieses Gesetzes und der auf Grund dieses Gesetzes ergangenen Rechtsverordnungen oder gegen Auflagen oder Anordnungen der Aufsichtsbehörden;
3. für die Ausübung der erteilten Genehmigung noch keine namhaften Aufwendungen gemacht worden waren;
4. der Widerruf wegen einer von der Anlage ausgehenden erheblichen Gefährdung der Allgemeinheit ausgesprochen werden mußte, sofern das Schutzbedürfnis nicht auf eine vom Inhaber der Genehmigung nicht zu vertretende Veränderung der Verhältnisse außerhalb der Anlage zurückzuführen ist.

Wegen der Höhe der Entschädigung steht der Rechtsweg vor den ordentlichen Gerichten offen. Wenn das Land eine Entschädigung zu leisten hat, sind der Bund, ein anderes Land oder eine sonstige Gebietskörperschaft entsprechend ihrem sich aus der Gesamtlage ergebenden Interesse am Widerruf verpflichtet, diesem Lande Ausgleich zu leisten. Entsprechendes gilt, wenn der Bund eine Entschädigung zu leisten hat.

§ 10

Ausnahmen von Genehmigungserfordernissen; Schutzvorschriften

(1) Durch Rechtsverordnung können Ausnahmen von dem Erfordernis einer Genehmigung nach den §§ 3 bis 8 zugelassen werden, soweit es sich um geringe Mengen von Kernbrennstoffen oder um Anlagen handelt, durch welche die in § 1 Nr. 2 und 3 bezeichneten Zwecke des Gesetzes nicht gefährdet werden können.

(2) Durch Rechtsverordnung können zum Schutz von Leben, Gesundheit und Sachgütern vor den Gefahren der Kernenergie Vorschriften darüber erlassen werden, welche Vorsorgemaßnahmen im Sinne des § 4 Abs. 2 Nr.3, § 6 Abs. 2 Nr.2 und 3, § 7 Abs.2 Nr. 2 und 3 und § 8 Abs. 2 Nr. 2 und 3 erforderlich sind.

(3) Ferner können durch Rechtverordnung Vorschriften über den Schutz von Kernbrennstoffen und Anlagen gegen Störmaßnahmen und sonstige Einwirkungen Dritter in den Fällen der §§ 4 und 6 bis 8 erlassen werden.

§ 11

Staatliche Aufsicht

(1) Die staatlichen Aufsichtsbehörden haben darüber zu wachen, dass die Vorschriften dieses Gesetzes und der auf Grund dieses Gesetzes ergangenen Rechtsverordnungen eingehalten werden.

(2) Die Angehörigen der Aufsichtsbehörde und die nach § 12 zugezogenen Sachverständigen sind befugt, Orte, wo sich Anlagen im Sinne des § 7 oder Kernbrennstoffe befinden, jederzeit zu betreten und dort diejenigen Prüfungen anzustellen, die zur Erfüllung ihrer Aufgaben notwendig sind. Das gleiche gilt für andere Orte, soweit Umstände vorliegen, welche die Annahme rechtfertigen, dass sich dort Anlagen im Sinne des § 7 oder Kernbrennstoffe befinden. Wegen der Gefahren der Kernenergie für Leben, Gesundheit und Sachgüter wird das Grundrecht des Artikels 13 des Grundgesetzes über die Unverletzlichkeit der Wohnung eingeschränkt, soweit es diesen Befugnissen entgegensteht.

(3) Ersucht eine Behörde, deren auf anderen Rechtsvorschriften beruhender Zuständigkeitsbereich berührt wird, um eine Prüfung, so soll die Aufsichtsbehörde die Prüfung unter Beteiligung eines von der ersuchenden Behörde benannten Sachverständigen vornehmen.

(4) Die Aufsichtsbehörde ist befugt anzuordnen, dass Zustände, die diesem Gesetz, den darauf beruhenden Rechtsverordnungen oder dem Genehmigungsbescheid widersprechen, beseitigt oder Schutzvorkehrungen selbst treffen oder auf Kosten des Inhabers der Anlage oder des unmittelbaren Besitzers der Kernbrennstoffe treffen lassen. Kernbrennstoffe können sichergestellt werden. Anlagen der in § 7 bezeichneten Art können einstweilen stillgelegt werden. Wenn eine Genehmigung rechtskräftig widerrufen worden ist, kann die Beseitigung der Anlage angeordnet werden.

(5) Staatliche Aufsichtsbefugnisse nach anderen Rechtsvorschriften und die sich aus den Polizeigesetzen der Länder ergebenen allgemeinen polizeilichen Befugnisse bleiben unberührt.

§ 12

Sachverständige

Im Genehmigungsverfahren und bei Ausübung der staatlichen Aufsicht können von den zuständigen Behörden Sachverständige zugezogen werden. § 24 b der Gewerbeordnung findet entsprechende Anwendung.

§ 13

Kosten

(1) Die Gebühren und Auslagen des in den §§ 4 bis 8 vorgesehenen Genehmigungsverfahrens einschließlich der Kosten, die durch die notwendige Zuziehung eines Sachverständigen entstehen, trägt der Antragssteller. Soweit Einwendungen Dritter gegen die Errichtung von Anlagen im Sinne des § 7 zu prüfen sind, trägt der Widersprechende die durch eine unbegründete Einwendung erwachsenden Kosten.

(2) Die Gebühren und Auslagen der staatlichen Verwahrung haben der Einlieferer und der Eigentümer als Gesamtschuldner zu tragen.

(3) Soweit bei der staatlichen Aufsicht die Zuziehung von Sachverständigen erforderlich war, hat der Inhaber der Anlage oder der unmittelbare Besitzer der Kernbrennstoffe die dadurch entstehenden Kosten zu tragen, wenn bei der Prüfung Zustände festgestellt worden sind, die diesem Gesetz oder den darauf beruhenden Rechtsverordnungen widersprechen.

(4) Die nach den Absätzen 1 und 2 anfallenden Gebühren sowie das bei ihrer Erhebung zu beachtende Verfahren werden durch Rechtsverordnung geregelt.

§ 14

Verhältnis zur Gewerbeordnung

(1) Die Vorschriften der Gewerbeordnung über genehmigungspflichtige Anlagen sowie über die Untersagung der ferneren Benutzung von gewerblichen Anlagen finden unbeschadet der Vorschrift des § 7 Abs. 4 und 5 dieses Gesetzes auf genehmigungspflichtige Anlagen im Sinne des § 7 keine Anwendung.

(2) Für überwachungsbedürftige Anlagen nach § 24 der Gewerbeordnung, die in genehmigungspflichtigen Anlagen im Sinne des § 7 Verwendung finden, kann die Genehmigungsbehörde im Einzelfall Ausnahmen von den auf Grund des § 24 der Gewerbeordnung ergangenen Rechtsvorschriften zulassen, soweit dies durch die besondere technische Eigenart der Anlagen nach § 7 bedingt ist.

§ 15

Schutz vor Schädigungen durch Strahlung radioaktiver Stoffe

(1) Wer radioaktive Stoffe gewinnt, erzeugt, abgibt, befördert, verwendet, beseitigt oder sonst mit ihnen umgeht, hat dafür zu sorgen, dass Leben, Gesundheit und Sachgüter nicht durch die von ihnen ausgehenden Strahlen geschädigt werden.

(2) Durch Rechtsverordnung kann bestimmt werden, auf welche Weise der Schutz von Leben, Gesundheit und Sachgütern vor der Strahlenwirkung radioaktiver Stoffe im einzelnen zu gewährleisten ist. Insbesondere kann diese Rechtsverordnung bestimmen,

1. dass die Gewinnung, Erzeugung, Einfuhr, Abgabe, Beförderung und Verwendung radioaktiver Stoffe, die Beseitigung radioaktiver Stoffe und jeder andere Umgang mit diesen Stoffen einer Genehmigung oder Anzeige bedürfen; dass der Antragsteller die durch das Verfahren entstehenden Kosten zu tragen hat und inwieweit über den Verbleib der Stoffe Buch zu führen ist und Meldungen zu erstatten sind;
2. dass die in Nr. 1 erforderliche Genehmigung nur erteilt wird, wenn die notwendige Anzahl zuverlässiger und fachkundiger Personen vorhanden ist, die den Umgang mit radioaktiven Stoffen sachgemäß leiten und beaufsichtigen, wenn die bei den Arbeiten Beschäftigten die für den Umgang mit diesen Stoffen notwendigen Kenntnisse haben und wenn die erforderliche Ausrüstung vorhanden ist.
3. dass die nach Nr. 1 erforderliche Genehmigung mit Bedingungen und Auflagen verbunden, zeitlich befristet und widerrufen werden kann;
4. dass bei der Gewinnung, Erzeugung, Einfuhr, Abgabe und Verwendung radioaktiver Stoffe, bei der Beseitigung und, unbeschadet der geltenden ver-

kehrsrechtlichen Vorschriften, bei der Beförderung radioaktiver Stoffe sowie bei jedem anderen Umgang mit diesen Stoffen ausreichende Schutzmaßnahmen für Leben, Gesundheit und Sachgüter zu treffen sind;
5. dass die Gewinnung, Erzeugung, Einfuhr, Abgabe, Beförderung und Verwendung radioaktiver Stoffe, die Beseitigung radioaktiver Stoffe und jeder Umgang mit diesen Stoffen unbeschadet der auf anderen Rechtsvorschriften beruhenden Aufsichtsbefugnisse der Aufsicht nach den Grundsätzen des § 11 unterliegen;
6. dass radioaktive Stoffe in staatliche Verwahrung genommen werden, sofern der Besitzer nicht die erforderliche Genehmigung zum Umgang mit diesen Stoffen hat oder sofern er mit diesen Stoffen in einer Weise umgeht, dass eine erhebliche Gefahr für Leben, Gesundheit oder Sachgüter entsteht;
7. dass nicht mehr verwendete radioaktive Stoffe an eine zu bestimmende Stelle zur Beseitigung auf Kosten des Besitzers, der zuletzt mit diesen Stoffen umgegangen ist, abgegeben werden müssen.

(3) Durch Rechtsverordnung kann ferner bestimmt werden, dass derjenige, der mit radioaktiven Stoffen umgeht, für sich und die beim Umgang mit radioaktiven Stoffen beschäftigten Betriebsangehörigen durch Abschluss einer Haftpflichtversicherung, die das Risiko aus dem Umgang mit radioaktiven Stoffen ausdrücklich einschließt, ausreichende Vorsorge für die Erfüllung von Schadensersatzverpflichtungen treffen muss.

(4) Die Vorschriften der Absätze 2 und 3 finden auf Kernbrennstoffe nur Anwendung, soweit nicht für diese besondere weitergehende Vorschriften bestehen.

§ 16

Buchführung und Meldung

(1) Wer Ausgangsstoffe oder Kernbrennstoffe erzeugt, gewinnt, erwirbt oder abgibt, und jeder Besitzer solcher Stoffe ist verpflichtet, hierüber Buch zu führen, Den Verbleib auszuweisen und Meldungen zu erstatten.

(2) Die zur Entgegennahme der Meldungen zuständigen Behörden können die Richtigkeit der Buchführung und der Meldungen durch Einsichtnahme in die Bücher und durch Stichproben an Ort und Stelle überprüfen. § 11 Abs. 2 Satz 3 gilt entsprechend.

(3) Art und Umfang der Buchführungs- und der Meldepflicht wird durch Rechtsverordnung bestimmt. Diese kann innerhalb bestimmter Freigrenzen von der Buchführungs- und Meldepflicht Ausnahmen zulassen, soweit dadurch die in § 1 Nr. 2 und 3 bezeichneten Zwecke des Gesetzes nicht gefährdet werden können.

ABSCHNITT III

Verwaltungsbehörden

§ 17

Zuständigkeit für Einfuhr- und Ausfuhrgenehmigungen

(1) Über Anträge auf Erteilung einer Genehmigung nach § 3 sowie über den Widerruf einer erteilten Genehmigung entscheidet das Bundesamt für gewerbliche Wirtschaft. Das gleiche gilt, soweit die zu § 15 ergehenden Rechtsverordnungen das Erfordernis von Einfuhrgenehmigungen vorsehen.

(2) Soweit das Bundesamt für gewerbliche Wirtschaft auf Grund des Absatzes 1 entscheidet, ist es unbeschadet seiner Unterstellung unter den Bundesminister für Wirtschaft und dessen auf anderen Rechtsvorschriften beruhender Weisungsbefugnisse an die fachlichen Weisungen des Bundesministers für Atomfragen gebunden.

§ 18

Verwahrungsbehörde

Für die staatliche Verwahrung von Kernbrennstoffen, für die Genehmigung der Beförderung und Abgabe von Kernbrennstoffen, für die Genehmigung und Beaufsichtigung der Verwahrung von Kernbrennstoffen außerhalb der staatlichen Verwahrung sowie für den Widerruf dieser Genehmigung ist die Physikalisch-Technische Bundesanstalt zuständig. Diese handelt hierbei nach den fachlichen Weisungen des Bundesministers für Atomfragen.

§ 19

Zuständigkeit der Landesbehörde

(1) Die übrigen Verwaltungsaufgaben nach Abschnitt II und den hierzu ergehenden Rechtsverordnungen werden im Auftrage des Bundes durch die Länder ausgeführt. Die Beaufsichtigung der Beförderung von Kernbrennstoffen obliegt den allgemein für die Überwachung der Beförderung gefährlicher Güter zuständigen Behörden, auch soweit diese nicht Landesbehörden sind.

(2) Für die nach den §§ 7 bis 9 zu treffenden Maßnahmen sind die für die Gewerbeaufsicht zuständigen obersten Landesbehörden zuständig. Diese Behörden üben die staatliche Aufsicht über Anlagen nach § 7 und die Verwendung von Kernbrennstoffen außerhalb dieser Anlagen aus. Sie können im Einzelfall nachgeordnete Behörden damit beauftragen. Über Beschwerden gegen deren Verfü-

gungen entscheidet die oberste Landesbehörde. Soweit Vorschriften außerhalb dieses Gesetzes anderen Behörden staatliche Aufsichtsbefugnisse verleihen, bleiben diese Zuständigkeiten unberührt.

ABSCHNITT IV

Haftungsbestimmungen

§ 20

(1) Wird durch die Wirkung eines Kernspaltungsvorganges oder Strahlen eines radioaktiven Stoffes, die von einer Anlage im Sinne des § 7 oder einer dem Betriebe einer solchen Anlagen zugehörigen Einrichtung oder Handlung einschließlich der Abfallbeseitigung ausgeht, ein Mensch getötet oder der Körper oder die Gesundheit eines Menschen verletzt oder eine Sache beschädigt, so ist der Inhaber der Anlage verpflichtet, den daraus entstehenden Schaden gemäß den §§ 22 bis 30 zu ersetzen. Die Ersatzpflicht tritt nicht ein, wenn der Schaden durch höhere Gewalt verursacht ist.

(2) Einer Sachbeschädigung steht es bei Anwendung der Vorschriften dieses Abschnitts gleich, wenn eine Sache durch die Wirkung von Strahlen eines radioaktiven Stoffes in ihrer Brauchbarkeit beeinträchtigt wird.

§ 21

Haftung für den Besitz radioaktiver oder von einer Kernspaltung oder Kernvereinigung betroffener Stoffe in anderen Fällen

(1) Wird in anderen als den in § 20 bezeichneten Fällen durch die Wirkung eines Kernspaltungsvorgangs oder der Strahlen eines radioaktiven Stoffes ein Mensch getötet oder Körper oder die Gesundheit eines Menschen verletzt oder eine Sache beschädigt, so ist der Besitzer des von der Kernspaltung betroffenen Stoffes oder des radioaktiven Stoffes, von dem die Strahlenwirkung ausgeht, verpflichtet, den daraus entstehenden Schaden gemäß den §§ 22 bis 30 zu ersetzen. Die Ersatzpflicht tritt nicht ein, wenn sowohl der Besitzer als auch die für ihn tätigen Personen jede zur Vermeidung einer Gefahr nach den Umständen des Falles gebotene Sorgfalt beobachtet haben oder wenn der Schaden auch bei Beobachtung dieser Sorgfalt entstanden wäre.

(2) Absatz 1 gilt entsprechend in Fällen, in denen ein Schaden der in Absatz 1 bezeichneten Art durch die Wirkung eines Kernvereinigungsvorganges verursacht wird.

(3) In gleicher Weise wie der Besitzer haftet derjenige, der den Besitz des Stoffes verloren hat, ohne ihn auf eine Person zu übertragen, die nach diesem Gesetz

oder nach einer auf Grund dieses Gesetzes erlassenen Rechtsverordnung zum Besitz berechtigt ist.

(4) Die Vorschriften der Absätze 1 bis 3 gelten nicht, wenn zwischen dem Besitzer und dem Verletzten ein Rechtsverhältnis besteht, auf Grund dessen dieser von dem Stoff ausgehende Gefahr in Kauf genommen hat.

§ 22

Mitwirkendes Verschulden des Verletzten

Hat bei der Entstehung des Schadens ein Verschulden des Verletzten mitgewirkt, so gilt § 254 des Bürgerlichen Gesetzbuchs; bei Beschädigung einer Sache steht das Verschulden desjenigen, der die tatsächliche Gewalt über sie ausübt, dem Verschulden des Verletzten gleich.

§ 23

Umfang des Schadensersatzes bei Tötung

(1) Im Falle der Tötung ist der Schadensersatz durch Ersatz der Kosten einer versuchten Heilung sowie des Vermögensnachteils zu leisten, den der Getötete dadurch erlitten hat, das während der Krankheit seine Erwerbsfähigkeit aufgehoben oder gemindert oder eine Vermehrung seiner Bedürfnisse eingetreten war. Der Ersatzpflichtige hat außerdem die Kosten der Beerdigung demjenigen zu ersetzen, dem die Verpflichtung obliegt, diese Kosten zu tragen.

(2) Stand der Getötete zur Zeit der Verletzung zu einem Dritten in einem Verhältnis, vermöge dessen er diesem gegenüber kraft Gesetzes unterhaltspflichtig werden konnte, und ist dem Dritten infolge der Tötung das Recht auf Unterhalt entzogen, so hat der Ersatzpflichtige dem Dritten insoweit Schadensersatz zu leisten, als der Getötete während der mutmaßlichen Dauer seines Lebens zur Gewährung des Unterhalts verpflichtet gewesen wäre. Die Ersatzpflicht tritt auch dann ein, wenn der Dritte zur Zeit der Verletzung erzeugt, aber noch nicht geboren war.

§ 24

Umfang des Schadensersatzes bei Körperverletzung

Im Falle der Verletzung des Körpers oder der Gesundheit ist der Schadensersatz durch Ersatz der Kosten der Heilung sowie des Vermögensnachteils zu leisten, den der Verletzte dadurch erleidet, dass infolge der Verletzung zeitweise oder dauernd seine Erwerbsfähigkeit aufgehoben oder gemindert oder eine Vermehrung seiner Bedürfnisse eingetreten ist.

§ 25

Geldrente

(1) Der Schadensersatz wegen Aufhebung oder Minderung der Erwerbsfähigkeit und wegen Vermehrung der Bedürfnisse des Verletzten sowie der nach § 23 Abs.2 einem Dritten zu gewährende Schadensersatz ist für die Zukunft durch Entrichtung einer Geldrente zu leisten.

(2) Die Vorschriften des § 843 Abs.2 bis 4 des Bürgerlichen Gesetzbuchs und des § 708 Nr. 6 der Zivilprozessordnung finden entsprechende Anwendung.

(3) Ist bei der Verurteilung des Verpflichteten zur Entrichtung einer Geldrente nicht auf Sicherheitsleistung erkannt worden, so kann der Berechtigte gleichwohl Sicherheitsleistung verlangen, wenn die Vermögensverhältnisse des Verpflichteten sich erheblich verschlechtert haben; unter der gleichen Voraussetzung kann er eine Erhöhung der in dem Urteil bestimmten Sicherheit verlangen.

§ 26

(1) Der nach § 20 oder § 21 Ersatzpflichtige haftet

1. im Falle der Tötung oder Verletzung eines Menschen nur bis zu einem Kapitalbetrag von 100.000 Deutsche Mark oder bis zu einem Rentenbetrag von jährlich 6.000 Deutsche Mark;
2. im Falle der Sachbeschädigung nur bis zur Höhe des gemeinen Werts der beschädigten Sache zuzüglich der Kosten für die Sicherung gegen die von ihr ausgehende Strahlungsgefahr.

(2) Für Personen- und Sachschäden aus demselben Ereignis haftet der Ersatzpflichtige nur bis zu einem Höchstbetrag von 25 Millionen Deutsche Mark. Zwei Drittel dieser Höchstsumme dienen für den Ersatz von Personenschäden, ein Drittel für den Ersatz von Sachschäden. Derjenige Teil des Höchstbetrages, der für den Ersatz von Schäden der einen Art vorgesehen, aber nicht in Anspruch genommen ist, kann für den Ersatz von Schädigern der anderen Art in Anspruch genommen werden.

(3) Übersteigen die Entschädigungen, die mehreren Personen auf Grund desselben Ereignisses zu leisten sind, insgesamt die in den Absätzen 1 und 2 bezeichneten Höchstbeträge, so verringern sich die einzelnen Entschädigungen in dem Verhältnis, in dem ihr Gesamtbetrag zu dem Höchstbetrag steht.

(4) Ist eine Jahresrente an Stelle eines Kapitalbetrages zu gewähren, so ist bei der Anwendung der Absätze 2 und 3 der Kapitalwert der Rente zugrunde zu legen.

§ 27

Verjährung

(1) Die nach diesem Gesetz begründeten Ansprüche auf Schadensersatz verjähren in zwei Jahren von dem Zeitpunkt an, in welchem der Ersatzberechtigte von dem Schaden und von der Person des Ersatzpflichtigen Kenntnis erlangt, ohne Rücksicht auf diese Kenntnis in dreißig Jahren von dem Schadenseintritt an.

(2) Schweben zwischen dem Ersatzpflichtigen und dem Ersatzberechtigten Verhandlungen über den zu leistenden Schadensersatz, so ist die Verjährung gehemmt, bis der eine oder der andere Teil die Fortsetzung der Verhandlungen verweigert.

(3) Im übrigen finden die Vorschriften des Bürgerlichen Gesetzbuchs über die Verjährung Anwendung.

§ 28

Verwirkung

Der Ersatzberechtigte verliert die ihm auf Grund der Vorschriften dieses Gesetzes zustehenden Rechte, wenn er nicht unverzüglich, nachdem er von dem Schaden und der Person des Ersatzpflichtigen Kenntnis erlangt hat, dem Ersatzpflichtigen den Schaden anzeigt. Der Rechtsverlust tritt nicht ein, wenn der Ersatzpflichtige auf andere Weise innerhalb derjenigen Frist von dem Schaden Kenntnis erlangt hat, innerhalb deren der Ersatzberechtigte den Schaden hätte anzeigen müssen.

§ 29

Weitergehende Haftung

Unberührt bleiben gesetzliche Vorschriften, nach denen der Inhaber einer Anlage im Sinne des § 7 oder der Besitzer eines von einer Kernspaltung oder Kernvereinigung betroffenen oder radioaktiven Stoffes in weiterem Umfange als nach den Vorschriften dieses Gesetzes haftet oder nach denen ein anderer für den Schaden verantwortlich ist.

§ 30

Mehrere Verursacher

(1) Sind für einen Schaden, der durch die Wirkung von Kernspaltungsvorgängen, Kernvereinigungsvorgängen oder von Strahlen radioaktiver Stoffe verursacht ist,

als Inhaber von Anlagen im Sinne des § 7 oder als Besitzer von der Kernspaltung oder -vereinigung betroffener Stoffe mehrere einem Dritten kraft Gesetzes zum Schadensersatz verpflichtet, so hängt im Verhältnis der Ersatzpflichtigen untereinander die Verpflichtung zum Ersatz sowie der Umfang des zu leistenden Ersatzes von den Umständen insbesondere davon ab, inwieweit der Schaden überwiegend auf Ursachen beruht, für die der eine oder der andere Teil verantwortlich ist. Das gleiche gilt, wenn der Schaden dem Inhaber einer Anlage oder dem Besitzer eines Stoffes entstanden ist, von der Haftpflicht des einen Inhabers oder Besitzers gegenüber dem anderen.

(2) Absatz 1 gilt entsprechend, wenn neben dem Inhaber der Anlage oder dem Besitzer des Stoffes ein anderer kraft Gesetzes für den Schaden haftet.

ABSCHNITT V

Strafvorschriften

§ 31

Mißbrauch von Kernenergie

(1) Wer es unternimmt, durch Freisetzung von Kernenergie eine Explosion zu bewirken und dadurch eine Gemeingefahr (§ 315 Abs. 3 des Strafgesetzbuches) herbeizuführen, wird mit Zuchthaus nicht unter fünf Jahren bestraft.

(2) Ist durch die Tat der Tod eines Menschen verursacht worden oder liegt sonst ein besonders schwerer Fall vor, so ist die Strafe Zuchthaus nicht unter zehn Jahren oder lebenslanges Zuchthaus.

§ 32

Mißbrauch radioaktiver Stoffe

(1) Wer in der Absicht, die Gesundheit eines anderen zu schädigen, es unternimmt, durch Strahlung radioaktiver Stoffe eine Gefahr für dessen Leib oder Leben herbeizuführen, wird mit Zuchthaus bis zu zehn Jahren bestraft.

(2) Unternimmt es der Täter, durch die Tat eine Gefahr für eine unübersehbare Zahl von Menschen herbeizuführen, so ist die Strafe Zuchthaus nicht unter fünf Jahren. Ist durch ein solches Unternehmen der Tod eines Menschen verursacht worden oder liegt sonst ein besonders schwerer Fall vor, so ist die Strafe Zuchthaus nicht unter zehn Jahren oder lebenslanges Zuchthaus.

(3) Wer vorsätzlich durch Strahlung radioaktiver Stoffe eine Gefahr für fremde Sachen von bedeutendem Wert herbeiführt, um sie in ihrer Brauchbarkeit zu beeinträchtigen, wird mit Gefängnis nicht unter sechs Monaten bestraft. In be-

sonders schweren Fällen ist die Strafe Zuchthaus bis zu zehn Jahren. Der Versuch ist strafbar.

§ 33

Vorbereitungshandylungen

Wer ein bestimmtes nach den §§ 31 oder 32 Abs. 2 strafbares Unternehmen vorbereitet, wird mit Zuchthaus bis zu zehn Jahren bestraft. Sind mildernde Umstände vorhanden, so kann auf Gefängnis nicht unter sechs Monaten erkannt werden.

§ 34

Geldstrafe und Polizeiaufsicht

Neben einer Freiheitsstrafe nach den §§ 31 bis 33 kann auf Geldstrafe von unbegrenzter Höhe und auf die Zulässigkeit von Polizeiaufsicht erkannt werden.

§ 35

Tätige Reue

Das Gericht kann die in den §§ 31, 32 Abs.1 und Abs.2 oder § 33 angedrohte Mindeststrafe unterschreiten, auf eine mildere Strafart erkennen oder von einer Bestrafung nach dieser Vorschrift absehen, wenn der Täter aus freien Stücken seine Tätigkeit aufgibt und den Erfolg abwendet. Unterbleibt der Erfolg ohne Zutun des Täters, so genügt sein ernstliches Bemühen, den Erfolg abzuwenden.

§ 36

Handeln ohne Genehmigung; Verletzung von Schutzvorschriften

(1) Wer vorsätzlich ohne die nach diesem Gesetz erforderliche Genehmigung

1. Kernbrennstoffe einführt oder ausführt,
2. Kernbrennstoffe befördert,
3. Kernbrennstoffe außerhalb der staatlichen Verwahrung verwahrt,
4. Anlagen zur Erzeugung oder zur Spaltung von Kernbrennstoffen oder zur Aufarbeitung bestrahlter Kernbrennstoffe errichtet, betreibt oder wesentlich verändert,
5. Kernbrennstoffe außerhalb von Anlagen zur Erzeugung und zur Spaltung von Kernbrennstoffen und zur Aufbearbeitung bestrahlter Kernbrennstoffe bearbeitet oder sonst wie verwendet, wird mit Gefängnis und mit Geldstrafe bis zu 100.000 DM oder mit einer dieser Strafen bestraft.

(2) Ebenso wird bestraft, wer vorsätzlich

1. Kernbrennstoffe in unmittelbaren Besitz hat und sie entgegen § 5 Abs. 3 und Abs. 4 nicht unverzüglich abliefert;
2. der Vorschrift des § 16 oder einer hierzu ergangenen Rechtsverordnung zuwiderhandelt, sofern die Rechtsverordnung auf diese Strafbestimmung verweist;
3. einer nach § 10 Abs. 2 oder Abs. 3 oder § 15 Abs.2 oder Abs. 3 ergangenen Rechtsverordnungen zuwiderhandelt, sofern die Rechtsverordnung auf diese Strafbestimmung verweist;
4. Auflagen nach § 9 Abs. 1 zuwiderhandelt;
5. vollziehbaren Anordnungen der staatlichen Aufsichtsbehörde nach § 11 Abs. 4 zuwiderhandelt.

(3) Wer durch eine der in den Absätzen 1 oder 2 bezeichneten Handlungen fahrlässig eine Gemeingefahr (§ 315 Abs. 3 des Strafgesetzbuchs) herbeiführt, wird mit Gefängnis nicht unter drei Monaten bestraft.

(4) Wer fahrlässig eine der in den Absätzen 1 und 2 bezeichneten Handlung begeht, wird mit Gefängnis bis zu zwei Jahren oder mit Geldstrafe bis zu 100.000 DM bestraft.

(5) Wer vorsätzlich oder fahrlässig die nach § 4 erforderliche Genehmigungsurkunde bei der Beförderung nicht mitführt, wird mit Geldstrafe bis zu 100.000 DM bestraft.

§ 37

Einziehung

(1) Gegenstände, die durch eine in den §§ 31 bis 33 mit Strafe bedrohte Handlung hervorgebracht oder zu ihrer Begehung gebraucht worden oder bestimmt gewesen sind, können eingezogen werden.

(2) Gegenstände, auf die sich eine in § 36 mit Strafe bedrohte Handlung bezieht, können eingezogen werden.

(3) Die in den Absätzen 1 und 2 bezeichneten Gegenstände sind einzuziehen, wenn der Schutz der Allgemeinheit mit Rücksicht auf die Art der Gegenstände oder auf die Besorgnis, dass sie der Begehung weiterer Strafe bedrohter Handlungen diesen, es erfordert.

(4) Kann wegen der Tat keine bestimmte Person verfolgt oder verurteilt werden, so muss oder kann auf Einziehung selbstständig erkannt werden, wenn die Voraussetzungen, unter denen die Einziehung vorgeschrieben oder zugelassen ist, im übrigen vorliegen.

§ 38

Entschädigung

(1) Gehörten die eingezogenen Gegenstände zur Zeit der Rechtskraft der Entscheidung weder dem Täter noch dem Teilnehmer oder waren sie mit dem Recht eines Dritten belastet, so ist der Berechtigte angemessen zu entschädigen.

(2) Die Entschädigungspflicht entfällt,

1. wenn der Berechtigte wenigstens leichtfertig dazu beigetragen hat, dass die Sache oder das Recht, Mittel oder Gegenstand der Tat oder ihrer Vorbereitung oder einer mit ihr im Zusammenhang stehenden anderen mit Strafe bedrohten Handlungen gewesen ist;
2. wenn er aus der Tat in verwerflicher Weise einen Vorteil gezogen hat oder
3. wenn er den Gegenstand in Kenntnis der Umstände, die die Einziehung zulassen, in verwerflicher Weise erworben hat.

§ 39

Verhältnis zu anderen Strafvorschriften

(1) Straftaten nach den §§ 31, 32 Abs.2 und 33 sind gemeingefährliche Verbrechen im Sinne des § 138 des Strafgesetzbuchs.

(2) Sie stehen den Sprengstoffverbrechen im Sinne des § 4 Abs. 3 Nr. 3 des Strafgesetzbuchs gleich.

(3) Soweit eine Tat nach den Vorschriften dieses Gesetzes allein oder in Verbindung mit Vorschriften des Strafgesetzbuchs mit Strafe bedroht ist, finden die §§ 5 bis 13 des Gesetzes gegen den verbrecherischen und gemeingefährlichen Gebrauch von Sprengstoffen vom 9. Juni 1884 (Reichsgesetzbl. S. 61) keine Anwendung.

(4) Für Verbrechen nach den §§ 31 oder 32 Abs.2 sind die Schurgerichte zuständig.

§ 40

Verletzung von Geschäfts- oder Betriebsgeheimnissen

(1) Wer ein Geschäfts- oder Betriebsgeheimnis, das ihm als Angehörigem einer mit der Ausführung dieses Gesetzes betrauten Behörde oder als amtlich zugezogenem Sachverständigen bei seiner Tätigkeit auf Grund dieses Gesetzes bekanntgeworden ist, wird mit Gefängnis bis zu zwei Jahren oder mit Geldstrafe bestraft. Die Verfolgung tritt nur auf Antrag des Verletzten ein.

(2) Wer ein Geschäfts- oder Betriebsgeheimnis, das ihm unter den Absatz 1 bezeichneten Voraussetzungen bekanntgeworden ist, dazu missbraucht, sich oder einem anderen einen Vermögensvorteil zu verschaffen oder einem anderen Schaden zuzufügen, wird mit Gefängnis bestraft. Daneben kann auf Geldstrafe erkannt werden.

ABSCHNITT VI

Schlußbestimmungen

§ 41

Erfassung von Schäden aus ungeklärter Ursache

Schäden, die nach dem Stand der wissenschaftlichen Erkenntnis aus der Einwirkung von Strahlen radioaktiver Stoffe herrühren und deren Verursacher nicht festgestellt werden kann, sind beim Bundesminister für Atomfragen zu registrieren und zu untersuchen.

§ 42

Erlaß von Rechtsverordnungen

Rechtsverordnungen auf Grund des § 13 Abs. 4 und des § 15 erläßt die Bundesregierung. Rechtsverordnungen auf Grund des § 10 erläßt die Bundesregierung, soweit Ausnahmen von dem Erfordernis einer Genehmigung nach § 7 zugelassen werden und Vorsorgemaßnahmen im Sinne des § 6 Abs. 2 Nr. 2, des § 7 Abs. 2 Nr. 2 und des § 8 Abs. 2 Nr. 2 angeordnet werden. Die übrigen in diesem Gesetz vorgesehenen Rechtsverordnungen erläßt der Bundesminister für Atomfragen.

§ 43

Aufhebung und Änderung von Rechtsvorschriften

Das Gesetz Nr. 22 der Alliierten Hohen Kommission vom 2. März 1950 betreffend die Überwachung von Stoffen, Einrichtungen und Ausrüstungen auf dem Gebiet der Atomenergie (Amtsblatt der Alliierten Hohen Kommission in Deutschland S. 122) in der Fassung der Gesetze der Alliierten Hohen Kommission Nr. 53 vom 26. April 1951 (Amtsblatt der Alliierten Hohen Kommission in Deutschland S. 882 und 990) und Nr. 68 vom 14. Dezember 1951 (Amtsblatt der Alliierten Hohen Kommission in Deutschland S. 1361) wird aufgehoben.

§ 44

Abgrenzungen

(1) Die Vorschriften der §§ 1, 3 bis 19 und 42 finden unbeschadet der völkerrechtlichen Verpflichtungen der Bundesrepublik keine Anwendung auf Atomwaffen, die der Bundesrepublik zu Verteidigungszwecken zur Verfügung gestellt sind.

(2) Auf den Umgang mit Kernbrennstoffen finden die §§ 1 bis 4 des Gesetzes gegen den verbrecherischen und gemeingefährlichen Gebrauch von Sprengstoffen vom 9. Juni 1884 (Reichsgesetzbl. 61) in der Fassung der Verordnung vom 8. August 1941 (Reichsgesetzbl. I S. 531) keine Anwendung.

§ 45

Dieses Gesetz tritt am .... in Kraft.

C. Entwurf eines Gesetzes über die friedliche Verwendung der Kernenergie und den Schutz gegen ihre Gefahren (Atomgesetz) (BR: 24.10.1958/ BT: 17.12.1959)

Quelle: BT-Drs. III, 759

ERSTER ABSCHNITT

Allgemeine Vorschriften

§ 1

Zweckbestimmung des Gesetzes

Zweck dieses Gesetzes ist,

1. eine möglichst freie und ungehinderte Entwicklung der Erforschung und der friedlichen Nutzung der Kernenergie zu ermöglichen und zu fördern,
2. Leben, Gesundheit und Sachgüter vor den Gefahren der Kernenergie und der schädlichen Wirkung ionisierender Strahlen zu schützen,
3. zu verhindern, dass durch Anwendung oder Freiwerden der Kernenergie die innere oder äußere Sicherheit der Bundesrepublik gefährdet wird,
4. die Erfüllung internationaler Verpflichtungen der Bundesrepublik auf dem Gebiet der Kernenergie und des Strahlenschutzes zu gewährleisten.

§ 2

Begriffsbestimmungen

Im Sinne dieses Gesetzes sind

1. besondere spaltbare Stoffe (Kernbrennstoffe):
   a) Plutonium 239,
   b) Uran 233,
   c) mit den Isotopen 235 oder 233 angereichertes Uran,
   d) jeder Stoff, der einen oder mehrere der vorerwähnten Stoffe enthält,
   e) Uran und uranhaltige Stoffe der natürlichen Isotopenmischung, die so rein sind, dass durch sie in einer geeigneten Anlage (Reaktor) eine sich selbst tragende Kettenreaktion aufrechterhalten werden kann.

Der Ausdruck „mit den Isotopen 235 oder 233 angereichertes Uran" bedeutet Uran, das die Isotope 235 oder 233 oder diese beiden Isotope in einer solchen Menge enthält, dass das Verhältnis der Summe dieser beiden Isotope zum Isotop 238 größer ist, als das in der Natur auftretende Verhältnis des Isotopes 235 zum Isotop 238.

2. Ausgangsstoffe:
   a) Uran, das die in der Natur auftretende Isotopenmischung enthält und nicht unter Absatz 1 fällt,
   b) Uran, dessen Gehalt an Uran 235 unter dem natürlichen Gehalt liegt,
   c) Thorium,
   d) jeder der erwähnten Stoffe in Form von Metall, Legierungen, chemischer Verbindung oder von Konzentrat sowie
   e) Uran- und Thoriumerze.

ZWEITER ABSCHNITT

Überwachungsvorschriften

§ 3

Einfuhr und Ausfuhr

(1) Wer Kernbrennstoffe einführt oder ausführt, bedarf der Genehmigung.

(2) Die Genehmigung zur Einfuhr ist zu erteilen, wenn

1. gegen die Zuverlässigkeit des Einführers keine Bedenken bestehen und
2. gewährleistet ist, dass die einzuführenden Kernbrennstoffe unter Beachtung der Vorschriften dieses Gesetzes und der zwischenstaatlichen Verpflichtungen der Bundesrepublik auf dem Gebiete der Kernenergie verwendet werden.

(3) Die Genehmigung zur Ausfuhr ist zu erteilen, wenn

1. gegen die Zuverlässigkeit des Ausführers keine Bedenken bestehen und
2. gewährleistet ist, dass die auszuführenden Kernbrennstoffe nicht in einer die zwischenstaatlichen Verpflichtungen der Bundesrepublik auf dem Gebiete der Kernenergie oder die innere oder äußere Sicherheit der Bundesrepublik gefährdenden Weise verwendet werden.

(4) Andere Rechtsvorschriften über die Einfuhr und Ausfuhr bleiben unberührt.

(5) Der Einfuhr und Ausfuhr im Sinne dieses Gesetzes steht jede sonstige Verbringung in den Geltungsbereich dieses Gesetzes gleich.

§ 4

Beförderung von Kernbrennstoffen

(1) Wer Kernbrennstoffe außerhalb eines abgeschlossenen Geländes befördert, auf dem Kernbrennstoffe verwahrt werden oder eine nach §§ 6, 7 und 9 genehmigte Tätigkeit ausgeübt wird, bedarf der Genehmigung. Die Genehmigung kann einem Beförderer nur für den Einzelfall erteilt werden. Die Genehmigungsurkunde ist bei der Beförderung mitzuführen und der für die Kontrolle zuständigen Stelle und den von ihr Beauftragten auf Verlangen vorzuzeigen.

(2) Die Genehmigung ist zu erteilen, wenn

1. gegen die Zuverlässigkeit des Beförderers und der den Transport ausführenden Personen keine Bedenken bestehen und ein weisungsbefugter Transportbegleiter die für die Beförderung von Kernbrennstoffen erforderliche Fachkunde besitzt,
2. gewährleistet ist, dass die Kernbrennstoffe unter Beachtung der für den jeweiligen Verkehrsträger geltenden Rechtsvorschriften über die Beförderung gefährlicher Güter befördert werden oder, soweit solche Vorschriften fehlen, auf andere Weise jede nach dem Stand von Wissenschaft und Technik gebotene Vorsorge gegen Schäden durch die Beförderung der Kernbrennstoffe getroffen ist,
3. jede erforderliche Vorsorge für die Erfüllung gesetzlicher Schadensersatzverpflichtungen (§ 13 Abs.5) getroffen ist,
4. jeder erforderliche Schutz gegen Störmaßnahmen oder sonstige Einwirkungen Dritter gewährleistet ist.

(3) Für die Beförderung mit der Eisenbahn ist dem Eisenbahnunternehmer auf Antrag eine allgemeine Genehmigung auf jeweils längstens drei Jahre zu erteilen, wenn die Voraussetzungen des Absatzes 2 Nr. 2 bis 4 gegeben sind, der

Unternehmer zuverlässig ist, dass der Unternehmer den Transport durch zuverlässige Personen ausführen lässt. Absatz 1 Satz 3 findet keine Anwendung.

(4) Die für die jeweiligen Verkehrsträger geltenden Rechtsvorschriften über die Beförderung gefährlicher Güter bleiben unberührt.

§ 5

Verwahrung, Besitz und Ablieferung von Kernbrennstoffen

(1) Kernbrennstoffe sind staatlich zu verwahren. Hierbei ist jede nach dem Stand von Wissenschaft und Technik gebotene Vorsorge gegen Schäden durch die Aufbewahrung von Kernbrennstoffen zu treffen und jeder erforderliche Schutz gegen Störmaßnahmen oder sonstige Einwirkungen Dritter zu gewährleisten.

(2) Außerhalb der staatlichen Verwahrung darf niemand Kernbrennstoffe in unmittelbaren Besitz haben, es sei denn, dass er die Kernbrennstoffe

1. auf Grund einer Genehmigung nach § 6 aufbewahrt,
2. in einer nach § 7 genehmigten Anlage oder auf Grund einer Genehmigung nach § 9 bearbeitet, verarbeitet oder sonst verwendet,
3. nach § 4 berechtigt befördert.

(3) Wer Kernbrennstoffe in unmittelbaren Besitz hat, ohne nach Absatz 2 dazu berechtigt zu sein, hat sie der Verwahrungsbehörde auf seine Kosten unverzüglich abzuliefern.

(4) Die Ablieferungspflicht entfällt, wenn die Kernbrennstoffe einem nach § 4 berechtigtem Beförderer übergeben werden

1. zum Zweck einer nach § 3 genehmigten Ausfuhr
2. zum Zweck einer Abgabe an einen nach Absatz 2 Nr. 1 oder 2 berechtigten Empfänger

(5) Die Herausgabe von Kernbrennstoffen aus der staatlichen Verwahrung nach Absatz 1 oder aus der genehmigten Aufbewahrung nach § 6 kann nur verlangt werden, wenn der Empfänger gemäß Absatz 2 Nr. 1 oder 2 zum Besitz der Kernbrennstoffe berechtigt ist.

§ 6

Genehmigung und Aufbewahrung von Kernbrennstoffen

(1) Wer Kernbrennstoffe außerhalb der staatlichen Verwahrung aufbewahrt, bedarf der Genehmigung

(2) Die Genehmigung ist zu erteilen, wenn ein Bedürfnis für eine solche Aufbewahrung besteht und wenn

1. gegen die Zuverlässigkeit des Antragsstellers und der für die Leitung und Beaufsichtigung der Aufbewahrung verantwortlichen Personen keine Bedenken bestehen und die für die Leitung und Beaufsichtigung der Aufbewahrung verantwortlichen Personen die hierfür erforderliche Fachkunde besitzen,
2. jede nach dem Stand von Wissenschaft und Technik gebotene Vorsorge gegen Schäden durch die Aufbewahrung der Kernbrennstoffe getroffen ist,
3. jede erforderliche Vorsorge für die Erfüllung gesetzlicher Schadensersatzverpflichtungen getroffen ist,
4. jeder erforderliche Schutz gegen Störmaßnahmen oder sonstige Einwirkungen Dritter gewährleistet ist.

§ 7

Genehmigung von Anlagen

(1) Wer eine Anlage zur Erzeugung oder zur Spaltung von Kernbrennstoffen oder zur Aufarbeitung bestrahlter Kernbrennstoffe errichtet, betreibt oder sonst innehat, bedarf der Genehmigung.

(2) Die Genehmigung ist zu erteilen, wenn

1. gegen die Zuverlässigkeit des Antragsstellers und der für die Errichtung, Leitung und Beaufsichtigung des Betriebs der Anlage verantwortlichen Personen keine Bedenken bestehen und die für die Errichtung, Leitung und Beaufsichtigung des Betriebs verantwortlichen Personen die hierfür erforderliche Fachkunde besitzen,
2. jede nach dem Stand von Wissenschaft und Technik gebotene Vorsorge gegen Schäden durch die Errichtung und den Betrieb der Anlage getroffen ist,
3. jede erforderliche Vorsorge für die Erfüllung gesetzlicher Schadensersatzverpflichtungen getroffen ist,
4. jeder erforderliche Schutz gegen Störmaßnahmen oder sonstige Einwirkungen Dritter gewährleistet ist.

(3) Der Errichtung einer Anlage steht die wesentliche Veränderung einer bestehenden Anlage gleich.

(4) Im Genehmigungsverfahren sind alle Behörden des Bundes, der Länder, der Gemeinden und der sonstigen Gebietskörperschaften zu beteiligen, deren auf anderen Rechtsvorschriften beruhender Zuständigkeitsbereich berührt wird. Bestehen zwischen der Genehmigungsbehörde und einer beteiligten Bundesbe-

hörde Meinungsverschiedenheiten, so hat die Genehmigungsbehörde die Weisung des Bundesministers für Atomkernenergie und Wasserwirtschaft einzuholen. Im übrigen wird das Genehmigungsverfahren nach den Grundsätzen der §§ 17 bis 19 und 49 der Gewerbeordnung durch Rechtsverordnung geregelt.

(5) § 26 der Gewerbeordnung gilt sinngemäß für Einwirkungen, die von einer genehmigten Anlage auf ein anderes Grundstück ausgehen.

§ 8

Verhältnis zur Gewerbeordnung

(1) Die Vorschriften der Gewerbeordnung über genehmigungspflichtige Anlagen nach § 16 der Gewerbeordnung sowie über die Untersagung der ferneren Benutzung solcher Anlagen finden auf genehmigungspflichtige Anlage im Sinne des § 7 keine Anwendung.

(2) Für überwachungsbedürftige Anlagen nach § 24 der Gewerbeordnung, die in genehmigungspflichtigen Anlagen im Sinne des § 7 Verwendung finden, kann die Genehmigungsbehörde im Einzelfall Ausnahmen von den auf Grund des § 24 der Gewerbeordnung ergangenen Rechtsvorschriften zulassen, soweit dies durch die besondere technische Eigenart der Anlagen nach § 7 bedingt ist.

§ 9

Bearbeitung, Verarbeitung und sonstige Verwendung von Kernbrennstoffen außerhalb genehmigungspflichtiger Anlagen

(1) Wer Kernbrennstoffe außerhalb von Anlagen der in § 7 bezeichneten Art bearbeitet, verarbeitet oder sonst verwendet, bedarf der Genehmigung.

(2) Die Genehmigung ist zu erteilen, wenn

1. gegen die Zuverlässigkeit des Antragsstellers und der für die Leitung und Beaufsichtigung der Verwendung der Kernbrennstoffe verantwortlichen Personen keine Bedenken bestehen und die für die Leitung und Beaufsichtigung der Verwendung der Kernbrennstoffe verantwortlichen Personen die hierfür erforderliche Fachkunde besitzt,
2. jede nach dem Stand von Wissenschaft und Technik gebotene Vorsorge gegen Schäden durch die Verwendung von Kernbrennstoffen getroffen ist,
3. jeder erforderliche Vorsorge für die Erfüllung gesetzlicher Schadensersatzverpflichtungen getroffen ist,
4. jeder erforderliche Schutz gegen Störmaßnahmen oder sonstige Einwirkungen Dritter gewährleistet ist.

§ 10

Ausnahmen vom Erfordernis der Genehmigung

Durch Rechtsverordnung können zur Erleichterung der wissenschaftlichen Forschung und der Lehre Ausnahmen vom Erfordernis der Genehmigung nach §§ 3 bis 7 und 9 zugelassen werden, soweit es sich um geringe Mengen von Kernbrennstoffen oder um Anlagen handelt, durch welche die in § 1 Nr. 2 und 3 bezeichneten Zwecke des Gesetzes nicht gefährdet werden können.

§ 11

Ermächtigungsvorschriften (Genehmigung, Anzeige, allgemeine Zulassung)

(1) Soweit nicht durch dieses Gesetz für Kernbrennstoffe und für Anlagen im Sinne des § 7 eine besondere Regelung getroffen ist, kann durch Rechtsverordnung zur Erreichung der in § 1 benannten Zwecke bestimmt werden,

1. dass der Umgang und Verkehr mit radioaktiven Stoffen (Aufsuchung, Gewinnung, Erzeugung, Lagerung, Bearbeitung, Verarbeitung, sonstige Verwendung und Beseitigung sowie Erwerb und Abgabe an andere), die Beförderung und die Ein- und Ausfuhr dieser Stoffe einer Genehmigung oder Anzeige bedürfen,
2. dass die Errichtung und der Betrieb von Anlagen zur Erzeugung ionisierender Strahlen einer Genehmigung oder Anzeige bedürfen,
3. dass Anlagen, Geräte und Vorrichtungen, die radioaktive Stoffe enthalten oder ionisierende Strahlen erzeugen, nach einer Bauartprüfung durch eine in der Rechtsverordnung zu bezeichnenden Stelle allgemein zugelassen werden können.

(2) Durch Rechtsverordnung können Genehmigungen und allgemeine Zulassungen im Rahmen der Zweckbestimmung dieses Gesetzes von persönlichen und sachlichen Voraussetzungen abhängig gemacht werden.

§ 12

Ermächtigungsvorschriften (Schutzmaßnahmen)

(1) Durch Rechtsverordnung kann zur Erreichung der in § 1 bezeichneten Zwecke bestimmt werden,

1. welche Vorsorge- und Überwachungsmaßnahmen zum Schutze der Beschäftigten, Dritter und der Allgemeinheit beim Umgang und Verkehr mit Kernbrennstoffen und sonstigen radioaktiven Stoffen, bei der Errichtung und beim Betrieb von Anlagen der in §§ 7 und 11 Abs.1 Nr. 2 bezeichneten Art, beim Umgang mit Anlagen, Geräten und Vorrichtungen der in § 11 Abs. 1 Nr. 3 bezeichneten Art sowie bei der Beförderung dieser Stoffe, Anlagen, Geräte und Vorrichtungen zu treffen sind,
2. welche Vorsorge dafür zu treffen ist, dass bestimmte Strahlendosen und bestimmte Konzentrationen radioaktiver Stoffe in Luft und Wasser nicht überschritten werden,
3. dass und in welchem Umfang Personen, die sich in strahlengefährdeten Bereichen aufhalten oder aufgehalten haben, verpflichtet sind, sich Messungen zur Bestimmung der Strahlendosen an ihrem Körper, ärztlichen Untersuchungen und Heilverfahren zu unterziehen und dass diese Untersuchungen durch besonders ermächtigte Ärzte vorzunehmen sind,
4. dass und auf welche Weise über die Erzeugung, die Gewinnung, den Erwerb, den Besitz, die Abgabe und den sonstigen Verbleib von Ausgangsstoffen, Kernbrennstoffen und sonstigen radioaktiven Stoffen und über Messungen von Dosis und Dosisleistungen ionisierender Strahlen Buch zu führen ist und Meldungen zu erstatten sind,
5. dass und auf welche Weise nicht mehr verwendete radioaktive Stoffe aufzubewahren, abzuliefern, zu beseitigen oder behördlich sicherzustellen sind,
6. auf welche Weise der Schutz von Kernbrennstoffen und sonstigen radioaktiven Stoffen sowie von Anlagen im Sinne der §§ 7 und 11 Abs. 1 Nr. 2 gegen Störmaßnahmen und sonstige Einwirkungen Dritter zu gewährleisten ist,
7. dass die Aufsichtsbehörde Verfügungen zur Durchführung der auf Grund der Nummern 1 bis 6 ergangenen Rechtsverordnungen erlassen kann.

(2) Das Grundrecht auf körperliche Unversehrtheit (Artikel 2 Abs. 2 S. 1 des Grundgesetzes) wird nach Maßgabe des Absatzes 1 Nr. 3 eingeschränkt.

§ 13

Vorsorge zur Erfüllung gesetzlicher Schadensersatzverpflichtungen

(1) Die Verwaltungsbehörde setzt im Genehmigungsverfahren Art, Umfang und Höhe der vom Antragssteller zu treffenden Vorsorge für die Erfüllung gesetzlicher Schadensersatzverpflichtungen (Deckungsvorsorge) fest. Die Festsetzung ist im Abstand von jeweils zwei Jahren nach der Genehmigung sowie bei erheblichen Änderungen der Verhältnisse erneut vorzunehmen.

(2) Die Vorsorge nach Absatz 1 muß

1. bei Anlagen und Tätigkeiten, bei denen eine Haftung nach § 25 in Betracht kommt, in einem angemessenen Verhältnis zur Gefährlichkeit der Anlage oder der Tätigkeit stehen; sie soll im Regelfall nicht hinter dem Höchstmaß des Versicherungsschutzes zurückbleiben, der auf dem Versicherungsmarkt zu zumutbaren und zu dem wirtschaftlichen oder sonstigen Interesse an dem Betrieb einer derartigen Anlage oder an der Ausübung einer derartigen Tätigkeit in angemessenem Verhältnis stehenden Aufwendungen erhältlich ist,
2. in den übrigen Fällen einer Tätigkeit, die auf Grund dieses Gesetzes oder auf Grund einer nach diesem Gesetz oder auf Grund einer nach diesem Gesetz erlassenen Rechtsverordnung der Genehmigung bedarf, die Erfüllung gesetzlicher Schadensersatzverpflichtungen in dem nach den Umständen gebotenen Ausmaß sicherstellen.

(3) Im Rahmen der durch Absatz 2 gezogenen Grenzen und zur Erreichung der in § 1 bezeichneten Zwecke können durch Rechtsverordnung nähere Vorschriften darüber erlassen werden, welche Maßnahmen zur Vorsorge für die Erfüllung gesetzlicher Schadensersatzverpflichtungen erforderlich sind.

(4) Der Bund – ausgenommen die Deutsche Bundesbahn – und die Länder sind nicht zur Deckungsvorsorge verpflichtet. Soweit für ein Land eine Haftung nach § 25 in Betracht kommt, setzt die Genehmigungsbehörde in entsprechender Anwendung der Absätze 1 und 2 und der zu Absatz 3 ergehenden Rechtsverordnungen fest, in welchem Umfang und in welcher Höhe das Land unbeschadet weiterer Verpflichtungen nach § 39 für die Erfüllung gesetzlicher Schadensersatzverpflichtungen ohne Deckung durch die Freistellungsverpflichtung des Bundes nach § 37 einzustehen hat. Diese Einstandspflicht steht bei Anwendung dieses Gesetzes der Deckungsvorsorge gleich.

(5) Gesetzliche Schadensersatzverpflichtungen im Sinne dieses Gesetzes sind die auf gesetzlichen Haftungsbestimmungen privatrechtlichen Inhalts beruhenden Schadensersatzverpflichtungen. Schadensersatzverpflichtungen, die sich aus § 7 Abs. 5 dieses Gesetzes in Verbindung mit § 26 der Gewerbeordnung ergeben, gehören nur insoweit zu den gesetzlichen Schadensersatzverpflichtungen im Sinne dieses Gesetzes, als der Schaden durch Unfall entstanden ist.

§ 14

Deckungsvorsorge und Einstandspflicht für Fälle, bei denen eine Haftung nach § 25 in Betracht kommt

Für Deckungsvorsorge von Anlagen und Tätigkeiten, bei denen eine Haftung nach § 25 in Betracht kommt, gelten die besonderen Vorschriften der §§ 15 und 16.

§ 15

Haftpflichtversicherung

(1) Wird die Deckungsvorsorge durch eine Haftpflichtversicherung erbracht, so gelten für diese §§ 158 c bis h des Gesetzes über den Versicherungsvertrag sinngemäß; bei Anwendung des § 158 c Abs. 4 des Gesetzes über den Versicherungsvertrag bleibt die Freistellungsverpflichtung des Bundes nach § 37 außer Betracht. Die Anwendbarkeit von § 156 Abs. 3 des Gesetzes über den Versicherungsvertrag ist ausgeschlossen.

(2) Die Haftpflichtversicherung muss die gesetzlichen Schadensersatzverpflichtungen einschließen, welche infolge der Wirkungen der in § 25 bezeichneten Art solchen Personen entstehen, die

1. mit Zustimmung des zur Deckungsvorsorge Verpflichteten neben diesem oder an seiner Stelle die Anlage betreiben oder benutzen oder benutzt haben;
2. befugterweise Sach-, Dienst- oder Werkleistungen zur Planung, Errichtung, Benutzung, Inbetriebhaltung oder Instandsetzung der Anlage oder zur Beseitigung von Abfällen bewirken oder bewirkt haben.
3. von dem zur Deckungsvorsorge Verpflichteten oder einer in Nummer 1 oder 2 bezeichneten Person zu der Planung, Errichtung, Benutzung, Inbetriebhaltung oder Instandsetzung der Anlage dienenden Verrichtung bestellt sind oder waren.

§ 16

Sonstige Vorsorge

(1) Wird die Deckungsvorsorge anstatt durch eine Haftpflichtversicherung durch eine Freistellungs- oder Gewährleistungsverpflichtung eines Dritten erbracht, so finden auf diese Verpflichtung die Vorschriften des § 15 entsprechende Anwendung.

(2) Wird die Deckungsvorsorge in einer anderen als der in § 15 und in Absatz 1 bezeichneten Art erbracht, so hat der zur Deckungsvorsorge Verpflichtete unbeschadet des § 39 bei Inanspruchnahme der in § 15 Abs. 2 genannten Personen für

die Schäden der in § 25 bezeichneten Art in Höhe der nach § 13 Abs. 1 bestimmten Deckungsvorsorge und in gleicher Weise und in gleichem Umfang einzutreten wie ein Versicherer nach § 15 bei Bestehen einer nach diesem Gesetz und den hierauf beruhenden Rechtsverordnungen ausreichenden Haftpflichtversicherung.

(3) Absatz 2 gilt entsprechend für den Bund und für die Länder.

§ 17

Inhaltliche Beschränkungen, Auflagen, Widerruf

(1) Genehmigungen und allgemeine Zulassungen nach diesem Gesetz oder nach einer auf Grund dieses Gesetzes erlassenen Rechtsverordnung sind schriftlich zu erteilen. Sie können zur Erreichung der in § 1 bezeichneten Zwecke inhaltlich beschränkt und mit Auflagen verbunden werden. Soweit es zur Erreichung der in § 1 Nr. 2 und 3 bezeichneten Zwecke erforderlich ist, sind nachträgliche Auflagen zulässig. Genehmigungen, mit Ausnahme derjenigen nach § 7, sowie allgemeine Zulassungen können befristet werden.

(2) Genehmigungen und allgemeine Zulassungen können widerrufen werden, wenn eine ihrer Voraussetzungen von Anfang an nicht gegeben war oder später weggefallen ist und nicht durch nachträgliche Auflagen in angemessener Zeit Abhilfe geschaffen werden kann.

(3) Genehmigungen und allgemeine Zulassungen sind zu widerrufen, wenn dies der Schutz der Allgemeinheit erfordert und nicht durch nachträgliche Auflagen in angemessener Zeit Abhilfe geschaffen werden kann.

§ 18

Entschädigung

(1) Im Falle des Widerrufs einer nach diesem Gesetz oder nach einer auf Grund dieses Gesetzes erlassenen Rechtsverordnung erteilten Genehmigung oder allgemeinen Zulassung muss dem Berechtigten eine angemessene Entschädigung in Geld geleistet werden. Wird der Widerruf von einer Behörde des Bundes ausgesprochen, so ist der Bund, wird der Widerruf von einer Landesbehörde ausgesprochen, so ist das Land, dessen Behörde den Widerruf ausgesprochen hat, zur Leistung der Entschädigung verpflichtet. Die Entschädigung ist unter gerechter Abwägung der Interessen der Allgemeinheit und des Betroffenen sowie der Gründe, die zum Widerruf führten, zu bestimmen. Die Entschädigung ist begrenzt durch die Höhe der vom Betroffenen gemachten Aufwendungen, bei Anlagen durch die Höhe ihres Zeitwerts. Wegen der Höhe der Entschädigung steht der Rechtsweg vor den ordentlichen Gerichten offen.

(2) Eine Entschädigungspflicht ist nicht gegeben, wenn

1. der Inhaber die Genehmigung oder allgemeine Zulassung auf Grund von Angaben erhalten hat, die in wesentlichen Punkten unrichtig oder unvollständig waren,
2. der Inhaber der Genehmigung oder allgemeinen Zulassung oder die für ihn im Zusammenhang mit der Ausübung der Genehmigung oder allgemeinen Zulassung tätigen Personen durch ihr Verhalten Anlaß zum Widerruf der Genehmigung oder allgemeinen Zulassung gegeben haben, insbesondere durch erhebliche oder wiederholte Verstöße gegen die Vorschriften dieses Gesetzes oder der auf Grund dieses Gesetzes ergangenen Rechtsverordnungen oder gegen Auflagen oder Anordnungen der Aufsichtsbehörden,
3. der Widerruf wegen einer nachträglich eingetretenen, in der genehmigten Anlage oder Tätigkeit begründeten erheblichen Gefährdung der Beschäftigten, Dritter oder der Allgemeinheit ausgesprochen werden musste.

(3) Absätze 1 und 2 gelten entsprechende für nachträgliche Auflagen nach § 17 Abs. 1 Satz 3.

(4) Wenn das Land eine Entschädigung zu leisten hat, sind der Bund, ein anderes Land oder eine sonstige Gebietskörperschaft entsprechend ihrem sich aus der Gesamtlage ergebenden Interesse am Widerruf verpflichtet, diesem Land Ausgleich zu leisten. Entsprechendes gilt, wenn der Bund eine Entschädigung zu leisten hat.

§ 19

Staatliche Aufsicht

(1) Der Umgang und Verkehr mit Kernbrennstoffen und sonstigen radioaktiven Stoffen, die Errichtung und der Betrieb von Anlagen der in §§ 7 und 11 Abs. 1 Nr. 2 bezeichneten Art, der Umgang mit Anlagen, Geräten und Vorrichtungen unterliegen der staatlichen Aufsicht. Die Aufsichtsbehörden haben insbesondere darüber zu wachen, dass die Vorschriften dieses Gesetzes und der auf Grund dieses Gesetzes erlassenen Rechtsverordnungen, die hierauf beruhenden Anordnungen und Verfügungen der zuständigen Verwaltungsbehörden sowie die mit Genehmigungen und allgemeinen Zulassungen verbundenen Auflagen eingehalten werden.

(2) Die Beauftragten der Aufsichtsbehörde und die von ihr nach § 20 zugezogenen Sachverständigen oder Beauftragten anderer zugezogener Behörden sind befugt, Orte, an denen sich Ausgangsstoffe, Kernbrennstoffe oder sonstige radioaktive Stoffe, Anlage der in §§ 7 und 11 Abs. 1 Nr. 2 bezeichneten Art oder

Anlagen, Geräte und Vorrichtungen der in § 11 Abs.1 Nr. 3 bezeichneten Art n hiervon herrührende Strahlen wirkten, oder Orte, für die diese Voraussetzungen den Umständen nach anzunehmen sind, jederzeit betreten und dort alle Prüfungen anstellen, die zur Erfüllung ihrer Aufgaben notwendig sind. Im übrigen gilt § 24 b der Gewerbeordnung entsprechend. Das Grundrecht des Artikels 13 des Grundgesetzes über die Unverletzlichkeit der Wohnung wird eingeschränkt, soweit es diesen Befugnissen entgegensteht.

(3) Die Aufsichtsbehörde kann anordnen, dass ein Zustand beseitigt wird, der diesem Gesetz, den darauf beruhenden Rechtsverordnungen, dem Bescheid über die Genehmigung oder allgemeine Zulassung oder einer nachträglich angeordneten Auflage widerspricht oder aus dem sich durch die Wirkung ionisierender Strahlen Gefahren für Leben, Gesundheit oder Sachgüter ergeben können. Sie kann insbesondere anordnen,

1. dass und welche Schutzmaßnahmen zu treffen sind,
2. dass Kernbrennstoffe und sonstige radioaktive Stoffe bei einer von ihr bestimmten Stelle aufbewahrt oder verwahrt werden,
3. dass der Umgang mit Kernbrennstoffen und sonstigen radioaktiven Stoffen, die Errichtung und der Betrieb von Anlagen der in §§ 7 und 11 Abs. 1 Nr. 2 bezeichneten Art sowie der Umgang mit Anlagen, Geräten und Vorrichtungen der in § 11 Abs. 1 Nr. 3 bezeichneten Art einstweilen oder, wenn eine erforderliche Genehmigung nicht erteilt oder rechtskräftig widerrufen ist, endgültig eingestellt wird.

(4) Die staatlichen Aufsichtsbefugnisse nach anderen Rechtsvorschriften und die sich aus den landesrechtlichen Vorschriften ergebenden allgemeinen Befugnisse bleiben unberührt.

§ 20

Sachverständige

Im Genehmigungs- und Aufsichtsverfahren nach diesem Gesetz und den auf Grund dieses Gesetzes ergangenen Rechtsverordnungen können von den zuständigen Behörden Sachverständige zugezogen werden. § 24 b der Gewerbeordnung findet entsprechende Anwendung.

§ 21

Kosten

(1) Für die in diesem Gesetz und den Rechtsverordnungen hierzu vorgesehenen Genehmigungen und allgemeinen Zulassungen können Gebühren erhoben und kann die Erstattung von Auslagen verlangt werden; zu den Auslagen gehören die Kosten, die durch die Zuziehung von Sachverständigen entstehen. Gebühren und Auslagen trägt der Antragssteller. Soweit Einwendungen Dritter gegen die Errichtung von Anlagen im Sinne des § 7 zu prüfen sind, können dem Widersprechenden die durch eine offensichtlich unbegründete Einwendung auferlegt werden.

(2) Für die staatliche Verwahrung können Gebühren erhoben und kann die Erstattung von Auslagen verlangt werden. Sie sind vom Einlieferer und vom Verwendungsberechtigten als Gesamtschuldner zu tragen.

(3) Soweit bei der staatlichen Aufsicht die Zuziehung von Sachverständigen erforderlich war, hat der der Aufsicht Unterliegende die dadurch entstehenden Kosten zu tragen.

(4) Aufwendungen für Schutzmaßnahmen und ärztliche Untersuchungen, die auf Grund einer nach diesem Gesetz erlassenen Rechtsverordnung oder einer hierauf beruhenden Anordnung durchgeführt werden, sind von demjenigen zu tragen, der nach dieser Rechtsverordnung einer Genehmigung für diejenige Betätigung bedarf, hinsichtlich deren die Schutzmaßnahmen oder die ärztliche Untersuchung erforderlich wird.

(5) Die nach den Absätzen 1 und 2 zu erhebenden Kosten, die Voraussetzungen, unter denen von ihrer Erhebung abzusehen ist oder abgesehen werden kann, sowie das bei der Erhebung zu beachtende Verfahren werden durch Rechtsverordnung geregelt.

DRITTER ABSCHNITT

Verwaltungsbehörden

§ 22

Zuständigkeit für Einfuhr- und Ausfuhrgenehmigungen

Überwachung der Einfuhr und Ausfuhr

(1) Über Anträge auf Erteilung einer Genehmigung nach § 3 sowie über den Widerruf einer erteilten Genehmigung entscheidet das Bundesamt für gewerbliche Wirtschaft. Das gleiche gilt, soweit die auf Grund des § 11 ergehenden Rechtsverordnungen das Erfordernis von Einfuhrgenehmigungen vorsehen.

(2) Die Überwachung der Einfuhr und der Ausfuhr nach § 3 obliegt dem Bundesminister der Finanzen oder den von ihm bestimmten Zolldienststellen, im Freihafen Hamburg dem Freihafenamt der Freien und Hansestadt Hamburg.

(3) Soweit das Bundesamt für gewerbliche Wirtschaft auf Grund des Absatzes 1 entscheidet, ist es unbeschadet seiner Unterstellung unter den Bundesminister für Wirtschaft und dessen auf anderen Rechtsvorschriften beruhender Weisungsbefugnisse an die fachlichen Weisungen des Bundesministers für Atomkernenergie und Wasserwirtschaft gebunden.

§ 23

Verwahrungsbehörde

Für die staatliche Verwahrung von Kernbrennstoffen, für die Genehmigung der Beförderung von Kernbrennstoffen, für die Genehmigung und Beaufsichtigung der Aufbewahrung von Kernbrennstoffen außerhalb der staatlichen Verwahrung sowie für den Widerruf dieser Genehmigung ist die Physikalisch-Technische Bundesanstalt zuständig. Diese handelt hierbei nach den fachlichen Weisungen des Bundesministers für Atomkernenergie und Wasserwirtschaft.

§ 24

Zuständigkeit der Landesbehörden

(1) Die übrigen Verwaltungsaufgaben nach dem Zweiten Abschnitt und den hierzu ergehenden Rechtsverordnungen werden im Auftrage des Bundes durch die Länder ausgeführt. Die Beaufsichtigung der Beförderung von Kernbrennstoffen obliegt den allgemeinen für die Überwachung der Beförderung gefährlicher Güter zuständigen Behörden, auch soweit diese nicht Landesbehörden sind.

(2) Für die Genehmigungen nach §§ 7 und 9 und deren Widerruf sind die durch die Landesregierung bestimmten obersten Landesbehörden zuständig. Diese Behörden üben die Aufsicht über Anlagen nach § 7 und die Verwendung von Kernbrennstoffen außerhalb dieser Anlagen aus. Sie können im Einzelfall nachgeordnete Behörden damit beauftragen. Über Beschwerden gegen deren Verfügungen entscheidet die oberste Landesbehörde. Soweit Vorschriften außerhalb dieses Gesetzes anderen Behörden staatliche Aufsichtsbefugnisse verleihen, bleiben diese Zuständigkeiten unberührt.

VIERTER ABSCHNITT

Haftungsvorschriften

§ 25

Haftung für Anlagen im Sinne des § 7

(1) Wird durch die Wirkung eines Kernspaltungsvorgangs oder der Strahlen eines radioaktiven Stoffes, die von einer Anlage im Sinne des § 7 oder einer dem Betrieb einer solchen Anlage zugehörigen Einrichtung oder Handlung einschließlich der Abfallbeseitigung ausgeht, ein Mensch getötet oder der Körper oder die Gesundheit eines Menschen verletzt oder eine Sache beschädigt, so ist der Inhaber der Anlage vorbehaltlich des § 39 verpflichtet, den daraus entstehenden Schaden gemäß §§ 27 bis 35 zu ersetzen.

(2) Einer Sachbeschädigung steht es bei Anwendung der Vorschriften dieses Abschnitts gleich, wenn eine Sache durch die Wirkung von Strahlen eines radioaktiven Stoffes in ihrer Brauchbarkeit beeinträchtigt wird.

§ 26

Haftung für den Besitz radioaktiver oder von einer Kernspaltung oder Kernvereinigung betroffener Stoffe in anderen Fällen

(1) Wird in anderen als den in § 25 bezeichneten Fällen durch die Wirkung eines Kernspaltungsvorgangs oder der Strahlen eines radioaktiven Stoffes ein Mensch getötet oder der Körper oder die Gesundheit eines Menschen verletzt oder eine Sache beschädigt, so ist der Besitzer des von der Kernspaltung betroffenen Stoffes oder des radioaktiven Stoffes, von dem die Strahlenwirkung ausgeht, verpflichtet, den daraus entstehenden Schaden gemäß §§ 27 bis 35 zu ersetzen. Die Ersatzpflicht tritt nicht ein, wenn der Schaden durch ein Ereignis verursacht wird, das der Besitzer und die für ihn im Zusammenhang mit Besitz tätigen Personen auch bei Anwendung jeder nach den Umständen gebotenen Sorgfalt nicht vermeiden konnten und das weder auf einem Fehler in der Beschaffenheit der Schutzeinrichtung noch auf einem Versagen ihrer Verrichtung beruht.

(2) Absatz 1 gilt entsprechend in Fällen, in denen ein Schaden der in Absatz 1 bezeichneten Art durch die Wirkung eines Kernvereinigungsvorgangs verursacht wird.

(3) In gleicher Weise wie der Besitzer haftet derjenige, der den Besitz des Stoffes verloren hat, ohne ihn auf eine Person zu übertragen, die nach diesem Gesetz oder nach einer auf Grund dieses Gesetzes erlassenen Rechtsverordnung zum Besitz berechtigt ist.

(4) Die Vorschriften der Absätze 1 bis 3 gelten nicht,

1. wenn die radioaktiven Stoffe gegenüber dem Verletzten von einem Arzt oder Zahnarzt oder unter der Aufsicht eines Arztes oder Zahnarztes bei der Ausübung der Heilkunde angewendet worden sind;
2. wenn zwischen dem Besitzer und dem Verletzten ein Rechtsverhältnis besteht, auf Grund dessen dieser die von dem Stoff ausgehende Gefahr in Kauf genommen hat.

§ 27

Mitwirkendes Verschulden des Verletzten

Hat bei der Entstehung des Schadens ein Verschulden des Verletzten mitgewirkt, so gilt § 254 des Bürgerlichen Gesetzbuchs; bei Beschädigung einer Sache steht das Verschulden desjenigen, der die tatsächliche Gewalt über sie ausübt, dem Verschulden des Verletzten gleich.

§ 28

Umfang des Schadensersatzes bei Tötung

(1) Im Falle der Tötung ist der Schadenersatz durch Ersatz der Kosten einer versuchten Heilung sowie des Vermögensnachteils zu leisten, den der Getötete dadurch erlitten hat, dass während der Krankheit seine Erwerbsfähigkeit aufgehoben oder gemindert, eine Vermehrung seiner Bedürfnisse eingetreten oder sein Fortkommen erschwert war. Der Ersatzpflichtige hat außerdem die Kosten der Beerdigung demjenigen zu ersetzen, dem die Verpflichtung obliegt, diese Kosten zu tragen.

(2) Stand der Getötete zur Zeit der Verletzung zu einem Dritten in einem Verhältnis, vermöge dessen er diesem gegenüber kraft Gesetzes unterhaltspflichtig war oder unterhaltspflichtig werden konnte, und ist dem Dritten infolge der Tötung das Recht auf Unterhalt entzogen, so hat der Ersatzpflichtige dem Dritten insoweit Schadensersatz zu leisten, als der Getötete während der mutmaßlichen Dauer seines Lebens zur Gewährung des Unterhalts verpflichtet gewesen wäre. Die Ersatzpflicht tritt auch dann ein, wenn der Dritte zur Zeit der Verletzung erzeugt, aber noch nicht geboren war.

§ 29
Umfang des Schadensersatzes bei Körperverletzung

Im Falle der Verletzung des Körpers oder der Gesundheit ist Schadensersatz durch Ersatz der Kosten der Heilung sowie des Vermögensnachteils zu leisten, den der Verletzte dadurch erleidet, dass infolge der Verletzung zeitweise oder dauernd seine Erwerbsfähigkeit aufgehoben oder gemindert, eine Vermehrung seiner Bedürfnisse eingetreten oder sein Fortkommen erschwert ist.

§ 30
Geldrente

(1) Der Schadensersatz wegen Aufhebung oder Minderung der Erwerbsfähigkeit, wegen Vermehrung der Bedürfnisse oder wegen Erschwerung des Fortkommens des Verletzten sowie der nach § 28 Abs. 2 einem Dritten zu gewährende Schadensersatz ist für die Zukunft durch Entrichtung einer Geldrente zu leisten.

(2) Die Vorschriften des § 843 Abs. 2 bis 4 des Bürgerlichen Gesetzbuchs und des § 708 Nr. 6 der Zivilprozessordnung finden entsprechende Anwendung.

(3) Ist bei der Verurteilung des Verpflichteten zur Errichtung einer Geldrente nicht auf Sicherheitsleistung erkannt worden, so kann der Berechtigte gleichwohl Sicherheitsleistung verlangen, wenn die Vermögensverhältnisse des Verpflichteten sich erheblich verschlechtert haben; unter der gleichen Voraussetzung kann er eine Erhöhung der in dem Urteil bestimmten Sicherheit verlangen.

§ 31
Höchstbeträge

Der nach § 25 oder § 26 Ersatzpflichtige haftet

1. im Falle der Tötung oder Verletzung eines Menschen, soweit es sich um den in § 30 bezeichneten Schadensersatz handelt, nur bis zu einer Jahresrente von 15.000 Deutsche Mark;
2. im Falle der Sachbeschädigung nur bis zur Höhe des gemeinen Wertes der beschädigten Sache zuzüglich der Kosten für die Sicherung gegen die von ihr ausgehende Strahlungsgefahr.

§ 32

Verjährung

(1) Die nach diesem Abschnitt begründeten Ansprüche auf Schadensersatz verjähren in zwei Jahren von dem Zeitpunkt an, in welchem der Ersatzberechtigte von dem Schaden und von der Person des Ersatzpflichtigen Kenntnis erlangt, ohne Rücksicht auf diese Kenntnis in dreißig Jahren von dem schädigenden Ereignis an.

(2) Schweben zwischen dem Ersatzpflichtigen und dem Ersatzberechtigten Verhandlungen über den zu leistenden Schadensersatz, so ist die Verjährung gehemmt, bis der eine oder der andere Teil die Fortsetzung der Verhandlungen verweigert.

(3) Im übrigen finden die Vorschriften des Bürgerlichen Gesetzbuchs über die Verjährung Anwendung.

§ 33

Verwirkung

Der Ersatzberechtigte verliert die ihm auf Grund der Vorschriften dieses Abschnitts zustehenden Rechte, wenn er nicht innerhalb dreier Monate, nachdem er von dem Schaden und der Person des Ersatzpflichtigen Kenntnis erlangt hat, dem Ersatzpflichtigen den Schaden anzeigt. Der Rechtsverlust tritt nicht ein, wenn die Anzeige infolge eines von dem Ersatzberechtigten nicht zu vertretenen Umstandes unterblieben ist oder der Ersatzpflichtige innerhalb der bezeichneten Frist auf andere Weise von dem Schaden Kenntnis erlangt hat.

§ 34

Weitergehende Haftung

Unberührt bleiben, soweit sich nicht aus § 39 etwas anderes ergibt, gesetzliche Vorschriften, nach denen der Inhaber einer Anlage im Sinne des § 7 oder der Besitzer eines von einer Kernspaltung oder Kernvereinigung betroffenen oder eines radioaktiven Stoffes im weiteren Umfange als nach den Vorschriften dieses Abschnitts haftet oder nach denen ein anderer für den Schaden verantwortlich ist.

§ 35

Mehrere Verursacher

(1) Sind für einen Schaden, der durch die Wirkung von Kernspaltungsvorgängen oder von Strahlen radioaktiver Stoffe verursacht ist, als Inhaber von Anlagen im Sinne des § 7 oder als Besitzer der Kernspaltung oder -vereinigung betroffener oder radioaktiver Stoffe mehrere einem Dritten kraft Gesetzes zum Schadensersatz verpflichtet, so hängt im Verhältnis der Ersatzpflichtigen untereinander die Verpflichtung zum Ersatz sowie der Umfang des zu leistenden Ersatzes von den Umständen, insbesondere davon ab, inwieweit der Schaden überwiegend auf Ursachen beruht, für die der eine oder andere Teil verantwortlich ist. Das gleiche gilt, wenn der Schaden dem Inhaber einer Anlage oder dem Besitzer eines Stoffes entstanden ist, von der Haftpflicht des einen Inhabers oder Besitzers gegenüber dem anderen.

(2) Absatz 1 gilt entsprechend, wenn neben dem Inhaber der Anlage oder dem Besitzer des Stoffes ein anderer kraft Gesetzes für den Schaden haftet.

§ 36

Übernahme der Deckungsvorsorge bei Beförderungen

(1) Wer Kernbrennstoffe oder sonstige radioaktive Stoffe zur Beförderung aufgibt (Absender), ist dem Beförderer gegenüber verpflichtet, Vorsorge für die Erfüllung der gesetzlichen Schadensersatzverpflichtungen des Beförderers zu treffen, die sich aus der Beförderung ergeben.

(2) Art, Umfang und Höhe dieser Vorsorge bestimmen sich nach der Vorsorge, die der Beförderer nach § 13 zu treffen hätte.

(3) Ist Absender der Bund oder ein Land, so tritt an die Stelle der Verpflichtung zur Deckungsvorsorge eines entsprechende Verpflichtung zur Freistellung.

§ 37

Freistellungsverpflichtung des Bundes

(1) Haben sich infolge der Wirkungen der in § 25 bezeichneten Art gesetzliche Schadensersatzverpflichtungen des zur Deckungsvorsorge nach § 13 Abs. 2 Nr. 1 Verpflichteten oder einer in § 15 Abs. 2 bezeichneten Person ergeben, so hat der Bund diese Personen, falls bis zum 31. Dezember 1965 die erforderliche Genehmigung erteilt und mit dem Betrieb der genehmigten Anlage oder mit der Ausführung der genehmigten Tätigkeit begonnen worden ist, von solchen Schadensersatzverpflichtungen freizustellen, soweit diesen den Höchstbetrag der

Deckungsvorsorge übersteigen oder aus sonstigen Gründen aus der Deckungsvorsorge nicht zu decken sind. Die Freistellungsverpflichtung wegen der aus einem Schadensereignis sich ergebenden Schadensersatzverpflichtungen beschränkt sich auf den Höchstbetrag von 500 Millionen Deutsche Mark abzüglich des Betrages, in dessen Höhe die Deckungsvorsorge zur Deckung der entstandenen Schadensersatzverpflichtungen in Anspruch genommen werden kann.

(2) Die Freistellungsverpflichtung nach Absatz 1 bezieht sich nicht auf Schadensersatzverpflichtungen

1. wegen Schäden an der Anlage und ihr zugehörigen Betriebsgrundstücken, Betriebseinrichtungen, Betriebsgeräten oder Betriebsmaterialien aller Art einschließlich der Kernbrennstoffe;
2. wegen Schäden, die dem zur Deckungsvorsorge Verpflichteten oder einer in § 15 Abs. 2 bezeichneten Person beim Betrieb der Anlage oder bei der in § 15 Abs. 2 bezeichneten Tätigkeit entstehen.

(3) Auf die Freistellungsverpflichtung des Bundes finden §§ 34, 62 und 67 sowie die Vorschriften des Sechsten Titels des Zweiten Abschnitts des Gesetzes über den Versicherungsvertrag einschließlich der Vorschriften über die Pflichtversicherung sinngemäß Anwendung, soweit sich nicht aus den nachfolgenden Vorschriften etwas anderes ergibt.

§ 38

Verteilungsverfahren

(1) Ist damit zu rechnen, dass die gesetzlichen Schadensersatzverpflichtungen aus einem Schadensereignis den Betrag von 500 Millionen Deutsche Mark übersteigen, so wird die Verteilung der zur Erfüllung gesetzlicher Schadensersatzverpflichtungen zur Verfügung stehenden Mittel sowie das dabei zu beobachtende Verfahren durch Gesetz bis zum Erlass eines solchen Gesetzes durch Rechtsverordnung geregelt.

(2) Die in Absatz 1 bezeichnete Rechtsverordnung kann über die Verteilung der zur Erfüllung gesetzlicher Schadensersatzverpflichtungen zur Verfügung stehenden Mittel nur solche Regelungen treffen, die zur Abwendung von Notständen erforderlich sind. Sie muss sicherstellen, dass die Befriedigung der Gesamtheit aller Geschädigten nicht durch die Befriedigung einzelner Geschädigte unangemessen beeinträchtigt wird.

§ 39

Ausschluss von Ansprüchen

(1) Auf Grund einer gesetzlichen Schadensersatzverpflichtung, die den Ersatz des durch Wirkungen der in § 25 bezeichneten Art entstandenen Schadens zum Gegenstand hat und bezüglich deren eine Freistellungsverpflichtung des Bundes besteht, ist Ersatz über den in § 37 Abs. 1 bestimmten Umfang hinaus nicht zu leisten.

(2) Für Schäden, bezüglich deren eine Freistellungsverpflichtung des Bundes gemäß § 37 Abs. 2 nicht besteht, ist eine Ersatzpflicht aufgrund des § 25 ausgeschlossen. Auf Grund einer sonstigen gesetzlichen Schadensersatzverpflichtung können der zur Deckungsvorsorge Verpflichtete und die in § 15 Abs. 2 bezeichneten Personen wegen solcher Schäden nur in Anspruch genommen werden, wenn der Geschädigte nicht auf andere Weise Ersatz zu erlangen vermag. Die Möglichkeit eines anderweitigen Ersatzes bleibt außer Betracht, wenn es sich um einen gesetzlichen Schadensersatzanspruch gegen eine Dritten handelt.

(3) Die Vorschriften des Absatzes 1 und des Absatzes 2 Sätze 2 und 3 gelten nicht, wenn der in Anspruch Genommene den Schaden vorsätzlich herbeigeführt hat und wenn dies strafgerichtlich festgestellt ist oder die Einleitung oder Durchführung eines Strafverfahrens aus anderen Gründen als wegen mangels an Beweis nicht erfolgen kann.

(4) Soweit der Bund für Schäden der in § 25 bezeichneten Art haftet, gelten die Absätze 1 bis 3 sinngemäß.

(5) Wer gemäß Absatz 3 über den in Absatz 1 bestimmten Umfang hinaus zum Schadensersatz berechtigt ist, kann einen solchen Anspruch nur geltend machen, soweit er eine Befriedigung in dem Verfahren nach § 38 nicht erlangt hat oder offensichtlich nicht erlangen kann.

§ 40

Leistungsfreiheit und Rückgriff

(1) Der Bund ist, abgesehen von den Fällen, die sich bereits aus der entsprechenden Anwendung der in § 37 Abs. 3 bezeichneten Vorschriften ergeben, einer gemäß § 37 von der Haftung freizustellenden Person gegenüber von der Verpflichtung zur Leistung frei,

1. wenn diese den Schaden vorsätzlich oder unter bewußten Verstoß gegen gesetzliche oder sonstige Sicherheits- oder Schutzvorschriften oder infolge grober fahrlässiger Unkenntnis derartiger Vorschriften herbeigeführt hat,

2. wenn diese Angehöriger eines fremden Staates ist, bezüglich dessen durch Rechtsverordnung eine entsprechende Anordnung getroffen ist. Eine solche Anordnung darf nur ergehen, wenn die Gegenseitigkeit verbürgt ist,
3. wenn diese ohne Zustimmung des Bundes einen Schadensersatzanspruch anerkannt oder befriedigt hat, es sei denn, dass sie die Anerkennung oder Befriedigung ohne offenbare Unbilligkeit nicht verweigern konnte.

(2) Dem Geschädigten gegenüber kann sich der Bund nicht auf die Leistungsfreiheit nach Absatz 1 berufen.

(3) Der Bund ist berechtigt, gegen diejenigen Personen, im Verhältnis zu denen er von der Verpflichtung zur Leistung frei ist, Rückgriff zu nehmen, soweit er auf Grund des Absatzes 2 Leistungen erbringen muss.

(4) Ergibt sich eine Freistellungsverpflichtung des Bundes daraus, dass der Haftpflichtversicherer einer freizustellenden Person, ein Bürge oder eine sonstige mithaftende Person einen Schadensersatzanspruch ohne Zustimmung des Bundes anerkannt oder befriedigt haben, obwohl damit zu rechnen war, dass die Schäden die gemäß § 13 Abs. 1 festgesetzte Summe übersteigen werden, so ist der Bund diesen Personen gegenüber zum Rückgriff berechtigt, es sei denn, dass diese die Anerkennung oder Befriedigung ohne offenbare Unbilligkeit nicht verweigern konnten.

FÜNFTER ABSCHNITT

Strafvorschriften

§ 41

Missbrauch der Kernenergie

(1) Wer es unternimmt, durch Freisetzung von Kernenergie eine Explosion zu bewirken und dadurch eine Gemeingefahr (§ 315 Abs. 3 des Strafgesetzbuches) herbeizuführen, wird mit Zuchthaus nicht unter fünf Jahren bestraft.

(2) Ist durch die Tat der Tod eines Menschen verursacht worden oder liegt sonst ein besonders schwerer Fall vor, so ist die Strafe Zuchthaus nicht unter zehn Jahren oder lebenslanges Zuchthaus.

§ 42

Missbrauch radioaktiver Stoffe

(1) Wer in der Absicht, die Gesundheit eines anderen zu schädigen, es unternimmt, dessen Leib oder Leben durch Strahlung radioaktiver Stoffe oder sonst

durch ionsierende Strahlen zu gefährden, wird mit Zuchthaus bis zu zehn Jahren bestraft.

(2) Unternimmt es der Täter durch die Tat, eine Gefahr für eine Vielzahl von Menschen herbeizuführen, so ist die Strafe Zuchthaus nicht unter fünf Jahren. Ist durch ein solches Unternehmen der Tod eines Menschen verursacht worden oder liegt sonst ein besonders schwerer Fall vor, so ist die Strafe Zuchthaus nicht unter zehn Jahren oder lebenslanges Zuchthaus.

(3) Wer vorsätzlich durch ionisierende Strahlen fremde Sachen von bedeutendem Wert gefährdet, um sie in ihrer Brauchbarkeit zu beeinträchtigen, wird mit Gefängnis bestraft. In besonders schweren Fällen ist die Strafe Zuchthaus bis zu zehn Jahren. Der Versuch ist strafbar.

§ 43

Vorbereitungshandlungen

Wer ein bestimmtes nach §§ 41 oder 42 Abs. 2 strafbares Unternehmen vorbereitet, wird mit Zuchthaus bis zu zehn Jahren bestraft. Sind mildernde Umstände vorhanden, so kann auf Gefängnis nicht unter sechs Monaten erkannt werden.

§ 44

Geldstrafe und Polizeiaufsicht

Neben der Freiheitsstrafe nach §§ 41 bis 43 kann auf Geldstrafe in unbegrenzter Höhe und auf die Zulässigkeit von Polizeiaufsicht erkannt werden.

§ 45

Tätige Reue

Das Gericht kann die in §§ 41, 42 Abs. 1 und 2 oder § 43 angedrohte Mindeststrafe unterschreiten, auf eine mildere Strafe erkennen oder von einer Bestrafung nach diesen Vorschriften absehen, wenn der Täter aus freien Stücken seine Tätigkeit aufgibt und die Gefahr abwendet. Wird die Gefahr ohne Zutun des Täters abgewendet, so genügt sein ernstliches Bemühen sie abzuwenden.

§ 46

Strafbarer Umgang mit Kernbrennstoffen

(1) Wer vorsätzlich ohne die nach diesem Gesetz erforderliche Genehmigung

1. Kernbrennstoffe einführt oder ausführt,
2. Kernbrennstoffe befördert,

3. Kernbrennstoffe außerhalb der staatlichen Verwahrung aufbewahrt,
4. Anlagen zur Erzeugung oder zur Spaltung von Kernbrennstoffen oder zur Aufarbeitung bestrahlter Kernbrennstoffe errichtet, betreibt, sonst innehat oder wesentlich verändert,
5. Kernbrennstoffe außerhalb von Anlagen zur Erzeugung oder zur Spaltung von Kernbrennstoffen oder zur Aufbearbeitung bestrahlter Kernbrennstoffe bearbeitet, verarbeitet oder sonst verwendet,
6. Kernbrennstoffe entgegen § 5 Abs. 3 und 4 nicht unverzüglich abliefert, wird mit Gefängnis und mit Geldstrafe bis zu 100.000 Deutsche Mark oder mit einer dieser Strafen bestraft.

(2) Ebenso wird bestraft, wer vorsätzlich einer Vorschrift einer nach §§ 11 oder 12 ergangenen Rechtsverordnung zuwiderhandelt, soweit die Rechtsverordnung auf diese Strafvorschrift verweist.

(3) Wer durch eine der in Absatz 1 oder 2 bezeichneten Handlungen wissentlich eine Gefahr für Leib oder Leben eines Menschen oder für fremde Sachen von bedeutendem Wert herbeiführt, die von einem Kernspaltungsvorgang oder von ionisierenden Strahlen ausgeht, wird mit Gefängnis nicht unter drei Monaten bestraft. Daneben kann auf Geldstrafe bis zu 100.000 Deutsche Mark erkannt werden.

(4) wer fahrlässig eine der in Absatz 1 oder 2 bezeichneten Handlungen begeht, wird mit Gefängnis bis zu zwei Jahren und mit Geldstrafe bis zu 100.000 Deutsche Mark oder mit einer dieser Strafen bestraft.

§ 47

Ordnungswidrigkeiten

(1) Wer vorsätzlich oder fahrlässig der Festsetzung der Deckungsvorsorge nach § 13 Abs. 1 Auflagen nach § 17 Abs. 1 oder vollziehbaren Anordnungen der staatlichen Aufsichtsbehörde nach § 19 Abs. 3 zuwiderhandelt, begeht eine Ordnungswidrigkeit.

(2) Eine Ordnungswidrigkeit begeht auch, wer vorsätzlich oder fahrlässig

1. einer Vorschrift einer nach § 11 oder § 12 ergangenen Rechtsverordnung,
2. einer auf Grund einer Rechtsverordnung nach § 12 Abs. 1 Nr. 7 getroffenen Verfügung der Aufsichtsbehörde zuwiderhandelt, soweit die Rechtsverordnung auf diese Bußgeldvorschrift verweist.

(3) Die Ordnungswidrigkeiten nach Absatz 1 oder 2 können, wenn sie vorsätzlich begangen sind, mit einer Geldbuße bis zu 100.000 Deutsche Mark geahndet

werden. Sind die Ordnungswidrigkeiten fahrlässig begangen, so können sie mit einer Geldbuße bis zu 50.000 Deutsche Mark geahndet werden.

(4) Eine Ordnungswidrigkeit begeht ferner, wer vorsätzlich oder fahrlässig die nach § 4 erforderliche oder eine auf Grund einer Rechtsverordnung nach § 11 oder § 12 vorgeschriebene Genehmigungsurkunde bei der Beförderung nicht mitführt. Die Ordnungswidrigkeit kann mit einer Geldbuße bis zu 1000 Deutsche Mark geahndet werden.

(5) Ist auf Grund einer nach § 11 ergangenen Rechtsverordnung für die Einfuhr oder Ausfuhr radioaktiver Stoffe eine Genehmigungspflicht vorgesehen, so ist das Bundesamt für gewerbliche Wirtschaft für die Verfolgung und Ahndung von Ordnungswidrigkeiten zuständig, die durch Verstoß gegen die Pflicht oder gegen eine vom Bundesamt im Zusammenhang mit einer solchen Genehmigung erteilten Auflage begangen worden sind. Das Bundesamt übt auch die Befugnisse der obersten Verwaltungsbehörde im Sinne des § 66 Abs. 2 des Gesetzes über Ordnungswidrigkeiten aus.

§ 48

Strafbare Verletzung von Schutzvorschriften, Auflagen, Anordnungen

Wer durch eine der in § 47 Abs. 1 oder 2 bezeichneten vorsätzlichen Handlungen vorsätzlich oder fahrlässig eine Gefahr für Leib und Leben eines Menschen oder für fremde Sachen von bedeutendem Wert herbeiführt, die von einem Kernspaltungsvorgang oder von ionisierenden Strahlen ausgeht, wird mit Gefängnis und mit Geldstrafe bis 100.000 Deutsche Mark oder mit einer dieser Strafen bestraft. Führt der Täter die Gefahr wissentlich herbei, so ist die Strafe Gefängnis nicht unter 3 Monaten; daneben kann auf Geldstrafe bis zu 100.000 Deutsche Mark erkannt werden.

§ 49

Verletzung von Herstellungs- und Lieferungspflichten

(1) Wer wissentlich eine Anlage zur Erzeugung der zur Spaltung von Kernbrennstoffen oder zur Aufarbeitung bestrahlter Kernbrennstoffe oder Gegenstände, die zur Errichtung oder zum Betrieb einer solchen Anlage bestimmt sind, fehlerhaft herstellt oder liefert und dadurch wissentlich eine Gemeingefahr (§ 315 Abs. 3 des Strafgesetzbuchs) herbeiführt, die mit Wirkung eines Kernspaltungsvorgangs oder der Strahlung eines radioaktiven Stoffes zusammenhängt, wird mit Gefängnis nicht unter sechs Monaten bestraft.

(2) der Versuch ist strafbar.

(3) In besonders schweren Fällen ist die Strafe Zuchthaus bis zu zehn Jahren.

(4) Wer die Gemeingefahr in den Fällen des Absatzes 1 nicht wissentlich, aber vorsätzlich oder fahrlässig herbeiführt, wird mit Gefängnis bestraft.

§ 50

Einziehung

(1) Gegenstände, die durch eine in §§ 41 bis 43 mit Strafe bedrohten Handlung hervorgebracht oder zu ihrer Begehung gebraucht worden oder bestimmt gewesen sind, können eingezogen werden.

(2) Gegenstände, auf die sich eine in § 46 Abs. 1 bis 3, §§ 48 oder 49 mit Strafe bedrohte Handlung oder eine in § 47 Abs. 3 S. 1 mit Geldbuße bedrohte Handlung bezieht, können eingezogen werden.

(3) Die in den Absätzen 1 und 2 bezeichneten Gegenstände sind einzuziehen, wenn der Schutz der Allgemeinheit mit Rücksicht auf die Art der Gegenstände oder auf die Besorgnis, dass sie der Begehung weiterer mit Strafe bedrohter Handlungen dienen, es erfordert.

(4) Kann wegen einer Tat keine bestimmte Person verfolgt oder verurteilt werden, so muss oder kann auf Einziehung selbstständig erkannt werden, wenn die Voraussetzungen, unter denen die Einziehung vorgeschrieben oder zugelassen ist, im übrigen vorliegen. Dasselbe gilt, wenn das Gericht von Strafe absieht.

(5) Absatz 4 Satz 1 gilt entsprechend, wenn wegen einer in § 47 Abs. 3 Satz 1 bezeichneten Ordnungswidrigkeit keine Geldbuße festgesetzt werden kann.

§ 51

Entschädigung

(1) Gehörten die eingezogenen Gegenstände zur Zeit der Rechtskraft der Entscheidung oder des Bußgeldbescheids weder dem Täter noch einem Teilnehmer oder waren sie mit dem Recht eines Dritten belastet, so ist der Berechtigte angemessen zu entschädigen.

(2) Die Entschädigungspflicht entfällt,

1. wenn der Berechtigte wenigstens leichtfertig dazu beigetragen hat, dass die Sache oder das Recht Mittel oder Gegenstand der Tat oder ihrer Vorbereitung oder einer mit ihr im Zusammenhang stehenden anderen mit Strafe bedrohten Handlung gewesen ist;

2. wenn er aus der Tat in verwerflicher Weise einen Vorteil gezogen hat oder
3. wenn er den Gegenstand in Kenntnis der Umstände, die die Einziehung zulassen, in verwerflicher Weise erworben hat.

§ 52

Verhältnis zu anderen Strafvorschriften

(1) Straftaten nach §§ 41, 42 Abs. 2 und § 43 sind gemeingefährliche Verbrechen im Sinne des § 138 des Strafgesetzbuchs.

(2) Sie stehen den Sprengstoffverbrechen im Sinne des § 4 Abs. 3 Nr. 3 des Strafgesetzbuches gleich.

(3) Soweit eine Tat nach den Vorschriften dieses Gesetzes allein oder in Verbindung mit Vorschriften des Strafgesetzbuches mit Strafe bedroht ist, finden §§ 5 bis 13 des Gesetzes gegen den verbrecherischen und gemeingefährlichen Gebrauch von Sprengstoffen vom 9. Juni 1884 (Reichsgesetzbl. S. 61) keine Anwendung.

(4) Für Verbrechen nach §§ 41 oder 42 Abs. 2 sind Schwurgerichte zuständig (§§ 79, 80 des Gerichtsverfassungsgesetzes).

§ 53

Geheimnisverrat

(1) Wer ein Geschäfts- oder Betriebsgeheimnis oder einem Arzt oder Zahnarzt oder einer unter dessen Aufsicht tätigen Person in dieser Eigenschaft anvertrautes oder bekanntgewordenes Geheimnis unbefugt offenbart, das ihm als Angehörigen einer mit der Ausführung dieses Gesetzes betrauten Behörde oder als amtlich zugezogenen Sachverständigen bei seiner Tätigkeit auf Grund dieses Gesetzes bekannt geworden ist, wird mit Gefängnis bis zu zwei Jahren oder mit Geldstrafe bestraft. Die Verfolgung tritt nur auf Antrag des Verletzten ein.

(2) Wer ein Geheimnis der in Absatz 1 genannten Art, das ihm unter den dort bezeichneten Voraussetzungen bekannt geworden ist, dazu mißbraucht, sich oder einem anderen einen Vermögensvorteil zu verschaffen oder einem anderen Schaden zuzufügen, wird mit Gefängnis bestraft. Daneben kann auf Geldstrafe erkannt werden.

SECHSTER ABSCHNITT

Schlussvorschriften

§ 54

Erfassung von Schäden aus ungeklärter Ursache

Schäden, die nach dem Stand der wissenschaftlichen Erkenntnisse aus der Einwirkung von Strahlen radioaktiver Stoffe herrühren und deren Verursacher nicht festgestellt werden kann, sind beim Bundesminister für Atomkernenergie und Wasserwirtschaft zu registrieren und zu untersuchen.

§ 55

Erlass von Rechtsverordnungen

(1) Rechtsverordnungen auf Grund der §§ 11, 12, 13 und 21 Abs. 5 erläßt die Bundesregierung. Das gleiche gilt für Rechtsverordnungen auf Grund des § 10, soweit Ausnahmen vom Erfordernis einer Genehmigung nach § 7 zugelassen werden. Die übrigen in diesem Gesetz vorgesehenen Rechtsverordnungen erläßt der Bundesminister für Atomkernenergie und Wasserwirtschaft.

(2) Die Rechtsverordnungen bedürfen der Zustimmung des Bundesrates. Dies gilt nicht für Rechtsverordnungen auf Grund des § 10, die sich darauf beschränken, die in Rechtsverordnungen nach §§ 11 und 12 festgestellten physikalischen, technischen und strahlen-biologischen Werte durch andere Werte zu ersetzen.

(3) Die Bundesregierung kann durch Rechtsverordnung die in §§ 11 und 12 bezeichneten Ermächtigungen ganz oder teilweise auf den Bundesminister für Atomkernenergie und Wasserwirtschaft übertragen.

§ 56

Aufhebung und Änderung von Rechtsvorschriften

Das Gesetz Nr. 22 der Alliierten Hohen Kommission betreffend die Überwachung von Stoffen, Einrichtungen und Ausrüstungen auf dem Gebiet der Atomenergie vom 2. März 1950 (Amtsblatt der Alliierten Hohen Kommission in Deutschland S. 122) in der Fassung der Gesetze der Alliierten Hohen Kommission Nr. 53 vom 36. April 1951 (Amtsblatt der Alliierten Hohen Kommission in Deutschland S. 882 und 990) und Nr. 68 vom 14. Dezember 1951 (Amtsblatt der Alliierten Hohen Kommission in Deutschland S. 1361) wird aufgehoben.

§ 57

Abgrenzungen

(1) Auf den Umgang mit Kernbrennstoffen finden die §§ 1 bis 4 des Gesetzes gegen den verbrecherischen und gemeingefährlichen Gebrauch von Sprengstoffen vom 9. Juni 1884 (Reichsgesetzbl. S. 61) in der Fassung der Verordnung vom 8. August 1941 (Reichsgesetzbl. I S. 531) und die auf Grund dieses Gesetzes erlassenen Rechtsvorschriften sowie landesrechtliche Vorschriften auf dem Gebiet des Sprengstoffwesens keine Anwendung.

(2) Die Vorschriften der §§ 1, 3 bis 24 und 55 finden unbeschadet der völkerrechtlichen Verpflichtungen der Bundesrepublik keine Anwendung auf Atomwaffen, die der Bundesrepublik zu Verteidigungszwecken zur Verfügung stehen.

§ 58

Geltung in Berlin

Dieses Gesetz gilt nach Maßgabe des § 13 Abs. 1 des Dritten Überleitungsgesetzes vom 4. Januar 1952 (Bundesgesetzbl. I S. 1) auch im Land Berlin. Rechtsverordnungen, die auf Grund dieses Gesetzes erlassen werden, gelten im Land Berlin nach § 14 des Dritten Überleitungsgesetzes.

§ 59

Inkrafttreten

Dieses Gesetz tritt am Tage seiner Verkündung in Kraft, hinsichtlich der §§ 41 bis 53 jedoch im Land Berlin erst am Tag nach der Verkündung des Übernahmegesetzes im Gesetz- und Verordnungsblatt für Berlin.

Quellenverzeichnis

A. Bundesarchiv Berlin/Koblenz (zit.: BArch)

I. Akten des Bundesministeriums für Wirtschaft (B 102)

(zit.: BArch B 102/...)

B 102/3945
B 102/41018

II. Akten des Bundeskanzleramtes (B 136)

(zit.: BArch B 136/...)

B 136/2037
B 136/2041

III. Akten des Bundesministeriums für Atomfragen (B 138)

(zit.: BArch B 138/...)

B 138/557
B 138/560
B 138/2017
B 138/3327
B 138/3370
B 138/3384
B 138/3385
B 138/3397

IV. Akten des Bundesministeriums für Gesundheitswesen (B 142)

(zit.: BArch B 142/...)

B 142/4635
B 142/4735
B 142/4736

V. Akten des Militärarchivs (RW 44)

RW 44-I/37

B. „Deutsches Atomforum: 50 Jahre Deutsches Atomforum"

online unter: http://www.kernenergie.de/kernenergie-wAssets/docs/service/050chronik2009_07.pdf, Stand: 02.11.2012.

C. Parlamentsarchiv Berlin (zit.: PArch)

I. Protokolle der Interparlamentarischen Arbeitsgemeinschaft

IPA-Protokolle, 1.-35. Sitzung, 1953-1964 (zit.: IPA-Protokolle)

II. Materialien aus der Zweiten Wahlperiode

(zit.: PArch II. WP 1032 Bd. ...)

Bd. A1: Gesetzesvorlagen aus der Mitte des Bundestages sowie von der Regierung beim Bundesrat bis zum Abschluss der Behandlungen im federführenden Ausschuss (1956-1957)

Band A2: Schriftliche Berichte der federführenden Ausschüsse bis zur Ablehnung bzw. Absetzung der Vorlagen von der Tagesordnung durch den Bundestag; drei weitere Gesetzesvorlagen zur Änderung des Grundgesetzes beim Bundestag; ein Regierungsentwurf für ein vorläufiges Atomgesetz an den Bundesrat

Band B: Stellungnahmen, Änderungsvorschläge, Gutachten, Berichte, Protokolle der Deutschen Atomkommission

III. Materialien aus der Dritten Wahlperiode

Bd. A: Materialien zum Gesetz zur Ergänzung des Grundgesetzes vom 23. Dezember 1959 (1957-1959)
(zit.: PArch III. WP 155 Bd. A)

Bd. A1: Materialien zum Gesetz über die friedliche Verwendung der Kernenergie und den Schutz gegen ihre Gefahren (Atomgesetz) vom 23. Dezember 1959 (1958-1959)
(zit.: PArch III. WP 156 Bd. A1)

Bd. A2: Stellungnahmen, Änderungsvorschläge, Gutachten, Berichte (1958-1959)
(zit.: PArch III. WP 156 Bd. A2)

D. Parlamentaria

Drucksachen des Deutschen Bundestages
(zit.: BT-Drs.)

Drucksachen des Deutschen Bundesrates
(zit.: BR-Drs.)

Verhandlungen des Deutschen Bundestages/Stenografische Berichte
(zit.: BT-Sitzung v. .../Stenogr. Bericht)

Verhandlungen des Deutschen Bundesrates / Stenografische Berichte
(zit.: BR-Sitzung v. .../Stenogr. Bericht)

E. Nachlass Werner Heisenberg: Max-Planck-Institut für Physik und Astrophysik in München

Akten Heisenberg, Reaktor I, 1953/55

Literaturverzeichnis

Albers, Hartmut	Gerichtsentscheidungen zu Kernkraftwerken, Argumente in der Energiediskussion, Band 10, Neckar-Verlag, Villingen 1980
Andrejewski, W./ Idel, H.	Die Atomenergie und das deutsche Patentrecht, in: AtW 1957, S. 167–168
Balke, Siegfried	Atomtechnik und Atompolitik – Zum Regierungsentwurf des Atomgesetzes, in: AtW 1957, S. 35–38
Barthelt, Klaus/ Montanus, Klaus	Begeisterter Aufbruch – Die Entwicklung der Kernenergie in der Bundesrepublik Deutschland bis Mitte der siebziger Jahre, in: Jens Hohensee und Michael Salewski (Hrsg.): Energiepolitik-Geschichte, Franz-Steiner Verlag, Stuttgart 1993
Belser, William Eugène	Untersuchung der in nationalen Gesetzen und in den internationalen Konventionen über die Haftung auf dem Gebiet der Atomenergie gegebenen Lösungen für die den Versicherern zur Deckung der Haftpflicht gestellten Probleme, in: von Examen de certains problèmes posés par la dommage nucléaire, Faculté de Droit, Band 4, 1966
Bergmann, Kristin	Regierungsbildung 1998: Dokumentation der Koalitionsverhandlungen, in: Zeitschrift für Parlamentsfragen (ZParl) 1999, S. 316–325

Bieber, Hans-Joachim Warum wir vom Atomzeitalter sprechen, in: Constanze Eisenbart (Hrsg.): Die Singuläre Waffe – Was bleibt vom Atomzeitalter, Springer Verlag, Wiesbaden 2012

Bloch, Ernst Das Prinzip Hoffnung, Bd. II, Suhrkamp Verlag, Frankfurt am Main 1959

Böhm, Monika Festlegung der Strommengen, Übertragungsmöglichkeiten und Restlaufzeit, in: 11. Deutsches Atomrechtssymposion, veranstaltet vom Bundesministerium für Umwelt, Naturschutz und Reaktorsicherheit zusammen mit Hans-Joachim Koch und Alexander Roßnagel, Baden-Baden 2002

Borst, Walter Zur Regelung des Reaktor-Genehmigungsverfahrens, in: AtW 1960, S. 172–173

Brockhaus Brockhaus Enzyklopädie in 30 Bänden, 21. Auflage. F.A. Brockhaus Verlag. Leipzig, Mannheim 2006
Bd. 2: ANAU–AUSV
Bd. 10: FRIES–GLAR
Bd. 12: HANF–HURR
Bd. 13: HURS–JEM
Bd. 14: JEN–KING
Bd. 15, KIND–KRUS
Bd. 20: NORDE–PARAK
Bd. 21: PARAL–POS
Bd. 22: POT–RENS

Bullinger, Martin Der Anwendungsbereich der Bundesaufsicht, in: Archiv des öffentlichen Rechts (AöR) 1958, S. 279–308

Bundesministerium für Atomkernenergie und Wasserwirtschaft (Hrsg.) Kernenergierecht Großbritannien, in: Schriftenreihe des Bundesministeriums für Atomkernenergie und Wasserrecht, Kernenergierecht, Heft 1, Braunschweig 1959; 1. Ergänzungslieferung 1960

Burhenne, Wolfgang/ Kehrhahn, Joachim Neue Formen parlamentarischer Zusammenarbeit, in: Hans Jochen Vogel, Helmut Simon, Albert Podlech (Hrsg.): Die Freiheit der Anderen. Festschrift für Martin Hirsch, Baden-Baden 1981, S. 311–329

Busse, H. Die rechtlichen Grundlagen für Aufsuchung und Gewinnung von Uran- und Thoriumerzen in der Bundesrepublik, in: AtW 1959, S. 75

Cartellieri, Wolfgang Aktuelle Fragen des Energierechts von 1960, 3. Vortragsveranstaltung des Instituts am 9./10.3.1960, in: Veröffentlichungen des Instituts für Energierecht an der Universität Bonn, S. 23–44

Cartellieri, Wolfgang Zu der Haftpflicht bei Atomschäden und ihre Versicherung, in: Betriebsberater (BB) 1958, S. 385–391

Costa, H.L. Die Abkommen der Bundesrepublik Deutschland mit den USA über Kraftreaktoren und über die Zusammenarbeit zugunsten von Berlin, in: AtW 1957, S. 256–257

Degenhart, Christoph Kernenergierecht, Schwerpunkte – Entscheidungsstrukturen – Entwicklungslinien, in: Rudolf Lukes (Hrsg.): Schriftenreihe Recht-Technik-Wirtschaft, Bd. 23, 1981

Eckert, Eberhard Nutzung der Elektrizität, auch in Verbindung mit Medizin – Daten zur zeitlichen (und regionalen!) Entwicklung, Studienarbeit Geschichte, GRIN Verlag, München 2011

Ehlers, Kurt Das neue deutsche Atomgesetz, in: Monatsschrift für deutsches Recht (MDR) 1960, S. 714–717

Elsner, Ulrich Die Haftung für Kernenergieschäden nach dem Bundesatomgesetz (Diss.), Hamburg 1961

Erler, Georg Das Grundgesetz und die öffentliche Gewalt internationaler Staatengemeinschaften, in: Veröffentlichung der Vereinigung der Deutschen Staatslehrer, Heft 18, Berlin 1960

Erler, Georg Die Rechtsentwicklung der internationalen Zusammenarbeit im Atombereich, in: Beiträge zum Internationalen Wirtschaftsrecht und Atomenergierecht, hrsg. v. Institut für Völkerrecht der Universität Göttingen, Prof. Dr. Georg Erler, Göttingen 1963

Erler, Georg/ Kruse, Hans Deutsches Atomenergierecht, Ergänzbare Sammlung geltender Vorschriften auf dem Gebiet der Atomenergie, Band I und II, Göttingen 1955 ff.

Ewer, Wolfgang Der neuerliche Ausstieg aus der Kernenergie – verfassungskonform und entschädigungsfrei?, in: NVwZ 2001, S. 1035–1039

Fischerhof, Hans Deutsches Atomgesetz und Strahlenschutzrecht Kommentar, Band I und II, Verlag August Lutmzeyer, Baden-Baden, Bonn 1962

Fischerhof, Hans	Deutsches Atomgesetz und Strahlenschutzrecht Kommentar, Band I, 2. Auflage, Verlag August Lutzmeyer, Baden-Baden 1978
Fischerhof, Hans	Atomwirtschaft und Gesetzgeber, Entscheidende Fragen für die deutsche Entwicklung, in: AtW 1956, S. 93–98
Fischerhof, Hans	Zur Terminologie des Atomenergierechts, in: NJW 1962, S. 2095–2097
Fischerhof, Hans	Atomgesetz mit Verordnungen, 2. Auflage, Verlag August Lutzeyer, Baden-Baden 1964
Fischerhof, Hans	Atomenergierecht und Energiewirtschaftsrecht, in: BB 1955, S. 1113–1114
Fischerhof, Hans	Probleme der Atomgesetzgebung, in: DÖV 1956, S. 688–690
Fischerhof, Hans	Atomgesetze der Länder – Eine Übersicht, in: DÖV 1958, S. 16–20
Fischerhof, Hans	Rechtsprobleme der Atomhaftung, in: PArch III, 156, Bd. B, Anlage 7
Fischerhof, Hans	Das schweizerische und das deutsche Atomgesetz – Ein Beitrag zur Rechtsvergleichung, in: AtW 1961, S. 2–5
Fischerhof, Hans	Das deutsche Atomgesetz, in: NJW 1960, S. 317–320
Fischerhof, Hans	Das deutsche Atomgesetz ist da, in: AtW 1960, S. 3–8
Fleck, Hans-Joachim	Gleichzeitige Verkündung von Ermächtigungsnorm und Rechtsverordnung, in: DÖV 1966, S. 633–625

Fonk, Hans-Joachim Zuständigkeit der Länder für den Erlass von Rechtsvorschriften auf dem Gebiet des Strahlenschutzes,
in: DÖV 1958, S. 20–27

Gieseke, Paul Rechtsfragen der Atomenergie,
Vorabdruck aus der Festschrift zum 70. Geburtstag von Walter Schmidt-Rimpler,
Karlsruhe 1956

Goudefroy, Hans Haftung und Versicherung im Atomrecht,
in: Sonderdruck aus AtW 1957, Heft 4

Götz, Julius Die Energiewirtschaft in der DDR. Ein Überblick über die Entwicklung,
Gesamtdeutsches Institut, Bonn 1978

Greulich, Peter Das Recht der Beförderung radioaktiver Stoffe,
Studien zum Internationalen Wirtschaftsrecht und Atomenergierecht, Bd. 8,
hrsg. v. Georg Erler,
Göttingen 1962

Grundmann, Stefan/ Riesenhuber, Karl (Hrsg.) Deutschsprachige Zivilrechtslehrer des 20. Jahrhunderts in Berichten ihrer Schüler, eine Ideengeschichte in Einzeldarstellungen, Bd. 2,
Walter de Gruyter Verlag, Berlin, New York 2010

Grünberg, Günther Ein neues Ressort: Bundesministerium für Atomfragen – Komplizierte Aufbau und Kompetenzfragen,
in: BArch B 102/41018

Hahn, Otto Mein Leben,
Bruckmann Verlag, München 1968

Hahn, Otto Erlebnisse und Erkenntnisse,
Econ Verlag, Düsseldorf 1975

Haensler, Ditmar — Die 4. Novelle zum Atomgesetz, in: Energiewirtschaftliche Tagesfragen (ET) 1976, S. 434–438

Hank, Rainer — Unser Freund, das Atom, in: Frankfurter Allgemeine Zeitung (FAZ) vom 27.03.2011. Online unter: http://www.faz.net/aktuell/wirtschaft/wirtschaftspolitik/energiepolitik/deutschland-und-die-kernkraft-unser-freund-das-atom-1613327.html (Stand: 11.10.2012)

Hardung-Hardung, Heimo — Chancen in der Atomwirtschaft, 1. Auflage, Econ Verlag, Düsseldorf 1958

Härle, Elfried — Von der Genfer Atomkonferenz zur Weltorganisation für die friedliche Verwendung der Atomenergie, in: Wissenschaftliche Zeitschrift der Friedrich-Schiller-Universität, Jena 1956/1957

Hauff, Volker (Hrsg.) — Energiediskussion in Europa, Argumente in der Energiediskussion: Berichte und Dokumente über die Haltung der Regierungen und Parteien in der Europäischen Gemeinschaft zur Kernenergie, Neckar-Verlag, Villingen-Schwenningen 1979

Haunschild, Hans — Das amerikanische Atomhaftungsgesetz, in: Versicherungswirtschaft (VW) 1957, S. 610–614

Heisenberg, Werner — Der Teil und das Ganze: Gespräche im Umkreis der Atomphysik, Piper Verlag, München 1969

Hoffmann, Klaus — J. Robert Oppenheimer: Schöpfer der ersten Atombombe, Springer Verlag, Berlin 1995

Jacchia, Enrico
Atom, Sicherheit und Rechtsordnung, Eurobuch Verlag, Freudenstadt 1965

Jansen, Gustav
„Sachzusammenhang“ und „Kompetenzverschiebung“, in: DÖV 1955, S. 436–437

Jarass, Hans/ Pieroth, Bodo
Grundgesetz für die Bundesrepublik Deutschland, Kommentar, 11. Auflage, Beck Verlag, München 2011

Kahlenberg, Friedrich (Hrsg.)
Kabinettsprotokolle der Bundesregierung, Bd. 8 (bearbeitet von Michael Hollmann und Karl von Jena) München 1997, und Bd. 9 (bearbeitet von Ursula Hüllbüsch), Odenbourg Verlag, München 1998

Karlsch, Rainer
Hitlers Bombe – Die geheime Geschichte der deutschen Kernwaffenversuche, Deutsche Verlags-Anstalt, München 2005

Kimminich, Otto
Atomrecht – Das Wissenschaftliche Taschenbuch, Abteilung Rechts- und Staatswissenschaften, Wilhelm Goldmann Verlag, München 1974

Kinzel, Eduard
Die Elektrizitätswirtschaft in der sowjetischen Besatzungszone, in: Bundesministerium für gesamtdeutsche Fragen (Hrsg.): Materialien zur Wirtschaftslage in der sowjetischen Zone, Bonn 1954

Kloepfer, Michael
Verfahrene Atomausstiegsverfahren?, in: Umwelt- und Planungsrecht (UPR) 2012, S. 41–49

Knappmann, Ulrich
Das Eigentum im Euratom-Vertrag und der Besitz im Atomgesetz im Vergleich zu den gleichlautenden Begriffen im BGB, Universität Münster, Dissertation, 1964

Knoerrich, Folkehr — Die Freistellungsverpflichtung des Bundes im Atomgesetz, in: AtW 1960, S. 174

Knop, Hans — Die Energiewirtschaft der DDR und die Planung ihrer künftigen Entwicklung, Verlag die Wirtschaft, Berlin 1960

Köttgen, Arnold — Bundesregierung und Oberste Bundesbehörden, in: DÖV 1954, S. 4–10

Kraus, Elisabeth — Von der Uranspaltung zur Göttinger Erklärung. Otto Hahn, Werner Heisenberg, Carl Friedrich von Weizsäcker und die Verantwortung des Wissenschaftlers, Königshausen & Neumann, Würzburg 2001

Kruse, Hans — Atomenergierecht, Kommentar zum Atomgesetz, Verlag Neue Wirtschaftsbriefe, Berlin 1960

Kruse, Hans — Atomenergie als Rechtsbegriff, in: Festschrift für Paul Gieseke, Karlsruhe 1958, S. 351 ff.

Kruse, Hans — Die internationale Zusammenarbeit auf dem Gebiet der friedlichen Verwendung der Atomenergie. Hrsg. v. d. Forschungsstelle für Völkerrecht und ausländisches öffentliches Recht der Universität Hamburg, Institut für Internationales Recht der Universität Kiel, Institut für Völkerrecht der Universität Göttingen, Metzner Verlag, Frankfurt am Main 1956

Kruse, Hans — Die Atomenergie im Völkerrecht und in den wichtigsten Landesrechten (Dokumentation), Band I und II, Institut für Völkerrecht der Universität Göttingen, Göttingen 1955

Kruse, Hans	Atomenergierecht in Deutschland, in: NJW 1955, S. 1017–1018
Kruse, Hans	Der gegenwärtige Stand der Atomenergiegesetzgebung in der Bundesrepublik, in: BB 1955, S. 976–977
Kruse, Hans	Kernbrennstoffeigentum, in: Zeitschrift Atompraxis (AtP) 1957, S. 250–255
Krüger, Hildegard	Zur Frage der Rechtsgültigkeit von Durchführungsverordnungen (Rechtsverordnungen), die gleichzeitig mit dem ermächtigenden Gesetz verkündet werden, in: DÖV 1966, S. 132-134
Kuhnt, D.	Verfahrensrechtliche Probleme in der Rechtsprechung zum Atomrecht, in: AtW 1977, S. 406–411
Lagoni, Rainer	Wer haftet für die radioaktiven Schäden?, in: Spiegel vom 19.05.1986, S. 132–133
Liewers, Peter/ Abele, Johannes/ Barkleit, Gerhard	Zur Geschichte der Kernenergie in der DDR, Peter Lang Verlag, Frankfurt a.M. 2000
von Lilienfein, Heinz	Haftungs- und Haftpflichtversicherungsfragen beim Bau und Betrieb von Kernkraftwerken, in: Atom und Strom 1960, S. 15–16
Lukes, Rudolf (Hrsg.)	Erstes Deutsches Atomrechts-Symposium, 7./8. Dezember 1972 in Münster/Westfalen, veranstaltet von R. Lukes gemeinsam mit dem Bundesministerium für Bildung und Forschung und dem Deutschen Atomforum e.V. – Referate und Diskussionsberichte, Carl Heymanns Verlag KG, Köln, Berlin, Bonn, München 1972

Lukes, Rudolf	Hans Fischerhof zum 70. Geburtstag, in: NJW 1978, S. 2286–2287
Mattern, Karl-Heinz/ Raisch, Peter	Atomgesetz-Gesetz über die friedliche Verwendung der Kernenergie und den Schutz gegen ihre Gefahren vom 23. Dezember 1959, Kommentar, Verlag Franz Vahlen GmbH, Berlin, Frankfurt am Main 1961
Maunz, Theodor	Der gegenwärtige Stand des Kernenergierechts, in: Bayerische Verwaltungsblätter 1958, S. 129–132
Menne, W. A.	Atomnutzung im Blickfeld der Wirtschaftspolitik, in: AtW 1956, S. 6–8
Müller, Wolfgang D.	Geschichte der Kernenergie in der Bundesrepublik Deutschland, Anfänge und Weichenstellung, Band 1, Schäffer Verlag, Stuttgart 1990
Müller, Hanswerner	Von welchem Zeitpunkt ab darf ein zur Neufassung eines geänderten Gesetzes ermächtigter Minister von dieser Befugnis Gebrauch machen?, in: DVBl. 1962, S. 589–591
Mutschler, Ulrich	Zum Stand der höchstrichterlichen Verwaltungsrechtsprechung im Atomrecht, in: Recht der Energiewirtschaft (RdE) 1981, S. 210–215
Offermann-Clas, Christel	Eigentum in den europäischen Gemeinschaften, Köln 1974
Ossenbühl, Fritz	Rechtsanspruch auf Erteilung atomrechtlicher Genehmigungen und Versagungsermessen, in: ET 1983, S. 665–676

Pabst, G. Das Bundesatomgesetz,
in: Atom und Strom 1960, S. 1–2

Pelzer, Norbert Die Gesetzgebungszuständigkeit des Bundes über die Atomenergie,
in: DÖV 1959, S. 51–54

Pelzer, Norbert Das künftige Atomenergierecht als Wirtschaftslenkungsrecht,
in: Atom und Strom, S. 17

Pelzer, Norbert Die rechtliche Kanalisierung der Haftung auf den Inhaber einer Atomanlage – ein juristischer und wirtschaftlicher Fehlgriff?,
in: Versicherungsrecht 1966, S. 1010 f.

Pfaffelhuber, J.K. Die Novellierung des Atomgesetzes 1975 und 1976,
in: AtW 1977, S. 391–392

Posser, Herbert/ Schmans, Malte/ Müller-Dehn, Christian Atomgesetz Kommentar zur Novelle 2002,
Carl Heymanns Verlag KG, Köln, Berlin, Bonn, München 2002

Radkau, Joachim Technik in Deutschland: vom 18. Jahrhundert bis zur Gegenwart,
2. Auflage, Suhrkamp Verlag, Frankfurt am Main 1990

Reimer, Eduard/ von Moltke, Heinrich Erfindungs- und patentrechtliche Vorschriften im deutschen Atomenergierecht,
Carl Heymann Verlag KG, München 1956

Reimers, Edgar Zur Arbeit des Ausschusses für Kulturfragen 1950–1980, Unveröffentlichtes Dokument aus dem Kulturaussschuss des Bundesrates, Archiv des Bundesrates

Riederer, J. Atomgesetzgebung in Bayerischer Sicht – das Bayerische Atomgesetz und die 1. Atomverordnung,
in: AtW 1957, S. 337–340

Rotthege, Konrad Die Entstehung des Arzneimittelgesetzes vom 16. Mai 1961,
Peter Lang Verlag, Frankfurt am Main 2011

Ruhl, Klaus-Jürgen (Hrsg.) Neubeginn und Restauration, Dokumente zur Vorgeschichte der Bundesrepublik Deutschland 1945–1949,
München 1982

Salin, Edgar Ökonomik der Atomkraft – vor einer neuen Etappe der industriellen Revolution,
Siggilum Verlag, Köln-Marienburg 1955

Schäfers, Manfred Novelle des Atomgesetzes – Für jeden Reaktor ein festes Enddatum,
in: FAZ v. 29.06.2011
online unter: http://www.faz.net/aktuell/wirtschaft/novelle-des-atomgesetzes-fuer-jeden-reaktor-ein-festes-enddatum-1652717.html (Stand: 18.10.2012)

Scheidwimmer, Max Deckung des Atomrisikos – eine Existenzfrage für Betreiber und Zulieferer von Reaktoren,
in: Atom und Strom 1960, S. 47–52

Schneider, Hans Gesetzgebung: Ein Lehr- und Handbuch,
3. Auflage, C.F. Müller Verlag, Heidelberg 2002

Schöllgen, Gregor/ Geier, Stephan Schwellenmacht Deutschland – Die Atompolitik der Bundesregierungen von Adenauer bis Schmidt oder die Geschichte einer Beihilfe zur Erosion des internationalen Nichtverbreitungsregimes,
in: FAZ v. 31.05.2012, Nr. 125, S. 9

Seidl, Herbert Woher kommen die Ingenieure? Ein entscheidendes Nachwuchsproblem,
in: AtW 1956, S. 30–31

Sellner, Dieter/ Fellenberg, Frank — Atomausstieg und Energiewenden 2011 – das Gesetzespaket im Überblick, in: NVwZ 2011, S. 1025–1035

Spiegel, Bernhard — Darf eine Verordnung zugleich mit dem ermächtigenden Gesetz verkündet werden?, in: NJW 1962, S. 1187–1189

Stason, Blythe/ Estep, Samuel/ Pierce, William — Atoms and the Law, Michigan Legal Studies, The University of Michigan Law School, 1959

Steenbeck, Max — Voraussetzungen und Aussichten für den Atomkraftwerksbau in der Deutschen Demokratischen Republik, in: Die Technik 14/1959, S. 681–686

Stickrodt, Georg — Das Problem der Gemeinschäden im Atomgesetz, in: AtW 1959, S. 76–77

Strauß, Franz Josef — Der Staat in der Atomwirtschaft, Aufbau und Aufgaben des Bundesministeriums für Atomfragen, in: AtW 1956, S. 2–5

von Stucken, G. — Die Haftung des Inhabers einer Kernanlage nach Änderung des Atomgesetzes, in: AtW 1975, S. 572–574

Thiele, Carmen — Regeln und Verfahren der Entscheidungsfindung innerhalb von Staaten und Staatenverbindungen, Springer Verlag, Berlin, Heidelberg 2008

Trabandt, H. — Aufgaben der Strahlenschutzgesetzgebung, in: AtW 1956, S. 105

Weber, Hartmut (Hrsg.) Die Kabinettsprotokolle der Bundesregierung, Bd. 10, 1957 (bearbeitet von Enders/Henke), Bd. 11, 1958 (bearbeitet von Enders/Schawe), Bd. 12, 1959 (bearbeitet von Henke/Rössel), R. Oldenbourg Verlag, München 2000–2003

Weitnauer, Hermann Die Deckung des nuklearen Risikos, in: DB 1960, S. 283–284

Weitnauer, Hermann Das Atomhaftungsrecht in nationaler und internationaler Sicht, Beiträge zum internationalen Wirtschaftsrecht und Atomenergierecht, Bd. 1, Heft 3, hrsg. v. Institut für Völkerrecht der Universität Göttingen, Direktor: Prof. Dr. Georg Erler, Göttingen 1964

von Weizsäcker, Carl Friedrich Die Verantwortung der Wissenschaft im Atomzeitalter, Vandenhoeck & Ruprecht Verlag, Göttingen 1986

Winters, Karl-Peter Zur Entwicklung des Atom- und Strahlenschutzrechts, in: DÖV 1978, S. 265–276

de Witt, Siegfried Ist der Atomausstieg 2011 mit Art. 14 GG vereinbar?, in: Umwelt- und Planungsrecht (UPR) 2012, S. 281–285

Ziegler, E. Verwaltungsrechtliche Fragen, in: AtW 1957, S. 443–444

RECHTSHISTORISCHE REIHE

Die nachfolgende Liste führt die Titel der "Rechtshistorischen Reihe" ab Band 300 auf. Eine vollständige Übersicht aller bisher in der Reihe erschienenen Bücher finden Sie auf www.peterlang.de.

Band 300 Jan Kohlmann: Der Marsch zu den Gräbern von Karl und Rosa. Geschichte eines Gedenktages. 2004.

Band 301 Christian Rainer Schlicht: Die kumulative Schuldübernahme in der Rechtsprechung des Reichsgerichts und in der zeitgenössischen Literatur. 2004.

Band 302 Hans Peter Glöckner: Positive Vertragsverletzung. Die Geburt eines Rechtsinstituts. 2006.

Band 303 João Manuel Azevedo Alexandrino Fernandes: Die Theorie der Interpretation des Gesetzes bei Francisco Suárez. 2005.

Band 304 René Funk: Die Wahlprüfung der volksgewählten Abgeordneten der Volksvertretungen im Frühkonstitutionalismus. Eine Untersuchung der Wahlprüfung in den Kammern der Abgeordneten des Großherzogtums Baden, des Königreichs Württemberg und des Großherzogtums Hessen. 2005.

Band 305 Carolin O'Sullivan. Die Ahndung von Rechtsbrüchen der Seeleute im mittelalterlichen hamburgischen und hansischen Seerecht (1301-1482). 2005.

Band 306 Martin Jürgens: Staat und Reich bei Ernst Rudolf Huber. Sein Leben und Werk bis 1945 aus rechtsgeschichtlicher Sicht. 2005.

Band 307 Florian G. Dürselen: Franz Beyerle (1885-1977). Leben, Ära und Werk eines Rechtshistorikers. 2005.

Band 308 Kai Bandilla: Urheberrecht im Kaiserreich. Der Weg zum Gesetz betreffend das Urheberrecht an Werken der Literatur und Tonkunst vom 19. Juni 1901. 2005.

Band 309 Stefan Mieth: Die Entwicklung des Denkmalrechts in Preußen 1701-1947. 2005.

Band 310 Catharina Lodemann: Die Geschichte des französischen *acte de gouvernement*. 2005.

Band 311 Christina Wicke: Kodifikationsbestrebungen und Wissenschaft in Hessen-Darmstadt im vorkonstitutionellen Zeitalter. Zu der Beteiligung der Gießener Rechtsprofessoren an den Gesetzgebungsarbeiten in Hessen-Darmstadt in der Zeit zwischen 1769 und 1820. 2005.

Band 312 Christiane Chlosta: Nur dem Gesetz unterworfen? Eine rechtsgeschichtliche Untersuchung zu Idee und Wirklichkeit richterlicher Gesetzestreue unter besonderer Berücksichtigung der Aufwertungsrechtsprechung und des richterlichen Prüfungsrechts. 2005.

Band 313 Kathrin Dirr: Hoheitsrechtliche Streitigkeiten zwischen den Kölner Erzbischöfen und der Stadt Köln auf Grundlage reichskammergerichtlicher Verfahren des 16. und 17. Jahrhunderts. 2005.

Band 314 Michael Racky: Die Diskussion über Gewaltenteilung und Gewaltentrennung im Vormärz. 2005.

Band 315 Petra Thiemrodt: Die Entstehung des Staatshaftungsgesetzes der DDR. Eine Untersuchung auf der Grundlage von Materialien der DDR-Gesetzgebungsorgane mit zeitgeschichtlichen Bezügen. 2005.

Band 316 Julius F. Reiter: Entstehung und staatsrechtliche Theorie der italienischen *Carta del Lavoro*. 2005.

Band 317 André Book: Die Justizreform in der Frühzeit der Bundesrepublik. Die Beratungen der Kommission zur Vorbereitung einer Reform der Zivilgerichtsbarkeit in den Jahren 1955 bis 1961. 2005.

Band 318 Frank Zentz: Das amerikanische Strafverfahren als Element der Besatzungspolitik in Deutschland. Erziehung zur Demokratie durch den *Court of Appeals* 1948-1955. 2005.

Band 319 Friederike Quaisser: Mietrecht im 19. Jahrhundert. Ein Vergleich der mietrechtlichen Konzeptionen im Allgemeinen Landrecht für die Preußischen Staaten von 1794 und dem gemeinen Recht. 2005.

Band 320 Stefan Burghard: Professor Dr. Wilhelm Kahl – Leben zwischen Wissenschaft und Politik. 2005.

Band 321 Günter Baranowski: Die *Russkaja Pravda* – ein mittelalterliches Rechtsdenkmal. 2005.

Band 322 Christina Schneider: Die SS und das „Recht". Eine Untersuchung anhand ausgewählter Beispiele. 2005.

Band 323 Werner Schubert (Hrsg.): Zivilprozessreform in der Weimarer Zeit. Quellen zur Emminger-Zivilprozessverordnung vom 13.2.1924 und zu den Arbeiten der Zivilprozesskommission des Reichsjustizministeriums (1922-1930). Eingeleitet und herausgegeben von Werner Schubert. 2005.

Band 324 Felix Gaul: Der Jurist Rudolf Isay (1886-1956). Ein verantwortungsbewusster Vermittler im Spannungsfeld zwischen dynamischer Rechtsschöpfung, ökonomischem Wandel und technischem Fortschritt. 2005.

Band 325 Konstanze Braun: Dr. Otto Georg Thierack (1889-1946). 2005.

Band 326 Eckart Klein / Stefan Chr. Saar / Carola Schulze (Hrsg.): Zwischen Rechtsstaat und Diktatur. Deutsche Juristen im 20. Jahrhundert. 2006.

Band 327 Stefan Botor: Das *Berliner Sühneverfahren* – Die letzte Phase der Entnazifizierung. 2006.

Band 328 Andreas Köhler: Die Sorgerechtsregelungen bei Ehescheidung seit 1945. Scheidungsstrafe und verordnete Gemeinsamkeit. 2006

Band 329 Lars Düwel: Die Nichtigkeit und Anfechtbarkeit der Ehe in der Rechtsprechung des Reichsgerichts zwischen 1900 und 1945. 2006.

Band 330 Katalin Polgar: Das Oberappellationsgericht der vier freien Städte Deutschlands (1820-1879) und seine Richterpersönlichkeiten. 2007.

Band 331 Julia Schweitzer: Schiffer und Schiffsmann in den Rôles d'Oléron und im Llibre del Consolat de Mar. Ein Vergleich zweier mittelalterlicher Seerechtsquellen. 2007.

Band 332 Diana-Catharina Kurtz: Das Institut der Adoption im preußischen Allgemeinen Landrecht und im französischen Code civil zwischen Rezeption römisch-rechtlicher Prinzipien und verändertem Familienverständnis. 2006.

Band 333 Dino Joakim Duderstadt: Spiel, Wette und Differenzgeschäft (§§ 762-764 BGB) in der Rechtsprechung des Reichsgerichts und in der zeitgenössischen Literatur. 2007.

Band 334 Ronald Hoffmann: Die Domänenfrage in Thüringen. Über die vermögensrechtlichen Auseinandersetzungen mit den ehemaligen Landesherren in Thüringen nach dem Ersten Weltkrieg. 2006.

Band 335 Joachim Windmüller: *Ohne Zwang kann der Humanismus nicht existieren...* – „Asoziale" in der DDR. 2006.

Band 336 Sven Christian Gläser: Die Mediatisierung der Grafschaft Wertheim. Der juristische Kampf eines kleinen Reichsstandes gegen den Verlust der Landesherrschaft und seine Folgen. 2006.

Band 337 Benjamin Schleyer: Friedrich Wilhelm Bornemann (1798-1864). Eine Juristenkarriere im Preußen des 19. Jahrhunderts. 2006.

Band 338 Die Reform des Ehescheidungsrechts von 1976. Quellen zum Ersten Gesetz vom 14.6.1976 zur Reform des Ehe- und Familienrechts (Parlamentarische Ausschussprotokolle – Anglikanische Denkschrift von 1966 zur Scheidungsrechtsreform – Schlussabstimmung 1969 in der Eherechtskommission des Bundesministeriums der Justiz). Eingeleitet und herausgegeben von Werner Schubert. 2006.

Band 339 Andreas Feld: Das Bayerische Gesetz zum Schutz des Eigentums an Erzeugnissen der Literatur und Kunst gegen Nachdruck vom 15.04.1840. Vorgeschichte und Zustandekommen. 2007.

Band 340 Bernd Wörner: Adelbert Düringers Einfluß als Richter am Reichsgericht in Leipzig auf dem Gebiet des Personengesellschaftsrechts. 2007.

Band 341 Jan Jelle Kähler: Französisches Zivilrecht und französische Justizverfassung in den Hansestädten Hamburg, Lübeck und Bremen (1806-1815). 2007.

Band 342 Jörn Eckert / Pia Letto-Vanamo / Kjell Modéer (Hrsg.): Juristen im Ostseeraum. Dritter Rechtshistorikertag im Ostseeraum 20.-22. Mai 2004. 2007.

Band 343 Ferdinand von Weyhe: A.E. Wassermann. Eine rechtshistorische Fallstudie zur „Arisierung" zweier Privatbanken. 2007.

Band 344 Martin Klaus Römermann: Kündigungen und Kündigungsschutz im Franquismus. 2007.

Band 345 Thomas Hoffmann: Der Landrechtsentwurf David Hilchens von 1599. Ein livländisches Rechtszeugnis polnischer Herrschaft. 2007.

Band 346 Ingo Ullmann: Die rechtliche Behandlung holsteinischer Leibeigener um die Mitte des 18. Jahrhunderts. Dargestellt unter besonderer Berücksichtigung der Schmoeler Leibeigenschaftsprozesse von 1738 bis 1743 sowie von 1767 bis 1777. 2007.

Band 347 Petra Fischer-Langosch: Die Entstehungsgeschichte des Familiengesetzbuches der DDR von 1965. 2007.

Band 348 Lasse O. Johannsen: Die rechtliche Behandlung ausreisewilliger Staatsbürger in der DDR. 2007.

Band 349 Ralf Schlottau: Deutsche Kolonialrechtspflege. Strafrecht und Strafmacht in den deutschen Schutzgebieten 1884 bis 1914. 2007.

Band 350 Hartwig Brandt / Ewald Grothe (Hrsg.): Rheinbündischer Konstitutionalismus. 2007.

Band 351 Nora Lutze: Der Verwandtenunterhalt nach den §§ 1601 bis 1603 und §§ 1610 bis 1612 BGB in der Rechtsprechung des Reichsgerichts. Unter Berücksichtigung der Entstehung des BGB. 2007.

Band 352 Frank Thiäner: Das Verhältnis von Aufsichtsrat und Abschlussprüfern in der rechtshistorischen Entwicklung bis 1937. 2007.

Band 353 Britta Heymann: Ernst Melsheimer (1897-1960). Eine juristische Karriere in verschiedenen staatlichen Systemen. Mitarbeiter im Preußischen Justizministerium in der Weimarer Republik, im Justizministerium Preußens und des Reiches sowie Richter am Kammergericht in der NS-Zeit und Erster Generalstaatsanwalt der Deutschen Demokratischen Republik. 2007.

Band 354 Susanne Adlberger: Wilhelm Kisch – Leben und Wirken (1874-1952). Von der Kaiser-Wilhelms-Universität Straßburg bis zur nationalsozialistischen Akademie für Deutsches Recht. 2007.

Band 355 Moritz Waibel: Josef Berchtold (1833-1894). Ein Leben gegen den Ultramontanismus. 2007.

Band 356 Aline Levin: Erinnerung? Verantwortung? Zukunft? Die Beweggründe für die gemeinsame Entschädigung durch den deutschen Staat und die deutsche Industrie für historisches Unrecht. 2007.

Band 357 Ferdinand Krause: Die hergebrachten Grundsätze des Berufsbeamtentums. Eine rechtshistorische Analyse. 2008.

Band 358 André Tiebel: Die Entstehung der Schutztruppengesetze für die deutschen Schutzgebiete Deutsch-Ostafrika, Deutsch-Südwestafrika und Kamerun (1884-1898). 2008.

Band 359 Holger Ruff: Sittenwidrige Rechtsgeschäfte in der späten Kaiserzeit. Die Entwicklung der reichsgerichtlichen Rechtsprechung zu § 138 BGB von 1900 bis 1914. 2007.

Band 360 Frank Rohrer: Strafjustiz im Dritten Reich und in der SBZ/DDR. Die personelle und organisatorische Neuordnung des Justizapparates in den totalitären Diktaturen (1933-1955) mit ihren Auswirkungen auf die Rechtsprechung zum politischen Strafrecht. 2007.

Band 361 Hans-Georg Knothe / Marc Liebmann (Hrsg.): Gerichtskultur im Ostseeraum. Vierter Rechtshistorikertag im Ostseeraum. 18.-20. Mai 2006 in Greifswald. 2007.

Band 362 Christina Meß: Das Vertragsrecht bei Adam Smith. 2008.

Band 363 Quellen zur dänischen Rechts- und Verfassungsgeschichte (12.-20. Jahrhundert). Herausgegeben von Ditlev Tamm, Werner Schubert und Jens Ulf Jørgensen. 2008.

Band 364 Günter Baranowski: Die Gerichtsurkunde von Pskov. 2008.

Band 365 Mark Spengler: Die Entstehung des Scheckgesetzes vom 11. März 1908. 2008.

Band 366 Ivan Biliarsky / Radu G. Păun (eds./éds.): The Biblical Models of Power and Law. Les modèles bibliques du pouvoir et du droit. Papers of the International Conference, Bucharest, New Europe College 2005. Actes du colloque international, Bucarest, New Europe College 2005. 2008.

Band 367 Thomas A. Roth: Ausgestaltungen der Rechtsfähigkeit im 19. und 20. Jahrhundert. Zur Rechtspersönlichkeit natürlicher Personen in den bedeutenden deutschen Zivilrechtsordnungen. 2008.

Band 368 Björn Alexander Rautenberg: Der Fiskal am Reichskammergericht. Überblick und exemplarische Untersuchungen vorwiegend zum 16. Jahrhundert. 2008.

Band 369 Thorsten Miederhoff: *Man erspare es mir, mein Juristenherz auszuschütten.* Dr. iur. Kurt Tucholsky (1890-1935). Sein juristischer Werdegang und seine Auseinandersetzung mit der Weimarer Strafrechtsreformdebatte am Beispiel der Rechtsprechung durch Laienrichter. 2008.

Band 370 Philipp Nordloh: Kölner Zunftprozesse vor dem Reichskammergericht. 2008.

Band 371 Judith Freund: Die Wechselverpflichtung im 19. Jahrhundert. 2008.

Band 372 Hans-Michael Empell: Gutenberg vor Gericht. Der Mainzer Prozess um die erste gedruckte Bibel. 2008.

Band 373 Rainer Schröder: Die DDR-Ziviljustiz im Gespräch – 26 Zeitzeugeninterviews. 2008.

Band 374 Christian Neschwara: Ein österreichischer Jurist im Vormärz. „Selbstbiographische Skizzen" des Freiherrn Karl Josef Pratobevera (1769-1853). 2009.

Band 375 Stefan Ullrich: Untersuchungen zum Einfluss des lübischen Rechts auf die Rechte von Bergen, Stockholm und Visby. 2008.

Band 376 Johanna Gertrude Schmitzberger: Das nationalsozialistische Nebenstrafrecht 1933 bis 1945. 2008.

Band 377 Christian Brom: Urteilsbegründungen im „Hoge Raad van Holland, Zeeland en West-Friesland" am Beispiel des Kaufrechts im Zeitraum 1704-1787. 2008.

Band 378 Christian Böse: Die Entstehung und Fortbildung des Reichserbhofgesetzes. 2008.

Band 379 Tobias Röhnelt: Timm Kröger. Leben und Werk. 2009.

Band 380 Andrea Elisabeth Sebald: Der Kriminalbiologe Franz Exner (1881-1947). Gratwanderung eines Wissenschaftlers durch die Zeit des Nationalsozialismus. 2008.

Band 381 Angela Kriebisch: Die Spruchkörper Juristenfakultät und Schöppenstuhl zu Jena. Strukturen, Tätigkeit, Bedeutung und eine Analyse ausgewählter Spruchakten. 2008.

Band 382 Nana Ozawa: Louis Adolphe Bridel – Ein Schweizer Professor an der juristischen Fakultät der Tokyo Imperial University. Die geschichtliche Bedeutung der Yatoi zur späten Meijizeit. 2010.

Band 383 Christian Weißhuhn: Alfred Hueck 1889-1975. Sein Leben, sein Wirken, seine Zeit. 2009.

Band 384 Andreas Hunkel: Eduard Dietz (1866-1940) – Richter, Rechtsanwalt und Verfassungsschöpfer. 2009.

Band 385 Meike Guskow: Entstehung und Geschichte der Europäischen Charta der Regional- oder Minderheitensprachen. 2009.

Band 386 Markus J. Jahnel: Das Bodenrecht in „Neudeutschland über See“. Erwerb, Vergabe und Nutzung von Land in der Kolonie Deutsch-Südwestafrika 1884-1915. 2009.

Band 387 Matthias Günter Steiner: Die Klöster und ihr Wirken – eine der Wurzeln des Stiftungswesens? 2009.

Band 388 Cornelia Staats: Die Entstehung des Bundes-Immissionsschutzgesetzes vom 15. März 1974. 2009.

Band 389 Cai Niklaas E. Harders: Das Bundesjagdgesetz von 1952 sowie die Novellen von 1961 und 1976. Vorgeschichte, Entstehung des Gesetzes sowie Problemfelder. 2009.

Band 390 Matthias Pohlkamp: Die Entstehung des modernen Wucherrechts und die Wucherrechtsprechung des Reichsgerichts zwischen 1880 und 1933. 2009.

Band 391 Sebastian Baur: *Vor vier Höllenrichtern...* Die Lizentiats- und Doktorpromotionen an der Juristischen Fakultät der Universität Heidelberg. 2009.

Band 392 Christoph Salmen-Everinghoff: Zur *cautio damni infecti*: Die Rückkehr eines römischrechtlichen Rechtsinstituts in das moderne Zivilrecht. 2009.

Band 393 Till Meno Sellschopp: Der Weg zum Revokationsrecht der Ehegatten nach § 1368 BGB. Zugleich ein Beitrag zur Geschichte des ehelichen Güterrechts. 2009.

Band 394 Marc Biermann: Das Staatseigentum an öffentlichen Sachen im Gemeingebrauch in der ersten Hälfte des 19. Jahrhunderts. Die Theorie des reinen Hoheitsrechts an den öffentlichen Sachen von Rudolph von Jhering und Friedrich Ludwig Keller im Zusammenhang mit dem Baseler Schanzenstreit von 1859/62. 2009.

Band 395 Markus Tüxen: Kollegialprinzip oder Einzelrichter. Die Entwicklung des zivilrechtlichen Spruchkörpers bei den Landgerichten sowie den Oberlandesgerichten seit 1879 unter besonderer Berücksichtigung der Reformen von 1974 und 1976. 2009.

Band 396 Adam Polkowski: Die polnische Zivilprozessordnung von 1930/33. Unter Berücksichtigung des deutschen, österreichischen, russischen und französischen Rechts. 2009.

Band 397 Barbara Riedi: Die Porten der Unteren Strasse, ihr Ladungsrecht und der Strassenunterhalt. Rechtshistorische Betrachtungen zur Verkehrs- und Wirtschaftsgeschichte Graubündens. 2009.

Band 398 Stefanie Jessica Loroch: Zeitungsrubrik: Gerichtssaal. Strafprozessberichterstattung in Münster im 19. Jahrhundert (1848-1890). 2009.

Band 399 Dirk Henning Hofer: Karl Konrad Werner Wedemeyer (1870-1934). Ein Juristen- und Gelehrtenleben in drei Reichen. Eine Biographie. 2010.

Band 400 Thomas Simon (Hrsg.): Hundert Jahre allgemeines und gleiches Wahlrecht in Österreich. Modernes Wahlrecht unter den Bedingungen eines Vielvölkerstaates. 2010.

Band 401 Dörte Mentz: Die Beweislastumkehr in der Rechtsprechung des Reichsgerichts. 2010.

Band 402 Werner Schubert (Hrsg.): Oberster Gerichtshof für die Britische Zone (1948-1950). Nachschlagewerk Strafsachen – Nachschlagewerk Zivilsachen. Präjudizienbuch der Zivilsenate. Eingeleitet und herausgegeben von Werner Schubert. 2010.

Band 403 Yong Lei: Auf der Suche nach dem modernen Staat. Die Einflüsse der allgemeinen Staatslehre Johann Caspar Bluntschlis auf das Staatsdenken Liang Qichaos. 2010.

Band 404 Andreas Schwenk: Die Formbestimmung des § 313 BGB a. F. (§ 311 b Abs. 1 BGB n. F.) bei Verträgen über Grundstücke in der Rechtsprechung des Reichsgerichts. 2010

Band 405 René Schorsch: Eberhard Georg Otto Freiherr von Künßberg (1881-1941). Vom Wirken eines Rechtshistorikers. 2010.

Band 406 Ulrike Köbler: Werden, Wandel und Wesen des deutschen Privatrechtswortschatzes. 2010.

Band 407 Björn Florian Faulenbach: Rolle und Bedeutung der Lehre in der Rechtsprechung der Internationalen Gerichtshöfe im zwanzigsten Jahrhundert. 2010.

Band 408 Guangyu Fu: Das Causaproblem im deutschen Bereicherungsrecht. Eine rechtshistorische Untersuchung. 2010.

Band 409 Andreas Kimmelmann: Die Folter im Beweisverfahren der Leges Visigothorum. Chindasvinths Gesetzgebung im Spiegel der westgotischen Rechtsentwicklung. 2010.

Band 410 Jacqueline Schmaltz: Die Entwicklung der Industrie- und Handelskammern. Zwischen Pflicht und Kür. 2010.

Band 411 Hermann Nehlsen: Bayerische Rechtsgeschichte vom frühen Mittelalter bis zum 20. Jahrhundert. 2011.

Band 412 Kathrin Spoerr: Recht und Revolution. Deutsche Ökonomen und ihr Einfluss auf das Recht der Weimarer Republik – eine Zeitschriftenschau 1917-1920. 2011.

Band 413 Moritz von Köckritz: Die deutschen Oberlandesgerichtspräsidenten im Nationalsozialismus (1933-1945). 2011.

Band 414 Annika Lillemor Lara Rabaa: Die Ehe als Rechtsinstitut im Badischen Landrecht von 1810. Unter besonderer Berücksichtigung der gesellschaftlichen Entwicklungen im 19. Jahrhundert. 2011.

Band 415 Christian Hattenhauer / Klaus-Peter Schroeder (Hrsg.): 200 Jahre Badisches Landrecht von 1809/1810. Jubiläumssymposium des Instituts für geschichtliche Rechtswissenschaft der Ruprechts-Karls-Universität Heidelberg und der Heidelberger Rechtshistorischen Gesellschaft vom 23. bis 26. September 2009. 2011.

Band 416 Tobias Alexander Krammerbauer: Die Ministerverantwortlichkeit und die Vorformen sonstiger Verfassungsgerichtsbarkeit in Württemberg zwischen 1815 und 1918. 2011.

Band 417 Werner Schubert (Hrsg.): Quellen zur GmbH-Reform von 1958 bis zum GmbH-Änderungsgesetz von 1980. Eingeleitet und herausgegeben von Werner Schubert. 2011.

Band 418 Gisela Emling: Johannes Heckel. Leben und Wirken (1889-1963). 2011.

Band 419 Jochen Kirschbaum: Die Etablierung der Historischen Rechtsschule an der Ludoviciana (1814-1824). 2011.

Band 420 Sören Koch: Unaufgeforderte Hilfeleistung in Notsituationen. Eine rechtshistorische und rechtsvergleichende Studie zu den zivilrechtlichen Aspekten der Nothilfe mit besonderer Berücksichtigung des Rechts der Geschäftsführung ohne Auftrag. 2011.

Band 421 Friedrich Carl von Savigny: Die Prinzipienfragen in Beziehung auf eine neue Strafprozeß-Ordnung. Ausgearbeitet im Justizministerium für die Gesetzrevision. Eingeleitet und herausgeben von Werner Schubert. 2011.

Band 422 Stephan Faulwetter: Von der Zunft zur Handelskammer. Zur Entwicklung des Gewerberechts in thüringischen Staaten. 2011.

Band 423 Moritz Eisenhardt: Sanierung statt Liquidation. Die Geschichte des Vergleichs zur Abwendung des Konkurses unter besonderer Berücksichtigung der Vergleichsordnung von 1927 und 1935. 2011.

Band 424 Gerd Kleinheyer: Beiträge zur Strafrechtsgeschichte. Herausgeben von Franz Dorn, Mathias Schmoeckel und Jan Schröder. 2011.

Band 425 Ralf Maertens: Das Landgericht Altona (1879-1937) und die Anfänge des Landgerichts Itzehoe (1937-1945). Unter besonderer Berücksichtigung ihrer Tätigkeitsberichte und rechtspolitischen Stellungnahmen. 2011.

Band 426 Mark Friedrich: Ferdinand von Martitz (1839-1921). Rechtshistoriker, Staatsrechtler und Völkerrechtler zwischen dem Ende des Deutschen Bundes und dem Beginn der Weimarer Republik. 2012.

Band 427 Sebastian Krusche: Die Bundesrechtsanwaltsordnung vom 1. August 1959. Vorgeschichte und Entstehung. 2012.

Band 428 Marju Luts-Sootak / Sanita Osipova / Frank L. Schäfer (Hrsg./eds.): Einheit und Vielfalt in der Rechtsgeschichte im Ostseeraum. Unity and Plurality in the Legal History of the Baltic Sea Area. Sechster Rechtshistorikertag im Ostseeraum, 3.-5. Juni 2010 in Tartu (Estland) / Riga (Lettland). 6th Conference in Legal History in the Baltic Sea Area, 3rd-5rd June 2010 Tartu (Estonia) / Riga (Latvia). 2012.

Band 429 Margret R. I. Bootz: Die Hamburger Rechtsprechung zum Arbeitsrecht im Nationalsozialismus bis zum Beginn des 2. Weltkriegs. 2012.

Band 430 Heiko Zech: Die soziale Frage im Konkursrecht 1879-1900. 2012.

Band 431 Jan C. Lorenzen: Das Bundesnaturschutzgesetz vom 20. Dezember 1976. Die Entwicklung des Naturschutzrechtes in Deutschland von den Anfängen bis zur Neukodifikation des Bundesnaturschutzgesetzes von 1976. 2012.

Band 432 Ulrike Ingrid Bernhardt: Geschichte des Weinrechts im Deutschen Kaiserreich (1871-1918). Mit einem Überblick zur Vorgeschichte und Weiterentwicklung bis zur Gegenwart. 2012.

Band 433 Elisabeth Otto: Das Verwaltungsrecht in der SBZ / DDR bis zur Verwaltungsneugliederung im Jahr 1952. 2012.

Band 434 Werner Schubert: Zur Geschichte der Justizverfassung in Schleswig-Holstein im 19. und 20. Jahrhundert. Quellen und Studien. 2012.

Band 435 Stefan Ellenberg: Herrschaft und Reform. Zur Diskussion um die Aktienrechtsreform und den Konzern in der Weimarer Zeit. 2012.

Band 436 Jasmin Sonntag: Gesetzgebung und Verwaltung im Dalbergstaat 1802-1810. 2012.

Band 437 Martin Komusiewicz: Die Diskussion um das Verhältnis von Rechtsanwaltschaft und Notariat seit dem Ende des 18. Jahrhunderts bis zum Erlass der Bundesnotarordnung. 2012.

Band 438 Henriette von Breitenbuch: Karl Neumeyer – Leben und Werk (1869-1941). 2013.

Band 439 Günter Baranowski: Russische Rechtsgeschichte: Texte und Erläuterungen. Teil 1: Von den Anfängen bis 1612/13. 2013.

Band 440 Werner Schubert (Hrsg.): Staatsanwaltschaftsrecht (1934-1982). Quellen zu den Reformprojekten (Organisation – Innerer Dienstbetrieb – Ermittlungsverfahren – Verhältnis der Staatsanwaltschaft zur Polizei) und zur Anordnung über Organisation und Dienstbetrieb der Staatsanwaltschaft (OrgStA). Eingeleitet und herausgegeben von Werner Schubert. 2013.

Band 441 York Zieren: Das Schiedsverfahrensrecht der ZPO (1877-1933) unter Berücksichtigung der Genfer Übereinkommen von 1923 und 1927 sowie der Rechtsprechung des Reichsgerichts. 2013.

Band 442 Stefan Wolf: Das Jenaer Studium der Rechte im Dritten Reich. Zwischen Tradition und nationalsozialistischer Ideologie. 2013.

Band 443 Bernhard Klose: Das Verblassen eines Makels. Das Nichtehelichenrecht der DDR als Teil der gesamtdeutschen Entwicklung. 2013.

Band 444 Peter Opitz-von Bardeleben: Das Generalgouvernement Niederrhein. 2013.

Band 445 Nadine Göppner: Vorgeschichte und Entstehung des Atomgesetzes vom 23.12.1959. 2013.

www.ingramcontent.com/pod-product-compliance
Ingram Content Group UK Ltd.
Pitfield, Milton Keynes, MK11 3LW, UK
UKHW021830290926
8980IPUK00004B/362

9 783631 645062